IMAGINEZ

le français sans frontières

SECOND EDITION

cours de français intermédiaire

Mitschke

IMAGINEZ

le français sans frontières

SECOND EDITION

cours de français intermédiaire

Cherie Mitschke

VISTA
HIGHER LEARNING

Boston, Massachusetts

Publisher: José A. Blanco

Managing Editors: Rafael Ríos, Paola Ríos Schaaf (Technology)

Senior Project Manager: Armando Brito

Editor: Christian Biagetti (Technology)

Production and Design Director: Marta Kimball

Design Manager: Susan Prentiss

Design and Production Team: Sarah Cole, Oscar Díez, Paula Díez, Mauricio Henao, Jhoany Jiménez, Erik Restrepo, Nick Ventullo

Printed in Canada

Student Text ISBN-13: 978-1-60576-878-6
Student Text (Casebound) ISBN-13: 978-1-60576-879-3
Instructor's Annotated Edition ISBN-13: 978-1-60576-886-1
Library of Congress Card Number: 2010938159

1 2 3 4 5 6 7 8 9 TC 16 15 14 13 12 11 10

Table of Contents

The Vista Higher Learning Story

Your Specialized Foreign Language Publisher

Independent, specialized, and privately owned, Vista Higher Learning was founded in 2000 with one mission: to raise the teaching and learning of world languages to a higher level. This mission is based on the following beliefs:

- It is essential to prepare students for a world in which learning another language is a necessity, not a luxury.
- Language learning should be fun and rewarding, and all students should have the tools necessary for achieving success.
- Students who experience success learning a language will be more likely to continue their language studies both inside and outside the classroom.

With this in mind, we decided to take a fresh look at all aspects of language instructional materials. Because we are specialized, we dedicate 100 percent of our resources to this goal and base every decision on how well it supports language learning.

That is where you come in. Since our founding in 2000, we have relied on the continuous and invaluable feedback from language instructors and students nationwide. This partnership has proved to be the cornerstone of our success by allowing us to constantly improve our programs to meet your instructional needs.

The result? Programs that make language learning exciting, relevant, and effective through:

- an unprecedented access to resources
- a wide variety of contemporary, authentic materials
- the integration of text, technology, and media, and
- a bold and engaging textbook design.

By focusing on our singular passion, we let you focus on yours.

The Vista Higher Learning Team

VISTA
HIGHER LEARNING

31 St. James Avenue Boston, MA 02116-4104 TOLLFREE: 800-618-7375
TELEPHONE: 617-426-4910 FAX: 617-426-5209 www.vistahigherlearning.com

Getting to Know **IMAGINEZ**

IMAGINEZ is a market-leading intermediate French program designed to provide students with an active and rewarding learning experience as they strengthen their language skills and develop their cultural competency. **IMAGINEZ** takes an interactive, communicative approach. It focuses on real communication in meaningful contexts that develop and consolidate students' speaking, listening, reading, and writing skills.

IMAGINEZ features a fresh, magazine-like design that engages students while integrating thematic, cultural, and grammatical concepts within every section of the text:

- **Sommaire** Dramatic, full-page photos and thought-provoking discussion questions introduce the theme and content of each lesson.

- **Pour commencer** Real-life, practical vocabulary related to the lesson theme is presented in thematic lists. Directed and open-ended communicative activities practice the vocabulary in varied contexts.

- **Court métrage** Authentic, short-subject films by award-winning francophone filmmakers serve as a springboard for exploring the themes and concepts in every lesson. A wide range of pre- and post-viewing activities develop listening skills and elicit analysis. Captioned film stills in **Structures** further integrate the film with key language functions.

- **Imaginez** Innovative, engaging, and highly interactive, the **Imaginez** section takes students on an unprecedented voyage through the francophone world. Video clips, web-based resources, projects, and activities bring the cultural content to life. The **Galerie de créateurs** ties language learning to other disciplines and highlights important cultural figures from fashion designers to award-winning writers.

- **Structures** Clear, comprehensive, and well-organized grammar explanations are designed with students in mind. Attention-grabbing sidebars, authentic film stills, and easy-to-read charts highlight key structures and concepts. Thematically and culturally relevant activities progress from directed **Mise en pratique** activities to open-ended **Communication** activities. **Synthèse** ties together all three grammar points with interactive pair and group activities.

- **Fiches de grammaire** Supplemental grammar explanations offer instructors the flexibility to tailor courses to the particular needs of students without compromising content or rigor. References in **Structures** direct students to related **Fiches de grammaire** topics at the back of the book, which can be used for review or enrichment.

- **Culture** Cultural readings are carefully designed to promote cultural competency through integration with the thematic content of each lesson. Relevant, high-interest topics provide insight into the cultural regions presented in the **Imaginez** section, while **Préparation** and **Analyse** activities increase reading comprehension and promote discussion.

- **Littérature** Authentic literary selections expose students to poems, essays, and short stories by writers from diverse francophone countries. **Préparation** and **Analyse** activities help students develop reading skills. Readings are carefully selected for their brevity, comprehensibility, and thematic relevance. Engaging writing topics allow students to synthesize and expand upon what they have learned in each lesson.

To get the most out of pages IAE-6–IAE-14 in your **IMAGINEZ** Instructor's Annotated Edition, you should familiarize yourself with the front matter to the **IMAGINEZ** Student Text, especially the Introduction (p. iii) and the Ancillaries (pp. xxvi–xxvii).

Getting to Know Your
Instructor's Annotated Edition

The Instructor's Annotated Edition (IAE) of **IMAGINEZ** includes various teaching resources. For your convenience, answers to all activities with discrete answers have been overprinted on the student text pages. In addition, marginal annotations were created to complement and support varied teaching styles, to extend the rich contents of the student text, and to save you time in class preparation and course management. The annotations are suggestions; they are not meant to be prescriptive or limiting. Here are the principle types of annotations you will find in **IMAGINEZ**:

- **Numbered Annotations** Teaching suggestions, expansion activities, comprehension questions, and follow-up exercises that relate to the numbered activities in the student text

- *Structures* **Annotations** Teaching suggestions for presenting, manipulating, and expanding upon the material in the grammar explanations

- **Teaching Options** Suggestions for supplemental activities, games, projects, research or writing assignments, additional resources, and related cultural activities

- *Synonymes* Synonyms and slight nuances for words and expressions in vocabulary lists

- **Preview** Discussion questions, teaching suggestions, ideas, and activities to introduce the theme of each lesson and to prepare students for viewing the short-subject films

- **Key Standards Annotations** References that indicate when a lesson section is specially related to one or more of the Five C's of the *Standards for Foreign Language Learning*: Communication, Cultures, Connections, Comparisons, and Communities

- **Instructional Resources** References to student and instructor ancillaries that may be used to reinforce or expand upon material in the Student Text. The following resources are included (see pp. xxvi–xxvii for complete descriptions of all student and instructor ancillaries):

SAM	Student Activities Manual: Workbook, Lab Manual, Video Activities, and Integrated Writing Activities
SAM Answer Key	Student Activities Manual Answer Key (Also on Supersite and in Instructor's Resource Manual)
Lab MP3s	Lab Audio Program MP3 files (Supersite)
Supersite	**vhlcentral.com**
DVD	**IMAGINEZ** Film Collection (Also on Supersite)
Instructional Resources	Teaching Suggestions, Lab Audioscript, Film Collection Scripts, English Translations of Film Collection Scripts, SAM Answer Key (Also on Supersite and in Instructor's Resource Manual)
Testing Program	Testing Program: PDFs, RTFs, Testing Program MP3s, Testing Program Answer Key

IMAGINEZ and the *Standards for Foreign Language Learning*

IMAGINEZ promotes and enhances student learning and motivation through its instructional design, based on and informed by the best practices of the Standards for Foreign Language Learning in the 21st Century as presented by the American Council on the Teaching of Foreign Languages (ACTFL).

IMAGINEZ blends the underlying principles of the five Cs (Communication, Cultures, Connections, Comparisons, Communities) with features and strategies tailored specifically to build students' speaking, listening, reading, and writing skills. As a result, right from the start students are given the tools to express themselves articulately, interact meaningfully with others, and become highly competent communicators in French.

Key Standards annotations, at the beginning of each section in the IAE, highlight the most important standards met in that section. Below is a complete list of the standards.

The Five Cs of Foreign Language Learning

1. Communication
Students:
1. Engage in conversation, provide and obtain information, express feelings and emotions, and exchange opinions. (Interpersonal mode)
2. Understand and interpret written and spoken language. (Interpretive mode)
3. Present information, concepts, and ideas to an audience of listeners or readers. (Presentational mode)

2. Cultures
Students demonstrate an understanding of the relationship between:
1. The practices and perspectives of the culture studied.
2. The products and perspectives of the culture studied.

3. Connections
Students:
1. Reinforce and further their knowledge of other disciplines through French.
2. Acquire information and recognize distinctive viewpoints only available through French language and cultures.

4. Comparisons
Students demonstrate understanding of:
1. The nature of language through comparisons of the French language and their own.
2. The concept of culture through comparisons of the cultures studied and their own.

5. Communities
Students:
1. Use French both within and beyond the school setting.
2. Show evidence of becoming life-long learners by using French for personal enjoyment and enrichment.

Adapted from ACTFL's *Standards for Foreign Language Learning in the 21st Century*

General Teaching Considerations

Orienting Students to the Student Textbook

You may want to spend some time orienting students to the **IMAGINEZ** textbook on the first day of class. Have students flip through **Leçon 1**. Explain that all lessons are organized in the same manner so they will always know "where they are" in the textbook. Emphasize that all sections are self-contained, occupying either a full page or spreads of two facing pages. Call students' attention to the use of color and/or boxes to highlight important information in charts, diagrams, word lists, and activities. Provide a brief overview of the main sections of each lesson: **Sommaire**, **Pour commencer**, **Court métrage**, **Imaginez**, **Structures**, **Culture**, **Littérature**, and **Vocabulaire**. Then point out the **Attention!**, **Bloc-notes**, and **Note culturelle** sidebars and explain that these boxes provide useful lexical, grammatical, and cultural information related to the material they are studying.

Flexible Lesson Organization

To meet the needs of diverse teaching styles, institutions, and instructional objectives, **IMAGINEZ** has a very flexible lesson organization. You can begin with the lesson opening page and progress sequentially through the lesson or you may rearrange the material in each lesson to suit your teaching preferences and students' needs.

If you do not want to devote class time to teaching grammar, you can assign the **Structures** explanations for outside study, freeing up class time for working with the activities or films. The **Fiches de grammaire** at the end of the book provide additional flexibility in grammar instruction. Related grammar points for each lesson can be incorporated into classroom instruction, assigned for individual study, or used as needed for review and enrichment.

Identifying Active Vocabulary

The thematic vocabulary lists in **Pour commencer** are considered active vocabulary, along with all words and expressions in the **Vocabulaire** boxes of the **Court métrage**, **Culture**, and **Littérature** sections. Words in the charts, lists, and sample sentences of **Structures** are also part of the active vocabulary load. At the end of each lesson, the **Vocabulaire** section provides a convenient one-page summary of the items students should know and that may appear on quizzes and exams.

Note that lexical variations presented in the **Imaginez** section, and glosses from the readings and film captions are presented for recognition only. They are not included in testing materials, although you may wish to make them active vocabulary for your course, if you so choose. The additional terms provided in the annotations of the Instructor's Annotated Edition are considered optional, as well.

Suggestions for Using
Sommaire and *Pour commencer*

Lesson Theme and Vocabulary

- Use the title, photo, and text on the lesson opening page as a springboard to introduce the themes and vocabulary of the lesson. Use the **Preview** annotations for partner, group, or class activities.

- Allow time for students to scan the table of contents and flip through the pages of each lesson, much as they would a magazine. Have students point out sections that appeal to them and briefly describe the cultural and thematic content of each lesson.

- To prepare students for new material, have them review what they already know about each theme by brainstorming related vocabulary words they have already learned.

- Introduce the new vocabulary by providing comprehensible input in the form of a description, narration, or short reading.

- Introduce the new vocabulary using Total Physical Response (TPR) or interactive class games such as charades and hangman.

- Use the short film from **Court métrage** to introduce the lesson theme and vocabulary.

- Use the lab materials in class to introduce vocabulary and develop listening skills or assign lab and workbook activities for extra practice outside class.

- Ask questions based on the new vocabulary and photos.

Mise en pratique

- The **Mise en pratique** activities can be done orally as a class, in pairs, or in groups. They may also be assigned as written homework. Remind students that the activities with a mouse icon are also on the Supersite, where they can self-check their answers.

- Insist on the use of French during partner and group activities. Encourage students to use the language creatively.

- Have students form pairs or groups quickly. Assign or rotate partners and group members as necessary to ensure a greater variety of communicative exchanges.

- Allow sufficient time for pair and group activities (between five and ten minutes depending on the activity), but do not give students too much time or they may lapse into English and socialize. Always give students a time limit for an activity before they begin.

- Circulate around the room and monitor students to make sure they are on task. Provide guidance as needed and note common errors for future review.

- Remind students to jot down information during pair and group discussion activities so they can report the results to the class.

Suggestions for Using *Court métrage*

The **Court métrage** section of the student text and the **IMAGINEZ** Film Collection were created as interlocking pieces. Photos in the **Court métrage** section are actual video stills from authentic, award-winning films. These short-subject films highlight and integrate the key concepts, themes, and language functions of each lesson and provide comprehensible input at the discourse level. The films and corresponding activities offer rich and unique opportunities to build students' listening skills and cultural awareness.

Depending on your teaching preferences and school facilities, you might use the **IMAGINEZ** Film Collection on DVD to show the films in class, or you might assign them for viewing outside the classroom via the Supersite. You could begin by showing the first film in class to teach students how to approach viewing a film and listening to natural speech. After that, you could work with the **Court métrage** section and have students view the remaining films outside of class. No matter which approach you choose, students have the support they need to view the films independently and process them in a meaningful way. Here are some strategies for coordinating the film with the subsections of **Court métrage**.

Préparation

- Preview the vocabulary in **Préparation** using the activities provided and the suggestions for teaching vocabulary on page IAE-9.
- Initiate group discussion of important themes and issues. Ask students to discuss recent films from the same genre or that touch on similar themes.
- Have students identify situations in which they would use certain phrases in the **Expressions** box.

Scènes

- The poster, photos, and text in **Scènes** may be used in a variety of ways. Before viewing the film, you might ask students to read or act out the dialogues, invent endings, or make predictions based on the photos and captions. You may also use the scenes while viewing, pausing for discussion at each of the scenes pictured. You may even choose to play the film first as a springboard into the lesson, returning to the scenes and text later for reinforcement.
- Use the **Note culturelle** sidebars to provide background information and a cultural context before viewing the film, as a starting point for enrichment activities or projects, and to make connections to cultural information in other sections of the text.
- Use the film to introduce or reinforce the themes, vocabulary, and grammar points in each lesson, pausing and replaying examples of important words, structures, or concepts.

Analyse

- Have students scan the comprehension questions before viewing the film, then pause after key scenes to ask related questions. Replay portions of the film as needed.
- Ask students to compare the plot, characters, and endings to their earlier predictions.
- Assign expansion and follow-up activities based on the film, such as film reviews, sequels, alternate endings, and comparisons with another **court métrage** or recent movie.

Suggestions for Using *Imaginez*

The **Imaginez** section is designed to be visually stimulating and highly interactive. To maximize its features, use this section in conjunction with the multimedia and online resources available to students and instructors. At **vhlcentral.com** students can access additional information and activities about each country or region, project resources, and information about each of the notable figures in the **Galerie de créateurs**.

- Use the opening spread of **Imaginez** to introduce the country or region and direct students to the Supersite for additional information. The feature articles can be assigned for outside reading or you may use them in class to develop reading skills.

- Call students' attention to the lexical variations feature. You may wish to bring in film or audio samples from the Film Collection, local TV and radio, or online resources to expose students to lexical variations and regional accents.

- Use the **Découvrons...** feature to highlight famous people, "must-see" locations, festivals, customs, and so forth, in each country or region. (Note that in **Leçon 1** this feature is titled **La francophonie aux USA**.) Encourage students to bring in photographs from their own travels or assign group projects to research important cities, parks, architecture, or museums, depending on the theme of each lesson.

- Check comprehension using the **Qu'avez-vous appris?** feature.

- Many of the strategies that apply to working successfully with the short films in **Court métrage** also apply to the **Le Zapping** video clips. See p. IAE-10 for suggestions.

- Depending on your teaching preferences and time constraints, you may wish to use all of the **Projet** activities in the text or you might select some for large oral projects. Through the Supersite, student groups can access all the information they need to prepare projects outside class, freeing up time for oral presentations and discussion. You may choose to have all students complete each **Projet** or you may assign one or two small groups for each lesson.

- Use the **Compréhension** activity to quickly check that students understood the content of the **Galerie de créateurs** paragraphs, then allow them to select one of the **Rédaction** topics for writing practice. Direct students to the Supersite for additional information about the cultural figures from the **Galerie de créateurs**. Print out additional examples of artists' work for use in class discussion. You may wish to incorporate additional readings from **Galerie de créateurs** authors into the **Littérature** section of the text. The films of famous directors and actors can be assigned for outside viewing and integrated with the **Court métrage** section.

Suggestions for Using *Structures* and *Fiches de grammaire*

Grammar Explanations

- Explain the grammar in French and try to keep explanations to a minimum, about five to ten minutes for each point. Grammar explanations can be assigned for homework so that class time can be devoted to the **Mise en pratique** and **Communication** activities.

- Introduce new grammar in context, using short narrations, guided discussions, brief readings, or realia. Call on students to share what they already know about each grammar point.

- Use other sections of the text to introduce or reinforce grammatical concepts. Pause the **Court métrage** film to discuss uses of each grammatical structure or have students jot down examples as they watch. Where possible, have students underline key grammatical structures as they read the **Culture** and **Littérature** selections.

Mise en pratique, Communication, and *Synthèse*

- The **Mise en pratique** activities can be done orally as a class, in pairs, or in groups. They may also be assigned as written homework. Remind students that the activities with a mouse icon are also on the Supersite, where they can self-check their answers.

- Insist on the use of French for all pair and group activities. Encourage students to use language creatively.

- Have students form pairs or groups quickly or assign them yourself for variety. Allow sufficient time for **Communication** activities (between five and ten minutes), but do not give students too much time or they may lapse into English and socialize. Always give students a time limit for an activity before they begin.

- Circulate around the room to answer questions and keep students on task.

- Use **Synthèse** activities to review all three grammar points and make connections with the theme, vocabulary, and culture of the lesson. Encourage debate and open discussion.

Fiches de grammaire

- Use the supplemental grammar points according to your own teaching preferences, students' needs, and time constraints. Assign topics for individual review or incorporate them into classroom instruction. The **Fiches de grammaire** topics may also be assigned as homework.

- Point out the references to related **Fiches de grammaire** topics in the **Bloc-notes** sidebars of the Student Text. The supplemental grammar points may be presented sequentially, in conjunction with the **Structures** section of each lesson, or you may pick and choose from the topics covered as individual and classroom needs arise.

- When grading writing assignments, refer students to **Fiches de grammaire** topics in response to common errors or individual concerns. Have students use the **Fiches de grammaire** as a tool for revision or when editing each other's work.

Suggestions for Using
Culture and *Littérature*

Préparation

- Preview the vocabulary in **Préparation** using the activities provided and the suggestions for teaching vocabulary on page IAE-9.
- For **Culture**, refer students to the **Imaginez** section for background information and cultural context. For **Littérature**, read the background information about each author.
- Introduce important themes and literary techniques used in the reading and call attention to genre and style. Encourage students to think about other works they have read in French or English from the same genre or that make use of similar themes and techniques.

Cultural and Literary Readings

- Talk to students about how to become effective readers in French. Point out the importance of using reading strategies. Encourage them to read every selection more than once. Explain that they should read the entire text through first to gain a general understanding of the plot or main ideas and the theme(s) without stopping to look up words. Then, they should read the text again for a more in-depth understanding of the material.
- Discourage students from translating the readings into English and relying on a dictionary. Tell them that reading directly in the language will help them grasp the meaning better and improve their ability to discuss the reading in French.
- Use the reading to reinforce the themes, vocabulary, grammar points, and/or regional focus of each lesson.

Analyse

- Have students scan the comprehension questions before reading, then pause after each paragraph to ask related questions. Ask students to summarize the reading orally or in writing.
- For the **Rédaction** activities (and other writing assignments), have students maintain a writing portfolio so they can periodically review their progress. Have them create a running list of the most common grammatical or spelling errors they make when writing. They may then refer to the list when revising their work, or for peer editing. Explain your grading system for writing assignments. The following rubric could be used or adapted to suit your needs.

Evaluation			
Criteria	**Scale**		**Scoring**
Appropriate details	1 2 3 4 5	Excellent	18–20 points
Organization	1 2 3 4 5	Good	14–17 points
Use of vocabulary	1 2 3 4 5	Satisfactory	10–13 points
Grammatical accuracy	1 2 3 4 5	Unsatisfactory	<10 points

Course Planning

The **IMAGINEZ** program was developed keeping in mind the need for flexibility and manageability in a wide variety of academic situations. The following sample course plans illustrate how **IMAGINEZ** can be used in courses on semester or quarter systems. You should, of course, feel free to organize your courses in the way that best suits your students' needs and your instructional goals.

Two-Semester System

The following chart shows how **IMAGINEZ** can be completed in a two-semester course. Please see the **Table des matières** (pp. iv–ix) for a breakdown of the material covered in each lesson.

Semester 1	Semester 2
Leçons 1–5	Leçons 6–10

Quarter System

This chart illustrates how **IMAGINEZ** can be used in the quarter system. If you wish to have more time for review at the end of the course, you may choose to teach four lessons in the first quarter instead. Keep in mind, however, that you will need to adjust testing materials accordingly with the **Testing Program**.

Quarter 1	Quarter 2	Quarter 3
Leçons 1–3	Leçons 4–6	Leçons 7–10

Please access the Supersite at **vhlcentral.com** for program updates, lesson planning, and additional teaching support.

IMAGINEZ

le français sans frontières

SECOND EDITION

cours de français intermédiaire

Cherie Mitschke

VISTA
HIGHER LEARNING

Boston, Massachusetts

Publisher: José A. Blanco

Managing Editors: Rafael Ríos, Paola Ríos Schaaf (Technology)

Senior Project Manager: Armando Brito

Editor: Christian Biagetti (Technology)

Production and Design Director: Marta Kimball

Design Manager: Susan Prentiss

Design and Production Team: Sarah Cole, Oscar Díez, Paula Díez, Mauricio Henao, Jhoany Jiménez, Erik Restrepo, Nick Ventullo

Printed in Canada

Student Text ISBN-13: 978-1-60576-878-6
Student Text (Casebound) ISBN-13: 978-1-60576-879-3
Instructor's Annotated Edition ISBN-13: 978-1-60576-886-1
Library of Congress Card Number: 2010938159

1 2 3 4 5 6 7 8 9 TC 16 15 14 13 12 11 10

Introduction

Welcome to IMAGINEZ, Second Edition, an exciting intermediate French program designed to provide you with an active and rewarding learning experience as you continue to strengthen your language skills and develop your cultural competency.

Here are some of the key features you will find in **IMAGINEZ**:

- A cultural focus integrated throughout the entire lesson

- Engaging short-subject dramatic films by contemporary francophone filmmakers that carefully tie in the lesson theme

- A fresh, magazine-like design and lesson organization that both supports and facilitates language learning

- An abundance of photos, illustrations, charts, and diagrams, all specifically chosen or created to help you learn

- An emphasis on authentic language and practical vocabulary for communicating in real-life situations

- Numerous guided and communicative activities

- Clear, comprehensive, and well-organized grammar explanations that highlight the most important concepts in intermediate French

- A built-in, optional **Fiches de grammaire** section for reference, review, and additional practice

- Authentic video clips from the francophone world

- A highly structured easy-to-navigate design based on spreads of two facing pages

- Short and comprehensible literary and cultural readings that celebrate the diversity of the francophone world

- A complete set of print and technology ancillaries to equip you with the materials you need to make learning French easier

TABLE DES MATIÈRES

SOMMAIRE

outlines the content and features of each lesson

LEÇON **2**

Habiter en ville

Ah, l'attrait de la grande ville! Depuis des années, la campagne perd ses habitants. Qu'implique la vie urbaine, en fait? Est-il nécessairement plus facile de rencontrer des gens en ville qu'à la campagne? Oui, habiter en ville, c'est pratique... mais à quel prix?

Sur l'avenue des Champs-Élysées, des Parisiens sortent du métro en face de l'Arc de Triomphe.

SOMMAIRE

44 COURT MÉTRAGE
Un beau jour, à Lyon, une jeune femme pense trouver l'amour de sa vie dans le métro. Le réalisateur **Philippe Orreindy** nous fait participer à cette rencontre dans *J'attendrai le suivant...*

50 IMAGINEZ
Vous avez envie de visiter la France, mais vous ne savez pas où aller? Pas de problème! Destination: Marseille et Lyon, deux grandes cités qui se disputent le titre de deuxième ville de France. Toujours indécis? Le célèbre photographe **Yann Arthus-Bertrand** prend de l'altitude et nous expose sa vision singulière du monde.

69 CULTURE
L'article *Rythme dans la rue: La fête de la Musique* nous parle d'un phénomène culturel majeur qui a débuté en France et qui s'est développé dans d'autres pays.

73 LITTÉRATURE
La terre tremble un après-midi de janvier et Haïti ne sera plus le même pays. L'écrivain haïtien **Dany Laferrière** a vécu la tragédie et nous la raconte dans *Tout bouge autour de moi*.

Destination:
FRANCE

42 POUR COMMENCER

56 STRUCTURES

   2.1 Reflexive and reciprocal verbs

   2.2 Descriptive adjectives and adjective agreement

   2.3 Adverbs

79 VOCABULAIRE

Habiter en ville   41

Lesson opener A two-page spread introduces you to the lesson theme with a dynamic photo and a theme-related introductory paragraph ideal for class discussion.

Destination A locator map highlights the country or region of study.

Lesson overview Brief paragraphs provide you with a synopsis of each section in the lesson.

POUR COMMENCER

introduces the thematic lesson vocabulary with engaging activities

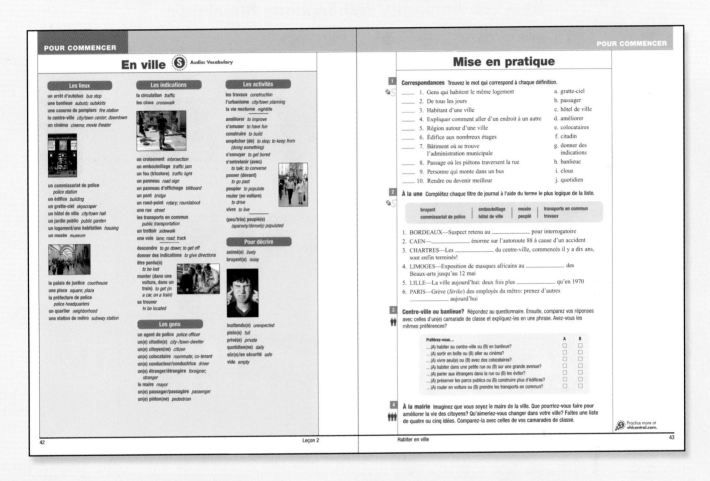

Photos and Illustrations
Dynamic, full-color photos or art visually illustrate selected vocabulary terms.

Vocabulary Easy-to-study thematic lists present useful vocabulary.

Mise en pratique This set of activities practices vocabulary in diverse formats and engaging contexts.

Icons The icons provide on-the-spot visual cues for pair or small group activities and supplemental materials on the **IMAGINEZ** Supersite. Mouse icons identify activities also on the Supersite for self-correction.

COURT MÉTRAGE

features an award-winning, short-subject dramatic film by a contemporary francophone filmmaker

Posters Dynamic and eye-catching movie posters visually introduce the film.

Scènes A synopsis of the film's plot with captioned video stills prepares you visually for the film and introduces some of the expressions you will encounter.

Note culturelle These sidebars provide relevant cultural information related to the **Court métrage**.

PRÉPARATION & ANALYSE

reinforce and expand upon the Court métrage

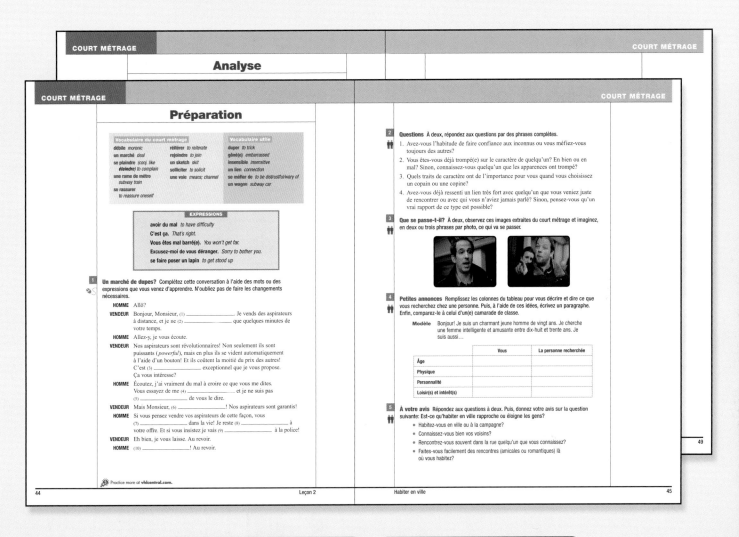

Préparation Pre-viewing activities set the stage for the short-subject film and provide key background information, facilitating comprehension.

Vocabulaire This section features the words that you will encounter and actively use in the **Court métrage** section.

Expressions This feature highlights phrases and expressions useful in understanding the film.

Analyse Post-viewing activities go beyond checking comprehension, allowing you to explore and analyze broader themes.

IMAGINEZ

simulates a voyage to the featured country or region

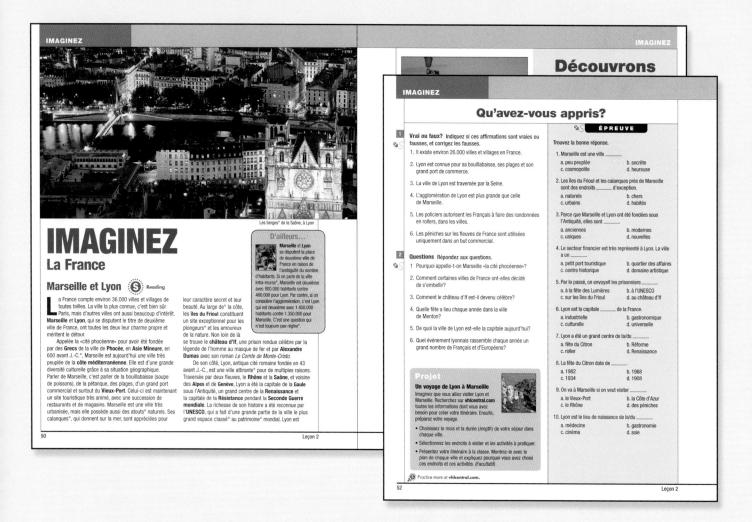

Magazine-like design
Each reading is presented in the attention-grabbing visual style you would expect from a magazine.

Country- and Region-specific readings
High-interest readings draw your attention to culturally significant aspects of the country or region.

D'ailleurs…
These boxes provide key information to understanding the context of the reading.

Lexical variations
Terms and expressions specific to the country or region are highlighted in easy-to-reference lists.

Qu'avez-vous appris?
Post-reading activities check your comprehension of the readings.

Projet
Task-based projects encourage you to investigate the country or region further, connecting real-world learning to the classroom.

LE ZAPPING

features video clips from the francophone world

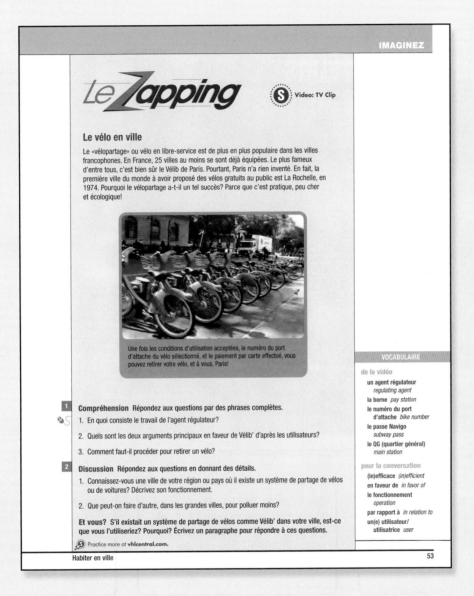

le Zapping

S Video: TV Clip

Le vélo en ville

Le «vélopartage» ou vélo en libre-service est de plus en plus populaire dans les villes francophones. En France, 25 villes au moins se sont déjà équipées. Le plus fameux d'entre tous, c'est bien sûr le Vélib de Paris. Pourtant, Paris n'a rien inventé. En fait, la première ville du monde à avoir proposé des vélos gratuits au public est La Rochelle, en 1974. Pourquoi le vélopartage a-t-il un tel succès? Parce que c'est pratique, peu cher et écologique!

Une fois les conditions d'utilisation acceptées, le numéro du port d'attache du vélo sélectionné, et le paiement par carte effectué, vous pouvez retirer votre vélo, et à vous, Paris!

1 Compréhension Répondez aux questions par des phrases complètes.

1. En quoi consiste le travail de l'agent régulateur?

2. Quels sont les deux arguments principaux en faveur de Vélib' d'après les utilisateurs?

3. Comment faut-il procéder pour retirer un vélo?

2 Discussion Répondez aux questions en donnant des détails.

1. Connaissez-vous une ville de votre région ou pays où il existe un système de partage de vélos ou de voitures? Décrivez son fonctionnement.

2. Que peut-on faire d'autre, dans les grandes villes, pour polluer moins?

Et vous? S'il existait un système de partage de vélos comme Vélib' dans votre ville, est-ce que vous l'utiliseriez? Pourquoi? Écrivez un paragraphe pour répondre à ces questions.

Practice more at **vhlcentral.com.**

VOCABULAIRE

de la vidéo

un agent régulateur
regulating agent
la borne *pay station*
le numéro du port d'attache *bike number*
le passe Navigo
subway pass
le QG (quartier général)
main station

pour la conversation

(in)efficace *(in)efficient*
en faveur de *in favor of*
le fonctionnement
operation
par rapport à *in relation to*
**un(e) utilisateur/
utilisatrice** *user*

Habiter en ville

53

Le Zapping This section features video clips in French—commercials, news reports, etc.—supported by background information and images from the videos.

Compréhension et Discussion Post-viewing activities check your understanding of the video clip's content and provide discussion items to expand on its themes.

GALERIE DE CRÉATEURS

highlights important cultural and artistic figures from the country or region

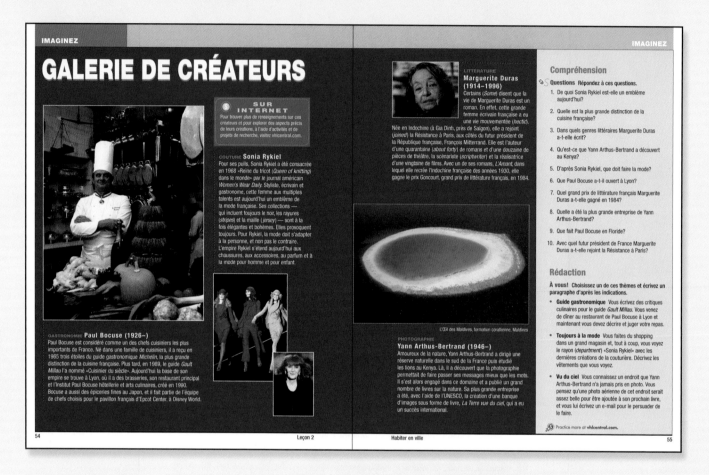

Profiles Brief paragraphs provide a synopsis of the featured people's lives and cultural importance.

Sur Internet This box directs you to more in-depth information about the people and Internet activities on the **IMAGINEZ** Supersite for additional avenues of discovery.

Compréhension et Rédaction Post-reading activities check your understanding of the paragraphs' content and provide topics for writing assignments that go beyond the basic information.

STRUCTURES

reviews and introduces grammar points key to intermediate French in a graphic-intensive format

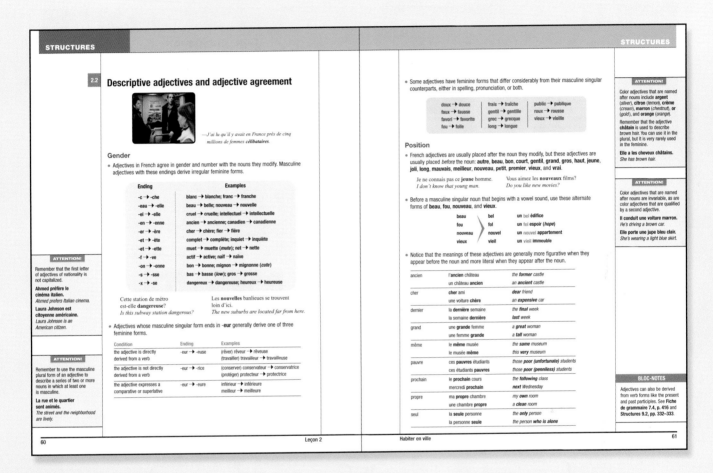

Integration of *Court métrage* Photos with quotes or captions from the lesson's short film show the new grammar structures in meaningful and relevant contexts.

Charts and diagrams Easy-to-understand charts and diagrams highlight key grammatical structures and related vocabulary.

Grammar explanations Explanations are written in clear, comprehensible language for easy understanding and reference both in and out of class.

Attention! These sidebars provide you with on-the-spot linguistic or language-learning information related to the grammar point.

Bloc-notes These sidebars reference other grammar points relevant to the structures presented and refer you to the supplemental **Fiches de grammaire** found at the end of the book.

STRUCTURES

provides directed and communicative practice

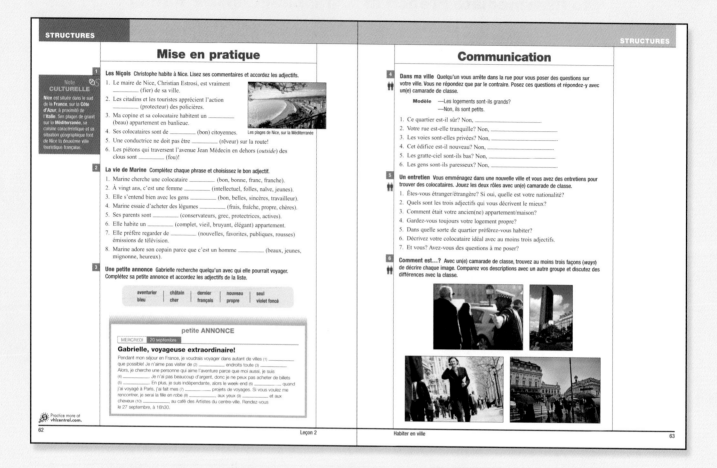

Mise en pratique Meaningful, guided activities support you as you begin working with the grammar structures.

Communication Open-ended, communicative activities help you internalize the grammar point in a range of contexts involving pair and group work.

Fiches de grammaire Additional grammar points related to those taught in **Structures** are included at the end of the book for review and/or enrichment.

Note culturelle These sidebars expand coverage of the francophone world with additional cultural information.

SYNTHÈSE

brings together the vocabulary, grammar, and lesson theme in a variety of contexts

Synthèse **⑤** Reading

Un rendez-vous inattendu

Depuis un bon moment, je me rends compte que je ne vais presque jamais en ville! J'habite dans une belle ville animée, pourtant je reste trop souvent à la maison, le soir et le week-end. Je m'ennuie! Il est évident qu'il faut faire des projets…

Je décide donc de me lever tôt parce que j'ai rendez-vous avec cette ville merveilleuse! Je me réveille précisément à 7h00. Je me lave et je me rase juste avant de prendre tranquillement un bon petit-déjeuner: du thé chaud et des fruits frais. Je m'habille rapidement. Je mets un jean, une chemise blanche, et un pull bleu. Ensuite, je prends mon sac à dos et je m'en vais!

À la station de métro près de chez moi, j'achète un carnet de dix tickets parce que ça coûte moins cher. En attendant° le prochain train, j'aperçois sur le quai° une jolie musicienne folklorique qui chante agréablement et joue de la guitare. La musique de la charmante jeune femme est mélodieuse mais son chapeau est vide! Je lui laisse quelques modestes pièces. Je me demande comment elle s'appelle, mais je suis tellement timide que je reste muet. Fâché contre moi-même, je monte dans le métro sans rien dire.

Je passe une matinée passionnante au centre-ville. Je vois des tableaux splendides et de belles sculptures au musée d'art moderne. L'après-midi, je me perds complètement! Avant même que je demande des indications, un conducteur sympa m'indique que l'édifice juste en face de moi, c'est l'hôtel de ville. Heureusement, je m'oriente facilement.

Il est tard et je suis fatigué, alors je me détends dans le parc municipal. Tout à coup, la belle musicienne du métro se présente devant moi. Nous nous regardons longuement. Ensuite, nous nous parlons!

Une fin de journée inoubliable et inattendue en ville… j'espère en vivre d'autres comme celle-là! ■

While waiting for
platform

1 **Qu'avez-vous compris?** Répondez aux questions par des phrases complètes.

1. Pourquoi le jeune homme a-t-il rendez-vous avec sa ville?

2. Comment va-t-il de sa maison jusqu'au centre-ville?

3. Qui aperçoit-il sur le quai du métro?

2 **À vous de raconter** À deux, inspirez-vous des questions pour continuer l'histoire.

1. Comment est le jeune homme qui raconte cette histoire?

2. Que fait-il de son après-midi à part se perdre en ville? Où va-t-il?

3. Quand est-ce que le jeune homme et la charmante musicienne vont se revoir? Qu'est-ce qu'ils vont faire?

3 **L'inattendu** Avez-vous récemment vécu une coïncidence ou une situation inattendue? Écrivez un paragraphe de cinq ou six lignes qui explique ce qui vous est arrivé. Employez des adverbes dans votre description. Ensuite, racontez votre histoire par petits groupes.

68   Leçon 2

Reading Theme-related readings and realia reinforce the grammar structures and lesson vocabulary in a short, captivating format.

Activities This section integrates the three grammar points of the lesson, providing built-in, consistent review and recycling as you progress though the text.

CULTURE

presents a cultural reading tied to the lesson theme

CULTURE

CULTURE

Ⓢ Audio: Reading

Rythme dans la rue:

La fête de la Musique

Le 21 juin 1982, le Ministre de la Culture, Jack Lang, a inauguré la fête de la Musique, destinée à promouvoir la musique au quotidien, en France. Plus manifestation musicale que festival, cette fête encourage les musiciens amateurs et professionnels à descendre dans la rue et à partager leur musique avec le public.

La France s'y connaît en manifestations. Ses citoyens descendent le plus souvent dans la rue pour exprimer leur colère. Mais le 21 juin, la rue devient, pendant toute une journée, un lieu où s'exprime sa joie et l'amour de la musique, et où on célèbre l'arrivée de l'été.

Le ministère de la Culture et de la Communication supervise l'organisation de cette fête, aujourd'hui l'un des événements les plus importants de France. La principale fonction du ministère dans cette manifestation est d'organiser de grands concerts de musiciens professionnels, sur les places ou dans les édifices publics des grandes villes. La place de la République à Paris et la place Bellecour à Lyon, par exemple, deviennent des lieux de concerts de rock en plein air, alors que° les musées, les écoles et les hôpitaux accueillent° des spectacles moins importants. On trouve partout en France d'autres événements plus modestes. Ceux-ci sont en grande partie organisés par des personnes ou des groupes de personnes, avec le soutien du ministère. Une promenade en ville peut amener° à la rencontre d'un groupe d'enfants qui chantent devant leur école, d'étudiants en musique qui testent leur dernière composition sur le trottoir ou d'un cadre qui saisit l'occasion de montrer ses talents de guitariste.

Tous les concerts et spectacles de la fête de la Musique sont gratuits, ce qui permet aux Français de tous âges et de toutes catégories socioprofessionnelles d'y participer. Cela crée une ambiance populaire et conviviale.

Un des buts° de la fête de la Musique est de révéler les musiques du monde. Elle prête autant d'attention à la musique contemporaine qu'aux genres musicaux plus traditionnels. Par exemple, on trouve un DJ de musique électronique à deux rues d'un quatuor à cordes°, ou on peut voir une fanfare passer devant un concert de rap. Le reggae, le jazz, la musique classique, le funk, la pop, l'opéra, le hip-hop, le hard rock... tous les genres y sont représentés. C'est ce côté éclectique qui donne de l'intérêt à cette célébration.

Au cours de° son histoire, la France a connu peu d'événements qui aient réussi à rassembler les Français. Mais en voilà un qui relève le défi° chaque année, depuis plusieurs décennies. On voit ce désir d'unir les gens s'étendre toujours plus loin. La fête de la Musique a eu un tel° succès en France que depuis 1985, à l'occasion de l'Année européenne de la musique, des villes comme Berlin, Bruxelles, Rome et Londres organisent leur propre manifestation, le même jour. Aujourd'hui, le 21 juin représente la célébration de la musique dans plus de cent pays. Cela prouve que cette fête de la joie a encore un bel avenir devant elle. ∎

while
host
lead
goals
string quartet
in the course of
rises to the challenge
such

La rue devient, pendant toute une journée, un lieu où on exprime sa joie.

Faites de la musique

Ce slogan est particulièrement bien choisi. C'est un jeu de mots qui illustre la raison pour laquelle la fête de la Musique a été créée: permettre à tout le monde d'y participer, d'une manière ou d'une autre.

70

Leçon 2

Habiter en ville

71

Reading Comprehensible readings present you with additional cultural information related to the lesson theme and country or region of focus.

Photos Vibrant, eye-catching photos visually illustrate the reading.

Glosses Definitions of unfamiliar words aid in comprehension without interrupting the reading flow.

LITTÉRATURE

provides literary readings by well-known writers from across the francophone world

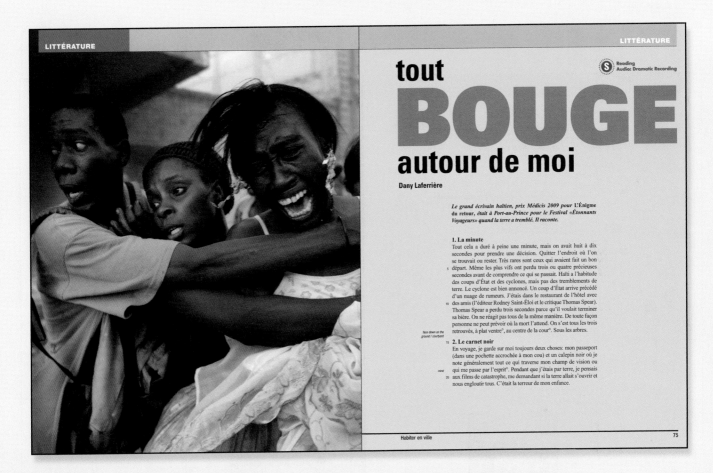

LITTÉRATURE

LITTÉRATURE

tout
BOUGE
autour de moi

Dany Laferrière

🔊 Reading
Audio: Dramatic Recording

Le grand écrivain haïtien, prix Médicis 2009 pour L'Énigme du retour, était à Port-au-Prince pour le Festival «Étonnants Voyageurs» quand la terre a tremblé. Il raconte.

1. La minute
Tout cela a duré à peine une minute, mais on avait huit à dix secondes pour prendre une décision. Quitter l'endroit où l'on se trouvait ou rester. Très rares sont ceux qui avaient fait un bon départ. Même les plus vifs ont perdu trois ou quatre précieuses secondes avant de comprendre ce qui se passait. Haïti a l'habitude des coups d'État et des cyclones, mais pas des tremblements de terre. Le cyclone est bien annoncé. Un coup d'État arrive précédé d'un nuage de rumeurs. J'étais dans le restaurant de l'hôtel avec des amis (l'éditeur Rodney Saint-Éloi et le critique Thomas Spear). Thomas Spear a perdu trois secondes parce qu'il voulait terminer sa bière. On ne réagit pas tous de la même manière. De toute façon personne ne peut prévoir où la mort l'attend. On s'est tous les trois retrouvés, à plat ventre°, au centre de la cour°. Sous les arbres.

face down on the ground / courtyard

2. Le carnet noir
En voyage, je garde sur moi toujours deux choses: mon passeport (dans une pochette accrochée à mon cou) et un calepin noir où je note généralement tout ce qui traverse mon champ de vision ou qui me passe par l'esprit°. Pendant que j'étais par terre, je pensais aux films de catastrophe, me demandant si la terre allait s'ouvrir et nous engloutir tous. C'était la terreur de mon enfance.

mind

Habiter en ville 75

Littérature Thought-provoking, yet comprehensible readings present new avenues for using the lesson's grammar, vocabulary, and themes.

Design Each reading is presented in the attention-grabbing visual style you would expect from a magazine, along with glosses of unfamiliar words that aid in comprehension.

PRÉPARATION & ANALYSE

activities provide in-depth pre-reading and post-reading support for each selection in Culture and Littérature

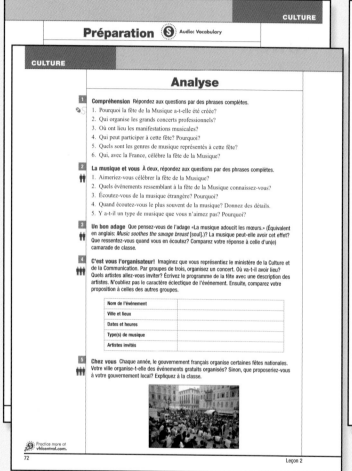

CULTURE

Préparation 🎧 Audio: Vocabulary

CULTURE

Analyse

1 **Compréhension** Répondez aux questions par des phrases complètes.
1. Pourquoi la fête de la Musique a-t-elle été créée?
2. Qui organise les grands concerts professionnels?
3. Où ont lieu les manifestations musicales?
4. Qui peut participer à cette fête? Pourquoi?
5. Quels sont les genres de musique représentés à cette fête?
6. Qui, avec la France, célèbre la fête de la Musique?

2 **La musique et vous** À deux, répondez aux questions par des phrases complètes.
1. Aimeriez-vous célébrer la fête de la Musique?
2. Quels événements ressemblant à la fête de la Musique connaissez-vous?
3. Écoutez-vous de la musique étrangère? Pourquoi?
4. Quand écoutez-vous le plus souvent de la musique? Donnez des détails.
5. Y a-t-il un type de musique que vous n'aimez pas? Pourquoi?

3 **Un bon adage** Que pensez-vous de l'adage «La musique adoucit les mœurs.» (Équivalent en anglais: *Music soothes the savage breast* [soul].)? La musique peut-elle avoir cet effet? Que ressentez-vous quand vous en écoutez? Comparez votre réponse à celle d'un(e) camarade de classe.

4 **C'est vous l'organisateur!** Imaginez que vous représentez le ministère de la Culture et de la Communication. Par groupes de trois, organisez un concert. Où va-t-il avoir lieu? Quels artistes allez-vous inviter? Écrivez le programme de la fête avec une description des artistes. N'oubliez pas le caractère éclectique de l'événement. Ensuite, comparez votre proposition à celles des autres groupes.

Nom de l'événement	
Ville et lieux	
Dates et heures	
Type(s) de musique	
Artistes invités	

5 **Chez vous** Chaque année, le gouvernement français organise certaines fêtes nationales. Votre ville organise-t-elle des événements gratuits organisés? Sinon, que proposeriez-vous à votre gouvernement local? Expliquez à la classe.

Practice more at vhlcentral.com.

72 — Leçon 2

LITTÉRATURE

Analyse

LITTÉRATURE

Préparation

À propos de l'auteur

Dany Laferrière est né à Port-au-Prince, en Haïti, le 13 avril 1953. Il est d'abord chroniqueur culturel à l'hebdomadaire *Le Petit Samedi Soir* et à Radio-Haïti-Inter. Puis quand son ami Gasner Raymond se fait assassiner, il quitte Haïti et s'installe à Montréal, au Canada. Il poursuit sa carrière d'écrivain et de chroniqueur à la radio et à la télévision. En 2009, il reçoit le Prix Médicis pour son roman *L'Énigme du retour*. Le 12 janvier 2010, Laferrière se trouve en Haïti, mais il échappe au tremblement de terre sain et sauf (*safe and sound*).

Vocabulaire de la lecture
le béton *concrete*
un calepin *notebook*
la conduite *behavior*
un cyclone *hurricane*
dormir à la belle étoile *to sleep outdoors*
engloutir *to swallow*
exigu/exiguë *small*

les plus vifs *those who reacted the fastest*
piégé(e) *trapped*
des secousses *tremors*
un tremblement de terre *earthquake*
un tressaillement du sol *earth tremor*

Vocabulaire utile
un(e) blessé(e) *injured person*
une catastrophe naturelle *natural disaster*
un(e) disparu(e) *missing person*
un(e) rescapé(e) *survivor*
un(e) sans-abri *homeless person*
les secours *rescue workers*
trembler *to shake*

1 **Synonymes** Pour chaque mot ou expression de la colonne A, trouvez le terme équivalent de la colonne B.
_____ 1. calepin   a. comportement
_____ 2. conduite   b. rapide
_____ 3. vif   c. petit
_____ 4. exigu   d. absorber, dévorer
_____ 5. engloutir   e. dehors
_____ 6. à la belle étoile   f. cahier

2 **Vrai ou faux?** Lisez ces phrases avec un(e) partenaire et dites si elles sont vraies ou fausses. Corrigez ensemble les phrases fausses.
1. Il y a des tressaillements du sol pendant un tremblement de terre.
2. Si on est piégé sous le béton après un tremblement de terre, il faut appeler les secours.
3. Les personnes dont les maisons ont été détruites en Haïti sont maintenant blessées.
4. Les sécheresses (*droughts*) sont souvent le résultat de cyclones.
5. Les sans-abri vont probablement dormir à la belle étoile.
6. Il y a des secousses sismiques pendant une tornade.
7. Les tremblements de terre et les cyclones sont des catastrophes naturelles.

3 **Qu'en savez-vous?** Par groupes de trois, faites un résumé de ce que vous savez au sujet du tremblement de terre qui a eu lieu en Haïti en 2010. Utilisez au moins huit mots et expressions du nouveau vocabulaire.

Practice more at vhlcentral.com.

Note CULTURELLE
Le 12 janvier 2010, un tremblement de terre de magnitude 7,0 frappe l'ouest d'Haïti et sa capitale, Port-au-Prince. Il est rapidement suivi de dizaines de secousses secondaires et d'un deuxième tremblement de terre. Il s'agit du séisme le plus meurtrier de l'histoire d'Haïti. Le bilan (*toll*) de ce cataclysme est estimé à plus de 200.000 morts, 300.000 blessés et 1.000.000 de sans-abri.

Habiter en ville — 73

Préparation Helpful lists highlight active vocabulary that you will encounter in each reading, as well as other words that might prove useful for discussions. Diverse activities then allow you to practice the vocabulary.

À propos de l'auteur A brief description of the author gives you background information about the writer and the reading.

Analyse Post-reading activities check your understanding and motivate you to discuss the topic of the reading, express your opinions, and explore how it relates to your own experiences.

Rédaction A guided writing assignment concludes every **Littérature** section.

VOCABULAIRE

summarizes the active vocabulary in each lesson

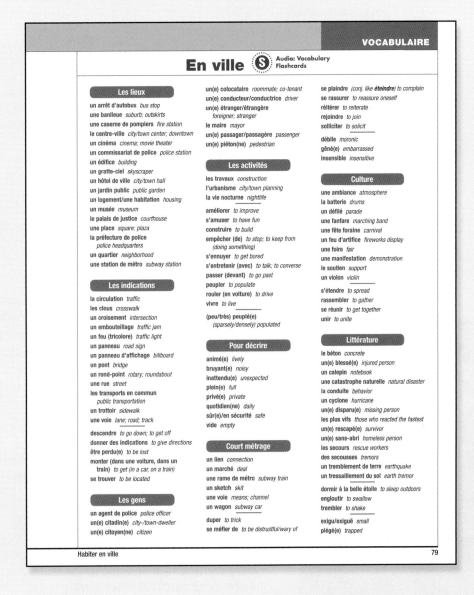

En ville
Audio: Vocabulary Flashcards

Les lieux

un arrêt d'autobus *bus stop*
une banlieue *suburb; outskirts*
une caserne de pompiers *fire station*
le centre-ville *city/town center; downtown*
un cinéma *cinema; movie theater*
un commissariat de police *police station*
un édifice *building*
un gratte-ciel *skyscraper*
un hôtel de ville *city/town hall*
un jardin public *public garden*
un logement/une habitation *housing*
un musée *museum*
le palais de justice *courthouse*
une place *square; plaza*
la préfecture de police *police headquarters*
un quartier *neighborhood*
une station de métro *subway station*

Les indications

la circulation *traffic*
les clous *crosswalk*
un croisement *intersection*
un embouteillage *traffic jam*
un feu (tricolore) *traffic light*
un panneau *road sign*
un panneau d'affichage *billboard*
un pont *bridge*
un rond-point *rotary; roundabout*
une rue *street*
les transports en commun *public transportation*
un trottoir *sidewalk*
une voie *lane; road; track*

descendre *to go down; to get off*
donner des indications *to give directions*
être perdu(e) *to be lost*
monter (dans une voiture, dans un train) *to get (in a car, on a train)*
se trouver *to be located*

Les gens

un agent de police *police officer*
un(e) citadin(e) *city-/town-dweller*
un(e) citoyen(ne) *citizen*

un(e) colocataire *roommate; co-tenant*
un(e) conducteur/conductrice *driver*
un(e) étranger/étrangère *foreigner; stranger*
le maire *mayor*
un(e) passager/passagère *passenger*
un(e) piéton(ne) *pedestrian*

Les activités

les travaux *construction*
l'urbanisme *city/town planning*
la vie nocturne *nightlife*

améliorer *to improve*
s'amuser *to have fun*
construire *to build*
empêcher (de) *to stop; to keep from (doing something)*
s'ennuyer *to get bored*
s'entretenir (avec) *to talk; to converse*
passer (devant) *to go past*
peupler *to populate*
rouler (en voiture) *to drive*
vivre *to live*

(peu/très) peuplé(e) *(sparsely/densely) populated*

Pour décrire

animé(e) *lively*
bruyant(e) *noisy*
inattendu(e) *unexpected*
plein(e) *full*
privé(e) *private*
quotidien(ne) *daily*
sûr(e)/en sécurité *safe*
vide *empty*

Court métrage

un lien *connection*
un marché *deal*
une rame de métro *subway train*
un sketch *skit*
une voie *means; channel*
un wagon *subway car*

duper *to trick*
se méfier de *to be distrustful/wary of*

se plaindre *(conj. like **éteindre**) to complain*
se rassurer *to reassure oneself*
réitérer *to reiterate*
rejoindre *to join*
solliciter *to solicit*

débile *moronic*
gêné(e) *embarrassed*
insensible *insensitive*

Culture

une ambiance *atmosphere*
la batterie *drums*
un défilé *parade*
une fanfare *marching band*
une fête foraine *carnival*
un feu d'artifice *fireworks display*
une foire *fair*
une manifestation *demonstration*
le soutien *support*
un violon *violin*

s'étendre *to spread*
rassembler *to gather*
se réunir *to get together*
unir *to unite*

Littérature

le béton *concrete*
un(e) blessé(e) *injured person*
un calepin *notebook*
une catastrophe naturelle *natural disaster*
la conduite *behavior*
un cyclone *hurricane*
un(e) disparu(e) *missing person*
les plus vifs *those who reacted the fastest*
un(e) rescapé(e) *survivor*
un(e) sans-abri *homeless person*
les secours *rescue workers*
des secousses *tremors*
un tremblement de terre *earthquake*
un tressaillement du sol *earth tremor*

dormir à la belle étoile *to sleep outdoors*
engloutir *to swallow*
trembler *to shake*

exigu/exiguë *small*
piégé(e) *trapped*

Habiter en ville

79

IMAGINEZ Film Collection

Fully integrated with your textbook, the **IMAGINEZ** Film Collection contains short-subject films by francophone filmmakers that are the basis for the pre- and post-viewing activities in the **Court métrage** section of each lesson. These films offer entertaining and thought-provoking opportunities to build your listening comprehension skills and your cultural knowledge of French speakers and the francophone world.

Besides providing entertainment, the films serve as a useful learning tool. As you watch the films, you will observe characters interacting in various situations, using real-world language that reflects the lesson themes as well as the vocabulary and grammar you are studying.

Film Synopses

LEÇON 1
Le Télégramme
(France; 12 minutes)

In a remote village, two mothers with sons in the war impatiently await telegrams bringing news from the front. When the postman appears, the two women can see only one thing: the death that will inevitably knock on one of the village doors.

LEÇON 2
J'attendrai le suivant...
(France; 4.5 minutes)

Tonight's ride on the Lyons **métro** is far from ordinary for one young woman. She may have finally found love.

LEÇON 3
Émilie Muller
(France; 20 minutes)

When a young woman shows up for her first movie casting, the director surprises her with a number of personal questions. Will her thoughtful responses win her the part?

LEÇON 4
Bon anniversaire!
(France; 12 minutes)

It is both Ramadan and Walid's birthday when a figure from his past walks back into his life. Suddenly, Walid has to reevaluate family, friends, love, and religion as he goes through the motions of a normal day.

LEÇON 5
Samb et le commissaire
(Suisse; 15 minutes)

Police Commissioner Knöbel's holiday is interrupted by a report of a stolen soccer ball, and he finds himself face to face with an African boy named Samb.

LEÇON 6
De l'autre côté
(Algérie/France; 29 minutes)

Samir, the son of Algerian immigrants living in France, left home and became a lawyer. When he returns to the old neighborhood for his little brother's circumcision ceremony, he is confronted by an unexpected culture shock. While his life has taken on a new direction, Samir realizes that the lives of his friends and family have not.

LEÇON 7
Dépendance
(France; 7 minutes)

Samuel is a happy young man with the ideal girlfriend in Vanessa. When she gives him a computer for his birthday, it will change both of their lives—but not in the way Vanessa intended.

LEÇON 8
Le Ballon prisonnier
(France; 13 minutes)

Young Dylan Belgazi will one day become a professional soccer player. His father said so.

LEÇON 9
Bonbon au poivre
(France; 34 minutes)

In need of money, Annick, at age 50, is reduced to taking a training course to become a candy sales representative. Mélanie, who is in charge of the training, cannot tolerate Annick's reluctance to speak enthusiastically about the product. Conflict proves inevitable until an unexpected circumstance intervenes.

LEÇON 10
L'Homme qui plantait des arbres
(Québec, 30 minutes)

Elzéard Bouffier is a shepherd who lives in a remote valley in the Alps of Provence. A man of few words, he sets himself the task of transforming an arid landscape into a thriving forest, one seed at a time.

Icons

Familiarize yourself with these icons that appear throughout **IMAGINEZ**.

 Supersite content available   Pair activity

 Activity available on Supersite   Group activity

Text next to the Supersite icon will let you know exactly what type of content is available online. Additional practice on the Supersite, not included in the textbook, is indicated with this icon feature: *Practice more at* **vhlcentral.com.**

Student Ancillaries

Student Activities Manual

The Student Activities Manual consists of the Workbook, the Lab Manual, Video Activities, and Integrated Writing Activities. The Workbook activities provide additional practice of the vocabulary and grammar for each textbook lesson. They also reinforce the content of the **Imaginez** sections, including the main reading and the **Galerie de créateurs**. The Lab Manual activities for each textbook lesson focus on building your listening comprehension skills in French. They provide additional practice of the vocabulary, grammar points, and literary readings in each textbook lesson. The Video and Integrated Writing Activities provide writing topics to expand on those presented in the textbook.

Lab Audio Program

The Lab Audio Program, available as MP3 files on the **IMAGINEZ** Supersite, contains the recordings to be used with the activities of the Lab Manual.

Supersite (vhlcentral.com)

Free with each purchase of a new student text, the **IMAGINEZ, Second Edition** Supersite Access Code delivers a wide range of online resources to you. Audio, video, and auto-graded practice directly correlate to your textbook and go beyond it. See page xxviii for more information.

Supersite Plus

In addition to the resources on the **IMAGINEZ** Supersite, this option offers a WebSAM and Wimba Pronto. See p. xxviii.

Instructor Ancillaries

In addition to the student ancillaries, all of which are available to the instructor, these supplements are also available.

Instructor's Annotated Edition

The Instructor's Annotated Edition (IAE) provides a wealth of information designed to support classroom teaching. The IAE contains answers to exercises overprinted on the page, cultural information, suggestions for implementing and extending student activities, supplemental activities, and cross-references to student and instructor ancillaries.

Supersite (vhlcentral.com)

The **IMAGINEZ, Second Edition** Supersite provides a wealth of instructional resources, including a powerful gradebook and course management system. Here are some of the resources available for instructors on the Supersite.

- **Instructor's Resource Manual**

  The Instructor's Resource Manual contains teaching suggestions, lab audioscripts, **Court métrage** scripts and their English translations, plus SAM answer keys.

- **Testing Program with Audio**

  The Testing Program contains quizzes for each vocabulary and grammar strand of each of the textbook's ten lessons, tests for each lesson, semester exams, and quarter exams. All tests and exams include sections on listening comprehension, vocabulary, grammar, and communication. Optional **Court métrage** and **Imaginez** testing sections are also provided. Listening scripts, answer keys, and audio files are also included. The Testing Program is available in three formats: ready-to-print PDFs, editable word-processing files, and in a Test Generator.

- **Student Activities Manual Answer Key**

  This component includes answer keys for all discrete-answer activities in the Student Activities Manual.

Supersite Plus

In addition to the resources on the **IMAGINEZ** Supersite, this option offers a WebSAM and Wimba Pronto. See p. xxviii.

IMAGINEZ Film Collection DVD

This DVD contains the short-subject films by francophone filmmakers that are the basis for the pre- and post-viewing activities in the **Court métrage** strand of each lesson. All video content has subtitles and is also available online.

Supersite

The **IMAGINEZ** Supersite provides a wealth of resources for both students and instructors. Icons indicate exactly which resources are available on the Supersite for each strand of every lesson.

For Students

Student resources, available through a Supersite code, are provided free of charge with the purchase of a new student text. Here is an example of what you will find at **vhlcentral.com:**

- Activities from the student text, with auto-grading
- Additional practice for each and every textbook section   Practice more at **vhlcentral.com.**
- Record & Submit oral assessment activities
- The **IMAGINEZ** Film Collection in streaming video
- MP3 files for the complete **IMAGINEZ** Lab Program
- NEW! Oxford French Mini Dictionary
- NEW! Flashcards with audio
- NEW! Wimba Voice Board

For Instructors

Instructors have access to the entire student site, as well as these key resources:

- The Testing Program and Instructor Resources in downloadable and printable formats
- MP3 files for the complete **IMAGINEZ** Testing Program
- A robust course management system
- Voice Board capabilities for you to create additional activities
- And much, much more…

Supersiteplus

In addition to the resources already listed, Supersite Plus offers:

- **WebSAM** The online, interactive Student Activities Manual includes audio record-submit activities, auto-grading for select activities, and a single gradebook for Supersite and WebSAM activities.
- **Wimba Pronto** Extend communication beyond the classroom with this powerful tool that features synchronous chat, online tutoring, online office hour capabilities, and more.

Reviewers

On behalf of its author and editors, Vista Higher Learning expresses its sincere appreciation to the many instructors who reviewed **IMAGINEZ**. Their insights and detailed comments were invaluable to the final product.

Nicole Aas-Rouxparis
Lewis and Clark College, OR

Bonnie Adachi
St. Paul's School, MD

Cecilia Allen
Arlington Public Schools, VA

Elaine Ancekewicz
George Mason University, VA

Mary Jane Baughman
The Latin School of Chicago, IL

Kyra Beaver Mench
Eastbrook High School, IN

Pascale Birien
James Madison University, VA

Melissa Boudreau
John Hugh Gillis Regional High School, Nova Scotia, Canada

Amy Brotschul
The Kiski School, PA

Thomas Buresi
Southern Polytechnic State University, GA

Gwenola Caradec
University of Wisconsin, Madison, WI

Chantal Cassan-Moudoud
St. Andrew's Episcopal School, MD

Sylvain Chabra
University of South Carolina, SC

Matthieu ChanTsin
Coastal Carolina University, SC

Brigitte Codron
College of Charleston, SC

Amy Cornish
Pikes Peak Community College, CO

Naomi Danton
Arizona State University, AZ

Rita Davis
The Agnes Irwin School, PA

Vicki DeVries
Calvin College, MI

Amanda Dolphin
Helix Charter High School, CA

Olha Drobot
Lancaster Country Day School, PA

Dominique Duvert
Ohio University, OH

Béatrice Eldredge
Charlotte Country Day, SC

Mélanie Enkoff
Columbus East High School, IN

Eduardo Febles
Simmons College, MA

Shirley Flittie
Minneapolis Community and Technical College, MN

Lynda Fox
Perrysburg High School, OH

Françoise Frégnac-Clave
Washington and Lee University, VA

Barbara M. Galbraith
Wright State University, OH

Martha Goodge
University of Wisconsin, Madison, WI

Luc Guglielmi
Kennesaw State University, GA

Georgia Gurrieri
Seattle University, WA

Martha Haveron
Hamburg Central Schools, NY

Rose Marie Hawver
Shaker High School, NY

Corinne Hayes
Southwest Schools, OH

Béatrice N. Henrioulle
Washington State University, WA

Sherril Hixon
Cherry Creek Schools, CO

Jennifer Hollandbeck
Irvington Community HS/IU Kokomo, IN

Michael Houston
The Montclair Kimberley Academy, NJ

Amy L. Hubbell
Kansas State University, KS

Andrew Irving
University of Wisconsin, Madison, WI

Laura Jean
Belmont Public Schools, MA

Patrick Kinne
Bishop Grimes Junior/Senior High School, NY

Carrie Klaus
DePauw University, IN

Christophe Lagier
California State University, Los Angeles, CA

Maureen Lefèvre
Cromwell Public Schools, CT

William Leonard
Chatham Hall, VA

Lara Lomicka
University of South Carolina, SC

Michelle Martin
Brebeuf Jesuit Preparatory School, IN

Kathleen Meyer
Bemidji State University, MN

William Miller
Taft School, CT

Christine Moritz
University of Northern Colorado, CO

Starlight Murray
Mesa Verde High School, CA

Stéphane Natan
Rider University, NJ

Sylvia Newman
Cannon School, NC

Kory Olson
Richard Stockton College, PA

Anne Poncet-Montange
Bentley University, MA

Joseph Price
Texas Tech University, TX

Christiane E. Reese
Florida Atlantic University, Boca Raton, FL

Sheilagh Riordan
Florida Atlantic University, Jupiter, FL

Peggy Rocha
San Joaquin Delta College, CA

Jaymes Rohrer
Randolph College, VA

Marian Rothstein
Carthage College, WI

Catherine Schmitz
Wofford College, SC

Laura Scott
Lord Botetourt High School, VA

Sandra Simmons
University of Wisconsin, Madison, WI

Linda Smith
Dover High School, DE

Emese Soos
Tufts University, MA

Susan F. Spillman
Xavier University of Louisiana, LA

Phillip S. Stewart
The Elon School, NC

Bernadette Takano
University of Oklahoma, OK

Dominique Thévenin
University of Wisconsin, Eau Claire, WI

Viola Thomas
Tufts University, MA

Larry Thornton
Trinity College School, Ontario, Canada

Erin Toews
Rock Canyon High School, CO

Alan M. Tomaszewski
Malvern Preparatory School, PA

Flavia Vernescu
University of Northern Iowa, IA

Alexia Vikis
Northern Virginia Community College, VA

Karen Walsh
Chautauqua Lake Central School, NY

Catherine Webster
University of Central Oklahoma, OK

Kao-Ly Yang
California State University, Fresno, CA

Patricia Zema
The Pennington School, NJ

L'Amérique du Nord et du Sud

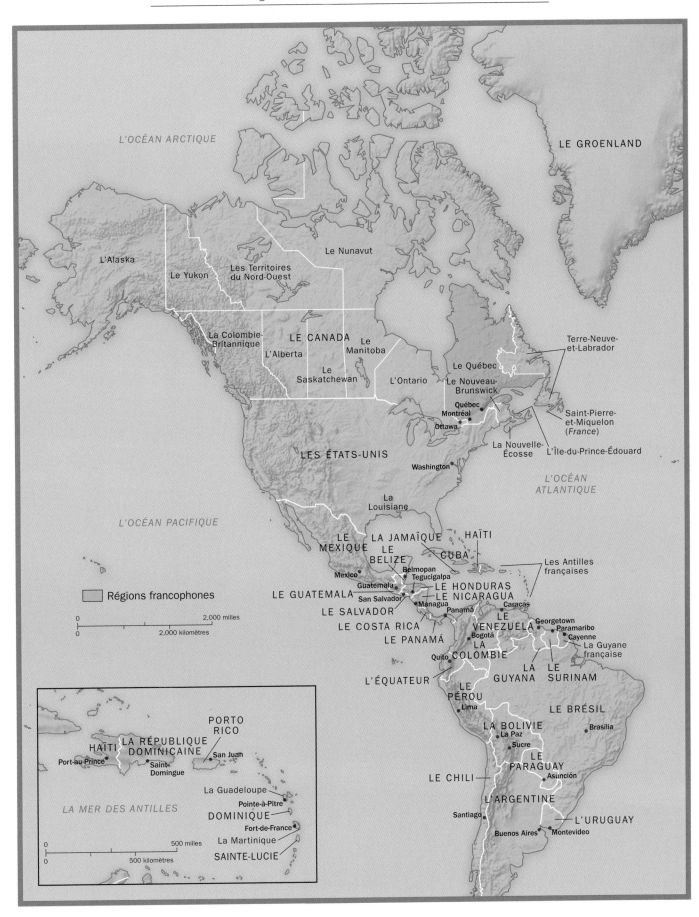

L'OCÉAN ARCTIQUE

LE GROENLAND

L'Alaska

Le Yukon

Les Territoires du Nord-Ouest

Le Nunavut

La Colombie-Britannique

LE CANADA

L'Alberta

Le Manitoba

Le Saskatchewan

L'Ontario

Le Québec

Terre-Neuve-et-Labrador

Le Nouveau-Brunswick

Québec

Montréal

Ottawa

Saint-Pierre-et-Miquelon (*France*)

La Nouvelle-Écosse

L'Île-du-Prince-Édouard

LES ÉTATS-UNIS

Washington

L'OCÉAN ATLANTIQUE

L'OCÉAN PACIFIQUE

La Louisiane

LE MEXIQUE

LA JAMAÏQUE

LE BELIZE

HAÏTI

CUBA

Les Antilles françaises

Mexico

Belmopan

Tegucigalpa

Guatemala

LE HONDURAS

LE GUATEMALA

San Salvador

LE NICARAGUA

Caracas

LE SALVADOR

Managua

Panamá

LE VENEZUELA

Georgetown

Paramaribo

LE COSTA RICA

Bogotá

Cayenne

La Guyane française

LE PANAMÁ

LA COLOMBIE

Quito

LA GUYANA

LE SURINAM

L'ÉQUATEUR

LE PÉROU

LE BRÉSIL

Lima

Brasília

LA BOLIVIE

La Paz

Sucre

LE PARAGUAY

LE CHILI

Asunción

L'ARGENTINE

Santiago

L'URUGUAY

Buenos Aires

Montevideo

Régions francophones

0   2,000 milles

0   2,000 kilomètres

PORTO RICO

LA RÉPUBLIQUE DOMINICAINE

San Juan

HAÏTI

Port-au-Prince

Saint Domingue

La Guadeloupe

Pointe-à-Pitre

LA MER DES ANTILLES

DOMINIQUE

Fort-de-France

La Martinique

SAINTE-LUCIE

0   500 milles

0   500 kilomètres

Le monde francophone

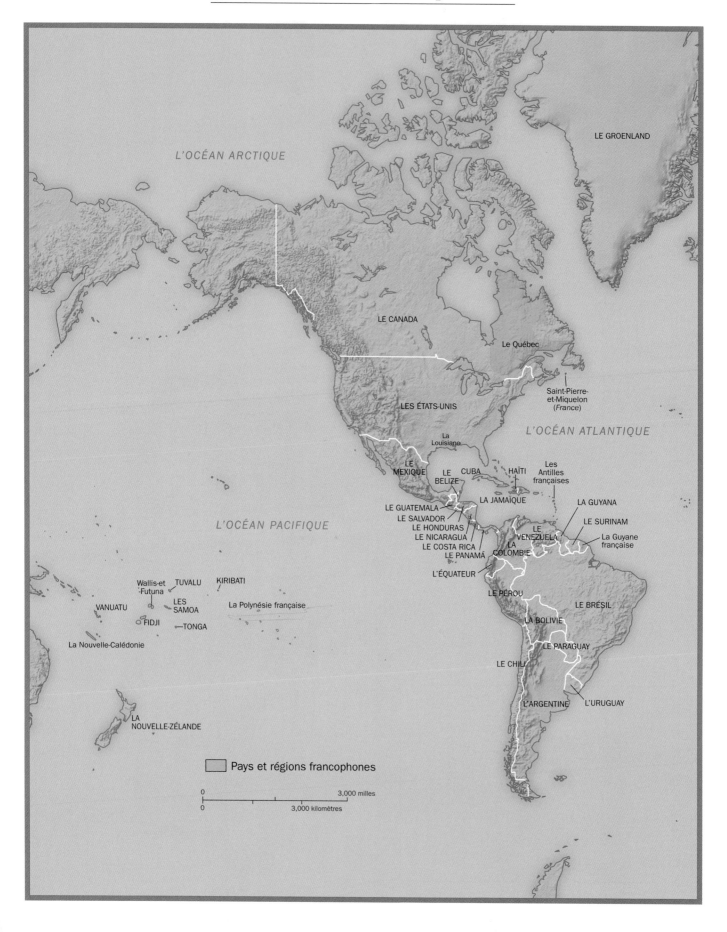

L'OCÉAN ARCTIQUE

LE GROENLAND

LE CANADA

Le Québec

LES ÉTATS-UNIS

Saint-Pierre-
et-Miquelon
(*France*)

L'OCÉAN ATLANTIQUE

La Louisiane

LE MEXIQUE

LE BELIZE

CUBA

HAÏTI

Les Antilles françaises

LA JAMAÏQUE

LA GUYANA

LE GUATEMALA

LE SALVADOR

LE HONDURAS

LE NICARAGUA

LE COSTA RICA

LE PANAMÁ

LA COLOMBIE

LE VENEZUELA

LE SURINAM

La Guyane française

L'OCÉAN PACIFIQUE

L'ÉQUATEUR

LE PÉROU

LE BRÉSIL

Wallis-et-Futuna

TUVALU

KIRIBATI

LA BOLIVIE

VANUATU

LES SAMOA

La Polynésie française

FIDJI

TONGA

LE PARAGUAY

La Nouvelle-Calédonie

LE CHILI

L'ARGENTINE

L'URUGUAY

LA NOUVELLE-ZÉLANDE

Pays et régions francophones

0   3,000 milles
0   3,000 kilomètres

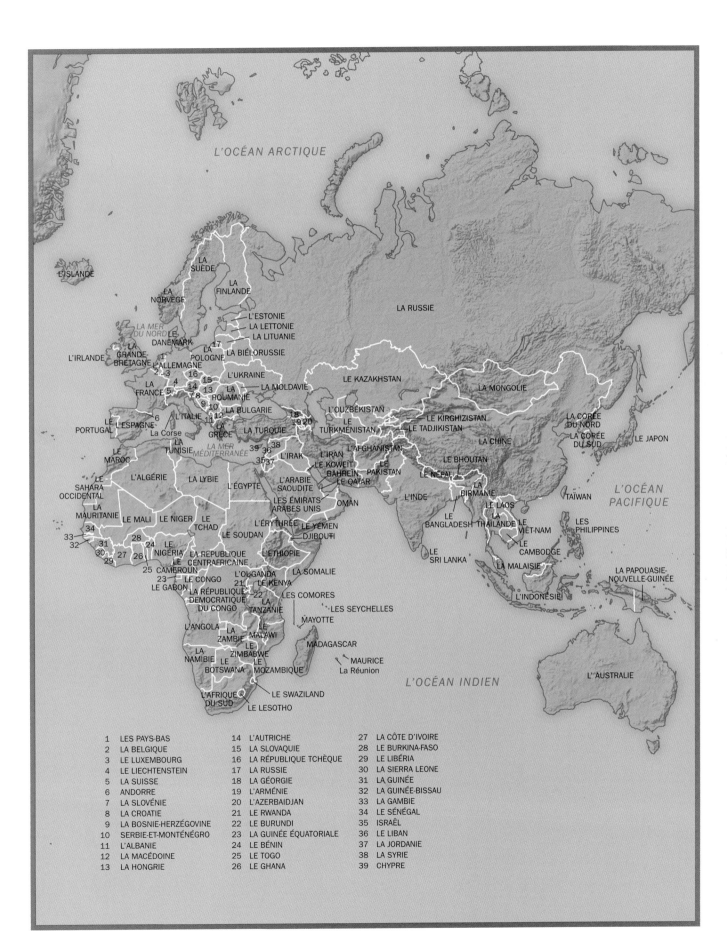

L'OCÉAN ARCTIQUE

L'ISLANDE

LA SUÈDE

LA FINLANDE

LA NORVÈGE

L'ESTONIE
LA LETTONIE
LA LITUANIE

LA MER DU NORD

LE DANEMARK

LA GRANDE-BRETAGNE

L'IRLANDE

17
LA POLOGNE
LA BIÉLORUSSIE

LA RUSSIE

L'ALLEMAGNE
1
2 3   16   15
L'UKRAINE
LA FRANCE
14   4   13
5   7 8
9   10
LA ROUMANIE
LA MOLDAVIE

LE KAZAKHSTAN

LA MONGOLIE

6
L'ITALIE
11
12
LA BULGARIE
LA GRÈCE
LA TURQUIE
18
19 20
L'OUZBÉKISTAN
LE KIRGHIZISTAN
LE TADJIKISTAN
LA CORÉE DU NORD
LA CORÉE DU SUD
LE JAPON

LE PORTUGAL
L'ESPAGNE
La Corse

LA TUNISIE
LA MER MÉDITERRANÉE
39   36   38
35   37
L'IRAK
L'IRAN
LE TURKMÉNISTAN
L'AFGHÀNISTAN
LA CHINE

LE MAROC
L'ÉGYPTE
LE KOWEÏT
BAHREÏN
LE QATAR
LE PAKISTAN
LE NÉPAL
LE BHOUTAN
LA BIRMANIE

LE SAHARA OCCIDENTAL
L'ALGÉRIE
LA LYBIE
L'ARABIE SAOUDITE
OMAN
L'INDE
LE BANGLADESH
LA THAÏLANDE
LE LAOS
TAÏWAN
L'OCÉAN PACIFIQUE

LA MAURITANIE
LE MALI
LE NIGER
LE TCHAD
LES ÉMIRATS ARABES UNIS
LE SRI LANKA
LE VIÊT-NAM
LES PHILIPPINES

34
L'ÉRYTHRÉE
LE YÉMEN
DJIBOUTI
LE CAMBODGE

33
32
31   28
24   LE NIGÉRIA
LE SOUDAN
L'ÉTHIOPIE
LA MALAISIE
LA PAPOUASIE-NOUVELLE-GUINÉE

30
27   26
LE CAMEROUN
LA RÉPUBLIQUE CENTRAFRICAINE
29
25
23   LE CONGO
LE GABON
L'OUGANDA
LE KENYA
L'INDONÉSIE

21
22
LA RÉPUBLIQUE DÉMOCRATIQUE DU CONGO
LA TANZANIE
LES COMORES
LES SEYCHELLES
MAYOTTE

L'ANGOLA
LA ZAMBIE
LE MALAWI
MADAGASCAR

LA NAMIBIE
LE ZIMBABWE
LE BOTSWANA
LE MOZAMBIQUE
MAURICE
La Réunion
L'OCÉAN INDIEN

L'AUSTRALIE

L'AFRIQUE DU SUD
LE SWAZILAND
LE LESOTHO

1 LES PAYS-BAS	14 L'AUTRICHE	27 LA CÔTE D'IVOIRE
2 LA BELGIQUE	15 LA SLOVAQUIE	28 LE BURKINA-FASO
3 LE LUXEMBOURG	16 LA RÉPUBLIQUE TCHÈQUE	29 LE LIBÉRIA
4 LE LIECHTENSTEIN	17 LA RUSSIE	30 LA SIERRA LEONE
5 LA SUISSE	18 LA GÉORGIE	31 LA GUINÉE
6 ANDORRE	19 L'ARMÉNIE	32 LA GUINÉE-BISSAU
7 LA SLOVÉNIE	20 L'AZERBAIDJAN	33 LA GAMBIE
8 LA CROATIE	21 LE RWANDA	34 LE SÉNÉGAL
9 LA BOSNIE-HERZÉGOVINE	22 LE BURUNDI	35 ISRAËL
10 SERBIE-ET-MONTÉNÉGRO	23 LA GUINÉE ÉQUATORIALE	36 LE LIBAN
11 L'ALBANIE	24 LE BÉNIN	37 LA JORDANIE
12 LA MACÉDOINE	25 LE TOGO	38 LA SYRIE
13 LA HONGRIE	26 LE GHANA	39 CHYPRE

La France

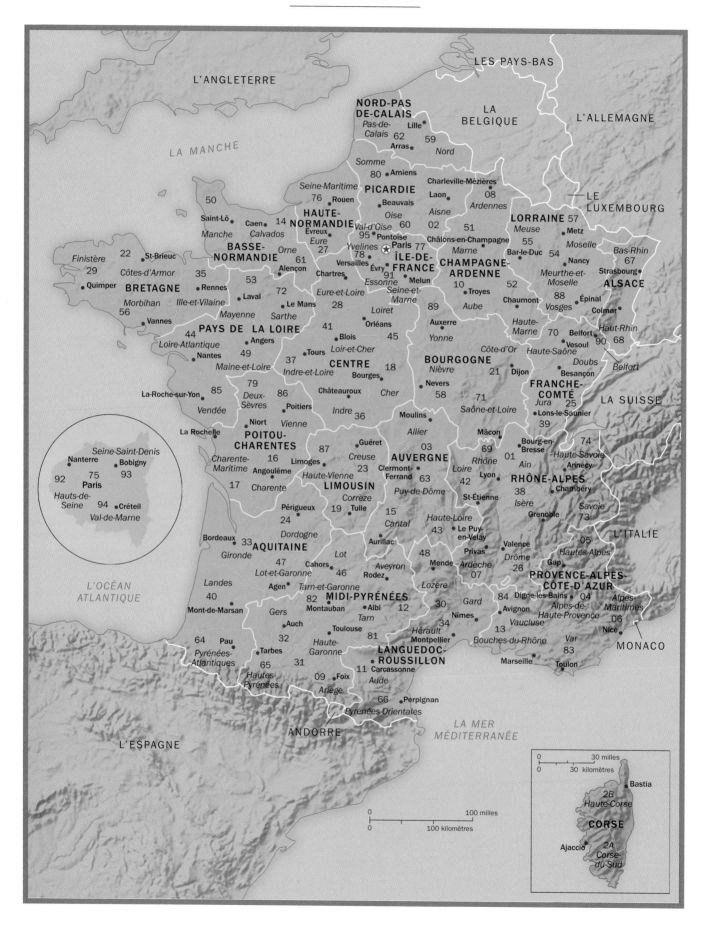

L'ANGLETERRE

LES PAYS-BAS

LA MANCHE

LA BELGIQUE

L'ALLEMAGNE

NORD-PAS DE-CALAIS

Pas-de-Calais

Lille

62

Arras

59

Nord

Somme

80 • Amiens

Charleville-Mézières

08

PICARDIE

Beauvais

Laon

Ardennes

Seine-Maritime

76 • Rouen

Oise

Aisne

02

LE LUXEMBOURG

LORRAINE 57

50

HAUTE-NORMANDIE

Saint-Lô

Caen

14

Manche

Calvados

Évreux

Eure

27

Val-d'Oise

60

51

Châlons-en-Champagne

Meuse

Metz

Moselle

55

Bar-le-Duc

54

Nancy

Meurthe-et-Moselle

Bas-Rhin

67

Strasbourg

Finistère

22 • St-Brieuc

Orne

61

Pontoise

Yvelines 95

Paris 77

78

Versailles

ÎLE-DE-FRANCE

Marne

CHAMPAGNE-ARDENNE

88

Vosges

Épinal

ALSACE

29

Alençon

Évry

Chartres

91

Essonne

Melun

Colmar

• Quimper

Côtes-d'Armor

35

53

Seine-et-Marne

10 • Troyes

Chaumont

52

Haut-Rhin

BRETAGNE

• Rennes

• Laval

72

Eure-et-Loire

28

89

Aube

Haute-Marne

70 • Belfort

Vesoul

90 68

Morbihan

Ille-et-Vilaine

Mayenne

Sarthe

Le Mans

Loiret

Auxerre

Côte-d'Or

Haute-Saône

Belfort

56

• Vannes

41

• Orléans

Yonne

Dijon

Doubs

Besançon

PAYS DE LA LOIRE

44 • Angers

37 • Tours

Blois

45

BOURGOGNE

21

FRANCHE-COMTÉ

Loire-Atlantique

49

Maine-et-Loire

Loir-et-Cher

CENTRE

18

Nièvre

• Nevers

Saône-et-Loire

Jura 25

• Lons-le-Saunier

LA SUISSE

• Nantes

Indre-et-Loire

Bourges

58

71

39

79

86

Châteauroux

Cher

Moulins

Mâcon

74

85

Deux-Sèvres

Poitiers

Indre

36

Allier

03

Bourg-en-Bresse

Haute-Savoie

• La-Roche-sur-Yon

La Rochelle

Niort

Vienne

87

Guéret

AUVERGNE

69

01

Annecy

Vendée

POITOU-CHARENTES

16

Creuse

23

Clermont-Ferrand

Rhône

Ain

Chambéry

Seine-Saint-Denis

Nanterre • Bobigny

Charente-Maritime

Limoges

Lyon

RHÔNE-ALPES

92

75

Paris

93

• Angoulême

Haute-Vienne

63

Loire

42

38

Hauts-de-Seine

94 • Créteil

17

Charente

LIMOUSIN

Puy-de-Dôme

St-Étienne

Isère

Savoie

73

Val-de-Marne

Corrèze

15

Grenoble

L'OCÉAN ATLANTIQUE

• Périgueux

19 • Tulle

Cantal

Haute-Loire

05

L'ITALIE

24

• Aurillac

43 • Le Puy-en-Velay

Hautes-Alpes

Dordogne

Privas

Valence

Gap

Bordeaux

33 AQUITAINE

Lot

48

Mende

Ardèche

07

Drôme

26

PROVENCE-ALPES-CÔTE-D'AZUR

Gironde

47

Cahors

Aveyron

• Rodez

Lozère

84

Digne-les-Bains

04

Alpes-Maritimes

Landes

46

Avignon

Alpes-de-Haute-Provence

06

40

Lot-et-Garonne

Tarn-et-Garonne

• Agen

82

MIDI-PYRÉNÉES

30

Gard

• Nîmes

Vaucluse

• Nice

Mont-de-Marsan

Montauban

Albi

12

34

13

Var

83

MONACO

64 • Pau

Gers

• Auch

Tarn

Toulouse

81

Hérault

Montpellier

Bouches-du-Rhône

Pyrénées-Atlantiques

32

Haute-Garonne

LANGUEDOC-ROUSSILLON

• Marseille

Toulon

• Tarbes

65

31

09 • Foix

11 • Carcassonne

Hautes-Pyrénées

Ariège

Aude

66 • Perpignan

Pyrénées-Orientales

LA MER MÉDITERRANÉE

L'ESPAGNE

ANDORRE

0   30 milles

0   30 kilomètres

• Bastia

2B

Haute-Corse

CORSE

Ajaccio •

2A

Corse-du-Sud

0   100 milles

0   100 kilomètres

L'Europe

0   500 milles
0   500 kilomètres

☐ Pays francophones

LA MER DE BARENTS

LA MER DE NORVÈGE

L'ISLANDE
Reykjavik

LA SUÈDE
LA FINLANDE
LA NORVÈGE
Helsinki
Oslo   Stockholm
LA RUSSIE
Moscou
Tallinn
L'ESTONIE
Riga
LA LETTONIE
LA LITUANIE
Vilnius
LA MER DU NORD
LE DANEMARK
Copenhague
LA MER BALTIQUE
LA RUSSIE
Minsk
LA BIÉLORUSSIE

Dublin
L'IRLANDE
LA GRANDE-BRETAGNE
LES PAYS-BAS
La Haye
Berlin
Varsovie
Kiev
Londres
Bruxelles
LA BELGIQUE
L'ALLEMAGNE
LA POLOGNE
L'UKRAINE
Luxembourg
Paris
LE LUXEMBOURG
Prague
LA RÉPUBLIQUE TCHÈQUE
LA SLOVAQUIE
LA MOLDAVIE
LE LIECHTENSTEIN
Bratislava
Chisinau
Vienne
L'OCÉAN ATLANTIQUE
Berne
L'AUTRICHE
Budapest
LA HONGRIE
LA ROUMANIE
LA SUISSE
LA FRANCE
Ljubljana
Zagreb
Belgrade
Bucarest
LA MER NOIRE
LA SLOVÉNIE
LA CROATIE
LA BOSNIE-HERZÉGOVINE
SERBIE-ET-MONTÉNÉGRO
Monte Carlo
Sarajevo
LA BULGARIE
Andorre-la-Vieille
MONACO
L'ITALIE
Sofia
Skopje
LE PORTUGAL
ANDORRE
La Corse
Rome
Tirana
LA MACÉDOINE
LA TURQUIE
Madrid
L'ALBANIE
L'ESPAGNE
LA GRÈCE
Lisbonne
La Sardaigne
Athènes
Nicosie
La Sicile
CHYPRE
MALTE
La Valette
LA MER MÉDITERRANÉE
LE MAROC
LA TUNISIE
L'ALGÉRIE
LA LIBYE
L'ÉGYPTE

L'Afrique

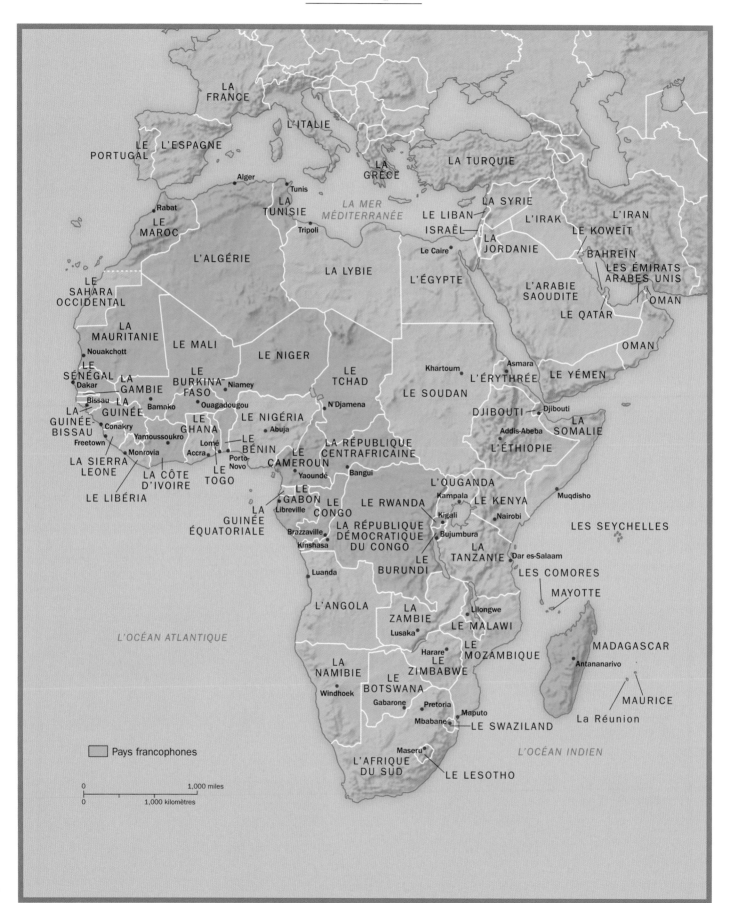

LA FRANCE

L'ITALIE

LE PORTUGAL · L'ESPAGNE

LA GRÈCE

LA TURQUIE

LA MER MÉDITERRANÉE

LA SYRIE

LE LIBAN

ISRAËL

L'IRAK

L'IRAN

LE KOWEÏT

BAHREÏN

LES ÉMIRATS ARABES UNIS

OMAN

L'ARABIE SAOUDITE

LE QATAR

OMAN

LE YÉMEN

Alger

Tunis

Rabat

LA TUNISIE

Tripoli

LE MAROC

L'ALGÉRIE

LA LYBIE

Le Caire

L'ÉGYPTE

LE SAHARA OCCIDENTAL

LA MAURITANIE

Nouakchott

LE MALI

LE NIGER

LE TCHAD

Khartoum

Asmara

L'ÉRYTHRÉE

LE SÉNÉGAL

Dakar

LA GAMBIE

Bissau

LA GUINÉE

LE BURKINA-FASO

Niamey

LE SOUDAN

DJIBOUTI

Djibouti

LA GUINÉE-BISSAU

Conakry

Bamako

Ouagadougou

N'Djamena

Addis-Abeba

LA SOMALIE

Freetown

Yamoussoukro

LE GHANA

LE NIGÉRIA

Abuja

Muqdisho

LA SIERRA LEONE

Monrovia

Accra

Lomé

LE BÉNIN

Porto-Novo

LE CAMEROUN

Yaoundé

LA RÉPUBLIQUE CENTRAFRICAINE

Bangui

L'ÉTHIOPIE

LE LIBÉRIA

LA CÔTE D'IVOIRE

LE TOGO

LE GABON

Libreville

LE CONGO

LA GUINÉE ÉQUATORIALE

Brazzaville

Kinshasa

LA RÉPUBLIQUE DÉMOCRATIQUE DU CONGO

LE RWANDA

Kigali

L'OUGANDA

Kampala

LE KENYA

Nairobi

LES SEYCHELLES

Bujumbura

LE BURUNDI

LA TANZANIE

Dar es-Salaam

Luanda

LES COMORES

MAYOTTE

L'ANGOLA

LA ZAMBIE

Lilongwe

Lusaka

LE MALAWI

Harare

LE MOZAMBIQUE

MADAGASCAR

Antananarivo

L'OCÉAN ATLANTIQUE

LA NAMIBIE

LE ZIMBABWE

LE BOTSWANA

Windhoek

MAURICE

La Réunion

Gabarone

Pretoria

Maputo

Mbabane

LE SWAZILAND

Maseru

L'AFRIQUE DU SUD

LE LESOTHO

L'OCÉAN INDIEN

☐ Pays francophones

0   1,000 miles

0   1,000 kilomètres

IMAGINEZ

le français sans frontières

SECOND EDITION

cours de français intermédiaire

Mitschke

Ressentir et vivre

S i tous les êtres humains ont la capacité d'éprouver des émotions, tous ne se sentent pas nécessairement libres de les exprimer. Pour diverses raisons, personnelles, sociales ou autres, certains ont du mal à révéler aux autres leurs vrais sentiments. Ils pensent peut-être que c'est une faiblesse. La plupart des gens que vous connaissez sont-ils plutôt ouverts ou réservés? Et vous? De quelle façon votre personnalité affecte-t-elle vos relations avec les autres?

Par une chaude journée d'été, des amis ressentent la même joie de vivre.

9

32

Destination:
ÉTATS-UNIS

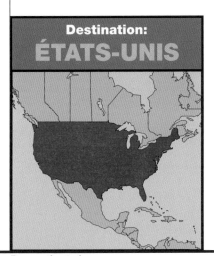

PREVIEW Invite students to comment on the photo on the left, **p. 2**. Give them ideas by saying: **Imaginez ce que ressentent les jeunes étudiants. Quelles relations ont-ils?** Then ask for their reactions to the text. Time permitting, have students discuss it in groups.

Les relations personnelles  Audio: Vocabulary

Les relations

une âme sœur *soul mate*
une amitié *friendship*

des commérages (*m.*) *gossip*
un esprit *spirit*
un mariage *marriage; wedding*
un rendez-vous *date*
une responsabilité *responsibility*

compter sur *to rely on*
draguer *to flirt; to try to "pick up"*
s'engager (envers quelqu'un) *to commit (to someone)*
faire confiance (à quelqu'un) *to trust (someone)*
mentir (*conj. like* **sentir**) *to lie*
mériter *to deserve; to be worth*
partager *to share*
poser un lapin (à quelqu'un) *to stand (someone) up*
quitter quelqu'un *to leave someone*
rompre (*irreg.*) *to break up*

sortir avec *to go out with*

(in)fidèle *(un)faithful*

KEY STANDARDS
1.1, 1.2, 4.1

Have students work in pairs to create ten sentences using the new vocabulary to describe **un ami idéal, une amie idéale, un père idéal,** or **une mère idéale.** Have groups share their responses.

Les sentiments

agacer/énerver *to annoy*
aimer *to love; to like*
avoir honte (de) *to be ashamed (of)/ embarrassed*
en avoir marre (de) *to be fed up (with)*
s'entendre bien (avec) *to get along well (with)*
gêner *to bother; to embarrass*
se mettre en colère contre *to get angry with*
ressentir (*conj. like* **sentir**) *to feel*
rêver de *to dream about*
tomber amoureux/amoureuse (de) *to fall in love (with)*

accablé(e) *overwhelmed*
anxieux/anxieuse *anxious*
contrarié(e) *upset*
déprimé(e) *depressed*
enthousiaste *enthusiastic; excited*
fâché(e) *angry; mad*
inquiet/inquiète *worried*

jaloux/jalouse *jealous*
passager/passagère *fleeting*

INSTRUCTIONAL RESOURCES
Supersite: Lab Audioscript, SAM AK, Lab MP3s
SAM/WebSAM: WB, LM

L'état civil

divorcer *to get a divorce*
se fiancer *to get engaged*
se marier avec *to marry*
vivre (*irreg.*)* en union libre *to live together (as a couple)*

célibataire *single*
veuf/veuve *widowed; widower/widow*

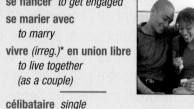

La personnalité

avoir confiance en soi *to be confident*

affectueux/affectueuse *affectionate*

charmant(e) *charming*
économe *thrifty*
franc/franche *frank; honest*
génial(e) *great; terrific*
(mal)honnête *(dis)honest*
idéaliste *idealistic*
inoubliable *unforgettable*
(peu) mûr *(im)mature*
orgueilleux/orgueilleuse *proud*
prudent(e) *careful*
séduisant(e) *attractive*
sensible *sensitive*
timide *shy*
tranquille *calm; quiet*

SYNONYMES

To say that some<u>thing</u>, such as an ad or story, is *dishonest,* use **mensonger/mensongère.**

Point out that **mûr(e)** also means *ripe* when describing fruit or vegetables.

orgueilleux/orgueilleuse (*negative connotation*)
↔ fier/fière (*positive connotation*)
passager ↔ éphémère (*more literary*)

*The verb **vivre** is irregular in the present tense: **je vis, tu vis, il/elle vit, nous vivons, vous vivez, ils/elles vivent.**

Mise en pratique

1 **L'intrus** Quel mot ne va pas avec les autres? Entourez-le.

1. (affectueux) • contrarié • déprimé • accablé
2. inquiet • tranquille • anxieux • (prudent)
3. fidèle • honnête • sincère • (malhonnête)
4. direct • franc • loyal • (jaloux)
5. beau • (orgueilleux) • séduisant • charmant
6. fiancés • (commérages) • âme sœur • union libre
7. agacer • en avoir marre • (bien s'entendre) • se mettre en colère
8. (rompre) • aimer • compter sur • faire confiance

2 **La description** Quel terme de la liste correspond le mieux à chaque phrase? Soyez logique!

avoir honte	draguer	poser un lapin	sensible
déprimé	inoubliable	responsabilité	veuf/veuve

1. Je rêve de sortir avec elle depuis longtemps. Chaque fois que je la vois, j'essaie de la convaincre d'aller au restaurant ou au cinéma. draguer
2. Ma tante habite seule. Son mari est mort il y a quatre ans. veuve
3. Je suis souvent triste et je n'ai pas envie de sortir ni de voir des gens. déprimé
4. J'ai vu un film dont je me souviendrai toujours. inoubliable
5. Ma petite sœur pleure facilement si on lui fait une critique. sensible
6. J'avais rendez-vous avec quelqu'un. Je l'ai attendu au restaurant jusqu'à dix heures et quart mais il n'est jamais venu. poser un lapin

3 **Votre personnalité** Répondez aux questions puis calculez vos points. Quel est le résultat de votre test? Comparez-le avec celui d'un(e) camarade de classe.

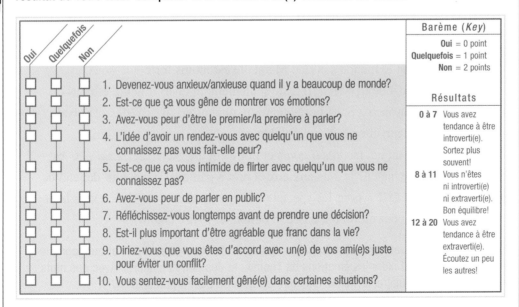

Oui	Quelquefois	Non		Barème (*Key*)
☐	☐	☐	1. Devenez-vous anxieux/anxieuse quand il y a beaucoup de monde?	**Oui** = 0 point
☐	☐	☐	2. Est-ce que ça vous gêne de montrer vos émotions?	**Quelquefois** = 1 point
☐	☐	☐	3. Avez-vous peur d'être le premier/la première à parler?	**Non** = 2 points
☐	☐	☐	4. L'idée d'avoir un rendez-vous avec quelqu'un que vous ne connaissez pas vous fait-elle peur?	**Résultats**
☐	☐	☐	5. Est-ce que ça vous intimide de flirter avec quelqu'un que vous ne connaissez pas?	**0 à 7** Vous avez tendance à être introverti(e). Sortez plus souvent!
☐	☐	☐	6. Avez-vous peur de parler en public?	
☐	☐	☐	7. Réfléchissez-vous longtemps avant de prendre une décision?	**8 à 11** Vous n'êtes ni introverti(e) ni extraverti(e). Bon équilibre!
☐	☐	☐	8. Est-il plus important d'être agréable que franc dans la vie?	
☐	☐	☐	9. Diriez-vous que vous êtes d'accord avec un(e) de vos ami(e)s juste pour éviter un conflit?	**12 à 20** Vous avez tendance à être extraverti(e). Écoutez un peu les autres!
☐	☐	☐	10. Vous sentez-vous facilement gêné(e) dans certaines situations?	

Practice more at **vhlcentral.com.**

1 To check comprehension, ask students to describe what the other three words in each group have in common.

1 In pairs, have students add two more groups of words, using the new vocabulary. Then call on volunteers to indicate the word that does not belong.

2 Ask students to make up descriptions for the two unused words.

2 Have students prepare a description of two other new vocabulary words. Then, in groups, have them take turns describing the terms while others guess what is being described.

3 Before assigning the activity, take a class survey to find out if anyone has already taken a personality test. Have students predict their results.

3 After completing the test, ask: **Vos résultats vous surprennent-ils? Expliquez votre réponse.**

Préparation

KEY STANDARDS
1.2, 2.1, 2.2, 4.1, 4.2, 5.2

INSTRUCTIONAL RESOURCES
Supersite/DVD: Film Collection
Supersite: Script & Translation

Introduce the new vocabulary and the **Expressions** with some questions. Examples: **Vous tenez-vous souvent à l'écart? Pourquoi? Connaissez-vous quelqu'un qui panique facilement?**

Vocabulaire du court métrage

avancer *to move forward*
la boue *mud*
crier *to yell*
une crise d'hystérie *attack of hysteria*
s'enfoncer *to drown*
un(e) estropié(e) *cripple*
frapper *to knock; to hit*
une guerre *war*
humain(e) *human*
pourtant *though; however*
le pouvoir *power*
un supplice *torture*

Vocabulaire utile

boiter *to limp*
un cauchemar *nightmare*
désespéré(e) *desperate*
émotif/émotive *emotional*
paniquer *to panic*
raconter (une histoire) *to tell (a story)*
réagir *to react*
une route *road*
soulager *to relieve*
se tromper *to be wrong/mistaken*

EXPRESSIONS

Alors... *So... /Well...*
Bonté du ciel! *Good heavens!*
faire mourir quelqu'un à petit feu *to make someone die a slow death*
faire un rêve *to have a dream*
Pas tant de manières! *Don't be so polite!*
se tenir à l'écart *to keep to oneself*
Taisez-vous! *Be quiet!*

1 Ask pairs to compare their answers before going over the activity with the class.

1

Un moment inoubliable Thomas raconte à un ami son dernier match de foot. Cherchez dans la liste de vocabulaire les mots qui complètent l'histoire.

«Imagine un peu la situation. C'est le match du championnat contre notre grand rival, Marseille, donc c'est (1) ___la guerre___! Les conditions sont vraiment mauvaises. Il n'y a pas d'herbe sur le terrain et il pleut, alors nous jouons dans (2) ___la boue___. Tout le monde sait que Marseille est moins forte que nous. (3) ___Pourtant___, elle joue très bien. Il reste seulement un quart d'heure et nous avons un point d'avance... Sans faire attention, quelqu'un (4) ___frappe___ Sylvain, notre meilleur joueur, et en fait un véritable (5) ___estropié___. (6) ___Alors___, Marseille marque un but (*scores a goal*) et notre équipe est (7) ___désespérée___. C'est à moi de sauver le match! Je suis anxieux et prêt à paniquer, mais tout dépend de moi. C'est (8) ___un supplice___ pour les spectateurs, mais nous (9) ___avançons___ vers le but, je (10) ___crie___ pour qu'on me passe le ballon, et je tire (*shoot*)!»

2 You may wish to have students work together in small groups.

2 **À vous de continuer** À votre avis, est-ce que le tir de Thomas est bon? et qui gagne le match? Quelles sont alors les émotions de Thomas et des autres joueurs? Avec des mots de la liste de vocabulaire, terminez l'histoire en trois ou quatre phrases.

 Practice more at **vhlcentral.com.**

3

Et vous? Répondez aux questions avec un(e) camarade de classe.

1. Quand vous êtes-vous trouvé(e) dans une situation stressante? Décrivez la situation. Qu'avez-vous ressenti? Comment avez-vous réagi?

2. Avez-vous regretté votre réaction? Pourquoi?

3. À votre avis, quel effet une situation stressante a-t-elle sur les réactions d'une personne?

4

Comment réagissez-vous?

A. Dites quelle réaction vous correspond le mieux.

Test de Personnalité

1. **Vous attendez un e-mail de quelqu'un que vous aimez beaucoup.**
   a. Vous regardez vos e-mails toutes les cinq minutes.
   b. Vous avez beaucoup à faire, mais vous regardez vos e-mails quand c'est possible.
   c. Ce n'est pas très important. Vous regardez quand vous y pensez.

2. **L'e-mail que vous recevez de votre professeur ou de votre patron/patronne est entièrement écrit en majuscules.**
   a. Vous pensez que la personne qui l'a envoyé est fâchée contre vous.
   b. Vous pensez que c'est une erreur.
   c. Vous n'y faites pas attention.

3. **Vous avez une mauvaise nouvelle à annoncer à quelqu'un.**
   a. Vous la lui annoncez tout de suite, face à face. C'est la meilleure manière de procéder.
   b. Vous évitez la personne pendant quelques jours avant de lui annoncer la nouvelle.
   c. Vous préférez ne pas le lui dire face à face. Vous lui envoyez un e-mail.

4. **Quelqu'un que vous connaissez est très triste. Il vient de se passer quelque chose de terrible dans sa vie.**
   a. Vous êtes aussi triste que cette personne.
   b. Vous compatissez (*sympathize*).
   c. À votre avis, cela ne vous regarde pas.

5. **Votre téléphone portable sonne à trois heures du matin. Quelle est votre première réaction?**
   a. Vous êtes inquiet/inquiète. Il s'est peut-être passé quelque chose.
   b. Vous êtes fâché(e) d'être dérangé(e) au milieu de la nuit.
   c. Vous n'y faites pas attention et continuez à dormir.

6. **Vous achetez quelque chose sur Internet. Comment voulez-vous qu'on vous l'envoie?**
   a. En priorité. Vous êtes impatient(e).
   b. Par le courrier normal. Pour le plaisir d'attendre.
   c. Vous allez le chercher vous-même. Vous n'avez pas confiance dans le système.

B. Échangez vos réponses avec un(e) camarade et dites ce que ses réponses révèlent de sa personnalité.

5

Photographies Regardez les deux photos et imaginez les gens qui habitent le village. Que font-ils? Sont-ils heureux? Quelle est la personnalité de la femme? Est-ce que ses voisins lui ressemblent ou sont-ils différents?

4A As a warm-up, ask: **Comment réagissez-vous face à un événement triste? ou heureux? Êtes-vous très émotif/émotive ou peu émotif/émotive?**

4B Refer students back to the personality test on **p. 5**. Have pairs compare those results with their answers to this activity. Ask: **Les introvertis sont-ils plus émotifs ou moins émotifs que les extravertis?**

5 Before discussing the questions in pairs, have volunteers describe the photos in as much detail as possible.

 Short Film

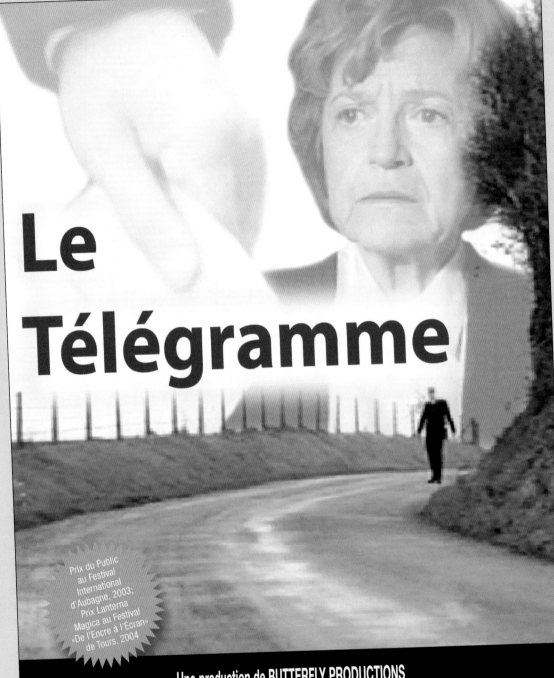

Le Télégramme

Prix du Public
au Festival
International
d'Aubagne, 2003;
Prix Lanterna
Magica au Festival
«De l'Encre à l'Écran»
de Tours, 2004

Une production de BUTTERFLY PRODUCTIONS
Scénario et réalisation CORALIE FARGEAT Production PIERRE-FRANÇOIS BERNET
Production exécutive TATIANA MAKSIMENKO Directeur de la photographie OLIVIER GALLOIS
Montage JÉRÉMY LUC Décors CLÉMENT DUCROIX Musique GILLES MIGLIORI Son PATRICK VALLEY
Acteurs MYRIAM BOYER/STÉPHANE DAUSSE/ARLETTE TÉPHANY

This film is available on the **IMAGINEZ** Film Collection DVD and at **vhlcentral.com**.

PREVIEW Based on what they see in the poster, the vocabulary they learned, and the activities they have done, ask students to predict what the short film is about.

Have students look at the six stills from the film on **p. 9** without reading the captions. Ask students to describe what they see.

Give students a few examples of film reviews. Discuss the criteria that critics use when evaluating a film, such as cinematography, script, character development, sound effects, pace, etc. Tell students to think about these things as they watch the short film. After they watch the film, have students share their opinions based on these criteria.

INTRIGUE *Pendant la Seconde Guerre mondiale, dans un petit village de France, deux mères attendent des nouvelles de leur fils.*

BLANCHE Alors, vous avez eu des nouvelles?
PIERRETTE Non, depuis sa dernière permission°, toujours pas. Et vous?
BLANCHE Mon fils, il n'a jamais aimé écrire.

BLANCHE Le courrier met tellement de temps pour venir jusqu'ici. C'est tellement désorganisé.
PIERRETTE Sauf pour les télégrammes. Voilà McLaurie.

BLANCHE Dieu sait chez qui il va aujourd'hui.
PIERRETTE Ne vous inquiétez pas, Blanche. Ça ne peut pas être pour vous. Félix est parti il y a si peu.
BLANCHE Vous dites ça à chaque fois. Vous ne pouvez pas savoir. Personne ne peut savoir.

BLANCHE Bien sûr, pour vous c'est différent. Votre fils est officier°. Tout le monde sait… c'est plus facile pour eux.
PIERRETTE Ça ne dispense° pas du champ de bataille° ni de mourir comme les autres.
BLANCHE Oui… peut-être…

BLANCHE Il est fier de ce qu'il fait. Il est fier de savoir avant tout le monde.
PIERRETTE C'est vrai que ça lui donne un certain pouvoir.
BLANCHE Je ne l'ai jamais beaucoup aimé. Même avant la guerre. Ce McLaurie… Regardez-moi ça! Il avance si lentement… on dirait que c'est pour faire durer° le supplice!

BLANCHE C'est sûrement pour moi. J'ai fait ce rêve… Ce n'est pas possible. Dieu ne peut pas me prendre mon fils comme ça!
PIERRETTE Il a passé votre maison.
BLANCHE Pierrette!
PIERRETTE Taisez-vous! Il n'y a plus rien à dire.

permission *leave* **officier** *officer* **dispense** *exempts*
champ de bataille *battlefield* **faire durer** *prolong*

PREVIEW Ask students to describe the characters' personalities based on the photos and dialogue. Then encourage them to make predictions about how the film ends.

TEACHING OPTION Have students watch the video (with sound) the first time through just to get the gist of the story.

TEACHING OPTION Play approximately the first three quarters of the film. Have the class describe what happens and predict what will happen in the last quarter. Then play the whole film. To conclude, ask students to summarize the plot and analyze their predictions.

Analyse

1 Have students write a brief summary of the film with the help of their answers.

Compréhension Répondez aux questions par des phrases complètes. Answers may vary slightly.

1. Comment Pierrette et Blanche se connaissent-elles? Elles sont voisines.
2. Que font-elles dans le film? Elles attendent l'arrivée du facteur.
3. Quelle mère reçoit des nouvelles de son fils? Pierrette reçoit des nouvelles de son fils.
4. Qui est l'homme? C'est le facteur.
5. Qu'apporte-t-il? Il apporte un télégramme.
6. Où sont les fils des deux femmes? Ils sont à la guerre.
7. Quel est le grade (*rank*) du fils de Pierrette? Il est officier.
8. Finalement, pour qui est le télégramme? Le télégramme est pour McLaurie, le facteur.

2 Brainstorm with the class an event that the two women might both attend, such as a wedding or funeral. Then have groups prepare and act out a short dialogue involving Blanche, Pierrette, and another imagined character who reacts to their conversation.

Réaction On voit, dans le film, que Pierrette et Blanche réagissent différemment face à la même situation. Leur manière de s'exprimer, aussi, est différente. Par groupes de trois, décrivez leur manière de s'exprimer et parlez de leur personnalité à l'aide du vocabulaire. Comparez vos idées avec celles des autres groupes.

agacer	une amitié	accablé
avoir honte	des commérages	anxieux
crier	une crise d'hystérie	contrarié
s'enfoncer	un esprit	désespéré
gêner	une guerre	émotif
mentir	le pouvoir	fâché
paniquer	une responsabilité	humain
soulager	un supplice	jaloux

3 Have students ask two more interpretation questions using new vocabulary from the film.

Interprétation Avec un(e) camarade, répondez aux questions.

1. Quels sont les thèmes principaux du film?
2. Entre Pierrette et Blanche, laquelle aimez-vous le mieux? Pourquoi?
3. À la fin du film, pourquoi Pierrette dit-elle «Il n'y a plus rien à dire» et ferme-t-elle les yeux?
4. Que pensent Pierrette et Blanche quand elles voient que McLaurie est passé sans avoir frappé à aucune porte du village? À votre avis, savent-elles pour qui est le télégramme?
5. Où va le facteur à la fin du film? Que va-t-il faire? Que ressent-il?
6. Est-ce que Blanche espère vraiment que McLaurie s'arrête chez une de ses voisines?

4 After having volunteers share their descriptions with the class, ask: **Qui connaît quelqu'un comme McLaurie? Cette personne a-t-elle eu les mêmes expériences dans la vie? Est-elle différente de McLaurie? Pourquoi?**

Imaginez Dans ce court métrage, les gens du village dépendent de McLaurie. Mais que fait-il en dehors du travail? Quelle vie a-t-il? Qui d'autre dépend de lui? Quelle est sa personnalité? Avec un(e) camarade, décrivez la vie et la personnalité de McLaurie en cinq ou six phrases.

 Practice more at **vhlcentral.com**.

Dialogue Lisez le dialogue entre Pierrette et Blanche. Puis imaginez ce que dirait McLaurie aux deux femmes s'il pouvait entendre leur conversation. Par groupes de trois, créez un dialogue entre les trois personnages et jouez-le devant la classe.

BLANCHE Il est fier de ce qu'il fait. Il est fier de savoir avant tout le monde.
PIERRETTE C'est vrai que ça lui donne un certain pouvoir.
BLANCHE D'ailleurs, moi, je ne l'ai jamais beaucoup aimé, même avant la guerre… Toujours à se tenir à l'écart, à garder ses distances…

À vous la parole! Répondez individuellement aux questions avant de comparer vos réponses avec celles de votre camarade de classe.

1. Est-ce que vos parents s'inquiètent pour vous? Expliquez votre réponse.
2. Avez-vous de bonnes relations avec vos parents? et avec le reste de votre famille? Pourquoi?
3. Combien de fois par semaine parlez-vous avec vos parents?
4. Est-ce que vos parents vous connaissent bien? Savent-ils ce que vous aimez et ce que vous n'aimez pas? Donnez des exemples.
5. Pour qui vous inquiétez-vous? Pourquoi?
6. Connaissez-vous quelqu'un dans l'armée? Si oui, est-ce que vous vous inquiétez pour cette personne?

Moyens de communication Aujourd'hui, il existe plusieurs moyens de communication. À votre avis, lesquels sont les plus efficaces pour communiquer ses émotions et ses sentiments? Pourquoi? Quels sont les avantages et les inconvénients de chaque moyen de communication? À l'aide de ce tableau, expliquez vos réponses et discutez-en par groupes de trois.

	Les avantages	Les inconvénients
une lettre		
un télégramme		
le téléphone		
un e-mail		
un SMS (*text message*)		
un autre moyen…?		

La statue de la Liberté à New York

IMAGINEZ
Les États-Unis

Une amitié historique Reading

INSTRUCTIONAL RESOURCES
Supersite: Teaching
suggestions; SAM AK
SAM/WebSAM: WB

KEY STANDARDS
2.1, 2.2, 3.2, 4.2, 5.1

> ### D'ailleurs...
> Avec environ 1.300.000 étudiants, le français est la deuxième langue la plus étudiée aux USA, après l'espagnol. Plus de 100 programmes d'échanges scolaires existent entre la France et les États-Unis, et il y a plus de 130 Alliances françaises sur le territoire américain, qui organisent plus de 1.000 manifestations culturelles par an.

Les liens° qui unissent la **France** et les **États-Unis** sont solides, fondés sur une histoire commune. À l'époque° coloniale, plusieurs Français ont participé à l'exploration de l'Amérique du Nord. Ainsi°, l'explorateur **Cavelier de La Salle** a été le premier Européen à descendre le **fleuve du Mississippi** et c'est **Antoine Cadillac**, un aventurier acadien°, qui a fondé la ville de **Detroit** en 1701. La **Louisiane française** était alors° un immense territoire avec, en son centre, le Mississipi. Elle s'étendait° des **Grands Lacs** au **golfe du Mexique**. Cet espace représente aujourd'hui dix États américains, et c'est pour cette raison que beaucoup de lieux dans cette région, comme **Belleville, Illinois** ou **Des Moines, Iowa**, portent° des noms français.

L'alliance franco-américaine s'est surtout renforcée° pendant la **guerre° d'Indépendance**. Avec le **marquis de Lafayette** et le **comte de Rochambeau**, l'armée française a offert une aide cruciale aux révolutionnaires américains,

comme pendant la bataille° de la **baie de Chesapeake**, à la fin de la guerre. Ensuite, la France a été la première nation à reconnaître officiellement les nouveaux **États-Unis d'Amérique**. Des personnalités de cette période révolutionnaire comme **Benjamin Franklin**, **John Adams** et **Thomas Jefferson** étaient très francophiles et ont tous fait des séjours en France. De plus, les deux pays ont créé leur constitution en même temps et ont partagé la philosophie des **Lumières**°. Au cours des années, d'étroites° relations économiques et culturelles se sont développées entre eux, et en 1886, pour symboliser cette amitié, la France a offert aux États-Unis la **statue de la Liberté**, qu'on voit à l'entrée du port de **New York**.

Aujourd'hui, la France est le neuvième partenaire commercial des États-Unis, et hors de° l'Union Européenne, les États-Unis constituent le premier marché d'exportation

Audrey Tautou

de la France. Au niveau de la culture, les films français figurent parmi les films étrangers les plus vus aux États-Unis et les plus appréciés du public américain. Quel Américain ne connaît pas **Gérard Depardieu**, **Catherine Deneuve** ou **Audrey Tautou**, qui a incarné° l'héroïne d'*Amélie*? De même, les grands artistes sont toujours appréciés, et dans les musées américains, les expositions sur **Monet**, **Gauguin** ou **Cézanne** sont très populaires. Enfin, les liens touristiques sont forts: pour les Américains, la France est le pays de la bonne cuisine, des petits cafés, de la mode et du romantisme; et l'Amérique reste l'une des destinations préférées des touristes français. En somme, l'amitié entre ces deux pays semble faite pour durer°!

liens ties **À l'époque** At the time **Ainsi** In this way **acadien** from the Canadian region of Acadia **alors** at that time **s'étendait** stretched **portent** have **s'est renforcée** strengthened **guerre** war **bataille** battle **Lumières** Enlightenment **étroites** tight **hors de** outside **a incarné** embodied **durer** last

Le français dans l'anglais

Mots et expressions venus du français

à la carte	en route
art déco	hors-d'œuvre
avant-garde	je ne sais quoi
camouflage	protégé
cliché	raison d'être
crème de la crème	rendez-vous
déjà vu	résumé
encore	touché

Mots anglais empruntés au français au Moyen Âge

armée	army
bœuf	beef
espion	spy
honneur	honor
joie	joy
liberté	liberty
loisir	leisure
mariage	marriage
mouton	mutton
oncle	uncle
salaire	salary
vallée	valley

La francophonie aux USA

Chevrolet C'est un Suisse francophone, **Louis Chevrolet** (1878–1941), qui a fondé cette compagnie maintenant américaine. Après avoir été mécanicien en France et au Canada, Chevrolet déménage  à New York en 1901. Là, il travaille pour **Fiat** et, en 1905, commence sa carrière de pilote de course°. Plus tard, Chevrolet dessine des voitures de course et bat° le record du monde de vitesse! La **Chevrolet Motor Car Company** est devenue une division de **General Motors** en 1918.

Les contes de Perrault Les contes du Français **Charles Perrault** (1628–1703) divertissent° les petits et les grands depuis des siècles, dans le monde occidental. Ses histoires, comme *Cendrillon*, *Le Petit Chaperon° rouge*, *La Belle au bois dormant°*, et *Le Chat botté°* ont inspiré des films,  des ballets et des opéras. La compagnie Walt Disney en a même fait des films d'animation.

Tony Parker Malgré° son nom anglophone, **Tony Parker**, joueur professionnel de basket, est en fait° d'origine belge et française. Il  est né à **Bruges**, en Belgique, et a été élevé en France. On le connaît bien aux États-Unis, parce qu'il joue dans l'équipe des **Spurs** à **San Antonio**, **Texas**. Avant de rejoindre° cette équipe de la **NBA** en 2001, Tony jouait en France dans la **LNB** (**Ligue Nationale de Basket-ball**).

Céline Dion Dernière-née d'une famille québécoise de 14 enfants, **Céline Dion** enregistre sa première chanson à 12 ans. Sa carrière commence en français, mais à l'âge de 18 ans elle apprend l'anglais et part à la conquête du monde anglophone. Son succès aux États-  Unis est considérable; elle a vendu des millions d'albums, chanté pour la bande originale° de plusieurs films américains, et gagné de nombreux **Grammys**. Céline a encore connu un énorme succès avec son spectacle *A New Day...* créé en 2003, à **Las Vegas**.

pilote de course race car driver **bat** breaks **divertissent** entertain **Chaperon** hood **dormant** sleeping **Le Chat botté** Puss in Boots **Malgré** Despite **en fait** in fact **rejoindre** join **bande originale** sound track

Qu'avez-vous appris?

1 **Vrai ou faux?** Indiquez si ces affirmations sont vraies ou fausses et corrigez celles qui sont fausses. Answers may vary slightly.

1. C'est Cavelier de La Salle qui a fondé Detroit en 1701.
   Faux. Antoine Cadillac a fondé Detroit en 1701.

2. La Louisiane française s'étendait des Grands Lacs au golfe du Mexique. Vrai.

3. Les films français ne sont pas appréciés des Américains.
   Faux. Ce sont les films étrangers les plus vus et les plus appréciés aux États-Unis.

4. Tony Parker est un joueur de basket d'origine belge et française. Vrai.

5. Louis Chevrolet a écrit des contes connus dans le monde occidental. Faux. Charles Perrault a écrit des contes connus dans le monde occidental.

6. Les films de Céline Dion connaissent un énorme succès aux États-Unis. Faux. La musique de Céline Dion connaît un énorme succès aux États-Unis.

2 **Que sais-je?** Répondez aux questions. Answers may vary slightly.

1. Qui a été le premier Européen à descendre le fleuve du Mississippi? Cavelier de La Salle a été le premier Européen à descendre le fleuve du Mississippi.

2. Quelles personnalités américaines de la période révolutionnaire étaient très francophiles? Des personnalités importantes comme Benjamin Franklin, John Adams ou Thomas Jefferson étaient très francophiles.

3. Qu'est-ce que la France et les États-Unis ont créé en même temps? Ils ont créé leur constitution en même temps.

4. Que symbolise la statue de la Liberté? Elle symbolise l'amitié entre la France et les États-Unis.

5. Qui a fondé la compagnie Chevrolet et de quelle nationalité était-il? Le Suisse francophone Louis Chevrolet a fondé la compagnie Chevrolet.

6. De quoi les films d'animation de Walt Disney s'inspirent-ils beaucoup? Ils s'inspirent des contes de Charles Perrault.

Projet

Aux États-Unis

Où trouve-t-on la culture francophone aux États-Unis? Faites des recherches sur **vhlcentral.com** pour créer une page de présentation au sujet d'un événement ou d'un lieu francophone.

- Notez les détails les plus intéressants.
- Choisissez des photos.
- Présentez votre page à la classe.
- Expliquez pourquoi vous avez choisi ce sujet.

 Practice more at **vhlcentral.com**.

ÉPREUVE

Trouvez la bonne réponse.

1. À l'époque coloniale, la Louisiane avait la taille _____.
   a. de la région des Grands Lacs
   b. de dix États américains
   c. du golfe du Mexique
   d. d'un État américain

2. L'alliance franco-américaine s'est renforcée _____.
   a. vers 1886   b. à l'époque coloniale
   c. vers 1701   d. pendant la guerre d'Indépendance

3. La France a été la première nation à _____ les États-Unis.
   a. reconnaître   b. aider
   c. explorer   d. nommer

4. À l'époque révolutionnaire, la France et les États-Unis partageaient _____.
   a. la même constitution   b. le même espace
   c. la philosophie des Lumières   d. la même économie

5. La France a offert la statue de la Liberté aux États-Unis, en _____.
   a. 1701   b. 1846
   c. 1886   d. 1776

6. Catherine Deneuve, Gérard Depardieu et Audrey Tautou sont connus pour leur carrière _____.
   a. dans le cinéma   b. d'écrivain
   c. de musicien   d. sportive

7. Il y a _____ Alliances françaises sur le territoire américain.
   a. 1.000   b. plus de 130
   c. plus de 250   d. 50

8. Le joueur de basket Tony Parker a été élevé _____.
   a. au Québec   b. en Belgique
   c. en France   d. à San Antonio

9. Céline Dion a présenté son premier _____ à Las Vegas.
   a. hôtel   b. salon de beauté
   c. magasin   d. spectacle

10. Charles Perrault n'a pas écrit _____.
    a. Le Chat botté
    b. Cendrillon
    c. La Princesse au petit pois
    d. La Belle au bois dormant

 Video: TV Clip

INSTRUCTIONAL RESOURCES
Supersite: Video Script & Translation; Answer Key

Comment bien écrire le français

Les produits Clairefontaine sont généralement connus pour leur qualité. Les cahiers scolaires, par exemple, ont un papier spécial extra blanc. Beaucoup d'élèves aiment bien les utiliser. À la rentrée 2007, Clairefontaine a lancé (*launched*) une campagne télévisée qui a particulièrement plu au jeune public. Celle-ci met en scène Sophie et Jeff, dont les lettres d'amour sont tout de suite plus sophistiquées dès qu'ils les écrivent dans un cahier Clairefontaine.

Sophie, c'est fou comme c'était la lose dans ma vie avant que je te kiffe.

COMPRÉHENSION Play the commercial a second time, pausing after each sentence. Ask students to write down what they actually hear. You may wish to provide the following words and expressions: **la lose, scotcher la tête, être à bloc de quelqu'un, capter, mettre le cœur à l'amende, partir en vrille, lâcher l'affaire**. Then have students compare and contrast the two versions of each letter.

DISCUSSION Have students make predictions about the relationship between Sophie and Jeff. Will they exchange notebooks? Will they continue to communicate by letter? Will they go out on a date? Where will they go?

VOCABULAIRE

de la vidéo

un baiser *kiss*
emprisonner *to imprison*
hanter *to haunt*
je te kiffe = je t'aime
un regard *look, glance*
réussir (à quelqu'un) *to work (for someone)*
un sourire *smile*

pour la conversation

l'argot (m.) *slang*
un banc *bench*
cher/chère *dear*
une lettre d'amour *love letter*
un texto *text message*

1

Compréhension Répondez aux questions par des phrases complètes.

1. Où est la jeune fille? Que fait-elle?
   Elle est assise sur un banc. Elle écrit dans un cahier.

2. Qu'est-ce que le garçon a tout de suite remarqué quand il a rencontré la jeune fille? Et la jeune fille?
   Il a remarqué la couleur de ses yeux. Elle a remarqué son sourire.

3. Quelle différence remarquez-vous entre ce qui est écrit et ce qui est dit?
   Ce qui est écrit est en français standard et ce qui est dit est en argot.

2

Discussion Répondez aux questions en donnant des détails.

1. Avez-vous déjà écrit une lettre pour déclarer votre amour à quelqu'un? Si oui, qu'est-ce que vous lui avez dit? Sinon, imaginez ce qu'on dirait dans ce genre de situation.

2. Expliquez le slogan «On écrit mieux sur du papier Clairefontaine. Clairefontaine, ça vous réussit.» À votre avis, est-ce que c'est une bonne publicité? Pourquoi?

Et vous? Comment communiquez-vous avec les personnes qui vous sont chères? À votre avis, quel mode de communication est le plus approprié pour une déclaration d'amour? Expliquez.

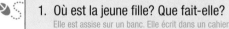 Practice more at **vhlcentral.com.**

GALERIE DE CRÉATEURS

 SUR INTERNET

Pour plus de renseignements sur ces créateurs et pour explorer des aspects précis de leurs créations, à l'aide d'activités et de projets de recherche, visitez vhlcentral.com.

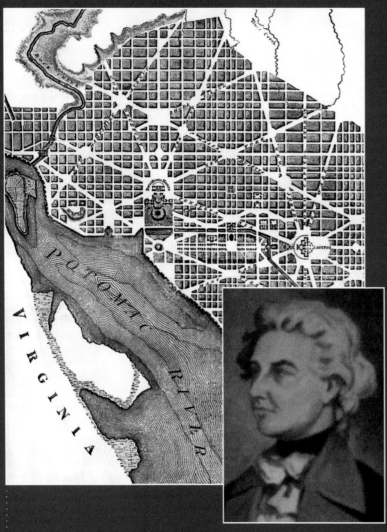

PEINTURE
George Rodrigue (1944–)

En 1964, ce Cajun découvre la grande différence qui existe entre la Louisiane, sa région natale (*native*) et le reste des États-Unis. Les tableaux du début de sa carrière représentent les purs Cajuns dont on lui a parlé dans les histoires hautes en couleur (*colorful*) de sa famille. Mais c'est la série de tableaux contemporains, *Chien bleu*, créée en 1984, qui va surtout le rendre célèbre. Sa chienne Tiffany, morte en 1980, y est représentée comme un fantôme. *Chien bleu* a eu un tel succès qu'il a paru dans la série télévisée *Friends* et même dans une campagne présidentielle. Rodrigue est aussi le peintre des portraits de présidents américains comme George Bush et Bill Clinton.

URBANISME Pierre Charles L'Enfant (1754–1825)
Venu pour aider Washington pendant la guerre d'Indépendance, l'ingénieur français Pierre L'Enfant a gagné le concours (*contest*) pour la construction de la nouvelle capitale américaine, Washington D.C. Le travail commence en 1791, mais L'Enfant ne termine pas le projet. Au début du 20ᵉ siècle, les plans de L'Enfant sont repris pour construire le *National Mall* de Washington, et le génie (*genius*) de l'architecte français est enfin reconnu. Aujourd'hui, la vision de L'Enfant se révèle dans le système de quadrillage, les boulevards avec les grands monuments et les espaces verts de Washington, D.C. L'Enfant est enterré (*buried*) au cimetière d'Arlington.

GASTRONOMIE
Julia Child (1912–2004)

Vers 1948, Julia Child découvre la cuisine française dans un restaurant de Rouen. Elle prend alors des cours au Cordon Bleu (*Blue Ribbon*), célèbre école de cuisine parisienne, puis elle écrit plusieurs guides culinaires français, dont le volumineux *Mastering the Art of French Cooking*. Elle est invitée à participer à une émission aux États-Unis, et en février 1963, l'émission culinaire, *The French Chef*, est lancée. Cette émission et ses guides culinaires ont eu un très grand succès. Julia Child devient une ambassadrice de la culture française aux États-Unis. Depuis 2001, on peut voir sa cuisine personnelle au *Smithsonian National Museum of American History*.

DESIGN/ARCHITECTURE
Philippe Starck (1949–)

Le designer et architecte, Philippe Starck, est tout aussi connu aux États-Unis où il réside, qu'en France où il est né. Avec plusieurs projets d'architecture et de décoration d'intérieur à l'étranger, entre autres aux États-Unis, en Australie, au Japon, en Argentine et en Turquie, il est l'un des décorateurs les plus originaux de sa génération. On compte, parmi ses créations, l'hôtel Mondrian à Los Angeles, le Royalton et le Hudson à New York et l'École Nationale Supérieure des Arts Décoratifs à Paris. L'ancien président de la République française, François Mitterrand, lui a même demandé d'apporter des modifications à ses appartements privés, dans le Palais de l'Élysée, sa résidence officielle. En 1979, l'architecte a fondé Starck Products, sa propre ligne d'objets pour la maison, de meubles et d'objets décoratifs.

Compréhension

Vrai ou faux? Indiquez si chaque phrase est vraie ou fausse. Corrigez les phrases fausses.

1. Pierre L'Enfant a gagné le concours pour la construction de Washington, D.C. Vrai.

2. George Rodrigue est le peintre des portraits de présidents américains comme George Washington et John Adams. Faux. C'est le peintre de présidents américains comme George Bush et Bill Clinton.

3. Julia Child découvre la cuisine française dans une école de cuisine de New York. Faux. Elle découvre la cuisine française dans un restaurant de Rouen.

4. Philippe Starck n'est pas encore bien connu en France. Faux. Il est aussi connu en France qu'aux États-Unis.

5. La construction de la nouvelle capitale américaine commence au début du 20e siècle. Faux. La construction commence en 1791.

6. La série de tableaux *Chien bleu* rend George Rodrigue célèbre. Vrai.

7. Les guides culinaires de Julia Child ont eu beaucoup de succès, mais pas son émission *The French Chef*. Faux. L'émission aussi a eu un grand succès.

8. François Mitterrand, l'ancien président français, a demandé à Philippe Starck d'apporter des modifications à sa résidence officielle. Vrai.

Rédaction

À vous! Choisissez un de ces thèmes et écrivez un paragraphe d'après les indications.

- **Promenade dans la capitale** Vous visitez Washington, D.C. dessinée par Pierre L'Enfant. Décrivez les rues et les bâtiments de la capitale.

- **Chez les présidents** Le président des États-Unis demande à Philippe Starck de redécorer ses appartements privés, à la Maison Blanche. Décrivez ce que va faire M. Starck.

- **La cuisine française** Vous voulez suivre l'exemple de Julia Child. Décrivez ce que vous allez faire pour devenir un grand chef cuisinier.

 Practice more at **vhlcentral.com.**

KEY STANDARDS
4.1, 5.1

INSTRUCTIONAL
RESOURCES
Supersite: Lab Audioscript,
SAM AK, Lab MP3s
SAM/WebSAM: WB, LM

Point out that all active
verbs from **IMAGINEZ**
Structures are listed
in **Appendice B** on
pp. 452–453.

With their books closed, ask
students to name examples
of spelling-change **-er** verbs.
Examples: **acheter**, **célébrer**,
employer, etc. Then have
them use these verbs in
present-tense sentences.
Ask why it is necessary to
change the spelling. (The
changes must be made
to indicate changes in
the pronunciation.)

Call on a volunteer to
explain why the spelling
changes are made for verbs
ending in **-ger** and **-cer**.
(Both spelling changes are
made to avoid changes
in the pronunciation:
to preserve the soft
g and **c** sounds.)

1.1

Spelling-change verbs

—*Ne vous **inquiétez** pas, Blanche.*

- Several **-er** verbs require spelling changes in certain forms of the present tense. These changes usually reflect variations in pronunciation or are made to avoid a change in pronunciation.

- For verbs that end in **-ger**, add an **e** before the **-ons** ending of the **nous** form.

voyager (*to travel*)	
je voyage	nous voyag**e**ons
tu voyages	vous voyagez
il/elle voyage	ils/elles voyagent

Nous **mangeons** ensemble.

- Other verbs like **voyager** are **déménager** (*to move*), **déranger** (*to bother*), **manger** (*to eat*), **partager** (*to share*), **plonger** (*to dive*), and **ranger** (*to tidy up*).

- In verbs that end in **-cer**, the **c** becomes **ç** before the **-ons** ending of the **nous** form.

commencer (*to begin*)	
je commence	nous commençons
tu commences	vous commencez
il/elle commence	ils/elles commencent

Nous **commençons** à 8h30.

- Other verbs like **commencer** are **avancer** (*to advance, to move forward*), **effacer** (*to erase*), **forcer** (*to force*), **lancer** (*to throw*), **menacer** (*to threaten*), **placer** (*to place*), and **remplacer** (*to replace*).

- The **y** in verbs that end in **-yer** changes to **i** in all forms *except* for the **nous** and **vous** forms.

envoyer (*to send*)	
j'envoie	nous envoyons
tu envoies	vous envoyez
il/elle envoie	ils/elles envoient

Elle **paie** par chèque.

- Other verbs like **envoyer** are **balayer** (*to sweep*), **ennuyer** (*to annoy; to bore*), **essayer** (*to try*), **nettoyer** (*to clean*), and **payer** (*to pay*).

ATTENTION!

The **y** in verbs that end in **-ayer** can either remain **y** or change to **i**. Both forms are correct.

je paie	*or*	je paye
ils essaient	*or*	ils essayent

Point out that **je paie** and **je paye**, along with other variations for verbs ending in **-ayer**, are pronounced differently.

- Often the spelling change is simply the addition of an accent. Notice that the **nous** and **vous** forms of verbs like **acheter** have no accent added.

acheter (*to buy*)

j'ach**è**te	nous achetons
tu ach**è**tes	vous achetez
il/elle ach**è**te	ils/elles ach**è**tent

Il **achète** un appareil photo.

- Other verbs like **acheter** are **amener** (*to bring someone*), **élever** (*to raise*), **emmener** (*to take someone*), **lever** (*to lift*), **mener** (*to lead*), and **peser** (*to weigh*).

- In verbs like **préférer**, the **é** in the last syllable of the verb stem changes to **è** in all forms *except* for the **nous** and **vous** forms.

préférer (*to prefer*)

je préf**è**re	nous préférons
tu préf**è**res	vous préférez
il/elle préf**è**re	ils/elles préf**è**rent

Je **préfère** cette robe rouge.

- Other verbs like **préférer** are **considérer** (*to consider*), **espérer** (*to hope*), **posséder** (*to possess*), and **répéter** (*to repeat; to rehearse*).

- In certain verbs that end in **-eler** or **-eter**, the last consonant in the stem is doubled in all forms *except* for the **nous** and **vous** forms.

appeler (*to call*)   jeter (*to throw*)

j'appe**ll**e	nous appelons	je je**tt**e	nous jetons
tu appe**ll**es	vous appelez	tu je**tt**es	vous jetez
il/elle appe**ll**e	ils/elles appe**ll**ent	il/elle je**tt**e	ils/elles je**tt**ent

Seydou **appelle** son ami.

- Other verbs like **appeler** and **jeter** are **épeler** (*to spell*), **projeter** (*to plan*), **rappeler** (*to recall; to call back*), **rejeter** (*to reject*), and **renouveler** (*to renew*).

Ask students to close their books, then write **acheter**, **préférer**, and **appeler** on the board. Have students identify the spelling change for each, then think of as many verbs as possible that fall into each category.

ATTENTION!

The **é** in the first syllable of verbs like **élever** and **préférer** never changes. Spelling changes occur only in the last syllable of the verb stem.

Point out that doubling the last consonant in the verb stem creates the same type of pronunciation change as adding or changing an accent. So, verbs like **acheter**, **préférer**, and **appeler** are all very similar.

BLOC-NOTES

To review the present tense of **-er** verbs and the forms of regular **-ir** and **-re** verbs, see **Fiche de grammaire 1.4, p. 392.**

Ask students to write a short essay, story, or dialogue using at least six spelling-change verbs, one from each group presented on these two pages. Stories can be serious or silly. Students should read their creations to the class, being careful to pronounce the verbs correctly.

Mise en pratique

1 Give students these additional items:
9. rappeler le traiteur (*caterer*): toi (Tu rappelles le traiteur.) 10. espérer que tout va bien: moi (J'espère que tout va bien!)

1 Have students write another list for Jérôme and Mathilde: three things to do after the wedding. Students then exchange lists with another student to make sentences.

1

Les fiancés Jérôme et Mathilde vont bientôt se marier. Jérôme a fait une liste de toutes les tâches à accomplir. Dites ce que fait chaque personne mentionnée.

Modèle **appeler le fleuriste: Mathilde et moi**
Nous appelons le fleuriste.

1. payer le pâtissier: moi
Je paiae/paye le pâtissier.
2. remplacer les invitations: ma sœur
Elle remplace les invitations.
3. amener les grands-parents: maman et papa
Ils amènent les grands-parents.
4. ranger l'appartement: Mathilde et moi
Nous rangeons l'appartement.

5. nettoyer la salle de bains: mon frère
Il nettoie la salle de bains.
6. répéter demain soir: les musiciens
Ils répètent demain soir.
7. jeter les vieux journaux: moi
Je jette les vieux journaux.
8. acheter de nouvelles chaussures: mon frère et moi
Nous achetons de nouvelles chaussures.

2 You may wish to have individuals form complete sentences, then check and compare answers with a partner.

2

En famille Kader est déprimé et il en donne les raisons aux membres de sa famille. Formez des phrases complètes. Suggested answers

1. mes enfants / préférer / leur mère Mes enfants préfèrent leur mère.

2. nous / ne… aucune / payer / dette Nous ne payons aucune dette.

3. je / s'ennuyer / souvent / le dimanche Je m'ennuie souvent le dimanche.

4. personne / ne… jamais / balayer dehors Personne ne balaye jamais dehors.

5. Martine et Sonya / effacer / messages / sur / répondeur Martine et Sonya effacent les messages sur le répondeur.

6. mon frère / élever / mal / mes neveux Mon frère élève mal mes neveux.

7. nous / ne… pas / remplacer / les fleurs fanées (*withered*) Nous ne remplaçons pas les fleurs fanées.

8. vous / me / déranger / quand / je / amener / clients / à la maison Vous me dérangez quand j'amène des clients à la maison.

3 Have a volunteer say the modèle, then model one or two more sentences with the class. Example: **Nous ne menaçons pas nos camarades de classe.**

3

Les amis Avec un(e) camarade, faites des phrases complètes avec les éléments de chaque colonne.

Modèle Les vrais amis appellent souvent.

A	B	
je	acheter	menacer
tu	amener	nettoyer
un(e) bon(ne) ami(e)	appeler	partager
nous	commencer	payer
vous	considérer	préférer
les faux/fausse(s) ami(e)s	emmener	rejeter
?	ennuyer	voyager
	envoyer	?

Practice more at **vhlcentral.com**.

Communication

4

Les jeunes mariés Jacqueline et Thierry viennent de se marier. Avec un(e) camarade, décrivez leur vie ensemble à l'aide des mots de la liste.

commencer	espérer	préférer
considérer	essayer	projeter
déménager	mener	renouveler

Modèle —Thierry projette de chercher un nouveau travail.
—Jacqueline préfère vivre près de Marseille.

5

Conversation Avec un(e) camarade, décrivez chaque personne à l'aide du verbe qui lui correspond.

Modèle **préférer: mon frère**
—Mon frère préfère travailler très tard le soir.
—Ma sœur aussi. Elle préfère commencer ses devoirs après dix heures.

1. acheter: mon père
2. posséder: le prof de français
3. rejeter: nos camarades de classe
4. ennuyer: je
5. avancer: nous
6. déranger: mes amis

6

J'en ai besoin. Par groupes de trois, dites pourquoi vous avez besoin des éléments de la liste ou pourquoi vous n'en avez pas besoin. Employez des verbes comme **voyager**, **commencer**, **envoyer**, **acheter**, **préférer** ou **appeler**. Chaque phrase doit avoir un verbe différent.

Modèle **une chaîne stéréo**
J'ai besoin d'une chaîne stéréo parce que j'achète beaucoup de CD.

- de l'argent
- une voiture
- un portable
- un appartement
- un ordinateur
- un aspirateur
- un(e) camarade de chambre
- ?

KEY STANDARDS
4.1, 5.1

INSTRUCTIONAL RESOURCES
Supersite: Lab Audioscript, SAM AK, Lab MP3s
SAM/WebSAM: WB, LM

Briefly review the meanings of these four verbs.

Explain that forms of **être** are also commonly followed by prepositional phrases, nouns, adverbs, etc. Have students come up with models for each. Examples:
Je suis avec mon ami.
Nous sommes étudiants.
Le professeur n'est pas souvent en retard.

Remind students that **avoir** is often used in idiomatic expressions, as shown below; therefore the translation is not always *to have.*

An idiomatic expression is one that cannot be translated or interpreted literally. Notice that many expressions with **avoir** correspond to English expressions with the verb *to be.*

J'ai dix-neuf ans.
I am nineteen years old.

Mireille a sommeil.
Mireille is sleepy.

1.2 The irregular verbs *être*, *avoir*, *faire*, and *aller*

—*Ils **ont** de meilleurs vêtements aussi.*

- The four most common irregular verbs in French are **être**, **avoir**, **faire**, and **aller**. These verbs are considered irregular because they do not follow the predictable patterns of regular -**er**, -**ir**, or -**re** verbs.

- The verb **être** means *to be.* It is often followed by an adjective.

être (*to be*)	
je suis	**nous** sommes
tu es	**vous** êtes
il/elle est	**ils/elles** sont

Je **suis** américain.
I am American.

C'**est** un bon film.
It is a good movie.

Ils **sont** timides.
They are shy.

Nous **sommes** fiancés.
We are engaged.

- The verb **avoir** means *to have.*

avoir (*to have*)	
j'ai	**nous** avons
tu as	**vous** avez
il/elle a	**ils/elles** ont

Ils **ont** froid.

- The verb **avoir** is used in many idiomatic expressions.

avoir… ans *to be … years old*	**avoir envie de** *to feel like*	**avoir de la patience** *to be patient*
avoir besoin de *to need*	**avoir faim** *to be hungry*	**avoir peur de** *to be afraid*
avoir de la chance *to be lucky*	**avoir froid** *to be cold*	**avoir raison** *to be right*
avoir chaud *to be hot*	**avoir honte de** *to be ashamed*	**avoir soif** *to be thirsty*
avoir du courage *to be brave*	**avoir mal à** *to ache, to hurt*	**avoir sommeil** *to be sleepy*
		avoir tort *to be wrong*

- The verb **faire** means *to do* or *to make*.

faire (*to do*; *to make*)

je fais	nous faisons
tu fais	vous faites
il/elle fait	ils/elles font

Elle **fait** de l'exercice.

- **Faire** is also used in numerous idiomatic expressions. Many of these expressions are related to weather, sports and leisure activities, or household tasks.

les sports et les loisirs

faire de l'aérobic
to do aerobics

faire du camping
to go camping

faire du cheval *to ride*
a horse

faire de l'exercice
to exercise

faire la fête *to party*

faire de la gym *to work out*

faire du jogging *to go jogging*

faire de la planche à voile
to go windsurfing

faire une promenade
to go for a walk

faire une randonnée
to go for a hike

faire un séjour *to spend*
time (somewhere)

faire du shopping
to go shopping

faire du ski *to go skiing*

faire du sport *to play sports*

faire un tour (en voiture)
to go for a walk (for a drive)

faire les valises *to pack*
one's bags

faire du vélo *to go cycling*

le temps

Il fait beau.
The weather's nice.

Il fait chaud. *It's hot.*

Il fait froid. *It's cold.*

Il fait mauvais.
The weather's bad.

Il fait (du) soleil. *It's sunny.*

Il fait du vent. *It's windy.*

les tâches ménagères

faire la cuisine *to cook*

faire la lessive *to do laundry*

faire le lit *to make the bed*

faire le ménage *to do*
the cleaning

faire la poussière *to dust*

faire la vaisselle *to do*
the dishes

d'autres expressions

faire attention (à) *to pay*
attention (to)

faire la connaissance de
to meet (someone)

faire mal *to hurt*

faire peur *to scare*

faire des projets
to make plans

faire la queue *to wait in line*

- The verb **aller** means *to go*.

aller (*to go*)

je vais	nous allons
tu vas	vous allez
il/elle va	ils/elles vont

Ils **vont** au cinéma.

- You can use **aller** with another verb to tell what is going to happen in the near future. The second verb is in the infinitive. This construction is called the **futur proche** (*immediate future*).

Je **vais** quitter mon mari.
I'm going to leave my husband.

Vous **allez** lui mentir?
Are you going to lie to him?

BLOC-NOTES

The verb **faire** followed by an infinitive means *to have something done* or *to cause something to happen*. To learn more about **faire causatif,** see **Fiche de grammaire 9.5, p. 426.**

ATTENTION!

Remember, when you negate a sentence in the **futur proche**, place **ne... pas** around the form of **aller**.

Tu ne vas pas regarder le match?
Are you not going to watch the game?

Mise en pratique

 Have pairs check and explain their answers to each other.

1 As a follow-up, have students write a different story about Soraya and Georges using **être**, **avoir**, **faire**, and **aller**.

1

Le mariage Complétez toutes les phrases. Soyez logique!

1. Soraya et Georges sont ___c___
2. Alors, ils vont ___b___
3. La mère de Soraya a ___h___
4. Son père est ___d___
5. Le jour du mariage, il fait ___a___
6. Soraya et Georges ont ___f___
7. Nous, leurs amis, nous sommes ___e___
8. La semaine prochaine, les jeunes mariés font ___g___

a. du soleil.
b. se marier.
c. amoureux.
d. déprimé parce qu'il pense au coût (*cost*) du mariage!
e. avec eux.
f. de la chance.
g. un séjour à Tahiti.
h. peur de perdre sa fille.

2

Au musée Complétez cette histoire à l'aide d'une forme correcte des verbes **être**, **avoir**, **faire** ou **aller**. Employez le présent de l'indicatif.

Note CULTURELLE

Le musée du Travail et de la Culture se trouve à **Woonsocket**, dans le **Rhode Island**. Pendant tout le 19ᵉ siècle, des milliers (*thousands*) de **Québécois** sont venus dans le Rhode Island pour travailler dans les usines de la vallée du **fleuve Blackstone**. Au début du 20ᵉ siècle, Woonsocket était la ville la plus francophone des États-Unis. Aujourd'hui, on peut visiter les sites historiques de la ville pour y découvrir la forte influence de son passé francophone.

Read the **Note culturelle** to the class. Then ask: **Connaissez-vous bien le Rhode Island? Quand vous y allez, y voyez-vous l'influence francophone?**

Kristen Aucoin et son frère Matt habitent dans le Rhode Island, et ils (1) ___ont___ des ancêtres franco-canadiens. Ils adorent le sport et ils (2) ___font___ du vélo presque tous les week-ends, mais cet après-midi, il (3) ___fait___ mauvais et il pleut. Alors, ils (4) ___vont___ visiter le musée du Travail et de la Culture. Ils (5) ___sont___ curieux de connaître l'histoire de leur région, et ce musée (6) ___est___ le meilleur endroit pour ça. Au musée, on (7) ___a___ la possibilité de voir des expositions sur l'immigration québécoise en Nouvelle-Angleterre. Kristen (8) ___a___ envie d'acheter quelques livres. Matt (9) ___va___ parler en français aux employés du musée. Il (10) ___fait___ des efforts pour ne pas perdre la langue de ses grands-parents.

 Practice more at **vhlcentral.com**.

Communication

3

Comparaisons Avec un(e) camarade, décrivez les personnes de la liste à l'aide de ces expressions. Expliquez vos choix. Ensuite, comparez vos réponses avec celles d'un autre groupe.

Modèle Madonna fait évidemment de la gym parce qu'elle est en forme.

avoir du courage	faire la cuisine
avoir honte	faire la fête
avoir de la patience	faire de la gym
avoir sommeil	faire le ménage
avoir tort	faire du shopping
?	?

- Mariah Carey
- Brad Pitt
- Céline Dion
- Will Smith
- Audrey Tautou
- Johnny Depp

4

Conseils À deux, donnez des conseils à ces personnes. Employez à chaque fois le verbe **être** ou **avoir**, une expression avec **faire** et un verbe au futur proche.

Modèle Vous êtes fatiguée. Si vous faites une promenade, vous n'allez pas vous endormir.

5

Promesses Vous avez beaucoup agacé votre petit(e) ami(e) qui menace de vous quitter. Vous promettez de ne plus faire ce qui l'énerve. Il/Elle vous pose des questions pour en être sûr(e). Jouez la scène pour la classe.

Modèle —Je ne vais plus draguer les filles!
—Bon, mais est-ce que tu vas être plus affectueux?

3 Before assigning this activity, have students bring in photos of some celebrities listed or a few of their own favorites for class inspiration and recognition.

4 As a variation, have students choose one of the photos and write a short story about the person/ people using as many present-tense indicative forms of **être**, **avoir**, **faire** and **aller** as possible.

5 If students do not have personal experience on the matter or if they choose not to divulge it, tell them to be creative and invent the details.

5 Have pairs make a list of six to ten well-known people such as actors, athletes, politicians, or business people. Each student gives a one-sentence description of someone on the list (using **être**, **avoir**, **faire**, and **aller**) and the other student guesses who it is.

KEY STANDARDS
4.1, 5.1

INSTRUCTIONAL
RESOURCES
Supersite: Lab Audioscript,
SAM AK, Lab MP3s
SAM/WebSAM: WB, LM

1.3

Forming questions

—*Et **pourquoi ce ne serait pas** pour vous, d'abord?*

- Rising intonation is the simplest way to ask a question. Just say the same words as when making a statement and raise your pitch at the end.

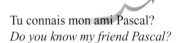

Tu connais mon ami Pascal?
Do you know my friend Pascal?

- You can also ask a question using **est-ce que**. If the next word begins with a vowel sound, **est-ce que** becomes **est-ce qu'**.

Est-ce que vous prenez des risques?   **Est-ce qu'**il a cinq ans?
Do you take risks?   *Is he five years old?*

- You can place a tag question at the end of a statement.

Tu es canadien, **n'est-ce pas**?   On va partir à 8h00, **d'accord**?
You are Canadian, right?   *We're going to leave at 8 o'clock, OK?*

- You can invert the order of the subject pronoun and the verb. Remember to add a hyphen whenever you use inversion. If the verb ends in a vowel and the subject is **il**, **elle**, or **on**, add -**t**- between the verb and the pronoun.

Aimes-tu les maths?   **Préfère-t-il** le bleu ou le vert?
Do you like math?   *Does he prefer blue or green?*

- To ask for specific types of information, use the appropriate interrogative words.

> **Interrogative words**
> **combien (de)?** *how much/many?*
> **comment?** *how?*
> **où?** *where?*
> **pourquoi?** *why?*
> **quand?** *when?*
> **que/qu'?** *what?*
> **(à/avec/pour) qui?** *(to/with/for) who(m)?*
> **(avec/de) quoi?** *(with/about) what?*

- You can use various methods of question formation with interrogative words.

    Quand est-ce qu'ils mangent?   **Combien** d'étudiants y a-t-il?
    When are they eating?   *How many students are there?*

- The interrogative adjective **quel** means *which* or *what*. Like other adjectives, it agrees in gender and number with the noun it modifies.

Have volunteers identify each example question as intonation, **est-ce que**, or inversion.

Emphasize the difference between **que** and **quel**. Say that, although they can both mean *what*, they are not interchangeable.

The interrogative adjective quel

	singular	plural
masculine	quel	quels
feminine	quelle	quelles

—Je suis à l'hôtel.   —Carole aime cette chanson.
—**Quel** hôtel?   —**Quelle** chanson?

- **Quel(le)(s)** can be used with a noun or with a form of the verb **être**.

    Quelle est ton adresse?   **Quelles sont** tes fleurs préférées?
    What is your address?   *What are your favorite flowers?*

Point out that a common answer to the question **Lequel?** would be **Celui-ci./Celui-là.**

Then ask: **Laquelle? (Celle-ci./Celle-là.)** Etc.

- To avoid repetition, use the interrogative pronoun **lequel**. Like **quel**, it agrees in number and gender with the noun it modifies. Since it is a pronoun, the noun is not stated.

The interrogative pronoun lequel

	singular	plural
masculine	lequel	lesquels
feminine	laquelle	lesquelles

—Je vais prendre cette jupe.   —Laure adore ces bonbons.
—*I'm going to take this skirt.*   —*Laure loves these candies.*

—**Laquelle**?   —**Lesquels**?
—*Which one?*   —*Which ones?*

- **Lequel** and its forms can be used with the prepositions **à** and **de**. When this occurs, the usual contractions with **à** and **de** are made. In the singular, contractions are made only with the masculine forms.

    à + lequel = **auquel**   *but*   à + laquelle = **à laquelle**

    de + lequel = **duquel**   *but*   de + laquelle = **de laquelle**

    —Mon frère a peur du chien.   —Nous allons au cinéma.   —Je vais à l'université.
    —**Duquel** est-ce qu'il a peur?   —**Auquel** allez-vous?   —**À laquelle** vas-tu?

Explain that forms of **auquel** and **duquel** are important since French sentences must not end with the words **à** or **de**. In fact, sentences should not end with prepositions at all, which is why they will notice phrases like **pour laquelle**, **avec lesquelles**, etc.

- In the plural, contractions are made with both the masculine and feminine forms: **auxquels, auxquelles; desquels, desquelles**.

    —Le prof parle aux étudiantes.   —Il a besoin de livres.
    —**Auxquelles** est-ce qu'il parle?   —**Desquels** a-t-il besoin?

You may choose to give the English translation of forms of **auquel** (*to which*) and **duquel** (*from which*).

Mise en pratique

1 Before doing the activity, have volunteers ask intonation questions aloud that correspond to items in the activity.

1 To stress the repetitive nature of the activity, have students add **vraiment** to the second question. Example: **Avons-nous** *vraiment* **rendez-vous avec Karim au café?**

1 **Les copains** Posez des questions à Gisèle. Formulez chaque question deux fois, d'abord avec **est-ce que**, puis avec l'inversion.

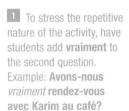

> **Modèle**   **nous / avoir rendez-vous / avec Karim / au café**
> Est-ce que nous avons rendez-vous avec Karim au café? Avons-nous rendez-vous avec Karim au café?

1. tu / avoir confiance / en Myriam   Est-ce que tu as confiance en Myriam? / As-tu confiance en Myriam?
2. Lucie et Ahmed / aller / faire / du sport   Est-ce que Lucie et Ahmed vont faire du sport? / Lucie et Ahmed vont-ils faire du sport?
3. vous / rêver / de / tomber / amoureux   Est-ce que vous rêvez de tomber amoureux? / Rêvez-vous de tomber amoureux?
4. Alain / draguer / filles / de / la classe   Est-ce qu'Alain drague les filles de la classe? / Alain drague-t-il les filles de la classe?
5. Stéphanie / se mettre / souvent / en colère   Est-ce que Stéphanie se met souvent en colère? / Stéphanie se met-elle souvent en colère?
6. mes copines / espérer / faire / un séjour / Canada   Est-ce que mes copines espèrent faire un séjour au Canada? / Mes copines espèrent-elles faire un séjour au Canada?

2 Have students think of at least one thing that would have angered their parents when they were in high school. Tell them to use the idea(s) to continue the activity.

2 **Des parents contrariés** Ces parents sont fâchés contre leurs deux enfants adolescents. La mère pose des questions et le père les réitère avec des interrogatifs. Avec un(e) camarade, alternez les rôles, puis jouez la scène pour la classe. Some answers will vary.

> **Modèle**   **Tu rentres à trois heures du matin?**
> À quelle heure est-ce que tu rentres?!

1. Vous mangez cinq éclairs par jour?   Combien d'éclairs est-ce que vous mangez par jour?!
2. Tu travailles avec Laurent?   Avec qui est-ce que tu travailles?!
3. Ce mauvais élève est ton meilleur ami?   Quel mauvais élève est ton meilleur ami?!
4. Vous allez au parc pendant les cours?   Où est-ce que vous allez pendant les cours?
5. Vos amis achètent des jeux vidéo avec leur argent?   Qu'est-ce que vos amis achètent avec leur argent?

3 Have a group of three act out the conversation for the class.

3 Have students rewrite the questions using **est-ce que**.

3 **Chez le conseiller matrimonial** D'après (*According to*) les réponses, devinez les questions. Employez l'inversion. Suggested answers

CONSEILLER (1) _____ Votre femme travaille-t-elle trop? _____

M. LEROUX Ah, oui! Ma femme travaille trop!

CONSEILLER (2) _____ Que fait-elle? _____

M. LEROUX Elle est psychologue.

CONSEILLER (3) _____ Sortez-vous souvent ensemble? _____

MME LEROUX Non, malheureusement, nous ne sortons jamais ensemble.

CONSEILLER (4) _____ Votre mari vous demande-t-il de rentrer plus tôt? _____

MME LEROUX Oui, mon mari me demande souvent de rentrer plus tôt.

CONSEILLER (5) _____ Ses heures de travail vous gênent-elles? _____

M. LEROUX Bien sûr que ses heures de travail me gênent!

CONSEILLER Bon, (6) _____ pour quelle heure prenons-nous le prochain rendez-vous? _____

M. LEROUX Prenons le prochain rendez-vous pour onze heures.

Communication

4 **À vous de décrire!** Par groupes de trois, regardez chaque photo et posez-vous mutuellement des questions pour décrire ce qui se passe.

> **Modèle** —Combien de personnes y a-t-il?
> —Il y a cinq personnes.
> —Que font-elles?

5 **Des curieux** Dites à votre camarade ce que vous allez faire pendant les prochaines vacances, à l'aide des mots de la liste. Ensuite, votre camarade va formuler une question avec **lequel** pour avoir plus de détails.

> **Modèle** —Je vais lire un livre.
> —Ah bon? Lequel?
> —Je vais lire *De la démocratie en Amérique.*

bronzer sur une plage	sortir avec des copains/copines
descendre dans une auberge	visiter des musées
manger dans un restaurant	visiter une ville
regarder des émissions à la télé	voir un film
?	?

6 **Questions personnalisées** Avec un(e) camarade, posez-vous mutuellement au moins trois questions sur ces thèmes. Présentez ensuite vos réponses à la classe.

> **Modèle** **le/la petit(e) ami(e)**
> As-tu un(e) petit(e) ami(e)? Comment est-ce qu'il/elle s'appelle?
> À quelle université va-t-il/elle?

- les cours
- les parents
- les copains
- l'argent
- les passe-temps
- la nourriture

---

4 Have a volunteer group act out the **modèle** and expand it with their own, ad-libbed questions and descriptions.

4 You may wish to bring in additional images to continue this activity.

5 Have students research the life and times of Alexis de Tocqueville. They should focus on the years he spent in the U.S. and the issues covered in *De la démocratie en Amérique*. They can also find a summary of the book and the predictions it makes. They should analyze if these predictions came true. For example, he predicted that the issue of slavery would cause conflict in the U.S.

Note
CULTURELLE

En 1831, le gouvernement français envoie aux États-Unis un écrivain de science politique âgé de 25 ans, **Alexis de Tocqueville**, pour y étudier les prisons. Après un séjour de neuf mois, Tocqueville retourne en France, enthousiasmé par le système démocratique américain, et il écrit *De la démocratie en Amérique*. Cette analyse politique, qui décrit tout aussi bien la réalité d'aujourd'hui que celle du 19e siècle, est un classique de la littérature française.

6 Have students incorporate as much vocabulary from this lesson as they can.

Synthèse Reading

KEY STANDARDS
1.1, 1.2

Ask students if they read advice columns or listen to advice radio shows and have them discuss the types of problems people write or call in about. Ask if they would follow advice given by Docteur Lesage or others in that role.

Où allons-nous habiter?

De:	Martin <martin.compeau@courriel.ca>
Pour:	Docteur Lesage <etienne24@courriel.qc>
Sujet:	Où allons-nous habiter?

J'ai 30 ans et je suis marié. Mon problème a commencé à cause d'une blague. Je fais des blagues tout le temps.

Ma femme Pauline et moi déménageons bientôt à New York, où nous faisons un tour chaque année. Elle considère que c'est la ville idéale. Nous avons deux enfants, et nous sommes tous très heureux d'aller habiter à New York. Un week-end, j'y vais pour chercher un appartement, pendant que Pauline essaie de vendre notre maison. Mais on s'envoie des messages instantanés pour être en contact. Elle m'appelle aussi chaque soir.

La semaine dernière, pour rire, j'ai l'idée d'envoyer un e-mail à Pauline pour lui dire que je n'ai plus envie de déménager. Et je réussis à la convaincre°! C'est incroyable, n'est-ce pas? Cette situation m'inquiète beaucoup, parce que ma femme s'est mise en colère. Elle ne veut plus me parler. Quelle solution me suggérez-vous? Comment vais-je lui dire que c'est une blague? Ne va-t-elle pas se mettre encore plus en colère? Êtes-vous capable de m'aider?

to convince

1 Ask interpretation questions as well. Example: **À quel moment commence-t-on à mentir quand on fait une blague?**

1 L'e-mail Par groupes de trois, lisez l'e-mail que Martin a écrit au Docteur Lesage et répondez aux questions. Some answers will vary.

1. Qu'est-ce que Martin fait tout le temps? Il fait des blagues.
2. Que font Martin et Pauline à New York? Ils y font un tour.
3. Comment Martin et Pauline sont-ils en contact quand ils ne sont pas ensemble? Ils s'envoient des messages instantanés et Pauline appelle Martin.
4. Quelle idée Martin a-t-il un jour? Il a l'idée d'envoyer un e-mail à Pauline pour lui dire qu'il n'a plus envie de déménager.
5. Qu'est-ce que Martin réussit à faire? Il réussit à convaincre Pauline.
6. Quel est l'effet de cette situation sur Martin? Elle l'inquiète beaucoup.

2 Discussion Restez dans le même groupe de trois et parlez du problème de Martin. Suggérez une solution. Choisissez un membre du groupe pour la présenter à la classe.

3 Solution Écoutez les solutions suggérées par tous les groupes et parlez-en avec toute la classe. Travaillez ensemble pour trouver la meilleure solution au problème de Martin. Gardez en tête les questions suivantes.

1. Quelles sont les différentes réactions de chaque groupe au problème de Martin?
2. Y a-t-il une solution commune? Laquelle?
3. Y a-t-il des solutions plus réalisables (*workable*) que d'autres? Lesquelles?

TEACHING OPTION
As a follow-up writing assignment, have students write anonymous letters of their own to Docteur Lesage. Then have classmates write letters of response.

Préparation

Vocabulaire de la lecture

à partir de *from*
fuir (irreg.) *to flee*
grâce à *thanks to*
un mélange *mix*
une nouvelle vague *new wave*
rejoindre (irreg.) *to join*
un soldat *soldier*

Vocabulaire utile

un(e) ancêtre *ancestor*
s'assimiler à *to blend in*
bilingue *bilingual*
un choc culturel *culture shock*
le dépaysement *change of scenery; disorientation*
émigrer *to emigrate*
immigrer *to immigrate*
s'intégrer (à un groupe) *to integrate (into a group)*

1

Vocabulaire Choisissez le bon mot de vocabulaire pour compléter chaque phrase.

1. ___Grâce à___ mes parents, je vais à l'université.

2. Il est normal de rendre hommage à nos ___ancêtres___, plusieurs fois dans l'année.

3. Une personne qui parle couramment deux langues est ___bilingue___.

4. Dans les films d'horreur, le héros ou l'héroïne ___fuit___ toujours le monstre ou le méchant (*bad guy*).

5. Cette ___nouvelle vague___ artistique mélange le moderne et le traditionnel.

6. Benjamin Franklin a peut-être ressenti ___un choc culturel___ quand il est arrivé pour la première fois en France, comme représentant des États-Unis.

2

Chez vous Répondez individuellement aux questions par des phrases complètes. Ensuite, comparez vos réponses avec celles de votre camarade.

1. Votre famille a-t-elle conservé des éléments de sa culture ancestrale? Si oui, lesquels? Lesquels préférez-vous? Sinon, quels sont les éléments des autres cultures que vous appréciez le plus?

2. Voudriez-vous que vos enfants et petits-enfants transmettent les traditions que vous avez maintenues dans votre famille?

3. Quelles communautés ethniques différentes de la vôtre existent près de chez vous? Ont-elles parfois des festivals ou des événements qui célèbrent leur culture? Si oui, y avez-vous déjà assisté? Décrivez votre expérience.

3

Sujets de réflexion Discutez de ces questions par groupes de trois et comparez vos réponses à celles des autres groupes.

1. Quelles sont les raisons pour lesquelles une personne immigre dans un autre pays?

2. Quand quelqu'un part vivre dans un pays étranger où on parle une autre langue, devrait-il/elle parler à ses futurs enfants dans sa langue ou dans la langue du pays? Expliquez votre réponse.

3. Comment peut-on préserver une culture? Quel rôle joue la langue dans cet effort de préservation?

4. Faut-il s'assimiler pour s'intégrer, ou peut-on arriver à l'intégration en gardant (*while keeping*) sa propre culture?

 Practice more at **vhlcentral.com.**

Les Francophones d'Amérique

Preview the reading by asking students what they already know about Louisiana. They can talk about geography, history, and cultural aspects. Have students make a list. When reading the text, students can check off the information that appears in the list.

Chaque année, vers le mois de septembre, les Festivals acadiens de Lafayette, en Louisiane, célèbrent les divers aspects de la culture cajun: musique, gastronomie, art et artisanat… Cette tradition a commencé à l'époque de la «fièvre» cajun qui a fait redécouvrir une culture en voie de disparition.

C'est au 17ᵉ siècle qu'une communauté francophone s'est installée en Acadie, à l'est du Canada, où on trouve aujourd'hui la Nouvelle-Écosse° et les régions voisines. *Nova Scotia* La communauté a souffert de l'invasion des Britanniques pendant la guerre de Sept Ans (1754–1763) et de la déportation en France, en Angleterre et dans les colonies britanniques. De nombreux Acadiens ont fui. Ils ont suivi le fleuve Mississippi pour aboutir° en Louisiane, *end up* en 1765. C'est alors qu'est née la culture cajun, ce terme étant° une altération anglaise *being* du mot «acadien». Jusqu'au 20ᵉ siècle, d'autres francophones, du Canada, des Antilles et d'ailleurs, ont rejoint les Cajuns.

En 1921, un nouvel obstacle se présente, quand le gouvernement de la Louisiane déclare obligatoire l'éducation en anglais. À partir de ce moment, la culture cajun est en danger d'extinction. Heureusement, en 1968, le gouvernement local crée le Conseil pour le Développement du Français en Louisiane (CODOFIL) et on appelle Acadiana le sud-ouest de l'État, où se trouve la majorité des Cajuns. Aujourd'hui, le français est enseigné dans les écoles, parfois dans des programmes d'immersion.

Outre° le retour de l'enseignement *Besides* du français, la culture cajun a connu une renaissance, dans les domaines de la gastronomie et de la musique. Depuis ses origines, la musique est un mélange

Les instruments de musique

Le violon° et l'accordéon, *fiddle* les principaux instruments de la musique cajun, sont accompagnés de la guitare, du triangle, de l'harmonica et de la planche à laver°, ou *washboard* «frottoir» en cajun. Ce dernier instrument se joue à l'aide de dés à coudre° avec lesquels on *thimbles* frotte° la planche ou on tape° dessus. *rubs/hits*

d'influences étrangères provenant d'Afrique, des Antilles ou du reste des États-Unis. Le musicien Dewey Balfa a contribué à la popularité de la musique acadienne depuis les années 1960, et la nouvelle vague de musiciens cajuns continue de la faire évoluer.

La culture cajun a connu une renaissance aux États-Unis, dans les domaines de la gastronomie et de la musique.

Celle-ci est devenue si populaire que des groupes se sont formés dans d'autres villes américaines, comme les Femmes d'enfer à Seattle ou Bone Tones à Minneapolis.

La gastronomie est l'autre ambassadeur culturel des Cajuns. Originaire de l'Acadiana, elle s'inspire de la cuisine provençale, et ses principaux ingrédients sont le poivron, l'oignon et le céleri. Grâce à des chefs comme Paul Prudhomme et Emeril Lagasse, dont on voit les émissions télévisées, cette gastronomie s'est répandue° dans *has spread* beaucoup de villes et de cuisines américaines.

Les cultures acadienne et cajun ont su résister à tous les événements qui ont voulu les détruire. Le peuple cajun a réussi son intégration: il s'est assimilé à la société américaine sans abandonner ses traditions ni son mode de vie. ■

Analyse

1

Compréhension Répondez aux questions par des phrases complètes. Answers may vary slightly.

1. D'où est venue la majorité des francophones qui se sont installés en Louisiane au 18ᵉ siècle? La majorité est venue de la région d'Acadie, au Canada.

2. Pour quelle raison ont-ils quitté leur colonie? Ils ont quitté leur colonie parce qu'ils ont souffert de l'invasion des Britanniques.

3. Pourquoi la langue et la culture cajuns ont-elles été en danger d'extinction au 20ᵉ siècle? Le gouvernement de la Louisiane a déclaré obligatoire l'éducation en anglais.

4. À part (*Apart from*) la langue, quels sont les deux éléments les plus visibles de la culture cajun sur le continent américain? Ce sont la musique et la cuisine cajuns.

5. Quels sont les deux instruments principaux de la musique cajun? Ce sont le violon et l'accordéon.

6. Quelle cuisine a influencé la gastronomie cajun? La cuisine provençale a influencé la cuisine cajun.

2

Opinion Répondez à ces questions avec un(e) camarade.

1. Que ressentiriez-vous si le gouvernement vous interdisait de parler votre langue?

2. Pensez-vous que votre langue et votre culture fassent partie de votre personnalité? Expliquez votre réponse.

3. Pensez-vous que la coexistence de plusieurs cultures crée une société plus forte ou plus faible?

3

Prédiction Vous avez lu que d'autres cultures et des influences extérieures ont menacé l'existence de la culture cajun. Pourtant, cette culture existe encore et a de l'influence sur le continent nord-américain. Par groupes de trois ou quatre, imaginez la communauté cajun en 2100. Existera-t-elle encore, à votre avis? Le français cajun sera-t-il encore parlé?

4

Allez plus loin Pour aller plus loin, imaginez le continent nord-américain en 2100 et répondez aux questions par groupes de trois.

- À votre avis, quelles seront les cultures dominantes sur le territoire?
- Quelles seront les cultures en déclin?
- Quelles langues le peuple américain parlera-t-il?
- L'anglais persistera-t-il à dominer comme unique langue officielle?
- L'éducation bilingue ou plurilingue (*multilingual*) sera-t-elle une réalité?

 Practice more at **vhlcentral.com.**

Préparation

KEY STANDARDS
1.2, 2.2, 3.1, 5.2

À propos de l'auteur

Guillaume Apollinaire (1880–1918), de son vrai nom Wilhelm Apollinaris de Kostrowitcki, est né à Rome, d'une mère polonaise. Il passe son enfance avec sa mère et son frère sur la Côte d'Azur. En 1899, ils déménagent à Paris où Wilhelm devient précepteur (*tutor*) dans une famille allemande. Il accompagne cette famille en Allemagne, en Autriche et en Hollande. Ces voyages lui inspirent de nombreux poèmes, notamment *Nuit rhénane*. De retour à Paris, Apollinaire rencontre des artistes d'avant-garde: Derain, Vlaminck, Picasso et d'autres. En 1914, il s'engage dans l'armée où il continue d'écrire des poèmes. Il est grièvement (*seriously*) blessé en 1916 et meurt de la grippe espagnole deux ans plus tard. Guillaume Apollinaire a joué un rôle considérable dans la création de mouvements littéraires et artistiques.

INSTRUCTIONAL RESOURCES
Supersite: Littérature recording; Scripts; SAM AK
SAM/WebSAM: LM

1 Have students define the two unused terms.

TEACHING OPTION Ask students to find another poem by Guillaume Apollinaire and summarize it for the class.

Vocabulaire de la lecture	Vocabulaire utile
s'en aller *to go/fade (away)*	**des amants** (*m.*) *lovers*
couler *to flow; to run (water)*	**désabusé(e)** *disillusioned*
la joie *joy*	**une liaison** *affair; relationship*
las/lasse *weary*	**mélancolique** *melancholic*
la peine *sorrow*	**une rupture** *breakup*
sonner *to strike; to sound*	**la tristesse** *sadness*

1

Définitions Faites correspondre les mots avec leur définition.

_f_ 1. Fait de mettre fin à quelque chose

_j_ 2. Bonheur, grand plaisir

_h_ 3. Tourment, souffrance morale

_g_ 4. Relation amoureuse

_a_ 5. Symboliser ou décrire

_d_ 6. Action de l'eau qui se déplace ou du temps qui passe

_b_ 7. Qui a tendance à être triste et rêveur

_e_ 8. Qui n'a plus d'illusions

a. représenter
b. mélancolique
c. sonner
d. couler
e. désabusé
f. rupture
g. liaison
h. peine
i. onde
j. joie

Marie Laurencin

2

Préparation Répondez individuellement à ces questions, puis discutez-en avec un(e) camarade de classe.

1. Quels sont les événements de la vie qui symbolisent la joie? Et la peine?

2. Peut-on dire que la vie a des vagues (*waves*) de bonheur ou de tristesse? Comment peut-on l'expliquer?

3. Dans l'art et la littérature, pourquoi l'eau représente-t-elle le temps qui passe? Quelles autres métaphores ou images vous font penser au temps qui passe?

4. Êtes-vous désabusé(e)? À cause de qui ou de quoi?

5. Avez-vous vécu une rupture? Comment cela s'est-il passé? Si non, connaissez-vous quelqu'un d'autre qui a vécu une rupture?

Note CULTURELLE

En 1907, **Pablo Picasso** présente **Marie Laurencin**, peintre et poétesse, à **Guillaume Apollinaire**. Ils tombent amoureux et vivent une liaison passionnée qui durera cinq ans. Le poème *Le Pont Mirabeau*, écrit en 1912, exprime les sentiments de l'auteur juste après sa rupture avec Marie. Le pont Mirabeau est un pont de Paris sur lequel Apollinaire passait souvent.

 Practice more at **vhlcentral.com.**

LE PONT Mirabeau

To make students feel less apprehensive about reading poetry in French, have them bring in a favorite or well-known English poem. Talk about the poem's structure (stanzas, rhyming or free verse, punctuation, alliteration, etc.) and its content (imagery, meaning, etc.).

Guillaume Apollinaire

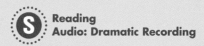

Sous le pont Mirabeau coule la Seine

Et nos amours

Faut-il qu'il m'en souvienne

La joie venait toujours après la peine

5   Vienne la nuit sonne l'heure

remain   Les jours s'en vont je demeure°

Les mains dans les mains restons face à face

while   Tandis que° sous

Le pont de nos bras passe

water 10   Des éternels regards l'onde° si lasse

Vienne la nuit sonne l'heure

Les jours s'en vont je demeure

———

La joie venait toujours après la peine

———

running   L'amour s'en va comme cette eau courante°

L'amour s'en va

15   Comme la vie est lente

hope   Et comme l'Espérance° est violente

Vienne la nuit sonne l'heure

Les jours s'en vont je demeure

Passent les jours et passent les semaines

20   Ni temps passé

Ni les amours reviennent

Sous le pont Mirabeau coule la Seine

Vienne la nuit sonne l'heure

Les jours s'en vont je demeure ■

Play the dramatic recording of the poem a few times. Remind students that it is not necessary to understand every word, especially during the first listening. Then give students a few minutes to read the poem aloud to a partner and discuss the meaning. Have one student present the pair's interpretation to the class.

Ask students to notice and describe the rhyming pattern in the poem. Talk about the effect and the musicality this creates.

Ask pairs to reread the poem and write a paragraph of at least four sentences in French that captures the gist. Then have pairs get together to compare their summaries of the poem's meaning.

Analyse

1 Have students write two or more of their own comprehension questions, then work in pairs to answer each other's questions.

2 Have students discuss their answers in small groups, then share their responses with the class.

3 Have a volunteer pair act out the conversation for the class.

4 You may wish to introduce additional terms of endearment or affectionate expressions. Examples: **mon petit cœur, mon petit chat, mon trésor**, etc.

4 As an alternate writing assignment, have students write a poem/letter in response to Apollinaire's **Le pont Mirabeau**.

1

Compréhension Répondez aux questions, si possible par des phrases complètes.

Suggested answers

1. Qui parle, dans le poème? À qui parle cette personne? Le poète parle à la femme qu'il a perdue / avec laquelle il a rompu.

2. De quoi se souvient le poète? Il se souvient de leurs amours / du temps qu'ils ont passé ensemble.

3. Qu'est-ce qui forme un «pont», à part le pont Mirabeau? Leurs bras / corps forment un pont quand ils sont face à face.

4. Dans le poème, quels sont les éléments que l'eau représente? L'eau représente l'amour, les regards des amoureux, les jours, les semaines et le temps.

5. Quel est l'objet qui symbolise le poète quand il dit «je demeure»? Pourquoi? Le pont, qui est aussi immobile, symbolise le poète.

6. Quelles sont des expressions de sentiments désabusés? L'onde si lasse; L'amour s'en va; la vie est lente; l'Espérance est violente; Ni temps passé / Ni les amours reviennent

7. Y a-t-il du bonheur ou de l'optimisme dans le poème? Non, le poète a de la peine et des regrets.

8. Quels sont les thèmes principaux du poème? Les thèmes du poème sont l'amour (perdu); le temps qui passe comme l'eau qui coule; le temps passe plus lentement après une rupture.

2

Interprétation Répondez aux questions par des phrases complètes.

1. Que ressent l'auteur? Ses sentiments changent-ils pendant le poème?

2. Que veut dire le poète quand il écrit que «… sous le pont de nos bras passe / des éternels regards l'onde si lasse»?

3. Et que veulent dire «Vienne la nuit sonne l'heure / Les jours s'en vont je demeure»? Pourquoi le poète répète-t-il ces vers quatre fois?

4. La liaison de ce couple était-elle heureuse, turbulente ou tranquille, à votre avis? Décrivez-la dans un court paragraphe.

3

Imaginez Avec un(e) camarade, imaginez l'histoire d'amour de ce poète et de son amie. Préparez une conversation qui explique pourquoi leur rupture est nécessaire. Servez-vous du nouveau vocabulaire et des nouvelles structures.

4

Rédaction Écrivez une lettre, réelle ou imaginaire, à votre (petit[e]) ami(e) ou à quelqu'un dont vous êtes amoureux / amoureuse. Suivez le plan de rédaction.

Plan

1 Préparation Pensez à la personne à laquelle vous adressez la lettre. Choisissez une salutation, comme: **Cher _____ / Chère _____, Mon amour, Mon cœur**…

2 Développement Organisez vos idées. Quels sont les sentiments que vous voulez exprimer? Aidez-vous de ces questions pour écrire votre lettre:

1. Comment est la personne qui va lire la lettre?
2. Que ressentez-vous quand vous pensez à cette personne?
3. Pourquoi aimez ou aimiez-vous cette personne?
4. Pensez-vous que vos sentiments sont ou étaient réciproques?
5. Quels contacts espérez-vous avoir avec cette personne à l'avenir?

3 Conclusion Terminez votre lettre par une phrase qui convient, telle que: **Amitiés, Bises / Bisous, Je t'embrasse, Je t'aime**, ou **Ton amour**. Ces exemples vont de la simple amitié au grand amour.

 Practice more at **vhlcentral.com.**

Les relations personnelles

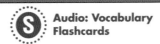 Audio: Vocabulary Flashcards

Les relations

une âme sœur *soul mate*
une amitié *friendship*
des commérages (*m.*) *gossip*
un esprit *spirit*
un mariage *marriage; wedding*
un rendez-vous *date*
une responsabilité *responsibility*

compter sur *to rely on*
draguer *to flirt; to try to "pick up"*
s'engager (envers quelqu'un) *to commit (to someone)*
faire confiance (à quelqu'un) *to trust (someone)*
mentir *(conj. like **sentir**) to lie*
mériter *to deserve; to be worth*
partager *to share*
poser un lapin (à quelqu'un) *to stand (someone) up*
quitter quelqu'un *to leave someone*
rompre *(irreg.) to break up*
sortir avec *to go out with*

(in)fidèle *(un)faithful*

Les sentiments

agacer/énerver *to annoy*
aimer *to love; to like*
avoir honte (de) *to be ashamed (of)/embarrassed*
en avoir marre (de) *to be fed up (with)*
s'entendre bien (avec) *to get along well (with)*
gêner *to bother; to embarrass*
se mettre en colère contre *to get angry with*
ressentir *(conj. like **sentir**) to feel*
rêver de *to dream about*
tomber amoureux/amoureuse (de) *to fall in love (with)*

accablé(e) *overwhelmed*
anxieux/anxieuse *anxious*
contrarié(e) *upset*
déprimé(e) *depressed*
enthousiaste *enthusiastic; excited*
fâché(e) *angry; mad*
inquiet/inquiète *worried*
jaloux/jalouse *jealous*
passager/passagère *fleeting*

L'état civil

divorcer *to get a divorce*
se fiancer *to get engaged*
se marier avec *to marry*
vivre (*irreg.*) en union libre *to live together (as a couple)*

célibataire *single*
veuf/veuve *widowed; widower/widow*

La personnalité

avoir confiance en soi *to be confident*

affectueux/affectueuse *affectionate*
charmant(e) *charming*
économe *thrifty*
franc/franche *frank*
génial(e) *great; terrific*
(mal)honnête *(dis)honest*
idéaliste *idealistic*
inoubliable *unforgettable*
(peu) mûr *(im)mature*
orgueilleux/orgueilleuse *proud*
prudent(e) *careful*
séduisant(e) *attractive*
sensible *sensitive*
timide *shy*
tranquille *calm; quiet*

Court métrage

la boue *mud*
un cauchemar *nightmare*
une crise d'hystérie *attack of hysteria*
un(e) estropié(e) *cripple*
une guerre *war*
le pouvoir *power*
une route *road*
un supplice *torture*

boiter *to limp*
crier *to yell*
s'enfoncer *to drown*
frapper *to knock; to hit*
paniquer *to panic*
raconter (une histoire) *to tell (a story)*
réagir *to react*
soulager *to relieve*
se tromper *to be wrong/mistaken*

désespéré(e) *desperate*
émotif/émotive *emotional*
humain(e) *human*

pourtant *though, however*

Culture

un(e) ancêtre *ancestor*
un choc culturel *culture shock*
le dépaysement *change of scenery; disorientation*
un mélange *mix*
une nouvelle vague *new wave*
un soldat *soldier*

s'assimiler à *to blend in*
émigrer *to emigrate*
fuir (*irreg.*) *to flee*
immigrer *to immigrate*
s'intégrer (à un groupe) *to integrate (into a group)*
rejoindre (*irreg.*) *to join*

bilingue *bilingual*

à partir de *from*
grâce à *thanks to*

Littérature

des amants (*m.*) *lovers*
la joie *joy*
une liaison *affair; relationship*
la peine *sorrow*
une rupture *breakup*
la tristesse *sadness*

s'en aller *to go/fade (away)*
couler *to flow; to run (water)*
sonner *to strike; to sound*

désabusé(e) *disillusioned*
las/lasse *weary*
mélancolique *melancholic*

INSTRUCTIONAL RESOURCES
Supersite/Test Generator: Testing Program

KEY STANDARDS
4.1

Habiter en ville

A h, l'attrait de la grande ville! Depuis des années, la campagne perd ses habitants. Qu'implique la vie urbaine, en fait? Est-il nécessairement plus facile de rencontrer des gens en ville qu'à la campagne? Oui, habiter en ville, c'est pratique... mais à quel prix?

Sur l'avenue des Champs-Élysées, des Parisiens sortent du métro en face de l'Arc de Triomphe.

47

70

Destination:
FRANCE

PREVIEW Ask students if they have already visited any cities in France or in other francophone countries. Have them share their impressions. In groups, ask them to describe their own favorite cities. Ask: **Quelle est votre ville préférée? Pourquoi la préférez-vous?**

En ville (S) Audio: Vocabulary

Les lieux

un arrêt d'autobus *bus stop*
une banlieue *suburb; outskirts*
une caserne de pompiers *fire station*
le centre-ville *city/town center; downtown*
un cinéma *cinema; movie theater*

un commissariat de police *police station*
un édifice *building*
un gratte-ciel *skyscraper*
un hôtel de ville *city/town hall*
un jardin public *public garden*
un logement/une habitation *housing*
un musée *museum*

le palais de justice *courthouse*
une place *square; plaza*
la préfecture de police *police headquarters*
un quartier *neighborhood*
une station de métro *subway station*

KEY STANDARDS
1.1, 1.2, 4.1

After reviewing the vocabulary in the **Les lieux** section, have students name which places and things are found in their town or city. They can also elaborate by giving the places' names and/or locations.

INSTRUCTIONAL RESOURCES
Supersite: Lab Audioscript, SAM AK, Lab MP3s
SAM/WebSAM: WB, LM

Les indications

la circulation *traffic*
les clous *crosswalk*

un croisement *intersection*
un embouteillage *traffic jam*
un feu (tricolore) *traffic light*
un panneau *road sign*
un panneau d'affichage *billboard*
un pont *bridge*
un rond-point *rotary; roundabout*
une rue *street*
les transports en commun *public transportation*
un trottoir *sidewalk*
une voie *lane; road; track*

descendre *to go down; to get off*
donner des indications *to give directions*
être perdu(e) *to be lost*
monter (dans une voiture, dans un train) *to get (in a car, on a train)*
se trouver *to be located*

Les gens

un agent de police *police officer*
un(e) citadin(e) *city/town dweller*
un(e) citoyen(ne) *citizen*
un(e) colocataire *roommate; co-tenant*
un(e) conducteur/conductrice *driver*
un(e) étranger/étrangère *foreigner; stranger*
le maire *mayor*
un(e) passager/passagère *passenger*
un(e) piéton(ne) *pedestrian*

Les activités

les travaux *construction*
l'urbanisme *city/town planning*
la vie nocturne *nightlife*

améliorer *to improve*
s'amuser *to have fun*
construire *to build*
empêcher (de) *to stop; to keep from (doing something)*
s'ennuyer *to get bored*
s'entretenir (avec) *to talk; to converse*
passer (devant) *to go past*
peupler *to populate*
rouler (en voiture) *to drive*
vivre *to live*

(peu/très) peuplé(e) *(sparsely/densely) populated*

Pour décrire

animé(e) *lively*
bruyant(e) *noisy*

inattendu(e) *unexpected*
plein(e) *full*
privé(e) *private*
quotidien(ne) *daily*
sûr(e)/en sécurité *safe*
vide *empty*

SYNONYMES
la banlieue ⟷ la périphérie
un édifice ⟷ un bâtiment
un(e) étranger/étrangère ⟷ un(e) inconnu(e)
un hôtel de ville ⟷ une mairie
rouler ⟷ se déplacer (en voiture)

Point out that **étranger/étrangère** (as well as **inconnu[e]**) is also a commonly used adjective.

Mise en pratique

Correspondances Trouvez le mot qui correspond à chaque définition.

_e_ 1. Gens qui habitent le même logement   a. gratte-ciel

_j_ 2. De tous les jours   b. passager

_f_ 3. Habitant d'une ville   c. hôtel de ville

_g_ 4. Expliquer comment aller d'un endroit à un autre   d. améliorer

_h_ 5. Région autour d'une ville   e. colocataires

_a_ 6. Édifice aux nombreux étages   f. citadin

_c_ 7. Bâtiment où se trouve l'administration municipale   g. donner des indications

_i_ 8. Passage où les piétons traversent la rue   h. banlieue

_b_ 9. Personne qui monte dans un bus   i. clous

_d_ 10. Rendre ou devenir meilleur   j. quotidien

À la une Complétez chaque titre de journal à l'aide du terme le plus logique de la liste.

bruyant	embouteillage	musée	transports en commun
commissariat de police	hôtel de ville	peuplé	travaux

1. BORDEAUX—Suspect retenu au _commissariat de police_ pour interrogatoire
2. CAEN—_Embouteillage_ énorme sur l'autoroute 88 à cause d'un accident
3. CHARTRES—Les _travaux_ du centre-ville, commencés il y a dix ans, sont enfin terminés!
4. LIMOGES—Exposition de masques africains au _musée_ des Beaux-arts jusqu'au 12 mai
5. LILLE—La ville aujourd'hui: deux fois plus _peuplée_ qu'en 1970
6. PARIS—Grève (*Strike*) des employés du métro: prenez d'autres _transports en commun_ aujourd'hui

Centre-ville ou banlieue? Répondez au questionnaire. Ensuite, comparez vos réponses avec celles d'un(e) camarade de classe et expliquez-les en une phrase. Avez-vous les mêmes préférences?

Préférez-vous...	A	B
...(A) habiter au centre-ville ou (B) en banlieue?	☐	☐
...(A) sortir en boîte ou (B) aller au cinéma?	☐	☐
...(A) vivre seul(e) ou (B) avec des colocataires?	☐	☐
...(A) habiter dans une petite rue ou (B) sur une grande avenue?	☐	☐
...(A) parler aux étrangers dans la rue ou (B) les éviter?	☐	☐
...(A) préserver les parcs publics ou (B) construire plus d'édifices?	☐	☐
...(A) rouler en voiture ou (B) prendre les transports en commun?	☐	☐

À la mairie Imaginez que vous soyez le maire de la ville. Que pourriez-vous faire pour améliorer la vie des citoyens? Qu'aimeriez-vous changer dans votre ville? Faites une liste de quatre ou cinq idées. Comparez-la avec celles de vos camarades de classe.

Préparation

KEY STANDARDS
1.2, 2.1, 2.2, 4.1, 4.2, 5.2

INSTRUCTIONAL RESOURCES
Supersite/DVD: Film Collection
Supersite: Script & Translation

Ask personalized questions to practice the new vocabulary. Examples:
Avez-vous déjà dupé quelqu'un? De qui vous méfiez-vous? Diriez-vous que vous êtes insensible? Expliquez.

Point out that **débile** is related to the term **débilité** or debility/weakness in English.

Before they watch the short film, tell students that it takes place on a subway train. Have small groups talk about the typical process of taking a subway or other means of public transportation. Whom and what do they see? How do people act? How do they feel?

[1] Ask two volunteers to act out the conversation for the class.

Vocabulaire du court métrage

débile *moronic*
un marché *deal*
se plaindre *(conj. like éteindre)* to complain
une rame de métro *subway train*
se rassurer *to reassure oneself*

réitérer *to reiterate*
rejoindre *to join*
un sketch *skit*
solliciter *to solicit*
une voie *means; channel*

Vocabulaire utile

duper *to trick*
gêné(e) *embarrassed*
insensible *insensitive*
un lien *connection*
se méfier de *to be distrustful/wary of*
un wagon *subway car*

EXPRESSIONS

avoir du mal *to have difficulty*
C'est ça. *That's right.*
Vous êtes mal barré(e). *You won't get far.*
Excusez-moi de vous déranger. *Sorry to bother you.*
se faire poser un lapin *to get stood up*

1

Un marché de dupes? Complétez cette conversation à l'aide des mots ou des expressions que vous venez d'apprendre. N'oubliez pas de faire les changements nécessaires.

HOMME Allô?

VENDEUR Bonjour, Monsieur, (1) _excusez-moi de vous déranger_. Je vends des aspirateurs à distance, et je ne (2) _sollicite_ que quelques minutes de votre temps.

HOMME Allez-y, je vous écoute.

VENDEUR Nos aspirateurs sont révolutionnaires! Non seulement ils sont puissants (*powerful*), mais en plus ils se vident automatiquement à l'aide d'un bouton! Et ils coûtent la moitié du prix des autres! C'est (3) _un marché_ exceptionnel que je vous propose. Ça vous intéresse?

HOMME Écoutez, j'ai vraiment du mal à croire ce que vous me dites. Vous essayez de me (4) _duper_ et je ne suis pas (5) _gêné_ de vous le dire.

VENDEUR Mais Monsieur, (6) _rassurez-vous_! Nos aspirateurs sont garantis!

HOMME Si vous pensez vendre vos aspirateurs de cette façon, vous (7) _êtes mal barré_ dans la vie! Je reste (8) _insensible_ à votre offre. Et si vous insistez je vais (9) _me plaindre_ à la police!

VENDEUR Eh bien, je vous laisse. Au revoir.

HOMME (10) _C'est ça_! Au revoir.

 Practice more at **vhlcentral.com.**

2 **Questions** À deux, répondez aux questions par des phrases complètes.

1. Avez-vous l'habitude de faire confiance aux inconnus ou vous méfiez-vous toujours des autres?

2. Vous êtes-vous déjà trompé(e) sur le caractère de quelqu'un? En bien ou en mal? Sinon, connaissez-vous quelqu'un que les apparences ont trompé?

3. Quels traits de caractère ont de l'importance pour vous quand vous choisissez un copain ou une copine?

4. Avez-vous déjà ressenti un lien très fort avec quelqu'un que vous veniez juste de rencontrer ou avec qui vous n'aviez jamais parlé? Sinon, pensez-vous qu'un vrai rapport de ce type est possible?

3 **Que se passe-t-il?** À deux, observez ces images extraites du court métrage et imaginez, en deux ou trois phrases par photo, ce qui va se passer.

4 **Petites annonces** Remplissez les colonnes du tableau pour vous décrire et dire ce que vous recherchez chez une personne. Puis, à l'aide de ces idées, écrivez un paragraphe. Enfin, comparez-le à celui d'un(e) camarade de classe.

> **Modèle** Bonjour! Je suis un charmant jeune homme de vingt ans. Je cherche une femme intelligente et amusante entre dix-huit et trente ans. Je suis aussi…

	Vous	La personne recherchée
Âge		
Physique		
Personnalité		
Loisir(s) et intérêt(s)		

5 **À votre avis** Répondez aux questions à deux. Puis, donnez votre avis sur la question suivante: Est-ce qu'habiter en ville rapproche ou éloigne les gens?

- Habitez-vous en ville ou à la campagne?
- Connaissez-vous bien vos voisins?
- Rencontrez-vous souvent dans la rue quelqu'un que vous connaissez?
- Faites-vous facilement des rencontres (amicales ou romantiques) là où vous habitez?

2 Have students discuss this additional question: **Est-ce que quelqu'un vous a déjà sollicité dans la rue ou dans le métro?** Possible follow-up questions: **Que vous a-t-il/elle demandé? Quelle a été votre réaction?**

3 Have pairs form groups of four to compare their predictions about the film.

4 As a variation, tell students to write their paragraphs without revealing their name. Collect their papers and read a few aloud. The class guesses whose ad it is.

5 Have students think of at least two of their own questions to ask their partner.

Short Film Have students look at the movie poster. Ask: **Où se trouve cette femme? Qu'est-ce qu'elle attend? Que pouvez-vous déduire sur sa vie en regardant cette photo?**

This film is available on the **IMAGINEZ** Film Collection DVD and at **vhlcentral.com**.

France has always figured prominently in the world of cinema. Have students research French involvement in the history of cinema as well as famous French actors, directors, and movies. Have them make short presentations to the class about what they learned.

INTRIGUE *Une jeune femme pense trouver l'amour de sa vie dans le métro.*

ANTOINE Bonsoir. Je m'appelle Antoine et j'ai 29 ans. Rassurez-vous, je ne vais pas vous demander d'argent. J'ai lu récemment qu'il y avait, en France, près de cinq millions de femmes célibataires. Où sont-elles?

ANTOINE Je crois au bonheur. Je cherche une jeune femme qui aurait du mal à rencontrer quelqu'un et qui voudrait partager quelque chose de sincère avec quelqu'un.

ANTOINE Voilà. Si l'une d'entre vous se sent intéressée, elle peut descendre discrètement à la station suivante. Je la rejoindrai sur le quai.

HOMME Mais arrêtez! Restez célibataire! Moi ça fait cinq ans que je suis marié avec une emmerdeuse°. Si vous voulez, je vous donne son numéro et vous voyez avec elle. Mais il ne faudrait pas venir vous plaindre après!

ANTOINE C'est très aimable, Monsieur, mais je ne cherche pas la femme d'un autre. Je cherche l'amour, Monsieur. Je ne cherche pas un marché. (*À tout le monde*) Excusez ce monsieur qui, je pense, ne connaîtra jamais l'amour.

emmerdeuse *pain in the neck*

ANTOINE Mesdemoiselles, je réitère ma proposition. S'il y en a une parmi vous qui est sensible à ma vision de l'amour, eh bien, qu'elle descende.

La femme descend.

PREVIEW Read and discuss the dialogue before viewing the film. Then ask: **À votre avis, pourquoi Antoine veut-il savoir où sont toutes les Françaises célibataires? Donneriez-vous des informations personnelles à des étrangers comme le fait Antoine?**

PREVIEW Ask pairs of students to write an ending to the film, to follow video still 6. Their scenes should show what happens to all the characters at the end of the film.

TEACHING OPTION Divide the class into groups of three and assign a role to each student. Have students read the script aloud, and then ask them to characterize Antoine. Ask: **Comment caractérisez-vous Antoine? Quels adjectifs employez-vous pour le décrire?**

TEACHING OPTION While they view the film, ask students to pay attention to the characters' facial expressions and note their own reactions to the emotions they observe.

Analyse

Compréhension Répondez aux questions par des phrases complètes. *Answers may vary slightly.*

1. Que demande Antoine aux passagers? *Il demande où sont toutes les femmes célibataires.*

2. Comment se décrit-il? *Il dit qu'il est informaticien, qu'il gagne bien sa vie, qu'il est sportif et qu'il fait bien la cuisine.*

3. Pourquoi dit-il qu'il cherche une femme célibataire de cette façon? *Ça fait trois ans et demi qu'il est seul et il en a marre de chercher quelqu'un par Minitel ou sur Internet.*

4. Pourquoi un homme dans la rame de métro l'interrompt-il? *Il pense qu'Antoine devrait rester célibataire.*

5. Que propose cet homme? *Il propose qu'Antoine appelle sa femme et sorte avec elle.*

6. Quelle est la vraie raison du discours d'Antoine? *Il fait un sketch pour gagner de l'argent.*

Opinion À deux, répondez aux questions par des phrases complètes.

1. À quoi pense la jeune femme tout au début du film quand elle marche seule en ville?

2. À votre avis, que ressent Antoine quand la femme descend de la rame de métro?

3. Que ressent la jeune femme une fois sur le quai?

4. Pourquoi pensez-vous que le court métrage s'intitule *J'attendrai le suivant…*? Expliquez bien votre réponse.

Jeu de rôles Imaginez-vous dans une situation similaire à celle du film. Vous pensez trouver l'amour avec un(e) inconnu(e) (*stranger*) que vous trouvez séduisant(e). Que feriez-vous à la fin et que diriez-vous à l'inconnu(e)? Devant la classe, jouez vos rôles ou lisez votre réponse.

La fin Par groupes de trois, imaginez en cinq ou six phrases deux autres fins à cette histoire. Ensuite, comparez vos idées à celles des autres groupes.

- une fin heureuse
- une fin triste

5 Comment faire? À deux, faites une liste de quatre ou cinq moyens qu'une personne a aujourd'hui de trouver l'âme sœur. Dites quels sont leurs avantages et leurs inconvénients. Ensuite, comparez votre liste à celles de vos camarades de classe et discutez-en.

6 Qui est-ce? Par groupes de trois, décrivez la vie des trois personnages du film. Pour chacun des personnages, écrivez au moins cinq phrases sur sa vie quotidienne, sa vie sentimentale et sa vie professionnelle.

- Où habite-t-il/elle?
- Quelle est sa profession?
- Comment est-il/elle physiquement?
- Qu'aime-t-il/elle faire le week-end?

7 À vous la parole! Répondez aux questions par des phrases complètes.

1. Avez-vous déjà joué un mauvais tour (*dirty trick*) à quelqu'un? Si oui, l'avez-vous regretté? Sinon, n'avez-vous jamais eu envie de le faire?
2. À votre avis, quel est le meilleur moyen de rencontrer quelqu'un quand on habite en ville?
3. Qu'aimeriez-vous trouver en ville?
4. Qu'y a-t-il en ville que vous n'aimeriez pas voir?
5. Est-ce mieux d'habiter en ville ou à la campagne? Pourquoi?
6. Pensez-vous qu'on se sente plus souvent seul(e) en ville ou à la campagne?

8 Réalisation À deux, imaginez que vous deviez faire un court métrage sur le thème de la ville. Quel sujet choisiriez-vous? Expliquez votre choix. Comparez-le à ceux de la classe.

5 Tell pairs to include details for each possibility, such as where, when, and with whom.

6 Encourage students to use their imagination and be as specific as possible. Examples: **Antoine habite en ville et il prend le métro tous les jours pour aller au travail. Je pense que la femme vient de la campagne. Il semble qu'elle n'a pas beaucoup d'expérience de la ville / qu'elle n'habite pas en ville depuis longtemps.**

7 After students answer the questions individually, have them form small groups to talk about their feelings and preferences.

8 As a project, have students use their answers to write their own **court métrage** scripts. If time permits, have them record their films. Then play them in class to inspire a discussion.

Les berges° de la Saône, à Lyon

IMAGINEZ
La France

INSTRUCTIONAL RESOURCES
Supersite: Teaching suggestions; SAM AK
SAM/WebSAM: WB

KEY STANDARDS
2.1, 2.2, 3.2, 4.2, 5.1

Marseille et Lyon Reading

L a France compte environ 36.000 villes et villages de toutes tailles. La ville la plus connue, c'est bien sûr Paris, mais d'autres villes ont aussi beaucoup d'intérêt. **Marseille** et **Lyon**, qui se disputent le titre de deuxième ville de France, ont toutes les deux leur charme propre et méritent le détour.

Appolóo la «citó phocéenne» pour avoir été fondée par des **Grecs** de la ville de **Phocée**, en **Asie Mineure**, en 600 avant J.-C.°, Marseille est aujourd'hui une ville très peuplée de la **côte méditerranéenne**. Elle est d'une grande diversité culturelle grâce à sa situation géographique. Parler de Marseille, c'est parler de la bouillabaisse (soupe de poissons), de la pétanque, des plages, d'un grand port commercial et surtout du **Vieux-Port**. Celui-ci est maintenant un site touristique très animé, avec une succession de restaurants et de magasins. Marseille est une ville très urbanisée, mais elle possède aussi des atouts° naturels. Ses calanques°, qui donnent sur la mer, sont appréciées pour

leur caractère secret et leur beauté. Au large de° la côte, les **îles du Frioul** constituent un site exceptionnel pour les plongeurs° et les amoureux de la nature. Non loin de là se trouve le **château d'If**, une prison rendue célèbre par la légende de l'homme au masque de fer et par **Alexandre Dumas** avec son roman *Le Comte de Monte-Cristo*.

De son côté, Lyon, antique cité romaine fondée en 43 avant J.-C., est une ville attirante° pour de multiples raisons. Traversée par deux fleuves, le **Rhône** et la **Saône**, et voisine des **Alpes** et de **Genève**, Lyon a été la capitale de la **Gaule** sous l'Antiquité, un grand centre de la **Renaissance** et la capitale de la **Résistance** pendant la **Seconde Guerre mondiale**. La richesse de son histoire a été reconnue par l'**UNESCO**, qui a fait d'une grande partie de la ville le plus grand espace classé° au patrimoine° mondial. Lyon est

D'ailleurs...

Marseille et **Lyon** se disputent la place de deuxième ville de France en raison de l'ambiguïté du nombre d'habitants. Si on parle de la ville intra-muros°, Marseille est deuxième avec 800.000 habitants contre 480.000 pour Lyon. Par contre, si on considère l'agglomération, c'est Lyon qui est deuxième avec 1.450.000 habitants contre 1.350.000 pour Marseille. C'est une question qui n'est toujours pas réglée°.

Vue sur le Vieux-Port de Marseille

aussi un grand carrefour° économique européen depuis longtemps et elle est le siège° de quelques organisations internationales comme **Interpol**. Son statut de capitale de la gastronomie et de la soie, et de lieu de naissance du cinéma renforce sa notoriété. Lyon connaît un grand succès en France et en Europe avec un événement annuel: la **fête des Lumières**. Pendant cette célébration, les Lyonnais mettent des lumières à leurs fenêtres et les bâtiments de la ville sont illuminés par des jeux de lumière.

Les villes françaises composent toutes le visage du pays. Il serait dommage de passer à côté.

avant J.-C. *BC* **atouts** *assets* **calanques** *rocky coves* **Au large de** *Off* **plongeurs** *scuba divers* **attirante** *attractive* **classé** *listed* **patrimoine** *heritage* **carrefour** *hub* **siège** *headquarters* **intra-muros** *proper* **réglée** *settled* **berges** *river banks*

Le français parlé en France

Paris

balayer devant sa porte	s'occuper de ses affaires d'abord
Ça ne mange pas de pain.	Ça ne demande pas un gros effort.
le macadam	le trottoir
le trottoir	la croûte (*crust*) autour d'une tarte

Lyon

un bouchon	restaurant typique de Lyon
le dégraissage	le pressing; *dry-cleaning*
la ficelle	le funiculaire
une gâche	une place (dans un bus, dans un avion, etc.)
un(e) gone	un(e) enfant
s'en voir	avoir du mal à faire quelque chose: **Je m'en vois pour faire la cuisine.** (*I can't cook.*)

Marseille

et tout le bataclan	et tout le reste
fada	fou/folle
un(e) collègue	un(e) ami(e), copain/copine
Peuchère!	Le/La pauvre!
un(e) pitchoun(ette)	un(e) enfant
Zou!	Allez!

Découvrons la France

Rollers en ville On pratique la randonnée urbaine en rollers dans la France entière. Des associations organisent ces  randonnées dans les rues, de jour ou de nuit. Même les policiers sont en rollers pour en assurer la sécurité. C'est d'abord à Paris que les gens se sont enthousiasmés pour ce genre d'activité. Le but° de ces randonnées, qui peuvent compter jusqu'à 15.000 participants dans la capitale, est de partager le plaisir du sport et son sentiment de liberté.

Trompe-l'œil Une partie des murs en France sont nus, ce qui n'est pas joli. L'idée est alors née de couvrir ces murs de **fresques murales°** en trompe-l'œil. Ce sont des peintures qui simulent, de manière très réaliste,  des façades d'immeubles. Les plus belles façades, comme la **Fresque des Lyonnais** à **Lyon** ou le **Mur du cinéma** à **Cannes**, trompent° beaucoup de visiteurs.

Les péniches Mode de transport fluvial°, les péniches° sont aussi à l'origine d'un nouveau style de vie depuis la  fin des années 1960; elles ont été transformées en **bateaux-logements**. Les berges, principalement à **Paris**, sont donc devenues l'adresse d'un grand nombre de personnes. Petit à petit, ces maisons-péniches sont devenues presque conventionnelles et elles ont aujourd'hui tout le confort nécessaire.

La fête du Citron Inaugurée en 1934, cette fête a le même esprit que les carnavals d'hiver. Chaque année en février, la ville de **Menton**, sur la **Côte d'Azur**, organise un ensemble de  manifestations liées à un thème choisi. La décoration des chars° et des expositions est faite de citrons, d'oranges et d'autres agrumes°. Pour finir, il y a un grand feu d'artifice°.

but *purpose* **fresques murales** *murals* **trompent** *fool* **fluvial** *on rivers* **péniches** *barges* **chars** *parade floats* **agrumes** *citrus fruit* **feu d'artifice** *fireworks display*

Qu'avez-vous appris?

1 Vrai ou faux? Indiquez si ces affirmations sont vraies ou fausses, et corrigez les fausses. *Answers may vary slightly.*

1. Il existe environ 26.000 villes et villages en France.
   Faux. Il existe environ 36.000 villes et villages en France.

2. Lyon est connue pour sa bouillabaisse, ses plages et son grand port de commerce. *Faux. Marseille est connue pour sa bouillabaisse, ses plages et son grand port de commerce.*

3. La ville de Lyon est traversée par la Seine. *Faux. La ville de Lyon est traversée par le Rhône et la Saône.*

4. L'agglomération de Lyon est plus grande que celle de Marseille. *Vrai.*

5. Les policiers autorisent les Français à faire des randonnées en rollers, dans les villes. *Vrai.*

6. Les péniches sur les fleuves de France sont utilisées uniquement dans un but commercial. *Faux. Les péniches sont souvent utilisées comme logements.*

2 Questions Répondez aux questions. *Answers may vary slightly.*

1. Pourquoi appelle-t-on Marseille «la cité phocéenne»? *Elle a été fondée par des Grecs venus de la ville de Phocée.*

2. Comment certaines villes de France ont-elles décidé de s'embellir? *Elles ont décidé de couvrir des murs nus de fresques murales en trompe-l'œil.*

3. Comment le château d'If est-il devenu célèbre? *Il est devenu célèbre avec la légende de l'homme au masque de fer et Le Comte de Monte-Cristo.*

4. Quelle fête a lieu chaque année dans la ville de Menton? *La fête du Citron a lieu chaque année dans la ville de Menton.*

5. De quoi la ville de Lyon est-elle la capitale aujourd'hui? *La ville de Lyon est la capitale de la gastronomie et de la soie.*

6. Quel événement lyonnais rassemble chaque année un grand nombre de Français et d'Européens? *La fête des Lumières rassemble chaque année un grand nombre de Français et d'Européens.*

Projet

Un voyage de Lyon à Marseille

Imaginez que vous alliez visiter Lyon et Marseille. Recherchez sur **vhlcentral.com** toutes les informations dont vous avez besoin pour créer votre itinéraire. Ensuite, préparez votre voyage.

- Choisissez le mois et la durée (*length*) de votre séjour dans chaque ville.

- Sélectionnez les endroits à visiter et les activités à pratiquer.

- Présentez votre itinéraire à la classe. Montrez-le avec le plan de chaque ville et expliquez pourquoi vous avez choisi ces endroits et ces activités. (Facultatif)

ÉPREUVE

Trouvez la bonne réponse.

1. Marseille est une ville _____.
   a. peu peuplée   b. secrète
   c. cosmopolite   d. heureuse

2. Les îles du Frioul et les calanques près de Marseille sont des endroits _____ d'exception.
   a. naturels   b. chers
   c. urbains   d. habités

3. Parce que Marseille et Lyon ont été fondées sous l'Antiquité, elles sont _____.
   a. anciennes   b. modernes
   c. uniques   d. nouvelles

4. Le secteur financier est très représenté à Lyon. La ville a un _____.
   a. petit port touristique   b. quartier des affaires
   c. centre historique   d. domaine artistique

5. Par le passé, on envoyait les prisonniers _____.
   a. à la fête des Lumières   b. à l'UNESCO
   c. sur les îles du Frioul   d. au château d'If

6. Lyon est la capitale _____ de la France.
   a. industrielle   b. gastronomique
   c. culturelle   d. universelle

7. Lyon a été un grand centre de la/du _____.
   a. fête du Citron   b. Réforme
   c. roller   d. Renaissance

8. La fête du Citron date de _____.
   a. 1982   b. 1968
   c. 1934   d. 1908

9. On va à Marseille si on veut visiter _____.
   a. le Vieux-Port   b. la Côte d'Azur
   c. le Rhône   d. des péniches

10. Lyon est le lieu de naissance de la/du _____.
    a. médecine   b. gastronomie
    c. cinéma   d. soie

 Practice more at **vhlcentral.com**.

Le vélo en ville

Le «vélopartage» ou vélo en libre-service est de plus en plus populaire dans les villes francophones. En France, 25 villes au moins se sont déjà équipées. Le plus fameux d'entre tous, c'est bien sûr le Vélib de Paris. Pourtant, Paris n'a rien inventé. En fait, la première ville du monde à avoir proposé des vélos gratuits au public est La Rochelle, en 1974. Pourquoi le vélopartage a-t-il un tel succès? Parce que c'est pratique, peu cher et écologique!

Une fois les conditions d'utilisation acceptées, le numéro du port d'attache du vélo sélectionné, et le paiement par carte effectué, vous pouvez retirer votre vélo, et à vous, Paris!

1 **Compréhension** Répondez aux questions par des phrases complètes.

1. En quoi consiste le travail de l'agent régulateur?
   Il se déplace de station en station pour les désemplir ou les approvisionner.
2. Quels sont les deux arguments principaux en faveur de Vélib' d'après les utilisateurs?
   Ces deux arguments sont l'accessibilité par rapport au prix et l'alternative aux transports en commun.
3. Comment faut-il procéder pour retirer un vélo?
   On choisit un type d'abonnement, on paie avec sa carte de crédit et on retire le vélo.

2 **Discussion** Répondez aux questions en donnant des détails. Answers will vary.

1. Connaissez-vous une ville de votre région ou pays où il existe un système de partage de vélos ou de voitures? Décrivez son fonctionnement.
2. Que peut-on faire d'autre, dans les grandes villes, pour polluer moins?

Et vous? S'il existait un système de partage de vélos comme Vélib' dans votre ville, est-ce que vous l'utiliseriez? Pourquoi? Écrivez un paragraphe pour répondre à ces questions.

 Practice more at **vhlcentral.com**.

COMPRÉHENSION Ask students to make a two-column chart with the title **Le vélopartage** and the column headings: **Avantages** and **Inconvénients**. They should complete the chart with information from the video clip as well as from personal experience. Then, as a class, discuss the pros and cons of a bike sharing system.

DISCUSSION Some French cities have areas that are either reserved for pedestrians only or reserved for pedestrians during specific times. Discuss this idea as a class and ask students if they would be in favor of having a pedestrian only campus or part of town and have them explain why.

VOCABULAIRE

de la vidéo

un agent régulateur *regulating agent*

la borne *pay station*

le numéro du port d'attache *bike number*

le passe Navigo *subway pass*

le QG (quartier général) *main station*

pour la conversation

(in)efficace *(in)efficient*

en faveur de *in favor of*

le fonctionnement *operation*

par rapport à *in relation to*

un(e) utilisateur/ utilisatrice *user*

GALERIE DE CRÉATEURS

 SUR INTERNET
Pour trouver plus de renseignements sur ces créateurs et pour explorer des aspects précis de leurs créations, à l'aide d'activités et de projets de recherche, visitez vhlcentral.com.

COUTURE Sonia Rykiel
Pour ses pulls, Sonia Rykiel a été consacrée en 1968 «Reine du tricot (*Queen of knitting*) dans le monde» par le journal américain *Women's Wear Daily.* Styliste, écrivain et gastronome, cette femme aux multiples talents est aujourd'hui un emblème de la mode française. Ses collections — qui incluent toujours le noir, les rayures (*stripes*) et la maille (*jersey*) — sont à la fois élégantes et bohèmes. Elles provoquent toujours. Pour Rykiel, la mode doit s'adapter à la personne, et non pas le contraire. L'empire Rykiel s'étend aujourd'hui aux chaussures, aux accessoires, au parfum et à la mode pour homme et pour enfant.

GASTRONOMIE Paul Bocuse (1926–)
Paul Bocuse est considéré comme un des chefs cuisiniers les plus importants de France. Né dans une famille de cuisiniers, il a reçu en 1965 trois étoiles du guide gastronomique *Michelin*, la plus grande distinction de la cuisine française. Plus tard, en 1989, le guide *Gault Millau* l'a nommé «Cuisinier du siècle». Aujourd'hui la base de son empire se trouve à Lyon, où il a des brasseries, son restaurant principal et l'Institut Paul Bocuse hôtellerie et arts culinaires, créé en 1990. Bocuse a aussi des épiceries fines au Japon, et il fait partie de l'équipe de chefs choisis pour le pavillon français d'Epcot Center, à Disney World.

LITTÉRATURE
Marguerite Duras (1914–1996)

Certains (*Some*) disent que la vie de Marguerite Duras est un roman. En effet, cette grande femme écrivain française a eu une vie mouvementée (*hectic*). Née en Indochine (à Gia Dinh, près de Saïgon), elle a rejoint (*joined*) la Résistance à Paris, aux côtés du futur président de la République française, François Mitterrand. Elle est l'auteur d'une quarantaine (*about forty*) de romans et d'une douzaine de pièces de théâtre, la scénariste (*scriptwriter*) et la réalisatrice d'une vingtaine de films. Avec un de ses romans, *L'Amant*, dans lequel elle recrée l'Indochine française des années 1930, elle gagne le prix Goncourt, grand prix de littérature français, en 1984.

L'Œil des Maldives, formation corallienne, Maldives

PHOTOGRAPHIE
Yann Arthus-Bertrand (1946–)

Amoureux de la nature, Yann Arthus-Bertrand a dirigé une réserve naturelle dans le sud de la France puis étudié les lions au Kenya. Là, il a découvert que la photographie permettait de faire passer ses messages mieux que les mots. Il s'est alors engagé dans ce domaine et a publié un grand nombre de livres sur la nature. Sa plus grande entreprise a été, avec l'aide de l'UNESCO, la création d'une banque d'images sous forme de livre, *La Terre vue du ciel*, qui a eu un succès international.

Compréhension

Questions Répondez à ces questions.

1. De quoi Sonia Rykiel est-elle un emblème aujourd'hui? C'est un emblème de la mode française.

2. Quelle est la plus grande distinction de la cuisine française? Les trois étoiles du guide *Michelin* sont la plus grande distinction de la cuisine française.

3. Dans quels genres littéraires Marguerite Duras a-t-elle écrit? Elle a écrit des romans, des pièces de théâtre et des scénarios de films.

4. Qu'est-ce que Yann Arthus-Bertrand a découvert au Kenya? Il a découvert que la photographie permet de faire passer des messages mieux que les mots.

5. D'après Sonia Rykiel, que doit faire la mode? La mode doit s'adapter à la personne.

6. Que Paul Bocuse a-t-il ouvert à Lyon? Il a ouvert des brasseries, son restaurant principal et l'Institut Paul Bocuse hôtellerie et arts culinaires.

7. Quel grand prix de littérature français Marguerite Duras a-t-elle gagné en 1984? Elle a gagné le prix Goncourt.

8. Quelle a été la plus grande entreprise de Yann Arthus-Bertrand? Sa plus grande entreprise a été la création d'une banque d'images sous forme de livre, *La Terre vue du ciel*.

9. Que fait Paul Bocuse en Floride? Il fait partie de l'équipe de chefs du pavillon français d'Epcot Center.

10. Avec quel futur président de France Marguerite Duras a-t-elle rejoint la Résistance à Paris? Elle a rejoint la Résistance à Paris avec François Mitterrand.

Rédaction

À vous! Choisissez un de ces thèmes et écrivez un paragraphe d'après les indications.

- **Guide gastronomique** Vous écrivez des critiques culinaires pour le guide *Gault Millau*. Vous venez de dîner au restaurant de Paul Bocuse à Lyon et maintenant vous devez décrire et juger votre repas.

- **Toujours à la mode** Vous faites du shopping dans un grand magasin et, tout à coup, vous voyez le rayon (*department*) «Sonia Rykiel» avec les dernières créations de la couturière. Décrivez les vêtements que vous voyez.

- **Vu du ciel** Vous connaissez un endroit que Yann Arthus-Bertrand n'a jamais pris en photo. Vous pensez qu'une photo aérienne de cet endroit serait assez belle pour être ajoutée à son prochain livre, et vous lui écrivez un e-mail pour le persuader de le faire.

 Practice more at **vhlcentral.com.**

KEY STANDARDS
4.1, 5.1

INSTRUCTIONAL RESOURCES
Supersite: Lab Audioscript, SAM AK, Lab MP3s
SAM/WebSAM: WB, LM

Remind students not to translate reflexive verbs word for word since many French reflexives are idiomatic. Unlike French, most reflexive verbs in English do not need reflexive pronouns (*myself, yourself*, etc.). Example: **Winnie s'habille à 8h00.** *Winnie gets dressed at 8:00.* (*NOT Winnie dresses herself...*) **Elle se dépêche tous les matins.** *She hurries every morning.* (*NOT She hurries herself...*)

Have students write an e-mail to a friend describing changes in their daily routine when they are on vacation. Tell students they must also include at least two questions in the e-mail. They should begin with a proper salutation, and end with a closing such as: Your friend, Until next time, etc.

To ensure comprehension, give additional examples:
1. La mère s'habille. Elle habille son enfant.
2. Je me lave le visage. Je lave mon chien. Then have students think of their own examples.

2.1

Reflexive and reciprocal verbs

- Reflexive verbs typically describe an action that the subject does to or for himself, herself, or itself. Reflexive verbs are conjugated like their non-reflexive counterparts but always use reflexive pronouns.

Reflexive verb
↓
Bruno se réveille.

Non-reflexive verb
↓
Bruno réveille son fils.

Reflexive verbs	
se réveiller *to wake up*	
je	me **réveille**
tu	te **réveilles**
il/elle	se **réveille**
nous	nous **réveillons**
vous	vous **réveillez**
ils/elles	se **réveillent**

- Many verbs used to describe routines are reflexive.

s'arrêter *to stop (oneself)*	**se fâcher (contre)** *to get angry (with)*	**se lever** *to get up*
se brosser *to brush*	**s'habiller** *to get dressed*	**se maquiller** *to put on makeup*
se coucher *to go to bed*	**s'habituer à** *to get used to*	**se peigner** *to comb*
se couper *to cut oneself*	**s'inquiéter** *to worry*	**se raser** *to shave*
se déshabiller *to undress*	**s'intéresser (à)** *to be interested (in)*	**se rendre compte de** *to realize*
se dépêcher *to hurry*		
se détendre *to relax*	**se laver** *to wash oneself*	**se reposer** *to rest*

- Some verbs can be used reflexively or non-reflexively. Use the non-reflexive form if the verb acts upon something other than the subject.

La passagère **se fâche**.
The passenger is getting angry.

Tu **fâches** la passagère.
You are angering the passenger.

- Many non-reflexive verbs change meaning when they are used with a reflexive pronoun and might not literally express a reflexive action.

aller *to go*	**s'en aller** *to go away*
amuser *to amuse*	**s'amuser** *to have fun*
apercevoir *to catch sight of*	**s'apercevoir** *to realize*
attendre *to wait (for)*	**s'attendre à** *to expect*
demander *to ask*	**se demander** *to wonder*
douter *to doubt*	**se douter de** *to suspect*
ennuyer *to bother*	**s'ennuyer** *to get bored*
entendre *to hear*	**s'entendre bien avec** *to get along with*
mettre *to put*	**se mettre à** *to begin*
servir *to serve*	**se servir de** *to use*
tromper *to deceive*	**se tromper** *to be mistaken*

- A number of verbs are used only in the reflexive form, but may not literally express a reflexive action.

se méfier de *to distrust*	**se souvenir de** *to remember*
se moquer de *to make fun of*	**se taire** *to be quiet*

- Form the affirmative imperative of a reflexive verb by adding the reflexive pronoun at the end of the verb with a hyphen in between. For negative commands, begin with **ne** and place the reflexive pronoun immediately before the verb.

Habillons-nous. Il faut partir!
Let's get dressed. We have to leave!

Ne vous inquiétez pas.
Don't worry.

- Remember to change **te** to **toi** in affirmative commands.

Repose-toi avant de sortir ce soir.
Rest before going out tonight.

Tais-toi!
Be quiet!

- In reciprocal reflexives, the pronoun means *(to) each other* or *(to) one another*. Because two or more subjects are involved, only plural verb forms are used.

Nous **nous retrouvons** au stade.
We are meeting each other at the stadium.

Elles **s'écrivent** des e-mails.
They write one another e-mails.

- Use **l'un(e) l'autre** and **l'un(e) à l'autre**, or their plural forms **les un(e)s les autres** and **les un(e)s aux autres**, to emphasize that an action is reciprocal.

Béa et Yves se regardent.   ***but***   Béa et Yves se regardent **l'un l'autre**.
Béa and Yves look at each other.   *Béa and Yves look at each other.*
Béa and Yves look at themselves.

Ils s'envoient des e-mails.   ***but***   Ils s'envoient des e-mails **les uns aux autres**.
They send each other e-mails.   *They send each other e-mails.*
They send themselves e-mails.

Point out that these reflexive verbs have totally idiomatic meanings and must be memorized. However, many are closely related to their non-reflexive counterparts. Call on volunteers to cite examples. Example: **demander** and **se demander**: *to wonder* can also mean *to ask oneself*

To simplify, write several sentence pairs on the board to illustrate the differences in meaning. Ex: **Il demande une chemise à sa mère. Il se demande s'il a raison**.

Assign pairs a verb and its reflexive counterpart. Have them write sentences that show the verbs' different meanings.

BLOC-NOTES

Commands with non-reflexive verbs are formed the same way as with reflexive verbs. See **Fiche de grammaire 1.5, p. 394** for a review of the imperative.

Play charades using the reflexive verbs on **pp. 56–57**. Then have students give each other commands to pantomime.

BLOC-NOTES

The pronoun **se** can also be used with verbs in the third person to express the passive voice. See **Fiche de grammaire 10.5, p. 430**.

Mise en pratique

1 **Le lundi matin** Complétez le paragraphe sur ce que font Charles et Hélène le lundi matin. Utilisez la forme correcte des verbes pronominaux correspondants.

s'apercevoir	se dépêcher	se maquiller
se brosser	s'en aller	se quitter
se casser	s'habiller	se raser
se coucher	se laver	se réveiller
se couper	se lever	se sécher

Le dimanche soir, Charles et Hélène (1) __se couchent__ tard. Évidemment, ils mettent du temps à (2) __se réveiller__ le lendemain matin. Charles est celui qui (3) __se lève__ le premier. Il (4) __se dépêche__ de prendre sa douche et de (5) __se raser__ avec un rasoir électrique. Deux minutes plus tard, Hélène entre dans la salle de bain. Pendant qu'elle prend sa douche, (6) __se sèche__ les cheveux et (7) __se maquille__, Charles prépare le petit-déjeuner. Quand Hélène est prête, ils prennent leur petit-déjeuner. Puis, ils (8) __se brossent__ les dents et (9) __se lavent__ les mains. Ensuite, ils vont dans la chambre pour choisir leurs vêtements et (10) __s'habiller__. Puis ils (11) __s'en vont__ vite au travail. Charles (12) __s'aperçoit__ alors qu'il a mis des chaussures de couleurs différentes!

2 **Tous les samedis**

A. À deux, décrivez ce que fait Sylvie tous les samedis, d'après (*according to*) les illustrations.

Elle se lève/se réveille à neuf heures.

Elle se lave à dix heures.

Elle s'habille à onze heures moins le quart.

Elle se maquille à midi moins dix.

B. Quelles sont les habitudes de quatre amis ou membres de la famille de Sylvie le samedi matin? Décrivez ce qu'ils font en cinq ou six phrases. Utilisez des verbes pronominaux et soyez créatifs.

 Practice more at **vhlcentral.com.**

Communication

3

Et toi? À deux, posez-vous tour à tour ces questions. Répondez-y avec des phrases complètes et expliquez vos réponses.

1. À quelle heure te réveilles-tu généralement le samedi matin? Pourquoi?

2. T'endors-tu en cours?

3. En général, à quelle heure te couches-tu pendant le week-end?

4. Que fais-tu pour te détendre après une longue journée?

5. Te lèves-tu toujours juste après que tu t'es réveillé(e)? Pourquoi?

6. Comment t'habilles-tu pour sortir le week-end? Et tes amis?

7. Quand t'habilles-tu de façon élégante?

8. T'amuses-tu quand tu vas à une fête? Et quand tu vas à une réunion de famille?

9. Mets-tu beaucoup de temps à te préparer avant de sortir?

10. T'inquiètes-tu de ton apparence?

11. Est-ce que tes amis et toi vous téléphonez souvent? Combien de fois par semaine?

12. Connais-tu quelqu'un qui s'inquiète toujours de tout?

13. T'excuses-tu parfois pour des choses que tu as faites?

14. Te disputes-tu avec tes amis? Et avec ta famille?

15. T'est-il déjà arrivé de te tromper sur quelqu'un?

4

Au café Imaginez que vous soyez au café et que vous voyiez un(e) ami(e) se faire voler de l'argent (*have his/her money stolen*). Que faites-vous? Travaillez par groupes de trois pour représenter la scène. Employez au moins cinq verbes de la liste.

s'arrêter	se fâcher	se servir de
s'attendre à	se mettre à	se taire
se douter	se moquer de	se tromper
s'en aller	se rendre compte de	s'inquiéter

3 Call on students to share their partners' responses to the rest of the class.

3 Have students think of three more questions (one for each section) to ask their partner.

3 Have students create a personality test as found in a magazine based on the questions in **Activité 3**. Show sample personality tests so students know how to word questions and assign points. Then have students exchange their tests and take them.

4 Have groups act out the scene for the class. Encourage them to use props.

4 As a follow-up writing assignment, have students write an e-mail about the experience to send to a friend.

KEY STANDARDS
4.1, 5.1

INSTRUCTIONAL RESOURCES
Supersite: Lab Audioscript, SAM AK, Lab MP3s
SAM/WebSAM: WB, LM

Call on a student to identify the adjective in the **Court métrage** quote. (**célibataires**) Have that student explain why. (because **célibataires** modifies the noun **femmes**)

Additional examples:
(mentir) **menteur** → **menteuse**;
(créer) **créateur** → **créatrice**;
(narrer) **narrateur** → **narratrice**;
supérieur → **supérieure**;
extérieur → **extérieure**

Point out that the first letter of a <u>noun</u> of nationality <u>is</u> capitalized when referring to a person.

ATTENTION!

Remember that the first letter of adjectives of nationality is not capitalized.

Ahmed préfère le cinéma italien.
Ahmed prefers Italian cinema.

Laura Johnson est citoyenne américaine.
Laura Johnson is an American citizen.

ATTENTION!

Remember to use the masculine plural form of an adjective to describe a series of two or more nouns in which at least one is masculine.

La rue et le quartier sont animés.
The street and the neighborhood are lively.

2.2 Descriptive adjectives and adjective agreement

—*J'ai lu qu'il y avait en France près de cinq millions de femmes **célibataires**.*

Gender

- Adjectives in French agree in gender and number with the nouns they modify. Masculine adjectives with these endings derive irregular feminine forms.

Ending	Examples
-c → -che	blanc → blanche; franc → franche
-eau → -elle	beau → belle; nouveau → nouvelle
-el → -elle	cruel → cruelle; intellectuel → intellectuelle
-en → -enne	ancien → ancienne; canadien → canadienne
-er → -ère	cher → chère; fier → fière
-et → -ète	complet → complète; inquiet → inquiète
-et → -ette	muet → muette (*mute*); net → nette
-f → -ve	actif → active; naïf → naïve
-on → -onne	bon → bonne; mignon → mignonne (*cute*)
-s → -sse	bas → basse (*low*); gros → grosse
-x → -se	dangereux → dangereuse; heureux → heureuse

Cette station de métro est-elle **dangereuse**?
Is this subway station dangerous?

Les **nouvelles** banlieues se trouvent loin d'ici.
The new suburbs are located far from here.

- Adjectives whose masculine singular form ends in **-eur** generally derive one of three feminine forms.

Condition	Ending	Examples
the adjective is directly derived from a verb	-eur → -euse	(rêver) rêveur → rêveuse (travailler) travailleur → travailleuse
the adjective is not directly derived from a verb	-eur → -rice	(conserver) conservateur → conservatrice (protéger) protecteur → protectrice
the adjective expresses a comparative or superlative	-eur → -eure	inférieur → inférieure meilleur → meilleure

- Some adjectives have feminine forms that differ considerably from their masculine singular counterparts, either in spelling, pronunciation, or both.

doux → douce	frais → fraîche	public → publique
faux → fausse	gentil → gentille	roux → rousse
favori → favorite	grec → grecque	vieux → vieille
fou → folle	long → longue	

Position

- French adjectives are usually placed after the noun they modify, but these adjectives are usually placed *before* the noun: **autre**, **beau**, **bon**, **court**, **gentil**, **grand**, **gros**, **haut**, **jeune**, **joli**, **long**, **mauvais**, **meilleur**, **nouveau**, **petit**, **premier**, **vieux**, and **vrai**.

Je ne connais pas ce **jeune** homme.
I don't know that young man.

Vous aimez les **nouveaux** films?
Do you like new movies?

- Before a masculine singular noun that begins with a vowel sound, use these alternate forms of **beau**, **fou**, **nouveau**, and **vieux**.

beau	bel	un bel édifice
fou	fol	un fol espoir (*hope*)
nouveau	nouvel	un nouvel appartement
vieux	vieil	un vieil immeuble

- Notice that the meanings of these adjectives are generally more figurative when they appear before the noun and more literal when they appear after the noun.

ancien	l'**ancien** château	the **former** castle
	un château **ancien**	an **ancient** castle
cher	**cher** ami	**dear** friend
	une voiture **chère**	an **expensive** car
dernier	la **dernière** semaine	the **final** week
	la semaine **dernière**	**last** week
grand	une **grande** femme	a **great** woman
	une femme **grande**	a **tall** woman
même	le **même** musée	the **same** museum
	le musée **même**	this **very** museum
pauvre	ces **pauvres** étudiants	those **poor (unfortunate)** students
	ces étudiants **pauvres**	those **poor (penniless)** students
prochain	le **prochain** cours	the **following** class
	mercredi **prochain**	**next** Wednesday
propre	ma **propre** chambre	my **own** room
	une chambre **propre**	a **clean** room
seul	la **seule** personne	the **only** person
	la personne **seule**	the person **who is alone**

Advise students to study irregular feminine adjectives, as they will be necessary to form many useful adverbs in **Structures 2.3**.

ATTENTION!

Color adjectives that are named after nouns include **argent** (*silver*), **citron** (*lemon*), **crème** (*cream*), **marron** (*chestnut*), or (*gold*), and **orange** (*orange*).

Remember that the adjective **châtain** is used to describe brown hair. You can use it in the plural, but it is very rarely used in the feminine.

Elle a les cheveux châtains.
She has brown hair.

ATTENTION!

Color adjectives that are named after nouns are invariable, as are color adjectives that are qualified by a second adjective.

Il conduit une voiture marron.
He's driving a brown car.

Elle porte une jupe bleu clair.
She's wearing a light blue skirt.

Point out that some of these adjectives, combined with certain nouns, are placed after the noun to maintain their literal meaning. Examples: **une femme bonne, un homme bon. Une bonne femme** can have a pejorative meaning, while **un bonhomme**, a colloquial term to describe an older man, can also be pejorative, or used as an endearment for a little boy (**mon bonhomme**).

BLOC-NOTES

Adjectives can also be derived from verb forms like the present and past participles. See **Fiche de grammaire 7.4, p. 416** and **Structures 9.2, pp. 332–333**.

Mise en pratique

1

Les Niçois Christophe habite à Nice. Lisez ses commentaires et accordez les adjectifs.

1. Le maire de Nice, Christian Estrosi, est vraiment ___fier___ (fier) de sa ville.

2. Les citadins et les touristes apprécient l'action ___protectrice___ (protecteur) des policières.

3. Ma copine et sa colocataire habitent un ___bel___ (beau) appartement en banlieue.

4. Ses colocataires sont de ___bonnes___ (bon) citoyennes.

5. Une conductrice ne doit pas être ___rêveuse___ (rêveur) sur la route!

6. Les piétons qui traversent l'avenue Jean Médecin en dehors (*outside*) des clous sont ___fous___ (fou)!

Les plages de Nice, sur la Méditerranée

Note
CULTURELLE

Nice est située dans le sud de la **France**, sur la **Côte d'Azur**, à proximité de l'**Italie**. Ses plages de granit sur la **Méditerranée**, sa cuisine caractéristique et sa situation géographique font de Nice la deuxième ville touristique française.

2 Ask students to explain why the three adjectives left over do not work in each sentence.

2 Ask pairs to write three more items. Then have them exchange items with another pair and complete them.

2

La vie de Marine Complétez chaque phrase et choisissez le bon adjectif.

1. Marine cherche une colocataire ___franche___ (bon, bonne, franc, franche).

2. À vingt ans, c'est une femme ___naïve___ (intellectuel, folles, naïve, jeunes).

3. Elle s'entend bien avec les gens ___sincères___ (bon, belles, sincères, travailleur).

4. Marine essaie d'acheter des légumes ___frais___ (frais, fraîche, propre, chères).

5. Ses parents sont ___conservateurs___ (conservateurs, grec, protectrices, actives).

6. Elle habite un ___vieil___ (complet, vieil, bruyant, élégant) appartement.

7. Elle préfère regarder de ___nouvelles___ (nouvelles, favorites, publiques, rousses) émissions de télévision.

8. Marine adore son copain parce que c'est un homme ___heureux___ (beaux, jeunes, mignonne, heureux).

3 Have students write an original personal ad using as many adjectives as possible. The ad should not be for romance, rather, travel companions, odd jobs, etc.

3 Have students write a response to Gabrielle, using adjectives to explain why they are the best travel companion.

3

Une petite annonce Gabrielle recherche quelqu'un avec qui elle pourrait voyager. Complétez sa petite annonce et accordez les adjectifs de la liste.

aventurier	châtain	dernier	nouveau	seul
bleu	cher	français	propre	violet foncé

petite ANNONCE

MERCREDI	20 septembre

Gabrielle, voyageuse extraordinaire!

Pendant mon séjour en France, je voudrais voyager dans autant de villes (1) ___françaises___ que possible! Je n'aime pas visiter de (2) ___nouveaux___ endroits toute (3) ___seule___. Alors, je cherche une personne qui aime l'aventure parce que moi aussi, je suis (4) ___aventurière___. Je n'ai pas beaucoup d'argent, donc je ne peux pas acheter de billets (5) ___chers___. En plus, je suis indépendante, alors le week-end (6) ___dernier___, quand j'ai voyagé à Paris, j'ai fait mes (7) ___propres___ projets de voyages. Si vous voulez me rencontrer, je serai la fille en robe (8) ___violet foncé___, aux yeux (9) ___bleus___ et aux cheveux (10) ___châtains___, au café des Artistes du centre-ville. Rendez-vous le 27 septembre, à 16h30.

Communication

4

Dans ma ville Quelqu'un vous arrête dans la rue pour vous poser des questions sur votre ville. Vous ne répondez que par le contraire. Posez ces questions et répondez-y avec un(e) camarade de classe.

> **Modèle** —Les logements sont-ils grands?
> —Non, ils sont petits.

1. Ce quartier est-il sûr? Non, _____il est dangereux_____.
2. Votre rue est-elle tranquille? Non, _____elle est animée/bruyante_____.
3. Les voies sont-elles privées? Non, _____elles sont publiques_____.
4. Cet édifice est-il nouveau? Non, _____il est ancien/vieux_____.
5. Les gratte-ciel sont-ils bas? Non, _____ils sont hauts_____.
6. Les gens sont-ils paresseux? Non, _____ils sont travailleurs_____.

5

Un entretien Vous emménagez dans une nouvelle ville et vous avez des entretiens pour trouver des colocataires. Jouez les deux rôles avec un(e) camarade de classe.

1. Êtes-vous étranger/étrangère? Si oui, quelle est votre nationalité?
2. Quels sont les trois adjectifs qui vous décrivent le mieux?
3. Comment était votre ancien(ne) appartement/maison?
4. Gardez-vous toujours votre logement propre?
5. Dans quelle sorte de quartier préférez-vous habiter?
6. Décrivez votre colocataire idéal avec au moins trois adjectifs.
7. Et vous? Avez-vous des questions à me poser?

6

Comment est...? Avec un(e) camarade de classe, trouvez au moins trois façons (*ways*) de décrire chaque image. Comparez vos descriptions avec un autre groupe et discutez des différences avec la classe.

4 Tell students to use adjectives from this lesson's vocabulary in their responses whenever possible.

4 Have students make a list of nouns and adjectives to describe their town or city, then write a paragraph using the words.

5 Ask what other questions students would ask a prospective roommate. Then have them rank all the questions from most to least important.

6 Tell students to use as many descriptive adjectives as possible, and remind them to make all necessary agreements.

6 Have pairs make a list of places and things in their town or city. Students then take turns describing the place or thing while the partner guesses.

KEY STANDARDS
4.1, 5.1

INSTRUCTIONAL RESOURCES
Supersite: Lab Audioscript, SAM AK, Lab MP3s
SAM/WebSAM: WB, LM

Briefly review the function and meaning of an adverb, or call on a volunteer to do so. (Adverbs typically describe or modify verbs, but also other adverbs, adjectives, and other parts of speech. Adverbs usually answer the question: how?) Then have a student pick out the adverb in the Court métrage quote. If they need help understanding, ask: *Comment* **peut-elle descendre?** (**discrètement**)

Tell students to turn back to the list of adjectives in the box on **p. 60** and determine which words might be used as adverbs. Then have them form and pronounce the adverb form of these words and use them in a sentence.

With the class, list other adjectives ending in **-ant** or **-ent**. Examples: **différent**, **méchant**, etc. Then call on students to pronounce the adverb that corresponds to each and write it on the board. Examples: **différemment**, **méchamment**, etc.

Use pictures from magazines or the Internet to present adverbs. Pass out the pictures. Students should look at them and give a description. For example, for a picture of a person waiting at a bus stop: **Elle attend patiemment**.

2.3

Adverbs

—*Eh bien, elle peut descendre* **discrètement** *à la station suivante.*

Formation of adverbs

- To form an adverb from an adjective whose masculine singular form ends in a consonant, add the ending **-ment** to the adjective's feminine singular form. If the masculine singular ends in a vowel, simply add the ending **-ment** to that form.

absolu	**absolu**ment *absolutely*
doux	**douce**ment *gently*
franc	**franche**ment *frankly*
naturel	**naturelle**ment *naturally*
poli	**poli**ment *politely*

- To form an adverb from an adjective whose masculine singular form ends in **-ant** or **-ent**, replace the ending with **-amment** or **-emment**, respectively.

bruyant	**bruy**amment *noisily*
constant	**const**amment *constantly*
évident	**évid**emment *obviously*
patient	**pati**emment *patiently*

- An exception to this rule is the adjective **lent**, whose corresponding adverb is **lentement**. Remember that the endings **-amment** and **-emment** are pronounced identically.

- A limited number of adverbs are formed by adding **-ément** to the masculine singular form of the adjective. If this form ends in a silent final **-e**, drop it before adding the suffix.

confus	**confus**ément *confusedly*
énorme	**énorm**ément *enormously*
précis	**précis**ément *precisely*
profond	**profond**ément *profoundly*

- A few adverbs, like **bien**, **gentiment**, **mal**, and **mieux**, are entirely irregular. The irregular adverb **brièvement** (*briefly*) is derived from **bref** (**brève**).

Categories of adverbs

- Most common adverbs can be grouped by category.

time	alors, aujourd'hui, bientôt, d'abord, de temps en temps, déjà, demain, encore, enfin, ensuite, hier, jamais, maintenant, parfois, quelquefois, rarement, souvent, tard, tôt, toujours
manner	ainsi (*thus*), bien, donc, en général, lentement, mal, soudain, surtout, très, vite
opinion	heureusement, malheureusement, peut-être, probablement, sans doute
place	dedans, dehors, ici, là, là-bas, nulle part (*nowhere*), partout (*everywhere*), quelque part (*somewhere*)
quantity	assez, autant, beaucoup, peu, trop

Position of adverbs

- In the case of a simple tense (present indicative, **imparfait**, future, etc.), an adverb immediately follows the verb it modifies.

Gérard s'arrête **toujours** au centre-ville.
Gérard always stops downtown.

Il attend **patiemment** au feu.
He waits patiently at the traffic light.

- In the **passé composé**, place short or common adverbs before the past participle. Place longer or less common adverbs after the past participle.

Nous sommes **déjà** arrivés à la gare.
We already arrived at the train station.

Vous avez **vraiment** compris ses indications?
Did you really understand his directions?

Il a conduit **prudemment**.
He drove prudently.

Tu t'es levée **régulièrement** à six heures.
You got up regularly at six o'clock.

- In negative sentences, the adverbs **peut-être**, **sans doute**, and **probablement** usually precede **pas**.

Elle n'est pas **souvent** chez elle.
She is not often at home.

but

Elle n'a **peut-être** pas lu ton e-mail.
She probably has not read your e-mail.

- Common adverbs of time and place typically follow the past participle.

Elle a commencé **tôt** ses devoirs.
She started her homework early.

Nous ne sommes pas descendus **ici**.
We did not get off here.

- In a few expressions, an adjective functions as an adverb. Therefore, it is invariable.

coûter cher *to cost a lot*	**sentir bon/mauvais** *to smell good/bad*
parler bas/fort *to speak softly/loudly*	**travailler dur** *to work hard*

Point out that adverbs, like other parts of speech, fall into semantic categories. Tell students that knowing this will help them learn the meanings and uses of different adverbs.

Ask students to locate articles on French-language sites that contain examples of adverbs. Have students print out the articles and highlight the adverbs. They should also note the category of the adverb: time, manner, opinion, place, quantity.

ATTENTION!

In English, adverbs sometimes immediately follow the subject. In French, this is *never* the case.

*My roommate **constantly** wakes me up.*
Mon colocataire me réveille constamment.

BLOC-NOTES

There are other compound tenses in French that require a form of **avoir** or **être** and a past participle. See **Structures 4.1, pp. 134–135** for an introduction to the **plus-que-parfait**.

TEACHING OPTION This lesson's **Court métrage, pp. 46–47**, may be used to preview or reinforce adverbs, as well as adjectives. Play the film and ask students to list all the adjectives and adverbs they hear. Then have them create original sentences using the words from their list.

Mise en pratique

1 Les adverbes Écrivez l'adverbe qui correspond à chaque adjectif.

1. facile ___facilement___
2. heureux ___heureusement___
3. jaloux ___jalousement___
4. quotidien ___quotidiennement___
5. mauvais ___mal___
6. conscient ___consciemment___
7. profond ___profondément___
8. meilleur ___mieux___
9. public ___publiquement___
10. indépendant ___indépendamment___

2 Deux sortes d'amis Décidez s'il faut placer les adverbes avant ou après les mots qu'ils modifient.

Jérôme et Patricia (1) _____ habitent ___maintenant___ (maintenant) à Lyon. Ils ont beaucoup d'amis à Paris qui leur (2) _____ rendent ___souvent___ (souvent) visite. Ils sont (3) ___toujours___ heureux _____ (toujours) de les recevoir parce qu'ils sont (4) ___très___ fiers _____ (très) de leur ville. Ils ont deux sortes d'amis: ceux qui (5) _____ sortent ___fréquemment___ (fréquemment) en boîte, et ceux qui (6) _____ aiment ___mieux___ (mieux) les musées. Les amis qui préfèrent les musées ont (7) _____ téléphoné ___hier___ (hier) pour dire qu'ils ne viendront (8) ___peut-être___ pas _____ (peut-être) cet été. Ils ont (9) ___déjà___ fait _____ (déjà) des projets! Ils ont (10) _____ choisi ___tôt___ (tôt) leurs vacances cette année: ils ne visiteront (11) _____ pas ___obligatoirement___ (obligatoirement) Lyon tous les ans. Ils dansent (12) ___incroyablement___ bien _____ (incroyablement) et ils ont envie d'aller chez des amis qui sortent en boîte!

3 La famille Giscard Travaillez à deux pour dire, à tour de rôle, comment les membres de cette famille font les choses quand ils sont en ville. Suggested answers

> **Modèle** **Isabelle est à la poste. Elle est rapide.**
> Elle achète rapidement des timbres.

1. Martin est au magasin. Il est impatient. Il cherche impatiemment des vêtements.
2. Mme Giscard est à la banque. C'est une femme polie. Elle demande poliment son argent.
3. Paul et Franck sont au café. Ce sont des frères bruyants. Ils parlent bruyamment.
4. Maryse est à la gare. Elle est nerveuse. Elle attend nerveusement l'arrivée du train.
5. Les grands-parents sont au supermarché. Ils sont lents. Ils font lentement leurs courses.
6. M. Giscard se promène avec son fils Alain. C'est un bon père. Il aime bien écouter Alain.
7. Alain est avec M. Giscard. C'est un garçon très franc. Il parle franchement à son père.
8. Les cousines sont au cinéma. C'est cher. Les films coûtent cher.
9. Sophie va au restaurant ce soir. Elle a une robe élégante. Elle est habillée élégamment.
10. Isabelle va au jardin public avec sa petite cousine. Elle est gentille quand elle parle à sa cousine. Elle parle gentiment à sa cousine.

 Practice more at **vhlcentral.com.**

Communication

4 **Sondage** Interviewez un maximum de camarades différent(e)s. Font-ils/elles ces choses toujours, fréquemment, parfois, rarement ou jamais? Comparez vos résultats avec ceux du reste de la classe.

Modèle **travailler à la bibliothèque**
—Travailles-tu toujours à la bibliothèque?
—Non, mais j'y travaille parfois.

	Toujours	Fréquemment	Parfois	Rarement	Jamais
1. sortir en boîte de nuit					
2. se retrouver dans un embouteillage					
3. prendre le métro					
4. brûler (*to run*) les feux rouges					
5. aller en cours à pied					
6. visiter un musée le week-end					
7. assister à des concerts					
8. s'ennuyer le samedi soir					

5 **Vivre en ville** À tour de rôle, posez ces questions à un(e) camarade de classe. Dans vos réponses, employez les adverbes de la liste ou d'autres adverbes.

absolument	mal	simplement
énormément	quelquefois	souvent
franchement	peut-être	tard
jamais	récemment	?

1. Traverses-tu la rue dans les clous? Pourquoi?
2. As-tu déjà été obligé(e) d'aller à la préfecture de police? Pourquoi?
3. Es-tu monté(e) au dernier étage d'un gratte-ciel? Lequel?
4. Fais-tu des promenades dans les jardins publics? Où?
5. As-tu fait du sport cette semaine? Où? Quand?
6. Que fais-tu quand on te demande des indications en ville?
7. T'es-tu entretenu(e) avec quelqu'un en particulier cette semaine? Qui? De quoi avez-vous parlé?
8. Que fais-tu pour éviter les embouteillages?

6 **Les gens heureux** Travaillez à deux pour dire ce que les gens font pour être heureux. Employez des adverbes dans vos réponses.

Modèle Pour rester heureux, ils font souvent de la gym.

4 Have students add two more activities to include in the survey.

4 Compile the results of the survey to determine which activity or occurrence is most/least common among students.

4 Have small groups create a survey titled **Les clés du bonheur**, similar to the one in **Activité 4**. Then have the rest of the class take the survey. Compile the results to determine what students do to be happy.

5 Before beginning the task, review the sentences. Have students identify the tense of the verbs. If the verb is in the **passé composé**, students should also identify the past participle. This will help them determine the placement of the adverbs.

5 Have pairs think of two more questions whose answers require an adverb. Then have them form groups of four and switch questions. Groups then compare their answers and adverb usage.

6 Encourage students to be creative and look at their vocabulary lists for inspiration.

Synthèse Reading

Un rendez-vous inattendu

Depuis un bon moment, je me rends compte que je ne vais presque jamais en ville! J'habite dans une belle ville animée, pourtant je reste trop souvent à la maison, le soir et le week-end. Je m'ennuie! Il est évident qu'il faut faire des projets…

Je décide donc de me lever tôt parce que j'ai rendez-vous avec cette ville merveilleuse! Je me réveille précisément à 7h00. Je me lave et je me rase juste avant de prendre tranquillement un bon petit-déjeuner: du thé chaud et des fruits frais. Je m'habille rapidement. Je mets un jean, une chemise blanche, et un pull bleu. Ensuite, je prends mon sac à dos et je m'en vais!

À la station de métro près de chez moi, j'achète un carnet de dix tickets parce que ça coûte moins cher. En attendant° le prochain train, j'aperçois sur le quai° une jolie musicienne folklorique qui chante agréablement et joue de la guitare. La musique de la charmante jeune femme est mélodieuse mais son chapeau est vide! Je lui laisse quelques modestes pièces. Je me demande comment elle s'appelle, mais je suis tellement timide que je reste

muet. Fâché contre moi-même, je monte dans le métro sans rien dire.

Je passe une matinée passionnante au centre-ville. Je vois des tableaux splendides et de belles sculptures au musée d'art moderne. L'après-midi, je me perds complètement! Avant même que je demande des indications, un conducteur sympa m'indique que l'édifice juste en face de moi, c'est l'hôtel de ville. Heureusement, je m'oriente facilement.

Il est tard et je suis fatigué, alors je me détends dans le parc municipal. Tout à coup, la belle musicienne du métro se présente devant moi. Nous nous regardons longuement. Ensuite, nous nous parlons!

Une fin de journée inoubliable et inattendue en ville… j'espère en vivre d'autres comme celle-là! ■

---

1 **Qu'avez-vous compris?** Répondez aux questions par des phrases complètes.

1. Pourquoi le jeune homme a-t-il rendez-vous avec sa ville? *Le jeune homme a rendez-vous avec sa ville parce qu'il s'ennuie chez lui.*

2. Comment va-t-il de sa maison jusqu'au centre-ville? *Il prend le métro/les transports en commun.*

3. Qui aperçoit-il sur le quai du métro? *Il voit une charmante jeune femme qui chante et joue de la musique folklorique.*

2 **À vous de raconter** À deux, inspirez-vous des questions pour continuer l'histoire.

1. Comment est le jeune homme qui raconte cette histoire?

2. Que fait-il de son après-midi à part se perdre en ville? Où va-t-il?

3. Quand est-ce que le jeune homme et la charmante musicienne vont se revoir? Qu'est-ce qu'ils vont faire?

3 **L'inattendu** Avez-vous récemment vécu une coïncidence ou une situation inattendue? Écrivez un paragraphe de cinq ou six lignes qui explique ce qui vous est arrivé. Employez des adverbes dans votre description. Ensuite, racontez votre histoire par petits groupes.

Préparation

Vocabulaire de la lecture	Vocabulaire utile
une ambiance *atmosphere*	la batterie *drums*
s'étendre *to spread*	un défilé *parade*
une fanfare *marching band*	une fête foraine *carnival*
une manifestation *demonstration*	un feu d'artifice *fireworks display*
rassembler *to gather*	une foire *fair*
le soutien *support*	se réunir *to get together*
	unir *to unite*
	un violon *violin*

KEY STANDARDS
1.2, 2.1, 2.2, 4.2

SYNONYMES
rassembler ⟷ réunir
s'étendre ⟷ s'étaler

1 **À choisir** Choisissez le mot qui correspond à chaque définition. Ensuite, utilisez cinq de ces mots pour écrire des phrases.

1. Ce que fait un groupe de personnes dans la rue pour exprimer leurs idées ou leurs opinions
   a. une ambiance   b. une manifestation   c. un défilé
2. Le climat psychologique d'un événement ou d'un endroit
   a. la promotion   b. la fanfare   c. l'ambiance
3. Le fait que quelque chose prenne de plus grandes proportions
   a. se promener   b. s'étendre   c. rassembler
4. Quand quelqu'un aide quelqu'un d'autre, physiquement ou moralement
   a. le soutien   b. la publicité   c. la fanfare
5. L'action de réunir plusieurs personnes
   a. inviter   b. protéger   c. rassembler
6. Un groupe de musiciens qui défilent dans la rue
   a. une fanfare   b. des spectateurs   c. un chanteur

2 **Sujets de réflexion** Répondez individuellement aux questions par des phrases complètes. Ensuite, comparez vos réponses avec celles d'un(e) camarade de classe.

1. À quels événements culturels avez-vous assisté? Étaient-ils locaux, régionaux, nationaux ou internationaux?
2. Qu'est-ce que vous aimez dans les grands événements culturels?
3. Vous est-il arrivé de participer activement à l'un de ces événements?
4. Allez-vous souvent à des concerts?
5. Jouez-vous d'un instrument de musique? Si oui, lequel? Sinon, de quel instrument aimeriez-vous jouer?
6. Quel est votre genre de musique préféré? Pourquoi?
7. À quoi vous fait penser le concept d'une fête de la musique?

3 **À votre avis** Par groupes de trois, donnez votre avis sur les avantages que peut avoir un événement culturel ou artistique organisé par le gouvernement local ou fédéral. Qu'est-ce que ce genre d'événement apporte à un peuple?

Practice more at **vhlcentral.com**.

Rythme dans la rue:
La fête de la Musique

To simplify, suggest that students read the passage once, finding all the cognates. Discuss as a class the meanings of the words and determine whether they're true or false cognates.

Create a cloze exercise from one of the paragraphs, and distribute it to students. With their books closed, read the paragraph to students, who fill in the missing words. Students then open their books and check their work.

Have pairs of students reread the text, one paragraph at a time. After reading each paragraph, they should close their books and write a paraphrase. Point out that there are different ways to paraphrase something, but the important thing is to recall the facts in their own words. At the end, they should compare their paraphrases with another pair.

 Audio: Reading

Le 21 juin 1982, le Ministre de la Culture, Jack Lang, a inauguré la fête de la Musique, destinée à promouvoir la musique au quotidien, en France.
5 Plus manifestation musicale que festival, cette fête encourage les musiciens amateurs et professionnels à descendre dans la rue et à partager leur musique avec le public.

La France s'y connaît en manifestations.
10 Ses citoyens descendent le plus souvent dans la rue pour exprimer leur colère. Mais le 21 juin, la rue devient, pendant toute une journée, un lieu où on exprime sa joie et l'amour de la musique, et où on célèbre
15 l'arrivée de l'été.

Le ministère de la Culture et de la Communication supervise l'organisation de cette fête, aujourd'hui l'un des événements les plus importants de France. La
20 principale fonction du ministère dans cette manifestation est d'organiser de grands concerts de musiciens professionnels, sur les places ou dans les édifices publics des grandes villes. La place de la République
25 à Paris et la place Bellecour à Lyon, par exemple, deviennent des lieux de concerts de rock en plein air, alors que° *(while)*
30 les musées, les écoles et les hôpitaux accueillent° *(host)* des spectacles moins importants. On trouve partout en France
35 d'autres événements plus modestes. Ceux-ci sont en grande partie organisés par des personnes ou des groupes de personnes, avec le soutien du ministère. Une promenade en ville peut amener° *(lead)* à la
40 rencontre d'un groupe d'enfants qui chantent devant leur école, d'étudiants en musique qui testent leur dernière composition sur le trottoir ou d'un cadre qui saisit l'occasion de montrer ses talents de guitariste.
45 Tous les concerts et spectacles de la fête de la Musique sont gratuits, ce qui permet aux Français de tous âges et de toutes catégories socioprofessionnelles d'y

Faites de la musique

Ce slogan est particulièrement bien choisi. C'est un jeu de mots qui illustre la raison pour laquelle la fête de la Musique a été créée: permettre à tout le monde d'y participer, d'une manière ou d'une autre.

participer. Cela crée une ambiance populaire et conviviale.

50 Un des buts° de la fête de la Musique *(goals)* est de révéler les musiques du monde. Elle prête autant d'attention à la musique contemporaine qu'aux genres musicaux plus traditionnels. Par exemple, on trouve un DJ
55 de musique électronique à deux rues d'un quatuor à cordes°, ou on peut voir une fanfare *(string quartet)* passer devant un concert de rap. Le reggae, le jazz, la musique classique, le funk, la pop, l'opéra, le hip-hop,
60 le hard rock... tous les genres y sont représentés. C'est ce côté éclectique qui donne de l'intérêt à cette célébration.
65

Au cours de° son *(in the course of)* histoire, la France a connu peu d'événements qui aient réussi à rassembler les Français.
70 Mais en voilà un qui relève le défi° chaque *(rises to the challenge)* année, depuis plusieurs décennies. On voit ce désir d'unir les gens s'étendre toujours plus loin. La fête de la Musique a eu un tel° succès en France que depuis *(such)*
75 1985, à l'occasion de l'Année européenne de la musique, des villes comme Berlin, Bruxelles, Rome et Londres organisent leur propre manifestation, le même jour. Aujourd'hui, le 21 juin représente la
80 célébration de la musique dans plus de cent pays. Cela prouve que cette fête de la joie a encore un bel avenir devant elle. ∎

La rue devient, pendant toute une journée, un lieu où on exprime sa joie.

Analyse

1 Have students check and compare their answers with a partner.

2 Have students report their partner's answers to the class. Then tally the results on the board to find out what role music plays in students' lives.

3 The original quote by the English playwright William Congreve is "Music hath charms to soothe the savage breast..." which is often mistaken as "savage *beast*," and sometimes incorrectly attributed to Shakespeare.

4 Have students complete the chart for a concert or event they have attended. They can present the information to the class.

TEACHING OPTION As an expansion activity, play samples of music that is currently popular in France. As students listen, have them note their likes, dislikes, and general reactions to each artist, song, and genre. Discuss their impressions as a class.

1

Compréhension Répondez aux questions par des phrases complètes. Answers may vary slightly.

1. Pourquoi la fête de la Musique a-t-elle été créée? Elle a été créée pour promouvoir la musique au quotidien.

2. Qui organise les grands concerts professionnels? Le ministère de la Culture et de la Communication organise les grands concerts professionnels.

3. Où ont lieu les manifestations musicales? Les manifestations musicales ont lieu en plein air.

4. Qui peut participer à cette fête? Pourquoi? Tout le monde peut participer à cette fête parce qu'elle est gratuite.

5. Quels sont les genres de musique représentés à cette fête? Tous les genres de musique sont représentés à cette fête.

6. Qui, avec la France, célèbre la fête de la Musique? Plus de cent pays célèbrent la fête de la Musique.

2

La musique et vous À deux, répondez aux questions par des phrases complètes.

1. Aimeriez-vous célébrer la fête de la Musique?

2. Quels événements ressemblant à la fête de la Musique connaissez-vous?

3. Écoutez-vous de la musique étrangère? Pourquoi?

4. Quand écoutez-vous le plus souvent de la musique? Donnez des détails.

5. Y a-t-il un type de musique que vous n'aimez pas? Pourquoi?

3

Un bon adage Que pensez-vous de l'adage «La musique adoucit les mœurs.» (Équivalent en anglais: *Music soothes the savage breast* [soul].)? La musique peut-elle avoir cet effet? Que ressentez-vous quand vous en écoutez? Comparez votre réponse à celle d'un(e) camarade de classe.

C'est vous l'organisateur! Imaginez que vous représentiez le ministère de la Culture et de la Communication. Par groupes de trois, organisez un concert. Où va-t-il avoir lieu? Quels artistes allez-vous inviter? Écrivez le programme de la fête avec une description des artistes. N'oubliez pas le caractère éclectique de l'événement. Ensuite, comparez votre proposition à celles des autres groupes.

Nom de l'événement	
Ville et lieux	
Dates et heures	
Type(s) de musique	
Artistes invités	

5

Chez vous Chaque année, le gouvernement français organise certaines fêtes nationales. Votre ville organise-t-elle des événements gratuits organisés? Sinon, que proposeriez-vous à votre gouvernement local? Expliquez à la classe.

Practice more at **vhlcentral.com.**

Préparation

KEY STANDARDS
1.2, 2.2, 3.1, 5.2

À propos de l'auteur

Dany Laferrière est né à Port-au-Prince, en Haïti, le 13 avril 1953. Il est d'abord chroniqueur culturel à l'hebdomadaire *Le Petit Samedi Soir* et à Radio-Haïti-Inter. Puis quand son ami Gasner Raymond se fait assassiner, il quitte Haïti et s'installe à Montréal, au Canada. Il poursuit sa carrière d'écrivain et de chroniqueur à la radio et à la télévision. En 2009, il reçoit le Prix Médicis pour son roman *L'Énigme du retour*. Le 12 janvier 2010, Laferrière se trouve en Haïti, mais il échappe au tremblement de terre sain et sauf (*safe and sound*).

INSTRUCTIONAL RESOURCES
Supersite: Littérature
recording; Scripts; SAM AK
SAM/WebSAM: LM

TEACHING OPTION Tell
students that the reading is
an account of the 2010 Haiti
earthquake. Ask them to
brainstorm vocabulary they
associate with earthquakes
and other natural disasters
and have a volunteer make
a list on the board to which
students can refer later when
completing the activities.

Vocabulaire de la lecture		Vocabulaire utile
le béton *concrete*	**les plus vifs** *those who reacted the fastest*	**un(e) blessé(e)** *injured person*
un calepin *notebook*	**piégé(e)** *trapped*	**une catastrophe naturelle** *natural disaster*
la conduite *behavior*	**des secousses** *tremors*	**un(e) disparu(e)** *missing person*
un cyclone *hurricane*	**un tremblement de terre** *earthquake*	**un(e) rescapé(e)** *survivor*
dormir à la belle étoile *to sleep outdoors*	**un tressaillement du sol** *earth tremor*	**un(e) sans-abri** *homeless person*
engloutir *to swallow*		**les secours** *rescue workers*
exigu/exiguë *small*		**trembler** *to shake*

1

Synonymes Pour chaque mot ou expression de la colonne A, trouvez le terme équivalent de la colonne B.

f	1. calepin	a.	comportement
a	2. conduite	b.	rapide
b	3. vif	c.	petit
c	4. exigu	d.	absorber, dévorer
d	5. engloutir	e.	dehors
e	6. à la belle étoile	f.	cahier

2

Vrai ou faux? Lisez ces phrases avec un(e) partenaire et dites si elles sont vraies ou fausses. Corrigez ensemble les phrases fausses.

1. Il y a des tressaillements du sol pendant un tremblement de terre. Vrai.

2. Si on est piégé sous du béton après un tremblement de terre, il faut appeler les secours. Vrai.

3. Les personnes dont les maisons ont été détruites en Haïti sont maintenant blessées.
Faux. Elles sont sans-abri.
4. Les sécheresses (*droughts*) sont souvent le résultat de cyclones.
Faux. Elles sont le résultat d'une période sans pluie.
5. Les sans-abri vont probablement dormir à la belle étoile. Vrai.

6. Il y a des secousses sismiques pendant une tornade.
Faux. Il y a des secousses sismiques pendant un tremblement de terre.
7. Les tremblements de terre et les cyclones sont des catastrophes naturelles. Vrai.

3

Qu'en savez-vous? Par groupes de trois, faites un résumé de ce que vous savez au sujet du tremblement de terre qui a eu lieu en Haïti en 2010. Utilisez au moins huit mots et expressions du nouveau vocabulaire.

Note
CULTURELLE

Le 12 janvier 2010, un
tremblement de terre de
magnitude 7,0 frappe l'ouest
d'Haïti et sa capitale, Port-
au-Prince. Il est rapidement
suivi de dizaines de
secousses secondaires et
d'un deuxième tremblement
de terre. Il s'agit du séisme
le plus meurtrier de l'histoire
d'Haïti. Le bilan (*toll*) de ce
cataclysme est estimé à plus
de 200.000 morts, 300.000
blessés et 1.000.000 de
sans-abri.

3 Have some groups
discuss other natural
disasters such as the 2006
San Francisco earthquake,
hurricane Katrina, the 2004
tsunami in Southeast Asia, or
the 2010 flooding in Western
France. Provide additional
vocabulary as needed.

Practice more at **vhlcentral.com.**

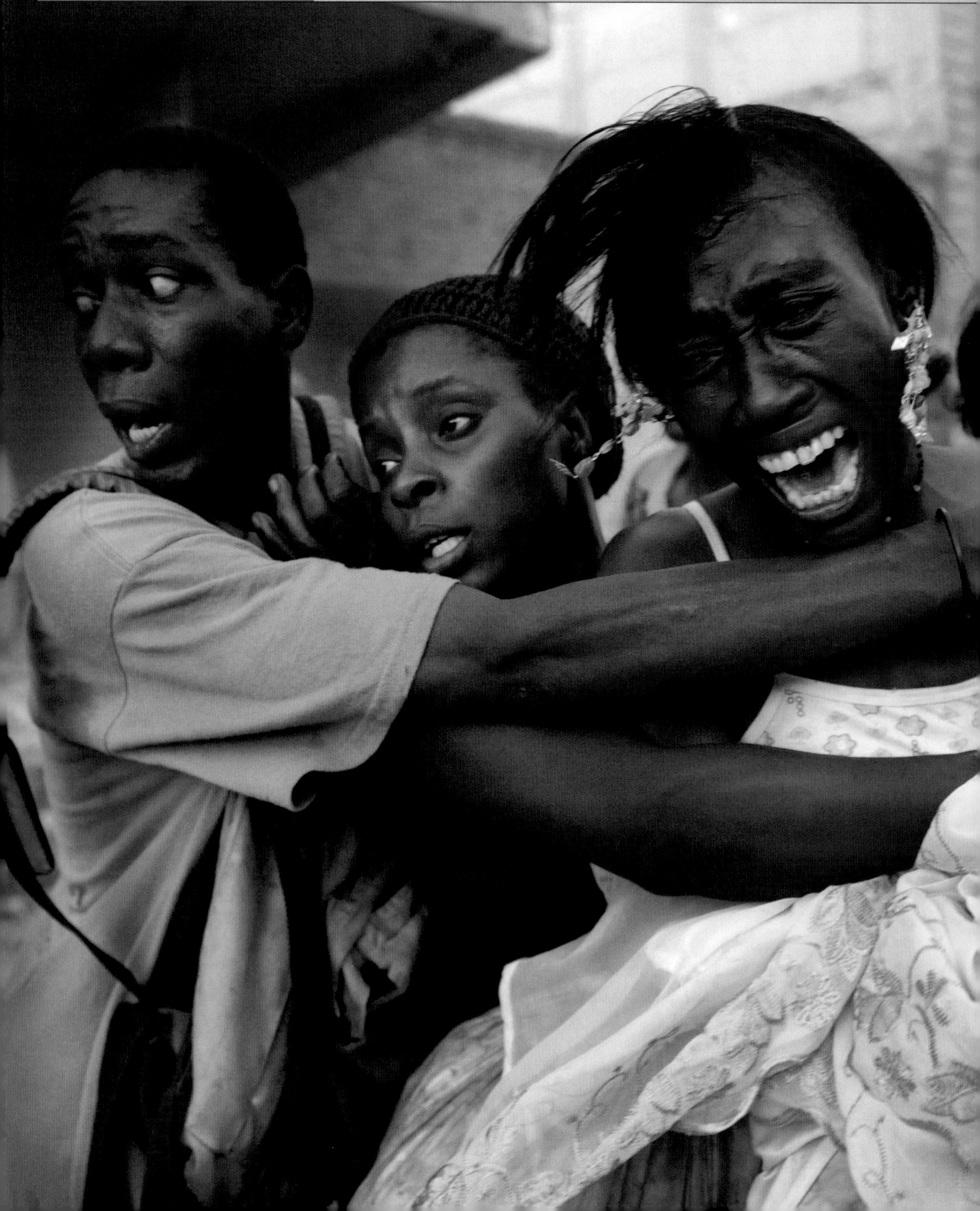

tout BOUGE autour de moi

Dany Laferrière

S **Reading**
Audio: Dramatic Recording

Le grand écrivain haïtien, prix Médicis 2009 pour L'Énigme
du retour, *était à Port-au-Prince pour le Festival «Étonnants
Voyageurs» quand la terre a tremblé. Il raconte.*

1. La minute

Tout cela a duré à peine une minute, mais on avait huit à dix
secondes pour prendre une décision. Quitter l'endroit où l'on
se trouvait ou rester. Très rares sont ceux qui avaient fait un bon
5   départ. Même les plus vifs ont perdu trois ou quatre précieuses
secondes avant de comprendre ce qui se passait. Haïti a l'habitude
des coups d'État et des cyclones, mais pas des tremblements de
terre. Le cyclone est bien annoncé. Un coup d'État arrive précédé
d'un nuage de rumeurs. J'étais dans le restaurant de l'hôtel avec
10   des amis (l'éditeur Rodney Saint-Éloi et le critique Thomas Spear).
Thomas Spear a perdu trois secondes parce qu'il voulait terminer
sa bière. On ne réagit pas tous de la même manière. De toute façon
personne ne peut prévoir où la mort l'attend. On s'est tous les trois
retrouvés, à plat ventre°, au centre de la cour°. Sous les arbres.

face down on the ground / courtyard

15   ## 2. Le carnet noir

En voyage, je garde sur moi toujours deux choses: mon passeport
(dans une pochette accrochée à mon cou) et un calepin noir où je
note généralement tout ce qui traverse mon champ de vision ou
qui me passe par l'esprit°. Pendant que j'étais par terre, je pensais

mind

20   aux films de catastrophe, me demandant si la terre allait s'ouvrir et
nous engloutir tous. C'était la terreur de mon enfance.

3. Le silence

yells Je m'attendais à entendre des cris, des hurlements°. Rien. Un silence
deafening assourdissant°. On dit en Haïti que tant qu'on n'a pas hurlé, il n'y a
25 pas de mort. Quelqu'un a crié que ce n'était pas prudent de rester sous
les arbres. On s'est alors réfugié sur le terrain de tennis de l'hôtel. En
fait, c'était faux, car pas une fleur n'a bougé malgré les 43 secousses
sismiques. J'entends encore ce silence.

4. Les projectiles

30 Même à 7,3 sur l'échelle de Richter, ce n'est pas si terrible. On peut
encore courir. C'est le béton qui a tué. Les gens ont fait une orgie de
béton ces 50 dernières années. De petites forteresses. Les maisons en bois
sheet of metal et en tôle°, plus souples, ont résisté. Dans les chambres d'hôtel souvent
exiguës, l'ennemi, c'était le téléviseur. On se met toujours en face de lui.
plummeted 35 Il a foncé° droit sur nous. Beaucoup de gens l'ont reçu à la tête.

5. La nuit

La plupart des gens de Port-au-Prince ont dormi cette nuit-là à la belle
étoile. Je crois que c'est la première fois que c'est arrivé. Le dernier
of this magnitude tremblement de terre d'une telle ampleur° remonte à près de 200 ans.
40 Les nuits précédentes étaient assez froides. Celle-là, chaude et étoilée.
Comme on était couché par terre, on a pu sentir chaque tressaillement
du sol au plus profond de soi. On faisait corps avec la terre. Je pissais
dans les bois quand mes jambes se sont mises à trembler. J'ai eu
l'impression que c'était la terre qui tremblait.

45 ### 6. Le temps

Je ne savais pas que soixante secondes pouvaient durer aussi longtemps.
Et qu'une nuit pouvait n'avoir plus de fin. Plus de radio, les antennes étant
cassées. Plus de télé. Plus d'Internet. Plus de téléphone portable. Le temps
n'est plus un objet qui sert à communiquer. On avait l'impression que le vrai
slid off 50 temps s'était glissé° dans les soixante secondes qu'ont duré les premières
violentes secousses.

7. La prière

Subitement un homme s'est mis debout et a voulu nous rappeler que ce
tremblement de terre était la conséquence de notre conduite inqualifiable.
rose 55 Sa voix enflait° dans la nuit. On l'a fait taire car il réveillait les enfants
qui venaient juste de s'endormir. Une dame lui a demandé de prier dans
son cœur. Il est parti après s'être défendu longuement. Son argument
c'est qu'on ne peut demander pardon à Dieu à voix basse. Des jeunes
started filles ont entamé° un chant religieux si doux que certains adultes se
60 sont endormis. Deux heures plus tard, on a entendu une clameur. Des
centaines de personnes priaient et chantaient dans les rues. C'était pour
eux la fin du monde que Jéhovah annonçait. Une petite fille, près de moi,
blew a voulu savoir s'il y avait classe demain. Un vent d'enfance a soufflé° sur
nous tous.

8. L'horreur

65 Une dame qui habite dans un appartement dans la cour de l'hôtel a passé la nuit à parler à sa famille encore piégée sous une tonne de béton. Assez vite, le père n'a plus répondu. Ensuite l'un des trois enfants. Plus tard, un autre. Elle n'arrêtait pas de les supplier° de tenir encore un

to beg

70 peu. Plus de douze heures après, on a pu sortir le bébé qui n'avait pas cessé de pleurer. Une fois dehors, il s'est mis à sourire comme si rien ne s'était passé.

9. Les animaux

Les chiens et les coqs nous ont accompagnés durant toute la nuit.

75 Le coq de Port-au-Prince chante n'importe quand. Ce que je déteste généralement. Cette nuit-là j'attendais sa gueulante.°

crowing

10. La révolution

Le palais national cassé. Le bureau des taxes et contributions détruit. Le palais de justice détruit. Les magasins par terre. Le système de

80 communication détruit. La cathédrale détruite. Les prisonniers dehors. Pendant une nuit ce fut la révolution. ▪

Source: Ceci est la version intégrale du texte de Dany Laferrière publié dans *Le Nouvel Observateur* du 21 janvier 2010.

Analyse

1 **Le bon ordre** Numérotez ces événements dans l'ordre chronologique d'après le texte de Dany Laferrière.

___3___ Il y a un grand silence.

___5___ Les gens chantent et prient dans les rues.

___2___ L'auteur se demande si la terre va s'ouvrir et l'engloutir.

___1___ L'auteur boit un verre avec des amis dans le restaurant d'un hôtel.

___6___ Une femme passe la nuit à parler à sa famille qui est piégée sous le béton.

___7___ Un bébé est sauvé.

___4___ L'auteur se réfugie sur un terrain de tennis.

2 **Vrai ou faux?** Indiquez si chaque phrase est vraie ou fausse. Corrigez les phrases fausses.

1. Les bâtiments et les maisons en béton ont bien résisté au tremblement de terre.
   Faux. Les bâtiments et les maisons en béton étaient détruits.
2. Haïti ne connaît pas les coups d'État.
   Faux. Haïti a l'habitude des coups d'État.
3. La personne qui a crié qu'il n'était pas prudent de rester sous les arbres a eu raison.
   Faux. Pas une fleur n'a bougé.
4. La plupart des systèmes de communication ont été détruits par le tremblement de terre.
   Vrai.
5. Beaucoup de victimes ont trouvé du réconfort dans les chants et les prières.
   Vrai.
6. Une femme que l'auteur connaît a perdu toute sa famille.
   Faux. On a pu sortir un bébé du béton.

3 **Discussion** À deux, répondez à ces questions.

1. En quoi les tremblements de terre sont-ils différents des cyclones ou des coups d'État, d'après l'auteur? Expliquez.

2. Au paragraphe 4, Laferrière dit «C'est le béton qui a tué.» Que veut-il dire par cette constatation?

3. Un homme a dit que le tremblement de terre était la conséquence d'une «conduite inqualifiable». Que voulait-il dire, à votre avis?

4. Pourquoi Laferrière a-t-il choisi le titre **La révolution** pour le dernier paragraphe, à votre avis? Expliquez cette analogie.

4 **Rédaction** Pensez à un événement marquant de votre vie. Que s'est-il passé? Comment avez-vous réagi? En quoi cet événement vous a-t-il changé(e)? Vous allez raconter cet événement sous la forme d'un journal à paragraphes, comme le texte que vous venez de lire.

Plan

1 **Choix du sujet** Tout d'abord, pensez à plusieurs événements de votre vie que vous considérez marquants. Choisissez celui qui vous paraît le plus important et notez les idées qui vous viennent à l'esprit au sujet de cet événement: où, quand, qui, quoi, comment, pourquoi, etc.

2 **Organisation** Organisez vos idées de façon logique en essayant de vous concentrer sur cinq thèmes ou aspects particuliers de l'événement.

3 **Écriture** Écrivez cinq paragraphes de quelques lignes pour présenter vos idées. Inspirez-vous de l'organisation et du style du texte de Laferrière.

4 **Titres** Relisez chaque paragraphe, puis donnez-lui un titre approprié, comme dans le texte.

INSTRUCTIONAL RESOURCES
Supersite/Test Generator: Testing Program

En ville

 Audio: Vocabulary Flashcards

Les lieux

un arrêt d'autobus *bus stop*
une banlieue *suburb; outskirts*
une caserne de pompiers *fire station*
le centre-ville *city/town center; downtown*
un cinéma *cinema; movie theater*
un commissariat de police *police station*
un édifice *building*
un gratte-ciel *skyscraper*
un hôtel de ville *city/town hall*
un jardin public *public garden*
un logement/une habitation *housing*
un musée *museum*
le palais de justice *courthouse*
une place *square; plaza*
la préfecture de police *police headquarters*
un quartier *neighborhood*
une station de métro *subway station*

Les indications

la circulation *traffic*
les clous *crosswalk*
un croisement *intersection*
un embouteillage *traffic jam*
un feu (tricolore) *traffic light*
un panneau *road sign*
un panneau d'affichage *billboard*
un pont *bridge*
un rond-point *rotary; roundabout*
une rue *street*
les transports en commun *public transportation*
un trottoir *sidewalk*
une voie *lane; road; track*

descendre *to go down; to get off*
donner des indications *to give directions*
être perdu(e) *to be lost*
monter (dans une voiture, dans un train) *to get (in a car, on a train)*
se trouver *to be located*

Les gens

un agent de police *police officer*
un(e) citadin(e) *city-/town-dweller*
un(e) citoyen(ne) *citizen*

un(e) colocataire *roommate; co-tenant*
un(e) conducteur/conductrice *driver*
un(e) étranger/étrangère *foreigner; stranger*
le maire *mayor*
un(e) passager/passagère *passenger*
un(e) piéton(ne) *pedestrian*

Les activités

les travaux *construction*
l'urbanisme *city/town planning*
la vie nocturne *nightlife*

améliorer *to improve*
s'amuser *to have fun*
construire *to build*
empêcher (de) *to stop; to keep from (doing something)*
s'ennuyer *to get bored*
s'entretenir (avec) *to talk; to converse*
passer (devant) *to go past*
peupler *to populate*
rouler (en voiture) *to drive*
vivre *to live*

(peu/très) peuplé(e) *(sparsely/densely) populated*

Pour décrire

animé(e) *lively*
bruyant(e) *noisy*
inattendu(e) *unexpected*
plein(e) *full*
privé(e) *private*
quotidien(ne) *daily*
sûr(e)/en sécurité *safe*
vide *empty*

Court métrage

un lien *connection*
un marché *deal*
une rame de métro *subway train*
un sketch *skit*
une voie *means; channel*
un wagon *subway car*

duper *to trick*
se méfier de *to be distrustful/wary of*

se plaindre *(conj. like **éteindre**) to complain*
se rassurer *to reassure oneself*
réitérer *to reiterate*
rejoindre *to join*
solliciter *to solicit*

débile *moronic*
gêné(e) *embarrassed*
insensible *insensitive*

Culture

une ambiance *atmosphere*
la batterie *drums*
un défilé *parade*
une fanfare *marching band*
une fête foraine *carnival*
un feu d'artifice *fireworks display*
une foire *fair*
une manifestation *demonstration*
le soutien *support*
un violon *violin*

s'étendre *to spread*
rassembler *to gather*
se réunir *to get together*
unir *to unite*

Littérature

le béton *concrete*
un(e) blessé(e) *injured person*
un calepin *notebook*
une catastrophe naturelle *natural disaster*
la conduite *behavior*
un cyclone *hurricane*
un(e) disparu(e) *missing person*
les plus vifs *those who reacted the fastest*
un(e) rescapé(e) *survivor*
un(e) sans-abri *homeless person*
les secours *rescue workers*
des secousses *tremors*
un tremblement de terre *earthquake*
un tressaillement du sol *earth tremor*

dormir à la belle étoile *to sleep outdoors*
engloutir *to swallow*
trembler *to shake*

exigu/exiguë *small*
piégé(e) *trapped*

L'influence des médias

La télévision. La radio. Internet. Les journaux. Les magazines. Nous sommes bombardés 24 heures sur 24, sept jours sur sept. Les médias divertissent. Ils informent. Ils mobilisent. Ils agacent. Ils font peur. Les médias sont-ils trop présents dans notre vie? Quelle influence ont-ils sur nous?

Peut-on absorber tout ce que les médias ont à proposer?

87

110

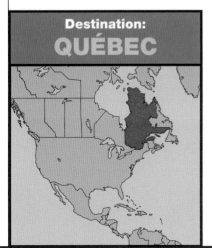

Destination:
QUÉBEC

PREVIEW Ask students to describe what is happening in the photo on **p. 80**. Read the paragraph with the class and have small groups discuss the closing questions. Ask a volunteer from each group to report back to the class. Then encourage further debate on how the proliferation of the media affects our lives.

L'univers médiatique

 Audio: Vocabulary

Les médias

l'actualité (f.) *current events*
la censure *censorship*
un événement *event*
un message/spot publicitaire; une publicité (une pub) *advertisement*
les moyens (m.) de communication; les médias (m.) *media*
la publicité (la pub) *advertising*
un reportage *news report*
un site web/Internet *web/Internet site*
une station de radio *radio station*

s'informer (par les médias) *to keep oneself informed (through the media)*
naviguer/surfer sur Internet/le web *to search the web*

actualisé(e) *updated*
en direct *live*
frappant(e)/marquant(e) *striking*
influent(e) *influential*
(im)partial(e) *(im)partial; (un)biased*

KEY STANDARDS
1.1, 1.2, 4.1

Initiate a discussion about current trends, the latest fads, and popular culture. Ask about the importance of television, news, and online media in students' lives: **Suivez-vous l'actualité? Croyez-vous toutes les informations diffusées à la télévision? À la radio? Dans les journaux? Vous intéressez-vous à la vie des stars?**

INSTRUCTIONAL RESOURCES
Supersite: Lab Audioscript, SAM AK, Lab MP3s
SAM/WebSAM: WB, LM

Les gens des médias

un(e) animateur/animatrice de radio *radio presenter*
un auditeur/une auditrice (radio) *listener*
un(e) critique de cinéma *film critic*
un éditeur/une éditrice *publisher*
un(e) envoyé(e) spécial(e) *correspondent*
un(e) journaliste *journalist*
un(e) photographe *photographer*
un réalisateur/une réalisatrice *director*
un rédacteur/une rédactrice *editor*
un reporter *reporter (male or female)*

un téléspectateur/une téléspectatrice *television viewer*
une vedette (de cinéma) *(movie) star (male or female)*

Le cinéma et la télévision

une bande originale *sound track*
une chaîne *network*
un clip vidéo; un vidéoclip *music video*
un divertissement *entertainment*
un documentaire *documentary*
l'écran (m.) *screen*
les effets (m.) spéciaux *special effects*
un entretien/une interview *interview*
un feuilleton *soap opera; series*
une première *premiere*
les sous-titres (m.) *subtitles*

divertir *to entertain*
enregistrer *to record*

retransmettre *to broadcast*
sortir un film *to release a movie*

La presse

une chronique *column*
la couverture *cover*
un extrait *excerpt*
les faits (m.) divers *news items*
un hebdomadaire *weekly magazine*
un journal *newspaper*

la liberté de la presse *freedom of the press*
un mensuel *monthly magazine*
les nouvelles (f.) locales/internationales *local/international news*
la page sportive *sports page*
la presse à sensation *tabloid(s)*
la rubrique société *lifestyle section*
un gros titre *headline*

enquêter (sur) *to research; to investigate*
être à la une *to be on the front page*
publier *to publish*

Synonymes
les actualités ←→ les info(rmation)s

You can also say **l'actualité sportive, politique,** etc.

une vedette ←→ une star

Point out that **une nouvelle** can also mean *short story* in a literary context.

Explain that newspaper sections can be called **page, chronique,** or **rubrique,** depending on the length. For example, **la page société** and **la chronique sportive** are also correct.

Mise en pratique

1

Les analogies Complétez chaque analogie à l'aide du mot le plus logique de la liste.

actualisé	la censure	frappant	un réalisateur	un site web
un auditeur	enregistrer	un journaliste	retransmettre	la une

1. un reporter : un reportage :: ___un journaliste___ : un journal
2. la télévision : un téléspectateur :: la radio : ___un auditeur___
3. important : influent :: marquant : ___frappant___
4. un rédacteur : un magazine :: ___un réalisateur___ : un film
5. ___la une___ : un journal :: la couverture : un magazine
6. un film : le cinéma :: ___un site web___ : Internet
7. une émission : ___retransmettre___ :: un divertissement : divertir
8. l'impartialité : la partialité :: la liberté de la presse : ___la censure___

2

Quelques nouvelles Complétez chaque phrase à l'aide des mots ou des expressions les plus logiques.

animateur	écran	en direct	média
clip vidéo	effets spéciaux	frappante	vedette

Reportage exclusif (1) ___en direct___ sur la chaîne TV5.

Cette (2) ___vedette___ de cinéma sort un nouveau film avec beaucoup d' (3) ___effets spéciaux___.

Son nouveau (4) ___clip vidéo___ a détruit la réputation de ce chanteur.

L'influence des sites Internet: une enquête (5) ___frappante___!

Les déclarations partiales d'un (6) ___animateur___ de radio mettent ses auditeurs en colère.

3

À votre avis Dites si vous êtes d'accord ou pas avec chaque affirmation. Ensuite, comparez vos réponses avec celles de vos camarades de classe.

	Oui	Non
1. Aujourd'hui, il est plus facile de s'informer qu'avant.	☐	☐
2. Grâce aux médias, les gens connaissent mieux le monde.	☐	☐
3. La liberté de la presse est un mythe.	☐	☐
4. La publicité essaie de divertir le public.	☐	☐
5. La presse à sensation n'a qu'un seul objectif: informer le public.	☐	☐
6. On trouve plus de reportages impartiaux sur Internet que dans la presse.	☐	☐
7. Dans les médias, les images ont plus d'influence que les mots.	☐	☐
8. Si on veut s'informer, il vaut mieux regarder la télévision que lire les journaux.	☐	☐

4

Un reportage Avec un(e) camarade, imaginez que vous soyez reporter. Quel sujet choisiriez-vous pour votre prochain reportage? Préparez le reportage.

1 Ask pairs to think of two or three of their own analogies using the new vocabulary.

2 Have students create two of their own news titles using the new vocabulary.

2 On the board, write the words: **la radio, le cinéma, la presse, la télévision,** and **le magazine**. For each media form, have students call out related words from **Pour commencer**. Ex: **radio: un animateur, un auditeur, une station de radio**. After one pass through the list, challenge students by having them close their books and repeat the activity with new words.

3 Encourage students to support their opinions with specific examples.

4 To help students prepare, ask: **Qui voudriez-vous interviewer? Pourquoi vous intéressez-vous à cette personne?**

Practice more at vhlcentral.com.

Préparation

KEY STANDARDS
1.2, 2.1, 2.2, 4.1, 4.2, 5.2

ATTENTION!

Only certain forms of the irregular verb **émouvoir** are used in conversation.

Ce film m'a vraiment ému.
That film really moved me.

Il s'émeut facilement.
He is easily moved.

INSTRUCTIONAL RESOURCES
Supersite/DVD: Film Collection
Supersite: Script & Translation

Ask personalized questions to introduce the new vocabulary. Examples: **Avez-vous déjà eu le trac? Qu'est-ce qui vous émeut dans la vie?**

SYNONYMES
un(e) comédien(ne) ⟷ un acteur/une actrice

Point out that **comédien(ne)** and *comedian* are false cognates. A *comedian* is **un(e) comique/un acteur/ une actrice comique**.

1 Call on three volunteers to act out the conversation for the class.

1 Ask comprehension and follow-up questions. Examples: **Pourquoi Sylvain est-il au cours d'art dramatique? À votre avis, que lui répond Magali à la fin de la conversation?**

2 Have students compare their answers in pairs.

Vocabulaire du court métrage

une bague *ring*
un(e) comédien(ne) *actor*
un cours d'art dramatique *drama course*
un défaut *flaw*
émouvoir *(irreg.) to move*
un rôle *part, role*
séduire *(conj. like **conduire**) to seduce; to captivate*
tourner *to shoot (a film)*

Vocabulaire utile

s'attendre à quelque chose *to expect something*
avoir le trac *to have stage fright*
le comportement *behavior*
se comporter *to behave, to act*
égocentrique *egocentric*
exprimer *to express*

EXPRESSIONS

Et encore! *If that!*
Moteur! *Action!*
Va/Allez savoir pourquoi! *Go figure!*

1 **Les acteurs** Magali et Sylvain parlent avec leur professeur d'art dramatique. Choisissez les mots de la liste de vocabulaire qui complètent leur conversation.

PROFESSEUR Bonjour, et bienvenue dans mon (1) <u>cours d'art dramatique</u>. Je suis votre professeur, le grand acteur Georges Gaboury. Pourquoi êtes-vous dans ma classe?

MAGALI Monsieur, je voudrais être actrice.

PROFESSEUR Vous voulez devenir une vraie (2) <u>comédienne</u> ou une vedette de cinéma, Mademoiselle?

MAGALI Je veux jouer des (3) <u>rôles</u> dans lesquels j'aurai la capacité d'(4) <u>émouvoir</u> le public.

SYLVAIN Moi, j'ai envie d'être réalisateur, mais avant de (5) <u>tourner</u> un film, j'aimerais mieux comprendre les acteurs.

PROFESSEUR C'est admirable, jeune homme, mais pensez-vous que les comédiens (6) <u>se comportent</u> d'une manière différente des autres?

SYLVAIN Bien sûr! La plupart des acteurs ne pensent qu'à eux-mêmes: ils sont tellement (7) <u>égocentriques</u>!

PROFESSEUR Mon garçon, vous avez encore beaucoup à apprendre!

2 **Au cinéma** Répondez aux questions par des phrases complètes.

1. Quels genres de films aimez-vous le mieux? Les comédies? Les films d'action? Les films dramatiques? Les documentaires? Pourquoi?

2. Connaissez-vous des films presque entièrement basés sur un dialogue ou sur un monologue? Aimez-vous ce type de film? ou préférez-vous les films avec beaucoup d'action?

3. Est-ce qu'un bon dialogue dans un film est important pour vous? Expliquez votre réponse.

 Practice more at **vhlcentral.com**.

3 **Les comédiens dans les médias** Répondez aux questions avec un(e) camarade.

1. Les comédien(ne)s d'aujourd'hui sont harcelé(e)s par les médias et les paparazzi. Considérez-vous qu'ils doivent s'y attendre s'ils veulent être célèbres?

2. Les médias présentent tous les jours des interviews avec des comédien(ne)s. Y voit-on la «vraie» personne ou continuent-ils à jouer un rôle?

3. Croyez-vous ce que vous disent les médias à propos de ces personnes?

4 **Devant la caméra**

A. Répondez à chaque question et expliquez vos réponses à un(e) camarade.

	Oui	Non
1. Aimez-vous vous voir en photo ou en vidéo?	☐	☐
2. À votre avis, est-ce qu'une personne change de comportement devant une caméra?	☐	☐
3. Aimez-vous être le centre d'intérêt?	☐	☐
4. Seriez-vous prêt(e) à divulguer les détails de votre vie privée devant une caméra?	☐	☐
5. Parleriez-vous de votre vie privée devant un public?	☐	☐
6. Êtes-vous déjà, ou aimeriez-vous être un jour, comédien(ne)?	☐	☐

B. Discutez des questions par petits groupes.

1. Que ressentez-vous quand vous êtes le centre d'intérêt?

2. Quels traits de caractère faut-il avoir pour être comédien(ne)?

5 **L'audition** Répondez aux questions par groupes de trois.

1. Avez-vous déjà auditionné pour un rôle ou passé un entretien (*job interview*)? Quelles émotions ressent-on dans ce genre de situation? Avez-vous eu le rôle ou le poste?

2. Est-il plus important d'être soi-même ou de «jouer un rôle» pendant ces épreuves? Expliquez.

3. À votre avis, que faut-il faire si on n'est pas sélectionné?

6 **Photographies** Dans ce court métrage, une jeune fille passe une audition pour un rôle dans un film. À deux, regardez les photographies et imaginez ce qui va se passer. Est-ce que ce sera une expérience mémorable? Aura-t-elle le rôle?

3 As a warm-up question, ask: **Lisez-vous la presse à sensation? Pourquoi?**

3 Bring in tabloid sections from magazines and newspapers. Have students point out examples that support their opinions.

4 After answering the questions to both parts A and B, have students recall the **Leçon 1 Pour commencer** vocabulary on **p. 4**. Ask: **Que révèlent vos réponses sur votre personnalité? Faut-il que les comédiens soient extravertis pour avoir du succès.**

5 After completing the activity, have groups vote on which classmate would be the most successful actor.

6 Ask questions about the photos to help students form predictions. Examples: **Que se disent-ils? Que ressent la fille?**

6 Have students work in pairs to compare the life of an actor before and after becoming famous. Describe the two phases. Then talk about which changes are for the better and which are for the worse, and why.

 Short Film

Une production de GRADIVA FILMS

Scénario, réalisation et production YVON MARCIANO   Photographie PIERRE BEFVE

Montage MARIANNE RIGAUD   Musique KHALIL CHAHINE   Son XAVIER GRIETTE

Acteurs VERONIKA VARGA/YVON MARCIANO/OLIVIER RAMON/MARIE DAVID

Grand Prix du Meilleur Film du British Short Film Festival de Londres, 1994; Second Prix du Public au Festival d'Istanbul, 1995; Nominé aux Césars du Court-métrage, 1995

This film is available on the **IMAGINEZ** Film Collection DVD and at **vhlcentral.com**.

Ask students to read the information at the bottom of the poster and in the gold star. Ask volunteers to tell one thing they find interesting or important in the information.

Tell students to notice that the film is in black and white. Ask what effect this creates in a movie. Do they prefer black-and-white or color films?

Point out that the title is simply a woman's name. Based on the picture in the poster and in the stills, why do they think this title is appropriate?

INTRIGUE *Une jeune comédienne passe une audition.*

RÉALISATEUR Bonjour, asseyez-vous…
Vous vous appelez comment?
ÉMILIE Émilie Muller…
RÉALISATEUR Vous êtes comédienne?
ÉMILIE J'ai joué un petit rôle une fois, mais on ne peut pas appeler ça comédienne.

RÉALISATEUR Est-ce que vous pourriez me montrer ce qu'il y a dans votre sac à main?
ÉMILIE Dans mon sac?… Vous voulez que je vide mon sac°…
RÉALISATEUR Mmm… Vous tirez° un objet et vous me racontez ce que ça fait dans votre sac.

ÉMILIE Il n'y a rien d'extraordinaire… Un porte-monnaie… Un petit carnet° pour noter une histoire, une phrase que j'ai lue… c'est une manie° absurde…
RÉALISATEUR Pourquoi absurde?
ÉMILIE Ce qui compte vraiment, c'est inutile de le noter, on s'en souvient.

ÉMILIE Un… un stylo… C'est un cadeau de mon ami, pour son anniversaire.
RÉALISATEUR Pour son anniversaire?
ÉMILIE Oui, il a toujours préféré faire des cadeaux plutôt qu'en recevoir… Une carte postale… D'une amie… Elle vit au Brésil.
RÉALISATEUR Il reste des choses?

ÉMILIE Je crois que c'est fini là… Ah non, là, c'est ma mère. Elle était jeune. J'ai trouvé cette photo il y a quelques jours. C'est la première fois que je la vois dans les bras d'un autre homme que mon père.

RÉALISATEUR Bon, on peut couper, c'est fini. Merci beaucoup. On vous rappellera dans une semaine…
ÉMILIE D'accord, d'accord.
ÉMILIE s'en va.

vide mon sac *empty my bag/lay it all on the table* **tirez** *pull out* **carnet** *notebook* **manie** *habit*

From the **cimetière du Monastère de Cimiez** at the **Cimiez** hilltop, there is a beautiful view of the town. This cemetery's ambiance seems to be more uplifting than sad. Almost all of the tombs are very old and made of white marble, often adorned with intricate little sculptures.

PREVIEW Ask pairs to read the dialogue aloud. Then have them think of three questions they would like to have answered while viewing the film. Write some of their questions on the board.

TEACHING OPTION After viewing the film, have students work in the same pairs as in the Preview activity to see which of their questions the film answered. Discuss the questions on the board as a class.

Analyse

1 **Compréhension** Répondez aux questions par des phrases complètes. Answers may vary slightly.

1. De quelle origine est Émilie? Elle est d'origine hongroise.
2. Comment a-t-elle appris qu'on cherchait une comédienne? Une amie le lui a dit.
3. Qu'est-ce que le réalisateur demande à Émilie de faire? Il lui demande de montrer ce qu'il y a dans son sac.
4. Où Émilie a-t-elle reçu la pomme? Elle l'a reçue au marché.
5. Quels emplois Émilie a-t-elle eus par le passé? Elle a travaillé comme femme de chambre, baby-sitter, serveuse dans un bar et documentaliste.
6. D'après Émilie, que signifie une nouvelle maison? Une nouvelle maison signifie le début d'une nouvelle vie.
7. Qu'écrit-elle dans son carnet? Elle écrit ce qu'elle voit, ce qu'elle fait, et elle parle des gens qu'elle rencontre.
8. Que dit Émilie du stylo dans le sac? Elle dit que c'est le cadeau d'un ami.
9. Quels sont deux autres objets qu'Émilie montre au réalisateur? Elle lui montre une carte de donneur d'organes et un harmonica.
10. À quoi Émilie compare-t-elle la recherche d'un livre unique? Elle la compare à la recherche de l'amour.

2 **Interprétation** Répondez aux questions avec un(e) camarade.

1. Que pense le réalisateur quand Émilie lui dit qu'elle n'a pas beaucoup d'expérience comme comédienne?
2. Pourquoi le réalisateur court-il chercher Émilie à la fin du film?
3. À votre avis, est-il vrai qu'Émilie n'a que très peu d'expérience comme actrice? ou pensez-vous que c'est déjà une actrice professionnelle?
4. Pensez-vous que tout ce que dit Émilie est fictif? ou dit-elle parfois la vérité dans son monologue?

3 **La vie d'Émilie Muller** Émilie répond à beaucoup de questions personnelles pendant son audition. Mais quelle est sa vie en dehors de ce studio de cinéma? À deux, répondez aux questions et comparez vos réponses avec celles de vos camarades.

- Où habite-t-elle?
- Quel travail a-t-elle?
- Qu'est-ce qu'elle aime faire?
- Sera-t-elle contente des résultats de son audition?
- Sera-t-elle une grande star du cinéma? ou restera-t-elle une jeune femme «normale»?
- Est-ce qu'elle achètera une maison dans la forêt?

4 **Le métier de comédien** Un(e) comédien(ne) a la responsabilité de séduire et de convaincre son public. Par groupes de trois, discutez de cette idée et décidez si Émilie Muller a réussi à vous séduire et à vous convaincre.

5 **L'improvisation** Répondez aux questions avec un(e) camarade.

1. Avez-vous déjà assisté à un spectacle d'improvisation? ou en avez-vous vu un à la télévision? Aimez-vous ce type de spectacle? Expliquez votre réponse.
2. Avez-vous déjà fait de l'improvisation? Êtes-vous doué(e) pour cela? Que ressentiriez-vous si quelqu'un vous demandait d'improviser devant une caméra?

Practice more at **vhlcentral.com.**

6 **À vous d'auditionner** Imitez l'audition d'Émilie Muller. Sortez cinq articles de votre sac et racontez à un(e) camarade une histoire pour chaque article, en quatre ou cinq phrases. Utilisez le court métrage comme modèle.

6 Ask a few pairs to act out the scene for the class. Then discuss reactions to their representations of the audition.

Des petites annonces... ça m'arrive de chercher du travail. J'aime bien lire les annonces de maisons aussi, parce que... je rêve d'avoir une maison à moi.

Une carte de donneur d'organes... Si je meurs, je fais don de mes organes...

7 **La télé-réalité** Les émissions de télé-réalité envahissent la télévision depuis les années 1990, avec *The Real World* sur MTV, puis *Survivor*, *Big Brother* et plusieurs autres. En principe, ces émissions montrent de vraies personnes qui réagissent à des situations parfois extrêmes. Par groupes de trois, discutez de ces émissions et répondez aux questions.

1. Aimez-vous ces émissions? Pourquoi?
2. Les personnages de ces émissions se comportent-ils de manière habituelle?
3. Quel effet a la caméra sur le comportement de ces personnes, à votre avis?
4. Qu'est-ce qu'il y a de réel dans ces émissions?

7 Before assigning the activity, have students brainstorm a list of reality show titles. Then ask: **Pourquoi ces émissions ont-elles autant de succès? Qu'est-ce qui nous attire dans la télé-réalité?**

7 Just as in the U.S., reality shows occupy many hours of French TV programming. Have students look again at a French TV programming guide in print or online (such as **Télé 7 Jours**) and make a list of the reality shows they find. Students should note which shows are also seen in the U.S.

Qui saura peser (*weigh*) ce qu'il entre du comédien
dans tout homme public toujours en vue?

—*Alfred de Vigny, écrivain français*

Une manifestation en faveur de la souveraineté du Québec

IMAGINEZ
Le Québec

INSTRUCTIONAL RESOURCES
Supersite: Teaching suggestions; SAM AK
SAM/WebSAM: WB

KEY STANDARDS
2.1, 2.2, 3.2, 4.2, 5.1

La souveraineté du Québec Reading

Un **Québec** francophone et souverain, voilà l'idée que va défendre **René Lévesque** (1922–1987) pendant toute sa carrière politique. D'abord journaliste, Lévesque occupera plusieurs postes de ministre sous le gouvernement de **Jean Lesage** (1912–1980), **Premier ministre** du Québec dans les années 1960.

Pendant cette période, qu'on a appelée la **Révolution tranquille**, l'idée de la souveraineté du Québec, c'est-à-dire de la création d'un pays québécois à part entière°, domine le débat politique. L'éducation francophone et laïque° se développe et une vraie politique culturelle est mise en place. Les Québécois prennent conscience de leur identité propre et de leur culture francophone.

Ce phénomène se reflète surtout dans la chanson et dans le cinéma. Des chanteurs comme **Félix Leclerc** (1914–1988) et **Gilles Vigneault** (1928–) défendent l'idée de la souveraineté et font renaître la tradition de la chanson francophone québécoise. **Robert Charlebois** (1944–)

reprend cette tradition et la modernise. Le cinéma québécois francophone se développe grâce à la création, en 1967, de la **Société de Développement de l'Industrie Cinématographique Canadienne** (SDICC) qui apporte une aide financière aux réalisateurs comme **Denys Arcand**.

Sur le plan politique, c'est en 1968 que René Lévesque fonde le **Parti québécois** ou PQ, qui demande la souveraineté du Québec. Quand Lévesque est élu Premier ministre en 1976, c'est la première fois qu'un tel° parti arrive au pouvoir. Dès° l'année suivante, la **Loi 101** pour la défense du français est votée. En effet°, beaucoup de jeunes Québécois choisissaient de recevoir une éducation en anglais. Cette loi oblige tous les immigrants à aller à l'école française. En outre°, l'affichage° doit être en français dans les lieux publics et dans les magasins.

D'ailleurs...

Le 24 juillet 1967, le président français, **Charles de Gaulle**, qui est en visite à **Montréal**, proclame son soutien au mouvement de souveraineté du Québec. Pendant un discours° qu'il prononce du balcon de l'Hôtel de ville, il s'exclame: «Vive Montréal! Vive le Québec! Vive le Québec... libre! Vive le Canada français et vive la France!»

René Lévesque, fondateur du Parti québécois

Aujourd'hui, grâce à ces mesures, le Québec est à plus de 82% francophone. Cependant, le cœur° du programme indépendantiste est bien la souveraineté totale. Celle-ci ne peut vraiment se faire que si la majorité des Québécois votent en sa faveur.

Une série de **référendums** est organisée: si la population répond «oui», le Québec s'émancipera. Mais voilà: à chaque fois, le «non» l'emporte°! Au référendum de 1995, il n'y avait plus que 50.000 voix° de différence, alors les partisans du «oui» n'ont pas encore dit leur dernier mot. Affaire à suivre…

à part entière *on its own* **laïque** *secular* **un tel** *such a* **Dès** *From* **En effet** *Indeed* **En outre** *In addition* **affichage** *display/posting* **cœur** *core* **emporte** *wins* **voix** *votes* **discours** *speech*

Le français parlé au Québec

Le joual
(français québécois)

un abreuvoir	une fontaine; *drinking fountain*
l'achalandage (*m.*)	la circulation
une aubaine	une promotion; *sale, promotion*
avoir l'air bête	être désagréable, impoli
bienvenue	de rien
une blonde	une copine; *girlfriend*
bonjour	au revoir
un breuvage	une boisson
un char	une voiture
chauffer	conduire
un chum	un copain; *boyfriend, male friend*
la crème glacée	la glace
débarquer (du bus, du métro)	descendre
le déjeuner	le petit-déjeuner
le dîner	le déjeuner
être plein	avoir trop mangé; *to be full*
magasiner (faire du magasinage)	faire des courses
ça mouille	il pleut
le souper	le dîner

Découvrons le Québec

Je me souviens Cette devise° est apparue sur les plaques d'immatriculation° québécoises en 1939. **Eugène-Étienne Taché**, architecte et homme politique québécois, fait graver°, en 1883, «Je me souviens» au-dessus de° la porte du parlement québécois. Taché n'a jamais précisé ce qu'il a voulu dire par ces mots, mais ils sont probablement liés à l'histoire de la Province que cette façade rappelle.

La fête de la Saint-Jean Le 24 juin, c'est le jour de la **Saint-Jean-Baptiste**, le patron des Canadiens francophones. C'est aussi, depuis 1977, la Fête nationale du Québec. Arrivée en Amérique avec les premiers colons français, cette fête, qui a des racines° à la fois païennes° et religieuses, y est célébrée depuis 1638 environ. Aujourd'hui, c'est un immense festival qui donne aux Québécois l'occasion de montrer leur fierté° et leur héritage culturel.

La poutine Elle consiste en un mélange de frites et de fromage Cheddar râpé°, le tout recouvert d'une sauce brune chaude qui fait fondre° le fromage. C'est une spécialité québécoise très appréciée qui trouve son origine dans les milieux ruraux° des années 1950. Aujourd'hui, au Québec, presque tous les restaurants à service rapide offrent de la poutine.

La ville souterraine de Montréal Construite vers 1960 et appelée RÉSO depuis 2004, la ville souterraine° comprend 60 complexes résidentiels et commerciaux reliés par° 30 kilomètres de tunnels. On y trouve sept stations de métro et deux gares qui desservent° la banlieue, des banques, des centres commerciaux, des bureaux et même des hôtels. Plus de 500.000 personnes y passent chaque jour, surtout en hiver!

devise *motto* **plaques d'immatriculation** *licence plates* **graver** *to engrave* **au-dessus de** *above* **racines** *roots* **païennes** *pagan* **fierté** *pride* **râpé** *grated* **fondre** *melt* **ruraux** *rural* **souterraine** *underground* **reliés par** *linked by* **desservent** *serve*

Qu'avez-vous appris?

1 **Vrai ou faux?** Indiquez si les affirmations sont vraies ou fausses, et corrigez les fausses. Answers may vary slightly.

1. L'un des plus grands défenseurs d'un Québec francophone et souverain était Félix Leclerc. Faux. L'un des plus grands défenseurs d'un Québec francophone et souverain était René Lévesque.

2. La notion de la souveraineté du Québec domine le débat politique, pendant la Révolution tranquille. Vrai.

3. Le cinéma québécois francophone se développe grâce à la création du Parti québécois. Faux. Le cinéma québécois francophone se développe grâce à la création de la Société de Développement de l'Industrie Cinématographique Canadienne.

4. L'ancien président français Charles de Gaulle était pour la souveraineté du Québec. Vrai.

5. «Je me souviens» est l'hymne national du Québec. Faux. C'est la devise du Québec.

6. RÉSO est le nom donné à une fête québécoise importante. Faux. C'est le nom donné à une ville souterraine qui a été construite sous Montréal vers 1960.

2 **Questions** Répondez aux questions. Answers may vary slightly.

1. Pourquoi 1976 est-elle une année importante pour le Parti québécois? 1976 est une année importante pour le PQ parce que René Lévesque est élu Premier ministre.

2. Quelle est une des conséquences de la Loi 101? La Loi 101 oblige l'affichage en français dans les lieux publics et dans les magasins.

3. Qui sont les deux chanteurs qui contribuent à la renaissance de la chanson francophone québécoise? Félix Leclerc et Gilles Vigneault contribuent beaucoup à sa renaissance.

4. Quelle sorte de fête est la Saint-Jean aujourd'hui? C'est un immense festival qui donne aux Québécois l'occasion de montrer leur fierté et leur héritage culturel.

5. Qu'est-ce que la poutine? C'est une spécialité québécoise. C'est un mélange de frites et de Cheddar râpé recouvert d'une sauce brune.

6. Qu'est-ce que la Révolution tranquille? C'est l'époque où l'idée de la création d'un pays québécois à part entière domine le débat politique.

Projet

Festivals au Québec

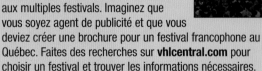

Vous connaissez déjà la fête de la Saint-Jean, mais le Québec est une Province aux multiples festivals. Imaginez que vous soyez agent de publicité et que vous deviez créer une brochure pour un festival francophone au Québec. Faites des recherches sur **vhlcentral.com** pour choisir un festival et trouver les informations nécessaires.

• Quel est le nom du festival?

• Quelles sont ses dates?

• Quel est son thème?

• Que fait-on au festival pour s'amuser? (trois activités)

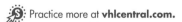 Practice more at **vhlcentral.com.**

Trouvez la bonne réponse.

1. _____ est un réalisateur francophone québécois.
   a. Denys Arcand
   b. Robert Charlebois
   c. Jean Lesage
   d. René Lévesque

2. _____ fonde le Parti québécois en 1968.
   a. Félix Leclerc
   b. Saint-Jean Baptiste
   c. Jean Lesage
   d. René Lévesque

3. _____ est pour la souveraineté du Québec.
   a. La population canadienne
   b. Le Parti québécois
   c. La devise du Québec
   d. La loi 101

4. Charles de Gaulle a soutenu _____.
   a. le mouvement de souveraineté du Québec
   b. Eugène-Étienne Taché
   c. la Loi 101
   d. la construction du RÉSO

5. La devise du Québec est _____.
   a. «Vive le Québec libre!»
   b. «Au bout de la route»
   c. un rappel de l'histoire
   d. un hommage à Lévesque

6. La phrase «Je me souviens» est inscrite sur _____.
   a. les permis de conduire québécois
   b. le drapeau québécois
   c. les plaques d'immatriculation
   d. les cartes d'électeurs

7. La Saint-Jean-Baptiste est _____.
   a. un parti politique
   b. un quartier souterrain
   c. une spécialité québécoise
   d. la Fête nationale du Québec

8. La poutine a son origine dans les _____ du Québec.
   a. chaînes internationales
   b. restaurants rapides
   c. milieux ruraux
   d. quartiers industriels

9. Dans le RÉSO, il y a des complexes résidentiels et commerciaux reliés par des _____.
   a. tunnels
   b. minibus
   c. tramways
   d. autoroutes

10. Plus de _____ personnes passent par le RÉSO tous les jours, surtout en hiver.
    a. 300.000   b. 50.000   c. 500.000   d. 400.000

Un OVNI dans l'information numérique

Dans le paysage (*landscape*) médiatique français, Vendredi est un véritable OVNI (*UFO*) parce qu'il va à l'inverse de la presse traditionnelle. Quand la plupart des journaux s'efforcent (*are trying hard*) encore de publier leurs articles sur Internet, Vendredi, lui, transfère chaque semaine les «meilleures infos du Net» sur papier. Dans cette pub, *Vendredi* remet en cause (*challenges*) l'aspect pratique de l'information en ligne et prône (*advocates*) un retour au papier, support (*medium*) aux usages multiples.

Internet, c'est pas mal, mais le papier, ça reste utile. Surtout vendredi, c'est le jour du poisson!

INSTRUCTIONAL RESOURCES
Supersite: Video Script & Translation; Answer Key

COMPRÉHENSION Have students discuss reasons why new technologies constitute a revolution. Then, ask them to discuss the drawbacks they associate with new technologies.

DISCUSSION Before students answer item 2, explain that Roman Catholics are expected to abstain from eating meat on Fridays. Ask students to discuss how this relates to the last scene of the clip.

1 **Compréhension** Répondez aux questions par des phrases complètes.

1. Qu'est-ce qui constitue une révolution, d'après le clip?
   L'invasion des nouvelles technologies constitue une révolution.

2. Qu'est-ce que l'homme moderne a la possibilité de faire grâce à Internet?
   Il peut chercher des informations croustillantes que les médias traditionnels ne lui fournissent pas.

3. Qu'est-ce qu'on trouve dans *Vendredi*, d'après le clip?
   On y trouve l'info qui change.

2 **Discussion** Répondez aux questions en donnant des détails. Answers will vary.

1. Utilisez-vous l'Internet pour vous tenir au courant des infos? Expliquez.

2. Expliquez l'ironie de la dernière phrase de la vidéo: «Internet, c'est pas mal, mais le papier, ça reste utile. Surtout vendredi, c'est le jour du poisson!»

Et vous? Y a-t-il un journal dans votre région qui résume les informations trouvées sur Internet? Si oui, décrivez-le. Sinon, dites si vous aimeriez avoir accès à un tel journal et expliquez pourquoi.

Practice more at **vhlcentral.com**.

VOCABULAIRE

de la vidéo

croustillant(e) (*referring to news*) *spicy*

un désagrément *nuisance*

fournir *to relay*

subsister *to remain*

pour la conversation

grâce à *thanks to*

imprimé(e) *printed*

numérique *digital*

GALERIE DE CRÉATEURS

SUR INTERNET

Pour plus de renseignements sur ces créateurs et pour explorer des aspects précis de leurs créations, à l'aide d'activités et de projets de recherche, visitez vhlcentral.com.

DANSE Édouard Lock (1954–)
Né au Maroc, ce Québécois a vite trouvé son bonheur dans l'univers de la danse contemporaine. En 1975, à l'âge de 21 ans, il présente sa première chorégraphie. Quelques années plus tard, les Grands Ballets Canadiens l'invitent à réaliser des chorégraphies. Fort de ses expériences, il fonde, à 26 ans, sa propre troupe de danseurs, Lock-Danseurs, qui devient plus tard La La La Human Steps. Ses chorégraphies connaissent un succès international. En 1986, il reçoit le prestigieux Bessie Award à New York pour la reconnaissance (*recognition*) de son talent. Aujourd'hui, il travaille dans les théâtres du monde entier. Il a su créer un style, un langage qui n'appartiennent qu'à lui, où il cherche à retrouver les impressions de l'enfance.

SCULPTURE/VERRERIE Marcelle Ferron (1924–2001)
Peintre, femme sculpteur et artiste verrier (*stained glass maker*), Marcelle Ferron était une figure importante de l'art contemporain québécois. Dès les années 1940, elle fait partie d'un mouvement artistique révolutionnaire de la Province, les Automatistes, dérivé du Surréalisme. Ce mouvement influence toute sa carrière. Elle prend aussi part à un manifeste politique et artistique appelé le Refus global. Publié le 9 août 1948, ce manifeste remet en question les valeurs traditionnelles de la société québécoise; il est à l'origine de la «Révolution tranquille», dans les années 1960, période de grandes transformations politiques, sociales, économiques et religieuses, comparable à mai 1968 en France. En 1953, Marcelle Ferron part vivre à Paris où elle apprend l'art du vitrail (*stained glass*), grâce auquel elle devient plus connue. On peut admirer ses œuvres dans certaines stations du métro de Montréal et dans d'autres villes du Québec.

LITTÉRATURE
Antonine Maillet (1929–)
Née en Acadie, dans le Nouveau-Brunswick, cette romancière (*novelist*) et dramaturge de grand talent, qui a passé sa vie au Québec, commence sa carrière comme professeur de littérature à l'université. Elle se lance ensuite dans (*went into*) l'écriture avec un premier roman en 1958, suivi par une trentaine (*about thirty*) d'œuvres. Ses livres s'inspirent de la langue, de l'histoire, des traditions et des caractéristiques géographiques de l'Acadie. Antonine Maillet a été lauréate (*winner*) de plusieurs prix (*awards*) littéraires, dont le prix Goncourt en France, en 1979, pour son roman, *Pélagie la charrette*. Elle est la première femme écrivain francophone qui n'habite pas en France à l'avoir reçu. Membre du Haut conseil de la francophonie depuis 1987, elle contribue, par ses œuvres et son action, à promouvoir la littérature francophone.

CIRQUE Guy Laliberté (1959–)
Le co-fondateur du Cirque du Soleil commence sa carrière à 14 ans, après avoir quitté la maison familiale. En 1982, il fait partie du Club des talons hauts (*high heels*), groupe d'acrobates des rues montés sur des échasses (*stilts*) qui jonglent, jouent de l'accordéon et crachent le feu (*eat fire*). C'est le début d'un nouveau concept du cirque. Et en 1984, l'année du 450e anniversaire de l'arrivée de Jacques Cartier au Canada, il crée le Cirque du Soleil avec un ami, Daniel Gauthier. Ils ont su imposer une idée novatrice du cirque où la beauté est aussi essentielle que les exploits des acrobates. Laliberté a été président du cirque jusqu'en 1990. Depuis, devenu homme d'affaires, il est l'administrateur du Cirque du Soleil qui rayonne (*shines*) sur plusieurs continents.

Compréhension

À compléter Complétez chaque phrase logiquement.

1. En 1975, à l'âge de 21 ans, Édouard Lock présente sa première __chorégraphie__.
2. Dès les années 1940, Marcelle Ferron fait partie des Automatistes, mouvement __artistique__ révolutionnaire.
3. Les livres d'Antonine Maillet s'inspirent de la langue, de l'histoire et des traditions de l'__Acadie__.
4. Co-fondateur du __Cirque du Soleil__, Guy Laliberté commence sa carrière à 14 ans.
5. Édouard Lock a su créer un style où il cherche à retrouver les __impressions__ de l'enfance.
6. La «Révolution tranquille» est une période de grandes __transformations__ politiques et sociales au Québec.
7. Antonine Maillet est la première femme écrivain francophone qui n'habite pas en France à recevoir le prestigieux prix __Goncourt__.
8. Les __acrobates__ du Club des talons hauts jonglent et crachent du feu montés sur des échasses.

Rédaction

À vous! Choisissez un de ces thèmes et écrivez un paragraphe d'après les indications.

- **Resto U** Vous aimeriez qu'on installe des vitraux (*stained glass*) inspirés du style de Marcelle Ferron dans le resto U. Décrivez ce que vous envisagez.
- **Lumière sur l'Acadie** Vous êtes Antonine Maillet et vous avez gagné le prix Goncourt. Expliquez l'importance de ce grand prix littéraire pour l'Acadie.
- **Au cirque** Décrivez un spectacle au Cirque du Soleil. En quoi diffère-t-il des cirques traditionnels?

 Practice more at **vhlcentral.com.**

KEY STANDARDS
4.1, 5.1

INSTRUCTIONAL RESOURCES
Supersite: Lab Audioscript, SAM AK, Lab MP3s
SAM/WebSAM: WB, LM

TEACHING OPTION Divide the class into small groups. Give groups two minutes to think of as many regular -**er**, -**ir**, and -**re** verbs as possible. When the time is up, have students ask each other questions using the **passé composé** of the verbs.

3.1

The *passé composé* with *avoir*

—*Il **a** toujours **préféré** faire des cadeaux plutôt qu'en recevoir.*

- To talk about completed events in the past, you can use the **passé composé**. The **passé composé** of most verbs is formed by combining the past participle of the main verb with the present tense of **avoir**.

Marcel **a gagné** au loto!

- In the **passé composé**, the form of **avoir** changes according to the subject, but the past participle usually remains the same. The past participles of regular -**er**, -**ir**, and -**re** verbs follow predictable patterns.

ATTENTION!

Whenever a direct object is placed before a past participle, the past participle agrees with it in gender and number. Compare these sentences:

Sophie a lu la bande dessinée.
(No agreement)
Sophie read the comic strip.

Sophie l'a lue.
(Past participle agrees with **bande dessinée**.)
Sophie read it.

BLOC-NOTES

For more information about past participle agreement with **avoir**, see **Fiche de grammaire 5.5, p. 410.**

As a memorization aid, have students group the irregular past participles into categories based on their similarities. Example: **conduit, écrit, dit**

The *passé composé* of regular -*er*, -*ir*, and -*re* verbs			
	manger	choisir	vendre
j'ai			
tu as			
il/elle a	mang**é**	chois**i**	vend**u**
nous avons			
vous avez			
ils/elles ont			

- Several irregular verbs also have irregular past participles.

avoir	eu	mettre	mis
boire	bu	ouvrir	ouvert
conduire	conduit	pleuvoir	plu
connaître	connu	pouvoir	pu
courir	couru	prendre	pris
croire	cru	recevoir	reçu
devoir	dû	rire	ri
dire	dit	savoir	su
écrire	écrit	suivre	suivi
être	été	vivre	vécu
faire	fait	voir	vu
lire	lu	vouloir	voulu

Nous **avons pris** le train ce matin   Il **a couru** longtemps.

- Use the **passé composé** to talk about completed actions or events in the past or to describe a reaction or change in state of mind or condition.

On **a enregistré** le feuilleton **lundi**.
We recorded the soap opera Monday

Soudain, on **a eu** peur.
Suddenly, we were afraid

J'**ai vécu** en France **pendant six mois**.
I lived in France for six months.

Hier, il a commencé à pleuvoir.
Yesterday, it started to rain.

- Sentences in the **passé composé** often include a reference to a specific moment in time or duration. These expressions are used frequently in the **passé composé**:

à ce moment-là *at that moment*	**pendant une heure (un mois, etc.)** *for an hour (a month, etc.)*
enfin *at last*	
finalement *finally*	**récemment** *recently*
hier (matin, soir, etc.) *yesterday (morning, evening, etc.)*	**soudain** *suddenly*
immédiatement *immediately*	**tout à coup** *all of a sudden*
longtemps *for a long time*	**tout de suite** *right away*
lundi (mardi, etc.) dernier *last Monday (Tuesday, etc.)*	**une fois (deux fois, etc.)** *once (twice, etc.)*

- In the **passé composé**, the placement of adverbs varies. These short adverbs go between the helping verb and the past participle:

assez	déjà	peut-être	toujours
beaucoup	encore	presque	trop
bien	enfin	seulement	vite
bientôt	longtemps	souvent	vraiment
	mal	sûrement	

- Some common longer adverbs, such as **probablement** and **certainement**, are also placed between the helping verb and the past participle.

Ils ont **certainement** invité Claude.
Certainly they invited Claude.

Elle a **probablement** oublié le rendez-vous.
She probably forgot the appointment.

- Longer adverbs can also follow the past participle, especially if they express the manner in which something is done.

J'ai trouvé le cinéma **facilement**.
I found the movie theater easily.

Elle a parlé **rapidement** de sa carrière.
She spoke quickly about her career.

BLOC-NOTES

You will learn more about when to use the **passé composé** and when to use the imparfait in **Structures 3.3, pp. 104–105.**

You may also want to teach students **tout à l'heure** (*a little while ago; in a little while*) and **désormais** (*from then on; from now on*). (**Désormais** is more literary.) Tell them to pay attention to the context to know which of the two English translations these expressions represent.

Challenge small groups of students to write a paragraph that uses all the expressions in the box.

ATTENTION!

Remember, to negate a sentence in the **passé composé**, place the **ne... pas** (**ne... jamais**, etc.) around the helping verb.

Nous n'avons jamais vu ce documentaire.

Mention that it is also correct to place **facilement** and **rapidement** between the auxiliary and the past participle.

Mise en pratique

1 Have students write a short **note culturelle** about Céline Dion or Roch Voisine using the **passé composé**.

2 Give students a list of about ten activities they might have done yesterday such as **assister à un match de football, faire des achats, conduire une voiture.** Students go around the room asking and answering a question for each activity. Ex: **Est-ce que tu as assisté à un match de football hier?** When they find someone who says **oui**, they write the name next to the activity. They should also follow up with an additional question. Ex: **Avec qui as-tu assisté au match?**

3 Have students write the story in small groups. Then ask volunteers to read their group's story to the class, who will vote on the best written, the funniest, or the most creative.

3 Ask students to think of a funny thing that happened to them in the past and to make a comic-strip presentation of the story. One scene should represent each part of the event. Then students can label the scenes with phrases or verbs in the **passé composé**.

---

1 **À compléter** Mettez les verbes au passé composé.

1. La maison d'édition «L'instant même» ___a publié___ (publier) cette anthologie.
2. Tu ___n'as pas enregistré___ (ne pas enregistrer) mon émission préférée jeudi dernier?
3. Nous ___avons attendu___ (attendre) deux heures sous la pluie.
4. Après avoir réfléchi, j' ___ai choisi___ (choisir) une carrière dans le cinéma.
5. Céline Dion et Roch Voisine ___ont chanté___ (chanter) une chanson ensemble.
6. Vous ___avez entendu___ (entendre) la publicité pour le nouveau reportage à la radio?
7. Hier soir, au cinéma, je ___n'ai pas pu___ (ne pas pouvoir) lire les sous-titres.
8. Pendant deux ans, ma famille et moi ___avons vécu___ (vivre) à Montréal.
9. Au centre-ville, je ___n'ai pas conduit___ (ne pas conduire) ma voiture.
10. Vous ___avez appris___ (apprendre) le français au Québec?

2 **À transformer** Mettez chaque phrase au passé composé.

1. L'envoyée spéciale travaille tard. ___L'envoyée spéciale a travaillé tard.___
2. Je ne bois pas trop de café. ___Je n'ai pas bu trop de café.___
3. D'abord, vous devez vérifier vos sources. ___D'abord, vous avez dû vérifier vos sources.___
4. Les acteurs jouent bien leur rôle. ___Les acteurs ont bien joué leur rôle.___
5. Malheureusement, il pleut sans arrêt. ___Malheureusement, il a plu sans arrêt.___
6. On veut s'informer. ___On a voulu s'informer.___
7. Dans ton métier de journaliste, tu dis toujours la vérité.
   ___Dans ton métier de journaliste, tu as toujours dit la vérité.___
8. Nous ne croyons jamais la presse à sensation.
   ___Nous n'avons jamais cru la presse à sensation.___
9. Ils suivent les documentaires sur l'histoire canadienne.
   ___Ils ont suivi les documentaires sur l'histoire canadienne.___
10. Je ris à cause de cette bande dessinée. ___J'ai ri à cause de cette bande dessinée.___

3 **À vous la parole!** Assemblez les parties de chaque colonne pour écrire une histoire au passé. Utilisez votre imagination!

A	B	C	D
récemment	je	connaître	
une fois	mon/ma camarade de chambre/colocataire	mettre	
la semaine dernière		savoir	
à ce moment-là	mes amis/copains	conduire	?
tout à coup	mon/ma (petit[e]) ami(e)	courir	
enfin	la vedette de cinéma	suivre	
?	le photographe	?	
	?		

Communication

4 **Vos activités** Voici une liste d'activités. Quand avez-vous fait ces choses récemment? Avec un(e) camarade de classe, posez-vous des questions à tour de rôle.

> Modèle   **écouter une bande originale**
>
> —Quand est-ce que tu as écouté une bande originale récemment?
>
> —J'ai écouté une bande originale ce matin.
>
> —Quelle bande originale as-tu écoutée?
>
> —J'ai écouté la bande originale du film *Slumdog Millionaire*.

regarder un documentaire	lire un hebdomadaire	naviguer sur le web
voir un feuilleton	réussir à un examen	faire une annonce
écrire/recevoir un e-mail	graver un CD pour un(e) ami(e)	ouvrir un journal
être en vacances	prendre une photographie	rire aux éclats

5 **La première** Imaginez que quelqu'un vous ait invité(e) à la première d'un film populaire. Avec un(e) camarade, discutez de l'événement auquel vous avez assisté le week-end passé.

- Quels vêtements as-tu mis?
- As-tu vu des personnes célèbres?
- Les reporters ont-ils interviewé les vedettes?
- Quelles questions ont-ils posées?
- Comment ont-elles répondu?
- Tes amis et toi, avez-vous pris des photos?
- De qui avez-vous fait la connaissance?
- …?

6 **Les divertissements** Que faites-vous pour vous divertir? Quelles sortes d'activités pratiquez-vous?

A. Faites une liste de dix à quinze choses amusantes que vous avez faites ou que vous avez eu envie de faire le mois dernier.

B. À deux, demandez à votre camarade s'il/si elle a pratiqué les activités de votre liste et écrivez oui ou non à côté de chacune.

C. Par groupes de quatre, décrivez tour à tour ce que votre camarade a fait ou n'a pas fait le mois dernier. Limitez-vous à quatre ou cinq activités par personne.

4 Encourage students to ask each other about additional activities they have done recently, besides the ones given.

5 As a follow-up activity, ask: **Vous êtes-vous déjà trouvé(e) face à face avec une vedette de cinéma ou de la chanson? Si oui, qu'avez-vous fait?** Have pairs discuss.

5 You may want to give students the term **le tapis rouge**.

5 Have pairs write a variation of **Activité 5** with the title **Une soirée**. Students should first make a list of questions to ask. They then ask and answer questions about a party they each went to recently.

KEY STANDARDS
4.1, 5.1

INSTRUCTIONAL
RESOURCES
Supersite: Lab Audioscript,
SAM AK, Lab MP3s
SAM/WebSAM: WB, LM

In pairs, have students
take turns closing their
books while their classmate
quizzes them on these
verbs' meanings and past
participles (both masculine
and feminine).

ATTENTION!

These verbs usually do not
take direct objects. When they
do take one, their meanings are
usually different and they use
the helping verb **avoir** instead
of **être**.

Elle est sortie.
She went out.

Il a sorti un livre de son sac.
He took a book out of his bag.

Nous sommes passés par là.
We went through there.

**Nous avons passé une
semaine à faire ce reportage.**
*We spent a week doing
that piece.*

The verbs **monter**, **descendre**,
and **rentrer** can also take
direct objects.

BLOC-NOTES

For more information about past
participle agreement, see **Fiche
de grammaire 5.5, page 410**.

Call on volunteers to write
other examples on the board
and say them aloud.

3.2

The *passé composé* with *être*

—*Finalement c'est elle qui **n'est pas venue**.*
—*Et vous **êtes venue** quand même?*

- Some verbs use the present tense of **être** instead of **avoir** as the helping verb in the **passé composé**. Notice that most of them are verbs of motion.

Infinitive	Past participle	
aller	allé	*to go*
arriver	arrivé	*to arrive*
descendre	descendu	*to go down, to descend*
devenir	devenu	*to become*
entrer	entré	*to enter*
monter	monté	*to go up, to ascend*
mourir	mort	*to die*
naître	né	*to be born*
partir	parti	*to leave*
passer	passé	*to pass by*
rentrer	rentré	*to go back (home)*
rester	resté	*to stay*
retourner	retourné	*to return*
revenir	revenu	*to come back*
sortir	sorti	*to go out*
tomber	tombé	*to fall*
venir	venu	*to come*

- When the helping verb is **être**, the past participle agrees in gender and number with the subject.

Mélanie est **rentrée** tôt.　　　　Ses parents sont **sortis**.
Mélanie came home early.　　　*Her parents went out.*

Je suis **arrivée** à l'hôtel.

Nous sommes **allés** au supermarché.

- Reflexive and reciprocal verbs also use the helping verb **être** in the **passé composé**. The reflexive or reciprocal pronoun is placed before the form of **être**.

Vous **vous êtes** blessé?
Did you hurt yourself?

On **s'est** téléphoné.
We phoned one another.

- To negate a reflexive or reciprocal verb in the **passé composé**, place the **ne... pas** (**ne... jamais**, etc.) around the pronoun and the helping verb.

Je **ne** me suis **pas** rappelé son nom.
I did not remember her name.

Tu **ne** t'es **pas** endormi avant minuit?
You didn't fall asleep before midnight?

- Like other verbs that take **être** in the **passé composé**, the past participle *usually* agrees in gender and number with the subject.

Elle s'est **habillée** rapidement.
She got dressed quickly.

Nous nous sommes **disputés**.
We argued.

Ils se sont **regardés** dans le miroir.

- If the verb is followed by a direct object, the past participle *does not agree* with the subject. Compare these two sentences.

Elle s'est **lavée**.
She washed (herself).

Elle s'est **lavé** les cheveux.
She washed her hair.

- Some reciprocal verbs take indirect rather than direct objects. In this case, the past participle *does not agree*. Here is a partial list of reciprocal verbs that take indirect objects: **s'écrire**, **se dire**, **se téléphoner**, **se parler**, **se demander**, and **se sourire**.

Nous nous sommes **écrit**.
We wrote to one another.

Elles se sont **demandé** pourquoi.
They wondered why.

Ils se sont **parlé**.

Stress that past participles of reflexives and reciprocals only agree in number and gender if the reflexive pronoun is also considered the direct object of the sentence. Examples: **Elles se sont blessées.** (**Se** is the direct object, therefore agreement.) **Elles se sont téléphoné.** (**Se** is the indirect object because **téléphoner** takes the preposition à, therefore no agreement.)

Have students write sentences in the **passé composé** using verbs that take direct as well as indirect objects. Check their work to make sure they grasp the concept before proceeding to the activities.

ATTENTION!

In the expression **se rendre compte de**, the past participle never agrees, because **compte** acts as the direct object and follows the verb.

Elle s'est rendu compte de la situation.
She became aware of the situation.

ATTENTION!

Remember, an indirect object in French is preceded by the preposition **à** when no pronoun is used.

Elle parle à Monsieur Guy.
She's talking to Mr. Guy.

Je téléphone souvent à mes parents.
I often call my parents.

Mise en pratique

1 Ask students to first identify the verb in each of the boss's sentences and give its infinitive form.

1

Des accusations Votre patron accuse souvent ses employés. Employez le passé composé pour lui prouver que ses accusations sont injustes. Some answers will vary.

> **Modèle** **PATRON** Édouard arrive toujours en retard!
>
> **VOUS** Mais non. Il _est arrivé_ tôt hier.

PATRON Vous partez toujours à quatre heures!

VOUS Mais non. Nous (1) _sommes parti(e)s_ à six heures hier.

PATRON Élisabeth rentre toujours chez elle à midi!

VOUS Mais non. Elle (2) _est rentrée_ chez elle, à sept heures hier soir.

PATRON Vous revenez du déjeuner au bout de (*after*) trois heures!

VOUS Mais non. Je (3) _suis revenu(e)_ au bout de vingt minutes aujourd'hui.

PATRON Personne ne vient au bureau le week-end!

VOUS Mais si. Abdel et Sofia (4) _sont venus_ samedi.

PATRON Valérie et Carine descendent trop souvent au café!

VOUS Mais non. Elles (5) _sont descendues_ au café une fois.

2 Give students these additional items:
6. Normalement, le photographe ne se dispute presque jamais avec ses collègues. (souvent) (Hier, il s'est souvent disputé avec ses collègues.)
7. Les présentateurs se parlent peu normalement. (beaucoup) (Hier, ils se sont beaucoup parlé.)
8. L'envoyée spéciale rentre à vingt heures normalement. (minuit) (Hier, elle est rentrée à minuit.)

2

Grand reportage Hier, l'équipe de la chaîne de télé a eu beaucoup de travail. Dites comment la journée a différé d'une journée normale.

> **Modèle** **Le rédacteur se réveille à six heures normalement. (cinq heures)**
> Hier, il s'est réveillé à cinq heures.

1. La journaliste se maquille une fois normalement. (trois fois) Hier, elle s'est maquillée trois fois.
2. Les réalisatrices se lèvent tôt normalement. (encore plus tôt) Hier, elles se sont levées encore plus tôt.
3. Les envoyés spéciaux se couchent à minuit normalement. (une heure du matin) Hier, ils se sont couchés à une heure du matin.
4. La rédactrice et l'envoyée spéciale s'écrivent dix e-mails normalement. (trente) Hier, elles se sont écrit trente e-mails.
5. Normalement, le reporter s'endort après le déjeuner. (après le dîner) Hier, il s'est endormi après le dîner.

3 For review of the **passé composé** with **avoir**, ask students to point out the other occurrences in the paragraph, such as: **m'a acheté**, **avons dîné**, **a pris**, **ai pris**.

3

Soirée romantique Employez au passé composé chaque verbe de la liste, une fois avec avoir et une fois avec **être**.

> | descendre | monter | passer | sortir |

Note CULTURELLE

La société de production cinématographique **Gaumont**, établie en 1895, est la plus ancienne du monde. Son fondateur, **Léon Gaumont**, est un pionnier de la production et de la distribution cinématographiques. Il met au point (*develops*) le projecteur avant de passer à la production de films et à l'ouverture de salles de cinéma. Aujourd'hui, Gaumont est une des sociétés françaises de cinéma les plus importantes.

Samedi, mon petit ami Arnaud et moi, nous (1) _sommes sortis_ pour aller au cinéma. Arnaud voulait voir le nouveau film que Gaumont (2) _a sorti_. Il (3) _est passé_ chez moi vers 18h00. Après le film, nous (4) _avons descendu_ la rue des Orfèvres, où Arnaud m'a acheté de belles fleurs. Nous avons dîné au Café des vedettes et ensuite, nous (5) _sommes montés_ sur la colline (*hill*), derrière la place du général de Gaulle. Nous (6) _sommes descendus_ une heure plus tard. Arnaud a pris un bus pour rentrer chez lui, et moi, j'ai pris un taxi. Chez moi, ma mère (7) _a monté_ les fleurs dans sa chambre, parce que j'ai un secret qu'Arnaud ne connaît pas: je suis allergique aux fleurs! Mais nous (8) _avons passé_ une très bonne soirée quand même.

 Practice more at **vhlcentral.com**.

Communication

4

La semaine dernière Circulez dans la classe pour demander à différent(e)s camarades s'ils/si elles ont fait ces choses la semaine dernière. Écrivez leur nom dans la colonne de droite.

> **Modèle**   **aller au cinéma**
> —Es-tu allé(e) au cinéma la semaine dernière?
> —Oui, je suis allé(e) au cinéma. J'ai vu un excellent film!
> —Ah bon? Lequel?

Activités	Noms
1. s'endormir pendant une émission	_____
2. rentrer après minuit	_____
3. se réveiller après onze heures du matin	_____
4. partir en voyage	_____
5. arriver en retard quelque part (*somewhere*)	_____
6. se disputer avec quelqu'un	_____
7. passer chez quelqu'un	_____
8. tomber	_____
9. se coucher avant neuf heures du soir	_____
10. devenir impatient(e)	_____

5

En ville Avec un(e) partenaire, parlez de la dernière fois que vous avez visité une ville.

> **Modèle**   —Et où es-tu allé(e) à Québec?
> —Je suis allé(e) au musée de la Civilisation. Ma famille et moi, nous nous sommes promené(e)s sur la terrasse Dufferin aussi.

- Pourquoi y es-tu allé(e)?
- Quand es-tu parti(e)?
- Où t'es-tu promené(e)?
- Où es-tu sorti(e) le soir?
- Où es-tu resté(e)?
- Quand es-tu rentré(e)?

6

Interview Par groupes de trois, jouez le rôle d'un reporter et d'un couple vedette. Le couple décrit au reporter sa journée d'hier, une journée typique... de vedette! Utilisez les verbes de la liste au passé composé et jouez la scène pour la classe.

aller	s'habiller	se raser
arriver	se lever	rentrer
se brosser les dents	se maquiller	se réveiller
se coucher	partir	...?

---

4 You may wish to have students do this activity in two concentric circles, the inner circle facing out and the outer circle facing in so students face each other. At the end of each dialogue, the outer circle rotates clockwise and the inner circle counterclockwise so every student has a new person to address.

5 You may want to model the activity first by having students ask you about a city you have visited.

6 As a brief warm-up and review, have groups talk about a typical day of their own using the verbs listed.

KEY STANDARDS
4.1, 5.1

INSTRUCTIONAL
RESOURCES
Supersite: Lab Audioscript,
SAM AK, Lab MP3s
SAM/WebSAM: WB, LM

3.3

The *passé composé* vs. the *imparfait*

—*Sa mère **est morte** sans avoir jamais rien lu de lui.*
*Il se **disait** que le prochain serait meilleur.*

- Although the **passé composé** and the **imparfait** both express past actions or states, the two tenses have different uses and, therefore, are not interchangeable.

- In general, the **passé composé** is used to describe events that were *completed* in the past, whereas the **imparfait** refers to *continuous* states of being or repetitive actions.

Uses of the passé composé

- Use the **passé composé** to express actions viewed by the speaker as completed.

- Use it to express the beginning or end of a past action.

Remind students of
the three main English
translations of the
passé composé, for
example: **il a eu le
trac** = *he had stage fright,
he has had stage fright,* or
he did have stage fright.

> L'émission **a commencé** à huit heures. J'**ai fini** mes devoirs.
> *The show started at eight o'clock.* *I finished my homework.*

- Use it to tell the duration of an event or the number of times it occurred in the past.

> J'**ai habité** en Europe pendant six mois. Il **a regardé** le clip vidéo trois fois.
> *I lived in Europe for six months.* *He watched the music video three times.*

- Use it to describe a series of past actions.

- Use it to indicate a reaction or change in condition or state of mind.

> Il **s'est fâché**. À ce moment-là, j'**ai eu** envie de partir.
> *He became angry.* *At that moment, I wanted to leave.*

Uses of the imparfait

- Use the **imparfait** to describe ongoing past actions without reference to beginning or end.

Ils **sont arrivés** à 14h00,
ils **ont pris** un café et ils
sont partis.

Go over how the translations
of the **imparfait** (*was, was
_____-ing,* and *used to
_____*) depend on context.

> Tu **faisais** la cuisine. Et moi, je **faisais** la vaisselle.
> *You used to cook.* *And I would do the dishes.*

- Use it to express habitual actions in the past.

> D'habitude, je **prenais** le métro. On se **promenait** dans le parc.
> *Usually, I took the subway.* *We used to take walks in the park.*

- Use it to describe mental, physical, and emotional states.

- Use it to describe conditions or to tell what things were like in the past.

Hier, Martine **était** malade.

> Les effets spéciaux **étaient** superbes! Il **faisait** froid.
> *The special effects were superb!* *It was cold.*

The passé composé and the imparfait used together

- The **passé composé** and the **imparfait** often appear together in the same sentence or paragraph.

- When narrating in the past, the **imparfait** describes *what was happening*, while the **passé composé** describes the actions that *occurred* or *interrupted* the ongoing activity. Use the **imparfait** to provide background information and the **passé composé** to tell what happened.

Je **faisais** mes devoirs quand tu **es arrivé**.

> Samedi soir, je **regardais** la télévision quand j'**ai entendu** un bruit bizarre. J'**avais** l'impression que c'**était** un animal. Le bruit **semblait** venir de la cuisine. J'**ai ouvert** la porte très lentement. Sur la table, il y **avait** un écureuil! Il **mangeait** mon pain. Quand il m'**a vue**, il **a eu** peur et il **est parti** par la fenêtre.

> *Saturday evening, I was watching television when I heard a strange noise. I had the impression that it was an animal. The noise seemed to be coming from the kitchen. I opened the door very slowly. On the table, there was a squirrel! It was eating my bread. When it saw me, it got scared and went out the window.*

Different meanings in the imparfait and the passé composé

- The verbs **vouloir**, **pouvoir**, **devoir**, **savoir**, and **connaître** have particular meanings in the **passé composé** and in the **imparfait**.

infinitive	passé composé	imparfait
connaître	Quand as-tu **connu** ma femme?	Je **connaissais** très bien la ville.
	*When have you **met** my wife?*	*I **knew** the city very well.*
devoir	Nous **avons dû** payer en espèces.	Je **devais** arriver à sept heures.
	*We **had to** pay in cash.*	*I **was supposed to** arrive at 7 o'clock.*
	Il **a dû** oublier.	Il **devait** faire ses devoirs le soir.
	*He **must have** forgotten.*	*He **used to have to** do his homework in the evening.*
pouvoir	Il pleuvait, mais Florent **a pu** venir quand même.	Elle **pouvait** m'aider.
	*It was raining, but Florent **managed to** come anyway.*	*She **could** help me.*
savoir	Il **a su** qui était le rédacteur.	Elle **savait** vraiment chanter.
	*He **found out** who the editor was.*	*She really **knew** how to sing.*
vouloir	Véronique **a voulu** faire du ski.	Nous **voulions** aller à la première.
	*Véronique **tried to** ski.*	*We **wanted** to go to the premiere.*
	Je **n'ai pas voulu** aller avec lui.	
	*I **refused** to go with him.*	

ATTENTION!

Here are some transitional words that are useful for narrating past events:

d'abord *first*

après *afterwards*

au début *in the beginning*

avant *before*

enfin *at last*

ensuite *next*

finalement *finally*

pendant que *while*

puis *then*

BLOC-NOTES

Savoir and **connaître** are *not* interchangeable. For more information about their uses, see **Fiche de grammaire 9.4, p. 424.**

Emphasize that **pouvoir** in the **imparfait** describes what the subject is capable of, regardless of whether the action was attempted. **Pouvoir** in the **passé composé** states what the subject managed (not) to do.

TEACHING OPTION Play parts of the **court métrage** *Émilie Muller* with **passé composé** and **imparfait** examples. Pass out the script with blank lines for students to fill in the correct past-tense forms, or have them write down the examples they hear.

Mise en pratique

1 Have pairs check their answers and resolve any differences they have.

À compléter Choisissez le passé composé ou l'imparfait pour compléter ces phrases.

1. Dans mon enfance, je/j' ___lisais___ (lire) presque tous les soirs *Stuart Little*.

2. Après avoir terminé leurs études, Hélène et Danielle ___sont devenues___ (devenir) rédactrices.

3. Le documentaire ___était___ (être) intéressant au début, mais on ___n'a pas aimé___ (ne pas aimer) la fin.

4. Le jour où tu ___as eu___ (avoir) dix-huit ans, tu ___as décidé___ (décider) de passer une année au Canada.

5. Les enfants ___se couchaient/se sont couché(e)s___ (se coucher) quand vous ___êtes rentré(e)(s)___ (rentrer).

2 Tell students that **le courriel** means **l'e-mail** in Québécois French.

2 Either orally or in writing, students should describe **Une histoire incroyable!** that they have experienced.

Une célébrité Monique et Étienne sont allés au cinéma plus tôt ce soir. Complétez ce courriel et conjuguez logiquement les verbes à l'imparfait ou au passé composé.

| arriver | bien rentrer | ne pas encore répondre | ne rien faire | recevoir |
| avoir | être | ne pas se parler | pleuvoir | voir |

De: Étienne <etienne24@courriel.qu>

Pour: Monique <monique.compeau@courriel.ca>

Sujet: Une histoire incroyable!

Salut Monique,
Tu (1) ___es bien rentrée___ chez toi? Je m'inquiète parce que tu (2) ___n'as pas encore répondu___ à mon texto. 😞 Tu l' (3) ___as reçu___?

Tu ne vas jamais croire ce qui me/m' (4) ___est arrivé___ après notre rendez-vous au ciné. Tu te souviens qu'il (5) ___pleuvait___ à verse? Alors, je/j' (6) ___étais___ en train de marcher vers mon arrêt de bus quand, tout à coup, je/j' (7) ___ai vu___ notre réalisateur préféré—Denys Arcand! Son épouse et lui (8) ___avaient___ l'air pressé, donc nous (9) ___ne nous sommes pas parlé___ immédiatement. Je/J' (10) ___n'ai rien fait___ de mal, mais j'ai réussi à converser avec eux!

Appelle-moi bientôt pour qu'on en parle!

Grosses bises,
Étienne

Note CULTURELLE
Denys Arcand est né en 1941 à Deschambault, au **Québec**. Il est réalisateur et scénariste de films comme *Le déclin de l'empire américain*, sorti en 1986 et nominé pour l'**Oscar** du meilleur film en langue étrangère en 1987. La suite de ce film, et un de ses autres chefs-d'œuvre, *Les Invasions barbares*, a reçu cet Oscar en 2003. Ces deux films (et *Jésus de Montréal* en 1990) ont aussi reçu le **Prix Génie** (*Genie Award*).

3 Have pairs do a follow-up communicative activity based on their answers. They might ask: **Que faisais-tu quand...?** or **Que s'est-il passé quand...?**

Des interruptions Combinez les mots de chaque colonne pour dire ce que les gens faisaient quand ils ont été interrompus.

Modèle Vous écoutiez la radio quand le téléphone a sonné.

je	aller		vous	commencer à...
tu	conduire	quand	le professeur	dire que...
nous	dormir		mes parents	savoir que...
la vedette	écouter		mon ami(e)	sortir de...
vous	manger		le public	voir...
?	?		?	?

Practice more at vhlcentral.com.

Communication

4

Des dates marquantes

A. Voici cinq événements marquants dans la vie de Benoît. À deux, posez-vous les questions à tour de rôle pour compléter la description de chaque événement.

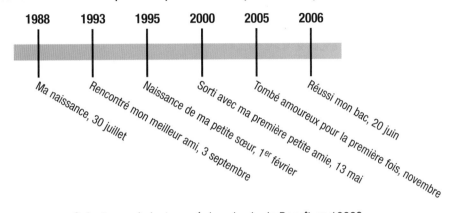

| 1988 | 1993 | 1995 | 2000 | 2005 | 2006 |

Ma naissance, 30 juillet

Rencontré mon meilleur ami, 3 septembre

Naissance de ma petite sœur, 1er février

Sorti avec ma première petite amie, 13 mai

Tombé amoureux pour la première fois, novembre

Réussi mon bac, 20 juin

> **Modèle** —Qu'est-ce qui s'est passé dans la vie de Benoît en 1988?
> —Le 30 juillet 1988, Benoît est né.
> —Où et avec qui était-il?
> —Il était à l'hôpital avec sa mère.

B. Maintenant, pensez à cinq dates marquantes de votre vie et écrivez-les. Ensuite, par petits groupes, décrivez les détails de chaque événement.

Date	Qu'est-ce qui s'est passé?	Avec qui étiez-vous?	Où étiez-vous?	Quel temps faisait-il?
Modèle				
le 3 août 2006	J'ai fait la connaissance du président.	J'étais avec un copain.	Nous étions à New York.	Il pleuvait.

5

Une histoire Par groupes de trois ou quatre, complétez ces phrases, en utilisant (*using*) le passé composé ou l'imparfait. Ensuite, changez l'ordre des phrases pour raconter une histoire logique.

1. Ensuite, sur la chaîne 2, …
2. Pendant que nous…
3. Puis, à la station de radio, …
4. À ce moment-là, …
5. Soudain, …
6. Récemment, …

6

Interview À deux, jouez les rôles d'un reporter et d'une personne célèbre. Le reporter doit informer le public sur le passé de la personne et c'est à vous de décider ce que l'interviewé(e) a fait pour devenir célèbre. Utilisez le passé composé et l'imparfait dans toutes les questions et toutes les réponses.

> **Modèle** **REPORTER** Saviez-vous que votre ex-fiancé s'est marié en secret avec l'actrice vedette de son dernier film?
>
> **VEDETTE** Oui, bien sûr, je l'ai su tout de suite.

4 You might want to recap how to express the date in French. Then go over the **modèle** with a volunteer.

4 Ask students to write a brief biography of Benoît's life.

4 Before completing part B, have students bring in photos from the events in their life they want to describe. If they don't have photos, they can bring in photos from magazines and make up a story.

5 Suggest added sentence starters for students to complete. Examples: **7. Avant d'aller à l'université, … 8. La semaine dernière, …**

6 Have students incorporate as much vocabulary from this lesson as they can.

struck

was typing

typewriter

according to

Synthèse Reading

Au bout de trente ans

LES FAITS DIVERS

Le grand réveil

Marguerite Bouchard, de Jonquière, s'est réveillée vendredi dernier, après avoir passé trente ans dans le coma. Toute sa famille était choquée. Marguerite se promenait rue des Victoires en avril 1977 quand une voiture, qui roulait trop vite, l'a renversée°.

Christophe, le frère aîné de Marguerite, était près d'elle et tapait° une lettre sur son ordinateur, au moment où elle a ouvert les yeux et commencé à parler. Elle lui a demandé pourquoi sa machine à écrire° avait ce petit écran. Il s'est immédiatement rendu compte que sa sœur vivait encore dans le passé.

Pendant ces trente dernières années, bien sûr, Marguerite ne s'est pas informée. Elle a cru, d'après° sa famille, que les vieilles vedettes de la télé qu'elle connaissait en 1977 étaient toujours célèbres. Toutes les émissions qu'elle préférait ne sont plus à la mode, et quand elle

est sortie du coma, elle ne savait même pas qu'il est possible aujourd'hui de les enregistrer.

Marguerite, qui pendant si longtemps n'a pas eu de contact avec les moyens de communication, n'a jamais navigué sur Internet. Avant son accident, elle écoutait tous les jours des reportages à la radio et regardait les nouvelles à la télévision. Depuis 1977, Marguerite n'a lu ni journaux ni magazines.

1

Compréhension À deux, répondez aux questions. Some answers will vary.

1. Qu'est-il arrivé à Marguerite au bout de trente ans? Elle était dans le coma, et elle s'est réveillée.

2. Comment l'accident est-il arrivé? Une voiture qui roulait trop vite a renversé Marguerite.

3. Qu'est-ce que Marguerite a demandé à son frère? Pourquoi sa machine à écrire avait ce petit écran.

4. De quoi Christophe s'est-il rendu compte? Il s'est rendu compte que sa sœur vivait encore dans le passé.

5. Qu'est-ce que Marguerite a cru au sujet des vieilles vedettes? Elle a cru qu'elles étaient toujours célèbres.

6. Qu'est-ce que Marguerite n'a jamais fait? Elle n'a jamais navigué sur Internet.

2

Discussion Par groupes de trois, posez-vous ces questions.

1. Comment vous informez-vous? Lisez-vous le journal? Regardez-vous la télé? Y a-t-il un moyen de communication que vous préférez aux autres? Pourquoi?

2. Est-il important de connaître toute l'actualité? Pourquoi?

3. Combien de temps peut-il se passer au maximum sans que vous vous informiez des dernières nouvelles? Une heure? Une journée? Trente ans? Pourquoi?

4. Vous est-il arrivé de ne pas lire le journal, de ne pas regarder la télé, etc. pendant longtemps? Pendant combien de temps? Y a-t-il eu une nouvelle qui vous a surpris(e) après cette période?

3

Dans le journal Avez-vous déjà été le sujet d'un fait divers dans le journal? Que vous est-il arrivé? Par groupes de quatre, expliquez à vos camarades ce que le journal a écrit sur vous. Ensuite, partagez l'histoire la plus intéressante du groupe avec la classe.

Préparation

KEY STANDARDS
1.2, 2.1, 2.2, 4.2

SYNONYMES
apparaître ⟷ figurer
notoriété ⟷ célébrité
redoutable ⟷ formidable

Vocabulaire de la lecture

apparaître *to appear*
un cirque *circus*
un milliardaire *billionaire*
une multinationale *multinational company*
la notoriété *fame*
redoutable *formidable*
un saltimbanque *street performer; entertainer*
sensibiliser (le public à un problème) *to increase (public) awareness (of an issue)*

Vocabulaire utile

attirer l'attention sur *to draw attention to*
convaincre *to convince, to persuade*
s'engager *to get involved*
se mobiliser *to rally*
un réseau *network*
soutenir (une cause) *to support (a cause)*

1

Vocabulaire Complétez les phrases à l'aide des mots de vocabulaire présentés sur cette page. Faites les conjugaisons ou ajoutez les articles nécessaires.

1. Marie m'a dit que George Clooney allait encore ___apparaître___ dans une nouvelle publicité pour le café.

2. De nos jours, de plus en plus d'acteurs ___s'engagent___ en faveur d'une cause.

3. Les hommes politiques utilisent les médias pour ___sensibiliser___ le public à leur programme.

4. Certains journaux ___soutiennent___ les hommes politiques lors des campagnes électorales.

5. Cet homme est ___milliardaire___, il est si riche qu'il ne sait quoi faire de son argent.

6. La publicité ___attire l'attention___ du public sur un produit ou une idée.

7. Quand il était petit, Pierre voulait toujours aller au ___cirque___ car il adorait les clowns.

8. Cet artiste est si connu que sa ___notoriété___ dépasse les frontières de son pays.

1 Before beginning the activity, go over the conjugation of **apparaître**, **soutenir**, and **convaincre**.

1 Have pairs write similar definitions for three of the unused terms. Then have pairs exchange papers and complete each other's definitions.

2

Discussion À deux, répondez aux questions.

1. Est-ce que vous êtes influencé(e)s par les publicités qui utilisent une personne célèbre pour vendre un produit ou défendre une cause? Pourquoi ou pourquoi pas?

2. Connaissez-vous des artistes, des hommes ou des femmes célèbres qui défendent des causes humanitaires?

3. À votre avis, quel est le meilleur média pour sensibiliser le public à une cause humanitaire? Pourquoi?

4. De nombreux acteurs utilisent leur image pour soutenir des causes humanitaires. La notoriété aide-t-elle à mobiliser l'opinion publique? Comment?

5. Les acteurs qui mettent leur célébrité au service d'une cause humanitaire le font-ils par générosité ou pour améliorer leur propre image auprès du public? Discutez.

2 For item 2, compile a class list of names and causes. Take a poll to find out which celebrity is the most influential.

3 Suggest to students that they first make a list of positive and negative aspects and use the list to guide their conversations.

3 Students may also want to have their "celebrities" discuss why they wanted to be famous in the first place.

3

Dur dur d'être célèbre! En petits groupes, jouez la situation suivante: Vous êtes des célébrités internationales. Vous vous retrouvez par hasard en première classe dans un avion entre New York et Paris. Vous discutez des aspects positifs et des aspects négatifs de votre notoriété. Vous essayez aussi de comprendre la fascination que la popularité exerce sur le public en général.

Practice more at
vhlcentral.com.

GUY LALIBERTÉ

Un homme hors du commun

Vous avez dû entendre parler de Guy Laliberté. Ce Québécois mondialement connu ne cesse° d'apparaître dans les médias. Jongleur°, cracheur de feu°, accordéoniste, créateur du célèbre Cirque du Soleil mais aussi redoutable° joueur de poker, homme d'affaires° des plus fortunés de la planète et même touriste spatial, Guy Laliberté ne cesse de nous surprendre.

Guy Laliberté est né à Québec en 1959. À quatorze ans, il quitte sa famille pour devenir saltimbanque°, cracheur de feu et accordéoniste. En 1984, il a l'idée géniale de donner au spectacle de rue une dimension internationale. Il fonde alors avec un ami le Cirque du Soleil, une entreprise québécoise de divertissement° artistique dont la spécialité est le cirque contemporain. Il crée ainsi une toute nouvelle forme d'art du spectacle où se mélangent théâtre, musique, danse, spectacle de rue et magie du cirque. Le concept est extrêmement novateur° et va connaître un succès extraordinaire. En effet, le Cirque du Soleil est désormais° une multinationale qui emploie plus de 4.000 personnes de par le monde, parmi lesquels plus de 1.000 artistes dont certains sont d'anciens sportifs professionnels reconvertis. Cette compagnie présente de nombreux spectacles au Canada et dans le monde entier. Longue est la liste des villes qui ont accueilli°, accueillent ou accueilleront les productions de divertissement artistique de Guy Laliberté: Las Vegas, Orlando, New York, mais aussi Tokyo, Macao et bientôt Dubaï, Los Angeles et très certainement bien d'autres villes encore car Laliberté voit grand, toujours plus grand.

L'homme qui a commencé comme saltimbanque dans une petite ville du Québec est devenu milliardaire. Laliberté règne sur un véritable empire car les ramifications de la première multinationale de divertissement artistique sont multiples. Il y a, par exemple, la maison de disque qui distribue les produits musicaux des productions de la compagnie, la société de production cinématographique qui distribue les documentaires et les enregistrements° des spectacles. La liste de ces ramifications est longue et loin d'être close°.

La personnalité et la fortune fulgurante° de Laliberté ont fait l'objet de très nombreux articles de journaux et continuent de fasciner les médias du monde entier. Son dernier coup de théâtre° médiatique est surprenant°: Laliberté est parti comme touriste spatial à bord d'un vaisseau° en compagnie d'un cosmonaute russe et d'un astronaute américain. En s'envolant ainsi dans l'espace, l'artiste cherche par sa notoriété à sensibiliser le monde à l'importance de la conservation des réserves d'eau potable°. En effet, Laliberté défend le développement durable et l'environnement. En 2007, il a créé One Drop, une fondation qui cherche à assurer un meilleur accès à l'eau potable aux populations les plus pauvres du monde. En se servant des médias pour aider les autres, Guy Laliberté se place du côté de ces fondateurs de multinationales qui cherchent par leur pouvoir financier, mais aussi par leur immense notoriété médiatique, à changer le monde. ■

La personnalité et la fortune fulgurante de Laliberté continuent de fasciner les médias.

cease

juggler / fire-eater

formidable

businessman

street acrobat

entertainment

innovative

now

have hosted

recordings

finished

dazzling

stunt

surprising

spaceship

drinking water

Analyse

1

Compréhension Répondez aux questions par des phrases complètes.

1. De quelle nationalité est Guy Laliberté?
2. Pourquoi Guy Laliberté quitte-t-il sa famille à quatorze ans?
3. Pour quelle raison Guy Laliberté est-il tellement connu?
4. Qu'est-ce que le Cirque du Soleil?
5. Combien de personnes est-ce que le Cirque du Soleil emploie?
6. Pour qui le Cirque du Soleil représente-t-il une deuxième carrière?
7. Quel nouveau type de multinationale Guy Laliberté a-t-il créé?
8. Qu'est-ce que Guy Laliberté cherche à faire en devenant (*by becoming*) touriste spatial?
9. Qu'est-ce que Guy Laliberté a créé en 2007?
10. Par quels moyens certains grands fondateurs d'entreprise multinationale cherchent-ils à changer le monde?

2

Réflexion À deux, répondez aux questions par des phrases complètes.

1. À votre avis, pourquoi Guy Laliberté est-il un homme hors du commun?
2. Est-il facile d'utiliser les médias comme le fait Guy Laliberté?
3. Comment expliquez-vous le succès de Guy Laliberté?
4. Pourquoi la fondation One Drop de Guy Laliberté est-elle une fondation importante?
5. Pourquoi être le premier artiste dans l'espace est-il un coup de théâtre médiatique?

3

L'utilisation des médias Guy Laliberté est un homme d'affaires qui utilise les médias pour défendre une cause. À deux, trouvez dans l'actualité des exemples d'autres hommes/ femmes d'affaires ou d'autres personnes qui utilisent les médias et leur notoriété pour changer le monde. Comment font-ils? Quelles causes défendent-ils? Les trouvez-vous sincères ou manipulateurs?

4

Les médias au service d'une cause Par groupes de trois, imaginez que vous avez tous les trois créé une entreprise qui est maintenant une puissante multinationale. Vous êtes extrêmement riches et célèbres et vous décidez de créer une fondation.

- Trouvez un nom et dessinez un logo pour cette fondation.
- Quelle cause est-ce que votre fondation défend?
- Comment allez-vous utiliser les médias d'une manière originale pour présenter et faire connaître votre cause?

 Practice more at **vhlcentral.com**.

Préparation

À propos de l'auteur

Marguerite Duras (1914–1996), de son vrai nom Marguerite Germaine Marie Donnadieu, est née et a grandi près de Saïgon, en Indochine, où ses parents étaient enseignants. Son œuvre littéraire, dont les thèmes principaux sont l'amour et la sensualité, est diverse. Son roman *L'Amant* (Prix Goncourt 1984), dans lequel elle raconte son adolescence en Indochine, lui a apporté un immense succès auprès du public. Duras a aussi écrit pour le théâtre (*Le Square*) et pour le cinéma (*Hiroshima mon amour*). Dans l'extrait de *La Vie matérielle* que vous allez lire, Duras réfléchit à la mort, telle qu'elle est présentée à la télévision.

KEY STANDARDS
1.2, 2.2, 3.1, 5.2

INSTRUCTIONAL RESOURCES
Supersite: Littérature recording; Scripts; SAM AK
SAM/WebSAM: LM

2 If needed, provide several multiple-choice options or a word bank for students to choose from.

2 After they have completed the activity, have pairs use the vocabulary terms in a logical conversation.

Vocabulaire de la lecture

le décès *death*
un(e) défunt(e) *deceased*
divertissant(e) *entertaining*
écrasé(e) *run over*
un grésillement lointain *distant crackling*
insolite *unusual*
le journal télévisé *news broadcast*
un lapsus *slip of the tongue*
recouvert(e) *covered*
une règle *rule*
se marrer (*fam.*) *to have fun, to laugh*

Vocabulaire utile

un(e) blessé(e) *injured*
une célébrité *celebrity*
des dégâts (*m.*) *damages*
une émeute *riot*
les forces (*f.*) **de l'ordre** *police*
un meurtre *murder*
des morts (*m.*) *dead people*
les nouvelles (*f.*) *news*
les téléspectateurs (*m.*) *TV audience*

1 Définitions Trouvez le mot ou l'expression qui correspond à chaque définition.

1. C'est un acte criminel qui a pour conséquence la mort de quelqu'un. un meurtre
2. Qui n'est pas commun; qui est original. insolite
3. Un programme que l'on regarde si on veut se tenir au courant de l'actualité. le journal télévisé
4. Le contraire d'ennuyeux. divertissant
5. Une loi; quelque chose que l'on doit respecter. une règle
6. Une parole qu'on n'aurait pas dû prononcer. un lapsus

2 À compléter Complétez ces phrases avec un(e) partenaire en utilisant les mots des listes de vocabulaire.

1. Mon oncle est mort du cancer l'année dernière. Après son ___décès___, ma tante a eu du mal à retrouver le moral.
2. Notre prof de maths n'est pas très drôle. Crois-moi, on ___se marre___ ne pas en classe!
3. Il y a eu un accident de voiture dans la rue Richelieu. Il y a eu deux ___blessés___, mais ce n'était pas très grave. On ne les a même pas emmenés à l'hôpital.
4. La manifestation est devenue violente et elle a fini en une véritable ___émeute___.

3 Journal télévisé Par groupes de quatre, préparez un script pour un journal télévisé dans lequel vous parlez des événements importants de la semaine. Ensuite, jouez le rôle des journalistes et, à tour de rôle, présentez ces événements à la classe.

Note CULTURELLE

L'Indochine française, où Marguerite Duras a grandi, a été une colonie française de 1887 à 1954. Elle regroupait le Tonkin, l'Annam, la Cochinchine, le Laos et le Cambodge. C'était une colonie dite «d'exploitation» car la France y avait le monopole d'exploitation de nombreuses ressources. En 1946, la guerre d'Indochine commence. Elle oppose les forces du Corps expéditionnaire français en Extrême-Orient aux forces du Viêt Minh, le Front de l'indépendance du Viêt Nam, sous la direction d'Hô Chi Minh. Cette guerre se terminera par la défaite des Français en 1954, date de l'indépendance du Viêt Nam.

Practice more at **vhlcentral.com.**

There are many descriptive words in the reading that students can use to create mental images. Tell students that describing or sketching mental images as they read will help them understand the reading better.

Play the audio for students to first just listen and get the gist. Then play the audio a second time, pausing to ask questions and check understanding.

Explain to students that Charles Pasqua and Robert Pandraud are French politicians. Pandraud died in 2010.

PREVIEW Have students describe the image on this page. Then ask how the image might relate to the reading.

LA TÉLÉ
et la mort

Marguerite Duras

Ça a commencé avec la mort de Michel Foucault; Michel Foucault est mort et à la télévision le lendemain° de sa mort, on a vu un reportage sur lui en train de faire un cours au Collège de France. On n'entendait presque rien de sa voix qu'un grésillement

the next day

lointain. Elle était là mais recouverte par la voix du journaliste qui disait que c'était la voix de Michel Foucault en train de faire son cours au Collège de France. Et puis peu après, Orson Welles est mort et ça a été pareil°. On entendait une voix très claire

the same thing

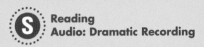
Reading
Audio: Dramatic Recording

qui disait que cette voix qu'on entendait, inaudible et lointaine, c'était celle d'Orson Welles qui venait de mourir. C'est devenu la règle à chaque décès de personnalité°, l'image parlante du défunt est recouverte par celle du journaliste qui dit que ce qu'on entend c'est bien entendu° la voix d'un tel ou d'un tel° qui vient de mourir. Un chef de service° qui a découvert ça sans doute, que si le journaliste et le défunt parlaient ensemble, ça économiserait une minute d'antenne° pour parler ensuite, pas forcément du sport, non, mais d'autres choses, de choses différentes, divertissantes, intéressantes.

En France nous n'avons aucun moyen d'atteindre les journalistes de la télévision pour leur dire qu'ils ne devraient pas passer avant le moment précis du sourire lugubre qu'ils arborent° avec les otages° au sourire ravi° avec la météo. Ce n'est pas possible. On peut toujours faire autrement, par exemple prendre un air entre deux airs, un air de rien. Faire de toute information un événement insolite, ce n'est pas possible non plus, même si c'est une exigence° des chefs. De même cette obligation de la bonne humeur. Il faut que tu l'abandonnes pour annoncer les tremblements de terre, les attentats° au Liban, la mort des gens célèbres, les accidents d'autocar°, et toi tu vas tellement vite vers l'information comique que tu te marres déjà sur celle de l'autocar. Alors tu es foutu°. Tu dors plus la nuit. Tu sais plus ce que tu racontes. Ça fait des journaux télévisés comiques de fond en comble° et toi tu fais la dépression.

En général, en dehors des grands événements ponctuels, tels que la mort des gens célèbres, le Nobel, les votes au Parlement, rien ne se passe à la télévision. Personne ne parle à la télévision. Parler comme parler. C'est-à-dire: à partir de n'importe quoi, un chien écrasé, remettre en route l'imaginaire de l'homme, de sa lecture créatrice de l'univers, cet étrange génie, si répandu°, cela à partir d'un chien qui a été écrasé. Parler c'est autre chose que ce qui se passe à la télévision. Il faut dire que nous, clients, acheteurs de postes de télévision et imposables à ce titre, nous attendons beaucoup des lapsus et autres accidents de la télé, d'où qu'ils viennent, des membres du gouvernement ou des journalistes à dix millions de salaire mensuel. Chirac disant à l'inauguration du Salon du Livre en 84 qu'il lisait de la poésie parce que la poésie c'est court et que c'est donc le mieux indiqué pour quelqu'un qui prend souvent l'avion, ou le type qui annonce que télé-Noir sera diffusé à telle heure, c'est ce qu'on préfère. Moi j'ai entendu à la télévision, à propos de *Hiroshima mon amour*: le célèbre film d'Alain René et de Jacqueline Duval. J'ai entendu aussi: *L'Amante anglaise* jouée par la célèbre comédienne Madeleine Barrault. Une petite jeune fille timide qui venait d'être engagée° à la télé.

Peut-être que si l'on entendait tout le temps un vrai langage tenu par des personnes sans rôle à jouer, qui parleraient entre elles des choses de l'actualité°, on ne pourrait plus les supporter° à la télévision. Elles ne seraient pas assez décalées°, pas assez marginales, trop vraies. On se tient devant la télévision parce que là on y ment° obligatoirement, sur le fond et sur la forme°. Quand des journalistes disent exactement ce que nous attendons comme dans la grève miraculeuse des étudiants, en décembre 86, on a peur pour les journalistes. On a envie de les embrasser, de leur écrire. Leur prestation° avait rejoint la grève et ne faisait qu'un avec elle. Ça n'arrive presque jamais. C'est arrivé en France en décembre 86. Tout Paris en parlait, autant que de la grève. Une fête vraiment ces journaux, jusqu'à ce que Pasqua et Pandraud lâchent° leurs chiens. ∎

Glossary (margin notes):
- 15 celebrity
- of course
- 20 someone or another
- department head
- air time
- wear / hostages
- delighted
- requirement
- attacks
- bus
- out of luck
- completely
- widespread
- hired
- news
- tolerate
- removed
- lies
- in substance and form
- performance
- release

Analyse

1 **Vrai ou faux?** Indiquez si chaque phrase est vraie ou fausse. Corrigez les phrases fausses.

1. Michel Foucault était journaliste à la télévision. Faux. Il était professeur au Collège de France.

2. On a annoncé la mort de Michel Foucault et on a fait un reportage sur lui à la télévision. Vrai.

3. L'humeur et l'expression des journalistes doivent changer en fonction de la gravité des nouvelles dont ils parlent. Vrai.

4. Il est facile, pour les journalistes, de faire la transition entre un événement drôle et un événement tragique. Faux. Ce n'est pas possible.

5. D'après l'auteur, la plupart de (*most of*) l'actualité présentée à la télévision est intéressante. Faux. D'après elle, rien ne se passe à la télévision.

2 **Compréhension** Répondez aux questions par des phrases complètes.

1. Quand on annonce le décès d'une personne célèbre à la télévision, pourquoi le journaliste et le défunt parlent-ils en même temps, d'après l'auteur?
Cela permet d'économiser du temps pour parler d'autres choses plus divertissantes.

2. Que doivent faire les journalistes quand ils parlent d'une prise d'otages? Et quand ils annoncent la météo? Ils doivent avoir un sourire lugubre quand ils parlent d'une prise d'otages, mais ils doivent avoir un sourire ravi pour annoncer la météo.

3. D'après l'auteur, que se passerait-il si l'on disait la vérité à la télévision? Si l'on disait la vérité, on ne pourrait pas la supporter.

4. Que se passe-t-il quand les journalistes disent exactement ce que le public veut entendre? On a peur pour eux ou on veut leur écrire ou les embrasser.

5. Expliquez ce qui s'est passé en 1986.
Il y a eu une grève des étudiants que les journalistes ont présentée de façon réaliste et juste.

3 **Un événement récent de l'actualité** Pensez à un événement récent dont vous avez entendu parler à la télévision. Écrivez un paragraphe pour résumer ce qui s'est passé et dites si vous pensez que cet événement a été présenté de façon réaliste.

4 **Discussion** Que pensez-vous des informations qu'on voit au journal télévisé? Y a-t-il une émission télévisée ou une chaîne de télévision en qui vous avez particulièrement confiance? Discutez de ces idées avec un(e) partenaire.

5 **Rédaction** La grève des étudiants mentionnée à la fin de l'extrait est survenue (*arose*) quand le projet de loi Devaquet a proposé une réforme de l'enseignement supérieur. Créez une chronologie de ces événements.

Plan

1 **Recherches** Faites des recherches sur le projet de loi Devaquet et sur les manifestations qu'il a entraînées (*generated*).

2 **Notes** Choisissez les événements qui vous paraissent les plus importants. Notez les dates et des détails intéressants.

3 **Résumé** Pour chaque date, résumez ce qui s'est passé en deux ou trois phrases.

4 **Chronologie** Organisez les événements choisis de façon chronologique.

5 **Introduction et conclusion** Écrivez une introduction de quelques lignes pour expliquer le contexte des événements que vous avez décrits, puis terminez votre rédaction par une conclusion qui présente les conséquences de ces événements.

L'univers médiatique

 Audio: Vocabulary Flashcards

Les médias

l'actualité (f.) *current events*
la censure *censorship*
un événement *event*
un message/spot publicitaire; une publicité (une pub) *advertisement*
les moyens (m.) de communication; les médias (m.) *media*
la publicité (la pub) *advertising*
un reportage *news report*
un site web/Internet *web/Internet site*
une station de radio *radio station*

s'informer (par les médias) *to keep oneself informed (through the media)*
naviguer/surfer sur Internet/le web *to search the web*

actualisé(e) *updated*
en direct *live*
frappant(e)/marquant(e) *striking*
influent(e) *influential*
(im)partial(e) *(im)partial; (un)biased*

Les gens des médias

un(e) animateur/animatrice de radio *radio presenter*
un auditeur/une auditrice *(radio) listener*
un(e) critique de cinéma *film critic*
un éditeur/une éditrice *publisher*
un(e) envoyé(e) spécial(e) *correspondent*
un(e) journaliste *journalist*
un(e) photographe *photographer*
un réalisateur/une réalisatrice *director*
un rédacteur/une rédactrice *editor*
un reporter *reporter (male or female)*
un téléspectateur/une téléspectatrice *television viewer*
une vedette (de cinéma) *(movie) star (male or female)*

Le cinéma et la télévision

une bande originale *sound track*
une chaîne *network*
un clip vidéo; un vidéoclip *music video*
un divertissement *entertainment*

un documentaire *documentary*
l'écran (m.) *screen*
les effets (m.) spéciaux *special effects*
un entretien/une interview *interview*
un feuilleton *soap opera; series*
une première *premiere*
les sous-titres (m.) *subtitles*

divertir *to entertain*
enregistrer *to record*
retransmettre *to broadcast*
sortir un film *to release a movie*

La presse

une chronique *column*
la couverture *cover*
un extrait *excerpt*
les faits (m.) divers *news items*
un hebdomadaire *weekly magazine*
un journal *newspaper*
la liberté de la presse *freedom of the press*
un mensuel *monthly magazine*
les nouvelles (f.) locales/internationales *local/international news*
la page sportive *sports page*
la presse à sensation *tabloid(s)*
la rubrique société *lifestyle section*
un gros titre *headline*

enquêter (sur) *to research; to investigate*
être à la une *to be on the front page*
publier *to publish*

Court métrage

une bague *ring*
un(e) comédien(ne) *actor*
le comportement *behavior*
un cours d'art dramatique *drama course*
un défaut *flaw*
un rôle *part, role*

s'attendre à quelque chose *to expect something*
avoir le trac *to have stage fright*
se comporter *to behave, to act*
émouvoir (irreg.) *to move*
exprimer *to express*

séduire (conj. like conduire) *to seduce; to captivate*
tourner *to shoot (a film)*

égocentrique *egocentric*

Culture

un cirque *circus*
un milliardaire *billionaire*
une multinationale *multinational company*
la notoriété *fame*
un réseau *network*
un saltimbanque *street performer; entertainer*

apparaître *to appear*
attirer l'attention sur *to draw attention to*
convaincre *to convince, persuade*
s'engager *to get involved*
se mobiliser *to rally*
sensibiliser (le public à un problème) *to increase (public) awareness (of an issue)*
soutenir (une cause) *to support (a cause)*

redoutable *formidable*

Littérature

un(e) blessé(e) *injured*
une célébrité *celebrity*
le décès *death*
des dégâts (m.) *damages*
un(e) défunt(e) *deceased*
une émeute *riot*
les forces (f.) de l'ordre *police*
un grésillement lointain *distant crackling*
le journal télévisé *news broadcast*
un lapsus *slip of the tongue*
un meurtre *murder*
des morts (m.) *dead people*
les nouvelles (f.) *news*
une règle *rule*
les téléspectateurs (m.) *TV audience*

se marrer (fam.) *to have fun, to laugh*

divertissant(e) *entertaining*
écrasé(e) *run over*
insolite *unusual*
recouvert(e) *covered*

INSTRUCTIONAL RESOURCES
Supersite/Test Generator: Testing Program

La valeur des idées

Qu'est-ce qui donne de la valeur à une idée? Son originalité, l'impact qu'elle peut avoir sur un groupe ou sur une société? Cependant, une nouvelle idée fait parfois peur aux membres d'un groupe, parce qu'elle les oblige à changer, et il faut souvent du courage pour la faire adopter. Une idée, même bonne, sert-elle à quelque chose, s'il n'y a personne pour la mettre en pratique?

Une société a toujours besoin de groupes qui défendent des idées.

Dans *Bon anniversaire!* d'**Hichem Yacoubi** et **Daniel Kupferstein**, Walid, un musulman qui vit à Paris, a une petite amie française. Il est dérangé en pleine prière par l'appel téléphonique inattendu d'une jeune femme qui lui dit qu'il lui manque. Walid a-t-il un secret?

128 IMAGINEZ

Les pirates vous fascinent-ils? Un article sur les pirates des Caraïbes vous fera découvrir des aspects peu connus de leur existence, en particulier l'aide qu'ils ont apportée aux révolutionnaires. Puis, de la Négritude à la Techni'ka, vous explorerez la **culture antillaise** d'aujourd'hui.

147 CULTURE

La république d'**Haïti**, vous connaissez. Mais saviez-vous que ce pays est le premier État noir indépendant du monde? C'est aussi un pays de peintres.

148

151 LITTÉRATURE

Le conte, *Chien maigre et chien gras*, de l'auteur guadeloupéen, **Jean Juraver**, est une fable où un chien, étranger et pauvre, est accusé d'un crime qu'il n'a pas commis.

4.1 The **plus-que-parfait**

4.2 Negation and indefinite adjectives and pronouns

4.3 Irregular **-ir** verbs

155 VOCABULAIRE

Destination: ANTILLES

PREVIEW Invite students to comment on the photo on **p. 118**. Then, have small groups talk about a time when they have had an idea that was valued and another time when their idea was rejected. Ask: **Qu'avez-vous ressenti dans ces moments-là?**

La valeur des idées

La justice et la politique **Audio: Vocabulary**

Les lois et les droits

un crime *murder, violent crime*
la criminalité *crime (in general)*
un délit *(a) crime*
les droits (*m.*) de l'homme *human rights*
une (in)égalité *(in)equality*

une (in)justice *(in)justice*
la liberté *freedom*
un tribunal *court*

abuser *to abuse*
approuver une loi *to pass a law*
défendre *to defend*
emprisonner *to imprison*
juger *to judge*

analphabète *illiterate*
coupable *guilty*
(in)égal(e) *(un)equal*
(in)juste *(un)fair*
opprimé(e) *oppressed*

La politique

un abus de pouvoir *abuse of power*

une armée *army*
une croyance *belief*
la cruauté *cruelty*

la défaite *defeat*
une démocratie *democracy*
une dictature *dictatorship*
un drapeau *flag*

le gouvernement *government*
la guerre (civile) *(civil) war*
la paix *peace*
un parti politique *political party*
la politique *politics*
la victoire *victory*

avoir de l'influence (sur) *to have influence (over)*
se consacrer à *to dedicate oneself to*
élire *to elect*
gagner/perdre les élections *to win/lose elections*
gouverner *to govern*
voter *to vote*

conservateur/conservatrice *conservative*
libéral(e) *liberal*
modéré(e) *moderate*
pacifique *peaceful*
puissant(e) *powerful*
victorieux/victorieuse *victorious*

Les gens

un(e) activiste *militant activist*
un(e) avocat(e) *lawyer*

KEY STANDARDS
1.1, 1.2, 4.1
INSTRUCTIONAL RESOURCES
Supersite: Lab Audioscript,
SAM AK, Lab MP3s
SAM/WebSAM: WB, LM

un(e) criminel(le) *criminal*
un(e) député(e) *deputy (politician); representative*
un homme/une femme politique *politician*
un(e) juge *judge*
un(e) juré(e) *juror*
un(e) président(e) *president*
un(e) terroriste *terrorist*
une victime *victim*
un voleur/une voleuse *thief*

La sécurité et le danger

une arme *weapon*
une menace *threat*
la peur *fear*

un scandale *scandal*
la sécurité *security, safety*
le terrorisme *terrorism*
la violence *violence*

combattre (*irreg.*) *to fight*
enlever/kidnapper *to kidnap*
espionner *to spy*
faire du chantage *to blackmail*
sauver *to save*

SYNONYMES
emprisonner ⟷ incarcérer

Point out that **un crime** refers to a specific crime and can also mean *a murder*, while **un délit** can refer to a misdemeanor. Mention the phrase **Prendre quelqu'un en flagrant délit de...** *to catch someone red-handed.*

Explain that **un(e) activiste** (*militant activist*) and **un(e) militant(e)** (*activist*) are **faux-amis**.

Describe how the terms **gauche**, **centre**, and **droite** are used in a political context, just as in English.

Mise en pratique

1 Give additional items, such as: **Synonyme: un criminel (un voleur); Antonyme: approuver (combattre)**

1 **Synonymes et antonymes** Remplissez la liste de synonymes et d'antonymes pour les mots suivants.

Synonymes		Antonymes	
1. équivalence	égalité	6. défaite	victoire
2. terreur	peur	7. guerre	paix
3. protéger	défendre	8. victime	criminel(le)
4. pacifiste	pacifique	9. conservateur	libéral
5. opinion	croyance	10. innocent	coupable

2 **Qui est-ce?** Dites qui parle dans chaque situation.

2 Have students draw additional vocabulary words from a bag, and then come up with descriptions like those in the activity. Have them take turns guessing each word.

> **1. une activiste   2. un terroriste   3. un voleur   4. une avocate   5. un homme politique**

___3___ a. J'espionnais des résidences dans un quartier riche. Quand une famille est partie en vacances, je suis entré dans leur maison. Je n'ai pas eu le temps de prendre l'argent, parce que des policiers sont arrivés. J'ai essayé de fuir, mais ils m'ont arrêté. Au tribunal, le juge m'a condamné à trois mois de prison.

___1___ b. Je suis membre d'un groupe politique qui croit en la démocratie. Nous sommes pour la liberté des citoyens du monde et contre la dictature. Nous combattons les dictatures, parce que nous pensons que c'est une forme d'emprisonnement.

___5___ c. Je m'occupe des affaires publiques dans ma région. Aux dernières élections, soixante-quinze pour cent des habitants qui ont voté m'ont choisi. J'ai aussi gagné les élections il y a quatre ans.

3 Ask volunteers from each group to read their stories to the class.

___4___ d. Je m'intéresse beaucoup plus à la justice qu'à la politique. Chaque jour, je défends mes clients, qui sont souvent victimes d'injustices. En plus, je me consacre à la défense des droits de l'homme.

3 Have students write the words on a sheet of paper. Then have them write two things they associate with that word. They can be new or previously learned words, or the names of people or places. Ex: **faire du chantage—argent, crime; démocratie—les États-Unis, gouvernement.**

___2___ e. Je suis membre d'une armée spéciale. Nous faisons peur aux gens pour les informer sur nos croyances et sur nos luttes. Nous utilisons aussi la violence et la cruauté pour détruire ce qui est injuste dans le monde. Nous utilisons fréquemment le chantage pour atteindre notre but.

3 **Définir et inventer** Dans un groupe de trois ou quatre, définissez les mots de la liste. Ensuite, inventez une histoire qui inclut au moins huit des douze mots.

chantage	démocratie	espionner	politique
combattre	dictature	libéral	scandale
criminel	égalité	pacifique	sécurité

4 You may want to provide students with examples of types of law: **droit fiscal, droit des affaires, droit de la famille, droit du travail, droit de la santé, droit immobilier, droit des étrangers, droit sur la propriété intellectuelle, droit militaire**, etc.

4 **Au tribunal** Imaginez que vous soyez avocat(e). Décrivez quelle sorte de droit vous pratiquez. Si vous choisissez le droit pénal (*criminal*), défendez-vous des clients qui sont coupables? Qu'est-ce qui est le plus important: défendre la justice ou gagner un salaire élevé? Discutez de vos idées avec celles d'un(e) camarade de classe.

Practice more at **vhlcentral.com.**

Préparation

KEY STANDARDS
1.2, 2.1, 2.2, 4.1, 4.2, 5.2

Instructional Resources
Supersite/DVD: Film Collection
Supersite: Script & Translation

Have students read the vocabulary lists and hypothesize about the subject matter of the short film.

Ask students to use six words and expressions from the vocabulary in sentences that show the meaning of each term. As an alternative, have students do this in pairs: one partner explains the meaning of a word or expression without using it and the other one identifies the correct term.

Point out that **comme d'hab** is short for **comme d'habitude**. Point out that **baragouiner**, **une galère**, **un mec**, and **se tirer** are all colloquial expressions. Ask students to supply standard French expressions with similar meanings. Ex: **parler un peu, un problème, un homme, partir.**

Ask students to share what they know about Islam.

1 For additional practice, have students come up with other **vrai/faux** statements. Call on them or have volunteers correct the false statements.

2 Ask two volunteers to act out the conversation. Then, as a class, brainstorm solutions to the problem described by Mohammed. What could be done to resolve the issue? Write a list of ideas on the board. Then have pairs work on a letter to Mohammed's father in which they try to convince him to change his attitude toward his daughter.

Vocabulaire du court métrage

baragouiner *to jabber*
un(e) chrétien(ne) *Christian*
un devoir *duty*
une galère *nightmare*
un mec *guy*
un(e) musulman(e) *Muslim*
un péché *sin*
le poids *weight*
se tirer *to leave, take off*

Vocabulaire utile

l'acceptation (f.) *acceptance*
le christianisme *Christianity*
un couple mixte *mixed couple*
des croyances (f.) *beliefs*
l'islam (m.) *Islam*
le manque de communication *lack of communication*
une prière *prayer*

renier quelqu'un *to disown someone*
le respect des autres *respect for others*
la tolérance *tolerance*
une trahison *betrayal*

EXPRESSIONS

Comme d'hab(itude). *As usual.*
Je n'en peux plus. *I can't stand it anymore.*
Je t'en supplie. *I'm begging you.*
On s'en fout. *Who cares?*
Tu abuses. *You're blowing this out of proportion.*

1 Vrai ou faux? Indiquez si ces affirmations sont vraies ou fausses. Corrigez les fausses.

1. Quand on a des galères, tout va bien. Faux. Tout va mal.
2. Les parents renient parfois leurs enfants quand ils n'approuvent pas leurs actions. Vrai.
3. Deux personnes de religions ou de races différentes forment un couple mixte. Vrai.
4. La tolérance et le respect des autres sont des qualités. Vrai.
5. Un péché est une pratique religieuse. Faux. Une prière est une pratique religieuse
6. Un père ou une mère qui se tire abandonne sa famille. Vrai.
7. Quand on ne s'intéresse pas à quelque chose, on s'en fout. Vrai.
8. Quand on parle très bien une langue étrangère, on baragouine. Faux. On baragouine quand on parle un peu une langue.

2 À compléter Complétez le dialogue avec les mots et les expressions appropriés du vocabulaire.

MOHAMMED Oh, j'en ai vraiment marre de la situation chez moi. __Je n'en peux plus__. Il faut vraiment que ça change.

SAMIR Qu'est-ce qui se passe?

MOHAMMED Eh bien, tu vois, il y a un grand __manque de communication__. Personne ne se parle! Ma sœur refuse de suivre les pratiques religieuses musulmanes et elle ne fait plus ses __prières__. Mon père voit cela comme une __trahison__.

SAMIR J'espère qu'il ne va pas __renier__ ta sœur.

MOHAMMED Écoute, j'en ai peur.

SAMIR Il faut que ton père respecte les autres et qu'il fasse preuve de __tolérance__.

MOHAMMED Je sais bien. Hier, je lui ai même dit: «Papa, __je t'en supplie__, arrête de traiter Khadija comme ça!» Mais il ne m'a pas écouté!

3 **Questions** Répondez aux questions par des phrases complètes.

1. Qu'est-ce qu'un Gaulois? Les Gaulois sont-ils musulmans d'habitude?

2. Connaissez-vous un couple mixte? Sont-ils parfois victimes de discrimination? Pourquoi?

3. Qu'est-ce qui peut faire que quelqu'un abandonne sa famille? Est-ce que cet acte peut être excusé dans certaines circonstances? Expliquez.

4. Avez-vous déjà été trahi(e) par quelqu'un ou connaissez-vous quelqu'un qui l'a été? Expliquez les circonstances. Peut-on ou doit-on pardonner une telle trahison? Pourquoi?

5. À votre avis, la mondialisation (*globalization*) contribue-t-elle à améliorer la tolérance et le respect des autres? Expliquez votre point de vue.

4 **Anticipation** Avec un(e) camarade, observez ces images du court métrage et répondez aux questions.

A   **B**

Image A

- Que voit-on sur l'image? Décrivez la scène dans le parc. Que fait l'homme à la veste en cuir?

- Comment sont les autres personnages? Que font-ils? Imaginez les relations entre les personnages.

Image B

- Qui sont les deux personnages sur la photo, d'après vous? Décrivez-les.

- Ces deux personnes ont-elles l'air heureux? Imaginez leur relation.

5 **À vous** On entend parfois dire que «l'amour n'a pas de frontières». Par petits groupes, discutez de cette idée. Êtes-vous d'accord? Pourquoi?

4 Ask students to write a paragraph in which they describe the relationship between the two people in **Image B** ten years from now. Their paragraph should address these questions: **Qu'est-ce que ces deux personnes sont devenues? Sont-ils toujours ensemble? Comment leur relation a-t-elle évolué pendant ces années? Ont-ils été l'objet de discrimination? Ont-ils des enfants? Sont-ils toujours heureux?**

5 Have a volunteer from each group summarize the group's conclusions for the class.

 Practice more at **vhlcentral.com.**

Short Film

This film is available on the **IMAGINEZ** Film Collection DVD and at **vhlcentral.com**.

Ask the class to describe what is happening in the scene from the film depicted in the poster.

If students are having trouble with the colloquial language in the dialogues, remind them to resist the urge to understand every single word. Explain that watching the film on the Supersite allows them to pause and read the captions or to watch an entire passage to get the gist.

INTRIGUE *Leïla, une jeune femme maghrébine, a quitté sa famille il y a six mois pour partir avec un jeune homme français.*

WALID Allô?
LEÏLA Walid? C'est Leïla. Ça fait des jours et des jours que j'ai envie de te parler.
WALID Attends, là! Mais pourquoi tu m'appelles? Pourquoi tu m'appelles?

MARIE Un petit café... Mais tu as pété un câble°, Walid, ou quoi? Tu ne vas pas me faire un petit café alors que c'est ramadan.
WALID Et alors? Je peux te faire un petit café même si je fais le ramadan. Où est le problème?

MARIE Mais tu ne décroches° pas?
WALID Non, non, non, ce n'est rien, on s'en fout, ce n'est rien.
MARIE Comment ça, on s'en fout?
LEÏLA (*voix sur le répondeur*) Allez, Walid, réponds!
MARIE C'est qui?

WALID Et le pire, c'est que c'est un Gaoli°, le mec. Tu imagines la tête de mes parents? [...]
FRED Je comprends ta rage, Walid, mais ta sœur, elle est grande! Il fallait bien qu'un jour ou l'autre, elle fasse sa vie°, tu ne crois pas?

FRED Walid, arrête de noyer le poisson°. C'est un problème uniquement parce que c'est une fille. Tiens, toi et Marie, a priori°, ça ne dérange personne.
WALID Attends, qu'est-ce que tu racontes? Qu'est-ce que tu en sais si ça ne dérange personne? Tu es dans ma tête, toi? Tu sais à quel point c'est compliqué?

WALID Fred, non mais sérieux, tu imagines mon père appeler ses petits-enfants Marie-Pierre, Christophe, Jean-Pierre. Non, mais c'est vrai, franchement, tu rigoles!

tu as pété un câble... ? *are you crazy... ?* **décroches** *pick up* **Gaoli** *Frenchman* **fasse sa vie** *make her own decisions* **noyer le poisson** *clouding the issue* **a priori** *apparently*

PREVIEW Call on students or have volunteers describe the characters and the images. Ask them to make predictions about the story.

TEACHING OPTION Divide the class into several groups and have each one research a particular aspect of Islam: its history, beliefs, practices, major holidays, etc. Have the groups prepare brief oral reports to share with the class.

Analyse

1 Have students create additional sentences describing the various characters. Have them read their sentences to a partner who will guess which character is being described.

1

De qui s'agit-il? Indiquez quel personnage est décrit dans chaque phrase.

1. Cette personne observe le ramadan. Walid

2. Cette personne est à moitié bretonne et à moitié portugaise. Fred

3. Cette personne pense que ses parents ne vont pas tolérer la situation. Walid

4. Cette personne est amoureuse d'un Français. Leïla

5. Le partenaire de cette personne est musulman. Marie

6. Cette personne pense que son/sa partenaire le/la trompe (*cheats*) peut-être. Marie

2 Have pairs of students come up with three additional events from the film and insert them in chronological order.

2

Chronologie Numérotez ces événements dans l'ordre chronologique. Ensuite, faites deux prédictions pour l'avenir des deux couples.

Numéro	Événement
4	Marie part fâchée.
1	Walid fait sa prière.
7	Walid explique à Fred que sa sœur est partie avec un Français.
8	Fred et Walid vont boire un verre au café.
5	Walid va à la salle de sport.
9	La serveuse souhaite un joyeux anniversaire à Walid.
10	Walid découvre l'identité du petit ami de Leïla.
2	Marie rend visite à Walid.
6	Fred pense que Walid a des problèmes.
3	Walid ne veut pas décrocher le téléphone quand Marie est chez lui.

3 Have students come up with one additional incorrect option for each item.

3

Le bon choix Complétez chaque phrase de façon logique d'après le court métrage.

1. D'après Walid, ses parents préféreraient sûrement _____.

   a. que leurs petits-enfants aient des prénoms musulmans

   b. que leurs petits-enfants aient des prénoms comme Jean-Pierre

   c. ne pas avoir de petits-enfants

2. La famille de Walid _____.

   a. aime les spécialités bretonnes   b. mange la journée pendant le ramadan

   c. ne mange pas de porc

3. Fred a un secret qu'il _____.

   a. n'a pas révélé à son ami   b. n'a pas révélé à Leïla

   c. veut révéler aux parents de Walid

4. D'après Fred, Walid réagirait différemment à la situation s'il s'agissait _____.

   a. d'une autre sœur plus âgée   b. d'un garçon   c. d'une cousine

5. Les parents de Fred _____.

   a. sont musulmans   b. font aussi le ramadan

   c. forment un couple mixte

4 **Questions** Répondez aux questions d'après le court métrage.

1. Que fait Walid au début du film? Qu'est-ce qui l'interrompt?
2. Pourquoi la jeune femme téléphone-t-elle à Walid?
3. Qui arrive chez Walid? Quelle est leur relation?
4. Pourquoi Marie est-elle surprise que Walid lui propose un café? Marie observe-t-elle aussi cette tradition? Pourquoi?
5. Pourquoi Marie part-elle brusquement?
6. Fred est-il d'accord avec les commentaires de Walid au sujet de la situation de sa sœur? Expliquez.
7. Décrivez la dernière scène du court métrage. Walid est-il surpris, à votre avis? Expliquez.

5 **Et si c'était un homme...** Dans le court métrage, Fred fait cette remarque. Discutez-en par petits groupes.

«Walid, arrête de noyer le poisson. C'est un problème uniquement parce que c'est une fille. Tiens, toi et Marie, a priori, ça ne dérange personne.»

6 **Une lettre à Leïla** Imaginez que vous soyez Walid. Pardonnez-vous sa «trahison» à votre sœur? Écrivez-lui une lettre dans laquelle vous lui exprimez vos sentiments.

7 **Jeu de rôles** Imaginez la conversation qui va avoir lieu entre Walid et Fred après la dernière scène du film. À deux, préparez le dialogue puis jouez-le devant la classe.

Vue aérienne d'une île de l'archipel des Saintes, Guadeloupe

IMAGINEZ
Les Antilles

INSTRUCTIONAL RESOURCES
Supersite: Teaching suggestions; SAM AK
SAM/WebSAM: WB

KEY STANDARDS
2.1, 2.2, 3.2, 4.2, 5.1

Alerte! Les pirates! Ⓢ Reading

«**À** l'abordage°!» Au 17e siècle, tous les voyageurs des **Antilles** avaient peur d'entendre ce cri. En effet, chaque traversée° les livrait à la merci° d'horribles pirates qui hantaient la **mer des Caraïbes**. Des noms comme le **capitaine Morgan** ou le **capitaine Kidd** pour les **Britanniques**, et **Jean Bart** ou **Robert Surcouf** pour les **Français** semaient l'épouvante°. **Pirates**, corsaires, et boucaniers… leur réputation était terrible!

Pourtant la piraterie avait son utilité. À l'époque, les nations européennes se disputaient les Caraïbes et n'avaient pas les moyens financiers de mettre en place une force navale dans une région aussi vaste. Les **Espagnols** constituaient la plus grande puissance coloniale des Antilles, mais en 1564, ce sont les **Français** qui ont été les premiers non-espagnols à s'y installer, à **Fort Caroline**, aujourd'hui près de **Jacksonville**, en **Floride**. Bien qu'ils n'y soient pas restés très longtemps — ils en ont vite été chassés par les **Espagnols** —

les Français ont profité de l'emplacement de leurs colonies pour saisir° l'or et l'argent que les **Espagnols** extrayaient° des mines sud-américaines. La piraterie permettait aussi de s'emparer° des bateaux marchands qui visitaient les ports de **Saint-Pierre** en **Martinique**, **Basse-Terre** en **Guadeloupe** ou **Cap Français** à **Saint-Domingue** (aujourd'hui **Haïti**), trois colonies françaises à l'époque.

Il existait différents types d'équipages°. Les **corsaires** étaient souvent des nobles ou de riches entrepreneurs qui travaillaient directement pour le roi. Cette piraterie-là rapportait bien°. Les pirates ordinaires, eux, étaient indépendants et beaucoup vivaient sur **l'île de la Tortue**, colonie française au nord de Saint-Domingue. Les **boucaniers**, les pirates des Antilles, étaient de véritables

Un galion, bateau armé des temps anciens

aventuriers. Leur nom vient du «boucan», une grille de bois sur laquelle ils faisaient griller la viande et les poissons, à la manière des populations locales, les **Amérindiens Arawak.** Les Arawaks étaient un groupe linguistique qui comprenait plusieurs tribus. Ils étaient aussi les premiers à avoir été en contact avec des Européens. Sinon, les boucaniers étaient réputés pour leur vie en plein air et leurs festins bruyants. Parmi leurs lieux favoris: **Saint-Barthélemy, Port-de-Paix** à Saint-Domingue et des petites îles comme **les Saintes,** en Guadeloupe.

Les sociétés de pirates, qu'on appelait aussi des **flibustiers,** étaient égalitaires, et même révolutionnaires pour l'époque. Les pirates étaient les seuls marins à pouvoir élire leur capitaine démocratiquement. Celui-ci combattait avec eux, au lieu de° leur donner des ordres de loin. Le butin° était partagé entre tous les membres de l'équipage, et les invalides recevaient des indemnités°. En temps de guerre, la piraterie devenait très active. En temps de paix, les pirates faisaient de la contrebande°, pour le bonheur de tous. Beaucoup allaient par exemple au petit village de **Pointe-Noire,** en Guadeloupe, pour vendre leurs marchandises à très bon prix. Ce village doit son nom aux roches volcaniques qu'on aperçoit au nord.

Aujourd'hui, si vous allez aux Antilles, vous aurez peu de chance de rencontrer des pirates. Par contre, vous pourrez toujours déguster° un bon poulet boucané en souvenir du passé!

À l'abordage! *a pirate cry used when taking over another ship* **traversée** *crossing* **livrait à la merci** *put at the mercy* **semaient l'épouvante** *spread terror* **saisir** *seize* **extrayaient** *extracted* **s'emparer** *to grab* **équipages** *crews* **rapportait bien** *was profitable* **au lieu de** *instead of* **butin** *booty* **indemnités** *compensation* **contrebande** *smuggling* **déguster** *savor*

Des mots utilisés aux Antilles

Guadeloupe et Martinique

un acra	un beignet de poisson ou de légumes
une anse	une baie
une doudou	une chérie
le giraumon	le potiron; *pumpkin*
une habitation	une plantation, un domaine agricole
le maracudja	le fruit de la passion
une morne	une colline; *hill*
une trace	un chemin; *path*
le vesou	le jus de la canne à sucre
un zombi	un revenant; *ghost; zombie*

Découvrons les Antilles

Saint-Barthélemy Saint-Barth est une île du nord des Caraïbes, qui porte le nom du frère de **Christophe Colomb**.

Aujourd'hui, l'île fait partie des **Antilles françaises,** mais elle a aussi été espagnole et suédoise. À présent, elle est connue pour son tourisme de luxe. Entre une chaîne de montagnes et une barrière de corail°, ses 14 plages ont chacune un caractère unique. Cette grande diversité s'accompagne d'un climat paradisiaque. L'île fait ainsi le bonheur des vacanciers et des stars.

Les yoles rondes La yole ronde est un voilier° inventé en **Martinique,** dans les années 1940. Elle s'inspire du **gommier,** le bateau traditionnel, et de la yole européenne. Ses premiers utilisateurs étaient les marins pêcheurs°, qui faisaient la course° quand ils rentraient de la pêche. La yole ronde est aujourd'hui un véritable sport nautique, dont l'événement le plus populaire est le **Tour de la Martinique,** une course en sept étapes° autour de l'île.

Le carnaval de Guyane En **Guyane française,** le carnaval ne ressemble à aucun autre. Il est d'abord exceptionnellement long, parce qu'il dure deux mois: du jour de l'Épiphanie, le 6

janvier, au mercredi des Cendres, début mars. Il est aussi à la fois populaire, multiethnique et traditionnel, avec des costumes historiques comme celui du boulanger ou de l'ours°. C'est surtout une grande fête qui rassemble tous les Guyanais.

John James Audubon (1785–1851) Tout le monde en Amérique connaît **J. J. Audubon,** le fameux ornithologue et naturaliste, et la **National Audubon Society** créée en sa mémoire. Audubon, d'origine française, est né en Haïti. Il a grandi en France, près de Nantes,

et a émigré aux États-Unis en 1803. Dans son œuvre, *Les oiseaux d'Amérique* (1840), il a dessiné, en quatre volumes, toutes les espèces connues d'oiseaux d'Amérique du Nord.

barrière de corail *coral reef* **voilier** *sailboat* **marins pêcheurs** *fishermen* **faisaient la course** *raced* **étapes** *stages* **ours** *bear*

Qu'avez-vous appris?

1 Correspondances Faites correspondre les mots et les noms avec les définitions.

1. ___f___ John James Audubon

2. ___e___ le boucan

3. ___b___ Saint-Barthélemy

4. ___d___ la yole ronde

5. ___a___ le Tour de la Martinique

6. ___c___ l'ours

a. une course nautique en sept étapes

b. une île qui fait le bonheur des touristes et des stars

c. un des costumes traditionnels du carnaval de Guyane

d. un voilier qui s'inspire du gommier et de la yole européenne

e. une grille de bois pour faire cuire le poisson ou la viande

f. un ornithologue né en Haïti

2 Complétez Complétez chaque phrase de manière logique.

Answers may vary.

1. …est un cri qui faisait peur aux voyageurs du 17ᵉ siècle. «À l'abordage!»

2. Aux Antilles, au 17ᵉ siècle, on risquait de rencontrer des pirates… à chaque traversée.

3. La piraterie était utile quand les nations… n'avaient pas les moyens de mettre en place une force navale.

4. Les touristes qui visitent Saint-Barth peuvent apprécier… son climat paradisiaque, ses quatorze plages, ses montagnes et sa barrière de corail.

5. Le carnaval de Guyane est… très long, traditionnel, multiethnique et populaire.

6. John James Audubon était gardien du patrimoine naturel américain parce qu'… il a dessiné toutes les espèces d'oiseaux connues d'Amérique du Nord.

Projet

Dans la peau d'un boucanier

Imaginez que vous soyez un pirate ou un boucanier du 17ᵉ siècle. Recherchez sur **vhlcentral.com** les informations dont vous avez besoin pour écrire un extrait de votre journal. En au moins dix phrases, expliquez ce qui s'est passé pendant une journée, et présentez-le à la classe.

• Inventez des aventures et donnez des détails. Où êtes-vous allé(e)s? Qui avez-vous rencontré? Quels problèmes avez-vous eus? Comment avez-vous survécu?

• Dessinez un plan de la route que vous avez suivie.

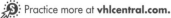 Practice more at **vhlcentral.com.**

Trouvez la bonne réponse.

1. Des noms comme le capitaine Morgan, le capitaine Kidd, Jean Bart et Robert Surcouf semaient _____.
   - a. la joie
   - (b.) l'épouvante
   - c. le bonheur
   - d. le calme

2. _____ travaillaient directement pour le roi.
   - a. Les flibustiers
   - (b.) Les corsaires
   - c. Les pirates
   - d. Les boucaniers

3. Les pirates ordinaires étaient _____.
   - a. riches
   - b. anglais
   - c. nobles
   - (d.) indépendants

4. Le boucan était à l'origine utilisé par _____.
   - a. les boucaniers
   - b. les colons
   - (c.) les Amérindiens Arawak
   - d. les marins

5. Les sociétés pirates étaient très avancées pour leur époque, parce qu'elles étaient _____.
   - a. hiérarchiques
   - b. célèbres
   - c. riches
   - (d.) égalitaires

6. Le butin était partagé entre _____ de l'équipage.
   - (a.) tous les membres
   - b. tous les capitaines
   - c. tous les bateaux
   - d. tous les invalides

7. En temps de paix, les pirates faisaient _____.
   - a. du commerce
   - (b.) de la contrebande
   - c. la guerre
   - d. des réparations

8. La recette qui rappelle les pirates des Antilles s'appelle _____.
   - (a.) le poulet boucané
   - b. le rhum
   - c. le poisson
   - d. la viande cuite

9. _____ porte le nom du frère de Christophe Colomb.
   - (a.) Saint-Barthélemy
   - b. Cap Français
   - c. Saint-Domingue
   - d. Fort Caroline

10. Les premiers utilisateurs des yoles rondes étaient _____.
    - a. les boucaniers
    - b. les Espagnols
    - (c.) les marins pêcheurs
    - d. les Amérindiens Arawak

Video: TV Clip

Qu'en pensent les jeunes Belges?

Aux élections européennes de 2009 en Belgique, les primo-votants représentaient environ 8% des électeurs (*voters*). Les primo-votants sont les personnes qui votent pour la première fois, c'est-à-dire une majorité de jeunes. Un sondage (*survey*) réalisé par l'Université de Liège et Dedicated Research a résumé les opinions des jeunes électeurs belges francophones. Même si deux jeunes sur trois (*two out of three*) déclarent s'intéresser peu à la politique, 86% d'entre eux estiment que voter est «utile» ou «très utile».

Mais il ne faut pas oublier que c'est un droit et que ce n'est pas un acquis et que, la démocratie, ça se travaille.

COMPRÉHENSION As a class, discuss these concepts mentioned by the third and fourth young men: **1. Voter est un droit et non pas un acquis. 2. La démocratie implique des devoirs et le droit de vote en est un.**

DISCUSSION Item 2 is appropriate for a class debate. Brainstorm ideas and have a volunteer take notes on the board. Then ask students to rank these ideas from most to least important, and have them justify their opinions.

VOCABULAIRE

de la vidéo

un acquis *something taken for granted*
une convocation *registration notice*
un devoir *duty*
un droit *right*
en sous-main *secretly*
sauter sur l'occasion *to jump on the opportunity*
traîner *to lie around*
une voix *vote*

pour la conversation

un chef d'état *head of state*
les droits (m.) civiques *civil rights*
un(e) élu(e) *elected official*
les enjeux (m.) *stakes*
être au pouvoir *to be in power*
la majorité *majority*
la minorité *minority*
prendre au sérieux *to take seriously*
un sénateur *senator*

1

Compréhension Répondez aux questions par des phrases complètes.

1. Pourquoi la première personne n'a-t-elle pas l'air de prendre le droit de vote au sérieux?
   Elle ne sait pas où se trouve sa convocation pour les élections.

2. Que pense la troisième jeune femme de l'idée de voter? Elle s'intéresse à la politique et ça lui fait plaisir de pouvoir voter.

3. Qu'est-ce que le jeune homme de la dernière interview apprécie au sujet de la candidate dont il parle? Elle met beaucoup les minorités en avant.

2 Discussion Répondez aux questions en donnant des détails.

1. Avez-vous déjà voté dans des élections? Si oui, expliquez. Sinon, aimeriez-vous voter? Pourquoi?

2. Pour vous, que doit-on prendre en considération avant de décider pour qui voter?

Et vous? Quelles vont être les prochaines élections dans votre ville, votre état ou votre pays? Quel va être l'enjeu de ces élections?

Practice more at **vhlcentral.com.**

La valeur des idées

GALERIE DE CRÉATEURS

SUR INTERNET

Pour plus de renseignements sur ces créateurs et pour explorer des aspects précis de leurs créations, à l'aide d'activités et de projets de recherche, visitez vhlcentral.com.

LITTÉRATURE
Aimé Césaire (1913–2008)

En 1934, ce Martiniquais, qui fait ses études à Paris, fonde le magazine *L'Étudiant noir* avec Léopold Sédar Senghor et Léon-Gontran Damas. Ces trois écrivains créent ensuite un grand mouvement littéraire et culturel, la Négritude. C'est Aimé Césaire qui invente ce nouveau mot. Puis en 1945, il décide de se consacrer à la politique et est élu maire de Fort-de-France. Il le restera jusqu'en 2001. Il est à l'origine de la création du concept des Départements d'Outre-Mer (DOM). Son *Discours sur le colonialisme* s'inscrit (*is engraved*) dans la lutte pour la reconnaissance de l'identité noire. Cette pensée révolutionnaire qui l'anime se reflète dans son œuvre littéraire: poésies, pièces de théâtre, essais… Aimé Césaire est resté une figure importante de la Martinique jusqu'à la fin de sa vie.

DANSE **Léna Blou (1962–)**

Cette danseuse et chorégraphe guadeloupéenne obtient plusieurs diplômes d'interprétation et d'enseignement pour les danses jazz et contemporaine. Elle perfectionne d'abord sa formation par des stages en Europe et aux États-Unis auprès d' (*with*) éminentes personnalités de cette discipline. Forte de son expérience, elle ouvre son école de danse à Pointe-à-Pitre puis crée en 1995 la compagnie Trilogie. Elle veut faire connaître l'esthétique chorégraphique traditionnelle des Caraïbes. Elle modernise même la danse traditionnelle guadeloupéenne, le Gwo-ka, en créant (*by creating*) la technique de danse «Techni'ka». Blou est ainsi une artiste à la fois (*both*) moderne et traditionnelle qui désire mettre la danse de son île au même rang de popularité que les techniques Graham ou Horton. Pour cela, elle dirige des stages de Techni'ka en Europe et aux États-Unis.

LITTÉRATURE
Paulette Poujol-Oriol (1926–)

Paulette Poujol-Oriol est une Haïtienne aux multiples talents — professeur, metteur en scène et auteur. Elle écrit des romans et des nouvelles (*short stories*) qui présentent des personnages haïtiens, et elle enseigne le théâtre aux enfants. C'est aussi une femme très engagée qui milite (*is an activist*) dans plusieurs associations féministes. Elle connaît le succès dès qu'elle publie sa première œuvre, *Le Creuset*. Le style de Paulette Poujol-Oriol est caractéristique: elle mélange (*mixes*) depuis toujours le français et le créole haïtien. Pleins d'ironie, ses livres sont en général perçus comme des œuvres morales.

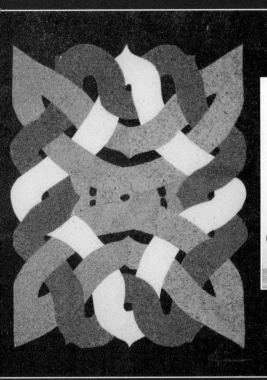

PEINTURE
Franky Amete (1966–)

Ce peintre guyanais est spécialisé dans l'art «tembé» hérité des «Noirs marrons» des plateaux de Guyane. Les «Noirs marrons» sont des esclaves noirs qui ont fui dans la forêt, pendant la période de l'esclavage. Ils se servaient de cet art pour communiquer d'une plantation à l'autre. Comme eux, Franky Amete est le gardien de la culture africaine présente en Amérique du Sud. Tout est équilibre (*balance*) et harmonie dans l'art tembé. Amete travaille ses œuvres à l'aide de la règle (*ruler*) et du compas pour créer un art géométrique très riche en couleurs. Il est le premier à avoir utilisé des sables (*sands*) de couleurs différentes comme éléments artistiques. Ses tableaux peuvent mesurer jusqu'à plusieurs mètres de long.

Compréhension

Vrai ou faux? Indiquez si chaque phrase est vraie ou fausse. Corrigez les phrases fausses.

1. Léna Blou enseigne une version modernisée du Gwo-ka, la danse traditionnelle guadeloupéenne. Vrai.

2. La troupe de danseurs Trilogie se spécialise dans l'interprétation chorégraphique en jazz. Faux. Elle se spécialise dans l'esthétique chorégraphique traditionnelle des Caraïbes.

3. Aimé Césaire est un des pères de la Négritude. Vrai.

4. En plus de sa carrière littéraire, Césaire a aussi été homme politique. Vrai.

5. La Négritude est un mouvement politique dans les Départements d'Outre-Mer Faux. C'est un mouvement culturel et littéraire.

6. Les livres de Paulette Poujol-Oriol mélangent le français et le créole haïtien. Vrai.

7. Poujol-Oriol milite également pour la défense de l'environnement. Faux. Elle milite pour des causes féministes.

8. «Noirs marrons» est le nom donné aux esclaves noirs qui ont fui pendant la période de l'esclavage. Vrai.

9. Franky Amete peint surtout des paysages guyanais. Faux. Son art est géométrique.

10. Amete s'inspire beaucoup de l'art impressionniste. Faux. Il s'inspire de l'art «tembé».

Rédaction

À vous! Choisissez un de ces thèmes et écrivez un paragraphe d'après les indications.

- **La Négritude** Un(e) ami(e) vous demande des informations sur la Négritude. Expliquez-lui ce que vous savez au sujet de ce mouvement en un paragraphe.

- **Aimé Césaire** Vous devez préparer un exposé sur Aimé Césaire. Écrivez-lui un e-mail dans lequel vous lui posez des questions pour en apprendre plus sur sa vie et sa carrière.

- **Critique d'art** Vous êtes critique d'art et vous assistez à une exposition de Franky Amete. Écrivez un paragraphe dans lequel vous décrivez son style artistique et son inspiration.

Practice more at **vhlcentral.com**.

KEY STANDARDS
4.1, 5.1

INSTRUCTIONAL
RESOURCES
Supersite: Lab Audioscript,
SAM AK, Lab MP3s
SAM/WebSAM: WB, LM

Tell students to think of the pluperfect as the "past in the past." That is, when a past-tense context has already been established and they wish to say what had happened even before that, use the **plus-que-parfait.**

Call on four volunteers to write the four sample sentences on the board. Then have them show and explain the agreement or non-agreement of the past participles.

Have students work in pairs and take turns creating sentences about things they had done prior to last year. Have them name one thing they had done and one thing they had not done. Ex: **Avant l'année dernière, j'avais déjà voyagé à San Francisco. Je n'avais jamais nagé dans l'océan.**

BLOC-NOTES

See **Fiche de grammaire 5.5, p. 410,** for a review of agreement with past participles.

As a memorization aid, have students group the irregular past participles into categories based on their similarities. Example: **conduit, écrit, dit**

4.1

The *plus-que-parfait*

*Quand Walid et Leïla ont parlé, elle lui **avait** déjà **téléphoné** plusieurs fois.*

- The **plus-que-parfait** is used to talk about what someone *had done* or what *had occurred* before another past action, event, or state. Like the **passé composé**, the **plus-que-parfait** uses a form of **avoir** or **être** — in this case, the **imparfait** — plus a past participle.

The *plus-que-parfait*		
voter	**finir**	**perdre**
j'avais **voté**	j'avais **fini**	j'avais **perdu**
tu avais **voté**	tu avais **fini**	tu avais **perdu**
il/elle avait **voté**	il/elle avait **fini**	il/elle avait **perdu**
nous avions **voté**	nous avions **fini**	nous avions **perdu**
vous aviez **voté**	vous aviez **fini**	vous aviez **perdu**
ils/elles avaient **voté**	ils/elles avaient **fini**	ils/elles avaient **perdu**

RECENT PAST	REMOTE PAST
Nous lui avons dit	que Sarkozy **avait gagné les élections.**
We told her	*that Sarkozy had won the election.*ˑ

RECENT PAST	REMOTE PAST
L'accusé souriait	parce que les juges ne l'avaient pas mis en prison.
The accused was smiling	*because the judges had not put him in prison.*

- Recall that some verbs of motion, as well as a few others, take **être** instead of **avoir** as the auxiliary verb in the **passé composé**. Use the **imparfait** of **être** to form the **plus-que-parfait** of such verbs and make the past participle agree with the subject.

Les avocats ne savaient pas que vous **étiez** déjà **partie.**
The lawyers didn't know that you had already left.

On a découvert que les victimes **étaient mortes** à la suite de leurs blessures.
They discovered that the victims had died of their injuries.

- Use the **imparfait** of **être** as the auxiliary for reflexive and reciprocal verbs. Make agreement whenever you would do so for the **passé composé.**

Avant le dîner, le président et sa femme **s'étaient levés** pour recevoir les invités.
Before dinner, the president and his wife had gotten up to welcome the guests.

Il ne savait pas que nous **nous étions téléphoné** hier soir.
He didn't know that we had phoned each other last night.

M. Vartan a reçu une amende. Il ne **s'était** pas **arrêté** au feu.

- In all other cases as well, agreement of past participles in the **plus-que-parfait** follows the same rules as in the **passé composé**.

  La police a trouvé les armes qu'il avait **cachées.**
  The police found the weapons that he had hidden.

  Le président a signé la loi que le congrès avait **approuvée.**
  The president signed the law that the congress had passed.

- Use the **plus-que-parfait** to emphasize that something happened in the past before something else happened. Use the **passé composé** to describe completed events in the more recent past and the **imparfait** to describe conditions or habitual actions in the more recent past.

Action in remote past . . .	completed action in recent past

  L'activiste n'**avait** pas **fini** de parler quand vous **avez coupé** le micro.
  The activist hadn't finished talking when you cut off the microphone.

Condition in recent past . . .	action in remote past

  Il y **avait** des drapeaux partout parce que le président **était arrivé** la veille.
  There were flags everywhere because the president had arrived the day before.

- The **plus-que-parfait** is also used after the word **si** to mean *if only…* (*something else had taken place*). It expresses regret.

  Si j'**avais su** que tu avais un plan!
  If only I had known you had a map!

  Si seulement il n'**était** pas **arrivé** en retard!
  If only he hadn't arrived late!

- To say that something had *just* happened in the past, use a form of **venir** in the **imparfait** + **de** + the infinitive of the verb that describes the action.

  Je **venais de raccrocher** quand le téléphone a sonné de nouveau.
  I had just hung up when the phone rang again.

  Le président **venait de signer** l'accord quand on a entendu l'explosion.
  The president had just signed the treaty when we heard the explosion.

Write two sample sentences on the board. Show the agreement visually by putting a box around the agreement portion of the past participle and then drawing an arrow back to the noun.

Remind students that, in any grammatical structure where a direct object precedes a past participle, the past participle must agree in gender and number with its direct object.

ATTENTION!

In informal speech, speakers of English sometimes use the simple past to imply the past perfect. In French, you still use the **plus-que-parfait.**

Le voleur a cherché les papiers que l'avocate avait posés sur son bureau.
The thief looked for the papers that the lawyer placed (had placed) on her desk.

BLOC-NOTES

Si clauses can also contain a verb in the present tense or **imparfait**. See **Structures 10.3, pp. 374–375**, to learn more about **si** clauses.

Point out that **Si j'avais su…** is a common expression used to express regret.

Mise en pratique

1 Ask questions to check students' comprehension. Examples: **Qu'est-ce que ses parents lui avaient appris quand elle était petite? Qu'avait-elle essayé de faire?**

1 **Un prix Nobel** Pendant une interview, une militante de l'organisation «Un monde tranquille» parle de sa vie avant 1998, année où elle a reçu le prix Nobel de la paix. Employez le plus-que-parfait pour compléter ses phrases.

Quand j'étais petite, mes parents m' (1) __avaient appris__ (apprendre) que les gens avaient besoin d'aide et j' (2) __avais essayé__ (essayer) de nombreuses fois de me rendre utile. À l'université aussi, avant 1998, j' (3) __avais combattu__ (combattre) l'injustice et j' (4) __avais défendu__ (défendre) la liberté. Mes amis et moi, nous (5) __nous étions promis__ (se promettre) d'aider les opprimés. À cette époque, j' (6) __avais pensé__ (penser) devenir avocate. Mais avant de prendre ma décision, la présidente de l'organisation (7) __était venue__ (venir) me parler et elle (8) __avait fini__ (finir) par me convaincre de devenir militante

2 Have students invent two of their own sentences modeled on those in the activity. Their partner will fill in the correct **plus-que-parfait form**.

2 Provide students with several current news headlines and/or political stories. Ask students to write their own sentences based on these actual events using the six verbs from the list.

2 **Dans le journal** Les phrases suivantes viennent d'un journal politique. Mettez-les au plus-que-parfait.

se consacrer	fuir	perdre
élire	gagner	retourner

Modèle La femme politique __avait eu__ de l'influence dans son parti, mais au moment des élections, elle n'en avait plus.

1. Le candidat __avait perdu__ les élections, et il ne le savait pas encore.
2. Les gouvernements __s'étaient consacrés__ à la lutte contre l'inégalité.
3. Tu __avais élu__ un bon représentant, le meilleur depuis des années.
4. Les kidnappeurs du fils du président __avaient fui__ à l'approche de la police.
5. Monsieur et Madame Duval, vous __étiez retournés__ au tribunal avant midi?
6. Je leur disais que nous __avions gagné__ notre lutte contre la dictature.

3 Have students check their work with a partner.

3 **De cause à effet** Employez le plus-que-parfait pour expliquer pourquoi ces choses se sont passées. Answers may vary slightly.

Modèle Je me suis réveillé dans la nuit. Le téléphone a sonné.
Je me suis réveillé dans la nuit parce que le téléphone avait sonné.

1. Elle n'a pas pu rentrer chez elle le soir. Elle a perdu les clés de la maison le matin.
Elle n'a pas pu rentrer chez elle le soir parce qu'elle avait perdu les clés de la maison le matin.
2. Nous avons voté dimanche. Nous avons regardé le débat politique à la télévision samedi. Nous avons voté dimanche parce que nous avions regardé le débat politique samedi.
3. Ma mère nettoyait la cuisine. Les invités sont partis. Ma mère nettoyait la cuisine parce que les invités étaient partis.
4. Le parti conservateur a perdu les élections. Le peuple a voté pour le parti écologiste. Le parti conservateur a perdu les élections parce que le peuple avait voté pour le parti écologiste.
5. Elles sont sorties. Personne ne leur a dit que j'arrivais. Elles sont sorties parce que personne ne leur avait dit que j'arrivais.
6. J'ai caché (*hid*) les confitures de fraises. Mon colocataire a mangé toutes les confitures de pêches. J'ai caché les confitures de fraises parce que mon colocataire avait mangé toutes les confitures de pêches.
7. Les activistes entraient dans la salle. Le maire a fini son discours. Les activistes entraient dans la salle parce que le maire avait fini son discours.
8. La justice régnait. La démocratie a gagné. La justice régnait parce que la démocratie avait gagné.

 Practice more at **vhlcentral.com.**

Communication

4

Vacances antillaises Claire revient de ses vacances aux Antilles et raconte tout à son ami. À deux, créez le dialogue avec ces verbes. Employez le plus-que-parfait.

adorer	permettre
aller	préférer
apprécier	savoir
avoir de la chance	visiter
finir	voir

Modèle   **JULIEN** Qu'est-ce que tu as apprécié à la Martinique?

              CLAIRE J'ai vu des milliers de papillons dans un jardin. Jamais je n'avais eu la chance d'assister à un tel spectacle!

5

À votre avis? Que pensez-vous du gouvernement actuel? Est-il meilleur que le gouvernement précédent? À deux, donnez votre opinion et servez-vous du plus-que-parfait.

Modèle   —Le gouvernement actuel a fait de bonnes choses jusqu'à maintenant.

              —Peut-être, mais je pense que le gouvernement précédent avait réussi à…

5 Before assigning this activity, discuss the questions in the direction lines as a class. Then have two students act out the **modèle**.

6

Avant la guerre Une guerre a éclaté (*erupted*) dans un pays européen et le Conseil de l'Europe se réunit. Par groupes de trois, imaginez que chacun(e) de vous représente un pays différent. Utilisez le plus-que-parfait pour débattre du rôle du conseil avant la guerre. Consultez la carte de l'Europe au début du livre et servez-vous du vocabulaire suivant.

Modèle   —Avant la guerre, nous avions déjà accusé votre président d'abus de pouvoir.

              —Peut-être, mais c'est mon pays qui avait combattu pour les droits de tous les Européens.

              —Tous nos pays avaient espionné leur armée, et personne n'avait rien dit!

abuser	espionner
approuver	faire du chantage
avoir de l'influence	juger
combattre	kidnapper
se consacrer à	sauver
défendre	voter

6 Put the names of several E.U. countries in a hat. Have students choose which country they will represent. Then allow three to five minutes for brainstorming.

KEY STANDARDS
4.1, 5.1

4.2

INSTRUCTIONAL RESOURCES
Supersite: Lab Audioscript, SAM AK, Lab MP3s
SAM/WebSAM: WB, LM

Ask students: **qu'est-ce que vous n'aimez pas du tout?** Then: **qu'est-ce que vous n'avez pas encore fait?**

ATTENTION!

When forming a question with inversion, place **ne** first, then any pronouns, then the verb. Place **pas** in last position.

Ne vous êtes-vous pas consacré à la lutte contre la criminalité?
Did you not dedicate yourself to the fight against crime?

BLOC-NOTES

To review commands and how to negate them, see **Fiche de grammaire 1.5, p. 394.** To learn how to negate an infinitive, see **Structures 8.1, pp. 288–289.**

Moi and **toi** are disjunctive pronouns. To learn more about them, see **Fiche de grammaire 6.4, p. 412.**

Remind students that **moi non plus** generally means *me neither.*

Use magazine pictures to practice the use of **oui** and **si.** Ex: —**La femme n'a pas de sac.** —**Mais si, elle a un sac.**

Mention that in a **ne... ni... ni...** construction, the verb could also be in the plural. Example: **Ni le juge ni l'avocat ne vont juger l'accusé.**

Negation and indefinite adjectives and pronouns

*—Pourquoi tu **n'**as **rien** dit?*

Negation

- To negate a phrase, you typically place **ne... pas** around the conjugated verb. If you are negating a phrase with a compound tense such as the **passé composé** or the **plus-que-parfait**, place **ne... pas** around the auxiliary verb.

Infinitive construction	**Passé composé**
Ça **ne** va **pas** faire un scandale, j'espère. *This won't cause a scandal, I hope.*	La famille **n'**a **pas** fui la ville pendant la guerre. *The family didn't flee the town during the war.*

- To be more specific, use variations of **ne... pas**, such as **ne... pas du tout** and **ne... pas encore**.

Le président **n'**aime **pas du tout** les brocolis.
The president doesn't like broccoli at all.

La voleuse **n'**a **pas encore** choisi sa victime.
The thief has not chosen her victim yet.

- Use **non plus** to mean *neither* or *not either*. Use **si**, instead of **oui**, to contradict a negative statement or question.

—Je n'aime pas la violence.
—*I don't like violence.*

—Moi **non plus.**
—*I don't either.*

—Tu n'aimes pas la démocratie?
—*You don't like democracy?*

—Mais **si.**
—*Yes, I do.*

- To say *neither... nor*, use **ne... ni... ni...** Place **ne** before the conjugated verb or auxiliary, and **ni** before the word(s) it modifies. Omit the indefinite and partitive articles after **ni**, but use the definite article when appropriate.

Il **n'**y a **ni** justice **ni** liberté dans une dictature.
There is neither justice nor liberty under a dictatorship.

Ni le juge **ni** l'avocat **ne** va juger l'accusé.
Neither the judge nor the lawyer will judge the accused.

- It is also possible to combine several negative elements in one sentence.

On **ne** fait **plus jamais rien.**
We never do anything anymore.

Personne n'a **plus rien** écouté.
No one listened to anything anymore.

- Note how the placement of these expressions varies according to their function.

More negative expressions

ne… aucun(e) *none (not any)*	Le congrès **n**'a approuvé **aucune** loi cette année. *The congress didn't approve any laws this year.*
ne… jamais *never (not ever)*	Tu **n**'as **jamais** voté? *You've never voted?*
ne… nulle part *nowhere (not anywhere)*	On **n**'a trouvé l'arme du crime **nulle part**. *They didn't find the crime weapon anywhere.*
ne… personne *no one (not anyone)*	**Personne ne** peut voter; les machines sont en panne. *No one can vote; the machines are broken.* Ils **n**'ont vu **personne**. *They didn't see anyone.*
ne… plus *no more (not anymore)*	Il **ne** veut **plus** être analphabète. *He doesn't want to be illiterate anymore.*
ne… que *only*	Je **n**'ai parlé **qu**'à Mathieu. *I only spoke to Mathieu.*
ne… rien *nothing (not anything)*	Les jurés **n**'ont **rien** décidé. *The jury members haven't decided anything.* **Rien ne** leur fait peur. *Nothing frightens them.*

Indefinite adjectives and pronouns

- Many indefinite adjectives and pronouns can also be used in affirmative phrases.

Indefinite adjectives

autre(s) *other*
un(e) autre *another*
certain(e)(s) *certain*
chaque *each, every single*
plusieurs *several*
quelques *some*
tel(le)(s) *such (a)*
tout(e)/tous/toutes (les) *every, all*

Indefinite pronouns

chacun(e) *each one*
la plupart *most (of them)*
plusieurs *several (of them)*
quelque chose *something*
quelques-un(e)s *some, a few (of them)*
quelqu'un *someone*
tous/toutes *all (of them)*
tout *everything*

- The adjectives **chaque**, **plusieurs**, and **quelques** are invariable.

Chaque élève a droit à des livres gratuits.
Each student is entitled to free books.

Plusieurs terroristes ont fui.
Several terrorists fled.

- The pronouns **la plupart**, **plusieurs**, **quelque chose**, **quelqu'un**, and **tout** are invariable.

Tout va bien au gouvernement.
Everything goes well in the government.

Il y a **quelqu'un** dehors?
Is there someone outside?

Mise en pratique

1 Once finished, have pairs act out the dialogue.

1 Remind students that they may need to change more than just one word to come up with a correct response.

1 After completing the activity, have volunteers write their answers on the board and point out the negative expression used and its placement.

1 **Une nouvelle loi** Pendant un débat, un défenseur des droits de l'homme contredit les déclarations d'une avocate. Complétez leur dispute à l'aide des nouvelles structures.

Answers may vary slightly.

Modèle   **AVOCATE** Il faut absolument approuver cette nouvelle loi!

DÉFENSEUR Mais non! Il _____ne faut pas_____ approuver cette loi!

AVOCATE La loi donne le pouvoir au peuple de notre nation.

DÉFENSEUR Mais non! La loi (1) _____ne donne aucun_____ pouvoir au peuple, et tout le pouvoir au président.

AVOCATE Calmez-vous! Avec cette loi, nous serons toujours une démocratie.

DÉFENSEUR Mais non. Avec cette loi, nous (2) _____ne serons jamais_____ une démocratie.

AVOCATE Le gouvernement sera juste et puissant avec ces changements.

DÉFENSEUR Mais non. Il (3) _____ne sera ni juste ni puissant_____ avec ces changements.

AVOCATE Certains citoyens apprécient les choses que j'essaie de faire.

DÉFENSEUR Mais non. (4) _____Personne n'apprécie_____ ce que vous essayez de faire.

AVOCATE Une telle loi va réduire la menace du terrorisme partout dans le pays.

DÉFENSEUR Mais non. Elle (5) _____ne va réduire nulle part_____ la menace du terrorisme.

AVOCATE (6) _____Quelqu'un_____ m'a dit que vous étiez désagréable, et maintenant je vois pourquoi.

2 Remind students that they may need to change more than just one word to come up with a correct response.

2 Give students these additional items: **7. J'ai fait beaucoup de visites touristiques pendant mon voyage d'affaires. (Non, vous n'avez rien fait de touristique pendant votre voyage d'affaires.)**
8. Des voleurs ont pris toutes mes affaires. (Non, aucun voleur n'a pris vos affaires.)

2 **Voyager** Imaginez que vous soyez un homme ou une femme politique qui voyage souvent avec un(e) collègue. Vous l'entendez parler de vos voyages, mais vous n'êtes pas d'accord. Answers may vary slightly.

Modèle **Quand je voyage à l'étranger, je mange toujours des repas authentiques.**

Non, quand vous voyagez à l'étranger, vous ne mangez jamais de repas authentiques.

1. J'ai toujours aimé voyager en avion. Non, vous n'avez jamais aimé voyager en avion.

2. Tous sortent dîner avec moi le soir. Non, personne ne sort dîner avec vous le soir.

3. Toutes les villes que je visite sont dangereuses. Non, aucune ville que vous visitez n'est dangereuse.

4. Je suis allé(e) partout dans le monde francophone. Non, vous n'êtes allé(e) nulle part dans le monde francophone.

5. Je n'ai pas encore vu de pays où il y avait une guerre civile. Si, vous avez déjà vu un pays où il y avait une guerre civile.

6. Je m'intéresse encore à la politique des pays que je visite. Non, vous ne vous intéressez plus à la politique des pays que vous visitez.

3 Tell students that the text in the speech bubbles should be the last statement of each dialogue. Encourage them to be creative.

3 You may want to encourage students to write dialogues that would require them to use the vocabulary words from this lesson's **Pour commencer**.

3 **Disputes** À deux, imaginez les échanges qui provoqueraient ces réponses. Utilisez les adjectifs et les pronoms indéfinis. Ensuite, jouez l'un des dialogues devant la classe.

JE NE FERAI JAMAIS ÇA!

Rien ne t'en empêchera!

Dommage, personne ne s'y intéresse.

Moi non plus.

Chacun de nous doit envoyer une lettre.

Un tel scandale ne détruit que la réputation.

Je ne devrais ni le voir ni lui parler.

Practice more at **vhlcentral.com**.

Communication

4

Vos idées Avec un(e) camarade de classe, posez-vous ces questions à tour de rôle. Développez vos réponses et utilisez les nouvelles structures le plus possible. Ensuite, discutez de vos opinions respectives.

> **Modèle** —As-tu déjà été juré(e)?
> —Non, je n'ai jamais été juré(e).

Les gens

As-tu déjà été juré(e)?

Es-tu un(e) militant(e)? En connais-tu un(e)?

As-tu déjà été la victime d'un voleur?

Les lois

Approuves-tu toutes les lois?

Un prisonnier est-il toujours coupable?

L'égalité est-elle présente partout? Dans quelles circonstances ne l'est-elle pas?

La sécurité

As-tu l'impression d'être en sécurité? Pourquoi?

Y a-t-il beaucoup de violence où tu habites?

La menace terroriste te fait-elle peur?

5

Débat politique Vous participez à un débat politique. Votre adversaire est le président sortant (*outgoing*) et vous n'êtes pas d'accord avec ce qu'il a fait pendant son mandat. Jouez le dialogue devant la classe.

> **Modèle** —Vous n'avez pas encore démontré que vous êtes le meilleur candidat.
> —Je ne l'ai peut-être pas encore démontré, mais pendant ces dernières années, vous ne l'avez jamais démontré non plus.

4 For each of the three themes, call on one pair to summarize their opinions. Then ask classmates to comment.

4 Have students think of an original question for each category to ask a classmate.

5 Before students complete the activity, have the class brainstorm a list of issues that a president typically deals with during his or her time in office. Also remind students to review this lesson's **Pour commencer** vocabulary.

5 The President of the French Republic is elected by direct popular vote and serves for five years with the possibility of two terms. (The term was previously seven years. The five-year term took effect in 2002.) Have students research and report on the the current French president and the president's powers.

Note CULTURELLE

Née en **Guyane, Christiane Taubira** est une femme politique qui a été candidate aux élections présidentielles françaises de 2002. Elle est surtout connue pour être à l'origine d'une loi de 2001 où la France reconnaît que la traite négrière (*slave trade*) transatlantique et l'esclavage (*slavery*) sont des crimes contre l'humanité.

KEY STANDARDS
4.1, 5.1

INSTRUCTIONAL RESOURCES
Supersite: Lab Audioscript, SAM AK, Lab MP3s
SAM/WebSAM: WB, LM

Remind students that regular **-ir** verbs are often called **-ir/-iss** verbs. Briefly review how to conjugate them

BLOC-NOTES

For a review of the present-tense conjugation of regular **-ir** verbs, see **Fiche de grammaire 1.4, p. 392.**

ATTENTION!

Sentir means *to sense* or *to smell*. The reflexive verb **se sentir** is used with an adverb to tell how a person feels.

Cette fleur sent très bon!
This flower smells very good!

Je sens qu'il t'aime, même s'il ne le dit pas.
I sense that he loves you, even if he doesn't say it.

Tu es rentrée parce que tu ne te sentais pas bien?
You went home because you didn't feel good?

BLOC-NOTES

To review formation of the **passé composé** with **être**, see **Structures 3.2, pp. 100–101.** To learn more about past participle agreement, see **Fiche de grammaire 5.5, p. 410.**

Even though **mourir** is irregular and must be memorized, tell students to note that it follows an ending pattern in the present tense that they already know: **-s, -s, -t, -ons, -ez, -ent.**

4.3

Irregular *-ir* verbs

—*Je suis parti en Inde.*

- Many commonly used **-ir** verbs are irregular.

- The following irregular **-ir** verbs have similar present-tense forms.

	courir	dormir	partir	sentir	sortir
je	cours	dors	pars	sens	sors
tu	cours	dors	pars	sens	sors
il/elle	court	dort	part	sent	sort
nous	courons	dormons	partons	sentons	sortons
vous	courez	dormez	partez	sentez	sortez
ils/elles	courent	dorment	partent	sentent	sortent

- The past participles of these verbs are, respectively, **couru, dormi, parti, senti,** and **sorti. Sortir** and **partir** take **être** as the auxiliary in the **passé composé** and **plus-que-parfait.**

Pourquoi est-ce que vous **avez dormi** au bureau hier soir?
Why did you sleep in the office last night?

Les armées **sont** définitivement **parties** en 1945, après la guerre.
The armies left for good in 1945, after the war.

- Use **sortir** to say that someone is leaving, as in exiting a building. Use **partir** to say that someone is leaving, as in departing. The preposition **de** often accompanies **sortir**, and the preposition **pour** often accompanies **partir.**

Nous ne **sortons** jamais **de** la salle avant la sonnerie.
We never leave the room before the bell rings.

Le premier ministre **part pour** l'Espagne demain.
The prime minister leaves for Spain tomorrow.

- **Mourir** (*to die*) also is conjugated irregularly in the present tense. Its past participle is **mort**, and it takes **être** as an auxiliary in the **passé composé** and **plus-que-parfait.**

Il fait chaud et je **meurs** de soif!
It's hot, and I'm dying of thirst!

En quelle année la présidente **est**-elle **morte**?
In which year did the president die?

mourir	
je meurs	nous mourons
tu meurs	vous mourez
il/elle meurt	ils/elles meurent

- These verbs are conjugated with the endings normally used for **-er** verbs in the present tense.

	couvrir	découvrir	offrir	ouvrir	souffrir
je	couvre	découvre	offre	ouvre	souffre
tu	couvres	découvres	offres	ouvres	souffres
il/elle	couvre	découvre	offre	ouvre	souffre
nous	couvrons	découvrons	offrons	ouvrons	souffrons
vous	couvrez	découvrez	offrez	ouvrez	souffrez
ils/elles	couvrent	découvrent	offrent	ouvrent	souffrent

- The past participles of the verbs above are, respectively, **couvert**, **découvert**, **offert**, **ouvert**, and **souffert**.

> Qu'est-ce que les organisateurs vous **ont offert** comme boisson?
> *What did the organizers offer you to drink?*

> Le criminel **avait ouvert** la porte pour entrer dans le garage.
> *The criminal had opened the door to enter the garage.*

- These verbs are conjugated similarly, with one stem for **je**, **tu**, **il/elle/on**, and **ils/elles**, and a different stem for **nous** and **vous**.

	devenir	maintenir	revenir	tenir	venir
je	deviens	maintiens	reviens	tiens	viens
tu	deviens	maintiens	reviens	tiens	viens
il/elle	devient	maintient	revient	tient	vient
nous	devenons	maintenons	revenons	tenons	venons
vous	devenez	maintenez	revenez	tenez	venez
ils/elles	deviennent	maintiennent	reviennent	tiennent	viennent

- The past participles of these verbs are, respectively, **devenu**, **maintenu**, **revenu**, **tenu**, and **venu**. **Venir** and its derivatives **devenir** and **revenir** take **être** as the auxiliary in the **passé composé** and **plus-que-parfait**.

> Le criminel **a tenu** son arme à la main pendant quelques secondes.
> *The criminal held the weapon in his hand for a few seconds.*

> La juge **était revenue** de son bureau pour parler aux jurés.
> *The judge came back from her chambers to talk to the jury.*

- The construction **venir** + **de** + [*infinitive*] means to have *just* done something. Use it in the present or **imparfait** to say that something happened in the very recent past.

> Les militants **viennent de faire** un discours à l'ONU.
> *The activists just made a speech at the UN.*

> Je **venais** juste **de poser** mon sac par terre quand le voleur l'a pris.
> *I had just put my bag down on the ground when the thief took it.*

You may wish to point out additional verbs in the **ouvrir** conjugation group, such as: **recouvrir** (*to re-cover*) and **rouvrir** (*to reopen*).

Have students close their books. Then write **venir** and **tenir** on the board, explaining that these are roots of many other verbs. Tell students to list as many verbs as possible like **venir** (**devenir, parvenir, revenir, se souvenir**, etc.) and **tenir** (**appartenir, maintenir, obtenir, retenir, soutenir**, etc.). Briefly go over the verbs' meanings.

Stress that the only difference between the **tenir** and **venir** conjugation groups is that the former takes **avoir** as its auxiliary verb while the latter takes **être**.

BLOC-NOTES

Remember that a past participle usually agrees with its subject in number and gender for verbs that take **être** as an auxiliary. To learn more about past participle agreement, see **Fiche de grammaire 5.5, p. 410**.

Point out that **venir** in the **imparfait** + **de** + [*infinitive*] is this structure's equivalent to the **plus-que-parfait**

Mise en pratique

1 À compléter Assemblez les éléments des colonnes pour former des phrases complètes. Chaque élément ne doit être utilisé qu'une fois.

_d_	1. Tous les enfants…	a. vient d'un journaliste.
_e_	2. Cet animal…	b. devenons avocats à la fin de l'année.
_f_	3. Tu…	c. tenez une conférence à quelle heure?
_b_	4. Mon ami et moi…	d. dorment paisiblement.
_a_	5. Le scandale…	e. sent toujours d'où vient le danger.
_c_	6. Vous…	f. souffres toujours d'un mal de tête.

2 Cuisine créole Stéphanie et Daniel parlent de leur expérience au restaurant hier soir. Choisissez le bon verbe et conjuguez-le au temps qui convient.

Note CULTURELLE

La **cuisine créole** raconte l'histoire des **îles antillaises**, qui sont marquées par l'empreinte du peuple **Caraïbe**, des **Africains**, des **Français** et des **Indiens.** Elle est à base de produits de la mer, souvent macérés (*marinated*) dans un assaisonnement pour qu'ils aient encore meilleur goût.

Vous savez que nous (1) ___découvrons___ (devenir / découvrir) une cuisine exotique tous les mois. Eh bien, hier soir, Daniel et moi (2) ___sommes sortis___ (sortir / sentir) manger dans ce nouveau restaurant créole que vous nous aviez suggéré. Il faut dire que je (3) ___mourais___ (dormir / mourir) d'envie d'y aller depuis que vous nous en aviez parlé. Nous (4) ___avons senti___ (sentir / venir) la délicieuse odeur épicée depuis la rue. Nous avons essayé toutes sortes de plats traditionnels. Après ça, nous (5) ___sommes revenus___ (ouvrir / revenir) enchantés de notre soirée. Finalement, nous (6) ___partons___ (courir / partir) pour Saint-Martin la semaine prochaine!

3 À choisir Créez des phrases cohérentes avec les éléments du tableau. Faites attention au temps. N'utilisez chaque élément qu'une fois

A	B	C
Les jurés	courir	me voir pendant les vacances d'été.
La victime	découvrir	son jugement.
Vous	maintenir	dans le tribunal pour prononcer la sentence il y a quelques secondes.
Les policiers	offrir	de l'hôpital, mais elle ne nous l'avait pas dit.
Tu	partir	mes compliments au nouveau président.
Le juge	revenir	une nouvelle île chaque fois que tu vas aux Antilles.
Nous	sortir	toujours après les voleurs.
Je/J'	venir	très bientôt pour Saint-Barthélemy.
?	?	?

Communication

4

Votre personnalité À deux, posez-vous des questions à tour de rôle. Utilisez des verbes irréguliers en **-ir** dans vos réponses.

- Tu dors jusqu'à quelle heure le week-end?
- Sors-tu souvent le week-end? Avec qui?
- Souffres-tu beaucoup de la chaleur en été? Du froid en hiver?
- Qu'offres-tu à tes parents pour leur anniversaire? À ton/ta meilleur(e) ami(e)?
- Est-ce que tu es devenu(e) la personne que tu rêvais de devenir?
- Pars-tu en vacances tous les ans? Où vas-tu?

5

Saint-Barthélemy ou Marie-Galante? Sandra et Timothée planifient leurs prochaines vacances. Sandra veut aller à Saint-Barthélemy, mais Timothée préfère visiter l'île de Marie-Galante.

A. À deux, décidez quelles phrases de la liste correspondent à chaque île, puis complétez le tableau.

- *Partir en randonnée*
- *Dormir sur la plage*
- *Devenir un(e) aventurier/aventurière*
- *Découvrir la nature luxuriante de l'île*
- *Sortir en boîte de nuit*
- *Revenir enchanté(e) de ses vacances*

Saint-Barthélemy	Marie-Galante

B. Sandra et Timothée reviennent de leur voyage. À l'aide des phrases ci-dessus, imaginez un dialogue où ils expliquent ce qu'ils ont fait. Faites-le pour chaque île.

---

4 As a follow-up activity, have students list their personality traits using irregular **-ir** verbs.

4 Have students create at least three more questions using irregular **-ir** verbs to add to the list.

5 For an optional writing assignment, have students research the two places and write e-mails to their friends about an imaginary vacation to both **Saint-Barthélemy** and **Marie-Galante**. In their messages, remind students to use as many irregular **-ir** verbs as possible.

5 Tell students to research both **Saint-Barthélemy** and **Marie-Galante** in order to add more phrases to their lists.

Note CULTURELLE

Saint-Barthélemy est la Côte d'Azur des Antilles françaises. Par contre, loin d'être le paradis des milliardaires, **Marie-Galante** est une île de rêve pour les fous de nature, qui apprécient beaucoup ses plages.

Synthèse Reading

KEY STANDARDS
1.1, 1.2

TEACHING OPTION To provide cultural context, have students research **la Guyane française** and/or bring in a few regional newspaper articles that highlight recent events and issues.

L'Union pour la démocratie française

(UDF)
Vous avez voté pour Antoine Éraste en 2007

Parce que vous n'aviez jamais eu un candidat aussi incorruptible!
Sortez de chez vous et votez UDF!

Il faut réélire Antoine!

Le Parti socialiste guyanais **PSG**

Personne n'a le droit d'être au chômage!

Tel est l'idéal de
THÉLOR MADIN.

Pour ne plus souffrir, courez aux urnes°!

Le Front national (FN)

Pour maintenir une Cayenne en action et pour ne pas revenir en arrière°!

Votez pour Jean-Baptiste Pancrace, qui n'a jamais peur de prendre les bonnes décisions.

Le Parti écologique
LES VERTS

Pour ne plus jamais perdre face à la pollution,

FLEUR DESMARAIS

est la solution!
Chacun doit voter pour les Verts!

urnes *polls* **en arrière** *backward*

 Ask volunteers to read each slogan. For each one, have students identify negation, indefinite adjectives and pronouns, and verbs learned in this **Structures** section.

 Make use of any current or recent election campaigns by having students play the roles of real candidates from opposing parties.

 As a variant, have one member of the group play the role of Student Council President, while the other students represent campus clubs and organizations.

Interview En Guyane, c'est le moment d'élire un nouveau député. Lisez les slogans des différents partis politiques. Choisissez un slogan et imaginez un entretien entre le candidat et un journaliste. Utilisez le plus-que-parfait et d'autres structures de cette leçon.

Reproches Vous rencontrez l'ancien(ne) député(e) de la Guyane, dont vous n'êtes pas satisfait(e). À deux, imaginez la scène. Utilisez des expressions négatives, et des pronoms et des adjectifs indéfinis, pour lui donner votre opinion.

> **Modèle** Vous n'aviez jamais écouté la voix de certaines personnes avant de commencer votre campagne.

Demandes On demande beaucoup de choses aux hommes et aux femmes politiques, pendant la période des élections. Par petits groupes, imaginez qu'un(e) étudiant(e) soit le/la candidat(e) et inventez cinq questions que les gens lui poseraient. Utilisez le plus possible les structures et le vocabulaire de cette leçon.

Élection Avez-vous déjà pris part à une élection ou à sa préparation? Pour quel événement était-ce? Qu'avez-vous fait? Par groupes de quatre, expliquez à vos camarades les impressions positives et négatives que vous avez ressenties à cette occasion.

Préparation

Vocabulaire de la lecture	Vocabulaire utile	
un colon *colonist*	**l'asservissement** (*m.*) *enslavement*	**un régime totalitaire** *totalitarian regime*
l'esclavage (*m.*) *slavery*	**la guerre de Sécession** *the American Civil War*	**la sûreté publique** *public safety*
évadé(e) *escaped*	**une monarchie absolue** *absolute monarchy*	**un système féodal** *feudal system*
renverser *to overthrow*	**la noblesse** *nobility*	**la traite des Noirs** *slave trade*
se révolter *to rebel*	**l'ordre** (*m.*) **public** *public order*	
vaincre (*irreg.*) *to defeat*		

1 **Un peuple révolté** Complétez ce petit résumé (*summary*) de la Révolution française à l'aide des mots de la liste de vocabulaire.

Avant la Révolution, la France était une (1) <u>monarchie absolue</u>. La population était divisée en trois grands groupes: le peuple, le clergé et la (2) <u>noblesse</u>. En 1789, le peuple commence à (3) <u>se révolter</u> contre l'injustice du (4) <u>système féodal</u> qui existait depuis le Moyen Âge et qui perpétuait (5) <u>l'asservissement</u> d'une grande partie de la population française au profit des nobles. Le 14 juillet 1789, le peuple prend la Bastille, un symbole de la tyrannie royale. Quelques années plus tard, le roi Louis XVI est (6) <u>renversé</u>, la royauté est abolie et l'An I de la République française est proclamé.

2 **Colonisation et esclavage** Répondez aux questions et comparez vos réponses avec celles d'un(e) camarade.

1. Citez les différents types de régimes politiques. Quelles sont leurs caractéristiques?
2. Quels ont été les grands empires coloniaux? Pourquoi ces pays sont-ils devenus colonisateurs?
3. Pouvez-vous citer d'anciennes colonies françaises? Où sont-elles situées? Savez-vous quand et comment elles ont obtenu leur indépendance?
4. À quoi vous fait penser le terme «esclavage»? Expliquez.
5. Que savez-vous d'Haïti?

3 **Les droits de l'homme** Par groupes de quatre, discutez de ces deux extraits de la **Déclaration des droits de l'homme et du citoyen**. Puis, comparez vos idées avec celles d'un autre groupe.

> *Article 1: Les hommes naissent et demeurent (remain) libres et égaux en droits.*
>
> *Article 6: La loi est l'expression de la volonté générale [...] Elle doit être la même pour tous...*

- Êtes-vous d'accord avec les valeurs présentées par ces deux extraits?
- Connaissez-vous des pays où ces principes ne sont pas en vigueur?
- L'égalité existe-t-elle pour tout le monde dans votre pays?

KEY STANDARDS
1.2, 2.1, 2.2, 4.2

SYNONYMES
évadé(e) ←→ **fugitif/ fugitive, fuyard(e)**

Point out that **évadé(e)** (as well as **fugitif** and **fuyard**) can also be a noun. Example: **un(e) évadé(e)** (*escapee*)

Mention that the noun corresponding to **renverser** is **un renversement**.

la traite des Noirs ←→ **le trafic d'esclaves noirs**

1 Have students write a few comprehension questions on the paragraph to ask their partner.

2 For visual support, have students look at a world map while discussing item #3. Then, as review, go over the locations of the former French colonies as a class.

3 As a follow-up question, ask: **Vous êtes-vous déjà trouvé(e) dans une situation où ces notions étaient remises en question? Citez des exemples.**

3 Explain to students that **la Déclaration des droits de l'homme et du citoyen** was adopted in 1789. It establishes fundamental rights for French citizens. However, it did not abolish slavery.

Practice more at **vhlcentral.com.**

HAÏTI
soif de liberté

Have students scan the article and note one important feature—there are numerous dates. Tell students to create a time line from 1492 to today. As they read, ask them to write important events on their time lines.

Audio: Reading

Haïti est réellement née le 1er janvier 1804, le jour de la proclamation de son indépendance. L'île devient alors le premier État noir indépendant. Comment y est-elle arrivée?

La société haïtienne, basée sur l'esclavage, était composée de Blancs, de libres°, d'esclaves et de Noirs marrons. Extrêmement prospère, l'île était le premier producteur mondial de sucre et la plus riche des colonies françaises. C'est la Déclaration des droits de l'homme en France (1789) qui constitue l'élément déclencheur° de la révolution.

En 1791, des esclaves noirs se révoltent contre les colons blancs: c'est le début de la Révolution haïtienne. Pierre Dominique Toussaint Louverture (1743–1803) est un ancien esclave et un des seuls Noirs révolutionnaires qui sachent lire et écrire. Il se joint aux Espagnols, qui occupent l'est de l'île, pour combattre les Français et l'esclavage. Il est fait prisonnier en 1802 et déporté en France, où il mourra en 1803. Avant de quitter Haïti, il dira: «En me renversant°, on n'a abattu° à Saint-Domingue que le tronc de l'arbre de la liberté, mais il repoussera° car ses racines° sont profondes et nombreuses.» Il a raison. Jacques Dessalines, son lieutenant, continue la lutte et finira par vaincre les Français en automne 1803. Il proclame l'indépendance en 1804.

«Cet achat de nègres, pour les réduire en esclavage, est un négoce° qui viole la religion, la morale, les lois naturelles, et tous les droits de la nature humaine.» Cette phrase est écrite en France en 1776, mais la France n'abolit l'esclavage qu'en 1794, par une loi qui ne sera jamais appliquée. Il faut attendre 1848 pour que la France l'abolisse vraiment. La fin de l'esclavage en Haïti est la conséquence de sa lutte pour l'indépendance et de la victoire du peuple haïtien sur les planteurs blancs.

Aujourd'hui, Haïti a une culture où les arts français et africains fusionnent. La France a eu beaucoup d'influence en Haïti jusqu'au milieu du 20e siècle, et cela se ressent dans les textes, marqués par les courants° littéraires français. Puis, dans les années 1950, il y a une révolution de l'écriture. Les écrivains prennent conscience du sentiment d'être haïtiens et cessent de copier les auteurs français. Les racines africaines et la réalité sociale de l'île les inspirent. D'ailleurs°, le créole devient langue littéraire.

Mais en Haïti, c'est la peinture qui est le moyen d'expression artistique le plus courant. Elle est présente partout, et tout le monde a peint au moins une fois dans sa vie. C'est pourquoi le style artistique haïtien va d'un extrême à l'autre, du naïf au surréalisme. On y trouve les mêmes thèmes que dans la littérature: l'origine, les peines° et les espoirs de la société haïtienne.

En 2006, après une période de grands troubles politiques, le peuple élit René Préval Président de la République. Depuis l'indépendance d'Haïti, il est le troisième président élu démocratiquement. On peut donc espérer un avenir meilleur pour cette société qui, ne l'oublions pas, est la première à s'être libérée de l'esclavage. ■

free black men
trigger
By overthrowing me/ brought down
will grow again/ roots
trade
trends
Moreover
sufferings

Ask students to explain the metaphor that Toussaint L'Ouverture uses in his quote in lines 24–28. Have students draw a visual of this quote, showing the literal and the symbolic meanings.

Des mots...

Gary Victor (1958–) l'un des écrivains les plus lus, est l'auteur de nouvelles,° de livres pour la jeunesse et de romans. **Kettly Mars** (1958–) décrit, dans ses poèmes, les émotions qu'elle ressent devant l'amour, la beauté de la nature et les objets quotidiens. Avec d'autres auteurs de l'île, qui écrivent en français ou en créole, ils sont garants d'une réelle littérature haïtienne.

short stories

Des couleurs...

La peinture haïtienne, c'est d'abord de la couleur, vive et généreuse. **Gérard Fortune** (vers 1930–) est l'un des peintres les plus importants de sa génération. Il commence à peindre en 1978, après avoir été pâtissier. Dans ses tableaux, il mélange le vaudou et le christianisme. **Michèle Manuel** (1935–) vient d'une famille riche et apprend à peindre à **Porto-Rico** et aux **États-Unis**. Ses scènes de marchés sont particulièrement appréciées.

Analyse

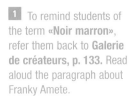

Compréhension Répondez aux questions par des phrases complètes. Answers may vary slightly.

1. Décrivez brièvement la société haïtienne avant 1804. C'était la plus riche des colonies françaises. La société haïtienne était basée sur l'esclavage et elle était composée de Blancs, de libres, d'esclaves et de Noirs marrons.
2. Qu'est-ce que la Déclaration des droits de l'homme de 1789 a déclenché en Haïti? Elle a déclenché la révolte des esclaves noirs contre les colons blancs, en 1791.
3. Qu'est-ce que l'île d'Haïti a obtenu en 1804? En 1804, Haïti a obtenu son indépendance.
4. Qui était Pierre Dominique Toussaint Louverture? C'était un ancien esclave noir qui s'est battu contre les Français et contre l'esclavage.
5. Quelle différence y a-t-il entre la littérature haïtienne d'avant 1950 et celle d'aujourd'hui? La littérature haïtienne d'avant 1950 était très influencée par les courants littéraires français. Aujourd'hui, les auteurs haïtiens sont plus conscients de leur identité haïtienne.
6. Quelle est la forme d'expression artistique la plus courante en Haïti? La peinture est la forme artistique la plus courante.

Réflexion Répondez aux questions, puis comparez vos réponses avec celles d'un(e) camarade de classe.

1. Ce sont la **Déclaration des droits de l'homme** de 1789 et la Révolution française qui ont été les éléments déclencheurs de la révolte des esclaves en Haïti. Pourquoi, à votre avis?

2. Commentez cette citation de Toussaint Louverture: «En me renversant, on n'a abattu à Saint-Domingue que le tronc de l'arbre de la liberté, mais il repoussera car ses racines sont profondes et nombreuses.»

3. En 1776, on pouvait lire que l'esclavage violait les droits de la nature humaine. Mais il a fallu plus de 70 ans à la France pour réellement abolir l'esclavage. Pourquoi, à votre avis?

Perdu Par groupes de trois, imaginez que vous soyez naufragé(e)s (*shipwrecked*) sur une île déserte des Antilles. Vous devez créer une nouvelle civilisation. Quels sont les dix droits principaux dont bénéficieront les citoyens de cette île? Comparez votre nouvelle déclaration des droits de l'homme avec celles des autres groupes.

Sûreté publique ou liberté individuelle? Les attentats terroristes de ce début de siècle ont déclenché un débat sur l'équilibre entre la sûreté publique et la liberté individuelle. À votre avis, est-il nécessaire de sacrifier certaines libertés individuelles pour assurer une plus grande sécurité? Par groupes de trois, discutez de ce sujet, puis présentez le résultat de votre discussion à la classe.

 Practice more at **vhlcentral.com.**

Préparation

À propos de l'auteur

L'écrivain antillais **Jean Juraver** (1945–) dit lui-même que ses œuvres ont un but didactique, tout comme des fables. «Que cessent les guerres, que cessent les injustices, que cesse la méchanceté, que cesse la duplicité, c'est tout ce que mes écrits signifient», déclare-t-il. Né à Pointe-à-Pitre, la plus grande ville de la Guadeloupe, Juraver a, dès l'enfance, un grand appétit d'apprendre. Il ne devient donc pas seulement écrivain, mais aussi journaliste, photographe, musicien et grand voyageur. Ayant (*Having*) habité dans beaucoup de pays différents, c'est chez lui, en Guadeloupe, qu'il exerce ses talents de professeur d'anglais et de musique, d'écrivain et de poète. On compte parmi (*among*) ses publications *Contes créoles, Le sang du cactus* et un essai, *Anse-Bertrand, une commune de Guadeloupe.*

© Thomas C. Spear; www.lehman.cuny.edu/ile.en.ile

Vocabulaire de la lecture		Vocabulaire utile
ça suffit *that's enough*	**la haine** *hatred*	**une métaphore** *metaphor*
car *for; because*	**un indice** *clue, indication*	**la morale** *moral*
la colère *anger*		**personnifier** *to personify*
une foule *crowd; mob*	**maigre** *thin, scrawny*	**une punition** *punishment*
gras(se) *fat, plump*	**une patte** *paw*	**tuer** *to kill*

1

C'est le cas de le dire! Faites correspondre les expressions aux situations.

Situations

___b___ 1. Votre patron est très méchant.

___e___ 2. Il y a beaucoup de monde au cinéma.

___d___ 3. Le voisin a mystérieusement disparu.

___a___ 4. Votre ami n'arrête pas de se plaindre.

___c___ 5. Les apparences peuvent tromper.

Expressions

a. Ça suffit!

b. C'est la personnification du mal.

c. La morale de l'histoire est que l'habit ne fait pas le moine (*monk*).

d. Il est parti sans laisser d'indices.

e. Quelle foule!

2

Discussion Par groupes de trois, répondez aux questions.

1. Avez-vous déjà été traité(e) injustement? Par qui? Décrivez les circonstances.

2. Avez-vous déjà été injuste envers (*towards*) quelqu'un? Qui? Qu'avez-vous fait ou dit à cette personne?

3. Quand avez-vous été témoin (*witness*) d'une injustice? Que s'est-il passé? Décrivez les circonstances à vos camarades.

Chien maigre et chien gras

Jean Juraver

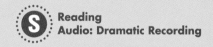

The story, like many fables, uses metaphors. To be sure students are comfortable with this literary device, have them work in small groups to discuss the following metaphors: rug rat, couch potato, road hog; necessity is the mother of invention; she showered them with gifts; keep your eyes peeled.

Play the audio for students to just listen. Assign paragraphs to different students and have them read the story aloud. Then play the audio again, pausing to check understanding and to identify details.

Tell students to make a three-column chart. In the first column, they should write the words: **cadre**, **personnages**, and **ton**. In the second column, they should take notes about the story for each item. In the third column, they should write personal connections for each item (how they feel, a personal story, an illustration, etc.).

Un jour, le boucher du village fit du tapage° en ameutant° tout le quartier, car on lui avait dévoré un gros quartier de bœuf, et il ne lui restait que les os°. Tous les chiens des environs assistaient à la scène; au fond d'eux-mêmes°, ils savaient que le coupable était un des leurs°.

made a racket/by stirring up

bones

deep inside

5 *one of their own*

Mais dans la foule, on distinguait deux sortes de chiens: les chiens à collier et les chiens sans collier. Il y avait une véritable division sociale entre les premiers et les derniers: un chien à collier ne fréquentait pas un chien sans collier. Les chiens à collier étaient propres et gras; les chiens sans collier étaient sales et maigres. Bien 10 sûr, le coupable ne pouvait pas être un chien à collier!

Tout le monde s'observait pour chercher un petit signe trahissant° le coupable. Mais aucun indice.

betraying

Un chien à collier ne fréquentait pas un chien sans collier.

Soudain, voilà qu'apparaît au détour du chemin, un petit chien sale, boueux°, maigre comme une lame° de couteau, le poil rare° 15 et noir. Tous les regards convergent vers lui, des regards chargés de haine et de colère. Un cri jaillit° dans la foule: «À mort!», cri repris en chœur°: «À mort, qu'on le pende°, à bas le scélérat°!»

muddy/blade/sparse hair

in chorus/let's hang him/down with the villain

Alors la foule en colère se jette sur le malheureux à coups de dents, à coups de pattes, à coups de griffes°; les éléments déchaînés° 20 l'ont déjà pratiquement écorché vif°. Ils l'auraient fait passer de vie à trépas°, si le boucher, se sentant vengé, n'avait crié:

claws/unleashed

skinned alive

death

—Ça suffit pour aujourd'hui. Avec une telle leçon, j'espère qu'il ne recommencera pas.

Un chien à collier, énorme et propre, s'est écrié d'un 25 air philosophe:

—Il y aura toujours une justice des riches et une justice des pauvres. ■

Analyse

Compréhension Répondez aux questions. Suggested answers

1. Pourquoi le boucher a-t-il ameuté tout le quartier? Quelqu'un lui avait dévoré un quartier de bœuf.
2. Qu'est-ce que tous les chiens savaient déjà? Ils savaient que le coupable était un des leurs.
3. Quelles sortes de chiens y avait-il dans la foule? Il y avait des chiens à collier et des chiens sans collier.
4. Quelle apparence les chiens à collier et les chiens sans collier avaient-ils? Les chiens à collier étaient propres et gras; les chiens sans collier étaient sales et maigres.
5. Qu'est-ce qui apparaît au détour du chemin? Un petit chien sale, boueux et maigre apparaît au détour du chemin.
6. Comment sont les regards des chiens dans la foule? Ce sont des regards de haine et de colère.
7. Quelle réaction violente la foule a-t-elle? Elle se jette sur le petit chien sale à coups de dents, de pattes et de griffes.
8. Pourquoi le petit chien sale ne meurt-il pas? Le boucher se sent vengé; il demande à la foule d'arrêter.

Interprétation À deux, répondez aux questions par des phrases complètes.

1. Pourquoi Jean Juraver a-t-il choisi des animaux pour raconter l'histoire?
2. Qu'est-ce que les chiens à collier symbolisent? Et les chiens sans collier?
3. Pourquoi le coupable ne pouvait-il pas être un chien à collier?
4. Pourquoi est-il pratique (*convenient*) d'accuser le petit chien sale?
5. À votre avis, le boucher est-il un homme ou un chien? Pourquoi?
6. Pourquoi est-ce un chien à collier qui dit: «Il y aura toujours une justice des riches et une justice des pauvres.»?

Les animaux Dans la littérature, le cinéma, la peinture et d'autres formes d'art, les personnages principaux sont parfois des animaux. Par groupes de trois, faites une liste de livres, de poèmes, de fables, de films ou d'autres œuvres artistiques où des animaux sont les personnages principaux. Expliquez leur fonction dans l'œuvre et puis comparez votre liste avec la classe.

L'injustice Par groupes de trois ou quatre, répondez aux questions.

1. Pourquoi la réaction de la foule envers le petit chien sale est-elle injuste?
2. Donnez des exemples dans le monde des humains de «chiens à collier» et de «chiens sans collier». Soyez précis.
3. La justice peut-elle être parfaite et absolue? Pourquoi?

Rédaction Suivez le plan de rédaction pour écrire une histoire didactique. Elle peut être vraie ou fictive. Employez le plus-que-parfait, la négation et des adjectifs et pronoms indéfinis.

Plan

1 **Réflexion** Pensez à la morale que vous voulez enseigner. Elle doit s'appliquer à un problème universel tel que l'injustice, la colère, la haine, la malhonnêteté, etc.

2 **Histoire** Écrivez une histoire où vous présentez le problème et où vous en montrez les conséquences. Les personnages peuvent être des humains ou des animaux.

3 **Morale** À la fin de l'histoire, résumez (*summarize*) le thème par une morale d'une seule phrase concise.

Sidebar notes:

1 Call on volunteers to write their responses on the board. Correct and discuss the answers as a class.

2 Point out that the quote in item #6 is the last line and the moral of the fable. Survey the class to see how many students agree versus disagree with this statement.

4 Have students work in small groups to rewrite the story from the point of view of the **chien maigre**. They should include what happened and how he felt. Students can write the story in comic-strip format for presentation or they can act out their story.

TEACHING OPTION If time and class level permit, have small groups research other fables. Have groups read aloud and present a summary to the class of the fable of their choice. Offer suggestions of authors, for instance, Jean de La Fontaine, to aid students in their research

 Practice more at **vhlcentral.com.**

La justice et la politique

 Audio: Vocabulary Flashcards

Les lois et les droits

un crime *murder, violent crime*
la criminalité *crime (in general)*
un délit (a) *crime*
les droits (*m.*) de l'homme *human rights*
une (in)égalité *(in)equality*
une (in)justice *(in)justice*
la liberté *freedom*
un tribunal *court*

abuser *to abuse*
approuver une loi *to pass a law*
défendre *to defend*
emprisonner *to imprison*
juger *to judge*
analphabète *illiterate*
coupable *guilty*
(in)égal(e) *(un)equal*
(in)juste *(un)fair*
opprimé(e) *oppressed*

La politique

un abus de pouvoir *abuse of power*
une armée *army*
une croyance *belief*
la cruauté *cruelty*
la défaite *defeat*
une démocratie *democracy*
une dictature *dictatorship*
un drapeau *flag*
le gouvernement *government*
la guerre (civile) *(civil) war*
la paix *peace*
un parti politique *political party*
la politique *politics*
la victoire *victory*

avoir de l'influence (sur) *to have influence (over)*
se consacrer à *to dedicate oneself to*
élire *to elect*
gagner/perdre les élections *to win/lose elections*
gouverner *to govern*
voter *to vote*

conservateur/conservatrice *conservative*
libéral(e) *liberal*
modéré(e) *moderate*

pacifique *peaceful*
puissant(e) *powerful*
victorieux/victorieuse *victorious*

Les gens

un(e) activiste *militant activist*
un(e) avocat(e) *lawyer*
un(e) criminel(le) *criminal*
un(e) député(e) *deputy (politician); representative*
un homme/une femme politique *politician*
un(e) juge *judge*
un(e) juré(e) *juror*
un(e) président(e) *president*
un(e) terroriste *terrorist*
une victime *victim*
un voleur/une voleuse *thief*

La sécurité et le danger

une arme *weapon*
une menace *threat*
la peur *fear*
un scandale *scandal*
la sécurité *security, safety*
le terrorisme *terrorism*
la violence *violence*

combattre *(irreg.) to fight*
enlever/kidnapper *to kidnap*
espionner *to spy*
faire du chantage *to blackmail*
sauver *to save*

Court métrage

l'acceptation (*f.*) *acceptance*
un(e) chrétien(ne) *Christian*
le christianisme *Christianity*
un couple mixte *mixed couple*
des croyances (*f.*) *beliefs*
un devoir *duty*
une galère *nightmare*
l'islam (*m.*) *Islam*
le manque de communication *lack of communication*
un mec *guy*
un(e) musulman(e) *Muslim*

un péché *sin*
le poids *weight*
une prière *prayer*
le respect des autres *respect for others*
la tolérance *tolerance*
une trahison *betrayal*

baragouiner *to jabber*
renier quelqu'un *to disown someone*
se tirer *to leave, take off*

Culture

l'asservissement (*m.*) *enslavement*
un colon *colonist*
l'esclavage (*m.*) *slavery*
la guerre de Sécession *the American Civil War*
une monarchie absolue *absolute monarchy*
la noblesse *nobility*
l'ordre (*m.*) public *public order*
un régime totalitaire *totalitarian regime*
la sûreté publique *public safety*
un système féodal *feudal system*
la traite des Noirs *slave trade*

renverser *to overthrow*
se révolter *to rebel*
vaincre *(irreg.) to defeat*

évadé(e) *escaped*

Littérature

la colère *anger*
une foule *crowd; mob*
la haine *hatred*
un indice *clue, indication*
une métaphore *metaphor*
la morale *moral*
une patte *paw*
une punition *punishment*

personnifier *to personify*
tuer *to kill*

gras(se) *fat, plump*
maigre *thin, scrawny*

ça suffit *that's enough*
car *for; because*

La société en évolution

Dans un monde où les cultures se rencontrent de plus en plus, quel est le rôle du dialogue? Comment profiter des différences dans la manière de penser, de vivre et de voir le monde? Que devons-nous faire pour assurer l'harmonie et, en même temps, éliminer les conflits? Si la diversité donne l'occasion d'enrichir sa propre culture, qu'apporte-t-elle d'autre à une société?

La société aux multiples visages évolue constamment.

186

Destination:
AFRIQUE DE L'OUEST

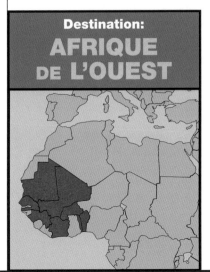

PREVIEW Have students read the paragraph on **p. 156** and, in small groups, discuss the questions posed in it. Then ask them to describe the benefits and challenges of multiculturalism and diversity on campus and in other settings. Outline their descriptions on the board in two columns: **les bénéfices** and **les défis**. Have each group discuss the lists and propose a solution to at least one of the challenges.

Crises et horizons Audio: Vocabulary

En mouvement

l'assimilation (*f.*) *assimilation*
un but *goal*
une cause *cause*
le développement *development*
la diversité *diversity*
un(e) émigré(e) *emigrant*
une frontière *border*
l'humanité (*f.*) *humankind*
l'immigration (*f.*) *immigration*
un(e) immigré(e) *immigrant*
l'intégration (*f.*) *integration*
une langue maternelle *native language*
une langue officielle *official language*
le luxe *luxury*
la mondialisation *globalization*
la natalité *birthrate*

le patrimoine culturel *cultural heritage*
les principes (*m.*) *principles*

aller de l'avant *to forge ahead*
s'améliorer *to better oneself*
attirer *to attract*
augmenter *to grow; to raise*

baisser *to decrease*
deviner *to guess*
prédire *(irreg.) to predict*

exclu(e) *excluded*
(non-)conformiste *(non)conformist*

polyglotte *multilingual*
prévu(e) *foreseen*
seul(e) *alone*

Les problèmes et les solutions

le chaos *chaos*
la compréhension *understanding*
le courage *courage*
un dialogue *dialogue*

une incertitude *uncertainty*
l'instabilité (*f.*) *instability*
la maltraitance *abuse*
un niveau de vie *standard of living*
une polémique *controversy*
la surpopulation *overpopulation*
un travail manuel *manual labor*
une valeur *value*
un vœu *wish*

avoir le mal du pays *to be homesick*
faire sans *to do without*
faire un effort *to make an effort*
lutter *to fight; to struggle*

dû/due à *due to*
surpeuplé(e) *overpopulated*

Les changements

s'adapter *to adapt*
appartenir (à) *to belong (to)*
dire au revoir *to say goodbye*

s'enrichir *to become rich*

s'établir *to settle*
manquer à *to miss*
parvenir à *to attain; to achieve*
projeter *to plan*
quitter *to leave behind*
réaliser (un rêve) *to fulfill (a dream)*
rejeter *to reject*

KEY STANDARDS
1.1, 1.2, 4.1

Have students create complete sentences that describe the photos. Then, using the words under **Les changements**, ask them to make personalized statements.

INSTRUCTIONAL RESOURCES
Supersite: Lab Audioscript, SAM AK, Lab MP3s
SAM/WebSAM: WB, LM

SYNONYMES
réaliser ⟷ accomplir, concrétiser
baisser ⟷ diminuer, réduire
lutter ⟷ se battre
une polémique ⟷ une controverse
un vœu ⟷ un souhait

Explain how to form a sentence using **manquer à**. Example: **Mon pays me manque.** *I miss my country.*

Mise en pratique

1

L'intrus Dans chaque cas, indiquez le mot qui ne convient pas.

1. **diversité**
   a. immigration   c. mondialisation
   b. patrimoine   d. humanité

2. **population**
   a. habitants   c. résidents
   b. citoyens   d. touristes

3. **but**
   a. faire un effort   c. projeter
   b. incertitude   d. parvenir

4. **prévu**
   a. prédit   c. attendu
   b. exclu   d. deviné

5. **manquer**
   a. appartenir   c. quitter
   b. avoir le mal du pays   d. dire au revoir

6. **polémique**
   a. débat   c. cause
   b. controverse   d. contestation

2

Dans le contexte Écrivez le mot de la liste qui correspond le mieux au contexte de chaque phrase.

s'adapter	émigré	mal du pays	quitter
courage	faire sans	polyglotte	rejeter

1. Il est important de parvenir à se débrouiller (*to manage*) face à une nouvelle situation. _____s'adapter_____

2. Au travail, on me demande souvent de voyager parce que je parle plusieurs langues. _____polyglotte_____

3. Quand j'étais petit, ma famille n'était pas riche, mais on n'était pas malheureux non plus. _____faire sans_____

4. Je n'hésite pas à dire «non» et je refuse les propositions qu'on me fait neuf fois sur dix. _____rejeter_____

5. J'ai quitté le pays où je suis né pour trouver un meilleur travail, pas pour des raisons politiques. _____émigré_____

6. Voyager à l'étranger, c'est important et amusant en même temps, mais le problème, c'est que ma famille me manque. _____mal du pays_____

3

Questions personnelles Répondez à chaque question. Discutez de vos réponses avec un(e) camarade de classe.

1. Quelle est votre langue maternelle? Combien de langues parlez-vous?

2. Avez-vous déjà eu le mal du pays? Expliquez la situation.

3. Êtes-vous pour ou contre la mondialisation? Expliquez votre point de vue.

4. Êtes-vous plutôt conformiste ou non-conformiste? Citez trois exemples.

5. Quel est votre but dans la vie? Comment est-ce que vous espérez l'atteindre?

6. Comment décririez-vous votre niveau de vie? À quel point est-il différent de celui que vous espérez avoir dans dix ans?

4

À l'avenir Imaginez qu'en 2057, votre enfant trouve une capsule témoin (*time capsule*) que vous aviez préparée cinquante ans auparavant (*prior*). Elle contient des coupures de presse (*clippings*) et des souvenirs. À deux, dites ce que vous aviez mis dans cette capsule et expliquez pourquoi ces objets représentent votre génération.

Practice more at **vhlcentral.com.**

Préparation

KEY STANDARDS
1.2, 2.1, 2.2, 4.1, 4.2, 5.2

INSTRUCTIONAL RESOURCES
Supersite/DVD: Film Collection
Supersite: Script & Translation

SYNONYMES
un(e) bavard(e) ⟷ un moulin à paroles (informal)
défavorisé(e) ⟷ déshérité(e), pauvre

Mention that **bavard(e)** can also be an adjective.

Point out that **un flic, un(e) gamin(e)**, and **un(e) môme** are informal.

Call attention to the homonym **voler** (to fly; to steal).

Vocabulaire du court métrage

un(e) bavard(e) *chatterbox*
brûler *to burn*
un commissaire (de police) *(police) commissioner*
(un jour) férié *public holiday*
un flic *cop*
un(e) gamin(e) *kid*
un(e) môme *kid*
nombreux/nombreuse *numerous*

Vocabulaire utile

avoir des préjugés *to be prejudiced*
un châtiment *punishment*
défavorisé(e) *underprivileged*
supposer *to assume*
une supposition *assumption*
témoigner de *to be witness to*
un témoin *witness*
voler *to steal*

EXPRESSIONS

assurer une permanence *to be on duty*
Ce n'est pas grave. *That's okay/not a problem.*
C'est dingue! *It's/That's crazy!*
J'arrive. *I'll be right there./I'm coming.*
porter plainte *to file a complaint*

1 Ask small groups of students to prepare three short scenarios: one to elicit the response **Ce n'est pas grave**, one for **C'est dingue!**, and one for **J'arrive**. Have groups present their scenarios for the class.

1 When going over the answers, replace appropriate parts of the sentences with pronouns, if possible, to preview this lesson's **Structures** section. Examples: **1. Je n'y vais pas parce que c'est le 14 juillet. 2. Thomas n'arrête pas de lui parler.**

2 Have groups of three or four create a short story using as many words from this activity as possible.

1

À choisir Parmi (*Among*) les phrases suivantes, choisissez celle qui exprime le mieux l'idée de la première phrase.

1. Je ne vais pas au travail lundi parce que c'est un jour férié.
   a. Je ne vais pas au travail lundi parce qu'on fait la grève.
   b. Je ne vais pas au travail lundi à cause des funérailles de ma grand-mère.
   c. Je ne vais pas au travail lundi parce que c'est le 14 juillet.

2. Thomas et sa copine sont tellement bavards.
   a. Thomas est très fâché contre sa copine.
   b. Thomas n'arrête pas de parler avec sa copine.
   c. Thomas et sa copine hésitent à se quitter.

3. La famille habite dans un quartier défavorisé.
   a. La famille habite une grande maison moderne.
   b. Les loyers des appartements du quartier ne sont pas chers.
   c. La famille s'amuse chaque été dans sa piscine privée.

2

À assortir À deux, associez logiquement les mots de la première et de la deuxième colonnes. Ensuite, expliquez la différence entre les mots associés.

___c___ 1. un témoin   a. voler
___d___ 2. un commissaire   b. un(e) môme
___b___ 3. un(e) gamin(e)   c. témoigner de
___a___ 4. un châtiment   d. un flic

 Practice more at **vhlcentral.com.**

3

Que feriez-vous si...? À deux, répondez aux questions et expliquez vos réponses.

1. Vous êtes professeur et deux de vos étudiants ont séché (*skipped*) le cours. L'un est très studieux et l'autre ne travaille pas beaucoup. Les jugez-vous de la même manière ou favorisez-vous l'étudiant sérieux?

2. Une personne défavorisée et une personne privilégiée commettent le même crime. Devraient-elles recevoir la même punition? Recevraient-elles le même châtiment dans notre société actuelle?

3. Quand un voleur vole quelque chose, est-ce que la valeur de ce qu'il vole devrait être prise en compte au moment de le punir?

4. Votre frère/sœur aîné(e) vous a tourmenté(e) pendant toute votre enfance. Vous comportez-vous de la même manière envers votre frère/sœur cadet(te) ou, au contraire, vous entendez-vous bien avec lui/elle?

5. À la suite d'une erreur commise par votre université, on vous expulse pour des raisons financières. Est-ce que cette injustice vous donnerait le droit d'endommager (*damage*) votre résidence universitaire?

4

Question d'opinion À deux, répondez aux questions et expliquez vos réponses.

1. Vous est-il déjà arrivé de supposer certaines choses au sujet de quelqu'un qui est différent de vous?

2. Pensez-vous que l'immigration permette de mieux apprécier différentes cultures ou encourage-t-elle au contraire le recours aux stéréotypes?

3. Est-ce que quelqu'un vous a déjà jugé(e) sur votre apparence physique, votre nationalité ou votre ethnicité? Comment avez-vous réagi?

5

Qui est-ce? Regardez les images et imaginez la vie de ces personnages. Écrivez cinq phrases qui expliquent ce qu'ils aiment faire, qui ils sont et d'où ils viennent.

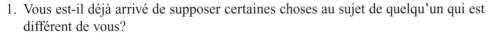

3 Invite students to think back to what they learned in **Leçon 4 Littérature pp. 151–154**. Ask them to relate the themes and the moral of Juraver's fable, *Chien maigre et chien gras*, to their ideas for the first three situations in this activity.

3 Have students work in groups of three to create and present a mini-skit that takes place in a courthouse. One student plays a thief, one plays the arresting officer, and the other plays the judge.

4 Ask volunteers to share their responses with the class.

4 Ask students to write an essay for their answer to one of the questions. They should be sure to begin with a thesis statement, include at least three specific examples to support this statement, and end with a restatement of the thesis or a summary of ideas. Prepare a scoring rubric based on the latest AP Scoring Guidelines. Some criteria might be: ease of expression, clarity of organization, accuracy of grammar and syntax, variety of vocabulary, topic development.

5 Calling on volunteers, make a list on the board of the things students say to describe the characters. After viewing the film, have students revise their descriptions.

Short Film

This film is available on the **IMAGINEZ** Film Collection DVD and at **vhlcentral.com**.

Ask students for a description of the boy in the poster—physical appearance, age, clothing, facial expression, etc. Then ask them to imagine what he is thinking.

The film takes place in the French-speaking part of Switzerland. Ask students what they know about Switzerland.

Explain to students that they do not need to understand every word they hear. They can rely on visual cues and should listen for cognates and words from the vocabulary. Have students work in pairs to help each other understand any difficult parts of the film.

Samb et le commissaire

Mention spéciale, 48th Berlin International Film Festival, Jury international du 21st Children's FilmFest, 1998

Une production de CINÉTHIQUE
Scénario et réalisation OLIVIER SILLIG
Photographie FRANÇOIS BOVY Son PATRICK BÜRGE
Montage image KARINE SUDAN Montage son CHRISTIAN DAVI
Musique JEAN-FRANÇOIS BOVARD, JEAN ROCHAT, LA LYRE DE LAVAUX
Acteurs NARCISSE MANI / JEAN-LOUIS MILLET

INTRIGUE *Le jour de la Fête nationale, en Suisse, un commissaire de police interroge un jeune garçon d'origine africaine qui vient de voler un ballon.*

OFFICIER Ils en ont marre, les gens, ils en ont marre.

COMMISSAIRE Je sais, ils sont toujours plus nombreux. Enfin, appeler les flics pour un gamin. Ces stations-service, ils… ils exagèrent, vraiment. Envoyez-le-moi.

COMMISSAIRE Alors, c'est vrai ce qu'on dit? Vous êtes tous des voleurs. Incroyable! À ton âge, tu es déjà un voleur. Tu t'appelles comment? Ton nom?

SAMB S…

COMMISSAIRE Juste ton nom. Je vous connais, vous êtes des bavards terribles.

COMMISSAIRE Vingt francs. Vingt francs. Porter plainte pour vingt balles. Il faut vraiment que les gens en aient marre de vous. Et tes parents? Ils sont où aujourd'hui, tes parents? Ah, eux aussi, ils sont allés apprendre l'hymne° national?

SAMB Monsieur, je m'appelle Samb. Samb, et toi? Non, non. Juste votre nom.

COMMISSAIRE Knöbel.

SAMB Elle est en vie, votre maman?

COMMISSAIRE Ah oui. Bien sûr.

SAMB Et votre papa, aussi?

COMMISSAIRE Ah oui, aussi.

SAMB Vous avez de la chance.

COMMISSAIRE De la chance?

SAMB Oui. Mes parents à moi, ils sont morts. Kakachnikov! Ils se sont mis à tirer° sur moi, mais j'ai réussi à me cacher°. Quand je suis revenu, tout brûlait. Même mon ballon. Il n'y avait plus rien.

COMMISSAIRE Ah, c'est vous les parents? Ce n'est pas grave. C'est un môme. Bon, on laisse tomber la plainte, on écrase°.

Samb revient.

SAMB Eh, mon ballon!

COMMISSAIRE Ton ballon?

hymne *anthem* **tirer** *shoot* **me cacher** *hide* **écrase** *oublie*

PREVIEW As a class, read the captions and discuss the visuals. In particular, point out the second video. Discuss the relevance of the «**Terroristes**» poster in the background. Then ask students to write a one-paragraph summary of what they think happens in the film. Ask: **Comment se terminera ce court métrage?**

TEACHING OPTION Have students working in pairs write on separate strips of paper ten sentences summarizing the events of the video. Then have them give the strips of paper to other pairs to put in chronological order.

TEACHING OPTION After viewing the film, have students revise their summaries.

TEACHING OPTION Have students read the **Note culturelle**. Then ask them to list and discuss the similarities and differences between the Swiss National Holiday and Independence Day in the U.S. or national holidays in other countries.

Analyse

Compréhension Répondez aux questions par des phrases complètes. Answers may vary slightly.

1. Quel jour sommes-nous dans le film? Que signifie cette date? Nous sommes le 1er août. C'est la Fête nationale suisse.
2. Comment s'appelle l'homme? Il s'appelle Hugo Knöbel.
3. Qui est-il? C'est le commissaire (de police).
4. Qu'est-ce que le garçon a volé? Il a volé un ballon de foot.
5. Pourquoi l'a-t-il volé? Il l'a volé parce que son ballon a brûlé.
6. Combien cet objet a-t-il coûté? Il a coûté vingt francs.
7. Qu'est-il arrivé aux parents du garçon? Ils sont morts.
8. Comment cela s'est-il passé? On les a tués.
9. Pourquoi le garçon dit-il que le commissaire a de la chance? Il dit que le commissaire a de la chance parce que ses parents sont encore en vie.
10. Avec qui part le garçon à la fin du film? Il part avec ses parents adoptifs/un couple blanc/suisse.

Interprétation À deux, répondez aux questions et expliquez vos réponses.

1. Pourquoi le commissaire est-il de mauvaise humeur au début du film?
2. De qui parle le commissaire quand il dit: «Vous êtes tous des voleurs»?
3. Pourquoi le commissaire pense-t-il que Samb ne mangera pas le hamburger?
4. Que veut dire le commissaire quand il dit que Samb «connaît» les bananes?
5. Que pense le commissaire quand on lui dit que les parents de Samb sont arrivés?
6. Pourquoi le commissaire met-il de l'argent sur son bureau à la fin du film?

Stéréotypes

A. Listez les commentaires du commissaire qui révèlent certains stéréotypes.

Vous êtes tous des voleurs.

Vous êtes des bavards terribles.
Il ne sait pas son âge... Tu ne sais pas dire ton nom?
[Tes parents] sont allés apprendre l'hymne national?
Les Africains sont musulmans.
Au moins, tu connais [les bananes].

B. Comparez votre liste avec celle d'un(e) camarade et discutez de chaque commentaire à l'aide de ces questions.
- Comment réagissez-vous à ce que dit le commissaire?
- Comment le jugez-vous? Pensez-vous que ce soit quelqu'un de bien?

4 **Rapports humains** Dans quel sens l'opinion du commissaire change-t-elle à propos de Samb? À deux, discutez-en et citez des exemples du film.

5 **Au tribunal** Imaginez que Samb soit jugé par un tribunal. Le jury n'est pas parvenu à un verdict, et vous êtes les jurés. Formez deux groupes et présentez cinq arguments pour ou contre Samb. Les injustices du passé excusent-elles ses actes d'aujourd'hui?

Pour	Contre

6 **Trois vœux** *Samb et le commissaire* témoigne des changements de la société actuelle et de la diversité culturelle de plus en plus grande dans les pays occidentaux (*western*). Par groupes de trois, imaginez les trois vœux qu'un génie vous accorde pour créer une société plus harmonieuse.

Vous avez droit à trois vœux. Que me demandez-vous?

7 **Intégration** Par groupes de trois, commentez cette déclaration. Dans une société multiculturelle, qui doit s'adapter? Les immigrés ou les habitants? Discutez de cette question et comparez votre point de vue avec la classe.

> **❝Les musulmans ne mangent pas de porc. Vous devriez savoir ça. Faut s'adapter, nom de bleu.❞**
>
> — COMMISSAIRE KNÖBEL

Des motocyclistes dans le désert pendant le Dakar

IMAGINEZ
L'Afrique de l'Ouest

KEY STANDARDS
2.1, 2.2, 3.2, 4.2, 5.1

INSTRUCTIONAL
RESOURCES
Supersite: Teaching
suggestions; SAM AK
SAM/WebSAM: WB

D'ailleurs…
Le fondateur du rallye, Thierry Sabine, avait conscience de la difficulté des **conditions de vie** en Afrique. En 1985, il crée, avec le chanteur **Daniel Balavoine**, le **Pari du Cœur**, une association dont le but était principalement d'apporter des pompes à eau au **Sahel**.

Destination: dunes! Reading

En 1977, un coureur motocycliste français se perd dans le désert de Libye pendant une course entre **Abidjan**, en **Côte d'Ivoire** et **Nice**, en **France**. Cette expérience l'inspirera. En 1979, **Thierry Sabine** (1949–1986) crée le rallye **Paris-Dakar**, une course annuelle de véhicules (autos, motos, camions) qui traversera surtout des régions désertiques de l'Afrique, à partir de **Paris**, jusqu'à **Dakar**, capitale du **Sénégal**. Aujourd'hui, plus de 700 concurrents° y participent pour couvrir plus de 9.000 kilomètres de pistes°.

Appelée **le Dakar** (depuis 1995, elle ne part pas toujours de Paris), cette course° est considérée comme le rallye le plus exigeant du monde. Le parcours° change chaque année, mais c'est l'**Afrique de l'Ouest** qui reçoit le plus grand nombre de visites.

Et si nous partions visiter ces pays d'Afrique? Voici un itinéraire possible. Nous traverserons d'abord le désert du **Sahara** en **Mauritanie**, et ses dunes magnifiques. Nous ferons une halte à l'oasis de **Terjit**, située au milieu d'un canyon et alimentée° par deux sources naturelles permanentes. Dans ce désert, cette oasis est un merveilleux havre° de fraîcheur. On peut même s'y baigner!

Nous quitterons la Mauritanie pour aller au **Mali**, mais nous ne quitterons pas le désert qui couvre les deux tiers° de ce pays au nord. Nous descendrons vers le sud et nous nous arrêterons à **Tombouctou**, ville mythique sur le **fleuve Niger**, fondée au 11e siècle et qui a gardé son style original. Encore plus au sud, à **Bandiagara**, nous admirerons les villages troglodytes perchés sur une étendue de 200 kilomètres de falaises. Une partie du peuple **Dogon** y habite encore.

Puis nous continuerons notre voyage vers le **Niger**. Nous n'irons pas jusqu'au **désert du Ténéré**, au nord-est du pays. C'est la partie la plus aride du **Sahara**, connue pour ses violentes tempêtes de sable°, où beaucoup de concurrents du Dakar ont abandonné la course. Mais nous descendrons vers le sud et traverserons le **parc national du W** (prononcez

blay-way), site superbe où on voit une faune très diverse et des villages de pêcheurs.

Nous continuerons notre descente vers le sud pour arriver en **Côte d'Ivoire**, où, vers le centre, nous nous arrêterons à **Yamoussoukro**, la capitale depuis 1983. Nous y verrons la basilique Notre-Dame de la Paix, construite entre 1986 et 1989 et inspirée de la basilique Saint-Pierre de Rome. C'est la plus grande église du monde.

Ensuite nous irons en **Guinée**. Nous arriverons par l'est, où nous admirerons la plus belle forêt d'Afrique de l'Ouest, surmontée par le **mont Nimba** avec sa flore et sa faune uniques au monde. Puis nous passerons par la région habitée par les **Peulhs**, tribu d'Afrique dont les cases° sont de vraies œuvres d'art.

Nous arriverons enfin au **Sénégal**, et pour nous reposer de ce long voyage, nous visiterons une île près de **Dakar**: **Gorée**, où on peut voir son ancien fort et admirer les maisons coloniales. À 37 km de la capitale, le très beau **lac Retba**, aussi appelé le **lac Rose** en raison de sa couleur, constituera notre dernière étape… comme pour le rallye.

concurrents *competitors* **pistes** *trails* **course** *race* **parcours** *itinerary* **alimentée** *fed* **havre** *haven* **deux tiers** *two-thirds* **tempêtes de sable** *sandstorms* **cases** *huts*

Le français parlé en Afrique de l'Ouest

Au Sénégal

aller sénégalaisement bien	aller très bien
un(e) chéri(e)-coco	un(e) petit(e) ami(e)
un pain chargé	un sandwich
une tablette de chocolat	un nid-de-poule; *pothole*

En Côte d'Ivoire

un maquis	un restaurant, un café
mettre papier dans la tête	éduquer

En Afrique de l'Ouest

payer	acheter
un taxi-brousse	un taxi collectif; *shared taxi*

Découvrons l'Afrique de l'Ouest

La Casamance Située au sud du **Sénégal**, c'est la région agricole la plus riche du pays, grâce au **fleuve Casamance** et à

une abondante saison des pluies. La **Basse-Casamance**, à l'ouest, en est la partie la plus touristique. On y trouve de nombreux villages installés au milieu de canaux appelés «bolongs». À l'est de la ville de **Cap-Skirring**, on peut admirer le **parc national de Basse-Casamance** avec ses buffles°, ses singes°, ses léopards, ses crocodiles et ses nombreuses espèces d'oiseaux.

Djenné C'est une ville du **Mali** à environ 570 km de **Bamako**, la capitale. Fondée au 9e siècle, elle devient un important centre d'échanges commerciaux° au 12e siècle. Cette ville est connue pour son architecture exceptionnelle. Ses bâtiments sont construits en «banco», ou terre crue°, avec des morceaux de bois appelés «terrons» qui traversent les murs. Le marché du lundi enchante le visiteur par ses couleurs et son animation.

Les Touaregs On les appelle souvent «les hommes bleus», en raison de la couleur du turban, ou chèche, qu'ils portent sur

la tête. C'est un peuple nomade d'origine berbère. Ils vivent en tribus dans une société très hiérarchisée. Leur territoire couvre la plus grande partie du désert du **Sahara** et une partie importante du **Sahel** central. C'est un peuple hospitalier° qui accueillent les visiteurs de passage avec le cérémonial du thé. Le thé est servi trois fois, et il est impoli de refuser de le boire.

Le cacao et le café ivoiriens
La culture du café et du cacao constitue l'activité économique la plus importante de Côte d'Ivoire. En effet, la moitié de la population vit de cette culture. La **Côte d'Ivoire** est le premier producteur mondial de cacao (40% de la production mondiale) et le cinquième producteur de café (200.000 tonnes par an). Le café produit en Côte d'Ivoire est surtout de type «robusta». Près de 80% de la production est destinée à l'**Europe.**

buffles *buffalos* **singes** *monkeys* **commerciaux** *trade* **terre crue** *mud* **hospitalier** *hospitable*

Qu'avez-vous appris?

1 **Vrai ou faux?** Indiquez si ces affirmations sont vraies ou fausses, et corrigez les fausses. *Answers may vary slightly.*

1. Seulement les voitures peuvent participer au rallye Dakar. *Faux. Il y a des voitures, des motos et des camions.*

2. Les concurrents du rallye Dakar traversent plusieurs pays d'Afrique de l'Ouest. *Vrai.*

3. Le Dakar se termine souvent au Niger. *Faux. Il se termine souvent au lac Retba/lac Rose, au Sénégal.*

4. La ville de Djenné est connue pour son architecture particulière. *Vrai.*

5. La Côte d'Ivoire est le premier producteur mondial de café. *Faux. Elle est le cinquième producteur mondial de café et le premier producteur mondial de cacao.*

6. On produit surtout du café «robusta» en Côte d'Ivoire. *Vrai.*

2 **Questions** Répondez aux questions. *Answers may vary slightly.*

1. Qu'est-ce que le Dakar? *C'est le rallye le plus exigeant du monde.*

2. Pourquoi est-ce qu'un grand nombre de participants du Dakar abandonnent la course dans le Ténéré? *Parce que c'est la partie la plus aride du Sahara, connue pour ses violentes tempêtes de sable.*

3. Qu'est-ce que Thierry Sabine et Daniel Balavoine ont créé? Dans quel but? *Ils ont créé une association pour apporter des pompes à eau au Sahel.*

4. Qu'est-ce qu'on peut voir en Casamance? *On y trouve des villages appelés «bolongs» et le parc national de Basse-Casamance.*

5. Qui sont les Touaregs? De quelle origine sont-ils? Où vivent-ils? *Les Touaregs sont un peuple nomade d'origine berbère. Ils vivent en tribus dans le désert du Sahara et au Sahel.*

6. À quel continent est destiné 80% du café produit en Côte d'Ivoire? *80% de la production est destinée à l'Europe.*

Projet

Sur le Dakar

Choisissez une année depuis 1979 et faites des recherches sur le Dakar de cette année-là. Imaginez que vous soyez reporter. En neuf ou dix phrases, faites un reportage sur le Dakar, que vous présenterez à la classe. Incluez le nombre de concurrents, les pays traversés, les moments importants de la course et les gagnants. Pour plus de renseignements sur ce sujet, visitez **vhlcentral.com**. À la fin, dites à la classe quel pays vous aimeriez visiter le plus, parmi ceux traversés pendant la course, et expliquez pourquoi.

 Practice more at **vhlcentral.com**.

ÉPREUVE

Trouvez la bonne réponse.

1. Thierry Sabine crée le Paris-Dakar en _____.
   a. 1975   (b.) 1979
   c. 1980   d. 1986

2. Au Mali, Tombouctou est située sur _____.
   a. le Nil   (b.) le fleuve Niger
   c. le Congo   d. le fleuve Casamance

3. Le désert du Ténéré se trouve _____.
   a. en Côte d'Ivoire   b. au Sénégal
   (c.) au Niger   d. au Mali

4. Dans le centre de la Côte d'Ivoire, on trouve _____.
   (a.) Yamoussoukro   b. un grand désert
   c. Abidjan   d. Conakry

5. _____ vivent en Guinée.
   (a.) Les Peuhls   b. Les Touaregs
   c. Les Berbères   d. Les pêcheurs

6. _____ se trouve près de la ville de Dakar.
   (a.) L'île de Gorée   b. L'île de Ngor
   c. Le lac Rose   d. Bel Air

7. Les maisons de Djenné sont construites avec _____.
   a. de la terre cuite   (b.) du banco
   c. du sable   d. des pierres

8. La Côte d'Ivoire est le premier producteur mondial de _____.
   a. tissus   b. riz
   (c.) cacao   d. café

9. Les «bolongs» sont des _____.
   a. pirogues   (b.) canaux
   c. villages de pêcheurs   d. animaux

10. _____ sont souvent appelés «les hommes bleus».
    a. Les Peuhls   b. Les Ivoiriens
    c. Les Maliens   (d.) Les Touaregs

Les Jeunes Magasins

En Belgique, Oxfam-magasins du monde est une association qui cherche à développer la solidarité Nord-Sud et le commerce équitable (*fair trade*). Pour les plus jeunes, cette association a eu la bonne idée de lancer les Jeunes Magasins du monde-Oxfam ou JM. Les JM sont des petits groupes qui se forment dans les écoles avec l'aide des professeurs. Les jeunes s'y réunissent pour discuter des problèmes actuels et organiser des actions.

Je ne suis pas un acheteur décérébré; je ne suis pas un esclave de la société.

1 Compréhension Trouvez le bon mot pour compléter chaque phrase.

1. D'après le clip, la publicité nous impose une façon d'_____être_____ et de _____consommer_____.

2. Un des adolescents préfère acheter des produits _____équitables_____ dont il connaît l'_____origine_____.

3. Une adolescente aime aller à la _____ferme_____ parce qu'elle peut _____découvrir_____ comment les produits sont fabriqués.

2 Discussion Répondez aux questions en donnant des détails.

1. Avez-vous vu le film d'Al Gore cité dans le clip? Quelle en est votre opinion?

2. Que pensez-vous de l'initiative Oxfam-Jeunes Magasins du Monde? Pensez-vous qu'elle puisse vraiment avoir un impact sur les modes de consommation des jeunes? Expliquez.

Et vous? En général, vous sentez-vous concerné(e) par les problèmes associés à la surconsommation? Expliquez.

Practice more at **vhlcentral.com.**

COMPRÉHENSION Ask these follow-up questions and discuss students' responses as a class: **Qu'est-ce qu'un «acheteur décérébré»? Quel type de comportements a-t-il? Comment décririez-vous un «acheteur cérébré» (l'opposé d'un acheteur décérébré)? À quoi fait-il attention en ce qui concerne ses modes de consommation?**

DISCUSSION As a class, brainstorm ideas for reducing one's carbon footprint. Ask students to pick their two favorite ideas and implement them in their everyday life. Follow up a week later to see whether students are meeting their goals and to get their feedback.

VOCABULAIRE

de la vidéo

un acheteur décérébré *zombie consumer*

l'empreinte (f.) *impact*

des fraises (f.) *strawberries*

point barre *period, end of story*

les poubelles (f.) de tri *recycling bins*

un robinet *faucet*

le truc *thing*

pour la conversation

le comportement *behavior*

la consommation *consumption*

économiser *to save*

des modes (m.) de consommation *consumption habits*

l'origine (f.) *origin*

produit(e) *produced*

reprocher à *to criticize*

la surconsommation *overconsumption*

GALERIE DE CRÉATEURS

 SUR INTERNET

Pour plus de renseignements sur ces créateurs et pour explorer des aspects précis de leurs créations, à l'aide d'activités et de projets de recherche, visitez vhlcentral.com.

LITTÉRATURE

Véronique Tadjo (1955–)

Véronique Tadjo est une poétesse et romancière (*novelist*) ivoirienne qui a beaucoup voyagé, mais sa source d'inspiration est sans aucun doute le continent africain. Elle trouve le sujet de ses livres dans l'histoire, parfois bouleversante (*disturbing*), de pays africains comme le Rwanda ou son propre pays. Elle décrit des émotions et des scènes de la vie quotidienne en Afrique. Auteur de romans et de contes pour adultes, elle est aussi l'auteur de livres pour enfants qu'elle illustre elle-même. Fille de la femme peintre Michèle Tadjo, Véronique Tadjo s'exprime aussi dans la peinture qui, pour elle, complète l'écriture.

CINÉMA/LITTÉRATURE **Ousmane Sembène (1923–2007)**

Ce réalisateur et écrivain sénégalais est d'abord soldat dans l'armée française, pendant la Seconde Guerre mondiale, puis il va travailler à Marseille et entre au Parti communiste français. Il milite alors contre la guerre d'Indochine et pour l'indépendance de l'Algérie. En 1956, il publie son premier livre, *Le docker noir*, qui a une connotation sociale, comme tous ses autres livres. Puis en 1960, l'année de l'indépendance du Sénégal, il rentre en Afrique où il décide de faire du cinéma. Ses films dénoncent tous des injustices, et deux d'entre eux sont censurés. Cependant (*However*), son œuvre est très appréciée. Il reçoit de nombreuses récompenses (*awards*). Il a parcouru les villages d'Afrique pour montrer ses films et transmettre son message.

PHOTOGRAPHIE
Seydou Keïta (1921–2001)

Seydou Keïta était un photographe autodidacte (*self-taught*). Son thème préféré était le portrait en noir et blanc. En 1948, il crée un studio de photographie dans sa maison. Il y reçoit ses clients et les immortalise dans leurs vêtements traditionnels ou occidentaux. Quand le Mali devient indépendant en 1960, le gouvernement malien oblige Seydou Keïta à fermer son studio et à travailler comme photographe pour l'État. Il cache (*hides*) alors ses photographies dans son jardin, soit (*that is*) près de 7.000 négatifs. Un photographe français découvre cet artiste en 1990. L'art de Seydou Keïta est enfin révélé au public. Grâce à son œuvre, nous découvrons l'évolution des mœurs de la population malienne.

SCULPTURE Ousmane Sow (1935–)

Après une carrière d'infirmier et de kinésithérapeute (*physical therapist*), Ousmane Sow décide, à l'âge de 50 ans, de se tourner vers la sculpture, une passion de jeunesse. Jusque-là, il avait passé son temps libre à améliorer son style et sa technique. Celle-ci est très personnelle: il utilise une pâte (*paste*), dont lui seul connaît la composition, qu'il modèle sur une armature (*frame*). Ses sculptures sont d'un grand réalisme. Ce sont surtout des séries qui représentent des tribus africaines, mais l'une d'elle montre la bataille de Little Big Horn. Sow expose (*exhibits*) pour la première fois en 1988, à Dakar. Connu aujourd'hui dans le monde entier, il est considéré comme l'un des plus grands sculpteurs contemporains.

Compréhension

À compléter Complétez chaque phrase logiquement.

1. Le premier métier d'Ousmane Sembène était _____soldat_____.

2. Le Mali et ____le Sénégal____ ont tous les deux obtenu leur indépendance en 1960.

3. Le thème ____des injustices____ est présent dans tous les films de Sembène.

4. L'œuvre de Véronique Tadjo s'inspire surtout ____du continent africain____.

5. En parallèle avec sa carrière d'écrivain, Véronique Tadjo pratique aussi ____la peinture____.

6. Seydou Keïta a été obligé de travailler pour ____le gouvernement malien____.

7. C'est ____un photographe français____ qui a découvert l'art de Keïta.

8. Keïta est surtout connu pour ses ____portraits en noir et blanc____.

9. Les sculptures d'Ousmane Sow sont de style _____réaliste_____.

10. Les ____tribus africaines____ sont souvent le sujet des sculptures de Sow.

Rédaction

À vous! Choisissez un de ces thèmes et écrivez un paragraphe d'après les indications.

- **La censure** Deux des films d'Ousmane Sembène ont été censurés. Que pensez-vous de la censure? Est-elle toujours une atteinte à la liberté personnelle et au droit d'expression ou bien est-elle parfois nécessaire? Expliquez votre opinion personnelle en utilisant quelques exemples précis.

- **L'art de Keïta** Décrivez la photo de Seydou Keïta. Que révèle celle-ci sur les modes de vie et les coutumes de la population malienne?

- **Avis personnel** Que pensez-vous de la sculpture d'Ousmane Sow? Son style vous plaît-il? Décrivez la sculpture présentée sur cette page, puis faites-en la critique.

 Practice more at **vhlcentral.com.**

KEY STANDARDS
4.1, 5.1

INSTRUCTIONAL RESOURCES
Supersite: Lab Audioscript, SAM AK, Lab MP3s
SAM/WebSAM: WB, LM

BLOC-NOTES

For a review of definite and indefinite articles, see **Fiche de grammaire 2.4, p. 396.**

Explain to students that, although they learned to use partitives primarily with food, partitives can also be used in many other contexts. They will see this demonstrated in the **Structures 5.1** activities.

ATTENTION!

Unlike English contractions such as *don't* or *you're*, French contractions are *not* optional or considered informal.

Play the portion of the video where the commissioner receives a phone call from his mother. Have students listen for partitives as he writes a grocery list.

Call out various foods. Have students repeat them along with the appropriate partitive article.

Explain to students that, although they learned to use partitves primarily with food, partitives can also be used with other nouns. They will see this demonstrated in **Structures 5.1**.

Call on students to name other nouns that can be considered both countable and mass. Then have them write sample sentences on the board. Example: **Il voudrait de la soupe.** *He would like some soup.* **Il voudrait une soupe.** *He would like a (bowl of) soup.*

5.1 Partitives

—*Vous avez **de la chance.***

- You already know how to use the indefinite articles **un**, **une**, and **des**. They are used to refer to whole items. When you want to talk about *part* of something, use partitive articles.

- Partitive articles refer to uncountable items or mass nouns. They usually correspond to *some* or *any* in English.

- The partitive articles are formed by combining **de** with the definite articles **le**, **la**, **l'**, and **les**. Notice that **de** contracts with **le** and **les**.

de + le	du
de + la	de la
de + l'	de l'
de + les	des

—*Il y a sans doute **du porc** là-dedans.*

- In English, sometimes the words *some* and *any* can be omitted. In French, the partitive *must* be used.

Cet écrivain a **du** courage.	Elle lui a montré **de la** compréhension?
That writer has (some) courage.	*Did she show her (any) understanding?*

- Some nouns can be countable or mass nouns, depending on the context. Compare these sentences.

Elle prend **un** café.	*but*	Elle prend **du** café.
She's having a (cup of) coffee.		*She's having some coffee.*

- The article **des** can function as either a plural indefinite or plural partitive article, depending on whether the nouns can be counted.

Countable	Uncountable
Nous visiterons **des** musées à Dakar. *We will visit (some) museums in Dakar.*	Nous avons mangé **des** pâtes. *We ate (some) pasta.*

- In a negative sentence, all partitive articles become **de/d'**.

Les émigrés n'ont plus **de** travail.
 The emigrants no longer have (any) work.

La météo n'a pas prédit **de** pluie.
 The forecast didn't predict (any) rain.

- Use **de** with most expressions of quantity.

On va acheter **beaucoup de** viande.

- Here are some common expressions of quantity:

assez de *enough*	**un paquet de** *a package of*
beaucoup de *a lot of*	**(un) peu de** *few/(a) little of*
une boîte de *a can/box of*	**un tas de** *a lot of*
une bouteille de *a bottle of*	**une tasse de** *a cup of*
un kilo de *a kilogram of*	**trop de** *too much of*
un litre de *a liter of*	**un verre de** *a glass of*

- In a few exceptions, **des** is used with expressions of quantity:

bien des *many*
la moitié des *half of*
la plupart des *most of*

- No article is used with **quelques** (*a few*) or **plusieurs** (*several*).

Ils ont mentionné **quelques** incertitudes.
 They mentioned a few uncertainties.

On utilise **plusieurs** langues officielles.
 We use several official languages.

Model some affirmative sentences that contain partitives. Students should restate the sentences with **ne... pas**. Also do the reverse.

Create a "supermarket" with pictures of food items organized by category. Have students walk down the "aisles," choose various items, and say what they are buying. They should use partitive articles and expressions of quantity.

ATTENTION!

Remember that **des** changes to **de** before an adjective followed by a noun.

Ils préfèrent embaucher de jeunes travailleurs. *They prefer to hire young workers.*

BLOC-NOTES

For more information about negation, see **Structures 4.2, pp. 138–139.**

Note CULTURELLE

French-speaking countries around the world use the metric system. Here are some conversions of metric liquid and dry measures:
 25 centiliters = 1.057 cups
 1 liter = 1.057 quarts
 500 grams = 1.102 pounds
 1 kilogram = 2.205 pounds

Point out that in **bien des**, **la moitié des**, and **la plupart des** (as well as **la majorité des**), **des** is simply the contraction of the preposition **de** and the definite article **les**, not a partitive article. Example: **En Suisse, la plupart des gens sont polyglottes.** *In Switzerland, most of the people are multilingual.*

Mise en pratique

1 As a follow-up activity, have students pretend they are Edwige and write a reply message.

2 Have students compare their sentences with a partner's.

2 Have students make their affirmative sentences negative and their negative sentences affirmative.

3 Before completing the activity, brainstorm with students a list of non-food words that might be used with partitives. Ex: **amitié, enthousiasme, joie, tristesse, compréhension, incertitude, liberté.**

3 Ask volunteer pairs to read a few of their sentences to the class, who will reply **logique** or **illogique**, depending on whether or not they think the sentence makes sense.

1 **Un week-end à Lomé** Thibault écrit un e-mail de Lomé, où il suit une conférence. Complétez le texte à l'aide d'articles indéfinis, de partitifs et d'expressions de quantité.

Suggested answers

De:	Thibault <thibault44@email.fr>
Pour:	Edwige <edwige.martin@email.fr>
Sujet:	Un petit coucou de Lomé

Je passe (1) _____plusieurs_____ jours à Lomé. C'est incroyable! Cette ville a (2) _____de_____ grandes plages, (3) _____de_____ petits restaurants où on sert (4) _____de la_____ nourriture très variée, et (5) _____des_____ boîtes de nuit. J'ai (6) _____du_____ temps le soir pour visiter un peu. Je suis sorti avec (7) _____quelques_____ collègues hier soir. Il y avait (8) _____beaucoup de_____ monde. Nous avons commandé (9) _____une bouteille de_____ champagne! C'est surprenant à quel point il y a (10) _____de la_____ diversité dans cette ville.

Grosses bises,
Thibault

2 **Un peu d'ordre** Reconstituez ces phrases. Utilisez votre imagination pour en créer d'autres. Suggested answers

As-tu	d'	respect de leur part.
Nous demandons	de	valeur à cet objet.
J'ai acheté	de l'	asperges dans le frigo.
Il n'y a plus	de la	courage dans votre vie!
Ces personnes donnent	des	argent dans ton sac?
Vous n'avez jamais eu	du	olives pour la salade de ce soir.
...?		...?

1. _____As-tu de l'argent dans ton sac?_____
2. _____Nous demandons du respect de leur part._____
3. _____J'ai acheté des olives pour la salade de ce soir._____
4. _____Il n'y a plus d'asperges dans le frigo._____
5. _____Ces personnes donnent de la valeur à cet objet._____
6. _____Vous n'avez jamais eu de courage dans votre vie!_____

3 **À finir** À deux, finissez les phrases à l'aide de partitifs et d'expressions de quantité.

1. Ce pays a beaucoup…

2. Je ne veux plus manger…

3. Je sais que la moitié…

4. Notre peuple a peu…

5. Veux-tu que je donne…

6. Mes amis ont manqué quelques…

7. La population de notre État a trop…

8. Nous sommes sortis pour acheter une boîte…

Practice more at
vhlcentral.com.

Communication

4 **Au supermarché** Vous rendez visite à un(e) ami(e) à Abidjan, en Côte d'Ivoire. Vous allez lui préparer un plat typique de votre pays, et vous êtes au supermarché pour acheter les ingrédients. À deux, créez un dialogue où vous expliquez ce qu'il vous faut, et puis échangez vos rôles. Utilisez les partitifs le plus possible.

> **Modèle** —Il te faut des tomates?
> —Non, mais je dois acheter de la crème.

5 **Le conseil** Le président du Bénin va parler à une conférence de presse. Vous préparez son discours sur les problèmes de son pays et sur leurs solutions. À deux, imaginez ce qu'il va dire. Servez-vous de la liste de vocabulaire. Ensuite, la classe choisira le meilleur discours.

s'améliorer	la mondialisation
augmenter	le niveau de vie
l'incertitude	parvenir à
l'intégration	la population
lutter	réaliser

6 **À votre avis?** Le monde moderne a beaucoup de problèmes. Lesquels? Selon vous, que doit-on faire pour les résoudre (*solve*)? Par groupes de trois, discutez de ces problèmes et essayez de trouver des solutions.

> **Modèle** —Il n'y a pas assez de compréhension entre les peuples.
> —Il faut encourager le dialogue international.

Problèmes	Solutions

4 Have a few pairs act out their conversations for the class.

Note
CULTURELLE

Petit pays d'Afrique de l'Ouest, le **Bénin** a un régime démocratique et connaît la stabilité politique depuis plusieurs années. Il vit de la culture du coton et de son port (*harbor*), **Cotonou**, qui permet beaucoup d'échanges commerciaux avec le **Niger** et le **Burkina Faso**.

6 After giving groups time to discuss, make a large version of the table below on the board. Have volunteers from different groups fill out the table with their ideas and discuss with the whole class how to implement the proposed solutions and the likelihood that they would be successful in a real society.

KEY STANDARDS
4.1, 5.1

5.2

INSTRUCTIONAL
RESOURCES
Supersite: Lab Audioscript,
SAM AK, Lab MP3s
SAM/WebSAM: WB, LM

Stress that, although
they look small and have
no clear-cut English
counterpart, the adverbial
pronouns **y** and **en** are
crucial in French.

Explain that **y** can replace
verbal expressions, as in
j'y arrive and **je vais y
parvenir**. Example: **Je suis
arrivé à finir ce devoir.
(J'y suis arrivé.)**

Mention that **y** is rarely
used in the imperative with
a second pronoun. One of
the usages is with the verb
aller. Example: **Allez-y!/
Vas-y!** *Go ahead.*

ATTENTION!

Remember, the indirect object
pronouns **me, te, lui, nous,
vous**, and **leur** stand for *human*
objects of the preposition **à**.

—**Avez-vous répondu
à Danielle?**

—**Non, je ne lui ai pas
encore répondu.**

ATTENTION!

The prepositions used in English
do not necessarily translate
literally into French. Notice that
sometimes no preposition is
used at all in English.

—**Réponds tout de suite
à Danielle!**

—*Answer Danielle right away!*

BLOC-NOTES

For more information about
object pronouns, see **Fiche de
grammaire 5.4, p. 408.**

The pronouns *y* and *en*

- The pronoun **y** often represents a location. In this case, it usually means *there*.

Nous allons **en Côte d'Ivoire**.	Nous **y** allons.
We go to the Ivory Coast.	*We go there.*
Mon sac est **dans ma chambre**.	Mon sac **y** est.
My purse is in my room.	*My purse is there.*
J'habite **à Ouagadougou**.	J'**y** habite.
I live in Ouagadougou.	*I live there.*

- The pronoun **y** can stand for these common prepositions of location and their objects.

> **à** *in or at*
>
> **chez** *at the place or home of*
>
> **dans** *in or inside*
>
> **derrière** *behind*
>
> **devant** *in front of*
>
> **en** *in or at*
>
> **sur** *on*

- **Y** can stand for *non-human* objects of the preposition **à**.

Tu penses toujours **à l'examen**?	Oui, j'**y** pense toujours.
Are you still thinking about the test?	*Yes, I'm still thinking about it.*
Il a répondu **à la question**?	Oui, il **y** a répondu.
Did he answer the question?	*Yes, he answered it.*

- You already know that the preposition **à** can be used in contractions. The pronoun **y** can represent the contraction and its object.

Vous assisterez **au cours de maths**?	Oui, nous **y** assisterons.
Will you attend math class?	*Yes, we will attend.*
Tu vas **aux États-Unis**?	Oui, j'**y** vais.
Are you going to the U.S.?	*Yes, I'm going there.*

- The pronoun **en** stands for the preposition **de** and its object.

Ils n'ont pas **de villes surpeuplées**.	Ils n'**en** ont pas.
They don't have overpopulated cities.	*They don't have any.*

- **En** can replace a partitive article and its object.

Voudriez-vous **de la charcuterie**?	Nous **en** voudrions.
Would you like some cold cuts?	*We would like some.*

- **En** can replace a noun that follows an expression of quantity. In this case, omit the noun and the preposition **de/d'**, but retain the expression of quantity.

Les étudiants ont beaucoup **d'idéaux**.	Ils **en** ont beaucoup.
Students have a lot of ideals.	*They have a lot (of them).*

- **En** can replace a noun that follows a number. In this case, omit the noun, but retain the number.

Ils veulent **trois tomates**?	Non, ils **en** veulent **cinq**.
Do they want three tomatoes?	*No, they want five (of them).*

- In a negative sentence, the number is not retained.

Nathalie a acheté **deux litres de lait**?	Non, elle n'**en** a pas du tout acheté.
Did Nathalie buy two liters of milk?	*No, she didn't buy any at all.*

- **En** can represent **de** plus a location. In this case, it usually means *from there*.

Ils reviennent **de Lomé**.	Ils **en** reviennent.
They are returning from Lomé.	*They are returning from there.*

- **En** can also stand for a verbal expression with **de**. In this case, **en** often means *about it*, *for it*, or *from it*.

Avez-vous la force **de supporter ce chaos**?	Non, je n'**en** ai pas la force.
Are you strong enough to stand this chaos?	*No, I am not strong enough for it.*
Tu es capable **de manger tout le gâteau**?	Non, je n'**en** suis pas capable.
Are you capable of eating the whole cake?	*No, I am not capable of it.*

Point out that, like definite and partitive articles, an English translation for **y** and **en** is often not required or non-existent (as with many **aller** expressions). Reiterate that this does not, however, subtract at all from their importance in French. Examples: **Il faut que j'y aille**. *I have to go.* **On y va**. *Let's go.* **Va-t-en!** *Get out!*

When negating a sentence with a specific number, if the negative sentence implies zero, add a modifier like **du tout**. Example: **Elle achète deux baguettes? Non, elle n'en achète pas du tout**. (The reply is expected to include a specific number, too, as is: **Non elle n'en achète qu'une**. This is why it seems like something is missing if one replies **Non, elle n'en achète pas**.)

ATTENTION!

Remember, the indefinite articles **un** and **une** are also numbers.

J'ai un frère.
I have one brother.

You can use **en** to represent the object of **un** or **une**. In an affirmative sentence, retain the number.

J'en ai un.
I have one.

As with other numbers, in a negative sentence, the number is not retained.

Je n'en ai pas.
I don't have one.

Remind students that the pronoun **en** has a homonym: the preposition **en**, as in **en Côte d'Ivoire, en français,** etc. Tell them to pay attention to context in order to tell the two apart

Mise en pratique

1 La Côte d'Ivoire was a French colony from 1893 to 1960. Since that time, it has maintained close ties with France. Have students research general facts about the country: history, geography, politics, demographics, economy, flag, etc.

2 Have students check each other's work. Then pairs could act out the conversations.

2 Ask students: **Êtes-vous déjà allé(e)s dans un autre pays? Y avez-vous suivi des cours de langue? Si non, aimeriez-vous être étudiant étranger pendant un semestre ou une année scolaire? Quelle est l'importance d'un séjour à l'étranger quand on fait des études universitaires?**

3 Have students form a paragraph that tells a brief story using a few of the sentences.

1 Combien y en a-t-il? Écrivez une phrase avec les pronoms **y** et **en** pour indiquer le nombre de choses mentionnées.

> **Modèle** Pays francophones en Afrique de l'Ouest (8)
> Il y en a huit.

1. Couleurs du drapeau togolais (4) Il y en a quatre.
2. Habitants de Bamako, au Mali, dans dix ans (2.000.000) Il y en aura deux millions.
3. Langues couramment employées en Côte d'Ivoire (65) Il y en a soixante-cinq.
4. Partis politiques en Guinée depuis 1992 (16) Il y en a seize.
5. Années de colonisation française au Niger dans le passé (60 environ) Il y en a eu soixante environ.
6. Festivals du film à Ouagadougou, au Burkina-Faso (1) Il y en a un.

2 À compléter Katie et Jabril se sont rencontrés aux États-Unis, dans un cours d'anglais pour étudiants étrangers. Complétez leur dialogue par le pronom qui convient: **y** ou **en**.

KATIE Salut, tu vas bien?

JABRIL Oui et non. J' (1) __en__ ai marre des cours.

KATIE Moi aussi! Qu'est-ce qu'on fait?

JABRIL Je projette un voyage en Afrique. J'aime ce continent. Je m' (2) __y__ intéresse beaucoup. Et toi?

KATIE Oui, beaucoup! Où comptes-tu aller?

JABRIL J'ai toujours voulu aller au Sénégal.

KATIE C'est vrai?! Pourquoi as-tu toujours voulu (3) __y__ aller?

JABRIL En fait, ma grand-mère est née au Sénégal. Elle m'(4) __en__ parle souvent.

KATIE Est-ce que tu prépares beaucoup de plats sénégalais?

JABRIL Non, je n' (5) __en__ prépare pas beaucoup.

KATIE D'où vient ton grand-père? Du Sénégal aussi?

JABRIL Non, il n' (6) __y__ est même jamais allé. Il est né en France.

KATIE En France? Moi aussi, j' (7) __y__ suis née!

JABRIL Tu ne m' (8) __en__ avais rien dit! Je croyais que tu avais grandi aux États-Unis.

KATIE Non, c'est ma mère qui a passé son enfance à New York.

JABRIL New York? J' (9) __y__ suis allé une fois, pendant une semaine seulement. J' (10) __en__ rêve souvent.

3 Notre société À deux, faites des phrases à propos de chaque idée donnée.

> **Modèle** aller chez mes parents   J'y vais quand j'ai le mal du pays.

- habiter aux États-Unis J'y habite…/Je n'y habite pas…
- aller faire un séjour en Afrique Je (ne) vais (pas) y faire un séjour.
- avoir du courage face au danger J'en ai…/Je n'en ai pas…
- réaliser beaucoup de rêves J'en réalise…/Je n'en réalise pas/aucun…
- s'adapter à la mondialisation Je (ne) m'y adapte (pas)…
- faire partie du monde des humains J'en fais partie…

Communication

4

Sondage Circulez parmi vos camarades de classe afin de leur poser ces questions. Essayez de trouver au moins une personne qui réponde oui à chaque question et une qui réponde non.

> **Modèle** **aimer aller à la campagne pour les vacances**
> —Aimes-tu aller à la campagne pour les vacances?
> —Non, je n'aime pas y aller pour les vacances.
> —Moi si, j'aime y aller pour les vacances.

Et vous?	Noms
1. faire des commérages	_____
2. assister sans exception au cours de français	_____
3. s'attendre à réussir le prochain examen de français	_____
4. aller chez le président de l'université	_____
5. discuter souvent des polémiques	_____
6. souhaiter travailler en Côte d'Ivoire	_____
7. avoir beaucoup d'incertitudes	_____
8. accepter trop d'inégalités dans la vie	_____
9. être parvenu(e) à obtenir une bourse universitaire	_____
10. connaître des personnes d'Afrique de l'Ouest	_____

5

Carte du monde À deux, demandez-vous dans quels pays vous avez déjà voyagé, ce que vous y avez vu et si vous aimeriez y retourner.

> **Modèle** —Es-tu déjà allé(e) au Sénégal?
> —Non, je n'y suis pas allé(e). Mais j'ai fait un séjour en Guinée.
> —Qu'est-ce que tu y as vu?
> —J'y ai vu…

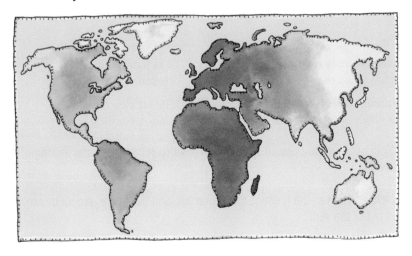

KEY STANDARDS
4.1, 5.1

INSTRUCTIONAL RESOURCES
Supersite: Lab Audioscript, SAM AK, Lab MP3s
SAM/WebSAM: WB, LM

Write several sample sentences with direct and indirect objects on the board. Call on students to underline all the direct objects and circle the indirect objects. Then ask volunteers to rewrite the sentences using direct and indirect object pronouns.

Mention that double object pronoun sequences with **y** are very infrequent. Also point out that sequences of three object pronouns are practically non-existent, and found almost exclusively in a few rare literary contexts.

Remind students that all the pronouns are placed right before the verb *except* when the sentence is in the affirmative imperative, which is explained on **p. 181**.

5.3

Order of pronouns

—*Envoyez-**le-moi**.*

- French sentences may contain more than one object.

	DIRECT OBJECT	INDIRECT OBJECT
Le politicien explique	**ses principes**	**au reporter.**
The politician explains	*his principles*	*to the reporter.*

- You can replace multiple objects with multiple object pronouns. Use the same pronouns you would use if there were only one object.

  Il **les** explique au reporter.
  He explains them to the reporter.

  Il **lui** explique ses principes.
  He explains his principles to him.

  > Il **les lui** explique.
  > *He explains them to him.*

- Where there is more than one object pronoun, they are placed in this order.

me								
te		le						
se	*before*	la	*before*	lui	*before*	y	*before*	en
nous		les		leur				
vous		l'						

  Le guide montre la **sculpture aux touristes**.
  The guide shows the sculpture to the tourists.

  Il **la leur** montre.
  He shows it to them.

  Qui s'occupe **des réservations**?
  Who is taking care of the reservations?

  Hubert **s'en** occupe.
  Hubert is taking care of them.

- Double object pronouns are placed in the same position relative to verbs as single object pronouns.

- In simple tenses, such as the present, the **imparfait**, and the future, pronouns are placed in front of the verb.

  Il apporte **le courrier à Mme Delorme**.
  He brings the mail to Mrs. Delorme.

  Il **le lui** apporte.
  He brings it to her.

J'attendrai **Jules à la gare**.
I will wait for Jules at the station.

Je **l'y** attendrai.
I will wait for him there.

BLOC-NOTES

For a review of past participle agreement, see **Fiche de grammaire 5.5, p. 410**.

- In compound tenses, such as the **passé composé** and the **plus-que-parfait**, pronouns are placed in front of the helping verb.

On **nous** a parlé **du patrimoine culturel**.
They spoke to us about the cultural heritage.

On **nous en** a parlé.
They spoke to us about it.

Vous aviez rendu **les passeports aux voyageurs**.
You had returned the passports to the travelers.

Vous **les leur** aviez rendus.
You had returned them to them.

- When there is more than one verb, the pronouns are usually placed in front of the second verb, typically an infinitive.

Tu vas offrir un **biscuit aux enfants**?
Are you going to buy the children a cookie?

Tu vas **leur en** offrir un?
Are you going to buy them one?

Je voudrais poser **cette question au prof**.
I would like to ask the professor this question.

Je voudrais **la lui** poser.
I would like to ask it to her.

Point out that verbs that take direct objects in French do not always necessarily take direct objects in English, and vice versa. Examples: **écouter**, **attendre**, etc. take direct objects in French and indirect objects in English.

Throughout **Structures 5.3**, write the various pairs of sentences on the board. Have students come to the board and draw an arrow from the object pronoun back to the noun or phrase it replaces.

- When negating sentences with pronouns in simple tenses, place **ne** in front of the pronouns and **pas** after the verb. In compound tenses, place **ne... pas** around the pronouns and the helping verb. When there is more than one verb, **ne... pas** is usually placed around the first one.

Il **ne** le lui apporte **pas**.   On **ne** nous en a **pas** parlé.   Je **ne** voudrais **pas** la lui poser.

- The order of object pronouns is different in affirmative commands. Notice that hyphens are placed between the verb and the pronouns.

BLOC-NOTES

For a review of the imperative, see **Fiche de grammaire 1.5, p. 394**.

le la les	before	moi toi lui nous vous leur	before	y	before	en

Apportez **le courrier à Mme Delorme**!
Bring the mail to Mrs. Delorme!

Apportez-**le-lui**!
Bring it to her!

Racontez **l'histoire aux gamins**.
Tell the story to the kids.

Racontez-**la-leur**.
Tell it to them.

- Note that **me** and **te** become **moi** and **toi**. They revert to **m'** and **t'** before **y** or **en**.

Parle-**moi de ta vie**.
Talk to me about your life.

Parle-**m'en**.
Talk to me about it.

- The order of pronouns in negative commands is the same as in affirmative statements. Compare these sentences.

Dis-**le-lui**!
Tell it to him!

Ne **le lui** dis pas!
Don't tell it to him!

Explain how the pronoun **le** can function as a neuter object pronoun in some structures. It is often optional, formal, and for emphasis. When **le** acts in this way, there is seldom an English translation for it. Examples:

—**Voudrais-tu sortir avec moi?** *Would you like to go out with me?*

—**Pour la dernière fois, non, je ne le voudrais pas!** *For the last time, no, I would not.*

—**Tu pourrais y aller si tu le voulais.** *You could go if you wanted to.*

Mise en pratique

1

À remplacer Remplacez les mots soulignés (*underlined*) par des pronoms.

1. N'oublions pas de mettre <u>les valises</u> <u>dans la voiture</u>. N'oublions pas de les y mettre.

2. Les voisins ont apporté <u>des cadeaux</u> <u>à mes parents</u>. Les voisins leur en ont apporté.

3. Pouvez-vous <u>nous</u> emmener <u>à la gare</u>? Pouvez-vous nous y emmener?

4. Laisse <u>son ballon</u> <u>à ton frère</u>! Laisse-le-lui!

5. Tu ne <u>m'</u>avais jamais dit <u>que tu voulais y aller</u>. Tu ne me l'avais jamais dit.

2

À transformer Faites des phrases avec les éléments et changez les objets en pronoms.

> **Modèle** **je / parler / à vous / de mes cours**
> Je vous parle de mes cours. Je vous en parle.

1. on / avoir / voir / émigrés / à la frontière / au sud de Sissako / hier soir
   On a vu les émigrés à la frontière, au sud de Sissako, hier soir. On les y a vus hier soir.

2. Matthieu / donner / toujours / des conseils / à ses amis
   Matthieu donne toujours des conseils à ses amis. Matthieu leur en donne toujours.

3. il faut / beaucoup / courage / à cet homme
   Il faut beaucoup de courage à cet homme. Il lui en faut beaucoup.

4. Christine / ne / avoir / jamais / laisser / de pourboire / aux serveurs
   Christine n'a jamais laissé de pourboire aux serveurs. Christine ne leur en a jamais laissé.

5. ma mère / aller / présenter / deux nouveaux produits / au directeur du marketing
   Ma mère va présenter deux nouveaux produits au directeur du marketing. Ma mère va lui en présenter deux.

3

Carte postale Jérôme est en train de faire un trekking dans le désert mauritanien et raconte ses aventures à sa sœur. Trouvez les phrases qui ont deux objets et transformez-les en faisant attention à l'ordre des pronoms.

Un grand bonjour de l'oasis de Chinguetti où je passe des moments incroyables! Je rencontre souvent les nomades mauritaniens dans cette oasis. Je leur montrerai mes photos pendant mon prochain séjour ici. Des guides locaux m'ont fait visiter l'oasis hier. En ce moment, c'est la grande fête des dattes. Tout le monde les cueille° et on m'a offert des pâtisseries délicieuses faites avec ces dattes. Les gens chez qui je suis m'ont donné leurs recettes.

Quand je partirai, je dirai à mes nouveaux amis que j'ai beaucoup apprécié mon séjour. J'espère que tu recevras bien cette carte du bout du monde.

À bientôt,

Jérôme

Viviane Dubosc

28, rue des Lilas

34000 Montpellier
France

cueille *picks*

1. Je les y rencontre souvent.
2. Je les leur montrerai pendant mon prochain séjour ici.
3. Des guides locaux me l'ont fait visiter hier.
4. On m'en a offert.
5. Les gens chez qui je suis me les ont données.
6. Quand je partirai, je le leur dirai.

 Practice more at **vhlcentral.com.**

Communication

4 **Qui fait quoi?** À tour de rôle, posez-vous des questions à partir de ces illustrations, répondez-y et employez des pronoms. Utilisez votre imagination. Attention à l'ordre des pronoms.

1.

2.

3.

4.

5.

6.

5 **À votre avis** Que pensez-vous de ces affirmations? Discutez-en par groupes de trois. Chaque membre du groupe donne son avis et les deux autres réagissent. Ensuite, imaginez d'autres affirmations.

- L'immigration est une bonne chose pour l'économie d'un pays.
- Il n'est pas nécessaire de connaître la langue officielle du pays dans lequel on vit pour y habiter.
- La mondialisation est la cause de certains problèmes dans le monde.
- Le travail manuel a beaucoup de valeur.
- La lutte des classes est encore une réalité pour certaines personnes.
- La surpopulation diminue le niveau de vie d'un pays.
- ...?

6 **Vos solutions** Vous n'êtes pas d'accord sur les solutions prévues par le gouvernement pour répondre aux problèmes que le pays connaît. Par groupes de trois, exprimez (*express*) votre mécontentement (*dissatisfaction*) par des verbes à l'impératif, à la forme affirmative et négative, et avec des pronoms.

Modèle —Il faut que le gouvernement change de tactique immédiatement. Pourquoi ne pas lui envoyer une pétition?
—Oui, écrivons-lui une pétition!
—Et envoyons-la-lui dès que possible!

4 Sample answer for item 1:
—Que disent-ils à leur copain?
—Ils lui demandent s'il veut sécher les cours.
—Pourquoi le lui demandent-ils?
—Ne t'inquiète pas. Il ne leur répond pas.

5 Have groups read through and discuss the affirmations. Then have them relate a few of the bullets back to *Samb et le commissaire*, pp. 162–163. Time permitting, show relevant clips of the film in conjunction with this activity.

5 Have students first read through the sentences individually. Tell them to take notes on each one, listing at least one pro and one con. Then have them work in their groups and discuss the sentences.

5 Have students choose one statement to expand on in an essay. Students should present both sides of the argument, providing examples for each. Then they should state their opinion along with an explanation. Provide a scoring rubric based on the latest AP Scoring Guidelines for students to use as a guide when writing their draft and when revising. Some criteria might be: ease of expression, clarity of organization, accuracy of grammar and syntax, variety of vocabulary, and support of argument.

Synthèse Reading

Moussa est ivoirien et vit à Yamoussoukro. Il y a deux ans, il a décidé de quitter la campagne pour aller travailler en ville. C'est sa famille d'agriculteurs qui le lui a demandé, pour avoir une aide financière. Il lui a fallu du courage et de la ténacité pour faire face aux problèmes de la grande ville et pour réussir à atteindre son but.

Moussa est un homme parmi beaucoup d'autres qui ont fait le même choix. C'est une tendance qui s'est accélérée dans les années 1980 en Afrique de l'Ouest, mais surtout en Côte d'Ivoire. Beaucoup de villes ont connu une explosion démographique; le nombre des citadins s'est multiplié par dix. Plus d'une dizaine° de villes ont passé le cap du million d'habitants, alors qu'il n'y en avait qu'une dans les années 1960.

Mais ce phénomène d'«exode rural» n'en est pas vraiment un. En effet, si les villes ont bénéficié de la venue° des populations rurales, l'inverse est vrai aussi pour deux raisons principales. L'espace urbain a attiré les populations et empiété sur° l'espace rural où le nombre de villes, petites ou grandes, a augmenté, soit en élargissant un village, soit en créant une nouvelle ville. Mais au-delà de ces nouvelles villes, les campagnes existent toujours et continuent à nourrir les villes. Et celles-ci le leur rendent bien. Elles apparaissent comme un facteur de développement du monde rural. Donc tout le monde s'y retrouve. Et Moussa, comme tous les autres, prend part à cet échange. Mais il ne faudrait pas que la surpopulation de toutes ces villes en soit le résultat néfaste°.

arrivée

encroached upon

ten

mauvais

1 **Qu'en pensez-vous?** Le phénomène d'exode rural existe-t-il ou a-t-il existé où vous habitez? Quelles sont les similarités et les différences de l'exode rural en Afrique de l'Ouest et dans votre région? Écrivez un paragraphe de cinq ou six phrases qui justifie votre opinion. Utilisez les structures de cette leçon.

2 **Conséquences** Par petits groupes, discutez des conséquences positives et négatives de l'exode rural dans votre pays, à l'aide des structures de cette leçon. Servez-vous de la liste pour regrouper vos idées.

Idées	Effets positifs	Effets négatifs
La surpopulation		
L'intégration		
Le développement		
?		

Préparation

Vocabulaire de la lecture

anecdotique *trivial*
un conte *tale*
un défi *challenge*
fleurir *to flourish*
les lettres (f.) *literature*

marcher sur les pas de quelqu'un *to follow in someone's footsteps*
une récompense *award*
la scolarisation *schooling*
la vente *sale*
vivre de sa plume *to earn one's living as a writer*

Vocabulaire utile

à succès *bestselling*
la décolonisation *decolonization*
déclencher *to trigger*
bien s'exporter *to be popular abroad*
se libérer *to free oneself*

KEY STANDARDS
1.2, 2.1, 2.2, 4.2

SYNONYMES
les lettres ⟷ les belles lettres ⟷ la littérature
faire des études de lettres ⟷ faire des études littéraires
homme ou femme de lettres ⟷ écrivain, écrivaine

baroque ⟷ bizarre, excentrique
marcher sur les pas de quelqu'un ⟷ imiter
fleurir ⟷ prospérer

1 **Les candidats** Il y a plusieurs candidats aux élections. Complétez leurs déclarations avec des mots du vocabulaire.

1. Notre pays doit ___se libérer___ de toutes les influences étrangères.

2. Ce sont les journalistes qui ont ___déclenché___ cette polémique, pas moi.

3. Si nous voulons aller de l'avant, il faut augmenter ___la scolarisation___ des enfants.

4. L'année dernière, cette ville a reçu une ___récompense___ pour sa politique de diversité.

5. Préserver notre patrimoine culturel n'est pas, et ne doit jamais devenir, ___anecdotique___.

6. Éviter la surpopulation, c'est notre ___défi___ de demain.

2 **Tous indépendants** Répondez aux questions et comparez vos réponses à celles d'un(e) camarade.

1. Le jour où un pays devient indépendant est-il un jour important?

2. Quels pays connaissez-vous qui sont devenus indépendants? Quand le sont-ils devenus?

3. La plupart de ces pays aiment-ils célébrer la date de leur indépendance? Comment le font-ils, en général?

4. Y a-t-il des pays ou des peuples dans le monde qui cherchent encore à gagner leur liberté? Lesquels?

5. D'après vous, ont-ils une chance de réussir un jour? Pourquoi?

3 **Artistes africains** Par petits groupes, faites une liste d'artistes ou de personnalités francophones d'origine africaine. Expliquez pourquoi ils sont connus et de quels pays ou régions d'Afrique ils viennent. Ensuite, présentez votre liste à la classe.

Artiste ou personnalité	Pourquoi il/elle est connu(e)	Pays ou région d'Afrique

1 Have students pretend that they are politicians and create their own sentences. Ex: **Heureusement, nos valeurs s'exportent bien!**

2 Ask students to name examples of countries that became independent at different times in history. Then ask them if it matters that some countries have been independent longer than others.

3 Have students make a separate list of francophone artists from outside of Africa.

3 Have students identify the cultural activities that came up most often, then ask them if they can think of other cultural activities that might be important to African artists.

Practice more at **vhlcentral.com.**

UN DEMI-SIÈCLE D'INDÉPEN

Give students the year when each francophone West African country won its independence. Alternatively, ask students to research the information to share with the class.

En 2010, la plupart des pays de l'Afrique de l'Ouest ont fêté les 50 ans de leur indépendance. Cinquante ans dans une vie humaine, c'est important°, mais pour une nation, c'est très peu. Imaginez: Les États-Unis avaient 50 ans... en 1826!

Pourtant en un demi-siècle, beaucoup a été accompli. Ainsi, la scolarisation des enfants a fortement augmenté. En 1960, seuls 39 pour cent des enfants d'Afrique francophone allaient à l'école. Aujourd'hui,

significant 5

10

c'est plus de 60 pour cent. À travers les difficultés politiques et économiques, les états ont donc valorisé l'instruction. La naissance de véritables identités nationales constitue une autre évolution. Comme l'a remarqué le célèbre saxophoniste Manu Dibango, les gens ont appris à devenir camerounais, togolais, béninois, ivoiriens... Ils ne sont plus seulement africains ou membres de leurs groupes ethniques.

Au niveau culturel surtout, les progrès sont considérables. À l'époque coloniale, la

15

20

25 musique africaine était perçue comme une curiosité folklorique et assez anecdotique. Aujourd'hui pourtant, cette musique s'exporte dans le monde entier grâce à sa richesse artistique et à sa créativité. Par 30 exemple, le Sénégalais Youssou N'Dour et le Malien Salif Keïta ont conquis un public international, qui leur reste fidèle° depuis des années. Plus récemment, le duo malien d'Amadou et Mariam a 35 été un très beau succès commercial en France, malgré la crise des ventes de disques.

loyal

Dans le domaine 40 des lettres, les écrivains africains donnent de l'énergie au monde de la francophonie. Il est loin le temps où le poète 45 sénégalais Léopold Sédar Senghor venait juste d'entrer à l'Académie française! En 1983, c'était le premier écrivain africain à le faire. Aujourd'hui par 50 exemple, la Camerounaise Calixthe Beyala est un véritable phénomène littéraire. Son style explore tous les registres de la langue française, du plus cru° au plus baroque°, et ses personnages de femmes africaines

blunt / wild

Les gens ont appris à devenir camerounais, togolais, béninois, ivoiriens...

DANCE

55 sont des modèles de libération et de modernité. Beyala est si prolixe° qu'elle peut vivre de sa plume, ce qui est rare pour un auteur africain. Un écrivain comme Fatou Diome du Sénégal appartient déjà à 60 la quatrième génération littéraire africaine. Quelles sont les principales différences entre ces jeunes écrivains africains et leurs aînés? Ils choisissent des sujets plus universels et qui parlent à un public 65 cosmopolite, alors que leurs prédécesseurs se concentraient beaucoup plus sur

prolific

l'histoire et la colonisation. Ils ont aussi des sensibilités esthétiques et des styles très variés qui explorent vraiment tous les registres de la littérature, par exemple 70 du roman autobiographique aux contes mythologiques.

Côté cinéma, ce sont des personnalités francophones comme le réalisateur malien Souleymane Cissé qui ont aidé 75 à lancer° cet art en Afrique au moment des indépendances. Depuis, de nombreux artistes ont marché sur leurs 80 pas, et en particulier des réalisatrices dans les années 1990 comme Safi Faye au Sénégal ou Fanta Régina Nacro 85 au Burkina Faso. Ce cinéma africain est de qualité et il reçoit des récompenses de haut niveau: Ainsi, le film *Yeelen* de Souleymane 90 Cissé a eu le Prix du Jury au Festival de Cannes en 1987.

to launch

Enfin, des avancées tout aussi importantes se sont faites dans les secteurs culturels modernes. La télévision par 95 satellite et l'Internet, qui ont remplacé les anciens médias coloniaux, permettent à la population urbaine grandissante° de se connecter au reste du monde. À côté des programmes télé importés, des séries 100 produites localement, comme *Ma famille* en Côte d'Ivoire, fleurissent. Depuis les années 2000, beaucoup de stations de radio privées viennent aussi concurrencer° les radios nationales traditionnelles. Youssou 105 N'Dour, l'une des Personnalités de l'année 2007 selon *Time Magazine*, a bien compris l'importance des nouveaux médias pour l'Afrique et veut lancer sa propre station de télévision au Sénégal. 110

growing

compete with

En 2050, environ un habitant de la planète sur cinq sera africain. Malgré les défis, l'Afrique est un continent dynamique et en pleine évolution. Rendez-vous donc dans cinquante ans pour voir ce que ces pays 115 auront accompli en un siècle complet! ■

Analyse

1

1

Vrai ou faux Décidez si ces affirmations sont vraies ou fausses d'après le texte, puis corrigez les fausses.

1. En Afrique francophone, beaucoup plus d'enfants qu'avant vont à l'école. Vrai.
2. Après 50 ans d'indépendance, les gens ne se sentent toujours pas camerounais, togolais ou béninois. Faux. De véritables identités nationales se sont développées.
3. La musique africaine reste très peu connue hors de ce continent. Faux. Des artistes comme Youssou N'Dour et Salif Keïta ont un public international.
4. La francophonie se nourrit de l'énergie que lui apportent les écrivains africains. Vrai.
5. Les nouveaux écrivains africains parlent plus souvent de la colonisation que leurs prédécesseurs. Faux. Ils ont des sujets très variés.
6. Le cinéma en Afrique a commencé avec des réalisateurs francophones. Vrai.
7. Il y a de nombreuses radios privées dans les pays francophones de l'Afrique de l'Ouest. Vrai.
8. Tous les programmes télé en Afrique de l'Ouest sont importés. Faux. Des séries télé comme *Ma famille* sont produites localement.

2

Léopold Sédar Senghor À deux, expliquez et commentez cette citation de Léopold Sédar Senghor (1906-2001), poète, homme politique et premier président du Sénégal.

> «Penser et agir par nous-mêmes et pour nous-mêmes, en Nègres..., accéder à la modernité sans piétiner (*trampling on*) notre authenticité.»

- Que dit Senghor dans cette citation? N'oubliez pas que Senghor faisait partie du mouvement appelé la Négritude, mentionné dans la **Galerie de créateurs** de la leçon 4.
- Êtes-vous d'accord avec ce qu'il dit? Expliquez.
- Quel lien voyez-vous entre cette citation et l'article que vous venez de lire? Soyez précis et donnez des exemples tirés de l'article.

3

Dans 50 ans Par petits groupes et en utilisant les questions, imaginez comment la culture des pays francophones de l'Afrique de l'Ouest va changer dans les 50 prochaines années.

- D'après vous, comment les différents secteurs culturels évoqués dans l'article vont-ils évoluer?
- Que feront les artistes les plus connus? Dans quels domaines seront-ils les plus créatifs?
- Quelle sera l'influence de ces artistes au niveau mondial?

1 Ask students to describe how things used to be just before these countries became independent, according to the text.

2 As a preview for this activity, have students review the Aimé Césaire section of the Lesson 4 **Galerie de créateurs** and research **la Négritude**. Then, ask follow-up questions. Ex: **D'où vient Aimé Césaire et que faisait-il? (C'est un Martiniquais qui était écrivain, homme politique et philosophe.)**

3 Ask each group how they think the politics and economies of francophone West Africa will shape the future of the arts in these countries.

 Practice more at **vhlcentral.com.**

Préparation

À propos de l'auteur

Ghislaine Sathoud (1969–), née à Pointe-Noire, capitale économique et grand port de la République du Congo, est une femme écrivain et une poétesse qui défend la cause des femmes. Elle publie son premier recueil (*collection*) de poèmes à l'âge de 18 ans. Elle part faire des études supérieures en France et au Québec, où elle habite actuellement. Elle écrit pour de grands journaux et participe à des activités qui ont pour but d'améliorer les conditions de vie des femmes immigrées. En 2004, elle sort un premier roman intitulé *Hymne à la tolérance*. Elle a aussi écrit deux pièces de théâtre, *Les maux du silence* (2000), qui parle des difficultés d'une Africaine en occident et *Ici, ce n'est pas pareil chérie!* (2005), qui traite de la violence conjugale.

KEY STANDARDS
1.2, 2.2, 3.1, 5.2

INSTRUCTIONAL RESOURCES
Supersite: Littérature recording; Scripts; SAM AK
SAM/WebSAM: LM

Point out the play on words in the title *Les maux du silence* (**maux** à **mots**).

Point out that **haine** begins with an **h aspiré**. Have students repeat **la haine** after you.

Vocabulaire de la lecture		Vocabulaire utile
une bande *gang*	**pareil(le)** *similar; alike*	**s'acharner sur** *to persist relentlessly*
une couche sociale *social level*	**raffoler de** *to be crazy about*	**se décourager** *to lose heart*
en vouloir (à) *to have a grudge*	**une règle** *rule*	**s'en vouloir** *to be angry with oneself*
s'installer *to settle*	**sourd(e)** *deaf*	**la persévérance** *perseverance*
se lancer *to launch into*	**soutenir** *to support*	**la vengeance** *revenge*
mener *to lead*	**un(e) tel(le)** *such a(n)*	

1 **Syllabes** Combinez les syllabes du tableau pour former quatre mots du nouveau vocabulaire. Ensuite, écrivez quatre phrases avec ces mots en utilisant des pronoms.

me	dé	ra	sta
vou	se	s'a	ger
s'in	char	ner	ner
ra	cer	cou	ller

s'acharner, se décourager, s'installer, mener

1 If students need a brief review of pronouns to write the five sentences, refer them back to **Structures 5.2, pp. 176–177** and **5.3, pp. 180–181**.

2 **Discussion** Avez-vous déjà vécu une tragédie? Connaissez-vous quelqu'un qui a été victime d'une tragédie? Comment explique-t-on ces tragédies qui surviennent (*happen*) dans notre vie ou dans le monde? Discutez-en par petits groupes.

2 Ask an additional question about tragedies: **Est-il important de comprendre les raisons d'une tragédie personnelle ou mondiale?**

3 **L'Afrique francophone** Que savez-vous de l'Afrique francophone et de son histoire? À deux, répondez à autant de questions de la liste que possible. Ensuite, comparez vos connaissances avec celles du reste de la classe.

- Combien de pays francophones y a-t-il en Afrique? Quels sont-ils?
- Quelles autres langues y parle-t-on?
- Quelles religions y pratique-t-on?
- Quels types de gouvernement y trouve-t-on?
- À quelle époque les Européens ont-ils commencé à coloniser le continent?
- Quels pays européens ont colonisé l'Afrique?
- Quels ont été les effets de la colonisation?

3 Have a contest to see which group can list 20 countries first: **l'Algérie, le Maroc, la Mauritanie, la Tunisie, le Mali, le Niger, le Tchad, le Sénégal, la Guinée, la Côte d'Ivoire, le Burkina-Faso, le Togo, le Bénin, le Cameroun, la Guinée équatoriale, le Gabon, le Congo, la République centrafricaine, la République démocratique du Congo, le Rwanda, le Burundi.**

The characters in Ghislaine Sathoud's stories are often women who are able to use their strength and courage to survive tragedies. Have students research more information about Sathoud to analyze how her literary works reflect her educational and professional background.

Le Marché

Ghislaine Sathoud

Yaba était une femme au courage exceptionnel, une vraie légende. Il y a très longtemps de cela, elle avait décidé de se lancer dans la restauration. À l'époque, 5 personne ne se serait imaginé qu'avec la vie luxueuse qu'elle avait menée du vivant de son mari°, elle en aurait été réduite à s'installer dans un coin de notre rue pour y vendre du poisson grillé. Faute de° moyens 10 financiers, elle avait installé un petit marché de nuit dans un endroit proche de° son domicile. Une telle entreprise demandait beaucoup d'énergie et de courage, mais les clients accueillirent° favorablement l'idée 15 et ses efforts furent° récompensés.

    Elle travaillait fort, très fort pour subvenir aux° besoins de ses enfants et au fil des mois et des années° d'autres femmes étaient venues s'installer à côté 20 d'elle pour y vendre leurs spécialités et faire du commerce. La clientèle augmenta° sans qu'on ait besoin de faire de publicité. Pas d'affiches. Pas de publicité dans les journaux. Pas de publicité à la télévision! 25 Seulement du bouche à oreille. De fil en aiguille°, le marché de Yaba devint° un symbole de réussite: Jeunes, adultes, hommes et femmes se retrouvaient là le soir, après de longues journées de travail. 30 Chacun y trouvait son compte à sa manière.

while her husband was alive

Lacking

près de

ont accueilli

étaient

to provide for

over the months and years

a augmenté

One thing leading to another / est devenu

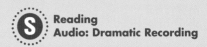

Reading
Audio: Dramatic Recording

Have students write words whose meanings they are not sure of on a piece of paper. Collect the papers. First, ask if anyone already knows the meaning of each word and can provide a sample sentence. If not, provide the meaning by using it in a context that clarifies the meaning.

Have students compare and contrast this market scene with one they are familiar with. They should think about their five senses and talk about what they can see, hear, taste, touch, and smell at each place.

de l'espoir

Les enfants couraient, criaient, jouaient. Les garçons avec des ballons. Les filles avec des cordes à sauter°. De nombreuses *jump ropes*
35 femmes vendaient du poisson cuit à la braise avec des bananes frites. Dieu° sait si *God* les gourmands en raffolaient.

Les vendeuses s'installaient là tous les soirs pour vendre leurs produits, se faire un
40 revenu et nourrir° leurs enfants. Chaque *to nourish* année, elles étaient plus nombreuses et les clients aussi. Des clients de toutes les couches sociales. Tout le monde aimait bien acheter du poisson auprès des femmes
45 de notre rue. Certains venaient de loin. On disait que ces femmes avaient une touche spéciale pour l'apprêter°, une façon à nulle *to prepare* autre pareille. Nuit et jour, la rue était noire de monde. Les jeunes y trouvaient
50 des occupations en assurant la sécurité des vendeuses. Les vieillards° discutaient en *old men* jouant à des jeux de cartes.

Était-il vrai que le poisson vendu dans cette rue était meilleur que celui des
55 cuisines? Était-ce l'ambiance de fête qui y régnait qui donnait l'illusion d'un goût toujours imité mais jamais égalé? Était-ce la présence des filles de Yaba superbement habillées avec des ensembles aux couleurs
60 chatoyantes° et rayonnantes° qui donnait *shimmering / radiant* cette impression? Le poisson cuit à la braise servi dans des plats superbement

You may want to point out the numerous examples of the **passé simple** and explain that this is a literary tense equivalent in meaning to the **passé composé**.

Ask: **Quand une tragédie se produit quelque part, pensez-vous qu'il soit préférable de: (a) reconstruire ce qui a été détruit; (b) ne pas reconstruire mais édifier un monument; (c) déserter complètement cet endroit?**

colorés et accompagné de bananes faisait le bonheur des clients. Les filles qui servaient ces mets° succulents faisaient [65] aussi la réputation de l'endroit et on aurait eu du mal à savoir ce qui attirait le plus la clientèle, de la bonne chère° ou des vendeuses. Les deux sans doute!

Le succès des uns s'accompagnant [70] souvent de la jalousie des autres, des rumeurs commencèrent° à circuler sur les raisons du succès du marché de Yaba. On prétendit° que [75] certaines vendeuses ne respectaient pas les règles élémentaires d'hygiène. On disait aussi que d'autres poussaient° des [80] pères de famille à la débauche° en les exposant à la tentation. Jalouses, les [85] épouses de quelques clients habitués s'inquiétaient. On faisait courir diverses balivernes° [90] pour décourager les clients, de toutes les façons possibles! Mais les vendeuses avaient un moral d'acier° et Yaba qui tenait à son marché comme à la prunelle de ses yeux° affirmait dur [95] comme fer que rien ne pouvait empêcher sa prospérité et celle de ses filles; qu'elles devaient continuer contre vents et marées° leurs activités, des activités qui faisaient par ailleurs° vivre de nombreuses familles élargies°! C'étaient des familles de quatre, [100] cinq voire° six enfants sans compter les autres parents° au sens large du terme.

delicacies (65)
good food
ont commencé
claimed
drove (80)
debauchery
nonsense
steel
apple of her eye
against all odds
in addition
extended (100)
or even
relatives

Sourde aux médisances°, une clientèle fidèle continuait à soutenir les vendeuses et à affluer°. Notre rue continuait à faire [105] le bonheur des habitants de Dilalou. On y mangeait plus que jamais. On y riait. On y dansait. On y rencontrait aussi des amoureux...

Mais un jour, une bande de jeunes [110] inconnus arrivèrent° au marché. Ils firent irruption° brusquement dans notre rue et tout se passa° très vite. Le coup avait certainement été préparé [115] minutieusement°. Les vendeuses furent surprises. Les clients aussi. Et les assaillants devenus [120] furieux cassèrent° tout ce qui pouvait l'être. Ils battirent° à mort les jeunes mères et les vieilles [125] femmes. Ils battirent les clients. Et ceux qui furent les témoins de cette boucherie ne l'oublieront jamais. [130] La radio annonça° plusieurs morts et de très nombreux blessés, mais il était impossible d'en donner le nombre exact. On ne savait pas qui se trouvait là, le jour de la tragédie. En haut lieu°, on ne voulut pas° vraiment [135] savoir qui étaient les victimes ni pourquoi on s'était acharné ainsi° sur des innocents. Comment avait-on pu mettre autant de vies en péril? Pourquoi? Pourquoi?

Par solidarité, nous serrions les [140] coudes°. Nous refusions de donner raison aux responsables de cette tragédie. On

slander
to flock (105)
sont arrivés (110)
burst into
s'est passé
consciencieusement (115)
ont cassé (120)
ont battu
(125)
(130)
a annoncé
In high places / (135)
n'a pas voulu
thus
(140)
were sticking together

parlait de règlements de compte°... On parlait de guerre... Mais pourquoi notre marché? Qu'est-ce que notre rue avait fait? Notre marché avait-il vraiment quelque chose à voir dans cette impitoyable° tragédie qui transformait des enfants en véritables assassins? Comment pouvait-on en vouloir à notre marché? Personne ne comprenait pourquoi ce marché avait été l'objet d'une telle violence, d'actes de vandalisme si démesurés°, pourquoi il avait été la scène de toutes ces horreurs. Personne!

settling of scores

merciless

excessive

Traumatisés, les habitants avaient perdu leur joie de vivre et quand le ciel revêtait° son manteau noir, on se réfugiait dans les maisons. À la tombée de la nuit, notre rue était déserte. Pas un chat dehors. Nouvelles habitudes et repli° sur soi-même. C'était tout le contraire du mode de vie d'ici. Seules les bottes entonnaient° leur chant de désolation dans les rues et dans les esprits. Des soldats nouveaux modèles. Une jeunesse sacrifiée. Des soldats au sang frais. Des enfants soldats qui pillent°, qui tuent. Notre rue n'était plus ce qu'elle était. Pour sortir, on attendait impatiemment le chant du coq qui annoncerait un jour nouveau, mais les pauvres coqs, eux aussi terrorisés, oubliaient d'annoncer le jour.

donned

mouvement de retrait

commençaient à chanter

pillage

Comme de nombreux habitants de Dilalou, Yaba se retrouvait sans rien. À la suite° des pillages, elle avait tout perdu. La confusion qui s'était abattue° sur nous dans cette période tumultueuse ne l'épargnait° pas. Mais comme à l'époque de ses débuts, elle refusait de se perdre dans une errance° éternelle, toujours à la recherche d'un refuge. Les souvenirs de la guerre la hantaient° et elle ne se sentirait jamais plus vraiment en sécurité. Mais elle refusait l'idée de déambuler° encore et toujours à la recherche d'un refuge qu'elle ne trouverait jamais parce que l'esprit des lieux qu'elle aimait avait été changé à tout jamais par la guerre. Rien n'était plus comme avant. Rien ne serait plus jamais comme avant.

following

beat down

spared

restless wandering

haunted

to wander

Mais elle était en vie.

Rien n'était plus comme avant. Rien ne serait plus jamais comme avant.

Comme les autres rescapées° du marché, Yaba se remit° vaillamment° à la tâche. Elle remua° ciel et terre pour remettre les pendules à l'heure° et redonner vie à son marché. Elle espérait que la guerre était bel et bien finie, que le marché ne serait pas détruit à nouveau. Elle avait peur mais elle touchait du bois! Elle espérait que ces femmes dont elle était la doyenne° connaîtraient d'autres espaces de bonheur; que le souvenir des victimes innocentes de la tragédie serait associé à une nouvelle prospérité de son marché, rebaptisé° «Marché de l'espoir». Elle espérait, encore et toujours, car avec l'espoir ne dit-on pas que tout est possible? ■

survivors

s'est remise / courageusement

moved

to set the record straight

la plus âgée

renommé

Analyse

Compréhension Répondez aux questions. Suggested answers

1. Comment les clients ont-ils reçu l'idée du marché de Yaba? Ils ont accueilli l'idée favorablement.

2. Qui venait au marché? Tout le monde: jeunes, adultes, hommes et femmes s'y retrouvaient.

3. Qu'est-ce qui faisait l'énorme succès du marché? Le poisson y était meilleur, une ambiance de fête y régnait, les filles servaient des mets succulents.

4. Quelles rumeurs ont commencé à circuler à propos du marché? On disait que les vendeuses ne respectaient pas les règles d'hygiène et qu'elles poussaient des pères de famille à la débauche.

5. Qu'est-ce qu'une bande de jeunes a fait un jour? Ils ont tout cassé, ils ont battu à mort les jeunes mères et les vieilles femmes et ils ont battu les clients.

6. Qu'est-ce que les habitants ont pensé de la tragédie? Personne ne comprenait pourquoi le marché avait été l'objet d'une telle violence.

7. Qu'est-ce que les habitants ont perdu à cause des pillages? Ils ont tout perdu.

8. Pourquoi est-ce que le marché de Yaba a été rebaptisé «Marché de l'espoir»? Yaba espérait que le souvenir des victimes innocentes serait associé à une nouvelle prospérité.

Interprétation À deux, répondez aux questions par des phrases complètes.

1. Que représente la période de paix et de prospérité de Dilalou?

2. Qu'est-ce que les personnes qui ont fait circuler des rumeurs espéraient gagner par cette réaction de jalousie?

3. Après la tragédie, les habitants de Dilalou ont parlé de règlements de compte. Que pensez-vous de la vengeance?

4. Que veut dire Sathoud quand elle parle de jeunesse sacrifiée et de soldats au sang frais?

5. Qu'est-ce que les habitants de Dilalou avaient en commun avec toutes les victimes de guerre?

6. Que pensez-vous de la fin de cette histoire? Que révèle-t-elle sur la condition humaine?

La tragédie Par groupes de trois, discutez de la bande de jeunes assaillants qui ont terrorisé le marché. Répondez aux questions de la liste.

- Que voulaient-ils?
- Pourquoi ont-ils fait connaître leurs sentiments par la violence?
- Qui étaient-ils exactement? De quel groupe de la société faisaient-ils partie?
- Quel sentiment universel représentaient-ils?

Rédaction Imaginez que vous soyez journaliste et que vous ayez été témoin d'un acte de violence, réel ou fictif, contre un groupe de personnes. Suivez le plan de rédaction pour écrire un article sur cette tragédie. Employez des partitifs et des pronoms.

Plan

1 **Organisation** Organisez les faits que vous avez observés. Commencez par les plus importants.

2 **Historique** Décrivez le contexte dans lequel les événements se sont passés.

3 **Comparaison** Pour terminer, expliquez les répercussions possibles que cet événement pourrait avoir.

Practice more at vhlcentral.com.

Crises et horizons

Audio: Vocabulary Flashcards

En mouvement

l'assimilation (*f.*) *assimilation*
un but *goal*
une cause *cause*
le développement *development*
la diversité *diversity*
un(e) émigré(e) *emigrant*
une frontière *border*
l'humanité (*f.*) *humankind*
l'immigration (*f.*) *immigration*
un(e) immigré(e) *immigrant*
l'intégration (*f.*) *integration*
une langue maternelle *native language*
une langue officielle *official language*
le luxe *luxury*
la mondialisation *globalization*
la natalité *birthrate*
le patrimoine culturel *cultural heritage*
les principes (*m.*) *principles*

aller de l'avant *to forge ahead*
s'améliorer *to better oneself*
attirer *to attract*
augmenter *to grow; to raise*
baisser *to decrease*
deviner *to guess*
prédire *(irreg.) to predict*

(non-)conformiste *(non)conformist*
exclu(e) *excluded*
polyglotte *multilingual*
prévu(e) *foreseen*
seul(e) *alone*

Les problèmes et les solutions

le chaos *chaos*
la compréhension *understanding*
le courage *courage*
un dialogue *dialogue*
une incertitude *uncertainty*
l'instabilité (*f.*) *instability*
la maltraitance *abuse*

un niveau de vie *standard of living*
une polémique *controversy*
la surpopulation *overpopulation*
un travail manuel *manual labor*
une valeur *value*
un vœu *wish*

avoir le mal du pays *to be homesick*
faire sans *to do without*
faire un effort *to make an effort*
lutter *to fight; to struggle*

dû/due à *due to*
surpeuplé(e) *overpopulated*

Les changements

s'adapter *to adapt*
appartenir (à) *to belong (to)*
dire au revoir *to say goodbye*
s'enrichir *to become rich*
s'établir *to settle*
manquer à *to miss*
parvenir à *to attain; to achieve*
projeter *to plan*
quitter *to leave behind*
réaliser (un rêve) *to fulfill (a dream)*
rejeter *to reject*

Court métrage

un(e) bavard(e) *chatterbox*
un châtiment *punishment*
un commissaire (de police)
 (police) commissioner
(un jour) férié *public holiday*
un flic *cop*
un(e) gamin(e) *kid*
un(e) môme *kid*
une supposition *assumption*
un témoin *witness*

avoir des préjugés *to be prejudiced*
brûler *to burn*
supposer *to assume*
témoigner de *to be witness to*
voler *to steal*

défavorisé(e) *underprivileged*
nombreux/nombreuse *numerous*

Culture

un conte *tale*
la décolonisation *decolonization*
un défi *challenge*
les lettres (*f.*) *literature*
une récompense *award*
la scolarisation *schooling*
la vente *sale*

déclencher *to trigger*
bien s'exporter *to be popular abroad*
fleurir *to flourish*
se libérer *to free oneself*
marcher sur les pas de quelqu'un
 to follow in someone's footsteps
vivre de sa plume *to earn one's
 living as a writer*

à succès *bestselling*
anecdotique *trivial*

Littérature

une bande *gang*
une couche sociale *social level*
la persévérance *perseverance*
une règle *rule*
la vengeance *revenge*

s'acharner sur *to persist relentlessly*
se décourager *to lose heart*
en vouloir (à) *to have a grudge*
s'en vouloir *to be angry with oneself*
s'installer *to settle*
se lancer *to launch into*
mener *to lead*
raffoler de *to be crazy about*
soutenir *to support*

pareil(le) *similar; alike*
sourd(e) *deaf*
un(e) tel(le) *such a(n)*

INSTRUCTIONAL RESOURCES
Supersite/Test Generator: Testing Program

Les générations qui bougent

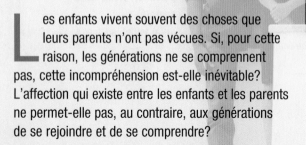

Les enfants vivent souvent des choses que leurs parents n'ont pas vécues. Si, pour cette raison, les générations ne se comprennent pas, cette incompréhension est-elle inévitable? L'affection qui existe entre les enfants et les parents ne permet-elle pas, au contraire, aux générations de se rejoindre et de se comprendre?

À chaque étape de la vie, les générations trouvent des points communs.

203

226

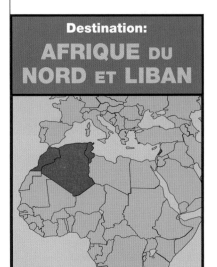

Destination:
AFRIQUE DU NORD ET LIBAN

PREVIEW Ask students to analyze the meaning of the lesson title both in the literal and figurative senses. In pairs, have students trace the geographical movement of their families over the last few generations. Then discuss how beliefs, priorities, culture and traditions have evolved over time. Ask: **Les changements culturels qu'a connus une famille peuvent-ils provoquer des conflits entre générations? Si oui, de quelle façon?**

En famille Audio: Vocabulary

Les membres de la famille

un(e) arrière-grand-père/-mère
  great-grandfather/grandmother

un beau-fils/-frère/-père *son-/brother-/*
  father-in-law; stepson/father
une belle-fille/-sœur/-mère
  daughter-/sister-/mother-in-law;
  stepdaughter/mother
un(e) demi-frère/-sœur *half brother/sister*
un(e) enfant/fille/fils unique *only child*
un époux/une épouse *spouse;*
  husband/wife
un(e) grand-oncle/-tante
  great-uncle/-aunt
des jumeaux/jumelles
  twin brothers/sisters
un neveu/une nièce *nephew/niece*
un(e) parent(e) *relative*
un petit-fils/une petite-fille
  grandson/granddaughter

La vie familiale

déménager *to move*
élever (des enfants) *to raise (children)*
être désolé(e) *to be sorry*
gâter *to spoil*
gronder *to scold*

punir *to punish*
regretter *to regret*
remercier *to thank*
respecter *to respect*
surmonter *to overcome*

La cuisine

un aliment *(type or kind of) food*
une asperge *asparagus*
un citron *lemon*
un citron vert *lime*
un conservateur *preservative*
des épinards (*m.*) *spinach*
une fromagerie *cheese store*
un hypermarché *large supermarket*

un raisin (sec) *grape (raisin)*
le saumon *salmon*
une supérette *mini-market*
la volaille *poultry, fowl*

alimentaire *related to food*
bio(logique) *organic*

La personnalité

le caractère *character, personality*

autoritaire *bossy*
bien/mal élevé(e) *well-/bad-mannered*
égoïste *selfish*
exigeant(e) *demanding*

insupportable *unbearable*
rebelle *rebellious*
soumis(e) *submissive*
strict(e) *strict*
uni(e)/lié(e) *close-knit*

Les étapes de la vie

l'âge (*m.*) adulte *adulthood*
l'enfance (*f.*) *childhood*
la jeunesse *youth*
la maturité *maturity*
la mort *death*
la naissance *birth*

la vieillesse *old age*

Les générations

l'amour-propre (*m.*) *self-esteem*
le fossé des générations *generation gap*
la patrie *homeland*
une racine *root*
un rapport/une relation
  relation/relationship
un surnom *nickname*

hériter *to inherit*
ressembler (à) *to resemble, to look like*
survivre *to survive*

une belle-fille ⟷ une bru

Mention that **bru** is not used frequently.

Point out that the term **belle-famille** or **beaux-parents** means *in-laws*. Example: **Nous passons les vacances d'hiver avec ma belle-famille** (*spouse's family*).

KEY STANDARDS
1.1, 1.2, 4.1

INSTRUCTIONAL RESOURCES
Supersite: Lab Audioscript, SAM AK, Lab MP3s
SAM/WebSAM: WB, LM

SYNONYMES
gronder ⟷ réprimander
un époux ⟷ un mari
une épouse ⟷ une femme
un beau-fils ⟷ un gendre

Mise en pratique

 Les analogies Choisissez le meilleur terme pour compléter chaque analogie. Ajoutez l'article ou le partitif devant le nom quand c'est nécessaire.

alimentaire	gronder	jumelles	supérette
arrière-grand-mère	jeunesse	saumon	volaille

1. un grand-oncle : une grand-tante :: un arrière-grand-père : _une arrière-grand-mère_
2. la mort : la naissance :: la vieillesse: _la jeunesse_
3. la famille : familiale :: la nourriture : _alimentaire_
4. une fromagerie : du camembert :: une poissonnerie : _du saumon_
5. un gratte-ciel : une maison :: un hypermarché : _une supérette_
6. regretter : être désolé :: punir : _gronder_

 Les devinettes Répondez à chaque devinette. Utilisez uniquement le nouveau vocabulaire de cette leçon.

1. Au début, j'étais fils unique. Mes parents ont divorcé et mon père s'est remarié avec une femme qui a deux filles. Qui suis-je pour ma nouvelle maman? _un beau-fils_
2. Je suis un légume vert, fin et long. Je suis une bonne source d'acide folique et de potassium. Que suis-je? _une asperge_
3. Nous sommes de petits fruits ronds. Nous pouvons être verts ou rouges et on a besoin de nous pour faire du vin. Que sommes-nous? _des raisins_
4. Je suis un produit naturel et sans conservateurs. Quelle sorte de produit suis-je? _biologique/un produit bio_
5. Je ne pense qu'à moi. Je n'aide jamais les autres. Comment suis-je? _égoïste_
6. Je demande beaucoup à mes enfants: réussir à l'école, faire du sport, manger des fruits et des légumes et plein d'autres choses. Mais je ne suis pas trop stricte. Quelle sorte de mère suis-je? _(une mère) exigeante_

Définissez et devinez Vous définissez six mots et un(e) camarade définit les six autres mots. Ensuite, à tour de rôle, essayez de deviner quel mot va avec chaque définition.

Étudiant(e) 1:

déménager	jumeau	soumis
hériter	petite-fille	surnom

Étudiant(e) 2:

beau-père	gâter	patrie
fille/fils unique	insupportable	surmonter

Un repas de famille Par groupes de cinq, imaginez que vous soyez un membre de la famille Lavelle. Regardez la photo et prenez quelques minutes pour organiser une conversation qui utilise autant de nouveau vocabulaire que possible.

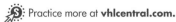 Practice more at **vhlcentral.com**.

1 Have students compose their own analogies using the unused words.

2 In groups, have students create an original riddle using new and review vocabulary. Call on a volunteer from each group to say their riddle to the class, who will guess the answer.

3 Have pairs make flashcards with the vocabulary word on one side, and on the other, a picture, a cloze sentence, or an illustrative example. Then they can quiz each other using the flashcards.

4 Ask students to write ten sentences with advice about how to be a good parent. They must incorporate at least one word from each vocabulary category.

4 For an oral project, have students prepare a presentation about their own families, using photographs or other visual aids.

Préparation

KEY STANDARDS
1.2, 2.1, 2.2, 4.1, 4.2, 5.2

INSTRUCTIONAL RESOURCES
Supersite/DVD: Film Collection
Supersite: Script & Translation

SYNONYMES
traîner ←→ vagabonder
un voyou ←→ un vaurien

Point out that **traîner** in this sense is informal and has a pejorative connotation.

Vocabulaire du court métrage	Vocabulaire utile	
déranger *to bother, to disturb*	**chuchoter** *to whisper*	**un(e) intellectuel(le)** *intellectual*
mépriser *to have contempt for*	**une cité** *low-income housing development*	**tendu(e)** *tense*
la pension *benefits*	**un complexe d'infériorité** *inferiority complex*	**traiter avec condescendance** *to patronize*
soûler *to bug; to talk to death*	**un foulard** *headscarf*	**un(e) travailleur/travailleuse manuel(le)** *blue-collar worker*
traîner *to hang around; to drag*	**la gêne** *embarrassment*	
un voyou *hoodlum*		

EXPRESSIONS

comme d'hab' *as usual*

faire son cinéma *to show off*

Qu'est-ce que tu me racontes? *What are you talking about?*

1 After completing the activity, ask if students heard about controversies like this in the news. Ask: **Pensez-vous qu'on devrait tous avoir le droit de porter ce qu'on veut à l'école? Y a-t-il des cas spéciaux?** Tell them to use the new vocabulary words whenever appropriate.

1 **Le foulard islamique** Complétez à l'aide des mots de vocabulaire.

En France, les écoles publiques sont laïques (*secular*). Les élèves n'ont pas le droit de montrer leur religion. Donc, les musulmanes ne peuvent pas porter leur (1) ___foulard___ à l'école. Quand on parle de ce sujet, l'ambiance est (2) ___tendue___. C'est un problème qui (3) ___dérange___ beaucoup de gens. Certains (4) ___méprisent___ ces filles, d'autres trouvent qu'elles devraient avoir le droit de le porter. Les filles ressentent de (5) ___la gêne___, quand un professeur leur demande de l'enlever. C'est une situation difficile où les enfants se retrouvent coincés (*stuck*) entre deux opinions.

2 Ask students to create additional sentences with the words not used in this activity.

2 Have small groups discuss movies or TV shows that involve immigrant families. Ask: **Comment est-ce que ces familles sont représentées? Quelle est la relation entre (a) les parents et leurs enfants, et (b) ces familles et les habitants de leur quartier?**

2 **Associez** Trouvez la fin logique de chaque phrase.

___b___ 1. Adolescente, Sophie avait un complexe d'infériorité…

___d___ 2. Tout le monde considère que Thomas est un voyou…

___a___ 3. Le père de Fatima touche aujourd'hui une très bonne pension…

___e___ 4. Sylvain a chuchoté pour ne pas déranger les gens…

___c___ 5. Éric me soûle chaque fois qu'il vient chez moi…

a. … parce qu'il était travailleur manuel et faisait partie d'un bon syndicat.

b. … parce que sa sœur était une grande intellectuelle.

c. … parce qu'il fait toujours son cinéma devant ma sœur.

d. … parce qu'il traîne tout le temps dans la rue avec ses amis..

e. … parce qu'il est arrivé à un moment assez tendu dans le film.

 Practice more at **vhlcentral.com.**

3 **Questions** À deux, répondez aux questions et expliquez vos réponses.

1. Vos parents s'inquiètent-ils beaucoup pour vous ou sont-ils heureux que vous soyez indépendant(e)?

2. Depuis que vous êtes à l'université, les relations que vous avez avec vos parents ont-elles changé? Si oui, dans quel sens?

3. Que ressentez-vous quand vous rentrez chez vos parents pour des congés?

4 **Changements** À deux, discutez des changements des cinquante dernières années. Comment vivait-on avant et comment vit-on aujourd'hui? Remplissez le tableau et comparez vos réponses avec celles des autres groupes.

	Il y a 50 ans	Aujourd'hui
les relations personnelles		
les relations professionnelles		
les relations familiales		
la recherche d'un emploi		
les maisons		
les villes		
l'université		
les moyens de transport		
les moyens de communication		

5 **L'évolution de la famille** Répondez aux questions par groupes de trois et comparez vos réponses avec celles des autres groupes.

1. Pourquoi avez-vous une vie plus facile que celle qu'ont eue vos parents? Pourquoi est-elle plus difficile?

2. Êtes-vous fier/fière des origines de votre famille? Pourquoi?

3. Connaissez-vous des gens qui ont honte de leur famille ou de leurs parents? Pourquoi en ont-ils honte?

4. Pensez-vous que les enfants doivent s'occuper de leurs parents quand ils sont âgés?

6 **Qui est-ce?** Par petits groupes, regardez les trois images. Imaginez les relations entre tous les personnages. Décrivez comment chacun passe la journée en général.

3 Call on students to summarize their partner's answers.

3 For item 1, point out that the verb **s'inquiéter** is a spelling-change verb, similar to **préférer**.

4 Remind students to use the **imparfait** to describe how things *used to be*.

4 As a follow-up activity, add another column to the table called **Dans 50 ans**. Have students predict what changes will occur during the next 50 years. Example: **Dans 50 ans, on n'utilisera que le téléphone portable.**

5 Ask an additional question: **Si vous ne vous occupez pas de vos parents quand ils seront âgés, qui va s'occuper de vous quand vous serez âgés?**

5 As an option for item 3, students can talk about a family situation from a movie or a talk show.

5 Have pairs compile a list of issues that first-generation adult immigrants face. Then, have them compile a list of issues that the children of immigrants face, especially in terms of their relationship with their parents. Finally, have students present their ideas to the class in an oral presentation to be graded based on appropriateness of ideas, range of vocabulary, pronunciation, and fluency.

Short Film

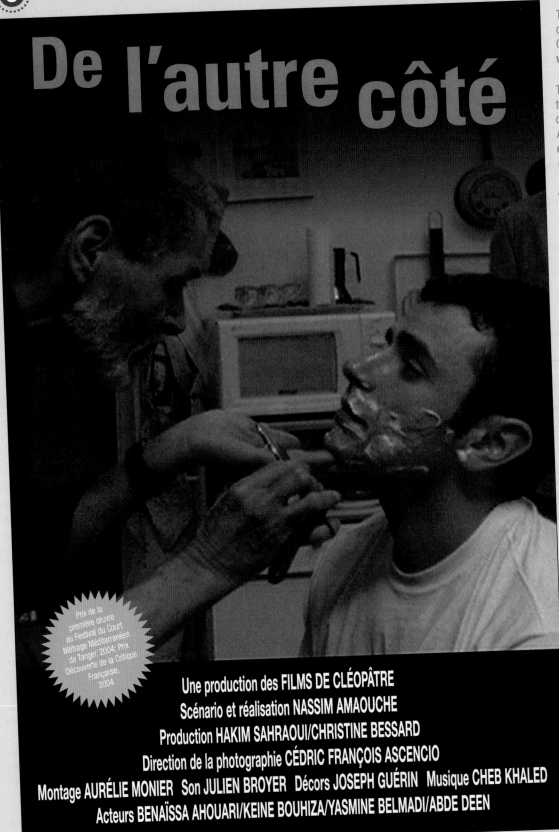

De l'autre côté

Prix de la première œuvre au Festival du Court Métrage Méditerranéen de Tanger, 2004; Prix Découverte de la Critique Française, 2004

Une production des **FILMS DE CLÉOPÂTRE**
Scénario et réalisation **NASSIM AMAOUCHE**
Production **HAKIM SAHRAOUI/CHRISTINE BESSARD**
Direction de la photographie **CÉDRIC FRANÇOIS ASCENCIO**
Montage **AURÉLIE MONIER** Son **JULIEN BROYER** Décors **JOSEPH GUÉRIN** Musique **CHEB KHALED**
Acteurs **BENAÏSSA AHOUARI/KEINE BOUHIZA/YASMINE BELMADI/ABDE DEEN**

This film is available on the **IMAGINEZ** Film Collection DVD and at **vhlcentral.com**.

Tell students to look at the movie poster and describe what they see. Ask: **À votre avis, quelle est la relation entre ces deux personnes?**

Ask students to read the list of credits. Based on these names, what can they predict about the film?

Project the six stills from the film without the captions. Ask students to talk about possible familial relationships as well as the nature of those relationships.

Throughout history, Algeria has been attacked by various tribes and countries, including France. The country was granted full independence in 1962. Have students research the history of Algeria and list major events on a timeline.

INTRIGUE *Un jeune avocat d'origine algérienne retourne chez ses parents «de l'autre côté», pour la fête de circoncision de son petit frère.*

LA MÈRE Malik! Ton frère, il va arriver pour la fête. Il prend ta chambre.
MALIK Je vais dormir où, moi?
LA MÈRE Avec le petit.
MALIK S'il te plaît, ne me fais pas ça! Il va me soûler avec ses lapins… J'en ai marre!

SAMIR Ça n'a pas trop changé.
LA MÈRE Ah oui, on a fait un peu la peinture et tout ça.
SAMIR Et Malik, il est où?
LA MÈRE Oh, Malik, il traîne toujours… avec les voyous. Il ne change pas.

SAMIR Samedi, on va avoir une grande fête. Des gens que tu ne connais pas vont te donner plein d'argent, et tu pourras t'acheter plein de cadeaux!
LE PETIT Je sais, Malik m'a dit qu'avec cet argent je pourrai m'acheter une ferme°, des lapins, un coq°, et surtout des lapins!

LE PÈRE Allo? Je m'appelle BOUJIRA. Je vous téléphone au sujet d'un dossier°, là… Je me suis trompé…
LE FONCTIONNAIRE Mais quand même, faites un effort…
SAMIR Il te parle comme à un gamin… Il l'a sentie, ta honte.

MALIK Comment ça doit être dur de passer de l'autre côté… Avec tous ces cravatés°-là qui te regardent sûrement comme un objet exotique quand t'es avec eux. Tu crois que je vois pas?… Il [Le père] [n'] a pas gueulé° de la journée. J'ai été voir maman. Elle m'a tout raconté.

SAMIR Il n'y a que ça comme rasoir?
LE PÈRE Laisse, laisse… tu vas te couper. Tu sais, ton frère, il ne se rase pas. Il a la peau de bébé.
MALIK On y va quand vous voulez.

ferme *farm* **coq** *rooster* **dossier** *file* **cravatés** *businesspeople (slang); "suits"* **gueulé** *yelled*

Note
CULTURELLE

Les Algériens en France

En France, 31% des immigrés viennent du Maghreb. Et la moitié d'entre eux sont algériens. Ils ont commencé à venir en France dans les années 1960 pour des raisons économiques: la France avait besoin de travailleurs et ils avaient besoin de travail. La majorité vit dans la région parisienne et dans le sud-est de la France. Aujourd'hui, 25% d'entre eux font des études supérieures, mais ils doivent encore faire face à° des discriminations quand ils cherchent un travail ou un logement.

faire face à *cope with*

FILM SYNOPSIS Samir, the son of Algerian immigrants living in France, left home and became a lawyer. When he returns to the old neighborhood for his younger brother's circumcision ceremony, he is confronted by an unexpected culture shock. While his life has taken on a new direction, Samir realizes that the lives of his friends and family have not.

PREVIEW In groups of five, have students read the scenes aloud, each playing a different role. (The students playing **le petit** can also be the **fonctionnaire**.) Say: **Étudiez les photos et le texte: Quel est le ton de ce court métrage? Optimiste? Émouvant? Drôle? Sombre?**

TEACHING OPTION After reading the **Note culturelle**, have students talk about their reactions in small groups. Ask: **Remarquez-vous des signes de discrimination et d'intolérance dans notre société? Citez un exemple, réel ou inventé. Que faites-vous face à une telle situation?**

Analyse

1 Have students work in pairs to answer the questions.

1

Compréhension Répondez aux questions par des phrases complètes. Answers may vary slightly.

1. Pourquoi Malik est-il fâché contre sa mère au début du film? Malik est fâché contre sa mère parce qu'elle donne la chambre de Malik à Samir, son frère.

2. Pour quelle raison Samir est-il revenu? Samir est revenu pour la fête de son petit frère.

3. Comment les parents réagissent-ils face à Malik? Et face à Samir? Le père se fâche contre Malik. Il montre beaucoup de respect pour Samir. La mère s'inquiète pour Malik, mais elle admire Samir.

4. Comment sont Malik et le petit frère quand ils revoient Samir? Ils sont contents de revoir Samir.

5. Pour qui la famille Boujira organise-t-elle une fête? Elle organise une fête pour le petit frère.

6. Pourquoi Samir est-il déçu après la conversation de son père avec le fonctionnaire? Samir est déçu parce que le fonctionnaire parle à son père comme à un enfant et qu'il pense que son père a honte.

7. Pourquoi Malik et ses copains passent-ils à la maison le samedi soir, avant la fête? Ils y passent pour faire une surprise au petit frère.

8. Quelle est la réaction de Malik quand Samir lui offre un emploi au cabinet où Samir travaille? Pourquoi Malik réagit-il de cette manière? Malik se sent insulté parce que Samir lui dit qu'il peut lui trouver un poste pas très compliqué, comme si Malik était trop bête pour faire un travail difficile.

2 Ask these additional questions:
Quelles similitudes voyez-vous entre les Boujira et vos propres parents? Avec quel personnage avez-vous le plus de points communs?

2

Interprétation À deux, répondez aux questions et expliquez vos réponses.

1. Pourquoi Samir est-il venu tout seul, sans son amie?

2. Malik est-il jaloux de son frère, Samir?

3. Samir et Malik respectent-ils leurs parents?

4. Quelle est la nature des relations entre la mère et le père?

5. À votre avis, quel membre de la famille Boujira est le plus heureux? Pourquoi?

6. Comment Samir est-il passé «de l'autre côté»? Et pourquoi passer de l'autre côté est-il difficile (comme le dit Malik)?

7. Pourquoi Malik emploie-t-il souvent des mots arabes, et Samir pas du tout?

8. Imaginez l'avenir du petit frère. Deviendra-t-il comme Samir ou comme Malik?

2 Ask students to provide their answer to item 3 in writing. They should include reasons for their answer for each son and give specific supporting examples from the film. Tell students that they will be evaluated based on the strength of their reasoning in addition to grammatical accuracy and vocabulary.

3

Samir et Malik

3 Before assigning this activity, have students briefly discuss their relationships with their siblings. Ask: **Si vous avez des frères et des sœurs, vos rapports avec eux ont-ils changé au cours des années?**

A. À deux, discutez des différences et des points communs qui existent entre Samir et Malik. Comment se comportent-ils? Qu'est-ce qui les intéresse dans la vie?

3 Approximately 3 million of metropolitan France's 65 million people come from the Maghreb. Have students research France's historic and current immigrant demographics. Have them include information as to the economic and political reasons behind the various trends.

B. Remplissez les deux premières colonnes du tableau. Ensuite, cochez les points communs dans la troisième colonne.

Comment est Samir?	Comment est Malik?	Points communs

 Practice more at
vhlcentral.com.

4 **Les thèmes du film** À deux, réfléchissez aux thèmes du film. À votre avis, quel est le thème principal? Écrivez un paragraphe qui explique ce thème et pourquoi vous l'avez choisi. Suggérez au moins deux thèmes secondaires. Quel est le rapport avec le thème principal?

La famille? *Le fossé des générations?* **La honte?** **L'immigration?**

5 **La fête** Regardez l'image ci-dessous et pensez à la scène de la fête, à la fin du film. Par petits groupes, décrivez la scène puis répondez aux questions.

- Pourquoi la scène de la fête est-elle différente de la vie quotidienne?
- Quel est le personnage dont le comportement est le plus différent, comparé à la vie de tous les jours? Pourquoi?
- Que ressent le petit frère? Et que ressentent ses parents?

6 **Les générations** À deux, écrivez un dialogue basé sur une de ces deux situations.

A

On vous offre la possibilité de travailler dans un pays étranger pendant un an, avant de terminer vos études. Vous devez en discuter avec vos parents. Votre père/mère préférerait que vous terminiez d'abord vos études.

B

Vous avez envie de retourner à l'université pour continuer vos études et vous devez en discuter avec votre fils/fille. Il/Elle ne pense pas que ce soit une bonne idée.

4 You may prefer to have individual students write the paragraph for homework. Then they could compare their ideas with their partner during the next class.

5 Before assigning this activity, ask: **Avez-vous déjà assisté à une fête de famille? Si oui, l'ambiance de cette fête était-elle semblable à celle de la fin du film?**

5 There are several holidays and festivals in Algeria throughout the year. Some are political, such as Independence Day (July 5) and Revolution Day (November 1). Others are cultural (such as music festivals) or religious. Have students research the various holidays and festivals and create a calendar of the dates with an accompanying picture and caption for each.

6 Have volunteers act out real disagreements they have had with their parents. Have the class offer opinions on how to solve the problems presented.

TEACHING OPTION Discuss the tone of the film and compare students' ideas to the predictions they made before viewing it.

La porte Bab Bou Jeloud, à Fès, au Maroc

IMAGINEZ
L'Afrique du Nord et le Liban

Voyage inoubliable! Reading

INSTRUCTIONAL RESOURCES
Supersite: Teaching suggestions;
SAM AK
SAM/WebSAM: WB

KEY STANDARDS
2.1, 2.2, 3.2, 4.2, 5.1

Parti au **Proche-Orient**° et en **Afrique du Nord**, notre reporter, Jean-Michel Caron, nous fait part de ses impressions de voyage.

«Après un long voyage en avion avec deux escales°, je suis enfin arrivé au **Liban**, le pays du cèdre°, arbre majestueux, qui est devenu le symbole du pays et l'emblème du drapeau. J'ai voulu visiter **Beyrouth**, sa capitale, port de commerce et centre financier, qui est aussi connue pour son intense vie culturelle et nocturne. Cette vie culturelle renaît aujourd'hui et le couturier° à la mode **Elie Saab**, spécialisé dans les sompteuses robes du soir, en est un bel exemple. Comme j'y étais au printemps, je n'ai pas voulu manquer cette expérience unique dont on m'avait parlé: skier le matin dans les montagnes enneigées° de la **chaîne du Liban**, puis aller se baigner dans la **Méditerranée**. Génial!

«J'ai repris l'avion pour me rendre au **Maghreb**, et je me suis d'abord arrêté en **Tunisie**. J'ai choisi d'aller à **Matmata**, au sud-est, où j'ai trouvé un paysage lunaire°, formé de cratères. Saviez-vous que **George Lucas** y avait filmé un épisode de *La Guerre des étoiles*? À **Carthage**, près de **Tunis**, la capitale du pays, j'ai visité un site archéologique majeur d'**Afrique du Nord**: les ruines d'une ville dont l'histoire a marqué l'**Antiquité**. Au 9ᵉ siècle avant J.-C. (*B.C.*), Carthage, qui veut dire *Nouvelle ville* en phénicien, était un empire tout-puissant. Après avoir été détruite une première fois, elle sera reconstruite et deviendra une grande rivale de **Rome**.

«Puis j'ai quitté la Tunisie pour aller en **Algérie**. **Alger** la blanche offre les charmes d'une capitale portuaire et une vue superbe sur la baie. Elle doit son surnom à la blancheur éclatante des murs de la **Casbah**. La Casbah… on ne peut pas visiter Alger sans passer par ce centre historique. C'est une ancienne forteresse magnifique qui domine la ville. Elle est entourée de petites rues et de maisons aux belles cours intérieures avec une fontaine en leur centre. On voit

Dromadaires dans les dunes du Sahara, au Maroc

aussi beaucoup de vestiges° historiques dans la région d'**Oran**, ville côtière à l'ouest d'Alger. Cette ville a aussi inventé le **raï traditionnel**, qui a donné naissance au pop raï moderne et aux artistes comme **Khaled** et **Cheb Mami**.

«J'ai terminé mon voyage par le **Maroc**. Si **Rabat** en est la capitale, **Casablanca** est plus moderne. J'y ai admiré la **place Mohamed V**, avec son architecture de style art-déco des années 1930 et sa très belle fontaine, j'ai fait mes courses au marché central et je me suis promené dans le quartier des **Habous**. Construit dans les années 1920, mais dans le style d'une vieille médina, j'ai aimé ce quartier qui mélange le traditionnel et le moderne. À **Fès**, je suis tombé sous le charme de la **médina**, l'une des plus anciennes du monde. On se promène dans de petites rues étroites, on s'arrête pour regarder travailler les artisans. J'ai d'ailleurs rapporté en souvenir un magnifique service à thé en céramique bleue, spécialité de Fès. Et un petit thé à la menthe, maintenant, ça vous dirait?»

Proche-Orient *Near East* **escales** *layovers* **cèdre** *cedar* **couturier** *fashion designer* **enneigées** *snowy* **lunaire** *lunar* **vestiges** *remains*

L'arabe dans le français

Mots

un bled	un village
une casbah	une maison
un chouïa	un peu
kiffer	aimer beaucoup
un riad	une villa traditionnelle
une smala	une famille
un souk	un désordre

Expressions

C'est pas bézef.	Ce n'est pas beaucoup.
C'est kif-kif.	C'est pareil.
faire fissa	se dépêcher
Il est maboul!	Il est fou!
Zarma!	Ma parole!; *No way!*

Découvrons le Maghreb!

Essaouira Essaouira est un petit port marocain connu pour la douceur de son climat et la gentillesse de ses habitants. Les touristes aiment aussi visiter ses fortifications, sa médina et ses «riads», maisons marocaines traditionnelles, car la ville possède un patrimoine architectural bien conservé. Ses rues, où se rencontrent petits pêcheurs, commerçants, artisans et artistes du monde entier, offrent une atmosphère unique.

Le site de Timgad Aux portes du désert en Algérie, c'est un site archéologique exceptionnel par sa beauté et son état de conservation remarquables, classé au Patrimoine mondial de l'humanité. C'est une ville romaine construite par l'**empereur Trajan**, en 100 après  J.-C. Son architecture est unique car les artistes **numides** (qui habitaient cette région à l'époque des Romains) ont ajouté des détails qu'on ne trouve nulle part ailleurs.

Les Berbères Ils représentent le groupe ethnique le plus ancien d'**Afrique du Nord**. Nombreux au Maroc et en Algérie, ils vivent aussi en Mauritanie, en Tunisie, en Libye et dans le Sahara. Unifiés sous le terme *Imazighen*, «hommes libres», les **Berbères** se différencient par des  dialectes locaux variés, comme le touareg ou le kabyle. Depuis l'an 2000, **Berbère Télévision** émet° à **Paris** et aide à promouvoir° cette culture.

Sidi Bou Saïd Ce petit village de pêcheurs, perché sur une falaise, a une vue superbe sur Carthage et sur la baie de Tunis. En 1912, l'arrivée du **baron** français **Rodolphe d'Erlanger**, peintre et musicologue spécialiste de la  musique arabe, a transformé Sidi Bou Saïd. Le baron fait restaurer les anciennes maisons et y impose les couleurs **bleu** et **blanc**. Beaucoup d'artistes, comme **Paul Klee**, s'y sont installés pour profiter de la lumière et des couleurs fantastiques. **Camus, Hemingway** et **Flaubert** ont tous visité son mythique **Café des Nattes** et ses ruelles à l'ambiance exotique et ensorcelante°.

émet *broadcasts* **promouvoir** *promote* **ensorcelante** *captivating*

Qu'avez-vous appris?

1 **Vrai ou faux?** Indiquez si ces affirmations sont vraies ou fausses. Corrigez les fausses. *Answers may vary slightly.*

1. Le Liban est aussi grand que la France. *Faux. C'est un petit pays.*

2. Au Liban, vous pouvez, dans la même journée, faire du ski et vous baigner dans la mer. *Vrai.*

3. George Lucas a filmé un épisode de *La Guerre des étoiles* au Maroc. *Faux. George Lucas a filmé un épisode de* La Guerre des étoiles *en Tunisie.*

4. Oran en Algérie est le lieu d'origine du raï traditionnel. *Vrai.*

5. On peut admirer la place Mohamed V à Rabat. *Faux. On peut admirer la place Mohamed V à Casablanca.*

6. Essaouira est connue pour la douceur de son climat et la gentillesse de ses habitants. *Vrai.*

2 **Questions** Répondez aux questions. *Answers may vary slightly.*

1. Que représente le thé à la menthe au Maghreb? *Il est le symbole de l'hospitalité.*

2. Quel est le surnom de la ville d'Alger? *C'est Alger la blanche.*

3. Que doit-on visiter à Casablanca? *Il faut voir la place Mohamed V et sa magnifique fontaine, le marché central et le quartier des Habous.*

4. Qui sont les Berbères? *C'est le plus ancien groupe ethnique d'Afrique du Nord.*

5. Qu'est-ce qui caractérise les maisons de Sidi Bou Saïd? *Elles sont peintes en bleu et blanc.*

6. Quels écrivains célèbres ont visité Sidi Bou Saïd? *Camus, Hemingway et Flaubert ont visité Sidi Bou Saïd.*

Projet

La traversée du Maghreb

Organisez un voyage où vous traverserez entre trois et cinq villes du Maghreb. Pour créer votre itinéraire, faites des recherches sur **vhlcentral.com**. Ensuite, préparez votre voyage d'après ces critères et vos intérêts personnels:

• Dans chaque ville, visitez un important site historique, naturel ou culturel.

• Faites une description de ces visites dans votre journal.

• Racontez vos aventures à la classe et montrez des photos de chaque lieu visité. Expliquez à vos camarades ce que vous avez découvert et donnez vos impressions de voyage pour chaque destination.

ÉPREUVE

Trouvez la bonne réponse.

1. Le Liban est aussi appelé _____.
   a. le petit pays b. le Paris du Moyen-Orient
   c. le pays du cèdre d. le pays du ski

2. Elie Saab est un _____ libanais qui est très à la mode.
   a. couturier b. sportif
   c. touriste d. voyageur

3. À Carthage, on peut visiter _____.
   a. des musées **b. des ruines**
   c. des oasis d. des riads

4. La Casbah est _____ d'Alger.
   a. le centre historique b. le palais
   c. la plage d. le marché

5. _____ est la capitale du Maroc.
   a. Essaouira b. Fès
   c. Rabat d. Casablanca

6. La Médina de _____ est l'une des plus anciennes du monde.
   a. Casablanca b. Rabat
   c. les Habous **d. Fès**

7. La ville d'Essaouira a un _____ architectural bien conservé.
   a. marché **b. patrimoine**
   c. palais d. musée

8. Le site de _____ est une ville romaine construite par l'empereur Trajan.
   a. Essaouira b. Sidi Bou Saïd
   c. Fès **d. Timgad**

9. Les Berbères vivent en Algérie, au Maroc, en Mauritanie, _____, en Tunisie et dans le Sahara.
   a. en Afrique du Nord b. en Égypte
   c. au Liban **d. en Libye**

10. Le verbe **kiffer** en français est d'origine arabe et veut dire _____.
    a. aimer b. boire
    c. voyager d. se dépêcher

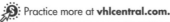
Practice more at **vhlcentral.com**.

 *Le Zapping*

 **(S)** **Video: TV Clip**

INSTRUCTIONAL RESOURCES
Supersite: Video Script & Translation; Answer Key

Générations en construction

Il faut plus que jamais s'efforcer (*try hard*) d'intégrer les personnes du troisième âge (*seniors*), de plus en plus nombreuses, à la vie en société et faire cohabiter les générations. Une initiative qui se développe, en France et en Belgique par exemple, est le logement intergénérationnel. Des étudiants emménagent (*move in*) chez des personnes âgées qui vivent seules. Souvent, ils paient un loyer modéré et, en échange, ils tiennent compagnie ou rendent de petits services aux personnes qui les accueillent.

Les plus anciens apprennent la technique de la pierre à la chaux aux plus jeunes.

1

Compréhension Répondez aux questions par des phrases complètes.

1. Que construit-on à Rocheservière?
   On construit un espace de promenade au pied du vieux château.

2. Qu'est-ce que les anciens enseignent aux plus jeunes?
   Ils leur enseignent la technique de la pierre à la chaux.

3. Décrivez l'évolution de la relation entre les retraités et les adolescents au fil du temps.
   Les retraités et les jeunes se sont beaucoup liés.

2

Discussion Répondez aux questions en donnant des détails.

1. D'après vous, l'idée du chantier de Rocheservière est-elle bonne? Pourquoi?

2. Quels sont trois aspects positifs importants de ce projet que le clip mentionne? Classez-les par ordre d'importance, selon vous, et expliquez votre choix.

Et vous? Avez-vous déjà participé à un projet similaire? Décrivez votre expérience. Sinon, dites si cela vous intéresserait et expliquez pourquoi.

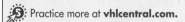 Practice more at **vhlcentral.com**.

COMPRÉHENSION For item 3, have students point out specific examples from the clip that show how this relationship has evolved over time.

DISCUSSION For item 2, divide the class into three groups and have each one identify one of the three main positive outcomes of the project (**on crée un bel espace vert pour les promeneurs, les jeunes apprennent un métier, une amitié se développe entre les anciens et les jeunes**). Discuss these outcomes as a class to try to achieve a consensus as to which is the most valuable.

VOCABULAIRE

de la vidéo

les anciens *elders*

un chantier *construction site*

une commune *town*

se côtoyer *to work alongside one another*

un maçon *mason*

un(e) ouvrier/ouvrière *(manual) worker*

la pierre à la chaux *limestone*

la sagesse *wisdom*

le savoir-faire *know-how*

pour la conversation

apprendre un métier *to learn a trade, a skill*

une association caritative *charity*

au fil du temps *as time passes, over time*

enseigner *to teach*

la maçonnerie *masonry*

prendre part à *to take part in*

un projet d'embellissement civique *civic beautification project*

venir en aide aux autres *to help others*

un(e) volontaire *volunteer*

GALERIE DE CRÉATEURS

MUSIQUE Djura

D'origine berbère, cette chanteuse est aussi réalisatrice et femme écrivain. Elle s'oppose à sa famille, extrêmement traditionaliste, et décide de vivre sa vie comme elle le souhaite. En 1977, à Paris, elle forme le groupe Djur Djura (nom d'une montagne d'Algérie) avec ses deux sœurs puis plus tard avec d'autres chanteuses. Le groupe mêle les rythmes et les sonorités d'Afrique du Nord aux instruments occidentaux. Dans ses chansons, Djura, qui chante en français et en kabyle, parle des femmes et de leur condition, de la liberté et de l'Algérie. Elle aime marier différentes influences musicales — le classique, l'électronique, le rock, la salsa... Elle débute enfin une carrière solo en 2002 avec l'album Uni-vers-elles. La chanteuse veut faire de la musique un moyen de soulager (*relieve*) toutes les souffrances. Et elle dédie (*dedicates*) ses chansons à toutes les femmes qui ont été privées (*deprived*) d'amour, de connaissance (*knowledge*) et de liberté.

 SUR INTERNET

Pour plus de renseignements sur ces créateurs et pour explorer des aspects précis de leurs créations, à l'aide d'activités et de projets de recherche, visitez vhlcentral.com.

COUTURE

Azzedine Alaia (1939–)

Le couturier tunisien Azzedine Alaia a d'abord travaillé pour la maison Christian Dior puis pour d'autres couturiers. Il crée ensuite sa propre marque (*brand*), et présente son premier défilé (*fashion show*) en 1982, à New York. Son style cherche à mettre en valeur la silhouette féminine et son succès est tel que la presse l'appelle le *King of Cling*. Des célébrités comme Tina Turner, Raquel Welch ou Madonna portent ses créations. Ses vêtements peuvent avoir jusqu'à 40 pièces individuelles liées (*linked*) les unes aux autres. Son atelier (*workshop*) est à Paris, et c'est là qu'il organise des défilés, en toute simplicité, à son image.

LITTÉRATURE
Nadia Tuéni (1935–1983)

Nadia Tuéni était la fille d'un diplomate libanais et d'une mère française. En 1963, elle écrit son premier recueil (*collection*) de poèmes, *Les textes blonds*, à la suite d'un drame personnel, la mort de sa fille âgée de sept ans. Elle découvre que la poésie (*poetry*) est un merveilleux moyen d'exorciser ses douleurs. L'amour et la souffrance

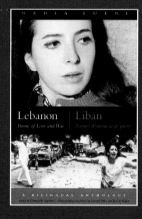

sont les thèmes principaux de ses œuvres. Son pays lui inspire aussi de magnifiques poèmes, et elle en évoque l'agonie dans *Archives sentimentales d'une guerre au Liban* (1982). À partir de 1967, elle écrit des articles littéraires pour le journal francophone libanais, *Le jour*. Avec d'autres grands poètes libanais et arabes, elle contribue au développement culturel de Beyrouth et crée un des cercles littéraires les plus actifs de son temps.

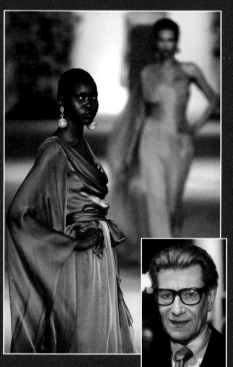

COUTURE
Yves Saint Laurent (1936–2008)

«Je n'ai qu'un regret, ne pas avoir inventé le jean», dira-t-il. Ce grand couturier est né à Oran, en Algérie, où il passe toute son enfance. Il commence sa carrière dans la haute couture comme styliste pour Christian Dior. À la mort de celui-ci en 1957, Yves Saint Laurent, alors âgé de 21 ans, est chargé (a la responsabilité) de sauver la maison Dior de la ruine. Il obtient un grand succès avec sa robe trapèze, contraste avec la mode serrée de l'époque, mais est remplacé à la tête de la maison. Il crée alors sa propre maison de couture en 1962. Saint Laurent est un innovateur à l'origine de nombreuses révolutions dans la mode comme la robe transparente, la saharienne (*safari jacket*) et le smoking (*tuxedo*) féminin. Il veut donner ainsi plus de pouvoir aux femmes en leur offrant la possibilité de porter des vêtements dits masculins comme le pantalon. Il introduit les couleurs vives (*bright*), le noir, qui n'est plus réservé aux cérémonies, et l'univers oriental. La simplicité et l'originalité caractérisent depuis le début la maison YSL.

Compréhension

Questions Répondez à ces questions.

1. De quoi Djura parle-t-elle dans ses chansons?
   Elle parle de la condition des femmes, de la liberté et de l'Algérie.

2. Comment peut-on décrire le style musical de Djura?
   Sa musique est un mélange de rythmes, de sonorités et d'instruments avec des influences variées.

3. Qu'a fait Azzedine Alaia avant de fonder sa propre marque de vêtements?
   Il a travaillé pour la maison Christian Dior ainsi que pour d'autres couturiers.

4. Qu'est-ce qu'Alaia cherche à mettre en valeur par ses vêtements?
   Il cherche à mettre en valeur la silhouette féminine.

5. Comment Nadia Tuéni décrit-elle la poésie?
   Elle dit que c'est un moyen d'exorciser ses douleurs.

6. Quels sont les thèmes principaux de l'œuvre de Tuéni?
   L'amour et la souffrance en sont les thèmes principaux.

7. Quel vêtement a apporté son premier grand succès à Yves Saint Laurent?
   La robe trapèze a été son premier grand succès.

8. Citez trois autres vêtements créés par Saint Laurent qui montrent son désir d'innovation.
   La robe transparente, la saharienne et le smoking féminin montrent que Saint Laurent est un innovateur.

Rédaction

À vous! Choisissez un de ces thèmes et écrivez un paragraphe d'après les indications.

- **«La musique adoucit les mœurs»** est une citation française qu'on entend souvent. Djura dit qu'elle veut faire de la musique un moyen de «soulager toutes les souffrances». Pensez-vous que la musique puisse réellement avoir un effet sur les émotions et les comportements? Expliquez votre point de vue et donnez quelques exemples pour le justifier.

- **Mon auteur préféré** Inspirez-vous du texte sur Nadia Tuéni pour écrire un petit portrait de votre poète (ou autre auteur) préféré. Parlez de sa vie, de sa carrière littéraire, de ce qui l'inspire et des thèmes qui sont importants dans son œuvre. Expliquez aussi pourquoi cette personne est votre auteur préféré.

- **La mode—un art à part entière?** Pensez-vous que la mode soit une forme d'art au même titre que les beaux-arts, la musique, la littérature ou le cinéma? Donnez votre point de vue personnel sur cette question et justifiez votre opinion.

 Practice more at **vhlcentral.com**.

KEY STANDARDS
4.1, 5.1

6.1

INSTRUCTIONAL RESOURCES
Supersite: Lab Audioscript, SAM AK, Lab MP3s
SAM/WebSAM: WB, LM

Remind students that the subjunctive also expresses uncertainty, necessity, and subjectivity in general.

BLOC-NOTES

To review imperfect forms, see **Fiche de grammaire 3.5, p. 402.**

Put questions with expressions that take the subjunctive on the board or on a handout. You may wish to use this lesson's **court métrage**, *De l'autre côté*, to contextualize the questions. Examples:
1. Est-il surprenant que Samir et Malik parlent de manière aussi différente?
2. Vaut-il mieux que Malik ne travaille pas avec Samir? 3. Souhaitez-vous que Samir rende plus souvent visite à sa famille à l'avenir? 4. Regrettez-vous que Samir choisisse de ne pas venir avec sa copine? 5. Ses parents sont-ils fâchés que Malik ne réussisse pas à passer «de l'autre côté» comme son frère? 6. Pensez-vous que Malik soit aussi intelligent que Samir?
Have students answer, and then identify the main and subordinate clauses, and why they used the subjunctive.

Mention that **penser que** is followed by the subjunctive if used in a question: **Pensez-vous qu'il soit en retard?**

The subjunctive: impersonal expressions; will, opinion, and emotion

*Samir ne veut pas que son père **ait** honte.*

Forms of the present subjunctive

- You have already been using verb tenses in the indicative mood. You can also use French verbs in the *subjunctive* mood, which is used to express an attitude, an opinion, or personal will, or to imply hypothesis or doubt.

- To form the present subjunctive of most verbs, take the **ils/elles** stem of the present indicative and add the subjunctive endings. For **nous** and **vous**, use their **imparfait** forms.

The present subjunctive

	parler	finir	attendre
	parl**ent**	finiss**ent**	attend**ent**
que je/j'	parl**e**	finiss**e**	attend**e**
que tu	parl**es**	finiss**es**	attend**es**
qu'il/elle	parl**e**	finiss**e**	attend**e**
que nous	parl**ions**	finiss**ions**	attend**ions**
que vous	parl**iez**	finiss**iez**	attend**iez**
qu'ils/elles	parl**ent**	finiss**ent**	attend**ent**

- Use the same pattern to form the subjunctive of verbs with spelling or stem changes.

acheter	achète, achètes, achète, achetions, achetiez, achètent
croire	croie, croies, croie, croyions, croyiez, croient
prendre	prenne, prennes, prenne, prenions, preniez, prennent
recevoir	reçoive, reçoives, reçoive, recevions, receviez, reçoivent

- Some verbs are unpredictably irregular in the present subjunctive.

aller	aille, ailles, aille, allions, alliez, aillent
avoir	aie, aies, ait, ayons, ayez, aient
être	sois, sois, soit, soyons, soyez, soient
faire	fasse, fasses, fasse, fassions, fassiez, fassent
pouvoir	puisse, puisses, puisse, puissions, puissiez, puissent
savoir	sache, saches, sache, sachions, sachiez, sachent
vouloir	veuille, veuilles, veuille, voulions, vouliez, veuillent

Impersonal expressions and verbs of will and emotion

- Sentences calling for the subjunctive fit the pattern [*main clause*] + **que** + [*subordinate clause*]. In each case, the subjects of the two clauses are different and **que** is used to connect the clauses. Note that although the word *that* is optional in English, the word **que** *cannot* be omitted in French.

MAIN CLAUSE	CONNECTOR	SUBORDINATE CLAUSE
Il est étonnant	que	Thierry ne connaisse pas ses parents.
It is surprising	*(that)*	*Thierry doesn't know his parents.*

- The subjunctive is used after many impersonal expressions that state an opinion.

Impersonal expressions followed by the subjunctive

Ce n'est pas la peine que… *It is not worth the effort…*	**Il est indispensable que…** *It is essential that…*
Il est bon que… *It is good that…*	**Il est nécessaire que…** *It is necessary that…*
Il est dommage que… *It is a shame that…*	**Il est possible que…** *It is possible that…*
Il est essentiel que… *It is essential that…*	**Il est surprenant que…** *It is surprising that…*
Il est étonnant que… *It is surprising that…*	**Il faut que…** *One must… / It is necessary that…*
Il est important que… *It is important that…*	**Il vaut mieux que** *… It is better that…*

- When the main clause of a sentence expresses will or emotion, use the subjunctive in the subordinate clause.

Expressions of will

demander que… *to ask that…*	
désirer que… *to desire that…*	
exiger que… *to demand that…*	
préférer que… *to prefer that…*	
proposer que… *to propose that…*	
recommander que… *to recommend that…*	
souhaiter que… *to hope that…*	
suggérer que… *to suggest that…*	
vouloir que… *to want that…*	

Expressions of emotion

aimer que… *to like that…*	
avoir peur que… *to be afraid that…*	
être content(e) que… *to be happy that…*	
être désolé(e) que… *to be sorry that…*	
être étonné(e) que… *to be surprised that…*	
être fâché(e) que… *to be mad that…*	
être fier/fière que… *to be proud that…*	
être ravi(e) que… *to be delighted that…*	
regretter que… *to regret that…*	

Notre grand-père **désire qu'**on lui **rende** visite cet été.
Our grandfather wants us to visit him this summer.

Je **suis ravie que** nous **allions** chez notre oncle.
I'm delighted that we're going to our uncle's house.

- Although the verb **espérer** expresses emotion, it does not trigger the subjunctive.

J'**espère** que le nouveau prof n'**est** pas trop strict.
I hope that the new professor isn't too strict.

Nous **espérons** qu'ils **ont** des citrons à la supérette.
We hope they have lemons at the mini-market.

BLOC-NOTES

If there is no change of subject in the sentence, an infinitive is used after the main verb and **que** is omitted. To learn more about using infinitives in place of the subjunctive, see **Structures 8.1, pp. 288–289.**

ATTENTION!

Some verbs used only in the third person singular, including some used in impersonal expressions, have irregular present subjunctive forms.

valoir (*to be worth it*): qu'il **vaille**

falloir (*to be necessary*): qu'il **faille**

pleuvoir (*to rain*): qu'il **pleuve**

Je ne pense pas que ça en vaille la peine.
I don't think it's worth the effort.

Mention that the subjunctive is used after **Il est triste que…**. It is usually found in literary contexts, not often in conversational French.

ATTENTION!

The verb **demander** is often used with an indirect object + **de** + [*infinitive*].

Papa nous demande de rentrer avant minuit.
Dad is asking us to come home before midnight.

Some additional impersonal expressions followed by the subjective include: **Il est bizarre/étrange que, Il est heureux que…, Il est honteux que…, Il est (in)utile que…, Il est juste que…, Il est temps que…**

Point out that the impersonal expressions **il est heureux/honteux que** are usually found in literary contexts.

Mise en pratique

1 Have pairs check each other's work. Then have them rephrase some of the items as personal, inventing their own endings. Example: **Je suis étonné(e) que tu saches toutes les réponses!**

2 Have students research Djerba and prepare an itinerary for Géraldine, complete with photos and detailed descriptions of places she will visit.

Note CULTURELLE

Djerba est une île au large des **côtes tunisiennes**. Connue dans le monde entier pour ses plages, elle est la première destination touristique du pays. Les touristes viennent surtout d'Italie, d'Allemagne et de France. Bien que (*Although*) très tournée vers le tourisme, l'île est restée traditionnelle: on y compte plus de 300 mosquées.

3 Before students prepare their answers, have them describe what they see in each picture.

Note CULTURELLE

Byblos est la première ville construite par le **peuple phénicien**. Ce port envoyait le bois du **Liban** vers l'**Égypte** et le **papyrus** d'Égypte, ou «byblos» en grec, vers le reste du monde **méditerranéen**. La ville a alors hérité du nom qui, plus tard, sera à l'origine du mot «livre» en grec, et du mot «Bible». C'est à Byblos qu'est né l'ancêtre de l'alphabet occidental.

1 **À lier** Reliez les éléments de chaque colonne pour former des phrases cohérentes.

_e_ 1. Ils sont étonnés que vous…   a. parler avec ton amie au téléphone?

_c_ 2. Il est impossible qu'ils…   b. mangions des épinards.

_b_ 3. Il est bon que nous…   c. finissent à temps.

_a_ 4. As-tu fini de…   d. sois si insupportable?

_f_ 5. Vous souhaitez que je/j'…   e. ayez encore vos arrière-grands-parents.

_d_ 6. Faut-il que tu…   f. apprenne plus de langues.

2 **Vacances à Djerba** Complétez l'e-mail que Géraldine écrit à son agent de voyages. Mettez au présent du subjonctif les verbes entre parenthèses.

De:	Géraldine Lastricte <géraldine.lastricte@email.fr>
Pour:	Marion Cantou <marion.cantou@email.fr>
Sujet:	Recommandations

Madame,

J'espère que vous avez bien pris en considération les souhaits (*wishes*) que j'ai formulés pour mon voyage à Djerba. Je vous les rappelle, au cas où. Il est évidemment essentiel que je (1) _____voyage_____ (voyager) en première classe. Il faut que mon hôtel (2) _____soit_____ (être) situé près de la plage et que ma chambre (3) _____ait_____ (avoir) vue sur la mer. Je désire que tout le monde à l'hôtel (4) _____connaisse_____ (connaître) mes goûts. Je préférerais que le quartier (5) _____soit_____ (être) vivant, mais pas trop bruyant. Je veux, bien sûr, qu'une voiture (6) _____vienne_____ (venir) me chercher à l'aéroport, et dites à la compagnie de limousine qu'il vaut mieux pour elle que je n' (7) _____attende_____ (attendre) pas. Je tiens à ajouter qu'il serait dommage pour votre avenir que vous ne (8) _____puissiez_____ (pouvoir) pas répondre à ces simples souhaits.

Cordialement,
Géraldine Lastricte

3 **L'homme idéal** Ahmed, qui habite à Beyrouth, au Liban, est amoureux de Sarah et veut l'inviter à passer une journée à Byblos. Il veut faire bonne impression. Regardez les images et, avec les éléments de la liste, dites à Ahmed ce qu'il doit faire pour devenir l'homme idéal.

il est nécessaire que	il vaut mieux que	recommander que
il est possible que	préférer que	suggérer que
il faut que	proposer que	vouloir que

Ahmed

L'homme idéal

Communication

4 **Rêve et réalité** À deux, faites des comparaisons entre ce que vous avez et ce que vous rêvez d'avoir. Aidez-vous des éléments de la liste. N'oubliez pas d'utiliser le présent du subjonctif si nécessaire.

> **Modèle** —As-tu un appartement?
> —Oui, j'ai un appartement, mais j'aimerais qu'il soit plus grand.

aimer que	parents
appartement	préférer que
enfance	regretter que
être content(e) que	relation
frère(s)/sœur(s)	souhaiter que
ordinateur	vouloir que

4 Have each pair add two more words/expressions to the list and create additional statements. Call on volunteers to share their partner's responses with the class.

5 **Recherche...** À deux, regardez les deux annonces et imaginez que vous soyez d'abord la personne qui vende le chiot, puis les touristes qui cherchent un guide. Écrivez la suite des annonces à l'aide du présent du subjonctif. Ensuite, présentez-les à la classe.

> **Modèle** Il est indispensable que la famille adoptive soit gentille.
> Il est important que notre guide habite à Alger.

5 For each situation, call on students to answer specific questions. Examples: **Faut-il que la famille adoptive ait un grand jardin? N'est-il pas nécessaire que le guide comprenne le français?**

La famille Ouagued vend un chiot (puppy) de la race des épagneuls. Voici une photo de sa mère...

Touristes français recherchent un guide pour leur séjour en Algérie...

6 **Dialogue parents-enfant** Par groupes de trois, imaginez une conversation entre des parents et leur enfant adolescent(e). Ensuite, jouez la scène devant la classe. Utilisez le plus possible le présent du subjonctif.

> **Modèle** **MÈRE** Il faut que tu comprennes que tu passes le bac cette année.
> **ENFANT** Je veux que vous me laissiez tranquille avec mes amis!
> **PÈRE** On préfère que tu ne sortes pas avec eux ce soir.

6 As a variation, have students think of an argument they have had with a friend or significant other. Have them act it out with a partner, using as many different expressions of will and emotion as they can.

6 Brainstorm a list of possible problems about which someone might write to an advice columnist. Then have students use the present subjunctive to write a response letter giving advice.

6.2

Tell students that relative pronouns can be used in both restrictive (no commas) and nonrestrictive (usually with commas) clauses. Examples: **C'est la fromagerie que je préfère.** *That's the cheese store I like best.* **Cette fromagerie, que je fréquente souvent, est rue Dumas.** *This cheese store, which I often visit, is on Dumas Street.*

Point out that **que** and **qui** are the most commonly used relative pronouns. Since **que** replaces a direct object, it can mean *that, which,* or *whom.* Correspondingly, since

---

qui replaces a subject, it can mean *who, that,* or sometimes *which.*

Explain that **que** is typically followed by a noun or pronoun, as in **Les épinards que nous avons achetés...**, whereas **qui** is more often than not followed by a verb, as in **Les épinards qui sont si bons....**

Relative pronouns

—*Mais j'ai téléphoné chez toi. Je suis tombée sur une fille* **qui** *était très gentille.*

- Relative pronouns are used to link two ideas containing a common element into a single, complex sentence, thereby eliminating the repetition of the common element. The relative pronoun to use is determined by the part of speech of the word it represents, called the *antecedent.*

- In the sentences below, the common element, or antecedent, is **l'enfant**. Because **l'enfant** is the subject of the second sentence, the relative pronoun **qui** replaces it.

La mère a grondé **l'enfant**. *The mother scolded the child.*	**L'enfant** était **insupportable**. *The child was unbearable.*	La mère a grondé l'enfant **qui** était **insupportable**. *The mother scolded the child who was unbearable.*

- The relative pronoun **que** replaces a direct object.

Le saumon est excellent. *The salmon is excellent.*	J'ai trouvé **le saumon**. *I found the salmon.*	Le saumon **que** j'ai trouvé est excellent. *The salmon that I found is excellent.*

- A past participle that follows the relative pronoun **que** agrees in gender and number with its antecedent.

  La tarte **que** tu as **faite** était délicieuse.
  The pie that you made was delicious.

- The relative pronoun **où** can stand for a place or a time, so it can mean *where* or *when.*

  C'est une supérette **où** on peut trouver des produits biologiques.
  It's a mini-market where you can find organic food.

  Téléphone-moi au moment **où** notre nièce arrive.
  Call me the moment that (when) our niece arrives.

- The relative pronoun **dont** replaces an object of the preposition **de**.

On est allés à **l'hypermarché**.
We went to the supermarket.

> Je t'ai parlé **de l'hypermarché**.
I talked to you about the supermarket.

> On est allés à l'hypermarché **dont** je t'ai parlé.
We went to the supermarket (that) I talked to you about.

- Since the preposition **de** can indicate possession, **dont** can mean *whose*.

> Les enfants **dont** le père est autoritaire sont souvent punis.
The children, whose father is strict, are often punished.

- Use **lequel** as a relative pronoun to represent the object of a preposition. Note that the preposition is retained in the clause containing the relative pronoun.

> C'est le citron bio **avec lequel** je vais faire la sauce
That's the organic lemon with which I am going to prepare the sauce.

> C'est la raison **pour laquelle** je suis venu.
This is why (the reason for which) I came.

- Remember that **lequel** and its forms **laquelle**, **lesquels**, and **lesquelles** agree in gender and number with the objects they represent. Remember, too, that when **lequel** combines with **à** or **de**, contractions may be formed.

With *à*	With *de*
auquel	duquel
auxquels	desquels
auxquelles	desquelles

- The relative pronoun **lequel** usually does not refer to people. If the object of the preposition is human, use the relative pronoun **qui** along with the preposition.

> C'est une relation **sur laquelle** je peux compter.
That's a relationship I can count on.

but

> C'est la femme **avec qui** Paul est très lié
This is the woman with whom Paul is very close-knit.

- If a relative pronoun refers to an unspecified antecedent, use **ce que**, **ce qui**, or **ce dont**, which often mean *what*.

> Le problème **qui** m'inquiète, c'est le fossé des générations.
The problem that worries me is the generation gap.

> Ce **qui** m'inquiète, c'est le fossé des générations.
What worries me is the generation gap.

> La viande **que** je préfère, c'est la volaille.
The meat that I prefer is poultry.

> Ce **que** je préfère, c'est la volaille.
What I prefer is poultry.

> L'ingrédient **dont** elle a besoin, c'est un conservateur.
The ingredient that she needs is a preservative.

> Ce **dont** elle a besoin, c'est un conservateur.
What she needs is a preservative.

Point out common verbs that are often used with **dont: parler de, rêver de, se souvenir de**, etc. Show additional sample sentences, such as: **J'ai enfin revu Tante Julie dont je ne me souvenais pas bien!** / *finally saw again Aunt Julie whom I did not remember well!* **Mon neveu a dix-huit ans aujourd'hui. C'est le jour dont il rêvait!** *My nephew is eighteen today. That's the day he was dreaming of/about.*

BLOC-NOTES

To review all the forms of **lequel**, see **Structures 1.3, pp. 26–27**.

Mention that, usually in formal or literary French, forms of **lequel** can be used to refer to people. Example: **Sa mère était la seule personne sur laquelle il pouvait toujours compter.** *His mother was the only person on whom he was always able to count.*

In a literary context, it is also used as subject: **La vendeuse est venue parler au client, lequel lui a dit ce qu'il cherchait.** *The saleswoman came to talk to the customer, who told her what he was looking for.*

Mention that, in informal French, it is not incorrect to say **C'est** or **Voilà pourquoi je suis venu(e)**.

Mise en pratique

1

À choisir Choisissez le bon mot pour compléter la phrase.

1. Je viens de voir le garçon _____ est le plus égoïste de tous les enfants que je connais.
   a. qui *(circled)*   b. que   c. dont

2. La supérette _____ je faisais mes courses a brûlé!
   a. laquelle   b. dont   c. où *(circled)*

3. «Jojo» est le seul surnom de Joël _____ je connaisse.
   a. que *(circled)*   b. duquel   c. auquel

4. C'est la réunion de famille pendant _____ Paulette a été si rebelle.
   a. qui   b. que   c. laquelle *(circled)*

5. Nous avons dépensé l'argent _____ nous devions acheter les asperges.
   a. que   b. avec lequel *(circled)*   c. lequel

6. Ce garçon _____ on nous a parlé avant-hier a un frère jumeau.
   a. dont *(circled)*   b. laquelle   c. qui

2

Fès Le grand-père de Mohammed lui parle de la ville de Fès. Complétez le paragraphe à l'aide des pronoms relatifs de la liste.

auxquels	dont	où	que
avec qui	duquel	pour laquelle	qui

Fès, la quatrième ville du Maroc, est la ville (1) _____qui_____ m'est le plus chère parce que j'y ai passé toute mon enfance et donc c'est la ville (2) _____dont_____ je me souviens le mieux. C'est la raison (3) _____pour laquelle_____ j'y retourne souvent en vacances. J'aime me promener en ville avec mon frère (4) _____avec qui_____ je voyage souvent. Nous aimons découvrir des endroits (5) _____que_____ nous ne connaissons pas encore. L'hôtel (6) _____où_____ nous descendons toujours est formidable. Dans la cour, il y a des citronniers qui donnent d'excellents citrons (7) _____auxquels_____ on ne peut pas résister! Prendre un bon citron pressé au restaurant de cet hôtel est un vrai plaisir. En général, je m'installe dans un canapé confortable (8) _____duquel_____ je regarde passer les gens dans la rue. C'est très relaxant!

3

À lier Liez (*Connect*) les deux phrases avec le bon pronom relatif. Suggested answers

Modèle   **Le saumon est très bon. Je mange ce saumon.**
            Le saumon que je mange est très bon.

1. L'homme est gentil, intelligent et beau. Je rêve de cet homme.
   L'homme dont je rêve est gentil, intelligent et beau.
2. Mes petits-enfants déménagent à La Rochelle. Ils habitent actuellement à Paris.
   Mes petits-enfants, qui habitent actuellement à Paris, déménagent à La Rochelle.
3. Ma grand-tante élève deux enfants adoptés. Je ne connais pas encore ces enfants.
   Ma grand-tante élève deux enfants adoptés que je ne connais pas encore.
4. Je sors souvent avec des frères jumeaux. Ces jumeaux sont très sympas!
   Je sors souvent avec des frères jumeaux qui sont très sympas!
5. Tu parles de la petite-fille de Josie? Je ne me souviens pas de sa petite-fille.
   Je ne me souviens pas de la petite-fille de Josie dont tu parles.
6. La patrie est un sujet. Je dois écrire une rédaction sur ce sujet.
   La patrie est un sujet sur lequel je dois écrire une rédaction.

Practice more at vhlcentral.com.

Communication

4 **Une rencontre** Imaginez que vous rencontriez un(e) ancien(ne) camarade de classe dans la rue. Vous parlez de vos familles respectives. À deux, créez la conversation à l'aide des éléments de la liste.

avec lequel	dont	que
de laquelle	où	qui

Modèle —Tu te souviens de Richard? C'est mon demi-frère que tu connaissais au lycée.

—Bien sûr! C'est le garçon qui était toujours insupportable en cours de chimie.

5 **Des parents** Sur une feuille de papier, notez les noms de quelques-uns des membres de votre famille (ou ceux d'une famille célèbre ou imaginaire). Pour chacun(e), écrivez une phrase pour le/la décrire à l'aide d'un pronom relatif. Ensuite, comparez vos phrases avec la classe.

Valérie	Valérie est la femme avec laquelle mon demi-frère s'est marié récemment.

6 **Étapes de vie** Par petits groupes, décrivez ce qui constitue, à votre avis, l'enfance ou la jeunesse idéale. à l'aide de ces éléments. Vos camarades de classe vous poseront des questions qui contiennent des pronoms relatifs.

Modèle —Quelle est la personne dont tu te souviens le mieux?

—Ma grand-mère. C'était la personne avec qui je m'entendais le mieux.

- vos parents
- vos amis
- vos professeurs
- votre école

4 Brainstorm conversation topic ideas with students.

4 Call on two volunteers to act out the **modèle**. Then have them identify the relative pronouns and explain their function.

5 Have students write one of their sentences on the board, leaving a blank in place of the relative pronoun. Then have the class complete the sentences.

5 Ask students to read their sentences aloud but use the word **quelqu'un** in place of each student's name. The class guesses who is being described.

6 As an alternative, have students describe how they picture their ideal lives as they grow older.

KEY STANDARDS
4.1, 5.1

INSTRUCTIONAL RESOURCES
Supersite: Lab Audioscript, SAM AK, Lab MP3s
SAM/WebSAM: WB, LM

To introduce the forms of the **-re** verbs, share an anecdote that includes examples of the verbs in the present and the past. Write the verb forms on the board as you tell the story.

ATTENTION!

Croire à + [*noun*] means *to believe in something*; **croire en** + [*noun*] means *to believe in someone*.
Blaise Pascal croyait-il en Dieu?
Did Blaise Pascal believe in God?

Décrire and **s'inscrire** (*to enroll*) are conjugated like **écrire**.

Remember that **apprendre** and **comprendre** are conjugated like **prendre**

Point out that **se méprendre**, **reprendre**, and **surprendre** are also in the **prendre** verb family.

Explain that **plaire** and **déplaire** can also be used in the first and second persons. These cases are most often in the context of personal relationships. Examples: **Je lui plais**. *He/She likes me.* **Est-ce que je te plais?** *Do you like me?* **Tu lui plais beaucoup.** *He/She likes you a lot.* **Plaire** is more commonly used than **déplaire**, which is more literary. In everyday language, we would say: **Il ne me plaît pas** rather than **Il me déplaît.**

Irregular *-re* verbs

—*Maman t'a mis des draps propres*

- You can see patterns in irregular **-re** verbs, but it is best to learn each verb individually.

	boire	**croire**	**dire**	**écrire**
je/j'	bois	crois	dis	écris
tu	bois	crois	dis	écris
il/elle	boit	croit	dit	écrit
nous	buvons	croyons	disons	écrivons
vous	buvez	croyez	dites	écrivez
ils/elles	boivent	croient	disent	écrivent
past participle	bu	cru	dit	écrit

	lire	**prendre**	**craindre** (*to fear*)	**se plaindre**
je	lis	prends	crains	me plains
tu	lis	prends	crains	te plains
il/elle	lit	prend	craint	se plaint
nous	lisons	prenons	craignons	nous plaignons
vous	lisez	prenez	craignez	vous plaignez
ils/elles	lisent	prennent	craignent	se plaignent
past participle	lu	pris	craint	plaint(e)(s)

Mon neveu **a bu** trois verres de lait.
My nephew drank three glasses of milk.

Mais **dis** quelque chose!
Well, say something!

Mes petits-enfants ne m'**écrivent** jamais.
My grandchildren never write me.

Est-ce que vous **comprenez** votre oncle?
Do you understand your uncle?

Je **crains** qu'elle ne m'aime plus.
I'm afraid she doesn't love me anymore.

Nous **nous sommes plaints** du service.
We complained about the service.

- The verb **plaire** (*to please*) is often used in the third person and usually takes an indirect object. Its past participle is **plu**. The English verb *to like* is typically used to translate it.

Cette fromagerie **leur plaît**.
They like this cheese shop.

Les produits bio **vous plaisent**?
Do you like organic food?

Le repas **lui a plu**.
She liked the meal.

	mettre	**suivre**	**vivre**
je/j'	mets	suis	vis
tu	mets	suis	vis
il/elle	met	suit	vit
nous	mettons	suivons	vivons
vous	mettez	suivez	vivez
ils/elles	mettent	suivent	vivent
past participle	mis	suivi	vécu

	rire	**conduire**	**connaître**
je/j'	ris	conduis	connais
tu	ris	conduis	connais
il/elle	rit	conduit	connaît
nous	rions	conduisons	connaissons
vous	riez	conduisez	connaissez
ils/elles	rient	conduisent	connaissent
past participle	ri	conduit	connu

Nous **avons mis** un pull pour sortir.
We put on sweaters to go out.

Mes ancêtres **ont vécu** à Abidjan.
My ancestors lived in Abidjan.

Mes petits-enfants me **sourient**
quand je chante pour eux.
*My grandchildren smile at me
when I sing to them.*

Mon grand-père ne **conduit** plus.
My grandfather no longer drives.

Vous ne me **reconnaissez** pas?
Do you not recognize me?

Mon grand-oncle **a disparu** pendant
la guerre.
*My great uncle disappeared during
the war.*

- **Se mettre**, when followed by **à** + [*infinitive*], means *to start* (doing something).

  Elle **s'est mise à pleurer**!
  She started crying!

  À six heures, je **me mets à faire** la cuisine.
  At 6 o'clock, I start cooking.

- Note the double **i** spelling in the **nous** and **vous** forms of **rire** and **sourire** in the **imparfait**.

  Nous **riions** beaucoup à l'école.
  We used to laugh a lot at school.

  Vous **souriiez** quand votre tante téléphonait.
  You used to smile when your aunt called.

- The verb **naître**, conjugated like **connaître** in the present, is rarely used in this tense.
  Remember that the past participle agrees with the subject in compound tenses such as the
  passé composé and **plus-que-parfait**.

  Ma grand-mère est **née** en 1935.
  My grandmother was born in 1935.

  Les jumeaux étaient-ils **nés** à cette époque?
  Had the twins been born at that time?

Remember that **permettre**
and **promettre** are conjugated
like **mettre**.

Survivre is conjugated
like **vivre**.

Use the expression **suivre
un/des cours** to say *to take
a class*.

**Je suis un cours d'histoire
de l'art.**
I'm taking a course in art history.

Sourire is conjugated like **rire**.

Remember that **construire**,
détruire, **produire**, **réduire**,
and **traduire** are conjugated
like **conduire**.

Disparaître, **paraître**, and
reconnaître are conjugated
like **connaître**.

Paraître is often used in the
third person with an indirect
object to say that something
seems a certain way.

Ça me paraît difficile.
That seems difficult to me.

BLOC-NOTES

For a review on how **connaître**
differs from **savoir**, see **Fiche
de grammaire 9.4, p. 424.**

Point out that **admettre**,
commettre, **remettre**, and
soumettre are also in the
mettre verb family.

Model the slight difference
in pronunciation between
nous rions and **nous riions**.

Tell students that they may
notice **naître** in the present
tense in a literary context.
Example: **On ne naît pas
femme; on le devient.**
—Simone de Beauvoir

Mise en pratique

1

Un repas authentique Claudia passe un semestre à Tunis, dans une famille. Ils voudraient préparer un repas traditionnel. Complétez la conversation logiquement.

apprendre	croire	plaire
comprendre	mettre	prendre
connaître	se plaindre	rire

MÈRE Alors, Claudia, quels plats tunisiens (1) ___connais___-tu?

CLAUDIA Une fois, dans un resto maghrébin, je/j' (2) ___ai pris___ du couscous.

PÈRE Je/J' (3) ___crois___ que ça ferait un bon repas authentique.

GRAND-MÈRE Je ne/n' (4) ___me plains___ pas — j'adore le couscous!

Plus tard dans la cuisine...

CLAUDIA Je ne/n' (5) ___comprends___ pas cette recette. Peux-tu la traduire en anglais?

FILLE Non, moi non plus. Nous avons bien lu la recette. Nous (6) ___avons mis___ tous les ingrédients dans le bol. Maman, ce n'est pas drôle! Pourquoi est-ce que tu (7) ___ris___?

MÈRE Désolée, mais apparemment vous deux, vous ne/n' (8) ___avez___ jamais ___appris___ à cuisiner!

Note CULTURELLE

À **Tunis**, capitale et centre administratif de la **Tunisie**, la ville moderne et la **médina** (vieille ville) offrent un contraste saisissant (*striking*). D'un côté, on peut admirer les grandes villas des quartiers résidentiels. De l'autre, on peut entrer dans la médina par de vieilles portes, vestiges des fortifications qui entouraient autrefois la ville. On trouve dans la médina des souks (marchés) et des monuments historiques.

2 Ask this additional item:
5. Ils <u>ont trouvé</u> la nouvelle de l'accident dans le journal local. (Ils ont lu la nouvelle de l'accident dans le journal local.)

2

Autrement dit Réécrivez chaque phrase et remplacez le(s) mot(s) souligné(s) par un verbe irrégulier en **-re**. Ajoutez d'autres mots, si nécessaire. Suggested answers

1. Ma demi-sœur <u>est venue au monde</u> en 1998.

_____Ma demi-sœur est née en 1998._____

2. Tu n'aimes pas ton plat? Appelle le serveur et <u>dis-lui que tu n'es pas satisfait</u>!

_____Appelle le serveur et plains-toi!_____

3. <u>Avez-vous peur des</u> gens rebelles?

_____Craignez-vous les gens rebelles?_____

4. Ma famille <u>pense</u> que je n'ai pas assez d'amour-propre.

_____Ma famille croit que je n'ai pas assez d'amour-propre._____

3 Suggested answers:
1. Mes parents ont construit une nouvelle maison il y a cinq ans.
2. Je crains de faire du mal à mon copain/ma copine.
3. Le fossé des générations disparaît quand les gens se parlent. 4. Les gens bien élevés écrivent des cartes de remerciement. 5. Mon arrière-grand-mère est née...

3

Phrases logiques

A. Écrivez cinq ou six phrases à l'aide des éléments de chaque colonne. Employez les verbes à des temps différents.

A	B	C
Mes parents	construire	une nouvelle maison...
Je	craindre	faire du mal à...
Le fossé des générations	disparaître	dans quelles circonstances?
Les gens bien élevés	écrire	des cartes de remerciement...
Mon arrière-grand-mère/père	naître	où et quand?
...?	survivre	...?

Point out the difference in meaning between **faire mal** *to hurt physically* and **faire du mal** *to hurt emotionally*.

B. À deux, créez un dialogue qui inclut au moins trois de vos phrases de la partie A.

🔊 Practice more at **vhlcentral.com**.

Communication

4 Take a class survey based on items 1, 4, and 7. Using the answers, ask questions with the comparative and superlative. Examples: **Quel(le) étudiant(e) écrit le plus d'e-mails? Et quel(le) étudiant(e) en écrit le moins? L'oncle de Brittany se plaint-il autant que la mère de Justin? Qui a conduit le plus tôt dans sa vie?** This will serve as a brief preview for **Structures 7.1, pp. 250–251.**

4 Questions spécifiques À deux, répondez aux questions par des phrases complètes.

1. Combien d'e-mails écris-tu chaque jour? Combien en lis-tu?
2. Écris-tu des cartes de vœux? Ça te plaît? Pourquoi?
3. Quel genre de littérature lis-tu le plus souvent?
4. Quel membre de ta famille se plaint le plus? Et qui rit le plus?
5. T'es-tu déjà plaint(e) de ton père ou de ta mère? Pourquoi?
6. Connais-tu quelqu'un qui vit dans une région francophone? Si oui, laquelle?
7. Quel âge avais-tu quand tu as conduit une voiture pour la première fois?
8. Tes parents te permettent-ils toujours de suivre les cours que tu veux?

5 Une famille unie Même les membres d'une famille unie ne s'entendent pas toujours parfaitement bien. À deux, posez des questions et décrivez cette scène à l'aide des verbes de la liste. Ensuite, imaginez une conversation entre les membres de la famille sur la photo.

5 Suggested questions and answers: **Que boivent-ils? Ils boivent du jus d'orange. Que prennent-ils? Ils prennent leur petit-déjeuner. Penses-tu que la fille et le père se comprennent bien? Non, ils ne se comprennent pas du tout. Qui contredit qui? À mon avis, la fille contredit son père. Que se disent-ils à ton avis? Je crois que la fille dit: Je ne peux pas croire que tu ne me permets pas de sortir vendredi soir! Qu'est-ce que le fils écrit? Il écrit un essai. Que fait la mère? Elle paraît chercher quelque chose dans le frigo.**

Modèle —Où vivent-ils?
—Je crois qu'ils vivent aux États-Unis.

apparaître	craindre	permettre
boire	croire	se plaindre
(se) comprendre	dire	plaire
contredire	écrire	prendre

5 Find additional photos of people talking in different situations. You can also point students to photos in the text. Have students write mini-conversations for these photos using the same list of verbs.

6 À votre santé! Imaginez que vous soyez une équipe de rédacteurs qui travaillent pour un magazine de santé. Par petits groupes, discutez de ce qu'il faut faire pour rester en bonne santé physique et mentale. Ensuite, écrivez un article qui inclut vos suggestions et au moins huit verbes irréguliers en **-re**.

6 If class time does not suffice, give this as a homework writing assignment. You may wish to grade the article on grammatical accuracy, as well as creativity and organization.

Prenez en charge votre santé!

Pour rester en bonne santé, riez souvent! Ce qu'il faut faire pour ne pas être malade…

Synthèse Reading

KEY STANDARDS
1.1, 1.2

TEACHING OPTION To preview the activity, have students scan the sample ads and underline examples of the subjunctive, relative pronouns, and irregular -re verbs.

garder *to look after*

obéissants *obedient*

Have students work in pairs to practice their reading fluency. Students take turns reading each ad, and the partner corrects any mispronunciations. Students should then record their readings of the ads and submit the recordings for a grade.

Mariage toujours

Recherchons organisateur/organisatrice de mariages rapide et efficace. Nous retiendrons la personne qui ne craint pas les obstacles, qui plaît et sourit aux clients. Contactez Samira à samira.alhafta@mariage.toujours.tn

Petits anges à garder

Un(e) baby-sitter est demandé(e) pour garder° deux enfants qui sont bien élevés et obéissants°. Il est indispensable que cette personne connaisse au moins une langue étrangère pour la leur enseigner. Appelez le 01.62.74.02.16.

À TABLE!

Un restaurant trois étoiles recherche un chef cuisinier qui connaisse la gastronomie maghrébine. Il est nécessaire que le candidat sache accommoder viandes et poissons avec les saveurs orientales. Il est recommandé que la personne ne se plaigne jamais. Le candidat dont les qualités correspondent à ces critères doit téléphoner au 04.78.96.29.54.

Appart' à partager

Jeunes filles recherchent un(e) colocataire pour partager un appartement au centre-ville. Il est essentiel que la personne qu'on choisira ne soit pas égoïste et rie souvent. Toute personne stricte et insupportable s'abstenir! Contactez-nous au 02.96.08.21.17.

1 Encourage students to use the subjunctive with all sorts of expressions: impersonal, will, emotion, etc.

2 When alternating roles, tell students not to repeat the same thing their partner said.

3 Have at least four pairs play out the different scenes in front of the class.

1 Besoin de travail Vous avez besoin de travailler ce semestre. Écrivez votre propre annonce dans laquelle vous expliquez les critères que vous cherchez dans un travail.

> **Modèle** Il faut que je puisse travailler le soir après 18 heures...

2 Des annonces Votre ami(e) n'a pas pu acheter son journal aujourd'hui et vous demande de lui donner les détails des annonces. À deux, alternez les rôles.

> **Modèle** Deux filles ont un appartement à partager. Elles veulent que leur colocataire rie souvent!

3 Mise en scène Vous avez répondu à l'une des quatre annonces ci-dessus et maintenant les choses vont mal. À deux, imaginez la scène pour une de ces situations et jouez les rôles. Utilisez le présent du subjonctif et des pronoms relatifs.

Situation A: Le couple pour qui vous organisez le mariage est insupportable.

Situation B: Les petits anges sont en fait de petits démons.

Situation C: Les aide-cuisiniers qui travaillent pour vous sont incompétents.

Situation D: Les jeunes filles font trop la fête et vous dérangent souvent.

Préparation

Vocabulaire de la lecture	
les affaires (*f.*) *belongings*	
affronter *to face*	
confier *to confide; to entrust*	
débuter *to begin*	
se dérouler *to take place*	
faire une demande en mariage *to propose*	
les fiançailles (*f.*) *engagement*	
une mariée *bride*	
nécessiter *to require*	

Vocabulaire utile	
une alliance *wedding ring*	
une bague de fiançailles *engagement ring*	
le bouquet de la mariée *bouquet*	
un marié *groom*	
une robe de mariée *wedding gown*	
un témoin *witness; best man; maid of honor*	

1

Le mariage Vous allez vous marier et vous lisez un livre pour tout savoir sur les éléments-clés de la cérémonie. Trouvez le titre de chaque chapitre.

> ## Sommaire
>
> **Chapitre 1:** _____ Les fiançailles _____ 7
>
> *Vous êtes fiancés? Félicitations! C'est pendant cette période que vous préparez votre mariage.*
>
> **Chapitre 2:** _____ L'alliance _____ 15
>
> *C'est le symbole de votre union. Comment la choisir?*
>
> **Chapitre 3:** _____ Les témoins _____ 21
>
> *Ils sont à côté de vous pendant la cérémonie. Qui choisir? Quel cadeau leur offrir? Tout ce qu'il faut faire.*
>
> **Chapitre 4:** _____ La robe de mariée _____ 28
>
> *C'est la journée de la mariée! Les hommes seront beaux dans leur costume, mais tout le monde s'intéressera à ce qu'elle portera! Voici notre sélection.*
>
> **Chapitre 5:** _____ Le bouquet de la mariée _____ 35
>
> *Qu'est-ce qu'un mariage sans fleurs? Il faut choisir avec soin cet accessoire très important pour la mariée! Lisez nos conseils.*

2

Célébrations Répondez aux questions et comparez avec un(e) camarade.

1. Dans votre famille, les traditions du mariage sont-elles similaires à celles mentionnées dans l'activité 1? En avez-vous d'autres? Décrivez-les.

2. Vos traditions incluent-elles une demande en mariage officielle? Offre-t-on une bague de fiançailles?

3. Quelles sont les étapes de la cérémonie du mariage?

4. Célébrez-vous d'une manière particulière d'autres étapes marquantes de la vie? Lesquelles? Comment les célébrez-vous?

KEY STANDARDS
1.2, 2.1, 2.2, 4.2

SYNONYMES
faire une demande en mariage ⟷ **demander quelqu'un en mariage**

Point out that **une alliance** also means *alliance* and *union (of marriage)*, depending on the context.

Mention the phrase **par alliance**, which means *by marriage*. Example: **Il est mon neveu par alliance.** *He is my nephew by marriage.*

1 Have students rewrite one of the chapter descriptions using more words from the new vocabulary list.

2 Teach or remind students of the expression **ça dépend** so they can comfortably explain any exceptions or additions to celebratory traditions in their culture.

TEACHING OPTION Play a game of **Dans la boule de Cristal**. Have individuals list three important things about themselves (their major, what they like, something about their family, etc.). Then have them exchange their lists with a partner, who will use the information to predict that student's future. Encourage creativity and productive reactions to their partner's predictions.

 Practice more at **vhlcentral.com.**

Jour de mariage

Hier, vendredi, j'étais invité au mariage d'un charmant couple algérien, Yasmina et Salim. Pour moi, Occidental, ce fut l'occasion d'ouvrir les yeux sur des traditions et un monde différents. Un peu perdu dans cette succession de cérémonies, j'ai posé des
5 questions au jeune couple.

PAUL Quels ont été les grands moments de la journée?

SALIM Tout a commencé en fin d'après-midi. Yasmina est arrivée chez moi, où elle
10 est restée dans une pièce avec ses amies. La fête a vraiment débuté quand je suis arrivé pour la cérémonie avec les hommes, en marchant° au rythme de la musique. Tu as vu que les hommes et les femmes, et
15 notre couple, sont restés séparés pendant toute la fête. Tout était fait pour rendre plus intense le moment où Yasmina et moi nous retrouverions en fin de soirée. Après le repas, les hommes, les femmes âgées et les enfants
20 ont dansé. D'ailleurs°, je t'ai vu danser avec eux. Tu avais l'air de bien t'amuser. Puis, plus tard dans la soirée, la hennayat a tatoué mon index° avec du henné° pour me porter bonheur°. J'ai reçu de l'argent des invités, et
25 j'ai enfin pu rejoindre Yasmina.

PAUL On m'a dit que «le mariage d'une nuit nécessite une année de préparation». Est-ce que cela a été le cas pour le vôtre?

YASMINA À peu près°. Il y a une semaine,
30 Salim et moi sommes allés à la mosquée pour recevoir la bénédiction de l'imam, puis à la mairie pour signer les documents officiels. Deux jours avant la cérémonie du vendredi, j'ai célébré la fête de l'«Outia»
35 qui symbolise le début de la préparation de la mariée. C'est aussi «la nuit du henné», la troisième et dernière nuit où on m'a tatoué les mains au henné. Ce produit végétal a une valeur spirituelle et protectrice. Plus le
40 tatouage est foncé, plus il est beau et plus il a de la valeur. Il faut que le produit soit appliqué° trois fois pour qu'il imprègne la peau. Jeudi, j'ai envoyé toutes mes affaires chez Salim, et j'ai passé la journée à me
45 reposer, afin d'affronter le rythme effréné° du lendemain.

Plus tard, on m'a expliqué que Salim avait fait une demande en mariage
50 traditionnelle qu'on appelle la «shart». Il y a deux mois, il est venu demander la main

walking (line 13)
By the way (line 20)
forefinger / henna (line 23)
to bring happiness (line 24)
Practically (line 29)
applied (line 42)
frantic (line 45)

Le henné

Le henné est une plante qu'on trouve au **Maghreb**. Les femmes, mais aussi les hommes, se servent de cette poudre comme produit de tatouage, après l'avoir mélangée avec de l'eau. La «**hennayat**», ou tatoueuse, l'applique parfois avec de la dentelle pour créer de jolis motifs. C'est aussi une substance qui sert à la teinture des cheveux.

de Yasmina à ses parents et leur a offert la somme habituelle, équivalente à 1.500 $. Une semaine après, ils ont fêté la «djeria», les fiançailles. La hennayat a appliqué du 55 henné et un Louis d'or° sur la paume de la main de Yasmina, et Salim a offert à sa fiancée un tailleur° blanc pour le mariage.

Salim m'a confié que toute cette effervescence lui a rappelé la cérémonie de 60 sa circoncision. Il avait six ans. Il a vécu là un moment capital de son existence: Il faut passer par ce rite pour devenir musulman. En général, un garçon est circoncis entre la naissance et l'âge de six ans. Quand 65 le garçon est plus âgé, le rite prend plus d'importance, parce qu'il se rend compte de sa signification et il reçoit plein de cadeaux.

Ces fêtes maghrébines ont au moins un point commun. Toutes les femmes 70 mariées de la famille se réunissent dans la maison où vont se dérouler les festivités. Elles procèdent toujours au même rituel: le roulage°, étape importante dans la préparation du couscous. C'est toujours 75 le plat principal des fêtes familiales, en Afrique du Nord.

Je me souviendrai de l'ambiance et des odeurs envoûtantes° qui m'auront fait découvrir un autre univers. Pendant un 80 moment, j'étais à l'autre bout de la Terre. Me voilà de retour. Dommage°... ■

gold Louis coin (line 55)
woman's suit (line 57)
rolling (line 73)
enchanting (line 78)
Too bad (line 82)

Analyse

1
For item 7, point out that an official, traditional Algerian marriage proposal includes **la dot** (*dowry*). Demonstrate how to pronounce it. (Unlike most French words with a silent final consonant, pronounce the **t** like in the English word *dot*.)

1 Compréhension Répondez aux questions par des phrases complètes. Answers may vary slightly.

1. À quelle cérémonie l'auteur a-t-il été invité? Il a été invité au mariage d'un couple algérien.

2. Connaît-il bien les traditions de cette culture? Non, il ne connaît pas bien les traditions algériennes.

3. Les hommes et les femmes font-ils la fête ensemble dans la culture algérienne? Non, ils sont séparés pendant toute la fête. Les jeunes mariés se retrouvent à la fin.

4. Où va le couple pour officialiser son union? Le couple va à la mairie.

5. Qu'est-ce que le henné? C'est une plante qu'on trouve au Maghreb.

6. Quel est le rôle de la hennayat dans la cérémonie? Elle applique du henné sur les mains du marié et de la mariée.

7. Qu'est-ce que la «shart»? C'est une demande en mariage traditionnelle. Le jeune homme demande la main de la jeune fille à ses parents et leur offre une somme d'argent.

8. Comment appelle-t-on les fiançailles algériennes? Quand ont-elles lieu? On les appelle la «djeria» et elles ont lieu une semaine après la «shart».

9. Quelle autre cérémonie traditionnelle le marié mentionne-t-il? Que signifie cette cérémonie? Il mentionne sa circoncision. Un garçon doit passer par ce rite pour devenir musulman.

10. En Afrique du Nord, quel plat fait toujours partie des fêtes familiales? En Afrique du Nord, le couscous fait toujours partie des fêtes familiales.

2
Have pairs check and compare their answers.

2 Traditions Dans l'article, vous avez vu qu'au Maghreb les fêtes sont basées sur un rituel qui peut durer plusieurs jours. Ces grandes cérémonies sont l'essence même de la société maghrébine. À deux, répondez à ces questions.

1. Ce genre de grande cérémonie existe-t-il dans votre famille? Sinon, aimeriez-vous qu'elle joue un plus grand rôle dans votre vie?

2. Connaissez-vous d'autres cultures qui ont cette caractéristique?

3
Take a poll to see how many students have heard of the superstition that bad weather on one's wedding day brings good luck. Then ask: **Pensez-vous que le vrai proverbe dise «plus vieux» or «pluvieux» (*rainy*)? Pourquoi?**

3 «Mariage pluvieux, mariage heureux» Il paraît qu'il y a une erreur dans la transcription de ce proverbe et qu'il faudrait dire: «Mariage plus vieux, mariage heureux». Aujourd'hui, on se marie de plus en plus tard. Par groupes de trois, répondez aux questions.

- Comment expliquez-vous ce phénomène?
- Pensez-vous que si on se marie plus vieux, on a vraiment de meilleures chances d'avoir un mariage heureux?

4
After discussing part B, have groups of three compare their points of view with those of another group. Then, depending on class size, have those groups of six decide on an opinion to present to the rest of the class.

4 Les grands événements de la vie

A. Quels sont les événements les plus importants de votre vie? Ajoutez quatre autres événements au tableau, puis classez-les (*rank them*) par ordre d'importance.

	Classement
Passer son permis de conduire	
Commencer ses études universitaires	
Habiter loin de ses parents pour la première fois	
?	
?	
?	
?	

4
Both the bride and groom in Algeria receive tattoos made from henna. These traditional tattoos mark a passage in life and have a symbolic meaning. Discuss the symbolism of the tattoos according to the **Culture** reading. Then discuss the current practice of getting tattoos, their symbolism, and the pros and cons of having them.

B. Pensez-vous que vos parents, quand ils étaient jeunes, aient donné la même importance que vous à ces événements? Par groupes de trois, discutez-en.

Practice more at vhlcentral.com.

Préparation

À propos de l'auteur

Né à Rufisque, près de Dakar, capitale du Sénégal, **Lamine Sine Diop** (1921–) est un homme aux passions et aux talents multiples: médecin, professeur et poète. Cependant c'est dans sa poésie qu'on retrouve les thèmes qui montrent sa grande connaissance des traits les plus humains: l'amour et la nostalgie aussi bien que la souffrance et la tragédie. Dans son œuvre, il cherche à employer des images accessibles à tous les lecteurs. Le poème que vous allez lire est extrait d'un recueil (*collection*) intitulé *Ciel de bas-fond* (1988). Le professeur Diop a aussi publié deux autres recueils de poèmes et deux romans.

Vocabulaire de la lecture	Vocabulaire utile
la bonté *kindness*	**accoucher** *to give birth*
le front *forehead*	**décédé(e)** *deceased*
grandir *to grow up*	**maternel(le)** *maternal*
une larme *tear*	**nourrir** *to feed*
le sable *sand*	**paternel(le)** *paternal*
le soin *care*	**pleurer** *to cry*
tant de... *so many...*	**la tendresse** *affection*
	traiter *to treat*
	vieillir *to grow old*

1

Vocabulaire Complétez ces phrases logiquement.

1. Une mère _____, et elle commence immédiatement à s'occuper de son bébé.
   a. maternelle   (b.) accouche   c. traite

2. Le bébé a besoin _____ de ses parents pour survivre.
   a. de la larme   b. du front   (c.) des soins

3. Au cours des années, l'enfant devient de plus en plus grand; il _____ vite!
   (a.) grandit   b. pleure   c. nourrit

4. Les parents _____ peu à peu; ils ne sont plus aussi jeunes qu'avant!
   (a.) vieillissent   b. traitent   c. grandissent

5. Mais ils n'arrêtent jamais de ressentir _____ pour leur enfant.
   a. des larmes   b. du sable   (c.) de la tendresse

6. La mort d'un père ou d'une mère provoque _____ de douleur.
   a. de la bonté   (b.) des larmes   c. des fronts

2

Discussion À deux, posez-vous ces questions et expliquez vos réponses.

1. Quelles relations avais-tu avec tes parents quand tu avais un an? Sept ans? Treize ans?

2. Voudrais-tu avoir des enfants un jour? Pourquoi?

3. Élèveras-tu tes enfants comme tes parents t'ont élevé(e)?

4. Y a-t-il des caractéristiques qu'on retrouve chez tous les bons parents?

KEY STANDARDS
1.2, 2.2, 3.1, 5.2

INSTRUCTIONAL RESOURCES
Supersite: Littérature recording; Scripts; SAM AK
SAM/WebSAM: LM

Lamine Sine Diop's two other collections of poetry are *Le lever du jour* (1993) and *Poèmes au crépuscule* (1994). His novels are called *Yann des marais* (1994) et *Lettres amères* (1998).

1 Have students write fill-in-the-blank sentences for four of the words that are not correct answers. Then have pairs switch papers and try to complete each other's sentences.

2 Expand on item 3 by having students ask: **Si tu as des enfants un jour, feras-tu certaines choses comme tes parents? Et que feras-tu différemment?**

TEACHING OPTION Have small groups discuss what a father or mother should do when their child goes through certain moments in life. Examples: **Qu'est-ce qu'un père ou une mère doit faire quand son enfant a la grippe? Quand c'est son anniversaire? Quand il/elle reçoit de bonnes/mauvaises notes à l'école? Quand il/elle se casse la jambe? Quand il/elle a un(e) petit(e) ami(e) désagréable?** etc. Then have groups present their ideas to the class.

père mère

Lamine Sine Diop

...tendres regards nos premiers miroirs

Ask one student to read the title aloud. Then have students look at and describe the image. Ask: **Selon vous, de quoi va parler ce texte?**

Tell students that, as they read, they should think of their own experiences. This will help them relate better to the poem.

Have students listen to the dramatic recording of the reading. They should listen for the gist the first time. Ask: **Quel est le thème principal du poème?** The second time, they should listen for words and structures. Ask: **Qu'avez-vous appris de plus après cette deuxième écoute?** The third time, they should listen for full comprehension.

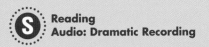

Père Mère

Premiers cris d'amour

Nous vîmes le jour

Père Mère

5 Des yeux noirs tendres regards nos premiers miroirs

to marvel Les premiers à nous émerveiller° de leur bonté profonde

sweat Père tu apportas la sueur° noire de ton front

milky / breast Mère tu donnas la source lactée° de ton sein°

nurturing radiance Nous grandîmes dans le faisceau nourricier° de vos soins

10 Tant de sacrifices immensément désirés

À la base de notre première reconnaissance

Père tu nous gratifias de ton sourire permanent

sparkling / a gap between two teeth Étincelant° de diastème° d'une rare noblesse

warmth Mère tu offris la tiédeur° hospitalière de tes bras

cradle / piercing / sobs 15 D'un berceau° des cris perçants° des larmes des sanglots°

petites mains / extended Menottes° tendues° impatiente agitation

Humbles manières de saluer votre divine patience

Père tu fis sentir l'autorité sans colère

Mère tu fis entendre ta douce voix

gentleness 20 Tant de tacts respectés de douceur° aimée

Qui forcèrent à l'âge de raison notre première admiration

Père Mère

wrinkled Plus de sueur noire le front s'est ridé°

shriveled / dried up Le sein flétri° la source tarie°   x noirs

devotion 25 Les cheveux blancs sourient au dévouement° des

Père Mère

graves Deux tombes° de sable fin côte à côte

Nos premières blessures profondes

Nos dernières larmes ∎

Analyse

Compréhension Répondez aux questions.

1. Quels sont les premiers yeux qu'un(e) enfant voit? Qu'expriment-ils? Un(e) enfant voit les yeux de ses parents. Ils expriment une bonté profonde.
2. Qu'est-ce qui sort du front d'un père et du sein d'une mère? La sueur sort du front d'un père et le lait sort du sein d'une mère.
3. Comment est le sourire d'un père? Qu'offrent les bras d'une mère? Le sourire d'un père est permanent; les bras d'une mère offrent une tiédeur hospitalière.
4. Quels mots du poème montrent que les bébés mettent à l'épreuve la patience des parents? cris perçants, larmes, sanglots, agitation
5. Pourquoi admire-t-on les parents quand on arrive à l'âge de raison? Un père fait sentir son autorité sans colère; une mère fait entendre sa douce voix.
6. Quels mots du poème suggèrent la vieillesse des parents? front ridé, sein flétri, source tarie, cheveux blancs

Interprétation À deux, répondez aux questions par des phrases complètes.

1. Quelles métaphores trouve-t-on dans ce poème? Que représentent-elles?
2. Peut-on dire que le père et la mère du poème représentent tous les parents du monde? Pourquoi?
3. À quoi sert la répétition de l'expression «Père Mère» dans le poème?
4. À quelles étapes de la vie le poème fait-il allusion?
5. À quelle étape de leur vie les parents en sont-ils au moment des «premières blessures profondes» et des «dernières larmes»? À quelle étape de leur vie les enfants en sont-ils?
6. Pourquoi ces blessures profondes ne sont-elles que les premières? Pourquoi ces larmes sont-elles les dernières?

Qu'en dites-vous? Par groupes de trois, dites si vous êtes d'accord ou pas avec ces déclarations et expliquez pourquoi. Ensuite, présentez vos idées à la classe.

	Oui	Non
1. Le poème est un hommage à l'amour entre parents et enfants.	☐	☐
2. Tous les parents ressentent pour leur enfant une affection comme celle des parents du poète.	☐	☐
3. [T]ous les enfants ressentent pour leurs parents une affection comme celle du poète.	☐	☐
4. [Le p]oème donne une vision trop simpliste des relations entre parents et enfants.	☐	☐

Rédact[ion]

pour écrire[... am]our est un des thèmes principaux du poème. Suivez le plan de rédaction sur les aspec[ts] où vous expliquez comment et pourquoi le poète ne se concentre que subjonctif, des [a]ifs de l'amour entre parents et enfants. Employez le présent du [...]s relatifs et des verbes irréguliers en **-re**.

Plan

1. **Thèse** Exposez votre thè[se...]Comment organiserez-vous vos arguments?
2. **Exemples** Citez le poème po[ur] appuyer (*to support*) votre thèse.
3. **Conclusion** Pour terminer, résu[m]ez vos idées principales.

En famille

Audio: Vocabulary Flashcards

KEY STANDARDS
4.1

Les membres de la famille

un(e) arrière-grand-père/mère *great-grandfather/grandmother*

un beau-fils/-frère/-père *son-/brother-/father-in-law; stepson/father*

une belle-fille/-sœur/-mère *daughter-/sister-/mother-in-law; stepdaughter/mother*

un(e) demi-frère/-sœur *half brother/sister*

un(e) enfant/fille/fils unique *only child*

un époux/une épouse *spouse; husband/wife*

un(e) grand-oncle/-tante *great-uncle/-aunt*

des jumeaux/jumelles *twin brothers/sisters*

un neveu/une nièce *nephew/niece*

un(e) parent(e) *relative*

un petit-fils/une petite-fille *grandson/granddaughter*

La vie familiale

déménager *to move*

élever (des enfants) *to raise (children)*

être désolé(e) *to be sorry*

gâter *to spoil*

gronder *to scold*

punir *to punish*

regretter *to regret*

remercier *to thank*

respecter *to respect*

surmonter *to overcome*

La cuisine

un aliment *(type or kind of) food*

une asperge *asparagus*

un citron *lemon*

un citron vert *lime*

un conservateur *preservative*

des épinards (m.) *spinach*

une fromagerie *cheese store*

un hypermarché *large supermarket*

un raisin (sec) *grape (raisin)*

le saumon *salmon*

une supérette *mini-market*

la volaille *poultry/fowl*

alimentaire *related to food*

bio(logique) *organic*

La personnalité

le caractère *character, personality*

autoritaire *bossy*

bien/mal élevé(e) *well-/bad-mannered*

égoïste *selfish*

exigeant(e) *demanding*

insupportable *unbearable*

rebelle *rebellious*

soumis(e) *submissive*

strict(e) *strict*

uni(e)/lié(e) *close-knit*

Les étapes de la vie

l'âge (m.) adulte *adulthood*

l'enfance (f.) *childhood*

la jeunesse *youth*

la maturité *maturity*

la mort *death*

la naissance *birth*

la vieillesse *old age*

Les générations

l'amour-propre (m.) *self-esteem*

le fossé des générations *generation gap*

la patrie *homeland*

une racine *root*

un rapport/une relation *relation/relationship*

un surnom *nickname*

hériter *to inherit*

ressembler (à) *to resemble, to look like*

survivre *to survive*

Court métrage

une cité *low-income housing development*

un complexe d'infériorité *inferiority complex*

un foulard *headscarf*

la gêne *embarrassment*

un(e) intellectuel(le) *intellectual*

la pension *benefits*

un(e) travailleur/travailleuse manuel(le) *blue-collar worker*

INSTRUCTIONAL RESOURCES
Supersite/Test Generator: Testing Program

un voyou *hoodlum*

chuchoter *to whisper*

déranger *to bother, to disturb*

mépriser *to have contempt for*

soûler *to bug; to talk to death*

traîner *to hang around; to drag*

traiter avec condescendance *to patronize*

tendu(e) *tense*

Culture

les affaires (f.) *belongings*

une alliance *wedding ring*

une bague de fiançailles *engagement ring*

le bouquet de la mariée *bouquet*

les fiançailles (f.) *engagement*

un marié *groom*

une mariée *bride*

une robe de mariée *wedding gown*

un témoin *witness; best man; maid of honor*

affronter *to face*

confier *to confide; to entrust*

débuter *to begin*

se dérouler *to take place*

faire une demande en mariage *to propose*

nécessiter *to require*

Littérature

la bonté *kindness*

le front *forehead*

une larme *tear*

le sable *sand*

le soin *care*

la tendresse *affection*

accoucher *to give birth*

grandir *to grow up*

nourrir *to feed*

pleurer *to cry*

traiter *to treat*

vieillir *to grow old*

décédé(e) *deceased*

maternel(le) *maternal*

paternel(le) *paternal*

tant de... *so many...*

Les sciences et la technologie

Depuis la naissance de l'humanité, les sciences et la technologie ont tellement progressé qu'on se demande s'il y a des limites à ce que les humains peuvent faire dans ce domaine. Et aujourd'hui, quelle place la technologie a-t-elle dans notre société? Les nouvelles technologies et les découvertes scientifiques ouvrent de nouveaux horizons. Mais que penser de leur mise en application? Est-elle vraiment toujours celle que les scientifiques avaient prévue?

La technologie, produit du cerveau humain

241

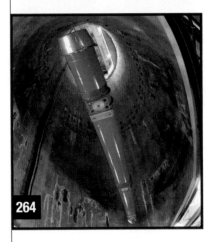

264

Destination:
BELGIQUE, SUISSE ET LUXEMBOURG

PREVIEW Have small groups make a timeline that charts important scientific and technological advances over the past 100 years. Have them exchange timelines with another group to compare and discuss. Introduce new vocabulary from **Pour commencer, p. 236**, as needed. Then ask: **Quelle invention, à votre avis, a pris le plus d'importance dans notre société? En a-t-elle trop?**

Le progrès et la recherche Audio: Vocabulary

La technologie

une adresse e-mail *e-mail address*
un appareil (photo) numérique *digital camera*
un CD-ROM *CD-ROM*
un correcteur orthographique *spell check*
le cyberespace *cyberspace*
l'informatique (f.) *computer science*
un lecteur de DVD *DVD player*
un mot de passe *password*
un moteur de recherche *search engine*
un ordinateur portable *laptop*

un outil *tool*
un (téléphone) portable *cell phone*

une puce (électronique) *(electronic) chip*

effacer *to erase*
graver (un CD) *to burn (a CD)*
sauvegarder *to save*
télécharger *to download*

avancé(e) *advanced*
innovant(e) *innovative*
révolutionnaire *revolutionary*

KEY STANDARDS
1.1, 1.2, 4.1

INSTRUCTIONAL RESOURCES
Supersite: Lab Audioscript, SAM AK,
Lab MP3s
SAM/WebSAM: WB, LM

Les inventions et la science

l'ADN (m.) *DNA*
un brevet d'invention *patent*
une cellule *cell*

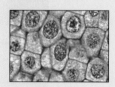

une découverte (capitale) *(breakthrough) discovery*
une expérience *experiment*
un gène *gene*
la génétique *genetics*
une invention *invention*
la recherche *research*
une théorie *theory*

cloner *to clone*
contribuer (à) *to contribute*
créer *to create*
guérir *to cure; to heal*
inventer *to invent*
prouver *to prove*
soigner *to treat; to look after (someone)*

biochimique *biochemical*
contraire à l'éthique *unethical*
éthique *ethical*
spécialisé(e) *specialized*

L'univers et l'astronomie

l'espace (m.) *space*

une étoile (filante) *(shooting) star*
un(e) extraterrestre *alien*
la gravité *gravity*
un ovni *U.F.O.*

la survie *survival*
un télescope *telescope*

atterrir *to land*
explorer *to explore*

Les gens dans les sciences

un(e) astrologue *astrologer*
un(e) astronaute *astronaut*
un(e) astronome *astronomer*
un(e) biologiste *biologist*
un(e) chercheur/chercheuse *researcher*

un(e) chimiste *chemist*

un(e) ingénieur *engineer*
un(e) mathématicien(ne) *mathematician*
un(e) scientifique *scientist*

SYNONYMES
un CD-ROM ⟷ un cédérom
innovant ⟷ innovateur/innovatrice
soigner ⟷ guérir

Point out that it is more common to say **un portable** instead of **un téléphone portable** and **un appareil numérique** instead of **un appareil photo numérique**.

Un ordinateur portable is also called **un portable**. Tell students to look at context to differentiate between the two. In a colloquial context, any computer can be called **un ordi** for short.

Mise en pratique

1 Associations Trouvez le mot de la colonne de droite qui est associé aux termes de la colonne de gauche. Soyez logique!

___d___ 1. un extraterrestre, l'espace, atterrir

___c___ 2. une astronome, un biologiste, une chimiste

___f___ 3. télécharger, sauvegarder

___b___ 4. une nouveauté, une invention, une création

___a___ 5. avancé, innovant

___e___ 6. la génétique, un gène

a. révolutionnaire
b. une découverte
c. des scientifiques
d. un ovni
e. ADN
f. graver

2 Mots mélangés Cherchez les mots qui correspondent aux définitions et qui sont cachés dans la grille. Puis entourez-les (*circle them*).

1. Personne qui dirige un projet industriel. *ingénieur*
2. Force qui attire les corps vers le centre de la Terre. *gravité*
3. Établir la vérité d'un fait. *prouver*
4. Ensemble des informations que l'on trouve sur Internet. *cyberespace*
5. S'occuper de quelqu'un pour le guérir. *soigner*

C	H	E	R	C	H	E	U	S	E
O	O	Q	P	Y	T	É	A	O	É
N	N	I	C	B	P	P	A	I	F
T	I	A	T	E	G	R	S	G	Y
R	N	V	R	R	R	O	T	N	G
I	G	É	N	E	I	U	R	E	R
B	É	T	T	S	N	V	O	R	A
U	N	H	S	P	G	E	L	É	V
E	I	I	E	A	E	R	O	S	I
R	E	Q	U	C	V	B	G	D	T
T	U	U	C	E	U	R	U	U	É
I	R	E	C	L	O	N	E	R	E

6. Femme qui fait de la recherche scientifique. *chercheuse*
7. Relatif à la morale. *éthique*
8. Créer un être qui est identique à l'original. *cloner*
9. Participer à un travail fait en commun. *contribuer*
10. Personne qui étudie les étoiles pour prédire les événements futurs. *astrologue*

3 Que faut-il pour...? À deux, dites ce qu'il vous faut dans chaque cas.

adresse e-mail	correcteur orthographique	moteur de recherche
appareil numérique	étoile filante	ordinateur portable
brevet d'invention	mot de passe	télescope

1. Pour recevoir des messages électroniques, il faut __une adresse e-mail__.
2. Pour que votre rêve se réalise, il faut regarder __une étoile filante__ et faire un vœu.
3. Pour surfer sur le web à la plage, il faut __un ordinateur portable__.
4. Pour taper (*type*) sans faire d'erreurs, il faut __un correcteur orthographique__.
5. Pour entrer sur un site web protégé, il faut __un mot de passe__.
6. Pour prendre des photos que vous pouvez télécharger plus tard, il faut __un appareil numérique__.
7. Pour observer les étoiles et les planètes, il faut __un télescope__.
8. Pour obtenir le droit exclusif de vendre sa dernière nouveauté, il faut __un brevet d'invention__.

Practice more at **vhlcentral.com**.

Préparation

KEY STANDARDS
1.2, 2.1, 2.2, 4.1, 4.2, 5.2

INSTRUCTIONAL RESOURCES
Supersite/DVD: Film Collection
Supersite: Script & Translation

Have pairs of students create a logical conversation using eight words or expressions from the vocabulary.

Point out that in France, the kitchen and bathroom are not counted as rooms when describing apartments. The term **un deux-pièces** refers to an apartment which, in addition to a kitchen and bathroom, features a living area and one bedroom; **un trois-pièces** has two bedrooms, etc. An efficiency apartment is **un studio**. Also, point out the false cognate **un duplex**, which in France, refers to an apartment on two levels.

SYNONYMES
délaisser ⟷ abandonner, négliger
cloîtré(e) ⟷ enfermé(e), isolé(e)
être accro à ⟷ ne plus pouvoir se passer de

1 Write all the multiple choice items on the board and do this activity orally, asking students to supply the correct missing term from the list on the board for each sentence.

1 As a follow-up, have students create sentences that use each of the incorrect choices in a logical manner.

2 For additional practice, have students come up with **vrai/faux** statements using the remaining vocabulary. Have volunteers correct the false statements.

Vocabulaire du court métrage

un amas *pile, heap*
l'âme (f.) *soul*
un a priori *preconceived idea*
cloîtré(e) *shut away*
un(e) combattant(e) *fighter*
la dépendance *addiction*
un(e) esclave *slave*
une machine à écrire *typewriter*
réfractaire (à) *resistant (to)*
se passer de *to do without*
sournoisement *slyly*

Vocabulaire utile

avoir des conséquences néfastes sur
   to have harmful consequences on
un bienfait *beneficial effect*
un danger *danger*
délaisser *to neglect*
le dénouement *outcome, ending*
être accro (à) (*fam.*) *to be addicted (to)*
heurter *to hit*
ironique *ironic*
jeter par la fenêtre *to throw out the window*
quitter *to leave*

EXPRESSIONS

un deux-pièces *one-bedroom apartment*
la grande cuisine *gastronomy*
J'avais fini par céder. *I had finally given in.*
Notre rencontre s'était jouée sur... *We met thanks to...*

1 **Le bon choix** Choisissez le terme approprié pour compléter chaque phrase.

1. Céline refuse d'acheter un portable. Elle est _____ à cette idée.
   a. réfractaire   b. accro   c. cloîtrée

2. Regarde un peu tous ces lecteurs MP3 dans la vitrine de ce magasin! C'est un véritable _____ de technologie!
   a. dénouement   b. amas   c. danger

3. Mon frère ne peut pas se passer de son iPad. Il en est complètement _____!
   a. combattant   b. esclave   c. ironique

4. Ce pays est en guerre depuis des mois et on m'a dit qu'il fallait vraiment se méfier des _____ dans cette région.
   a. combattants   b. esclaves   c. âmes

5. Mon fils me dit depuis des mois qu'il veut un portable, alors ce matin j'ai _____ et je lui en ai acheté un.
   a. délaissé   b. heurté   c. cédé

2 **À remplacer** Remplacez les expressions et mots soulignés par des synonymes ou termes équivalents du vocabulaire.

1. Ce n'est pas parce qu'on a de nouveaux amis qu'il faut <u>négliger</u> ses anciens amis. délaisser

2. Cette voiture va trop vite. Elle va finir par <u>rentrer dans</u> quelqu'un! heurter

3. <u>La dépendance</u> à la drogue est vraiment tragique. Être accro

4. Paul déteste son patron, alors je crois qu'il va <u>démissionner de</u> son travail. quitter

5. Fumer a des <u>effets négatifs</u> sur le bien-être et sur la santé. conséquences néfastes

6. Cette histoire a <u>une fin</u> tragique. un dénouement

3 Questions Répondez aux questions par des phrases complètes.

1. Avez-vous un ordinateur à la maison ou un ordinateur portable? Quand l'utilisez-vous? Pour faire quoi? Passez-vous beaucoup de temps sur votre ordinateur? Est-ce trop, à votre avis?

2. Comment aimez-vous rester en contact avec vos amis et votre famille en général? Leur rendez-vous souvent visite ou bien vous parlez-vous plus souvent au téléphone, par e-mail ou par textos? Pourquoi préférez-vous ce mode de communication?

3. Quels sont, d'après vous, les bienfaits de la technologie?

4. À votre avis, la technologie peut-elle être aussi un danger? Justifiez votre opinion avec quelques exemples.

5. Vous êtes-vous déjà trouvé(e) dans une situation où la technologie a eu des conséquences néfastes sur vos relations avec les autres ou sur votre vie en général? Racontez.

4 Anticipation Avec un(e) partenaire, observez ces images du court métrage et répondez aux questions.

A   B

Image A

- Que voit-on sur l'image? Décrivez cet objet et expliquez à quoi il sert. À votre avis, pourquoi le jeune homme utilise-t-il cet objet?

- Pensez-vous que ce genre de machine soit encore utile de nos jours? Expliquez votre point de vue personnel.

Image B

- Décrivez la scène. Qui sont les deux personnages, d'après vous? Que font-ils? Ont-ils l'air heureux?

- Contrastez cette image avec l'image A.

5 Le titre du film Le titre de ce court métrage est *Dépendance*. Par petits groupes, essayez de deviner de quoi le film va parler. Considérez les images ci-dessus et le titre et inventez votre propre résumé (*summary*) du film. Écrivez un paragraphe d'environ huit phrases.

6 La technologie et vous Avec un(e) partenaire, échangez deux petites anecdotes (une positive et une négative) au sujet de l'utilisation que vous faites de la technologie dans votre vie de tous les jours.

 Practice more at **vhlcentral.com.**

---

3 Follow up with this question: **Pourriez-vous vivre sans ordinateur et sans téléphone portable? Pourquoi?**

4 Have students hypothesize about the two characters in **Image B** using these questions: **Où et quand se sont-ils rencontrés, d'après vous? Depuis combien de temps se connaissent-ils? Comment sont-ils? Qu'est-ce qu'ils aiment faire, à votre avis?** Then, ask students how they think the relationship between these two characters is going to evolve.

4 Have pairs to create a conversation between the two characters following the scene in **Image B.** Have volunteers role-play their conversations.

5 Have a volunteer from each group read his or her group's synopsis to the class. Have students react to each one and have them vote for the best or most likely storyline. After students have completed the **Analyse** section, have them compare the various storylines they created in Activity 5 to the film's actual story.

6 Before students begin this activity, brainstorm ideas as a class. Have a volunteer write these ideas in two columns on the board for students' reference.

6 Follow up with a class debate on the pros and cons of our increasing reliance on technology in everyday life.

 Short Film

DÉPENDANCE

Une production de **Monochromefilms** D'après une histoire de **Yann KIBONGUI** Réalisation **Yann KIBONGUI**
Production **Marine LE GALL** Direction de la photographie **Yann KIBONGUI** Chef opérateur **Yann KIBONGUI**
Chef monteur **Romain LEBLANC** Script **Laureen SCEMAMA** Son **Alexandre MARTIN**
Acteurs **Onna CLAIRIN** / **Jérôme THÉVENET**

This film is available on the **IMAGINEZ** Film Collection DVD and at **vhlcentral.com.**

Have students look at the movie poster and describe what they see.

Have students look at the six stills from the film on the next page without reading the captions. Tell them to describe what they see.

Historically, French films have not achieved great commercial success in the United States. The most successful French production was *March of the Penguins* (**La Marche de l'empereur**), which grossed about $75 million at the U.S. box office. The original French narration was dubbed into English. The film won the 2005 Academy Award for Best Documentary Feature. Have students research other French films that have had some success in the U.S.

INTRIGUE *Samuel, un jeune étudiant parisien de 24 ans, refuse d'utiliser la technologie tant appréciée de sa génération. Pourtant, un jour, il découvre l'ordinateur...*

SAMUEL Là, c'est moi, Samuel. Vingt-quatre ans. Étudiant. Je mesure° un mètre quatre-vingt-deux pour quatre-vingts kilos de muscles. Je suis sportif, drôle, rêveur, amoureux.

SAMUEL Notre rencontre s'était jouée sur un paquet de gâteaux... Elle est drôle, belle, brillante, passionnée... la fille idéale.

SAMUEL Pour le reste, ma vie se compose de fêtes étudiantes, d'examens, de soirées entre amis, de repas romantiques, de soirées télé... de Vanessa.

SAMUEL J'étais tout simplement un jeune homme heureux. Je l'étais jusqu'à ce qu'il arrive dans ma vie, sournoisement, cet amas de plastique et d'électronique, ce concentré de tout ce que l'être humain pouvait créer de plus formidable: mon ordinateur.

SAMUEL Au départ, réticent° à son utilisation, j'avais fini par céder. La technologie prenait de la place dans ma vie, faisant disparaître un à un tous mes a priori. Vanessa était devenue secondaire. On ne se parlait plus. J'étais déconnecté de la réalité, esclave de la virtualité.

SAMUEL Il fallait que ça s'arrête. Son absence m'avait fait réaliser ce qui s'était passé: mon changement de personnalité, la perte° de mes amis, puis d'elle... Je ne pouvais plus vivre comme ça. C'en était trop. Il n'y avait qu'une solution.

Je mesure *I am... tall* **réticent** *reluctant* **perte** *loss*

Note CULTURELLE

Les Français et l'ordinateur

Aujourd'hui, près de 70% des ménages français ont un ordinateur à la maison et la plupart disposent d'une connexion Internet. L'ordinateur et Internet continuent à transformer la vie de tous les jours. Les Français les utilisent non seulement pour la communication (messageries, blogs et réseaux sociaux en ligne) et l'éducation (recherches en ligne), mais aussi pour les loisirs (jeux vidéo et jeux en ligne, téléchargement de musique et de films) et pour les achats en ligne.

PREVIEW Call on students or have volunteers describe the characters and the images. Ask them to make predictions about the story.

TEACHING OPTION Start a class blog in French and, each week, give students a small assignment to do on it.

TEACHING OPTION Ask pairs to write a ten-sentence summary of the video. They should write each sentence on one of the ten strips of paper. Then each pair should work with another pair to arrange the strips in sequential order.

Analyse

1

Have students create additional sentences Samuel and/or Vanessa would have been likely to say *before* and *after* the arrival of Samuel's computer. Have them read their sentences to a partner who will guess when the characters would have been likely to make each statement.

1

Avant ou après? Indiquez si Samuel dirait probablement ces choses **Avant** ou **Après** l'acquisition de son ordinateur.

1. Vanessa est la fille idéale. Avant
2. Je préfère fixer des rendez-vous et rendre visite à mes amis. Avant
3. Je télécharge de la musique et des films. Après
4. Vanessa est brillante, drôle et belle. Avant
5. Je tape mes travaux scolaires sur une vieille machine à écrire. Avant
6. Mes amis et Vanessa sont devenus secondaires. Après
7. Je ne dors plus. Je suis accro à ma machine. Après
8. Je fréquente souvent la bibliothèque pour y faire des recherches. Avant
9. Je suis un jeune homme heureux et amoureux. Avant
10. Je suis déconnecté de la réalité, esclave de la virtualité. Après

2

Have students come up with additional **Vrai/Faux** statements. Call on students or have volunteers correct the false statements.

2

Vrai ou faux? Indiquez si chaque phrase est vraie ou fausse et corrigez les phrases fausses.

1. Au début, Samuel était accro à la technologie. Faux. Il était réfractaire à la technologie.
2. Vanessa et Samuel se sont rencontrés en ligne. Faux. Ils se sont rencontrés dans un magasin.
3. Au début du film, Samuel dit qu'il est drôle, sportif et rêveur. Vrai.
4. Vanessa achète un téléphone portable parce que Samuel est souvent absent. Faux. Elle achète un ordinateur.
5. Avant, Samuel aimait aller à la bibliothèque parce que c'était un lieu de savoir et parce qu'il y voyait aussi de jolies filles. Vrai.
6. Vanessa se sent délaissée par Samuel parce qu'il passe trop de temps à sortir avec ses amis. Faux. Elle se sent délaissée parce qu'il passe tout son temps sur son ordinateur.
7. Après le départ de Vanessa, Samuel décide de se débarrasser de son ordinateur. Vrai.
8. Vanessa et Samuel vont sûrement se réconcilier. Faux. Vanessa est morte heurtée par l'ordinateur que Samuel avait jeté par la fenêtre.

3

Pause the film right after the scene where Samuel throws his computer out the window, and ask students to hypothesize on what will happen next. Then, show the last scene and ask these follow-up questions: **Qui était dans la rue en bas de l'immeuble? Pourquoi, à votre avis? Que se passe-t-il à la fin? Êtes-vous surpris par le dénouement du film? Expliquez en quoi il est ironique.**

3

Questions Répondez aux questions d'après le court métrage. Travaillez avec un(e) partenaire.

1. Comment Samuel se décrit-il au début du court métrage?
2. Au début du film, que pense Samuel de la technologie et des gens qui ne peuvent pas vivre sans elle? Donnez quelques exemples du film.
3. Qui est Vanessa? Comment Samuel l'a-t-il rencontrée?
4. Que font Samuel et Vanessa pendant leur temps libre au début du film? Ont-ils l'air heureux?
5. Qu'est-ce que Vanessa offre à Samuel? Pour quelle occasion?
6. Quels sont les nouveaux loisirs de Samuel après l'arrivée de son cadeau?
7. Pourquoi Vanessa décide-t-elle de partir? A-t-elle raison, à votre avis? Expliquez votre point de vue.
8. Quelle décision Samuel prend-il à la fin du film? Pourquoi, à votre avis?

4 **Répliques**

A. Listez les répliques (*lines*) du film qui ont un rapport avec la technologie (d'hier et d'aujourd'hui). Answers will vary. Possible answers provided.

Pour mon anniversaire elle m'avait donc offert un ordinateur.

Pas d'ordinateur, pas de lecteur MP3, pas de portable.

Je rédigeais mes papiers sur une vieille machine à écrire.

B. Comparez votre liste avec celle d'un(e) camarade et discutez de l'image de la technologie dans ce film à l'aide des questions suivantes.

- Reconnaissez-vous dans le film des stéréotypes associés à la technologie? Lesquels?
- Y a-t-il des stéréotypes associés au comportement des personnes qui n'aiment pas la technologie? Lesquels?
- Comment la vie de Samuel était-elle meilleure avant qu'il ne possède un ordinateur? Comment était-elle meilleure après?
- Croyez-vous que le film exagère les effets de la technologie sur nos vies? Pourquoi?

5 **Contrastes** Par petits groupes, décrivez et contrastez la relation entre Samuel et Vanessa avant et après l'arrivée de l'ordinateur. Utilisez des mots et expressions de la boîte.

amoureux	ne plus se parler	une relation idéale
devenir secondaire	oublier	un repas au restaurant
un(e) esclave de la virtualité	passer tout son temps	rire
être déconnecté(e)	sur l'ordinateur	des sorties
ignorer	pleurer	la tristesse

6 **Une autre fin** Imaginez que Vanessa soit arrivée quelques minutes plus tard. Elle voit l'ordinateur de Samuel par terre dans la rue. Elle monte chez Samuel pour lui parler. Avec un(e) partenaire, imaginez leur conversation. Ensuite, jouez la scène pour la classe.

7 **Citation** Vers la fin du court métrage, Samuel dit: «J'étais comme ma machine, un corps sans âme». Écrivez un petit essai dans lequel vous expliquez ce que Samuel veut dire par cela.

4 For part A, you may need to replay appropriate sections of the film and have students take notes.

5 As a follow-up, have students imagine that Vanessa has decided to write a letter about her situation to the **Courrier du cœur**. Have students work in pairs: one student writes Vanessa's letter and the other writes a response offering advice.

6 Follow up by having students work in small groups to come up with alternative endings for the film. Ex: **Vanessa et Samuel se réconcilient; Samuel s'excuse auprès de Vanessa mais celle-ci refuse de lui pardonner; L'ordinateur tombe sur quelqu'un d'autre, tue cette personne et Samuel est arrêté par la police; Vanessa devient aussi accro à l'informatique et à la technologie.**

7 As an alternative, have students write a short essay to explain how they understand the following quote by 16th-century French author François Rabelais: **«Science sans conscience n'est que ruine de l'âme.»**

7 Have students work in pairs to peer-edit each other's essays before they write their final drafts.

 Practice more at **vhlcentral.com.**

La Grand-Place, à Bruxelles, vue de nuit

IMAGINEZ
la Belgique, la Suisse et le Luxembourg

Des cités cosmopolites Reading

INSTRUCTIONAL RESOURCES
Supersite: Teaching suggestions; SAM AK
SAM/WebSAM: WB

KEY STANDARDS
2.1, 2.2, 3.2, 4.2, 5.1

Découvrir l'**Europe** francophone, c'est aussi partir à la rencontre de la **Belgique**, du **Luxembourg** et de la **Suisse**.

En Belgique, on parle le français dans la partie sud du pays, dans la région de la **Wallonie**, et à **Bruxelles**, qui est la capitale du royaume°. Elle abrite° le siège du **Conseil**, de la **Commission** et du **Parlement européens**. Des gens de toute l'Europe viennent donc vivre et travailler à Bruxelles. Cette partie-là de la ville est très moderne. Tout autour de la **Grand-Place**, Bruxelles a aussi une partie historique. Le **Manneken-Pis** et l'**Atomium** en sont sans doute les deux plus grandes attractions. Le Manneken-Pis est le **Belge** le plus célèbre du monde: c'est la petite statue en bronze d'un jeune garçon qui urine dans une fontaine. Il représente l'indépendance d'esprit des Bruxellois. L'**Atomium** est une construction géante de 102 mètres de haut, en forme de molécule de fer° qui a été assemblée pour l'**Exposition universelle** de 1958. De son «atome» le plus élevé, on peut admirer le panorama de la ville entière.

Plus au sud, il y a le **Luxembourg** et sa capitale qui porte le même nom. À l'image de Bruxelles, la population y est très cosmopolite: on dit que 60% seulement des habitants sont luxembourgeois d'origine. La ville, mondialement connue pour son système bancaire, est aussi réputée pour le shopping de luxe et ses magasins. Il y a également beaucoup de musées dédiés à l'art, à la culture, à l'industrie ou à la nature. La partie historique de Luxembourg et les fortifications sont classées au patrimoine mondial de l'**UNESCO**. Pour aller au café ou au restaurant, il faut se diriger vers sa splendide **place d'Armes**. Après avoir bien profité des terrasses, on peut se balader dans les rues piétonnes et admirer l'architecture.

Certains de ces traits se retrouvent aussi à **Genève**, la plus grande ville francophone de **Suisse**. C'est le siège de nombreuses multinationales et d'organisations internationales et non gouvernementales, dont l'**ONU**° et la **Croix-Rouge**°. C'est également un grand centre bancaire,

Un horloger travaille sur une montre suisse.

comme Luxembourg. La rade° est connue pour son jet d'eau° illuminé, mais aussi pour ses quais° fleuris, ses jardins botaniques et ses maisons historiques. Les bains publics des **Pâquis** sont une véritable institution. Tous s'y réunissent dans une atmosphère typiquement genevoise pour profiter de la plage, des saunas et des plongeoirs°. Sur la rive gauche de la rade, il y a aussi le **Jardin anglais** et sa célèbre **horloge° fleurie**, en référence à la spécialité d'horlogerie° de luxe de la ville. Enfin, Genève est la capitale culinaire de la Suisse. Sa spécialité: le filet de perche° du **lac Léman**.

En somme, ces trois métropoles marient parfaitement leur art de vivre traditionnel et leur grande modernité.

royaume *kingdom* **abrite** *houses* **fer** *iron* **ONU** *UNO* **Croix-Rouge** *Red Cross* **rade** *harbor* **jet d'eau** *fountain* **quais** *wharves* **plongeoirs** *diving boards* **horloge** *clock* **horlogerie** *clock- and watch-making* **perche** *perch*

Le français parlé en Belgique et en Suisse

Les belgicismes

le bassin de natation	la piscine
blinquer	briller; *shine*
un essuie	une serviette
une heure de fourche	une heure de libre
octante	quatre-vingts
savoir	pouvoir

La Suisse

c'est bonnard!	c'est sympa!
un cheni	un désordre
une chiclette	un chewing-gum
un cornet	un sac plastique
fais seulement!	je t'en prie!
huitante	quatre-vingts
un linge	une serviette de bain
un natel	un téléphone portable
poutser	nettoyer

En Suisse et en Belgique

le déjeuner	le petit-déjeuner
le dîner	le repas de midi
nonante	quatre-vingt-dix
septante	soixante-dix

Découvrons
la Belgique, le Luxembourg et la Suisse

La montagne de Bueren Ce n'est pas une montagne, mais un escalier monumental, à **Liège**, en Belgique. Ses **373 marches°** ont été construites en 1875 pour faciliter l'ascension des soldats vers la citadelle et on leur a donné le nom d'un défenseur historique de Liège, **Vincent de Bueren**. La montée est dure, mais on peut se reposer sur les bancs installés sur des paliers°, et en haut, la vue est magnifique!

Le chocolat belge Qualité et tradition ont fait la réputation du chocolat belge. L'histoire commence avec **Jean Neuhaus** en 1857, qui vendait du chocolat amer° dans sa pharmacie, à **Bruxelles**. Avec son fils, il invente ensuite les **confiseries°**. En 1912,  son petit-fils crée la **praline**, le premier chocolat fourré° puis le **ballotin°** à offrir. Aujourd'hui, cette tradition belge est bien vivante. C'est une compagnie belge, **Léonidas**, qui est le leader mondial de la vente de pralines.

Banques luxembourgeoises Le Luxembourg est un paradis bancaire. On compte plus de **217 banques** sur le territoire, et le secret bancaire y est garanti par la constitution. Environ 30% de l'économie du pays dépend des banques et de leur rôle financier international. Résultat: le PNB° par habitant est l'un des plus  élevés du monde, et les **Luxembourgeois** bénéficient d'un excellent niveau de vie.

Bertrand Piccard C'est un homme remarquable! Ce fils et petit-fils d'inventeurs suisses a en effet réalisé en 1999 le premier tour du monde en ballon°. Avec **Brian Jones**, son coéquipier°, ils ont mis 20 jours. C'est un aventurier qui a aussi du cœur.  Il a financé une campagne de lutte° en **Afrique** contre le **noma**, une maladie qui touche les enfants. Son dernier projet en date? Construire un avion solaire!

marches *steps* paliers *landings* amer *bitter* confiseries *confectioneries* fourré *filled* ballotin *box of chocolates* PNB *GNP* ballon *hot air balloon* coéquipier *teammate* lutte *fight*

Qu'avez-vous appris?

1 Vrai ou faux? Indiquez si ces affirmations sont vraies ou fausses. Corrigez les fausses. Answers may vary slightly.

1. La Belgique, le Luxembourg et la Suisse font partie de l'Europe francophone. Vrai.

2. Bruxelles abrite le siège du Conseil, de la Commission et du Parlement européens. Vrai.

3. L'Atomium est une petite statue en bronze d'un jeune garçon qui urine dans une fontaine. Faux. Le Manneken-Pis est une petite statue en bronze d'un jeune garçon qui urine dans une fontaine.

4. Le quartier historique et les fortifications de Bruxelles sont classés au patrimoine mondial de l'UNESCO. Faux. Le quartier historique et les fortifications de Luxembourg sont classés au patrimoine mondial de l'UNESCO.

5. La montagne de Bueren est un grand escalier de 373 marches. Vrai.

6. Le chocolat belge est réputé pour sa qualité. Vrai.

2 Complétez Complétez chaque phrase logiquement. Answers may vary slightly. Possible answers provided.

1. L'Atomium est… qui a été assemblée pour l'Exposition universelle de 1958. une construction géante en forme de molécule de fer

2. En référence à sa spécialité d'horlogerie de luxe, … la ville de Genève a une horloge fleurie.

3. La famille Neuhaus de Bruxelles a inventé… les confiseries au chocolat, la praline et le ballotin.

4. Le Luxembourg est un paradis bancaire car… on y compte plus de 217 banques et le secret bancaire y est garanti par la constitution.

5. Avec Brian Jones, Bertrand Piccard est le premier homme à… avoir fait le tour du monde en ballon.

6. Le dernier projet de Piccard est… la construction d'un avion solaire.

Projet

Les chocolats

Imaginez que vous soyez journaliste et que vous vouliez faire un reportage sur l'importance du chocolat à Bruxelles. Visitez **vhlcentral.com** pour trouver toutes les informations dont vous avez besoin. Ensuite préparez votre reportage d'après les critères suivants et présentez-le à la classe.

- Choisissez des lieux à visiter à Bruxelles pour mieux connaître l'histoire et la culture du chocolat.
- Trouvez des photos montrant (*showing*) sa fabrication.
- Choisissez une compagnie en particulier dont vous allez faire le portrait.
- Trouvez la recette d'une ou deux spécialités de Bruxelles.

 Practice more at **vhlcentral.com**.

 ÉPREUVE

Trouvez la bonne réponse.

1. De l'atome le plus haut de l'Atomium, on peut admirer _____.
   - a. le Jardin anglais
   - b. la place d'Armes
   - c. la campagne
   - d. le panorama de Bruxelles ✓

2. La capitale du Luxembourg s'appelle _____.
   - a. Luxembourg ✓
   - b. Genève
   - c. Bueren
   - d. Piccard

3. _____ seulement des habitants de Luxembourg sont luxembourgeois d'origine.
   - a. 40 %
   - b. 50 %
   - c. 60 % ✓
   - d. le tiers

4. Le symbole de la rade de Genève est _____.
   - a. son jet d'eau ✓
   - b. son horloge fleurie
   - c. sa buvette
   - d. ses restaurants

5. Genève est connue pour la fabrication _____.
   - a. de montres de luxe ✓
   - b. de ballons
   - c. de fusées
   - d. d'ordinateurs

6. Genève est _____ de la Suisse.
   - a. le centre financier
   - b. la capitale
   - c. le port
   - d. la capitale culinaire ✓

7. Quand on monte les marches de la montagne de Bueren, on _____.
   - a. doit se dépêcher
   - b. peut s'arrêter sur des paliers pour se reposer ✓
   - c. ne voit rien de spécial
   - d. est suivi par des soldats

8. Léonidas est le leader mondial de la vente de _____.
   - a. ballotins
   - b. confiseries
   - c. chocolats
   - d. pralines ✓

9. Bertrand Piccard est non seulement un aventurier, mais il a aussi _____.
   - a. une sœur
   - b. des enfants
   - c. un avion
   - d. du cœur ✓

10. Les Suisses et les Belges disent **septante** et **nonante** pour _____.
   - a. soixante-dix et quatre-vingts
   - b. cinquante et quatre-vingts
   - c. soixante-dix et quatre-vingt-dix ✓
   - d. soixante et quatre-vingt-dix

Le Zapping

S Video: TV Clip

INSTRUCTIONAL RESOURCES
Supersite: Video Script & Translation; Answer Key

Le robot à la française

Préparez-vous à vivre dans le futur: Nao le robot arrive bientôt chez vous! Ce robot humanoïde unique a été mis au point (*developed*) par Aldebaran Robotics, une compagnie française installée à Paris. Ce petit robot est équipé d'un outil de programmation qui permet de lui faire apprendre toutes sortes de comportements (*behaviors*) nouveaux. Ainsi, Nao peut devenir un robot de compagnie, un garde-malade infatigable ou, tout simplement, votre partenaire de jeu favori.

Aujourd'hui, c'est vraiment un des [robots les] plus sophistiqués qui existent, quoi... Et c'est un robot entièrement français.

1 **Compréhension** Répondez aux questions par des phrases complètes.

1. Qu'est-ce que Nao peut faire grâce au wifi et à la synthèse vocale?
   Il peut être connecté sur Internet pour vous lire vos e-mails ou des histoires.

2. À quoi servent les outils de programmation qui viennent avec Nao?
   Ils permettent de lui enseigner d'autres comportements.

3. Quel type de public est visé par les créateurs de Nao? Ils visent surtout les fanas de technologie, les techno-addicts, les ingénieurs, les techniciens et les gens qui aiment bricoler des ordinateurs.

2 **Discussion** Répondez aux questions en donnant des détails.

1. D'après vous, à quoi pourrait servir un robot comme Nao à l'avenir?

2. Nao pourrait avoir une personnalité. À votre avis, est-ce une bonne chose? Pourquoi?

3. À votre avis, ce type de robot va-t-il avoir du succès dans les années à venir? Pourquoi?

Et vous? Si vous aviez la possibilité de créer le robot idéal, que ferait-il? Quelles gammes de comportements aimeriez-vous que ce robot possède? Comment l'utiliseriez-vous?

 Practice more at **vhlcentral.com**.

COMPRÉHENSION Have students work as a class to compile a list of all the features of Nao on the board. Then have them rank them from most to least useful. Ask students to come up with other features and capabilities that they feel would be useful in a robot such as Nao.

DISCUSSION As a follow-up, have students write a 10-line paragraph by following these directions: **Connaissez-vous des livres ou des films de science-fiction qui mettent en scène un monde dont les robots ont pris le contrôle? Décrivez-en un et dites ce que vous en pensez.**

VOCABULAIRE

de la vidéo

cabochard(e) *stubborn*
une cannette *(beverage) can*
le champ visuel *field of vision*
une gamme *range; model*
la synthèse vocale *vocal synthesis module*
des systèmes de traitement d'images embarqués *built-in image processing systems*
viser *to target*

pour la conversation

dangereux/dangereuse *dangerous*
envahir *to invade*
grâce à *thanks to*
inestimable *invaluable*
l'intelligence artificielle (f.) *artificial intelligence*
perdre le contrôle (de) *to lose control (of)*
prendre le contrôle (de) *to take over*
la recherche et l'exploration *research and exploration*

GALERIE DE CRÉATEURS

S **SUR INTERNET**

Pour plus de renseignements sur ces créateurs et pour explorer des aspects précis de leurs créations, à l'aide d'activités et de projets de recherche, visitez vhlcentral.com.

ART **Sylvie Fleury (1961–)**

Née à Genève où elle habite, Sylvie Fleury est une artiste contemporaine suisse, une plasticienne (*visual artist*) du pop art qui s'intéresse surtout au monde de l'élégance et au consumérisme. Elle crée ses œuvres autour d'objets de luxe, souvent liés (*linked*) à la femme. Elle désire mettre ces objets en valeur (*highlight*) et dépasser (*go beyond*) la simple représentation publicitaire. En effet, elle les montre tels qu'ils sont vraiment et révèle leur pouvoir de séduction. Pour Sylvie Fleury, tout ce qui représente le monde du luxe est source d'inspiration: les flacons (*bottles*) de parfum, les crèmes cosmétiques coûteuses, les sacs, les chaussures ou les voitures… Elle leur confère une valeur artistique au même titre qu'un tableau ou une sculpture.

POLITIQUE **Robert Schuman (1886–1963)**

Robert Schuman, allemand de naissance, est né au Luxembourg, d'un père français de nationalité allemande originaire de Lorraine et d'une mère luxembourgeoise. Après la Première Guerre mondiale, la Lorraine redevient française, et Robert Schuman acquiert la nationalité française. Cette multi-nationalité influencera sa vision d'une Europe unie. Il fait des études de droit pour devenir avocat. Puis, à la fin de la Seconde Guerre mondiale, il se lance dans la politique. Il devient le grand négociateur de tous les traités majeurs de l'après-guerre. Persuadé de la nécessité d'une paix stable en Europe, Schuman est à l'origine de la création de la Communauté Européenne du Charbon (*Coal*) et de l'Acier (*Steel*) (CECA) qui regroupait la Belgique, la France, l'Italie, la République fédérale d'Allemagne, le Luxembourg et les Pays-Bas (*Netherlands*). Cette communauté deviendra plus tard l'Union européenne. En 1960, le Parlement européen, dont il est le premier président, lui donne le titre de «Père de l'Europe».

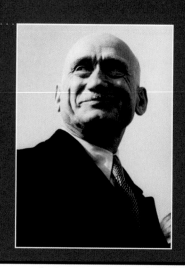

LITTÉRATURE
Amélie Nothomb (1967–)

Amélie Nothomb est née au Japon. Elle a été profondément marquée par la culture japonaise, même si, enfant, elle a suivi son père, ambassadeur de Belgique, aux États-Unis et en Asie du Sud-Est. En 1984, lors de son arrivée en Europe, à Bruxelles, Amélie Nothomb, âgée de 17 ans, subit (*souffre*) un choc culturel qu'elle vit assez mal, et qui la pousse à écrire. Elle publie alors son premier livre en 1992, *Hygiène de l'assassin*, qui est aussi son premier succès. Depuis, elle écrit environ (*about*) trois livres par an, mais décide de n'en publier qu'un chaque année. Elle a un style romanesque (*romantic*) et décalé (*out of step*), toujours caractérisé par un humour subtil, parfois noir. Certains de ses livres ont été adaptés au cinéma, comme *Hygiène de l'assassin* et *Stupeur et tremblements*. Dans celui-ci, paru en 1999, elle parle de son retour au Japon où elle était partie travailler comme interprète.

CINÉMA
Jean-Pierre (1951–) et Luc (1954–) Dardenne

Jean-Pierre et Luc Dardenne ont grandi dans une banlieue industrielle de Liège, grande ville économique et culturelle de Belgique. C'est dans cette banlieue qu'ils tourneront la plupart de leurs films. Jean-Pierre étudie l'art dramatique et Luc la philosophie. En 1974, Luc et Jean-Pierre unissent leurs talents pour faire du cinéma. Ils tourneront d'abord des documentaires à caractère social. Puis ils passent à la réalisation de fictions avec le film *Falsch* en 1987, toujours engagés socialement. D'autres œuvres suivront. Mais ils connaissent la consécration (*recognition*) en gagnant (*by winning*) la Palme d'or au Festival de Cannes en 1999, avec *Rosetta*. Ce succès est doublé d'une deuxième Palme d'or en 2005 avec le film *L'enfant*. Excellents représentants du cinéma-vérité, leurs films ont un style proche du documentaire: peu de dialogues, peu ou pas de musique et beaucoup de gros plans (*close-ups*).

Compréhension

Vrai ou faux? Indiquez si chaque phrase est vraie ou fausse. Corrigez les phrases fausses.

1. Les créations de Sylvie Fleury ont souvent pour thème les objets de luxe et la femme. Vrai.

2. Le cubisme est une source d'inspiration importante pour Sylvie Fleury. Faux. Le pop art est une source d'inspiration pour elle.

3. Robert Schuman a toujours eu la nationalité française. Faux. Il l'a obtenue après la Première Guerre mondiale.

4. Schuman était contre l'idée de la création d'une Europe unie. Faux. Il était pour cette idée.

5. Amélie Nothomb a beaucoup été influencée par les nombreux voyages de sa jeunesse. Vrai.

6. Nothomb a commencé à écrire parce qu'elle voulait partager sa joie de vivre. Faux. Elle a commencé à écrire parce qu'elle avait mal vécu son choc culturel à son retour en Europe.

7. Les premiers films des frères Dardenne étaient surtout des documentaires socialement engagés. Vrai.

8. Dans les films des frères Dardenne, il y a peu de dialogues mais il y a toujours de la musique. Faux. Il y a peu de dialogues, peu ou pas de musique et beaucoup de gros plans.

Rédaction

À vous! Choisissez un de ces thèmes et écrivez un paragraphe d'après les indications.

• **Une machine à voyager dans le temps** Imaginez que vous soyez Robert Schuman. Grâce à une machine à voyager dans le temps, vous avez l'occasion de visiter l'Europe du 21e siècle. Écrivez un paragraphe dans lequel vous donnez vos impressions de l'Europe d'aujourd'hui.

• **Choc culturel** Avez-vous déjà eu un choc culturel comme celui d'Amélie Nothomb? Si oui, racontez cette expérience en détails. Sinon, essayez d'imaginer une telle expérience.

• **Idée de film** Vous allez faire un documentaire à caractère social sur un grave problème actuel de votre région ou pays. Rédigez un synopsis pour votre documentaire.

 Practice more at **vhlcentral.com**.

KEY STANDARDS
4.1, 5.1

7.1

INSTRUCTIONAL RESOURCES
Supersite: Lab Audioscript, SAM AK, Lab MP3s
SAM/WebSAM: WB, LM

Practice the comparative and superlative forms by asking students questions. Examples: **Est-ce que vous trouvez la biologie plus difficile que les maths? Quelle matière est-ce que vous trouvez la plus facile?**

ATTENTION!

Remember that **que** becomes **qu'** before a vowel sound.
Caroline est plus jeune qu'Ousmane.

Tell students that they must repeat the comparative word before each adjective. Example: **Ce portable est plus performant et plus cher que l'appareil numérique.** *This cell phone is more powerful and expensive than the digital camera.*

Point out that, to express the comparative and superlative of nouns and verbs, **autant** is required instead of **aussi**. Examples: **Étudiez-vous autant que votre camarade de chambre? Avez-vous autant de devoirs que lui/qu'elle?**

BLOC-NOTES

For a review of adjectives that are placed in front of the nouns they modify, see **Structures 2.2, pp. 60–61.**

The comparative and superlative of adjectives and adverbs

—*...ce concentré de tout ce que l'être humain pouvait créer de **plus formidable**.*

Adjectives

- To make comparisons between people or things, place **plus** (*more*), **moins** (*less*), or **aussi** (*as*) before the adjective, and **que** (*than or as*) after it.

Cette invention est **plus** innovante **que** la précédente.
This invention is more innovative than the previous one.

Les planètes Uranus et Neptune sont **moins** lumineuses **que** les étoiles.
The planets Uranus and Neptune are less bright than stars.

Ce moteur de recherche est **aussi** efficace **que** celui-là.
This search engine is as efficient as that one.

- Form the superlative by using the appropriate definite article along with the comparative form.

C'est **l'**ordinateur **le plus rapide** de la faculté de médecine.
It is the fastest computer in the medical school.

C'est elle qui a proposé **la** théorie **la plus révolutionnaire.**
She proposed the most revolutionary theory.

- The preposition **de** following the superlative means *in* or *of*.

*Voici **la meilleure** invention **du** monde.*

- When using the superlative of an adjective that precedes the noun it modifies, the superlative form also precedes the noun as well.

Vous travaillez sur **le plus petit** ordinateur de la fac.
You're working on the smallest computer on campus.

As-tu visité **les plus beaux** monuments de la ville?
Did you visit the most beautiful monuments in town?

- The adjectives **bon** and **mauvais** have irregular comparative and superlative forms.

Adjective	Comparative	Superlative
bon(ne)(s) *good*	**meilleur(e)(s)** *better*	**le/la/les meilleur(e)(s)** *the best*
mauvais(e)(s) *bad*	**pire(s)** *or* **plus mauvais(e)(s)** *worse*	**le/la/les pire(s)** *or* **le/la/les plus mauvais(e)(s)** *the worst*

Point out that **mauvais(e)** has irregular (**pire**) and regular (**plus mauvais[e]**) forms. Examples are: **Cet article est pire que le précédent. Aujourd'hui, il fait plus mauvais qu'hier.**

Djamel a acheté un télescope de **meilleure** qualité.
Djamel bought a better quality telescope.

Charlotte a écrit **le plus mauvais** discours de la classe.
Charlotte wrote the worst speech in the class.

Practice the structures by asking volunteers questions about classrooms objects. Ex: **Est-ce que ce sac-ci est plus grand que celui-là? (Non. Il est plus petit.)**

Adverbs

- When comparing adverbs, place **plus**, **moins**, or **aussi** before the adverb and **que** after it.

Romane surfe sur le web **plus** rapidement **qu'**Émilie.
Romane surfs the Web faster than Émilie.

Ce moteur de recherche va **moins** vite **que** l'autre.
This search engine works less quickly than the other one.

BLOC-NOTES

To review adverbs, see **Structures 2.3, pp. 64–65.**

- Because adverbs are invariable, the definite article used in the superlative is always **le**.

C'est Laure et moi qui travaillons **le plus sérieusement.**
Laure and I work the most seriously.

C'est mon frère qui conduit **le moins patiemment.**
My brother drives the least patiently.

Students might learn the comparative and superlative forms more quickly if they use them in a personal context. Have them write original sentences where they compare themselves to friends and family members.

- The adverbs **bien** and **mal** have irregular comparative and superlative forms.

Adverb	Comparative	Superlative
bien *well*	**mieux** *better*	**le mieux** *the best*
mal *badly*	**plus mal** *or* **pis** (seldom used) *worse*	**le plus mal** *or* **le pis** (seldom used) *the worst*

ATTENTION!

Be careful not to confuse the adjectives **bon** (*good*) and **mauvais** (*bad*) with the adverbs **bien** (*well*) and **mal** (*badly*).

La chanson est bonne/mauvaise.
The song is good/bad.

Elle chante bien/mal.
She sings well/badly.

Cet outil-ci marche **mieux que** celui-là.
This tool works better than that one.

C'est cet outil-là qui marche **le plus mal.**
That tool works the worst.

Even though **pis** is seldom used, point out the common expression **tant pis** (*too bad*), as opposed to **tant mieux** (*so much the better*). **Pis** would be used in literary contexts, particularly in the classics.

*C'est Léonie qui joue **le mieux** du violon.*

Mise en pratique

1 Have two students act out the conversation for the class.

Note
CULTURELLE

La compagnie aérienne nationale belge, la **Sabena**, est créée en 1923 et disparaît en 2001. **Swissair** était la compagnie aérienne nationale suisse. Elle est créée en 1931 et fusionne avec Crossair en 2002, sous le nom de **Swiss**. En 1934, Swissair est la première à engager (*hire*) des hôtesses de l'air.

1 Le meilleur Patricia et Fabrice parlent des moyens de transport et ils ne sont pas d'accord. Complétez leur dialogue à l'aide des éléments de la liste.

aussi	le pire	mieux que	plus
la plus	le plus	moins	que

PATRICIA Je refuse de prendre l'avion. J'ai trop peur.

FABRICE Mais l'avion est le transport (1) _____ le plus _____ sûr du monde!

PATRICIA Peut-être, mais c'est (2) _____ plus _____ agréable de prendre le train, parce que tu peux regarder le paysage. Et puis, le train est (3) _____ moins _____ cher.

FABRICE Mais voler, c'est la façon de voyager (4) _____ la plus _____ avantageuse! Tu peux regarder des films et on te sert à manger.

PATRICIA Et l'attente à l'aéroport? C'est (5) _____ le pire _____ moment du voyage.

FABRICE Eh bien, je trouve qu'attendre à l'aéroport est toujours (6) _____ mieux que _____ passer des jours à voyager pour arriver à la même destination.

PATRICIA Je t'assure que je ne suis toujours pas convaincue que l'avion soit (7) _____ aussi _____ pratique (8) _____ que _____ le train. Alors, je propose que tu prennes l'avion et moi le train, et on se retrouve à l'hôtel.

2 Suggested answers: A. Einstein est le scientifique le plus connu du 20ᵉ siècle. Genève est la ville la plus cosmopolite de Suisse. Jacques Brel est le chanteur le plus célèbre de Belgique. *Harry Potter* est le livre le plus populaire du moment. B. Einstein est plus connu que Bose. Berne est moins cosmopolite que Genève. Jacques Brel est plus célèbre qu'Edmée Daenen. *Harry Potter* est aussi populaire que *Le Seigneur des anneaux* (The Lord of the Rings).

2 À former

A. Utilisez le superlatif pour faire des phrases complètes avec les éléments proposés.

> **Modèle** L'avion est le mode de transport le plus sûr du monde.

l'avion	le mode de transport	sûr	du monde
Einstein	**scientifique**	**connu**	**du 20ᵉ siècle**
Genève	**ville**	**cosmopolite**	**de Suisse**
Jacques Brel	**chanteur**	**célèbre**	**de Belgique**
Harry Potter	**livre**	**populaire**	**du moment**

B. Maintenant, faites des phrases avec le comparatif.

> **Modèle** L'avion est plus sûr que la voiture.

3 Have students ask each other questions that elicit more comparatives and superlatives. Example: **Le restaurant était-il meilleur que le resto U au moins?**

3 Rendez-vous Hier soir, vous aviez rendez-vous avec un(e) inconnu(e) (*blind date*). À deux, employez des comparatifs et des superlatifs pour parler du rendez-vous. Aidez-vous des mots de la liste.

> **Modèle** C'était le pire rendez-vous de ma vie!

blagues	film	vêtements
cheveux	restaurant	viande
conversation	salade	voiture

 Practice more at **vhlcentral.com**.

Communication

4 **Plus ou moins** Avec un(e) camarade de classe, comparez ces éléments à tour de rôle. Soyez inventifs.

> **Modèle** —L'écran de mon ordinateur fait 17 pouces.
> —Le mien fait 15 pouces. Il est moins grand que le tien.
> —Ton écran est le moins grand des deux.

- votre appareil (photo) numérique
- votre voiture
- votre téléphone portable
- votre maison/appartement
- votre ordinateur

- vos parents
- votre vie nocturne
- votre film préféré
- votre connexion Internet
- ?

4 To teach or review possessive pronouns **le mien, le tien**, etc., see **Fiche de grammaire 6.5, p. 414.**

4 To teach or review possessive pronouns **le mien, le tien**, etc., see **Fiche de grammaire 6.5, p. 396.**

5 **Au musée des Sciences** Vos camarades et vous êtes au musée des Sciences où vous découvrez les progrès technologiques des siècles passés. Par groupes de trois, imaginez la vie aux périodes proposées et faites trois comparaisons pour chacune.

> **Modèle** Au Moyen Âge, la vie était plus difficile sans le radiateur.

au Moyen Âge (*Middle Ages*)	à la création des États-Unis	au début du 20ᵉ siècle	il y a vingt ans

5 Before beginning the activity, have students brainstorm a list of items one typically finds in a museum.

5 Have students say during which time period they would prefer to live. Then have groups discuss their preferences using comparatives and superlatives.

6 **Et votre vie à vous?** Par groupes de trois, discutez des aspects de votre vie quotidienne qui bénéficient des progrès technologiques. Comment était votre vie avant l'arrivée de ces technologies? Comment est-elle aujourd'hui? Employez des comparatifs et des superlatifs.

6 As an expansion, have students interview older generations in their family to see how certain technological advances affected their lives. Then have a class discussion based on what students found out.

KEY STANDARDS
4.1, 5.1

7.2

INSTRUCTIONAL RESOURCES
Supersite: Lab Audioscript, SAM AK, Lab MP3s
SAM/WebSAM: WB, LM

BLOC-NOTES

To review the **futur proche**, see **Structures 1.2, pp. 22–23**.

More examples of definite difference between the use of **futur proche** and **futur simple**: **Il va bientôt arriver. Il arrivera dans quelques jours.**

The **futur proche** is used mostly in spoken language to indicate things that will happen soon. The **futur simple** is used more in written language and when it is used in the spoken language, there is a connotation of will and determination.

Examples: **Je vais y arriver.** *I'll manage.*

J'y arriverai. *I will make it.*

Remind students that the English auxiliary *will* does not have a single-word French equivalent.

Have pairs write a short horoscope. Tell them to make only positive predictions about their partners. Have volunteers read their partner's horoscope aloud twice. On the first reading, ask students to raise their hands each time they hear a future verb form. On the second one, record the verbs on the board.

The *futur simple*

*Samuel ne **rédigera** plus ses devoirs sur une vieille machine à écrire.*

- You have learned to use **aller** + [*infinitive*] to say that something is going to happen in the immediate future (the **futur proche**). To talk about something that will happen further ahead in time, use the **futur simple**.

Futur proche	**Futur simple**
Je **vais effacer** la dernière phrase avant de sauvegarder mon essai.	Nous **effacerons** les photos de l'appareil après les avoir imprimées.
I'm going to erase the last sentence before saving my essay.	*We will erase the pictures on the camera after printing them.*

- Form the simple future of regular **-er** and **-ir** verbs by adding these endings to the infinitive. For regular **-re** verbs, take the **-e** off the infinitive before adding the endings.

	parler	**réussir**	**attendre**
je/j'	parlerai	réussirai	attendrai
tu	parleras	réussiras	attendras
il/elle	parlera	réussira	attendra
nous	parlerons	réussirons	attendrons
vous	parlerez	réussirez	attendrez
ils/elles	parleront	réussiront	attendront

- Spelling-change **-er** verbs undergo the same change in the future tense as they do in the present.

je me promène	je me promènerai
j'emploie	j'emploierai
j'essaie *or* j'essaye	j'essaierai *or* j'essayerai
j'appelle	j'appellerai
je projette	je projetterai

- Verbs with an **é** before the infinitive ending, such as **espérer**, **préférer**, and **répéter**, do not undergo a spelling change in the future tense.

Nous **suggérerons** à Fatih qu'il reste chez nous.

We will suggest to Fatih that he stay with us.

- Many common verbs have an irregular future stem. Add the future endings to these stems.

infinitive	stem	future	infinitive	stem	future
aller	ir-	j'irai	pleuvoir	pleuvr-	il pleuvra
avoir	aur-	j'aurai	pouvoir	pourr-	je pourrai
courir	courr-	je courrai	recevoir	recevr-	je recevrai
devoir	devr-	je devrai	savoir	saur-	je saurai
envoyer	enverr-	j'enverrai	tenir	tiendr-	je tiendrai
être	ser-	je serai	valoir	vaudr-	il vaudra
faire	fer-	je ferai	venir	viendr-	je viendrai
falloir	faudr-	il faudra	voir	verr-	je verrai
mourir	mourr-	je mourrai	vouloir	voudr-	je voudrai

- Verbs in the simple future are usually translated with *will* or *shall* in English.

Nous **aurons** un lecteur de DVD
dans notre chambre.
*We will have a DVD player
in our room.*

Un jour, on **pourra** se promener
sur la planète Mars.
*One day, we will be able to walk
on Mars.*

- Use the future tense instead of the imperative to make a command sound more forceful.

Tu **viendras** au restaurant avec
nous ce soir.
*You will come to the restaurant
with us tonight.*

Vous **ferez** passer le message
à votre professeur.
*You'll pass along the message
to your professor.*

- After **dès que** (*as soon as*) or **quand** put the verb in the future tense if the action takes place in the future. The verb in the main clause should be in the future or the imperative.

	FUTURE	MAIN CLAUSE: FUTURE OR IMPERATIVE
Dès que	**vous aurez un brevet,**	**vous pourrez vendre votre invention.**
Quand	**tu seras dans l'ovni,**	**pose des questions aux extraterrestres!**

- The same kind of structure can be used with the conjunctions **aussitôt que** (*as soon as*), **lorsque** (*when*), and **tant que** (*as long as*). Note that in English, the verb following them is most often in the present tense.

Nous vous recevrons **aussitôt que**
vous arriverez au laboratoire.
*We will welcome you as soon as
you arrive at the laboratory.*

Tant qu'ils seront curieux, les astronomes
étudieront l'origine de l'univers.
*As long as they're curious, astronomers
will study the universe's origin.*

- To talk about events that might occur in the future, use a **si...** (*if...*) construction. Use the present tense in the **si** clause and the **futur proche**, **futur simple**, or imperative in the main clause. Remember that **si** and **il** contract to become **s'il**.

S'il y **a** un film intéressant à la télé
ce soir, **dis**-le-moi.
*If there's an interesting movie on TV
tonight, tell me.*

Si Aïcha **achète** un appareil numérique,
elle me **donnera** son appareil traditionnel.
*If Aïcha buys a digital camera,
she'll give me her traditional camera.*

ATTENTION!

Apercevoir has a future stem like that of **recevoir**. Similarly, **devenir** and **revenir** are like **venir**, and **maintenir** and **retenir** are like **tenir**.

J'apercevrai.

Vous reviendrez.

Ils maintiendront.

Ask students to each state one New Year's resolution using the **futur simple**.

ATTENTION!

In spoken French, the present tense is used sometimes to express future actions.

Nous nous retrouvons au cybercafé.
We're meeting at the cybercafé.

Use the present tense of **devoir** + [*infinitive*] to express an action that you suppose will happen.

Benoît doit arriver dans les prochains jours.
Benoît must be arriving in the next few days.

Mention that using the **futur** in place of the imperative can also make it sound like a more polite request. Example: **Vous éteindrez la lumière, s'il vous plait.** *Turn out the light, please.*

BLOC-NOTES

To learn how to use **si** clauses to express contrary-to-fact situations, see **Structures 10.3, pp. 374–375.**

Mise en pratique

1 Remind students to watch for irregular verbs as they complete the activity.

1 Have students search a French-language website for their horoscope for a week. Tell them to print out each day's horoscope and highlight the uses of the **futur simple**.

1 **Horoscope chinois** Lisez les prédictions de l'horoscope chinois pour le signe du dragon. Mettez les verbes au futur simple.

TRAVAIL Cette semaine, vous (1) _____devrez_____ (devoir) travailler dur. Vous ne (2) _____pourrez_____ (pouvoir) pas vous reposer, parce que votre patron (3) _____sera_____ (être) très exigeant. Mais ça (4) _____vaudra_____ (valoir) la peine. On vous (5) _____donnera_____ (donner) une augmentation et vos collègues (6) _____seront_____ (être) jaloux.

ARGENT Dès que vous (7) _____comprendrez_____ (comprendre) qu'il ne faut pas trop dépenser, votre situation financière (8) _____ira_____ (aller) mieux. Pour devenir millionnaire, il vous (9) _____faudra_____ (falloir) beaucoup de volonté et de patience. Mais vous (10) _____tiendrez_____ (tenir) bon. Peut-être que vous (11) _____recevrez_____ (recevoir) l'héritage d'une tante éloignée.

SANTÉ Vous (12) _____aurez_____ (avoir) des problèmes respiratoires. Mais vous (13) _____saurez_____ (savoir) y faire face. Des membres de votre famille vous (14) _____suggéreront_____ (suggérer) sûrement des moyens de combattre ce trouble.

AMOUR Quelqu'un (15) _____voudra_____ (vouloir) faire votre connaissance et (16) _____réussira_____ (réussir) à vous rendre heureux/heureuse.

2 Review how to say years in French by having volunteers read aloud each sign of the Chinese calendar.

2 Point out that the Chinese calendar has a 12-year cycle. If a student's year of birth is not listed, he/she may add or subtract 12 to find his/her sign.

2 Have pairs exchange papers and ask them to speculate about whether each prediction will come true. Examples:

—**Tu prouveras qu'une nouvelle théorie mathématique est vraie.**

—**Je réussirai au prochain examen de maths!**

2 **Un autre horoscope** À deux, écrivez l'horoscope de votre camarade de classe. Utilisez les éléments de la liste. Ensuite, comparez vos horoscopes à ceux du reste de la classe.

aller	devoir	finir	quand	si
créer	être	maintenir	réussir	tant que
dès que	faire	prouver	savoir	venir

Dragon:
1940-1952-
1964-1976-1988

Serpent:
1941-1953-
1965-1977-1989

Cheval:
1942-1954-
1966-1978-1990

Chèvre:
1943-1955-
1967-1979-1991

Singe:
1944-1956-
1968-1980-1992

Coq:
1945-1957-
1969-1981-1993

Chien:
1946-1958-
1970-1982-1994

Cochon:
1947-1959-
1971-1983-1995

Rat:
1948-1960-
1972-1984-1996

Buffle:
1949-1961-
1973-1985-1997

Tigre:
1950-1962-
1974-1986-1998

Chat:
1951-1963-
1975-1987-1999

3 Have students use the **il/elle** forms of the **futur** to summarize their partner's responses to the class.

3 **Vos projets** Comment passerez-vous l'été? Répondez à ces questions avec des verbes au futur simple. Expliquez vos réponses à un(e) camarade de classe.

1. Est-ce que vous travaillerez? Où?
2. Que ferez-vous le soir et le week-end?
3. Suivrez-vous des cours? Lesquels?
4. Partirez-vous en vacances? Où?

Communication

4 **Invention**

A. Avec un(e) camarade de classe, vous devez vous préparer pour une conférence de presse où vous présenterez votre invention. À l'aide du tableau, imaginez ce que vous direz à la presse. Employez le futur simple.

Titre de l'invention	
À quoi servira-t-elle?	
À qui sera-t-elle destinée?	
Comment fonctionnera-t-elle?	
Améliorera-t-elle la vie quotidienne?	

B. Ensuite, présentez votre invention à la classe, sans dire exactement ce que c'est. Vos camarades doivent poser des questions pour deviner de quelle sorte d'objet il s'agit. Utilisez le futur simple.

Modèle À quel moment de la journée s'en servira-t-on?

5 **Que se passera-t-il?** Tout change avec le temps. À deux, discutez de l'avenir des éléments suivants.

- la télévision
- New York
- Internet
- les livres
- la génétique
- le clonage
- la conquête spatiale
- l'humanité
- l'ADN
- la religion

6 **Dans 20 ans** Par petits groupes, faites une liste de cinq personnes ou compagnies célèbres dans le domaine de la science et la technologie, et imaginez comment elles seront dans 20 ans.

7 **Situations** À deux, choisissez un de ces thèmes et inventez une conversation au futur simple entre les deux personnes décrites.

1. Deux étudiant(e)s viennent d'obtenir leur diplôme scientifique et parlent de ce qu'ils/elles feront pour devenir riches et célèbres.
2. Deux astronautes se dirigent vers la planète Mars. Ils/Elles sont les premiers/premières à faire ce voyage et discutent de ce qu'ils/elles feront une fois sur place.
3. Deux chercheurs/chercheuses scientifiques viennent de faire une découverte capitale et parlent de ce qu'elle apportera au monde.
4. Deux informaticien(ne)s créent un site web et parlent de ses avantages comparé à celui de la concurrence (*competition*).

Note CULTURELLE

La **Belgique** et la **Suisse** sont à l'origine de certains objets qui font partie de notre quotidien: de Belgique, les patins à roulette de **Jean-Joseph Merlin** et le saxophone d'**Adolphe Sax**; de Suisse, le velcro de **Georges de Mestral** et le moteur à explosion de **François Isaac de Rivaz**. Cette dernière invention a révolutionné notre monde parce qu'on s'en sert tous les jours pour faire fonctionner nos moyens de transport.

5 Tell students to think of a particular year in the future to describe each item from the list. Example: **La télévision en 2057 aura mille chaînes.**

5 Tell students to think about what their life will be like in the future. Then have them draw a series of illustrations showing what they will be doing next summer, in two years, in 20, and in 50. Students should work in small groups to orally present their illustrations using the **futur simple**. Other group members should ask questions about their classmates' future.

6 Model the activity by citing an example and briefly talking about it as a class.

7 Have volunteers perform their conversations for the class. For listening comprehension, ask students to write down the verbs used in the future tense.

KEY STANDARDS
4.1, 5.1

7.3

INSTRUCTIONAL RESOURCES
Supersite: Lab Audioscript, SAM AK, Lab MP3s
SAM/WebSAM: WB, LM

Remind students that the subjunctive is required for many expressions of will, opinion, and emotion. Refer them to **Structures 6.1**, **pp. 212–213** for review.

Teach the class these additional expressions of doubt that are followed by the subjunctive: **Il n'est pas certain que…, Il n'est pas clair que…**

BLOC-NOTES

To review other expressions that are used with the subjunctive, see **Structures 6.1, pp. 212–213.**

Remind students that although the word *that* is optional in English, **que** must be used in French. **Ex: Il est peu probable qu'il vienne**. *It's unlikely (that) he's coming.*

Read the expressions of doubt and uncertainty aloud. Point to various students to complete them with a personalized subordinate clause.

ATTENTION!

In a negative question containing **penser**, **croire**, or **espérer**, the subordinate clause takes the indicative.
Ne penses-tu pas que c'est une découverte capitale? *Don't you think it's a breakthrough discovery?*

The subjunctive with expressions of doubt and conjunctions; the past subjunctive

Il est peu probable que Vanessa veuille rester avec Samuel.

The subjunctive with expressions of doubt and conjunctions

- Use the subjunctive in subordinate clauses after expressions of doubt or uncertainty.

  Il est peu probable qu'il **soit** astronaute.
  It's unlikely that he's an astronaut.

  Il est possible qu'on **atterrisse** en avance.
  It's possible that we're landing early.

- These expressions of doubt or uncertainty are typically followed by the subjunctive.

douter que… *to doubt that…*	**Il n'est pas évident que…** *It's not obvious that…*
Il est douteux que… *It's doubtful that…*	**Il n'est pas sûr que…** *It's not sure that…*
Il est impossible que… *It's impossible that…*	**Il n'est pas vrai que…** *It's not true that…*
Il est peu probable que… *It's unlikely that…*	**Il semble que…** *It seems that…*
Il est possible que… *It's possible that…*	**Il se peut que…** *It's possible that…*

- Some expressions call for the subjunctive in the negative, but take the indicative in the affirmative. This is because only the negative statements express uncertainty or doubt.

Indicative	Subjunctive
Je suis sûr qu'elle **vient** aujourd'hui. *I'm sure she's coming today.*	Je ne suis pas sûr qu'elle **vienne** demain. *I'm not sure she's coming tomorrow.*

- The verbs **croire**, **espérer**, and **penser** in negative statements or in questions also require the subjunctive in the subordinate clause. In affirmative statements, the verb in the subordinate clause is in the indicative.

Indicative	Subjunctive	Subjunctive
Je crois qu'elle **part**. *I believe she's leaving.*	Je ne crois pas qu'elle **parte**. *I don't believe she's leaving.*	Croyez-vous qu'elle **parte**? *Do you believe she's leaving?*

- The subjunctive is also required after these conjunctions.

à condition que *on the condition that*	**en attendant que** *waiting for*
à moins que *unless*	**jusqu'à ce que** *until*
afin que *in order that*	**pour que** *so that*
avant que *before*	**pourvu que** *provided that*
bien que *although*	**quoique** *although*
de peur que *for fear that*	**sans que** *without*

Bien que ses intentions **soient** bonnes, elle se trompe souvent.
Although her intentions are good, she is often mistaken.

Ils expliquent leur recherche pour que nous en **connaissions** les conséquences.
They explain their research so that we know the consequences.

The past subjunctive

- If the verb in a subordinate clause following a subjunctive trigger took place in the past, use the past subjunctive.

- Like the **passé composé** and the **plus-que-parfait**, the past subjunctive is formed by combining a helping verb (**avoir** or **être**) with a past participle. In the past subjunctive, the helping verb is in the present subjunctive.

Il se peut qu'ils **aient oublié** la réunion de neuf heures.
It's possible that they forgot the 9 o'clock meeting.

Nous ne sommes pas certains qu'elle **soit arrivée** avant nous.
We are not certain that she arrived before us.

- If a verb takes the helping verb **avoir** in **the passé composé** or **plus-que-parfait**, it also takes **avoir** in the past subjunctive.

j'ai téléchargé	que j'aie téléchargé
tu as téléchargé	que tu aies téléchargé
il/elle a téléchargé	qu'il/elle ait téléchargé
nous avons téléchargé	que nous ayons téléchargé
vous avez téléchargé	que vous ayez téléchargé
ils/elles ont téléchargé	qu'ils/elles aient téléchargé

- If a verb takes the helping verb **être** in the **passé composé** or **plus-que-parfait**, it also takes **être** in the past subjunctive.

je me suis adapté(e)	que je me sois adapté(e)
tu t'es adapté(e)	que tu te sois adapté(e)
il/elle s'est adapté(e)	qu'il/elle se soit adapté(e)
nous nous sommes adapté(e)s	que nous nous soyons adapté(e)s
vous vous êtes adapté(e)(s)	que vous vous soyez adapté(e)(s)
ils/elles se sont adapté(e)s	qu'ils/elles se soient adapté(e)s

ATTENTION!

If the subject of the main clause is the same as the subject of the subordinate clause, these conjunctions are followed by the infinitive instead of the subjunctive: **à condition de, à moins de, afin de, avant de, de peur de, en attendant de, pour**, and **sans**.

Il est entré sans parler.
He came in without speaking.

On arrivera en retard à moins de prendre le train.
We'll arrive late unless we take the train.

ATTENTION!

The expressions **à moins que, de peur que, de crainte que, sans que**, and **avant que** are often accompanied by the **ne explétif**. The word **ne** is placed before the subjunctive form of the verb; it is not a negation and adds no meaning to the statement.

Les étudiants arrivent avant que le professeur ne commence son cours.
The students arrive before the professor starts his class.

Give students sentence starters with conjunctions that require the subjunctive. Have them complete the sentences. Ex: **Elle a réussi à l'examen bien que...** Remind students that there must be a change of subject.

Ask students to explain when and why the present subjunctive is used. (To express doubt, emotion, opinion, etc.) Point out that the past subjunctive is used for the same reasons.

Mise en pratique

1 Have students use the expressions on **pp. 258–259** to write two more sentences, one with the present subjunctive and one with the past subjunctive.

1 Ask students to write a new ending for each sentence, beginning with the blank.

2 The first **TGV (Train à Grande Vitesse)** was put into service on September 27, 1981. It linked Lyon and Paris. Have students research the technology of the **TGV**, its history, and some of its milestones.

À choisir
Choisissez la forme correcte du verbe pour compléter les phrases.

1. Il est évident qu'il _____ (n'est pas venu / ne soit pas venu) nous voir.

2. Il faut y croire jusqu'à ce qu'on _____ (réussit / réussisse).

3. Nous sommes sûrs que tu _____ (vas mettre au point / ailles mettre au point) ton invention.

4. Vous avez visité toute la ville sans qu'elles _____ (se soient reposées / se sont reposées) une seule fois?

5. Il est impossible que vous _____ (avez vu / ayez vu) ce film; il n'est pas encore sorti.

6. Va dire à ta mère que Lucie _____ (dort / dorme) toujours.

7. Quoique nous ne leur _____ (ayons pas rendu / avons pas rendu) visite, nous avons beaucoup pensé à eux.

8. Ils vont m'aider pour que je _____ (finis / finisse) plus tôt.

Le Thalys
Complétez cet e-mail avec les formes correctes des verbes entre parenthèses.

De:	Caroline <caroline.romain@email.fr>
Pour:	Stéphane <stéphane.Bertaud@email.fr>
Sujet:	Qu'en penses-tu?

Je prévois d'aller à Bruxelles la semaine prochaine. Avant de confirmer ma réservation sur le Thalys, je veux m'assurer que c'est une bonne idée. J'ai écrit un e-mail à un ami qui habite là-bas, mais il est peu probable qu'il l' (1) _____ ait lu _____ (lire). Je sais qu'il (2) _____ est _____ (être) très occupé et je crois qu'il n' (3) _____ a _____ (avoir) jamais le temps de répondre à ses e-mails. Alors il se peut que j' (4) _____ arrive _____ (arriver) sans que sa famille et lui le (5) _____ sachent _____ (savoir). Alors, de peur que je ne (6) _____ visite _____ (visiter) cette ville toute seule, pourrais-tu m'y accompagner pour que je ne me (7) _____ sente _____ (sentir) pas isolée?
Réponds-moi vite!
Caroline

Note CULTURELLE

Thalys est le nom du train qui relie (*links*) **Paris** à **Bruxelles**. Le voyage dure (*lasts*) en général une heure et 20 minutes, pour une distance d'environ 300 km. Il est le prolongement du système ferroviaire (*railway*) français qui utilise le **TGV**. Bien que Bruxelles soit la principale gare du Thalys, cette ville n'est pas sa seule destination depuis Paris. Le train va jusqu'à **Amsterdam**, aux Pays-Bas, et jusqu'à **Cologne**, en Allemagne.

3 Give students this additional item: **Il est sûr qu'on soignera tous les enfants du monde.**

3 Ask groups to present their opinions to the class.

Logique ou illogique?
Par groupes de trois, dites si les phrases sont logiques ou illogiques et employez le subjonctif, si nécessaire, pour justifier votre opinion.

Modèle Il n'est pas certain que la technologie rende la vie plus facile.
C'est illogique! Il est sûr que la technologie rend la vie plus facile.

	Logique	Illogique
1. Il est évident que les voyages sur la Lune sont inutiles.	☐	☐
2. Il est douteux qu'on puisse améliorer les ordinateurs.	☐	☐
3. Il est vrai que les humains ont marché sur la planète Vénus.	☐	☐
4. Il est possible que les scientifiques aient commencé à cloner des humains.	☐	☐
5. Il est peu probable que nous connaissions les conséquences de la recherche génétique.	☐	☐

Communication

4

Conseils Voici Bernard. Il déteste les sciences, mais il veut quand même devenir astronaute. À deux, utilisez ces éléments pour lui dire ce que vous en pensez.

Modèle —Il est possible que tu deviennes astronaute, mais tu devras d'abord avoir de meilleures notes en maths.

—Tu y arriveras, à condition que tu fasses tes devoirs tous les jours.

à condition que	Il est vrai que
afin que	Il se peut que
croire	jusqu'à ce que
(ne pas) douter que	penser
Il est possible que	pour que

5

L'avenir Par groupes de trois, imaginez comment sera l'avenir en 2050 et en 2100. Utilisez le plus possible des expressions du subjonctif et présentez vos idées à la classe.

Modèle Il est peu probable que les pays arrêtent de faire la guerre.

- la population
- les relations internationales
- la technologie
- la conquête de l'espace

6

Voyage dans l'espace Imaginez que vous fassiez un voyage dans l'espace pour fonder une nouvelle civilisation sur une autre planète. Par groupes de trois, employez le subjonctif pour discuter de vos craintes et des nouvelles possibilités.

Craintes concernant la survie	Nouvelles possibilités
_____	_____
_____	_____
_____	_____
_____	_____

4 Ask students to personalize the activity by talking about the profession they would like to pursue. Remind them of the science professions on **p. 236**. You may want to brainstorm a list of other professions, as well.

4 As a variation, have students think of a time when they or someone they know wanted to do something unrealistic. Have pairs discuss advice they received or gave others using as many expressions of doubt as appropriate.

5 Have students compare the uses of the future versus the subjunctive. Example: **Il est douteux que les nations s'arrêtent de faire la guerre, mais j'espère qu'elles s'arrêteront.**

6 Encourage students to be creative. Have them look at the **Pour commencer** vocabulary on **p. 236** if they need ideas.

6 Have pairs make up an imaginary story about something that happened to them. Ex: they encountered a UFO and went into space, they won a million dollars and spent it, they discovered a cure for cancer and won the Nobel Prize. Some details of the story should be possible and some should be unlikely. Then have students present their story to another pair. These students should listen to the story, interrupting to give their reaction to the details. Ex: **Nous avons trouvé un billet de loterie sur le trottoir. (Il se peut que vous ayez trouvé un billet de loterie sur le trottoir.)** Have a few groups present their story and reaction to the class.

Synthèse Reading

However

technique

disturbs

Pascal va bientôt hériter d'une grande fortune. Il se rend compte qu'il pourra réaliser ses rêves les plus fous. Cependant°, son seul désir est de devenir immortel. D'après lui, le procédé° capable de répondre à cette demande, c'est le clonage. Mais le clonage reproductif, ou humain, est interdit dans de nombreux pays. Il décide d'en parler à un ami, Gérard, qui est scientifique. Celui-ci va alors tout faire pour convaincre Pascal de ne pas se lancer dans cette entreprise, qui est l'idée la moins intelligente qu'il ait eue.

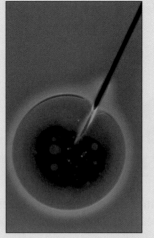

GÉRARD D'un point de vue éthique, c'est un concept qui dérange°. L'ONU et l'UNESCO ont déclaré la manipulation de l'ADN à des fins reproductives contraire à l'éthique. De plus, être cloné ne rend pas immortel. Ensuite, du point de vue scientifique, l'expérience a montré que ces progrès avaient leurs limites. Les cellules clonés des animaux présentaient des tares. Il n'est donc pas évident que le clonage d'un humain puisse marcher. Je doute que cela soit possible un jour.

PASCAL Mais il est possible qu'ils aient fait des erreurs. Et le clonage n'est pas forcément mauvais; il sert aussi à soigner.

GÉRARD Il est vrai que, d'un autre côté, les chercheurs qui ont fait cette découverte capitale ont permis d'inventer d'autres moyens de guérir. Mais ce dont tu rêves est différent. En résumé, la génétique n'est pas une chose à prendre à la légère. Tu réussiras mieux ta vie si tu arrêtes de penser à ça.

Finalement, bien que cela ait été son vœu le plus cher, Pascal se rend compte que c'était une excentricité de sa part. Il décide d'oublier l'idée du clonage et de dépenser son argent autrement. ■

1

Compréhension Répondez aux questions à l'aide des nouvelles structures.
Answers may vary slightly.

1. Quel est le rêve le plus cher de Pascal? *Devenir immortel est le rêve le plus cher de Pascal.*

2. Qu'est-ce que Gérard va essayer de faire? *Il va essayer de convaincre Pascal de ne pas être cloné.*

3. Gérard pense-t-il que le clonage humain soit possible? *Non, il doute que cela soit possible un jour.*

4. D'après Gérard, comment Pascal réussira-t-il mieux sa vie? *Il réussira mieux sa vie s'il arrête de penser au clonage.*

2

Votre double À deux, imaginez que votre camarade et vous ayez été cloné(e)s. À deux, créez une conversation où vous essayez de vérifier si l'autre est vraiment «l'original(e)». Utilisez les nouvelles structures de cette leçon.

Modèle —Il est impossible que tu sois l'original(e), il/elle est plus aimable que toi.
—Je serai toujours l'original(e).

3

Pour ou contre? Êtes-vous pour ou contre le clonage? Par groupes de trois, discutez de ce sujet a l'aide des structures de cette leçon. Considérez ces éléments:

- l'aspect éthique
- l'aspect biologique
- l'aspect économique
- l'aspect pratique

Préparation

KEY STANDARDS
1.2, 2.1, 2.2, 4.2

SYNONYMES
prédire ⟷ pronostiquer, présager

Vocabulaire de la lecture

l'antimatière (*m.*) *antimatter*
c'est-à-dire *that is to say; i.e*
de pointe *cutting edge*
détruire *to destroy*
envisager *to envision*
la mise en marche *start-up*
nucléaire *nuclear*
une particule *particle*

porter plainte *to file a complaint*
prédire *predict*
la recherche fondamentale *basic research*
repousser les limites *to push boundaries*
un trou noir *black hole*

Vocabulaire utile

faire une expérience *to conduct an experiment*
une innovation *innovation*
la recherche appliquée *applied research*

1

Complétez Utilisez le vocabulaire qui convient pour compléter les phrases.

1. Un chimiste doit ____faire une expérience____ pour avoir un résultat.

2. Ma meilleure amie dit qu'elle peut ____prédire____ l'avenir en lisant les lignes de ma main.

3. Manon est arachnophobe, ____c'est-à-dire____ qu'elle a peur des araignées (*spiders*).

4. La ____mise en marche____ d'une machine précède toujours son extinction.

5. Si quelqu'un pouvait inventer un robot capable de faire la cuisine, ce serait ____une innovation____ révolutionnaire!

6. Il est plus facile de ____détruire____ que de construire.

7. Quand vous êtes agressé(e) dans la rue, il faut aller au commissariat de police pour ____porter plainte____.

8. Mon frère voudrait être ingénieur dans une industrie ____de pointe____ comme l'informatique ou l'aérospatiale.

2

La science dans le monde Répondez aux questions et comparez vos réponses avec celles d'un(e) camarade.

1. Aimez-vous les sciences? Expliquez.

2. Aimeriez-vous être un(e) scientifique? Dans quel domaine?

3. La science joue-t-elle un rôle dans votre vie de tous les jours? Si oui, de quelle manière? Comment est-ce que la recherche scientifique pourrait améliorer votre quotidien?

4. Y a-t-il des inventions ou de nouvelles technologies qui ont rendu votre vie quotidienne plus facile?

5. Que pensez-vous du travail en équipe? Quels en sont les avantages?

6. Est-ce que la recherche scientifique vous inquiète dans certains domaines?

3

L'union fait la force L'article que vous allez lire évoque la collaboration scientifique entre différents pays. Par groupes de trois ou quatre, imaginez que vous soyez des scientifiques internationaux qui décident de s'associer dans un but commun. Quel mystère voulez-vous percer (*unravel*)? Comment avez-vous l'intention de procéder?

 Practice more at **vhlcentral.com.**

Mise en place du dernier tube contenant les électroaimants (*electromagnets*) supraconducteurs qui parcourent la circonférence du Grand collisionneur de hadrons. Un coup d'œil aux personnes en bas à droite de la photo permet de prendre conscience du gigantisme du LHC.

CERN À la découverte d'un univers particulier

Audio: Reading

Big Bang!

C'est ce que certains avaient prédit qu'il arriverait à l'automne 2008. La terre devait exploser ou

engulfed être engloutie° dans un trou noir! Pourquoi?
However 5 À cause du LHC du CERN. Toutefois°, rien
feared de ce que les scientifiques craignaient° ne s'est produit. Mais qu'est-ce que le CERN exactement? Et le LHC?

Le CERN est l'Organisation européenne
10 pour la recherche nucléaire. Créé en 1952, le CERN se trouve à la frontière franco-suisse,
brings together à proximité de Genève. Il regroupe° près de 8.000 scientifiques de plus de 85 nationalités différentes qui travaillent ensemble. Il
member nations 15 compte 20 états membres°.

À l'origine, l'objectif du CERN était de comprendre de quoi était constitué un atome. Aujourd'hui, ses scientifiques se concentrent sur la physique des particules. Si trouver des
20 réponses aux grandes questions de l'univers et repousser les limites de la technologie font bien sûr partie des missions essentielles du CERN, le centre espère aussi rassembler les nations du monde autour de la science et
25 former les scientifiques de demain.

La recherche fondamentale, c'est-à-dire sans but économique initial, est la raison d'être du CERN. Une des plus fameuses innovations issues de la recherche
30 fondamentale du CERN est le World Wide Web. Eh, oui! Imaginez le monde sans la
web «toile°»! Mais qui se souvient encore de son origine? C'est pourtant au CERN que
formed l'idée du Web a germé° dans la tête de Tim
35 Berners-Lee et de son collègue Robert Cailliau. Leur idée était d'élaborer un
combining système puissant et convivial alliant° les technologies des ordinateurs personnels, des réseaux informatiques et de l'hypertexte pour
40 permettre aux scientifiques du monde entier de partager des informations. C'est ainsi que le premier site Web a vu le jour en 1991. Et, le 30 avril 1993, le CERN annonçait que le Web serait gratuit pour tout le monde.
45 Plus récemment, le CERN a fait la une des journaux en raison de la mise en marche

de son Grand collisionneur de Hadrons (Large Hadron Collider — LHC). Le LHC est un gigantesque accélérateur de particules de 27 km de circonférence grâce auquel° 50 *thanks to which* les physiciens espèrent pouvoir étudier les plus petites particules connues, les trous noirs et l'antimatière, et peut-être ainsi en savoir plus sur la formation de l'univers. Pendant des mois avant sa mise en marche, 55 nombreux étaient ceux qui prédisaient la destruction de la terre, aspirée° dans un trou *sucked up* noir produit par le LHC. Un des arguments avancés était qu'en apprenant comment le monde avait été créé, on risquait de le 60 détruire par la même occasion°. Ainsi, deux *at the same time* Américains ont même porté plainte auprès d'°un juge à Hawaii dans l'espoir d'empêcher *to* la mise en marche du LHC. Or°, le jour *And yet* de sa mise en marche, il ne s'est rien passé 65 de catastrophique.

> **(…) en apprenant comment le monde avait été créé, on risquait de le détruire par la même occasion.**

The acronym CERN stands for **Conseil européen pour la recherche nucléaire.**

Several strategies can be used to make the text more approachable. Ex: activating students' prior knowledge, providing background information, scanning for cognates.

Le CERN joue donc un rôle clé dans le développement des technologies du futur. Il tient aussi un rôle primordial dans l'enseignement des technologies de pointe. 70
Et, malgré° les doutes et les inquiétudes *despite* de certains, il est désormais° aussi difficile *now* d'envisager l'avenir sans le CERN que d'imaginer le monde moderne sans le World Wide Web! ■ 75

Analyse

Compréhension Répondez aux questions par des phrases complètes.

1. Qu'est-ce qui s'est passé au CERN à l'automne 2008?
2. Qu'est-ce que le CERN?
3. Quels sont les objectifs du CERN?
4. Qu'est-ce que la recherche fondamentale?
5. Quelle invention du CERN est la plus connue et la plus utilisée au quotidien?
6. Qu'est-ce que le Grand Collisionneur de Hadrons?
7. À quoi est supposé servir le LHC?
8. Pourquoi est-ce que le LHC fait peur à certains?

La science utile La recherche scientifique doit-elle être avant tout pratique ou bien nous permettre de trouver des réponses à des questions métaphysiques? Qu'en pensez-vous? À deux, faites une liste des problèmes pratiques ainsi que des questions théoriques auxquels vous espérez que la science puisse un jour apporter une réponse. Classez cette liste selon vos priorités et comparez-la à celle d'une autre paire.

Peur de l'inconnu De nos jours, certains sont préoccupés par la recherche scientifique, et tout particulièrement par les recherches effectuées par le CERN. En petits groupes, discutez de ce phénomène.

- Est-ce un sentiment nouveau ou bien cette peur a-t-elle toujours existé?
- Certaines innovations ou figures de l'histoire ont-elles provoqué une réaction similaire au sein de l'opinion publique? Pensez par exemple à Christophe Colomb et son projet de rejoindre les Indes par l'ouest. Qu'en pensaient les gens à son époque?
- Plus généralement, faut-il se méfier (*distrust*) de ce qu'on ne connaît pas?

Sciences et francophonie En petits groupes, choisissez une innovation technologique ou scientifique issue de la recherche effectuée dans un pays francophone. Préparez une présentation sur cette technologie ou cette avancée scientifique et expliquez comment elle améliore le quotidien de chacun. Vous pourriez par exemple parler des inventions suivantes:

- le TGV (France)
- le cinématographe (France)
- le Velcro® (Suisse)
- l'anti-histamine (Suisse)
- le moteur à combustion interne (Belgique)
- …

 Practice more at **vhlcentral.com.**

Préparation

KEY STANDARDS
1.2, 2.2, 3.1, 5.2

À propos de l'auteur

Didier Daeninckx (1949–) est né à Saint-Denis, banlieue parisienne, dans une famille modeste. En 1984, son deuxième roman, *Meurtres pour mémoire*, le fait connaître. Porte-drapeau (*Flag bearer*) du roman noir, Daeninckx place toujours ses œuvres dans la réalité sociale et politique de leur époque. Il écrit aussi des bandes dessinées, des livres pour la jeunesse, des pièces de théâtre et des nouvelles. Aujourd'hui, il travaille pour un journal en ligne, amnistia.net, où il dénonce ce qu'il appelle le négationnisme: la tendance à oublier certains événements historiques.

INSTRUCTIONAL RESOURCES
Supersite: Littérature recording; Scripts; SAM AK
SAM/WebSAM: LM

SYNONYMES
hurler ⟷ crier
contrarier ⟷ contrecarrer

Vocabulaire de la lecture

un abonnement *subscription*
s'adresser la parole *to speak to one another*
couper de *to cut off from*
le désespoir *despair*
une échelle *ladder*
hurler *to shout*

un loyer *rent*
numérique *digital*
une parabole *satellite dish*
régler *to adjust*
une retransmission *broadcast*
se taire (*irreg.*) *to be quiet*

Vocabulaire utile

agir *to take action*
contrarier *to thwart*
obsédé(e) *obsessed*

1 **Énigmes** Lisez les définitions et associez un terme des listes de vocabulaire ci-dessus à chacune d'entre elles.

1. Il peut être mensuel ou annuel. un abonnement
2. Si vous ne parlez pas, c'est ce que vous faites. se taire
3. C'est une bonne idée de vérifier qu'elle est stable avant d'y monter. une échelle
4. On doit le payer chaque mois au propriétaire quand on est locataire. un loyer
5. Deux personnes ne le font pas quand elles sont très fâchées. s'adresser la parole
6. C'est ce qu'on a envie de faire quand le dentiste n'utilise pas d'anesthésie. hurler
7. C'est ce qu'il faut faire à votre antenne quand votre réception est mauvaise. régler
8. Vous pouvez la trouver sur un toit ou dans un livre de maths. une parabole
9. Une personne passive ne le fait pas. agir
10. Vous l'êtes si vous pensez à quelque chose constamment. obsédé(e)

2 **Discussion** À votre avis, que veut dire le titre *Solitude numérique*? Discutez-en à deux puis présentez vos idées à la classe.

3 **La vie quotidienne et la technologie** Par groupes de trois, répondez aux questions.

1. Quelle invention électronique particulière utilisez-vous le plus souvent?
2. Votre vie serait-elle différente sans cette invention? Expliquez.
3. Combien de temps par jour passez-vous à regarder la télé, à surfer sur Internet, à parler au téléphone ou à écouter de la musique?
4. Quelle influence l'utilisation d'appareils électroniques a-t-elle sur vos rapports avec les autres?

2 Give students an outline for their discussion: **1. la signification du titre 2. le thème de la lecture 3. les choses qui, dans la vie, contribuent à la solitude**

3 Tell students to draw specific examples from various everyday situations. At first, they may not even realize how many hi-tech devices they use.

Ask students to write a brief description of the photo. They should describe what the people look like, what they are doing, and how they both feel.

Have students work in pairs to make up a brief conversation between the two people in the photo. Ask a few pairs to present their conversations to the class.

solitude **NUMÉRIQUE**

Didier Daeninckx

Have students note the first words in the reading: **Le pire**... Ask them what this tells them about the probable tone of the story.

Tell students that as they read *Solitude numérique*, they should relate the characters' experiences and the events to their own lives. This will help them relate to the story and understand it better.

Play the dramatic recording of the story for students to get the gist. Then have them listen to the recording again for full comprehension and for correct pronunciation and intonation. Finally, have them work in small groups to take turns reading blocks of text aloud to practice fluency.

Le pire, si Martine y réfléchissait, c'est que c'était elle qui avait enclenché° le processus en lui offrant tout le matériel° et l'abonnement à Gold-Sport, deux ans plus tôt pour son anniversaire... Et quand elle voulait être sincère, elle arrivait à s'avouer° qu'elle avait une idée derrière la tête en choisissant ce cadeau: le retenir à la maison, samedis soir et dimanches après-midi tout au long de la saison footballistique. Le couper de toute cette bande de supporters assoiffés° qui lui volait ses week-ends. Elle le revoyait qui déballait° la parabole, plus heureux encore que le gamin qu'elle imaginait, agenouillé° près du sapin de Noël° devant son premier vélo. Ils avaient passé deux jours entiers à déterminer le meilleur angle de la réception, puis à installer la coupole° sur le toit° du pavillon°, à régler la monture° polaire motorisée afin de capter° aussi bien le satellite

had set in motion

equipment

to admit to oneself

thirsty

was unpacking

kneeling/ Christmas tree

Explain that **pavillon** is used to describe a one-family house in the suburbs of Paris.

dome/roof/house

mounting

to pick up (a signal)

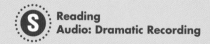

Astra qu'Eutelstat. Régis, qui déprimait dès qu'il fallait changer le sac de l'aspirateur ou nettoyer le filtre du lave-vaisselle, se révéla° un pilote hors
25 pair° dans la conduite du numérique. Les caractéristiques des décodeurs Vidéocrypt et Syster n'eurent plus de secrets pour lui, de même que les signaux oscillants°, les angles d'azimut satellitaires, les Puissances Isotropes Rayonnées Équivalentes° ou l'activation des circuits de clamp°! Il se mit à parler une langue dont elle perdit rapidement la grille de
30 décryptage°, où il était question de «source duo-bloc», de «réchauffeurs souples°», de «doublement de câble coaxial», de «polariseur mécanique», sans même tenir compte des «Low Noise Block» et autres «Duobinaire Multiplexed Analog Components»! Ils ne s'adressèrent plus la parole qu'en de rares occasions, entre deux retransmissions. Le plus souvent
35 elle dormait, quand il venait se coucher, gavé° d'émotions. Un an plus tard, c'est lui qui lui fit un cadeau: la première parabole fut rejointe par sa sœur presque jumelle afin de détecter les signaux d'autres
40 satellites évoluant° plus à l'est ou plus à l'ouest. Au lieu de suivre les péripéties° d'un match

> ## Ils ne s'adressèrent plus la parole qu'en de rares occasions...

P.S.G.-Auxerre sur le plastique froid des fauteuils du Parc, Régis pouvait assister, confortablement installé sur son canapé°, en direct aux matchs
45 de championnat d'Indonésie, de Colombie, de Chine, se tenir au courant°, heure par heure, du goal-average de la troisième division camerounaise, vibrer aux tirs au but° d'une finale amateur disputée au fin fond° de la Finlande. Le budget consacré° aux abonnements atteignait maintenant celui du loyer. Le quatrième décodeur, une merveille permettant
50 également de compresser les images, de les stocker° sur vidéodisques tout en regardant un autre programme, arriva dans le salon débordant° d'électronique pour le deuxième anniversaire de l'abonnement à Gold-Sport. Martine fit une ultime tentative° pour renouer° le dialogue avec Régis en lui apportant son habituel plateau-repas°. Il lui fit signe de
55 se taire, de la main, absorbé par le ralenti° séquentiel qu'il venait de programmer sur une antique lucarne de Platini° dans un but italien. Elle traversa le jardin, sortit l'échelle double du garage pour aller l'appuyer° contre l'arrière du pavillon. Parvenue sur le toit, elle vint se placer à genoux entre les deux paraboles dans lesquelles, pour qu'il l'entende
60 enfin, elle se mit à hurler son désespoir. ■

Glosses (left margin):
- turned out to be
- outstanding
- fluctuating signals
- Equivalent Radiated Isotropic Powers/clamp circuits
- decyphering grid
- flexible heaters
- filled
- moving
- events
- couch
- to keep informed
- penalty shots/in the farthest reaches
- devoted to
- to store
- overflowing
- last attempt/to resume
- meal on a tray
- slow-motion
- Platini's shot in a top corner of the net
- to lean

Margin notes (right):
Have groups of three prepare a three-sentence summary of the story and write it on the board. Read all the summaries and have the class vote on the best one.

Ask students to think about how much time they spend online per day, sending text messages, playing video games, etc. Then have them write an essay including this information as well as whether they feel that the time they spend with technology interferes with other activities and with face-to-face communication with friends and family.

Point out that the **Parc** refers to **Parc des Princes**, which is the oldest soccer stadium in Paris.

Explain that Michel Platini (1955–) was the best French soccer player in the 70s and 80s. He is still regarded as one of the best soccer players in the world.

Analyse

1 **Compréhension** Répondez aux questions. Suggested answers

1. Qui sont les deux personnages principaux de cette lecture? Quelles relations ont-ils? Régis et Martine. Ils sont mariés ou ils vivent en union libre.

2. Quel cadeau Martine a-t-elle offert à Régis? Elle lui a offert du matériel et un abonnement à Gold-Star.

3. Quelle idée Martine avait-elle en tête en lui offrant ce cadeau? Elle voulait retenir Régis à la maison le week-end.

4. Quelle est la réaction de Régis en recevant le cadeau? Il est très content, comme un enfant à Noël.

5. Est-ce que Martine est contente de la réaction de Régis? Pourquoi? Non, parce qu'il passe trop de temps devant la télé.

6. Qu'est-ce que Martine fait à la fin de l'histoire? Pourquoi réagit-elle comme ça? Elle va sur le toit et elle hurle son désespoir. Elle est malheureuse parce qu'elle n'arrive plus à communiquer avec Régis.

2 **Les événements** À deux, mettez les événements de l'histoire dans l'ordre chronologique. Ensuite, comparez vos résultats avec ceux des autres groupes.

___3___ Régis passe deux jours à déterminer le meilleur angle de réception.

___4___ Régis achète une deuxième parabole.

___2___ Régis déballe la parabole.

___6___ Martine va sur le toit et hurle.

___5___ Martine essaie de parler à Régis.

___1___ Martine offre à Régis un abonnement à Gold-Star.

3 **Les rapports** Par groupes de trois, discutez des rapports entre Régis et Martine.

1. Décrivez les rapports entre Régis et Martine.

2. Comment sait-on que tout ne va pas bien entre eux? Citez des exemples.

3. Cette lecture contient beaucoup de vocabulaire technique. Pourquoi l'utilisation de ces mots vous aide-t-elle à vous mettre dans la peau de Martine?

4. À votre avis, quelle est la cause des problèmes entre Martine et Régis?

4 **Jeu de rôles** Par groupes de trois, jouez les rôles de Régis, de Martine et d'un conseiller matrimonial. À tour de rôle, Martine et Régis expliquent leur point de vue sur la situation, puis le conseiller leur dit ce qu'ils devraient faire. Jouez la scène devant la classe.

5 **Rédaction** Imaginez une technologie qui est peut-être pratique aujourd'hui, mais qui, à votre avis, deviendra bientôt obsolète. Suivez le plan de rédaction pour écrire un article qui explique pourquoi. Employez des comparatifs et des superlatifs, le futur simple et le subjonctif.

Plan

1 **Organisation** Faites une liste des avantages et des inconvénients de cette technologie.

2 **Une technologie** Dans un paragraphe, décrivez cette technologie. Dans un autre paragraphe, explorez les problèmes qui lui sont associés.

3 **Conclusion** Pour terminer, décrivez la technologie qui la remplacera.

---

2 Have students write a brief summary of the story using their answers from activity 1 and the statements in this activity as a guide.

3 In pairs, have students describe a situation in which technology (satellite TV/radio, video games, etc.) had a negative effect on their personal life or that of someone they know. Have them draw comparisons between their situation and that of the characters from the story.

TEACHING OPTION As an alternate writing assignment, have students write a one-page story about how science or technology affected the main character(s).

TEACHING OPTION Refer students back to the questions posed in the lesson opener. Ask: **Après avoir lu** Solitude numérique, **avez-vous changé d'avis à propos de l'influence qu'a la technologie sur la vie des gens? Comment répondrait Daeninckx à ces questions?**

Le progrès et la recherche

 Audio: Vocabulary Flashcards

La technologie

une adresse e-mail *e-mail address*
un appareil (photo) numérique *digital camera*
un CD-ROM *CD-ROM*
un correcteur orthographique *spell check*
le cyberespace *cyberspace*
l'informatique (f.) *computer science*
un lecteur de DVD *DVD player*
un mot de passe *password*
un moteur de recherche *search engine*
un ordinateur portable *laptop*
un outil *tool*
un (téléphone) portable *cell phone*
une puce (électronique) *(electronic) chip*

effacer *to erase*
graver (un CD) *to burn (a CD)*
sauvegarder *to save*
télécharger *to download*

avancé(e) *advanced*
innovant(e) *innovative*
révolutionnaire *revolutionary*

Les inventions et la science

l'ADN (m.) *DNA*
un brevet d'invention *patent*
une cellule *cell*
une découverte (capitale) *(breakthrough) discovery*
une expérience *experiment*
un gène *gene*
la génétique *genetics*
une invention *invention*
la recherche *research*
une théorie *theory*

cloner *to clone*
contribuer (à) *to contribute*
créer *to create*
guérir *to cure; to heal*
inventer *to invent*
prouver *to prove*
soigner *to treat; to look after (someone)*

KEY STANDARDS
4.1

INSTRUCTIONAL RESOURCES
Supersite/Test Generator: Testing Program

biochimique *biochemical*
contraire à l'éthique *unethical*
éthique *ethical*
spécialisé(e) *specialized*

L'univers et l'astronomie

l'espace (m.) *space*
une étoile (filante) *(shooting) star*
un(e) extraterrestre *alien*
la gravité *gravity*
un ovni *U.F.O.*
la survie *survival*
un télescope *telescope*

atterrir *to land*
explorer *to explore*

Les gens dans les sciences

un(e) astrologue *astrologer*
un(e) astronaute *astronaut*
un(e) astronome *astronomer*
un(e) biologiste *biologist*
un chercheur/une chercheuse *researcher*
un(e) chimiste *chemist*
un(e) ingénieur *engineer*
un(e) mathématicien(ne) *mathematician*
un(e) scientifique *scientist*

Court métrage

un amas *pile, heap*
l'âme (f.) *soul*
un a priori *preconceived idea*
un bienfait *beneficial effect*
un(e) combattant(e) *fighter*
un danger *danger*
le dénouement *outcome, ending*
la dépendance *addiction*
un(e) esclave *slave*
une machine à écrire *typewriter*

avoir des conséquences néfastes sur *to have harmful consequences on*
délaisser *to neglect*
être accro (à) *(fam.) to be addicted (to)*
heurter *to hit*
jeter par la fenêtre *to throw out the window*

se passer de *to do without*
quitter *to leave*

cloîtré(e) *shut away*
ironique *ironic*
réfractaire (à) *resistant (to)*
sournoisement *slyly*

Culture

l'antimatière (m.) *antimatter*
une innovation *innovation*
la mise en marche *start-up*
une particule *particle*
la recherche appliquée *applied research*
la recherche fondamentale *basic research*
un trou noir *black hole*

détruire *to destroy*
envisager *to envision*
faire une expérience *to conduct an experiment*
porter plainte *to file a complaint*
prédire *predict*
repousser les limites *to push the boundaries*

nucléaire *nuclear*

c'est-à-dire *that is to say; i.e.*
de pointe *cutting edge*

Littérature

un abonnement *subscription*
le désespoir *despair*
une échelle *ladder*
un loyer *rent*
une parabole *satellite dish*
une retransmission *broadcast*

s'adresser la parole *to speak to one another*
agir *to take action*
contrarier *to thwart*
couper de *to cut off from*
hurler *to shout*
régler *to adjust*
se taire *(irreg.) to be quiet*

numérique *digital*
obsédé(e) *obsessed*

S'évader et s'amuser

Les îles ont toujours fait rêver. Elles donnent au visiteur le sentiment d'être libre. Est-ce parce qu'elles ne sont rattachées à aucune terre? Est-ce pour cela aussi qu'on aime y pratiquer des sports extrêmes? Pourquoi des gens risquent-ils leur vie pour s'amuser? D'autres prennent leur sport préféré très au sérieux. Mais quand le jeu n'est plus qu'une compétition, quand un loisir devient une raison de vivre, que se passe-t-il?

L'évasion et l'amusement sont des besoins fondamentaux.

279

302

Destination: OCÉAN INDIEN

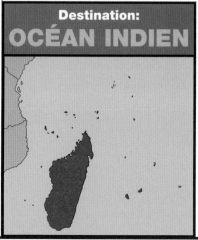

PREVIEW Discuss the photo and text on **p. 272** as a class. Then have students ask each other questions in pairs: **Que fais-tu pour te divertir quand tu as deux heures de liberté? Et si tu as deux jours? Si tu as deux semaines?** Have students share their partner's answers with the class. Then ask specific questions to preview the new vocabulary on **p. 274**. Examples: **Qui est déjà allé à un vernissage ou à une exposition? Êtes-vous membre d'un club sportif?**

S'évader et s'amuser   273

Les passe-temps  Audio: Vocabulary

Le sport

l'alpinisme (m.) *mountain climbing*

un arbitre *referee*
un club sportif *sports club*
une course *race*
un(e) fan (de) *fan (of)*
un pari *bet*
une patinoire *skating rink*
le saut à l'élastique *bungee jumping*
le ski alpin/de fond *downhill/cross-country skiing*

un supporter (de) *fan; supporter (of)*

admirer *to admire*
(se) blesser *to injure (oneself); to get hurt*
s'étonner *to be amazed*
faire match nul *to tie (a game)*
jouer au bowling *to go bowling*
marquer (un but/un point) *to score (a goal/a point)*
siffler *to whistle (at)*

Le temps libre

le billard *pool*

KEY STANDARDS
1.1, 1.2, 4.1

INSTRUCTIONAL RESOURCES
Supersite: Lab Audioscript, SAM
AK, Lab MP3s **SAM/WebSAM**: WB, LM

les boules (f.)/la pétanque *petanque*
les cartes (f.) (à jouer) *(playing) cards*
les fléchettes (f.) *darts*

un jeu vidéo/de société *video/board game*

des loisirs (m.) *leisure; recreation*
un parc d'attractions *amusement park*
un rabat-joie *killjoy; party pooper*

bavarder *to chat*
célébrer/fêter *to celebrate*
se divertir *to have a good time*
faire passer *to spread (the word)*
porter un toast (à quelqu'un) *to propose a toast*
prendre un verre *to have a drink*
se promener *to take a stroll/walk*
valoir la peine *to be worth it*

Les arts et le théâtre

un billet/ticket *ticket*
une comédie *comedy*
une exposition *exhibition; art show*

SYNONYMES

complet ←→ à guichets fermés
prendre un verre ←→ aller boire un coup
←→ prendre une boisson

Un guichet is a box office, so the phrase literally means that the box offices are closed because all the tickets have been sold.

Point out that **prendre un verre** and **aller boire un coup** would often imply having an alcoholic drink. On the other hand, **prendre une boisson** refers to any kind of drink.

Explain that **faire match nul** is the final result of a game. To say *to tie* during the game, use **égaliser**. Examples: **Lyon et**

un groupe *musical group/band*
un(e) musicien(ne) *musician*
une pièce (de théâtre) *(theater) play*
un spectacle *show; performance*
un spectateur/une spectatrice *spectator*
un tableau *painting*
un vernissage *art exhibit opening*

applaudir *to applaud*
faire la queue *to wait in line*

obtenir (des billets) *to get (tickets)*

complet *sold out*
divertissant(e) *entertaining*
émouvant(e) *moving*

Le shopping et les vêtements

des baskets (f.)/des tennis (f.) *sneakers/tennis shoes*
un bermuda *(a pair of) bermuda shorts*
une boutique de souvenirs *gift shop*
un caleçon *boxer shorts*
une culotte *underpants (for females)*
une garde-robe *wardrobe*
un gilet *sweater/sweatshirt (with front opening)*
une jupe (plissée) *(pleated) skirt*
un magasin de sport *sporting goods store*
un nœud papillon *bow tie*
une robe de soirée *evening gown*
un slip *underpants (for males)*
des souliers (m.) *shoes*
des talons (m.) (aiguilles) *(stiletto) heels*

Paris ont fait match nul, deux partout. À la dixième minute du match, Lyon a égalisé.

Point out that **inspirateur** and **inspiratrice** usually describe people. To say that something is inspiring, use **qui inspire**.

Pétanque, invented in Provence in the early 1900s, is closely related to the game "Bocce balls" and more distantly related to "Horseshoes."

Remind the students that **un ticket** (de métro, d'autobus), is usually a smaller, simpler document than **un billet** (d'avion, de train).

Mise en pratique

Les catégories Mettez chaque mot de la liste dans la bonne catégorie. N'oubliez pas de rajouter l'article qui convient. Answers may vary slightly.

alpinisme	course	jeu de société	pièce	souliers
caleçon	gilet	musicien(ne)	se promener	tableau
comédie	groupe	pétanque	saut à l'élastique	vernissage

Les sports extrêmes (1) ____l'alpinisme____ , (2) ____le saut à l'élastique____ , (3) ____une course____

Les loisirs (4) ____la pétanque____ , (5) ____se promener____ , (6) ____un jeu de société____

Le théâtre (7) ____une comédie____ , (8) ____une pièce (de théâtre)____

La musique (9) ____un(e) musicien(ne)____ , (10) ____un groupe____

Les beaux-arts (11) ____un vernissage____ , (12) ____un tableau____

Les vêtements (13) ____un caleçon____ , (14) ____un gilet____ , (15) ____des souliers____

2 **Conversation** Complétez la conversation entre ces trois amis.

GAVIN Alors, qu'est-ce que vous faites cet été? Du sport?

JOCELYNE Lundi prochain, je pars à la montagne pour faire de (1) ____l'alpinisme____ toute la semaine!

COLLINE Toute seule?

JOCELYNE Mais non, je préfère en faire avec des amis. Je vous invite. Faites (2) ____passer____ ! Parlez-en aux copains.

COLLINE Moi, je ne peux pas y aller. Mercredi, mon ami le sculpteur va avoir son premier (3) ____vernissage____ au musée d'Art moderne.

GAVIN Et moi aussi, j'ai un engagement: mon (4) ____groupe____ donne un concert jeudi soir.

COLLINE Génial! Comment est-ce que j'obtiens (5) ____des billets____ ?

GAVIN Tu ne peux plus en (6) ____obtenir____ . C'est (7) ____complet____ en fait.

COLLINE Dommage… mais tant mieux pour ton (8) ____spectacle____ !

JOCELYNE Allons prendre (9) ____un verre____ à la brasserie. Il faut porter un toast et (10) ____célébrer/fêter____ tous ces événements!

3 **Conversez** À deux, posez-vous ces questions. Ensuite, discutez de vos réponses.

1. À quoi préfères-tu occuper ton temps libre? Quels sont tes loisirs préférés?
2. De quels sports es-tu fan? Lequel aimes-tu le mieux?
3. T'es-tu déjà blessé(e) quand tu pratiquais un sport ou une autre activité?
4. Quel est le spectacle que tu as trouvé le plus émouvant récemment? Pourquoi?
5. Est-ce que quelqu'un t'a déjà traité(e) de (*called*) rabat-joie? Pour quelle raison?
6. Décris ta garde-robe. Que portes-tu quand tu pratiques ton sport préféré ou pendant tes heures de loisirs?

4 **Du temps libre** Imaginez que vous et un groupe de vos amis ayez une semaine de libre. Pour en profiter autant que possible, vous faites des projets. Quelles activités pratiquerez-vous? Où irez-vous? Discutez de vos idées avec trois camarades de classe.

:S: Practice more at **vhlcentral.com**.

Préparation

KEY STANDARDS
1.2, 2.1, 2.2, 4.1, 4.2, 5.2

INSTRUCTIONAL RESOURCES
Supersite/DVD: Film Collection
Supersite: Script & Translation

Ask personalized questions to practice the new vocabulary. Example: **Avez-vous déjà vécu quelque chose par l'intermédiaire de quelqu'un? Qui était cette personne? Expliquez la situation**.

Call out vocabulary words for students to mime, draw, or explain. Students should choose the mode they feel is most appropriate for each expression.

Have small groups work together to create a mini-conversation between a coach and a soccer team. They should use at least three words or expressions from each vocabulary list. Have groups present their conversations for the class to evaluate for range of vocabulary and interest level.

1 Have students think of an additional **logique ou illogique** statement to ask their partner.

2 To inspire a related discussion, ask: **Quelqu'un a-t-il déjà vécu quelque chose par votre intermédiaire?**

Vocabulaire du court métrage

un capitaine *captain*
un centre de formation *sports training school*
un club *team*
un coup franc *free kick*
un duel *one-on-one*
en pointe *forward, up front*
une faute *foul*

lâcher *to let go*
une revanche *revenge*
la veille *day before*

Vocabulaire utile

un entraîneur *coach*
un maillot *jersey*
un terrain (de foot) *(soccer) field*
les vestiaires (m.) *locker room*
vivre quelque chose par l'intermédiaire de quelqu'un *to live something through someone*
vivre (quelque chose) par procuration *to live (something) vicariously*

EXPRESSIONS

avoir les jambes coupées *to have legs like lead*
bourrer le crâne à quelqu'un *to fill someone's head*
faire un dessin à quelqu'un *to spell it out for someone*
sortir du lot *to stand out*

1 Logique ou illogique? Décidez si ces phrases sont logiques ou illogiques et corrigez celles qui sont illogiques. Answers may vary.

1. J'ai les jambes coupées d'avoir couru si vite. logique
2. Leur entraîneur est un enfant de trois ans. illogique; Leur entraîneur est un homme de trente ans.
3. Ce terrain de foot est en mauvais état. logique
4. Le match de demain aura lieu dans les vestiaires. illogique; Le match de demain aura lieu sur le terrain de foot, près de chez moi.
5. Il a bourré le crâne à son maillot. illogique; Il a bourré le crâne à son fils.
6. C'est le capitaine qui va tirer le coup franc. logique
7. Voilà! Vous avez enfin réalisé votre rêve de vous battre en duel! logique
8. Tu vas la lâcher, la faute, oui ou non? illogique; Tu vas le lâcher, le ballon/le maillot, oui ou non?

2 Vivre par procuration Lisez les phrases suivantes et décidez si oui ou non elles décrivent des situations où les gens vivent par procuration.

	oui	non
1. En ce moment, mes amis d'enfance vivent des choses formidables et j'adore entendre parler de ce qui leur arrive.	■	☐
2. Toute la famille a fait une partie (*game*) de foot ensemble.	☐	■
3. Michel lit beaucoup de magazines de voyage, mais ne part jamais.	■	☐
4. Elle vit devant son poste de télévision.	■	☐
5. Mme Vendel voulait devenir joueuse professionnelle de tennis, et aujourd'hui, elle est heureuse, car son fils a peut-être une carrière devant lui, dans ce sport.	■	☐
6. Nous avons toujours rêvé de vivre ailleurs, et maintenant, c'est fait.	☐	■

Practice more at **vhlcentral.com**.

3 **Enquête** Demandez à des camarades quels sont leurs loisirs ou quels sports ils pratiquent et pourquoi. À deux, discutez des résultats. Y a-t-il une activité qui est pratiquée plus que les autres? Pour quelles raisons vos camarades la pratiquent-ils?

Loisirs	Sports

4 **Préparation** À deux, discutez des questions et répondez-y par des phrases complètes.

1. Avez-vous les mêmes goûts que vos parents en matière de sports ou de loisirs?
2. Quel âge aviez-vous quand vous avez commencé votre sport préféré ou votre activité préférée?
3. Pourquoi avez-vous décidé d'arrêter ou de continuer cette activité?
4. Qu'est-ce qui vous influence le plus dans le choix d'une activité?

5 **Devenir pro** Par groupes de quatre, répondez aux questions suivantes.

1. Peut-on faire des études et du sport, sans sacrifier l'un ou l'autre?
2. Les parents doivent-ils soutenir leurs enfants coûte que coûte (*at all costs*)? Vaut-il mieux qu'ils soient réalistes et les encouragent à choisir une autre voie?
3. Parfois, les parents cherchent à vivre un rêve par l'intermédiaire de leurs enfants. Que pensez-vous de cette attitude?

6 **Que se passe-t-il?** Par petits groupes, regardez les images du film et décrivez ce que vous voyez. Ensuite, imaginez ce qui va se passer.

1.

2.

3.

4.

3 Ask this follow-up question: **Quelles activités de la liste aimeriez-vous essayer?**

4 To give students ideas for item 4, put these options on the board to discuss: **1. le coût**, **2. la proximité des équipements** (*sports facilities*), **des terrains, du court**, **3. la mode**, and **4. la curiosité**.

5 Encourage students to draw upon their own childhood experiences with sports or other competitive activities in order to answer and discuss the questions.

6 Have volunteers read their descriptions of the images to the class, who will say which image was being depicted.

6 Have students work in small groups to research the history of soccer, the names of the positions, and the basic rules. Groups should prepare an oral presentation of this information, as well as a narrated demonstration of how the game is played. They should then call on students from the "audience" to participate in the demonstration.

Short Film

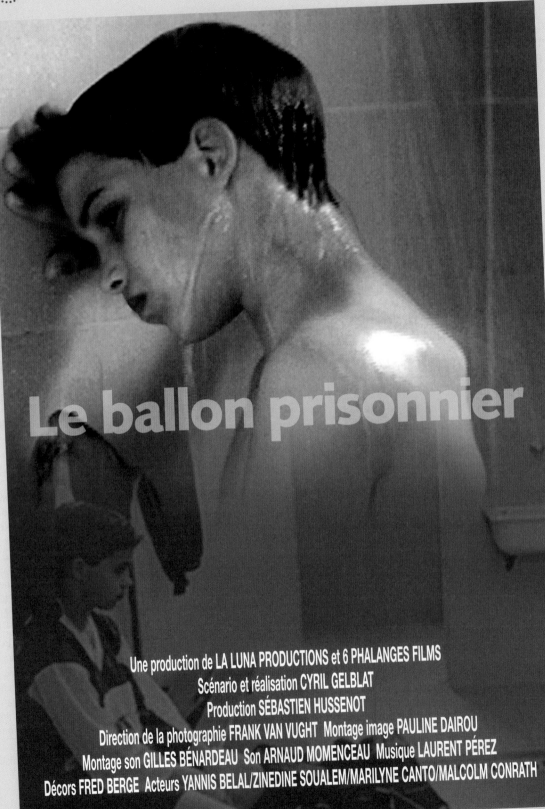

Le ballon prisonnier

Une production de LA LUNA PRODUCTIONS et 6 PHALANGES FILMS
Scénario et réalisation CYRIL GELBLAT
Production SÉBASTIEN HUSSENOT
Direction de la photographie FRANK VAN VUGHT   Montage image PAULINE DAIROU
Montage son GILLES BÉNARDEAU   Son ARNAUD MOMENCEAU   Musique LAURENT PÉREZ
Décors FRED BERGE   Acteurs YANNIS BELAL/ZINEDINE SOUALEM/MARILYNE CANTO/MALCOLM CONRATH

This film is available on the **IMAGINEZ** Film Collection DVD and at **vhlcentral.com**.

Have students describe the images in the movie poster. Ask: **Selon vous, quel va être le ton du film?**

You might tell students that **le ballon prisonnier**, or **la balle aux prisonniers**, is also the name of the playground game known as dodge ball in the U.S. As they watch the film, ask students to think about the meaning of the title.

Let students know that they should draw on prior knowledge and experiences to help themselves understand new material. **Le ballon prisonnier** is a film built around young people, their parents, and sports dreams. Have students work in pairs to talk about movies or TV shows that portray these ideas.

Play the film up to the point where the soccer team takes the field. Have students describe and analyze the people and events up to this point. Then have them predict what will happen during the game. Play the game portion of the film for students to check their predictions.

INTRIGUE *Le jeune Dylan souhaite réaliser le rêve de son père et devenir footballeur professionnel.*

DYLAN Il a le ballon… Zidane qui passe à Dylan Belgazi… qui accélère et… but! (*Il imite un commentateur*) … — Dylan, Dylan… on parle de vous dans les plus grands clubs. — Oui, c'est vrai. Il y a des contacts…

DYLAN Maman, je peux avoir du poulet?
PÈRE Tu le fais exprès ou quoi? Les veilles de matchs, c'est féculents° et sucres lents°, sinon tu as les jambes coupées. Demain, c[e n]'est pas des rigolos° en face.

MÈRE Tu ne veux pas arrêter de lui bourrer le crâne avec ça? Il y en a combien, un sur cent qui finit professionnel.
PÈRE Je n'ai pas dit que je voulais qu'il soit professionnel, j'ai juste dit qu'on allait tout faire pour, c'est tout. Demain, il y aura tous les recruteurs.

ENTRAÎNEUR Salut les gars! Vous savez contre qui on joue aujourd'hui. Dylan, tu joues en pointe. Leur libero°, il est pour toi. Il monte souvent sur les corners. Tu [ne] le lâches pas, Dylan.

ENTRAÎNEUR Dylan, tu le prends!
PÈRE Allez! Allez! Allez!… Mets le pied°! Cours! Cours! Dylan! Ne le lâche pas! Qu'est-ce que tu fais? Tu regardes!

ENTRAÎNEUR Qu'est-ce qui se passe en attaque, là? Il faut provoquer! Bon, Jeff, tu vas remplacer Dylan en pointe. Allez, on y va! On se motive, là!

féculents *starches* **sucres lents** *carbohydrates*
rigolos *jokers* **libero** *sweeper*
Mets le pied! *Get your foot in there!*

PREVIEW Divide the class into groups of four and assign a role to each student. Have groups read the dialogue aloud, then have them characterize the father. Ask: **Que veut M. Belgazi pour son fils, à votre avis? Qu'est-ce qui le motive?** Note students' responses on the board both before and after viewing the film. Then discuss any differences in their answers and why their opinions changed.

TEACHING OPTION Have students read the **Note culturelle** and discuss these questions in groups: **Quels sont vos athlètes professionnels préférés? Qu'est-ce qui les motive le plus? L'amour du sport, l'argent ou autre chose?**

Analyse

1 To check students' comprehension, call on volunteers to answer the questions.

1 **Compréhension** Répondez aux questions par des phrases complètes. Answers may vary slightly.

1. Qu'est-ce que Dylan imagine quand il joue tout seul au foot? Il imagine qu'il joue avec des joueurs professionnels et qu'il marque des buts.

2. Qu'est-ce que Dylan imagine quand il s'arrête de jouer? Il imagine qu'il est interviewé par des journalistes sur sa carrière de footballeur professionnel.

3. Pendant le repas, qu'est-ce que son père conseille à Dylan? Il lui conseille de manger ses pâtes et de ne pas manger de poulet.

4. Que fait Dylan avec sa mère après le dîner? Il fait ses devoirs. / Il étudie l'anglais.

5. Le père croit connaître la vraie raison pour laquelle Djibrill est numéro dix. Quelle est cette raison? Le père de Djibrill et l'entraîneur se connaissent bien. Ils travaillent ensemble depuis dix ans.

6. Que font les joueurs avant que l'entraîneur arrive dans les vestiaires? Ils échangent des photos de joueurs de foot pour leurs albums.

7. À quel poste joue Dylan? Dylan joue en pointe.

8. Qu'est-ce que Dylan doit faire pendant le match? Il ne doit pas lâcher le grand joueur de l'autre équipe.

9. Qui remplace Dylan sur le terrain? Jeff remplace Dylan.

10. Qui gagne le match? L'équipe de Dylan gagne le match.

2 Ask this additional follow-up analysis question: **Dylan serait-il aussi triste si son père s'impliquait moins dans le foot? Pourquoi?**

2 Have students describe where Dylan lives. Then ask: **Pensez-vous que le rêve du père soit influencé par l'endroit où ils habitent? Si oui, de quelle manière?**

2 **Interprétation** À deux, répondez aux questions et expliquez vos réponses.

1. Pourquoi la mère n'est-elle pas contente quand le père offre à Dylan des photos de joueurs pour son album?

2. Est-ce que Dylan écoute les conseils de son père? Donnez des exemples.

3. Quelle est l'attitude du père pendant le match?

4. Comprenez-vous la réaction de Dylan quand il est remplacé?

5. Que ressent le père quand il voit Dylan pleurer?

6. Que ressent chaque personnage à la fin, dans la voiture?

3 For item 2, work with the whole class to come up with a list of as many places and situations in which students might have witnessed similar events. Then have volunteers point out one of the items on the list and explain what they witnessed there. Possible items to include: **dans un centre de formation, pendant une course, à la patinoire (pendant une compétition), sur un terrain de foot (pendant un match),** etc.

3 **Et les parents?** Par petits groupes, répondez aux questions.

1. Que pensez-vous du père et de la mère? D'après vous, lequel des deux a la meilleure approche? Justifiez votre réponse.

2. Avez-vous déjà été témoin ou avez-vous déjà entendu parler d'une situation comme celle qui est présentée dans le film? Où cela?

3. Comment les parents devraient-ils se comporter pendant une compétition à laquelle leur enfant participe?

4. Pensez-vous que les enfants soient motivés par l'attitude des parents?

5. Quelles devraient être les raisons pour lesquelles un enfant pratique un sport ou participe à une activité?

 Practice more at **vhlcentral.com.**

4 **Les thèmes du film** Par groupes de trois, réfléchissez aux thèmes du film. Choisissez chacun un thème et expliquez ce qui le relie à l'histoire. Ensuite, décidez quel est le thème principal du film. N'hésitez pas à en suggérer d'autres.

- La fascination pour le monde du football
- Vivre par procuration
- Réaliser un rêve
- Pousser un enfant à la compétition
- Donner à quelqu'un la possibilité de réussir

5 **Monologues** À deux, écrivez un petit monologue où chaque personnage du film se présente et raconte son histoire.

Modèle Bonjour. Je m'appelle Dylan…

6 **Moi, si...** Et si vous pouviez changer l'histoire? À deux, pensez à deux ou trois scènes du film et modifiez-les en fonction de vos envies. Comparez votre nouveau scénario avec celui d'un autre groupe.

Modèle DYLAN Maman, je peux avoir du poulet?
PÈRE Tu peux, Dylan, mais rappelle-toi que tu as un match demain. Il y aura tous les recruteurs.

7 **La conversation** À deux, imaginez la conversation entre Dylan et son père une fois qu'ils sont arrivés à la maison. Présentez votre dialogue à la classe.

- Qui parle le premier?
- Quel est le ton de la conversation?
- Que font-ils à la fin de la conversation?

4 As an optional writing assignment, have students choose one of the given themes or a theme of their own. Then ask them to write a few paragraphs explaining what the theme means to them, why it is the main theme of the film, and their own beliefs about the role parents ought to play in amateur sports.

5 Ask a few volunteers to read their monologues to the class without revealing the name of the person. Call on other students to say which character is speaking.

5 At the dinner table, the mother and father speak aloud to Dylan and to each other. Based on what students saw throughout the film, what do they think the parents were also thinking about during dinner? Have students write the inner monologue of each parent. Remind students to first organize their ideas in a graphic organizer of their choosing.

6 Have pairs act out their adapted scenes for the class.

7 As a variation, ask: **Que dirait la mère si elle était là? Comment traiterait-elle Dylan par rapport à son mari?**

Des danseuses de séga

IMAGINEZ
L'océan Indien

KEY STANDARDS
2.1, 2.2, 3.2, 4.2, 5.1

INSTRUCTIONAL RESOURCES
Supersite: Teaching suggestions; SAM AK
SAM/WebSAM: WB

Dépaysement garanti! Reading

D'ailleurs…

Madagascar produit plus de 700 tonnes de vanille par an. Comme la fleur n'est pas originaire de cette île, il n'existe pas d'insecte capable de la féconder°. La culture de la vanille se fait donc entièrement à la main.

Les îles francophones de l'**océan Indien** ont tout pour charmer le voyageur qui recherche l'exotisme.

Madagascar, la «**perle de l'océan Indien**», située à 400 km à l'est du **Mozambique**, est la plus grande île de cette région du monde. Les habitants, les **Malgaches**, vous saluent d'un «tonga soa» qui signifie «bienvenue» en malgache. L'île est connue pour ses parcs naturels, mais elle vit aussi de la production d'épices comme la cannelle°, le poivre et la **vanille**, dont elle est le premier producteur mondial. À l'origine la vanille vient du Mexique. Les conquistadors espagnols en ont rapporté en Espagne. Et ce sont des colons français qui l'ont importée à Madagascar. La vanille est en fait le fruit d'une orchidée grimpante°, la seule qui produise des fruits.

Dans le **canal du Mozambique**, qui sépare Madagascar du continent africain, on trouve **Mayotte**, collectivité d'outre-mer française, et l'archipel des **Comores**. Le **lagon de Mayotte**, qui entoure l'île, est l'un des plus grands du monde avec plus de 200 espèces de coraux° et 100 espèces de mollusques. Et seulement 4% des récifs° ont été explorés! Aux **Comores**, à l'ouest de Mayotte, on trouve l'ilang-ilang, plante dont on se sert en parfumerie. L'archipel en est le premier producteur du monde. On peut y voir aussi une faune unique: les makis, de grands lémuriens venus de Madagascar, et les margouillats, petits lézards de couleur crème dévoreurs de moustiques. Faire de la voile° aux **Seychelles** est le meilleur moyen de découvrir les 115 îles qui composent cet archipel, situé au nord-est de Madagascar. Réputées pour leur climat tropical et leurs plages idylliques, les Seychelles vivent essentiellement du tourisme.

L'île de la Réunion, à l'est de Madagascar, se distingue par ses paysages volcaniques époustouflants°. Pour vraiment l'apprécier, il faut l'explorer à pied et faire de longues randonnées autour de ses pitons° volcaniques et de ses cirques. Après l'effort, les visiteurs pourront déguster un

La colline de Chamarel, à l'île Maurice

cari° au son du **séga** et du **maloya**, chants° et danses typiques de l'océan Indien dont le rythme varie d'une île à l'autre. À 250 kilomètres de la Réunion, on trouve l'**île Maurice**. La **colline° de Chamarel**, mosaïque bleue, verte, jaune et rouge, est une curiosité de la nature à voir absolument. Ces couleurs étonnantes seraient dues à l'érosion de roches volcaniques.

Oui, pour celui qui est prêt à faire le voyage, l'exotisme sera au rendez-vous.

cannelle *cinnamon* grimpante *climbing* coraux *coral* récifs *reefs* Faire de la voile *Sailing* époustouflants *breathtaking* pitons *peaks* cari *curry* chants *songs* colline *hill* féconder *pollinate*

Le français parlé dans l'océan Indien

Mots

un baba	un bébé
une eau sucrée	une boisson au citron
un gazon	une boule de riz ou de maïs (*corn*) froide
l'île rouge	Madagascar
la langue zoreille	le français
une magination	une pensée; *thought*
une tortue bon-dieu	une coccinelle; *ladybug*

Expressions

à coup de main	à la main
débasculer une porte	ouvrir une porte
ouvrir le linge	étendre le linge; *to hang out the laundry*
partager un grain de sel	se connaître, avoir une relation
prendre pied	s'installer chez quelqu'un

Découvrons des merveilles de la nature

Le piton de la Fournaise Il appartient à un grand massif volcanique qui couvre le sud-est de l'île de la Réunion. Son

sommet° est à 2.631 m. À côté, se trouve le piton des Neiges à 3.070 m. Le piton de la Fournaise est moins haut, mais c'est le volcan actif de l'île. Malgré ses éruptions régulières, il n'est pas considéré comme dangereux car ses laves° sont liquides.

L'île d'Aldabra C'est un îlot° très sec° et sauvage des Seychelles, et c'est un véritable paradis terrestre pour les tortues géantes. Des espèces qui vivaient à la Réunion, à Madagascar ou sur l'île Maurice ont disparu, mais sur Aldabra, on compte plus de 150.000 individus.  Ces tortues sont les plus grosses du monde: elles peuvent peser jusqu'à 300 kg, et vivre jusqu'à 150 ans!

Le jardin de Pamplemousse Pierre Poivre, botaniste royal,

a créé ce jardin sur l'île Maurice en 1767. Avec ses 85 variétés de palmiers°, ce jardin est une invitation au voyage. Le jardin de Pamplemousse° abrite° de vrais trésors botaniques, comme de nombreuses plantes tropicales, des nénuphars° géants et le tallipot, un palmier aux feuilles immenses qui fleurit une fois tous les 60 ans.

Le dodo Gros oiseau gris, le dodo est proche du pigeon, avec un bec recourbé°. Il pesait 20 kg et pouvait vivre jusqu'à 30 ans. Le dodo habitait l'île Maurice à l'époque de sa découverte par le Portugais Alfonso de Albuquerque, en 1598. Comme il ne volait° pas, les marins° le chassaient° pour le manger et  il a été rapidement exterminé. Aujourd'hui, on peut en voir une reproduction au musée d'Histoire naturelle de Port-Louis, la capitale.

sommet *summit* laves *lava* îlot *petite île* sec *dry* palmiers *palm trees* Pamplemousse *Grapefruit* abrite *houses* nénuphars *lili pads* bec recourbé *curved beak* volait *fly* marins *sailors* chassaient *hunted*

Qu'avez-vous appris?

1 Vrai ou faux? Indiquez si ces affirmations sont vraies ou fausses, et corrigez les fausses.

1. __d__ Séga et maloya
2. __b__ Les Comores
3. __f__ Le lagon de Mayotte
4. __a__ Les colons français
5. __e__ L'île Maurice
6. __c__ L'île d'Aldabra

a. Ce sont eux qui ont importé la vanille à Madagascar.
b. On y trouve des makis et des margouillats.
c. Un îlot sec qui est un véritable paradis terrestre pour les tortues géantes.
d. Les chants et danses typiques de l'océan Indien.
e. Une île où se trouve le jardin de Pamplemousse.
f. On y recense plus de 200 espèces de coraux et 100 espèces de mollusques.

2 Questions Répondez aux questions. *Answers may vary slightly.*

1. Que faut-il faire pour vraiment apprécier la Réunion? *Il faut l'explorer à pied et faire de grandes randonnées autour de ses pitons et de ses cirques.*

2. Quel est le produit principal de Madagascar? *La vanille est le produit principal de Madagascar.*

3. Combien de kilomètres séparent la Réunion de l'île Maurice? *250 km les séparent.*

4. Où se trouve le piton de la Fournaise? *Il se trouve dans un grand massif volcanique qui couvre le sud-est de l'île de la Réunion.*

5. Qui a créé le jardin de Pamplemousse et quand? *Pierre Poivre, botaniste royal, l'a créé en 1767.*

6. À quoi ressemblait le dodo? *À un gros oiseau gris, proche du pigeon, avec un bec recourbé.*

Projet

Une croisière dans l'océan Indien

Organisez une croisière dans l'océan Indien. Recherchez sur **vhlcentral.com** toutes les informations dont vous avez besoin pour créer votre itinéraire. Ensuite, préparez votre voyage d'après les critères suivants:

- Choisissez quatre destinations et explorez un port ou un lieu par île.
- Écrivez une description de chaque visite dans votre journal.
- Racontez vos aventures à la classe et montrez des photos de chaque lieu visité. Expliquez où vous êtes allé(e), ce que vous avez vu et parlez de ce que vous avez aimé.

ÉPREUVE

Trouvez la bonne réponse.

1. _____ est la «perle de l'océan Indien».
   a. La Réunion   b. Madagascar
   c. Le Mozambique   d. L'île Maurice

2. Sur l'île Maurice, _____ est une curiosité de la nature.
   a. la colline de Chamarel
   b. le canal du Mozambique
   c. Aldabra
   d. la plage

3. _____ est un plat typique de la cuisine réunionnaise.
   a. La salade   b. Le riz froid
   c. Le cari   d. Le malayo

4. Seulement _____ des récifs de Mayotte ont été explorés.
   a. 4%   b. 6%
   c. 20%   d. 14%

5. _____ est originaire du Mexique.
   a. Le dodo   b. La vanille
   c. L'ilang-ilang   d. Le séga

6. «Tonga soa» veut dire _____ en malgache.
   a. «bonjour»   b. «comment ça va?»
   c. «merci»   d. «bienvenue»

7. _____ entoure l'île de Mayotte.
   a. Un Malgache   b. Un lagon
   c. Madagascar   d. L'océan Pacifique

8. Le dodo habitait _____.
   a. Madagascar   b. les Seychelles
   c. les Comores   d. l'île Maurice

9. Les Seychelles sont un archipel de _____ îles.
   a. 2   b. 7
   c. 100   d. 115

10. Le piton de la Fournaise n'est pas dangereux car _____.
    a. c'est un volcan actif
    b. il est à côté du piton des Neiges
    c. il ne mesure que 2.631 mètres
    d. ses laves sont liquides

 *Le Zapping*

 **S** **Video: TV Clip**

INSTRUCTIONAL RESOURCES
Supersite: Video Script &
Translation; Answer Key

L'art du déplacement

C'est dans la région parisienne des années 1990 qu'un groupe de jeunes a révélé le parkour au grand public. Cofondé par David Belle et Sébastien Foucan, le parkour est une course d'obstacles en milieu urbain ou naturel, inspirée par le parcours du combattant (*obstacle course*) des militaires. Grâce à Internet, le parkour a connu un énorme succès populaire et il existe aujourd'hui des traceurs (*runners*) et traceuses dans le monde entier.

Franchir un peu les obstacles de la vie comme on franchit ceux qui sont autour de nous, dans notre environnement.

COMPRÉHENSION Play the video again, pausing after each interview segment, and have pairs of students summarize each one. Then, ask students if any of them would consider trying **le parkour** and why.

DISCUSSION As a follow-up, have students write a 10-line paragraph to answer this question: **En quoi la pratique du parkour peut-elle aider à surmonter les obstacles de la vie?**

ET VOUS? You may wish to provide a list of extreme sports such as **le parachutisme, le saut à l'élastique, le deltaplane, le kite surf, l'escalade, le motocross, le base jump, le vol à voile, le parapente,** and **le VTT.**

VOCABULAIRE

de la vidéo

une contrainte
constraint

le déplacement urbain
urban movement

l'état (*m.*) d'esprit
state of mind

franchir un obstacle
to overcome an obstacle

une ligne de conduite
code of conduct

le parvis du musée
square outside museum

un sol plat *level ground*

pour la conversation

une blessure *injury*

se dépasser *to push one's limits*

une montée d'adrénaline
adrenaline rush

prendre des risques
to take risks

un sport extrême
extreme sport

1

 Compréhension Répondez aux questions par des phrases complètes.

1. En quoi consiste le parkour?
   C'est un sport dans lequel les participants franchissent des obstacles urbains.

2. Qu'est-ce qui est le plus important dans le parkour?
   C'est la confiance en soi.

3. Quels sont les trois disciplines associées à ce sport?
   Ce sont le parkour, le free running et le tricks.

2

Discussion Répondez aux questions en donnant des détails.

1. D'après vous, pourquoi une personne peut-elle être attirée par les sports extrêmes? Quels en sont les dangers?

2. D'après l'interview de Mika, le parkour est aussi un état d'esprit, une envie de partager avec les autres et un moyen de rester humble. Comment comprenez-vous cette phrase?

Et vous? Avez-vous déjà participé à un sport extrême? Si oui, lequel? Parlez de votre expérience. Sinon, dites si vous aimeriez en essayer un, lequel et pourquoi.

🅢 Practice more at **vhlcentral.com.**

GALERIE DE CRÉATEURS

SUR INTERNET

Pour plus de renseignements sur ces créateurs et pour explorer des aspects précis de leurs créations, à l'aide d'activités et de projets de recherche, visitez vhlcentral.com.

PEINTURE/PHOTOGRAPHIE
Heritina «R..Tine» Andriamamory (1979–)

«R..Tine» Andriamamory est une jeune peintre et photographe née sur l'île de Madagascar. Elle fait des études d'arts plastiques en France, mais obtient sa véritable formation artistique pendant ses voyages. Dans sa découverte du monde, elle s'imprègne de (*immerses herself in*) l'univers qui l'entoure (*surrounds*) pour ensuite recréer ses sensations sur la toile (*canvas*). Parfois, elle y incorpore du tissu (*fabric*), du sable (*sand*) ou d'autres matériaux naturels pour donner plus de vie à ses créations. Le sujet de ses peintures est basé sur les peuples des différents pays qu'elle visite. Son art, aussi diversifié que coloré, est une fenêtre sur le monde.

LITTÉRATURE/CINÉMA
Khaleel «Khal» Torabully (1956–)

Né à l'île Maurice, Khal Torabully est un poète et un réalisateur qui a étudié en France. Son œuvre abondante raconte l'histoire de son île et de la population mauricienne. Il aime jouer avec les rythmes et les mots. Il révèle dans sa poésie son

concept de la «coolitude», le fait de voir au-delà de (*beyond*) l'époque colonialiste et de créer des ponts entre les peuples, entre les continents et entre les cultures. Il se base sur l'histoire de son peuple pour s'interroger (*wonder*) sur le monde contemporain. Avec deux autres auteurs, Khal Torabully est à l'origine de la fondation d'une association littéraire, l'Internationale des poètes. Il est aussi à l'origine du tout premier livre humanitaire sur Internet, en lançant en 2010 le projet «Poètes pour Haïti», en vue d'aider les sinistrés de ce pays.

ÉCOLOGIE

Kantilal Jivan Shah (1924–)

Kantilal Jivan Shah, «Kanti», né aux Seychelles, est un homme aux connaissances (*knowledge*) multiples, comme Léonard de Vinci en son temps. Il a fait beaucoup de choses dans sa vie: gourou, historien, expert en histoire naturelle, cuisinier végétarien, photographe, sculpteur, agronome… Des personnalités comme la reine d'Angleterre Élisabeth II ou Mère Térésa l'ont rencontré, impressionnées par son savoir (*body of knowledge*). Âgé de plus de 80 ans, il s'occupe encore aujourd'hui de l'entreprise d'import-export que son père avait créée en 1895. Mais depuis les trente dernières années, il est surtout connu comme pionnier de l'écologie et de l'écotourisme. Il a en effet contribué à la création de réserves marines et de réserves naturelles. Il est aussi membre de diverses organisations comme l'Alliance française ou le Fonds (*Fund*) des Seychelles pour l'environnement.

DANSE

Jeff Mohamed Ridjali (1966–)

Jeff Mohamed Ridjali, danseur et chorégraphe né à Mayotte, est un adepte de la danse contemporaine.
Il découvre le monde de la danse à Paris où il est fasciné par ce langage du corps. Après avoir étudié cet art, il crée une école de danse à Marseille, l'Institut de cultures chorégraphiques. Cet institut a pour but d'aider les jeunes de la rue, grâce à l'enseignement de la danse. Certains de ces jeunes sont maintenant des danseurs professionnels qui font partie de sa compagnie, Urban Concept Danse Cie. Mais la plus grande entreprise de sa carrière, c'est la fondation du Ballet de Mayotte, une troupe professionnelle avec une école de danse mahoraise (*from Mayotte*). Il désire faire connaître cette danse bien particulière dans le monde, et lui donner sa place parmi les styles existants.

Compréhension

À compléter Complétez chaque phrase logiquement.

1. La création de réserves marines et naturelles est une des nombreuses activités de ___Kantilal Jivan Shah___.

2. «R..Tine» Andriamamory est une jeune peintre et ___photographe___ originaire de Madagascar.

3. L'institut créé par Jeff Mohamed Ridjali a pour but ___d'aider les jeunes de la rue___ grâce à la danse.

4. La ___coolitude___ est un concept qui vise à créer des ponts entre les peuples.

5. L'œuvre de Khal Torabully raconte l'histoire de son peuple et de son ___île___.

6. La ___danse mahoraise___ est une danse originaire de Mayotte.

7. La formation artistique de «R..Tine» Andriamamory vient surtout de ses ___voyages___.

8. Kantilal Jivan Shah est connu comme pionner de l'écologie et de ___l'écotourisme___.

9. Jeff Mohamed Ridjali est un adepte de la ___danse contemporaine___.

10. «R..Tine» Andriamamory incorpore souvent des matériaux naturels comme le tissu et le ___sable___ dans ses tableaux.

Rédaction

À vous! Choisissez un de ces thèmes et écrivez un paragraphe d'après les indications.

- **La «coolitude»** Khal Torabully veut créer des ponts entre les peuples et les cultures par l'intermédiaire de la littérature et du cinéma. Pensez-vous que cela soit possible? Expliquez votre opinion personnelle en utilisant des exemples précis.

- **L'art de «R..Tine» Andriamamory** Décrivez la peinture de «R..Tine» Andriamamory. Que révèle-t-elle sur les modes de vie du peuple représenté? Aimez-vous ce tableau? Pourquoi?

- **Écotourisme** Décrivez le concept de l'écotourisme. Avez-vous déjà fait de l'écotourisme? Si oui, décrivez votre expérience. Sinon, dites si vous aimeriez en faire et pourquoi.

 Practice more at **vhlcentral.com.**

KEY STANDARDS
4.1, 5.1

INSTRUCTIONAL
RESOURCES
Supersite: Lab Audioscript,
SAM AK, Lab MP3s
SAM/WebSAM: WB, LM

Have a student explain what
an infinitive is. (It is the most
basic, unconjugated form of
a verb.)

ATTENTION!

Remember that **aller** +
[*infinitive*] describes actions
occurring in the near future and
venir de + [*infinitive*] describes
actions that have or had *just*
occurred.

Ils vont marquer un but!
They're going to score a goal!

**Il venait de fêter son 100ᵉ
anniversaire quand il est mort.**
*He had just celebrated his 100ᵗʰ
birthday when he died.*

BLOC-NOTES

The **faire causatif**, formed with
faire + [*infinitive*], means *to
have (someone) do something*.
For an explanation of this
construction, see **Fiche de
grammaire 9.5, p. 426.**

BLOC-NOTES

For a list of verbs accompanied
by a preposition and an infinitive,
see **Fiche de grammaire 8.4,
p. 420.**

Teach students the French
version of Shakespeare's quote
from Hamlet, «**Être ou ne pas
être**», so they memorize how to
negate an infinitive.

Remind students that impersonal
expressions can be in any tense:
Il <u>était</u> bon de vous revoir. Il
<u>faudra</u> se réunir plus souvent.

8.1

Infinitives

—*Je ne veux rien **voir passer**!*

- An infinitive can follow many conjugated verbs directly. To negate the conjugated verb,
  place **ne... pas** (**jamais**, etc.) around it.

aimer *to like to*	**devoir** *to have to/must*	**prétendre** *to claim to*
compter *to expect to*	**espérer** *to hope to*	**regarder** *to watch*
croire *to believe to be* (doing something)	**laisser** *to allow to*	**savoir** *to know how to*
	oser *to dare to*	**sembler** *to appear to*
désirer *to want to*	**paraître** *to seem to*	**souhaiter** *to wish to*
détester *to hate to*	**penser** *to intend to*	**venir** *to come to*
écouter *to listen to*	**pouvoir** *to be able to/can*	**voir** *to see*
entendre *to hear*	**préférer** *to prefer to*	**vouloir** *to want to*

Nous **comptons obtenir** des billets.   Il **ne prétend pas être** un fan de l'équipe.
We're expecting to get tickets.   *He doesn't claim to be a fan of the team.*

- Many verbs are used with a preposition, usually **à** or **de**, before the infinitive.

Les meilleurs athlètes **arrivent à**   Ils **n'oublient jamais de siffler** pendant
finir la course.   le match.
The best athletes manage to run   *They never forget to whistle during*
the whole race.   *the game.*

- Remember to place any pronouns before either the conjugated verb or the infinitive,
  depending on which one they are the objects of. Do not contract the prepositions **à** and **de**
  with the direct object pronouns **le** and **les**.

Je **l'ai entendue chanter** une fois.   Tu n'**oublieras** pas **de le faire**.
I heard her sing once.   *You won't forget to do it.*

- To negate an infinitive after a conjugated verb, place both **ne** *and* **pas** directly before the
  infinitive. Place **ne** and **pas** directly before any pronouns that accompany the infinitive.

Le prof a décidé de **ne pas venir**.   Vous préférez **ne pas leur en parler**?
The prof decided not to come.   *You prefer not to speak to them about it?*

- Impersonal expressions of the type **Il est...** + [*adjective*] are followed by **de** + [*infinitive*]
  to describe a general opinion. **Il faut...** and **Il vaut mieux...** can be followed directly by
  an infinitive to express obligation.

Il est important de faire de la gym.   **Il faut se détendre** après le travail.
It is important to work out.   *One has to relax after work.*

- Some verbs usually take an indirect object before **de** + [*infinitive*]. Such verbs include **commander**, **conseiller**, **demander**, **dire**, **permettre**, **promettre**, and **suggérer**.

  Maman **lui a demandé d'acheter** des épinards.
  Mom asked him to buy spinach.

  Nous **leur permettons de rentrer** à onze heures.
  We let them come home at 11 o'clock.

- The present participle can act as the subject of a verb in English, but in this case French uses the infinitive.

  Être un enfant n'est pas toujours facile.
  Being a child is not always easy.

  Voir, c'est **croire**.
  Seeing is believing.

- The infinitive is often used to give instructions or commands, as in recipes or on public signs.

  Mettre au four pendant 15 minutes.
  Put in the oven for 15 minutes.

  Ne pas **toucher!**
  Do not touch!

- The past infinitive is formed with the infinitive of **avoir** or **être** plus the past participle of the verb. The past infinitive is often used with **après**.

  Après avoir crié pendant deux heures au match, j'avais mal à la gorge.
  After shouting for two hours at the game, my throat hurt.

  Hier soir, ils ont décidé de voir une pièce **après être sortis**.
  Last night, they decided to see a play after going out.

- A past participle used with the past infinitive agrees just as it would if the helping verb were conjugated. Place object pronouns before the helping verb.

  On n'aimait plus la comédie **après l'avoir vue** cinq fois.
  We didn't like the comedy any more after seeing it five times..

  Après s'être promenée sous la pluie, elle a attrapé un rhume.
  After walking in the rain, she caught a cold.

- Use an infinitive instead of the subjunctive when there is no change of subject between clauses or with impersonal expressions that have a general meaning and no true subject.

Subjunctive: subject change between clauses	Infinitive: no subject change between clauses
Papa **désire** que **nous allions** à la plage. *Dad wants us to go to the beach.*	Papa **désire aller** à la plage. *Dad wants to go to the beach.*
Stéphanie et Lionel **préfèrent** que **leurs enfants ne regardent pas** trop la télévision. *Stéphanie and Lionel prefer that their children do not watch too much television.*	Stéphanie et Lionel **préfèrent ne pas trop regarder** la télévision. *Stéphanie and Lionel prefer to not watch too much television.*
Il vaut mieux qu'**elle mette** un anorak pour faire du ski. *She should wear a parka to go skiing.*	**Il vaut mieux mettre** un anorak pour faire du ski. *It's best to wear a parka to go skiing.*

Point out that these verbs follow the pattern verb + **à quelqu'un de**. Give examples with object nouns. Ex: **Mes parents permettent à mon frère d'aller au match de foot**.

Point out that, in these cases, the infinitive acts as a noun. For example, **voir** is the subject of the sentence **Voir, c'est croire**.

Tell students to use the **infinitive** instead of a **tu** or **vous** form of the imperative when the command is impersonal, that is, when the audience is unknown.

Explain that the past infinitive is used to express an action that took place prior to the action of the verb in the main clause, but explicitly when the subordinate and main subjects are the same. Example: **Après avoir dansé toute la nuit, nous étions épuisés**.

BLOC-NOTES

To review past participle agreement, see **Fiche de grammaire 5.5, p. 410**.

BLOC-NOTES

To review the use of **il est/ c'est** + [*adjective*] + **de/à** + [*infinitive*], see **Fiche de grammaire 2.5, p. 398**.

Write the sample sentences for past infinitive agreement on the board. Circle each past participle; then draw an arrow to the subject or object that dictates the agreement.

Mise en pratique

Note CULTURELLE

Les Jeux des îles de l'océan Indien, ou les **JIOI**, sont des jeux «olympiques» exclusivement réservés aux habitants des îles de l'**océan Indien**. C'est l'**île de la Réunion** qui en est à l'origine. Elle a organisé les premiers jeux en 1979.

Mention that the JIOI take place at irregular intervals, not every four years. Participating islands include **les Comores, Madagascar, les Maldives, l'île Maurice, la Réunion**, and **les Seychelles**. They take turns in organizing the games.

2 In pairs, have students check each other's answers.

2 Have students change the affirmative items to the negative and vice versa. Note that the placement of **ne... pas** will vary according to what makes the most sense in the context of the sentence.

3 After completing the conversation, have students read it with a partner.

1

À compléter Décidez si le verbe entre parenthèses doit rester à l'infinitif ou être conjugué.

1. Veux-tu _____venir_____ (venir) avec moi à la plage?

2. Il croit qu'il _____a_____ (avoir) toujours raison.

3. Nous aimons _____regarder_____ (regarder) les gens qui _____marchent_____ (marcher) dans la rue.

4. Nathalie ne veut pas _____lire_____ (lire) ce livre; il est trop difficile à _____comprendre_____ (comprendre).

5. Vous désirez _____participer_____ (participer) aux Jeux des îles de l'océan Indien?

6. J'ai besoin que tu _____fasses_____ (faire) les courses aujourd'hui.

7. L'agent de voyage m'a suggéré d' _____attendre_____ (attendre) un peu avant de _____réserver_____ (réserver) une chambre d'hôtel.

8. Il semble que vous _____ayez peur de_____ (avoir peur de) peu de choses.

2

À relier Formez des phrases complètes à l'aide des éléments donnés.

1. les enfants / aimer / manger / des glaces   Les enfants aiment manger des glaces.

2. nous / venir de / participer / à une course nautique   Nous venons de participer à une course nautique.

3. tu / ne pas / oser / jouer / aux fléchettes   Tu n'oses pas jouer aux fléchettes.

4. mes parents / avoir l'intention de / prendre / des vacances / à l'île Maurice   Mes parents ont l'intention de prendre des vacances à l'île Maurice.

5. je / ne pas / avoir / vouloir / sortir / hier soir   Je n'ai pas voulu sortir hier soir.

6. il / désirer / vous / aller / voir / le spectacle   Il désire que vous alliez voir le spectacle.

7. le guide / souhaiter / faire / visiter / les maisons coloniales   Le guide souhaite faire visiter les maisons coloniales.

8. vous / aller / prendre un verre / après le travail   Vous allez prendre un verre après le travail.

3

Projets de week-end Mathilde et Chloé se racontent ce qu'elles prévoient de faire le week-end prochain. Complétez la conversation à l'aide des éléments de la liste. Answers may vary slightly.

compter faire	falloir faire	paraître	préférer rester
à découvrir	avoir l'intention de	penser faire	à préparer
entendre dire	laisser bouillir	avoir peur de	vouloir

CHLOÉ Alors? Tu (1) _____comptes faire_____ quoi ce week-end?

MATHILDE Eh bien, je/j' (2) _____ai l'intention de_____ faire un tour à la campagne.

CHLOÉ Et tu sais où exactement?

MATHILDE Je/J' (3) _____ai entendu dire_____ que la forêt de l'Est est (4) _____à découvrir_____. On y trouve pleins de lémuriens (*lemurs*).

CHLOÉ Oui, c'est vrai. Il (5) _____paraît_____ qu'il y en a beaucoup.

MATHILDE Et toi? Que (6) _____penses_____ -tu _____faire_____?

CHLOÉ Oh, je/j' (7) _____préfère rester_____ à la maison. J'ai une tonne de choses (8) _____à préparer_____ pour la fête de samedi soir et je/j' (9) _____ai peur de_____ ne pas avoir le temps de tout faire.

MATHILDE Eh! (10) _____Vouloir_____, c'est pouvoir! Bon. Maintenant, il (11) _____faut faire_____ ce gâteau. Que dit la recette?

CHLOÉ «(12) _____Laisser bouillir_____ pendant 5 minutes.»

Communication

4 **Achats de vêtements** Vous êtes dans un grand magasin de vêtements. À deux, créez un dialogue où votre camarade et vous êtes le client/la cliente et le vendeur/la vendeuse. Utilisez l'infinitif. Ensuite, jouez la scène devant la classe.

> **Modèle** —Que désirez-vous?
> —Je souhaite acheter une robe noire que j'ai vue la semaine dernière, mais elle semble ne plus être dans votre magasin.

5 **Votre opinion** Que pensez-vous de ces formes de loisirs? À deux, faites part de votre opinion à l'aide de l'infinitif.

- fêter le Nouvel An à Paris
- le saut à l'élastique
- l'alpinisme
- le ski de fond
- sortir tous les soirs
- aller à un concert de hard rock
- le ski nautique
- faire une croisière (*cruise*)

6 **Vos projets** Que souhaitez-vous faire la prochaine fois qu'il y aura un long week-end? Par petits groupes, expliquez vos projets à vos camarades de classe qui vont vous poser des questions pour en savoir plus. Utilisez l'infinitif le plus possible.

> **Modèle** Le prochain long week-end, j'espère aller faire du camping avec ma famille...

4 Before assigning the activity, call on students to read the **modèle** for the class.

4 For inspiration, have students look at the **Le shopping et les vêtements** portion of the vocabulary on **p. 274**.

5 Encourage students to think of their own ideas for discussion, in addition to those given.

5 You may want to provide students with a word bank for each activity.

6 Conduct a brief brainstorming session for activities to do on a long weekend and note them on the board to facilitate students' discussion.

6 Have students write a 200-word essay for this activity. Tell them to first determine a format for their essay, or a note to a parent explaining the merits of the activities. Remind them to include examples of the various infinitive constructions.

KEY STANDARDS
4.1, 5.1

INSTRUCTIONAL
RESOURCES
Supersite: Lab Audioscript,
SAM AK, Lab MP3s
SAM/WebSAM: WB, LM

8.2

Prepositions with geographical names

*Dylan et ses parents habitent **à Nice**.*

- Like other French nouns, geographical place names have gender.

- Countries that end in **-e** are feminine, except for **le Belize**, **le Cambodge**, **le Mexique**, **le Mozambique**, and **le Zimbabwe**, which are masculine.

- Countries that do not end in **-e** are masculine, except for **la Guyana**.

Masculine countries		Feminine countries	
l'Afghanistan	*Afghanistan*	**l'Algérie**	*Algeria*
le Brésil	*Brazil*	**l'Allemagne**	*Germany*
le Cambodge	*Cambodia*	**l'Angleterre**	*England*
le Canada	*Canada*	**l'Argentine**	*Argentina*
le Danemark	*Denmark*	**la Belgique**	*Belgium*
l'Iran	*Iran*	**la Colombie**	*Colombia*
l'Irak	*Iraq*	**la Côte d'Ivoire**	*Ivory Coast*
le Japon	*Japan*	**l'Espagne**	*Spain*
le Luxembourg	*Luxemburg*	**la France**	*France*
le Maroc	*Morocco*	**la Grèce**	*Greece*
le Mexique	*Mexico*	**l'Italie**	*Italy*
le Pérou	*Peru*	**la Russie**	*Russia*
le Sénégal	*Senegal*	**la Suisse**	*Switzerland*
le Viêt-nam	*Vietnam*	**la Turquie**	*Turkey*

- Some country names are plural: **les États-Unis** and **les Pays-Bas** (*the Netherlands*).

- Islands like **Cuba**, **Haïti**, **Madagascar**, and **Maurice** never take an article. The same is true of small European islands like **Malte** and **Chypre**.

- Provinces and regions generally follow the same rules as countries: **la Bretagne**, **le Manitoba**, **la Normandie**, **la Provence**, **le Québec**.

- States that end in **-e** are usually feminine: **la Floride**, **la Louisiane**, **la Géorgie**, **la Virginie (occidentale)**, **la Californie**, **la Pennsylvanie**, and **la Caroline du Nord/du Sud**. **Le Maine**, **le Tennessee**, and **le Nouveau-Mexique** are exceptions.

- States that do not end in **-e** are masculine: **le Kansas**, **le Michigan**, **l'Oregon**, **le Texas**, etc.

- Do not use an article with a city unless the article is a part of the name, such as **Le Caire**, **Le Havre**, **Le Mans**, **La Nouvelle-Orléans**, and **La Rochelle**.

- All but one of the continents are feminine: **l'Afrique**, **l'Amérique du Nord**, **l'Amérique du Sud**, **l'Asie**, **l'Australie**, and **l'Europe**. However, **l'Antarctique** is masculine.

- The gender of a place name usually determines the preposition you use. Use this chart to determine which preposition to use to say *to*, *in*, or *at*.

With...	use:
Cities	à
Continents	en
feminine countries and provinces	en
masculine countries and provinces	au
masculine countries and provinces that begin with a vowel	en
plural countries	aux
feminine states	en
most masculine states	dans le/l' *or* dans l'état de/d'/du/de l'

Vous allez **à** Londres?
Are you going to London?

Lucie va **en** Côte d'Ivoire.
Lucie is going to the Ivory Coast.

Je vais **au** Maroc.
I'm going to Morocco.

La France est **en** Europe.
France is in Europe.

Ils sont **aux** Pays-Bas.
They are in the Netherlands.

Mon cousin est **en** Irak.
My cousin is in Iraq.

- Use this chart to determine which preposition to use to say *from*.

With...	use:
Cities	de/d'
Continents	de/d'
feminine countries and provinces	de/d'
masculine countries and provinces	du
masculine countries and provinces that begin with a vowel	d'
plural countries	des
feminine states	de/d'
most masculine states	du/de l'

Nous arrivons **de** New York.
We are arriving from New York.

Tu es **d'**Asie?
Are you from Asia?

Nous sommes **des** États-Unis.
We are from the United States.

Elle est **du** Japon.
She is from Japan.

- The prepositions used with certain islands are exceptions to these rules.

With...	to say *to*, *in*, or *at*, use:	to say *from* use:
Cuba	à	de
Haïti	en	d'
Madagascar	à	de
Martinique	à la	de *or* de la

ATTENTION!

To say someone is *in*, *at*, or going *to* a masculine state, you can use either **dans le** or **dans l'état de/du/de l'**. With **Texas** and **Nouveau-Mexique**, use **au**.

Chicago est dans (l'état de) l'Illinois.
Chicago is in (the state of) Illinois.

but

Nous sommes au Texas.
We are in Texas.

Ask volunteers to give a sample sentence for each instance in the charts. You may want to provide sentence starters: **Cet été, j'ai l'intention de visiter...** / **Je voudrais habiter...** / **Mes ancêtres viennent...**

ATTENTION!

If the definite article is part of a city name, include the article along with the preposition. In this case, form the usual contractions with **à** and **de**.

Ils sont au Caire.
They are in Cairo.

Il vient de la Nouvelle-Orléans.
He is from New Orleans.

TEACHING OPTION To help students memorize the gender of geographical place names, divide the class into two teams. Call out names of countries, cities, states, provinces, etc. Individuals from each team take turns answering **C'est masculin** or **C'est féminin**. Teams earn one point per correct answer. The team with the most points after every student in the class has taken a turn wins.

Elle rêve d'aller **à la Martinique.**

Mise en pratique

1 **Où?** Choisissez la bonne réponse parmi celles proposées.

1. _____ Alaska est à l'ouest _____ Canada.
   a. La… de   b. L'… du   c. Le… de la

2. Dans quelle ville es-tu? _____ Saint-Denis?
   a. En   b. À   c. Au

3. Je vais souvent _____ Madagascar et _____ la Réunion pour mes vacances.
   a. à… à   b. en… à   c. au… au

4. _____ Groenland appartient _____ Danemark.
   a. Le… au   b. Le… en   c. La… dans le

5. Mes parents habitent _____ Pierre, _____ Dakota du Sud.
   a. en… en   b. à… dans le   c. à… au

6. Il s'est perdu quelque part _____ Pérou, _____ Amérique du Sud.
   a. dans le… dans l'   b. dans le… à l'   c. au… en

2 **L'océan Indien** Louis envoie une carte postale à son frère. Choisissez les bonnes prépositions pour compléter le texte.

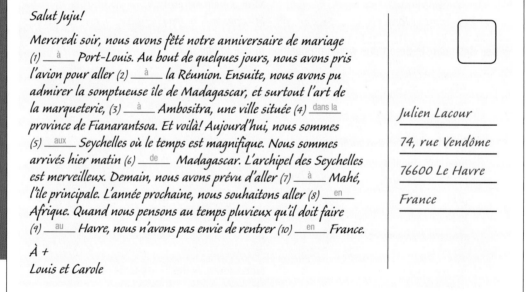

Salut Juju!

Mercredi soir, nous avons fêté notre anniversaire de mariage (1) __à__ Port-Louis. Au bout de quelques jours, nous avons pris l'avion pour aller (2) __à__ la Réunion. Ensuite, nous avons pu admirer la somptueuse île de Madagascar, et surtout l'art de la marqueterie, (3) __à__ Ambositra, une ville située (4) __dans la__ province de Fianarantsoa. Et voilà! Aujourd'hui, nous sommes (5) __aux__ Seychelles où le temps est magnifique. Nous sommes arrivés hier matin (6) __de__ Madagascar. L'archipel des Seychelles est merveilleux. Demain, nous avons prévu d'aller (7) __à__ Mahé, l'île principale. L'année prochaine, nous souhaitons aller (8) __en__ Afrique. Quand nous pensons au temps pluvieux qu'il doit faire (9) __au__ Havre, nous n'avons pas envie de rentrer (10) __en__ France.

À +

Louis et Carole

Julien Lacour

74, rue Vendôme

76600 Le Havre

France

3 **À vous d'écrire** Créez des phrases complètes à l'aide des éléments de chaque colonne. Ensuite, à deux, imaginez une conversation avec les phrases que vous venez d'écrire.

aller	à	Caire
arriver	au(x)	Europe
se divertir	dans le/l'	Massachusetts
être	de(s)/d'	Portugal
se promener	de l'	Saint-Pétersbourg
venir	du	Seychelles
?	en	?

Communication

4 **Votre rêve** Passez dans la classe et demandez à dix camarades à quel endroit précis de la planète ils rêvent d'habiter. Collectez les informations sur une feuille de papier, puis présentez-les à la classe. N'oubliez pas d'écrire les prépositions correspondantes.

	Ville	Pays	Continent
Delphine	à Florence	en Italie	en Europe

5 **Un tour du monde** À deux, créez l'itinéraire d'un fabuleux tour du monde. Donnez les détails de la localisation de chaque étape: la ville, la région ou l'état (si c'est le cas), le pays et le continent.

> **Modèle** Jour 1: départ d'Albany, dans l'état de New York, aux États-Unis, en Amérique du Nord et arrivée à Mexico, au Mexique.
>
> Jour 2: départ de Mexico, au Mexique, en Amérique du Nord et arrivée à Buenos Aires, en Argentine, en Amérique du Sud.

6 **Et vous?** Racontez vos dernières vacances. À quel endroit êtes-vous allé(e)? Quel était votre itinéraire? Montrez-le sur une carte pour aider vos camarades de classe à visualiser votre voyage. Ensuite, vos camarades vous posent des questions pour savoir ce que vous avez fait.

> **Modèle** Je suis allé(e) à San Diego, en Californie, pour voir mes grands-parents. Ensuite, je suis allé(e) à Tijuana, au Mexique…

4 Tell students to ask each other this question each time: **À quel endroit de la planète rêves-tu d'habiter?**

4 Do a variation of the activity where students choose only francophone places. Compile a class list of the places chosen in order of preference to determine which francophone place is most attractive to students.

5 Have students present their itineraries to the class. Encourage students to ask their classmates questions at the end of each presentation. Example: **Pourquoi cette région t'intéresse-t-elle?**

6 Use this activity to review and recycle the pronouns **y** and **en**. Example: **Depuis combien de temps tes grands-parents y habitent-ils?**

6 Tell students that the vacation can be a real or made-up one. Have group members guess if the itinerary is fictitious.

KEY STANDARDS
4.1, 5.1

INSTRUCTIONAL RESOURCES
Supersite: Lab Audioscript, SAM AK, Lab MP3s
SAM/WebSAM: WB, LM

Briefly review that the conditional is a <u>mood</u>, like the subjunctive, and not a <u>tense</u>, like the future.

Point out that, since the English auxiliary *would* does not have an exact French equivalent, its meaning is expressed by the conditional verb formation as a whole.

BLOC-NOTES

To review formation of the **futur simple**, see **Structures 7.2, pp. 254–255**.

To translate some English conditional expressions, such as *I would* and *Would you?* tell students to ask themselves the questions *I would what?* and *Would you...?* This will give them the context they need to express the idea in French. Example: **Irais-tu en vacances aux Comores?** *Would you go on vacation to the Comoros islands?* **Moi non, je n'irais pas.** *I wouldn't.* **Moi si, j'irais.** *I would.*

ATTENTION!

Remember that the English *would* can be translated with the **imparfait** or the **conditionnel**. To express ongoing or habitual actions in the past in French, use the **imparfait**.

Pépé parlait souvent de son enfance.
Gramps would (used to) talk often about his childhood.

but

Pépé parlerait de son enfance s'il était là.
Gramps would talk about his childhood if he were here.

8.3

The *conditionnel*

—*Il y en a combien, un sur cent qui finit professionnel. Pourquoi ce serait lui?*

- The **conditionnel** is used to soften a request, to indicate that a statement might be contrary to reality, or to show that an action was going to happen at some point in the past. It is often translated into English as *would...* or *could...*

- The **conditionnel** is formed with the same stems as the **futur simple**. The endings for the **conditionnel** are the same as those for the **imparfait**.

The **conditionnel** of regular verbs	parler	réussir	attendre
je/j'	parlerais	réussirais	attendrais
tu	parlerais	réussirais	attendrais
il/elle	parlerait	réussirait	attendrait
nous	parlerions	réussirions	attendrions
vous	parleriez	réussiriez	attendriez
ils/elles	parleraient	réussiraient	attendraient

- Any **-er** verbs with spelling changes in their **futur simple** stem have the same changes in the **conditionnel**.

je me promènerai	je me promènerais
j'emploierai	j'emploierais
j'essaierai *or* j'essayerai	j'essaierais *or* j'essayerais
j'appellerai	j'appellerais
je projetterai	je projetterais

- Verbs that have an irregular stem in the **futur simple** have the same stem in the **conditionnel**.

Nous **irions** au cinéma s'il y avait des films intéressants à voir.
We would go to the cinema if there were interesting movies to see.

Qu'est-ce que tu **ferais**, toi, dans les circonstances actuelles?
What would you do under the present circumstances?

- Use the **conditionnel** to describe hypothetical events.

Vous **pourriez** venir à cinq heures.
You could come at 5 o'clock.

Un jour, j'**aimerais** visiter les Seychelles.
One day, I'd like to visit the Seychelles.

- The hypothetical aspect of the **conditionnel** makes it useful in polite requests and propositions. The verbs most often used in phrases of this type are **aimer**, **pouvoir**, and **vouloir**.

Nous **aimerions** vous poser
des questions.
*We would like to ask you
some questions.*

Je **voudrais** porter
un toast.
*I would like to make
a toast.*

Est-ce que je **pourrais** parler
à Bertrand?
May I speak to Bertrand?

Pardon, monsieur, **auriez**-vous l'heure,
s'il vous plaît?
*Pardon, sir, would you have the time,
please?*

- Conditional forms of **devoir** followed by an infinitive tell what *should* or *ought to* happen. Conditional forms of **pouvoir** followed by an infinitive tell what *could* happen.

Tu **devrais sortir** plus souvent
avec nous.
You should go out more often with us.

On **pourrait passer** la matinée
au parc.
We could spend the morning at the park.

- Another use for the **conditionnel** is in a clause after **au cas où** (*in case*). Note that English uses the indicative for these phrases.

Apportez de l'argent **au cas où** il y
aurait encore des tickets à vendre.
*Bring some money in case there are
still tickets for sale.*

Je mettrai des baskets **au cas où** on **irait** à
pied au vernissage.
*I'll wear sneakers in case we go to the art
opening on foot.*

- In some cases, the **conditionnel** is used to express uncertainty about a fact.

Selon le journal, il y **aurait** plus
de 100 parcs d'attractions au Texas.
*According to the newspaper, there
are more than 100 amusement parks
in Texas.*

Le film prétend que nous n'**aurions** plus
le temps de sauver la planète.
*The movie claims that we don't have any
more time to save the planet.*

- The **conditionnel** is used sometimes in the context of the past to indicate what was to happen in the future. This usage is called the *future in the past*.

Pépé a dit qu'il **fêterait** son
95ᵉ anniversaire dans un
parc d'attractions.
*Gramps said he would celebrate his
95th birthday at an amusement park.*

Je pensais que maman **mettrait** mes
affaires dans ma chambre, mais elle
les a mises dehors.
*I thought Mom would put my things
in my room, but she put them outside.*

- Form contrary-to-fact statements about what *would happen* if something else *were to occur* by using the **imparfait** and the **conditionnel**.

Si j'étais toi, je **mettrais** des baskets
pour aller me promener.
*If I were you, I would put on sneakers
to take a walk.*

On **pourrait** arriver avant l'ouverture **si**
Jean-Yves **faisait** la queue pour nous.
*We could arrive before the opening if
Jean-Yves stood in line for us.*

Point out that inversions like **Pourrais-je**, **Devrais-je**, etc. are correct, but usually only seen in literary or formal contexts. So, tell them to use **Est-ce que je pourrais/devrais**/etc. in everyday conversation. **Pourrais-je** is used when one makes a business phone call: Example: **Pourrais-je parler à M. Dupont, s'il vous plaît?** *May I speak with Mr. Dupont please?*

Ask students to turn to a partner and make a polite request using the conditional. Ex: **Est-ce que je pourrais emprunter ton stylo?**

Have students working in pairs give each other two pieces of advice using the conditional of **devoir**.

Give students a series of sentence starters to complete with a verb in the conditional. Ex: **Si j'avais une nouvelle voiture... / Si je parlais avec le président...**

ATTENTION!

To indicate that an event was going to happen in the past, you can also use the verb **aller** in the **imparfait** plus an infinitive.

M. LeFloch a dit qu'il allait bavarder avec un ami.
Mr. LeFloch said he was going to chat with a friend.

BLOC-NOTES

To review **si** clauses, see **Structures 10.3, pp. 374–375.**

Mise en pratique

1

1

1 À compléter Complétez la conversation qu'Aurélie a avec ses copains. Employez le conditionnel du verbe le plus logique. Vous pouvez utiliser certains verbes plus d'une fois.

aller	avoir	dire	être	hurler	pouvoir
appeler	devoir	se divertir	faire	mettre	vouloir

GAVIN Qu'est-ce que tu (1) __voudrais__ faire pour fêter ton anniversaire?

AURÉLIE Je ne sais pas… Que (2) __feriez__-vous à ma place?

LEENA Moi, je/j' (3) __irais__ jouer au bowling avec des copains.

AURÉLIE Je suis nulle au bowling. Je ne me (4) __divertirais__ pas.

GAVIN Nous (5) __pourrions__ passer une journée au parc d'attractions!

AURÉLIE Non, mes parents m'ont dit que je/j' (6) __aurais__ si peur des montagnes russes (*roller coasters*) que je/j' (7) __hurlerais__ sans arrêt. Mes amis ne (8) __pourraient__ rien faire pour me calmer.

GAVIN Je vois. Je/J' (9) __dirais__ que tu n'en as pas de bons souvenirs.

LEENA Faisons un pique-nique — ce (10) __serait__ plus simple.

AURÉLIE Quelle bonne idée! Au cas où il (11) __ferait__ frais, on (12) __devrait__ apporter un gilet.

2 Si vous étiez là… Quelle activité pratiqueriez-vous si vous étiez à ces endroits?

Suggested answers

Modèle **jouer**
Si j'étais dans un gymnase, je jouerais au basket.

1. regarder
Si j'étais au cinéma, je regarderais un film.

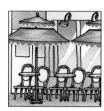

2. prendre
Si j'étais au café, je prendrais un chocolat ou un sandwich.

3. acheter
Si j'étais au marché, j'achèterais des produits frais.

4. patiner
Si j'étais à la patinoire, je patinerais.

5. faire
Si j'étais à la mer, je ferais de la planche à voile.

6. aller voir
Si j'étais à Paris, j'irais voir la tour Eiffel.

3 Le loto Imaginez que vous gagniez à la loterie. Que feriez-vous avec cet argent? Expliquez votre réponse en huit ou dix phrases. Utilisez le conditionnel dans chaque phrase.

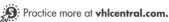 Practice more at **vhlcentral.com.**

Teacher margin notes:

1 Have three volunteers act out the conversation while the rest of the students check their answers.

1 After students have completed this activity, have them turn it into a comic strip. Students should work in pairs to plan the frames, sketch the drawings, and write the dialogue. Display the comic strips around the room for the class to read. As a variation, students can write their own version of the original conversation provided they include ten examples of the conditional.

2 Ask students what kind of situations are in this activity and why they must use the conditional. (They are contrary-to-fact situations, so the statements must express what we would do if we were in the places given.)

2 Before completing the activity, have students describe the scene in each picture.

2 For each item, have one student give his or her answer. Then ask another student to use the third-person form to say what the first student said. Ex: **S'il était dans un gymnase, il jouerait au basket.**

3 You may wish to have students discuss this activity with a partner. Then have volunteers share their paragraphs with the class.

Communication

4

Un voyage

A. Un de vos amis projette de faire avec sa famille un voyage à Madagascar, que vous avez visité l'an dernier. Il vous demande des conseils sur le logement, la meilleure date de départ et sur les activités possibles là-bas. À deux, jouez les rôles à l'aide des éléments ci-dessous et des informations données dans la Note culturelle.

Modèle —Où devrions-nous rester?
—Je pense que vous devriez rester à Antananarivo.

aimer	aller au musée	prendre une chambre à l'hôtel
devoir	faire une randonnée	visiter des sites historiques
pouvoir	faire du camping	?
vouloir	nager en piscine/dans l'océan	

Ma sœur, Julie, adore les animaux sauvages et les sciences, surtout la biologie.

Moi, c'est Mike, j'adore l'histoire, l'art, et j'aime aussi beaucoup lire et écrire.

Ma mère, Suzanne, n'aime pas rester dehors trop longtemps parce qu'elle déteste les insectes.

B. Imaginez que d'autres membres de la famille voyagent avec Mike, sa sœur et sa mère. Qu'aiment-ils faire? Qu'aimeraient-ils faire et voir à Madagascar?

5

Que feriez-vous? Pensez à ce que vous feriez dans ces situations. Discutez de chacune par petits groupes.

Synthèse Reading

1 Sport ou loisir? Quand un loisir devient-il un sport? Certains, comme en Russie et dans d'autres pays d'Europe, considèrent que la gymnastique et le patinage artistique sont des sports, et ils aimeraient voir cette idée plus généralement acceptée. Pour d'autres, ce sont des loisirs. De même, le poker, le golf et le bowling peuvent être vus comme de simples passe-temps ou des sports à part entière.

2 Légitime ou illégitime? Depuis plusieurs années, aux États-Unis comme ailleurs, la copie illégale de musique sur Internet a eu un impact néfaste° sur l'industrie des CD et des DVD. D'après certains défenseurs de cette pratique, la raison en est que les produits originaux sont devenus trop chers. D'autres disent que la piraterie est inévitable, parce que tout le monde peut copier de la musique et des films, confortablement installé chez lui.

3 Violence et divertissement La violence dans les médias est de plus en plus choquante. Beaucoup de personnes sont préoccupées par l'impact que ces divertissements peuvent avoir sur les enfants et les adultes, et voudraient que leur utilisation ait des limites. Leurs créateurs veulent se défendre en disant que ces produits n'influencent ni le comportement de l'utilisateur ni celui du spectateur.

4 L'argent et le jeu Dans la plupart des états d'Amérique du Nord, on peut acheter des tickets de grattage°, jouer au loto et faire des paris. D'un autre côté, il est illégal de jouer aux jeux d'argent, comme on le ferait dans les casinos. Quelle est la différence entre les jeux de hasard des établissements spécialisés et ceux auxquels on peut jouer chez soi?

1

Qu'avez-vous compris? Répondez aux questions par des phrases complètes.

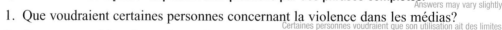

Answers may vary slightly.

1. Que voudraient certaines personnes concernant la violence dans les médias? Certaines personnes voudraient que son utilisation ait des limites.
2. Que peut-on faire chez soi avec Internet? On peut copier de la musique et des films.
3. Dans la plupart des états d'Amérique du Nord, à quoi ne peut-on pas jouer? En Amérique du Nord, dans la plupart des états, on ne peut pas jouer à des jeux d'argent, comme dans les casinos.
4. Que souhaiteraient certaines personnes pour la gymnastique et le patinage artistique? Certaines personnes aimeraient que ces activités soient considérées comme des sports.

2

À votre avis? Par groupes de trois, donnez votre opinion sur les sujets traités dans le texte. Ensuite, défendez-la à l'aide des structures de cette leçon.

3

Vos suggestions Avec le même groupe, choisissez un de ces sujets. Créez trois personnages: deux d'entre eux ont une opinion différente, le troisième est indécis. Ensuite, jouez la scène devant la classe qui choisira le groupe le plus convaincant.

Modèle —Pour moi, toutes les activités qui font bouger sont des sports.
—Non, je ne suis pas d'accord. Beaucoup trop d'activités deviendraient des sports, alors.
—Je dois dire que je ne sais pas quoi penser.

Préparation

KEY STANDARDS
1.2, 2.1, 2.2, 4.2

Vocabulaire de la lecture	
escalader *to climb, to scale*	
glisser *to glide*	
grimper à *to climb*	
le parapente *paragliding*	
parcourir *to go across*	
la roche *rock*	
sauter *to jump*	
tenter *to attempt; to tempt*	
un(e) vacancier/ère *vacationer*	
voler *to fly*	
un VTT (vélo tout terrain) *mountain bike*	

Vocabulaire utile	
un casse-cou *daredevil*	
se dépasser *to go beyond one's limits*	
un frisson *thrill*	
lézarder au soleil *to bask in the sun*	
une montée d'adrénaline *adrenaline rush*	
vaincre ses peurs *to confront one's fears*	

SYNONYMES
parcourir ⟷ traverser
une roche ⟷ un rocher
un frisson ⟷ un frissonnement

Point out that **frissonnement** is found in a literary context. It can also refer to the rustling of leaves in a tree.

Explain that **frisson** and **frissonnement** are synonyms only when they mean *shiver* or *shudder*.

1 **Journal de vacances** Patrick, un jeune Français qui est en vacances à la Réunion avec des amis, tient un journal (*keeps a diary*). Complétez cet extrait à l'aide des mots de vocabulaire.

> *mercredi 12 juillet*
>
> *Nous voici à la Réunion depuis une semaine. C'est assez calme car il n'y a pas trop de (1) ___vacanciers___ en ce moment. L'île est tellement belle qu'en arrivant, nous avons abandonné l'idée de voyager en bus. Nous avons décidé de (2) ___parcourir___ l'île en (3) ___VTT___ pour mieux profiter des paysages. Véritable (4) ___casse-cou___ qui n'a peur de rien, Gilles a voulu tenter (5) ___le parapente___ et il a réussi à me convaincre d'essayer aussi. Quelle expérience! On a vraiment l'impression de (6) ___voler___ comme un oiseau. Demain, nous allons escalader le piton de la Fournaise, un des volcans les plus actifs du monde! Après tout ça, je pense qu'on va avoir envie d'aller sur la plage pour (7) ___lézarder au soleil___!*

1 Ask this related question and discuss as a class: **Tenez-vous un journal de voyage? Quels sont les avantages d'en tenir un?**

2 **Les sports extrêmes** Répondez aux questions et comparez vos réponses avec celles d'un(e) camarade.

1. Qu'est-ce que c'est pour vous, un sport extrême? Donnez quelques exemples de sports que vous considérez extrêmes.

2. Avez-vous déjà essayé ou bien pratiquez-vous régulièrement un sport extrême? Si oui, lequel? Sinon, aimeriez-vous essayer? Expliquez.

3. Connaissez-vous des endroits dans le monde qui sont réputés pour la pratique des sports extrêmes? Lesquels? Quels sports y pratique-t-on?

2 One of France's most famous climbers is Alain Robert, also known as the "French Spider-Man." But Alain Robert's extreme sport is climbing buildings, not rocks or mountains. Have students research a few articles about Robert's accomplishments and watch a few videos. Then have them present a brief report about what Robert does and their opinion about this extreme sport.

2 Ask these additional questions: **Si vous pratiquez un sport extrême, avez-vous peur quand vous le pratiquez? Si vous faisiez du saut à l'élastique pour la première fois, auriez-vous peur? Et si c'était pour la dixième fois?**

3 **À l'écran** Vous regardez la télé? Vous allez souvent au cinéma? Par groupes de trois, listez quatre films ou émissions de télé et le sport extrême qui y est pratiqué. Comparez vos idées avec celles des autres groupes.

3 Make a table on the board with the two columns **Titre du film/de l'émission** and **Sport extrême pratiqué**. Have students fill out the table and compare ideas as a class.

Have each student research and print out from the Internet three photos from **la Réunion** of places or activities that interest them. Students should write a caption for each one. Display all the photos and have students walk around the room and review them.

La Réunion, île intense

The island of **la Réunion** is one of France's départements d'outre-mer. Its culture is a blend of European, African, Chinese, and indigenous traditions. Have students research and present information on the following topics: its history, geography, economy, demographics, and ecology.

Have students go through the text and locate examples of articles and prepositions used with geographical names. Ask them to explain each use.

coconut palms

Aaah! La plage! Les cocotiers°! Les bains de soleil! Des vacances de rêve sur une île de l'océan Indien! Qui ne serait pas tenté? Mais… et s'il y avait autre chose à faire sur l'île de la Réunion? Si vous aimez marcher, grimper, escalader, sauter, glisser, voler… c'est bien à la Réunion, à 800 kilomètres à l'est de Madagascar, qu'il faut aller passer vos prochaines vacances. D'ailleurs, ce n'est certainement pas par hasard qu'on la surnomme «l'île intense».

lies dormant

Il ne fait aucun doute que l'Indiana Jones qui sommeille° en vous aura envie de pratiquer les nombreuses activités sportives, souvent extrêmes, présentes sur l'île. Il y en a pour tous les goûts.

L'océan, les rivières, les cascades… l'eau est omniprésente. Côté océan, le fly surf ou kite surf est devenu très à la mode. On se sert d'un immense *kite* cerf-volant° pour surfer autant sur l'eau que dans les airs. Côté rivières et cascades, les aventuriers trouveront leur bonheur avec le canyoning. Il existe sur l'île plus de 70 canyons praticables. Certains diront que le canyon du Trou blanc, situé à l'ouest de l'île, est celui qu'il faut absolument essayer. C'est ce qu'on appelle un aqualand naturel, fait de nombreux toboggans° formés dans la *slides* roche. Par contre, les intrépides tenteront de descendre le Trou de Fer, canyon grandiose, situé dans la partie nord de l'île. Il faut deux à trois jours pour le parcourir.

La Réunion est aussi un vrai paradis pour les amateurs de courses d'endurance. Depuis quelques années, elle est le théâtre de plusieurs courses à pied extrêmes. La plus impressionnante est sans aucun doute le Grand Raid, surnommée la Diagonale des Fous. Il s'agit de traverser l'île de part en part°. Le parcours équivaut à° huit *straight through/ est égal à* marathons classiques. Les 2.000 concurrents doivent «survivre» à un dénivelé° de 8.000 *difference in altitude* mètres formé par cinq sommets dont le plus haut atteint 2.411 mètres. Les trois quart des participants finissent la course et gagnent alors le fameux t-shirt jaune, «J'ai survécu».

La Mégavalanche est une autre épreuve sportive° qui est de plus en plus en *sports event* vogue. Imaginez plus de 400 concurrents qui descendent à grande vitesse une montagne en VTT. Le départ est à 2.200 mètres d'altitude et l'arrivée au bord de la mer.

L'île est un lieu idéal pour ceux qui rêvent de voler. Il y a plusieurs choix possibles, dont le parapente, le saut à l'élastique et la tyrolienne. Celle-ci compte de plus en plus d'amateurs. Les gens aiment la sensation que leur procure° *donne* la traversée d'un ravin à 100 km/h (*65 m/h*), attachés à un câble. Ils ont le sentiment extraordinaire de voler.

Enfin, les fous de vulcanologie, aussi bien que les vacanciers en manque de sensations fortes, seront ravis° de leur *très heureux* ascension du piton de la Fournaise. Mais attention aux éruptions! C'est l'un des quatre volcans les plus actifs du monde et l'un des plus impressionnants.

Les 2.500 km^2 de l'île, soit deux fois la taille de la ville de New York, offrent une succession de paysages aussi divers que ceux d'un continent. Cela explique le grand nombre d'activités sportives et de sports extrêmes qu'on peut y pratiquer. Alors, cette petite île perdue au milieu de l'océan Indien mérite le détour, non? Allez! Patience! Plus que quelques heures d'avion, et vous y serez! ■

> Ce n'est certainement pas par hasard qu'on la surnomme «l'île intense».

Analyse

1

Compréhension Répondez aux questions par des phrases complètes. *Answers may vary slightly.*

1. Où se trouve l'île de la Réunion? *Elle se trouve dans l'océan Indien, à 800 kilomètres à l'est de Madagascar.*

2. Pourquoi l'île de la Réunion est-elle surnommée «l'île intense»? *Elle est surnommée «l'île intense» parce qu'on peut y pratiquer de nombreuses activités sportives extrêmes.*

3. Quelle activité mélange l'escalade et l'eau? *Le canyoning mélange l'escalade et l'eau.*

4. Quel sport extrême se fait avec un énorme cerf-volant? *Le kite surf se fait avec un énorme cerf-volant.*

5. Qu'est-ce que c'est, le Grand Raid? *C'est une course d'endurance pendant laquelle on traverse toute l'île à pied.*

6. À quelle course les fans de VTT peuvent-ils participer? Décrivez-la en une phrase. *Ils peuvent participer à la Mégavalanche. C'est une course où les concurrents descendent une montagne à grande vitesse en VTT.*

7. Pour quel sport faut-il utiliser un câble? Décrivez-le. *Il faut utiliser un câble pour la tyrolienne. On traverse des ravins à 100 km/h, attaché à un câble.*

8. Si on s'intéresse à la vulcanologie, qu'est-ce qu'on peut faire à la Réunion? *On peut escalader le piton de la Fournaise, un des quatre volcans les plus actifs du monde.*

2

En voyage Répondez aux questions et comparez vos réponses avec celles d'un(e) camarade.

1. L'article vous donne-t-il envie de visiter l'île de la Réunion? Pourquoi?

2. Quand vous voyagez, préférez-vous pratiquer des activités sportives — qu'elles soient extrêmes ou non — ou lézarder au soleil? Pourquoi?

3. Quelles sont les trois choses qui déterminent le plus le choix de votre destination (le climat, l'histoire, les musées, les logements, les restaurants, la vie nocturne, les prix, les magasins, etc.)? Expliquez.

3

Le sport en évolution? La pratique des sports extrêmes est un phénomène grandissant. Aujourd'hui en effet, ils sont de plus en plus populaires, surtout auprès (*with*) des jeunes, et on peut en pratiquer presque partout. Pourquoi, à votre avis? Par petits groupes, discutez de cette évolution.

4

Pourquoi visiter... Par petits groupes, choisissez un endroit que vous connaissez et qui offre un grand choix d'activités (sportives ou non). Faites une liste de tout ce qu'on peut y faire et écrivez un article de trois paragraphes. Puis, présentez ce lieu à la classe et expliquez pourquoi il est, à votre avis, l'endroit idéal.

Endroit idéal	Activités
_____	1. _____
	2. _____
	3. _____
	4. _____

Practice more at **vhlcentral.com.**

Préparation

KEY STANDARDS
1.2, 2.2, 3.1, 5.2

À propos des auteurs

Jean-Jacques Sempé (1932–) est né à Bordeaux, en France. En 1954, il crée avec René Goscinny une bande dessinée, *Les Aventures du Petit Nicolas*. Ensemble, ils écriront cinq romans du petit Nicolas. Depuis 1960, Sempé publie ses propres recueils de dessins humoristiques, comme *Les Musiciens* en 1979. C'est aussi en 1979 qu'il commence à dessiner régulièrement pour la couverture du magazine *The New Yorker*. Depuis plus de 40 ans, Sempé crée des œuvres à l'humour subtil pour les enfants et pour les adultes.

René Goscinny (1926–1977) est né à Paris, mais a passé toute son enfance à Buenos Aires, en Argentine. En 1945, il est allé s'installer avec sa mère, aux États-Unis où il a travaillé comme traducteur. Pendant sa carrière, en collaboration avec plusieurs artistes, il a écrit les scénarios de bandes dessinées célèbres, comme *Lucky Luke* avec Morris, *Le Petit Nicolas* avec Jean-Jacques Sempé, *Astérix et Obélix* avec Albert Uderzo. C'est un des scénaristes les plus connus d'Europe. Il est mort à Paris, à l'âge de 51 ans.

INSTRUCTIONAL RESOURCES
Supersite: Littérature
recording; Scripts; SAM AK
SAM/WebSAM: LM

SYNONYMES
s'apercevoir ↔ remarquer

Vocabulaire de la lecture

s'apercevoir *to realize, to notice*
le ballon *ball*
se battre *(irreg.) to fight*
chouette *great, cool*
déchirer *to tear*
de nouveau *again*

dedans *inside*
un mouchoir *handkerchief*
une partie *game, match*
sauf *except*
un sifflet *whistle*
souffler *to blow*
surveiller *to keep an eye on*

Vocabulaire utile

la concurrence *competition*
le personnage *character (in a story or play)*

1

Définitions Faites correspondre chaque mot à sa définition.

_c_ 1. se rendre compte	a. surveiller
_e_ 2. un objet dont se sert l'arbitre	b. de nouveau
_d_ 3. un match	c. s'apercevoir
_a_ 4. regarder de près	d. une partie
_b_ 5. encore une fois	e. un sifflet
_f_ 6. super, excellent	f. chouette

2

Préparation À quels jeux jouiez-vous avec vos ami(e)s quand vous étiez petit(e)? Quelles sortes de problèmes se présentaient pendant le jeu? Discutez-en avec un(e) camarade de classe.

3

Discussion Quel sera le thème de cette lecture? Par groupes de trois, discutez de vos idées.

- Réfléchissez au titre.
- Regardez les illustrations.
- Donnez votre opinion sur ce qui va se passer.

Note CULTURELLE

Il y a 80 aventures du **Petit Nicolas** illustrées par 259 dessins de **Sempé**. Pour écrire ces histoires, **Goscinny** s'est servi du langage plein de charme des enfants. D'ailleurs, beaucoup de jeunes Français connaissent le petit Nicolas et ses aventures. Ils connaissent aussi: Alceste, son meilleur copain; Agnan, le chouchou de la maîtresse (*teacher's pet*); Geoffroy, dont le papa est très riche; Rufus, fils d'un agent de police; Eudes; Clotaire et les autres.

Tell students that **Le football** is a first-person narrative—that is, the story is told by the main character, Nicolas. Ask: **Est-ce que le fait que le narrateur soit un jeune garçon change votre vision de l'histoire? Expliquez.**

Soccer (**le football**) is the most popular sport in France. Children can be found playing **le foot** every chance they get and wearing shirts with their favorite player's number on them. Ask students what the most popular sports in their country or town are. Discuss children's involvement in sports. Include ideas of what they play, when they play, where they play, and how else they show their love of the sport.

Ask students to recall a time when they and their friends decided to play a pick-up game of basketball, hide-and-seek, etc. Have them describe where they played, who played, who had what position, etc. Then have them analyze the situation. Ask: **Est-ce que c'était un match amical? Y a-t-il eu des désaccords? Comment ont-ils été résolus? Y avait-il un meneur et, si oui, pourquoi?**

Le Football

Sempé-Goscinny

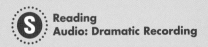

Il a fallu décider comment former les équipes, pour qu'il y ait le même nombre de joueurs de chaque côté.

beaucoup de

vacant lot

5

nouveau

fantastique

Alceste nous a donné rendez-vous, à un tas de° copains de la classe, pour cet après-midi dans le terrain vague°, pas loin de la maison. Alceste c'est mon ami, il est gros, il aime bien manger, et s'il nous a donné rendez-vous, c'est parce que son papa lui a offert un ballon de football tout neuf° et nous allons faire une partie terrible°. Il est chouette, Alceste.

Nous nous sommes retrouvés sur le terrain à trois heures de l'après-midi, nous étions dix-huit. Il a fallu décider comment
10 former les équipes, pour qu'il y ait le même nombre de joueurs de chaque côté.

Pour l'arbitre, ça a été facile. Nous avons choisi Agnan. Agnan c'est le premier de la classe, on ne l'aime pas trop, mais comme il porte des lunettes on ne peut pas lui taper dessus°, ce

frapper

clever trick 15 qui, pour un arbitre, est une bonne combine°. Et puis, aucune équipe ne voulait d'Agnan, parce qu'il est pas très fort pour le sport et il pleure trop facilement. Là où on a discuté, c'est quand Agnan a demandé qu'on lui donne un sifflet. Le seul qui en avait un, c'était Rufus, dont le papa est agent de police.

20 «Je ne peux pas le prêter, mon sifflet à roulette, a dit Rufus,

heirloom

would tell c'est un souvenir de famille°.» Il n'y avait rien à faire. Finalement, on a décidé qu'Agnan préviendrait° Rufus et Rufus sifflerait à la place d'Agnan.

«Alors? On joue ou quoi? Je commence à avoir faim, moi!»
25 a crié Alceste.

Mais là où c'est devenu compliqué, c'est que si Agnan était arbitre, on n'était plus que dix-sept joueurs, ça en faisait un de trop pour le partage. Alors, on a trouvé le truc: il y en a un qui

linesman serait arbitre de touche° et qui agiterait un petit drapeau, chaque
30 fois que la balle sortirait du terrain. C'est Maixent qui a été choisi. Un seul arbitre de touche, ce n'est pas beaucoup pour

Play the dramatic recording of the story through once. Then play it again, stopping after a few paragraphs to ask yes/no or short-answer questions.

In line 7, point out that this is a colloquial meaning of the word **terrible**. Also point out **chouette**, a colloquial word that means great, cool. Ask students: **Pourquoi l'auteur utilise-t-il un langage familier dans ce texte?**

Ask volunteers if they have ever experienced a situation of choosing players for a team such as the one depicted here. Ask: **Quels étaient les critères de sélection dans votre cas?**

surveiller tout le terrain mais Maixent court très vite, il a des jambes très longues et toutes maigres, avec de gros genoux sales. Maixent, il ne voulait rien savoir, il voulait jouer au ballon, lui, et puis il nous a dit qu'il n'avait pas de drapeau. Il a tout de même accepté d'être arbitre de touche pour la première mi-temps°. Pour le drapeau, il agiterait son mouchoir qui n'était pas propre, mais bien sûr, il ne savait pas en sortant de chez lui que son mouchoir allait servir de drapeau.

«Bon, on y va?» a crié Alceste.

Après, c'était plus facile, on n'était plus que seize joueurs.

Il fallait un capitaine pour chaque équipe. Mais tout le monde voulait être capitaine. Tout le monde sauf Alceste, qui voulait être goal, parce qu'il n'aime pas courir. Nous, on était d'accord, il est bien, Alceste, comme goal; il est très large et il couvre bien le but. Ça laissait tout de même quinze capitaines et ça en faisait plusieurs de trop.

«Je suis le plus fort, criait Eudes, je dois être capitaine et je donnerai un coup de poing° sur le nez de celui qui n'est pas d'accord!

—Le capitaine c'est moi, je suis le mieux habillé!» a crié Geoffroy, et Eudes lui a donné un coup de poing sur le nez.

C'était vrai, que Geoffroy était bien habillé, son papa, qui est très riche, lui avait acheté un équipement complet de joueur de football, avec une chemise rouge, blanche et bleue.

«Si c'est pas moi le capitaine, a crié Rufus, j'appelle mon papa et il vous met tous en prison!»

Moi, j'ai eu l'idée de tirer au sort° avec une pièce de monnaie. Avec deux pièces de monnaie, parce que la première s'est perdue dans l'herbe et on ne l'a jamais retrouvée. La pièce, c'était Joachim qui l'avait prêtée et il n'était pas content de l'avoir perdue; il s'est mis à la chercher, et pourtant Geoffroy lui avait promis que son papa lui enverrait un chèque pour le rembourser. Finalement, les deux capitaines ont été choisis: Geoffroy et moi.

«Dites, j'ai pas envie d'être en retard pour le goûter, a crié Alceste. On joue?»

Après, il a fallu former les équipes. Pour tous, ça allait assez bien, sauf pour Eudes. Geoffroy et moi, on voulait Eudes, parce que, quand il court avec le ballon, personne ne l'arrête. Il ne joue pas très bien, mais il fait peur. Joachim était tout content parce qu'il avait retrouvé sa pièce de monnaie, alors on la lui a demandée pour tirer Eudes au sort, et on a perdu la pièce de nouveau. Joachim s'est remis à la chercher, vraiment fâché, cette fois-ci, et c'est à la courte paille° que Geoffroy a gagné Eudes. Geoffroy l'a désigné comme gardien de but, il s'est dit que personne n'oserait s'approcher de la cage et encore moins° mettre le ballon dedans. Eudes se vexe facilement. Alceste mangeait des biscuits, assis entre les pierres qui marquaient son but. Il n'avait pas l'air

half-time period

Stop periodically and ask students to summarize what has happened so far.

Ask a volunteer to describe the drawing on this page. Ask another student the identity of the character. (Agnan)

Have students create similar drawings of the other characters in the story.

Have students note that in everyday speech, the **ne** of the **ne... pas** construction is often dropped.

punch

to draw lots

by drawing straws

much less

content. «Alors, ça vient, oui?» il criait.

On s'est placés sur le terrain. Comme
110 on n'était que sept de chaque côté, à part les
gardiens de but, ça n'a pas été facile. Dans
chaque équipe on a commencé à discuter. Il
y en avait des tas qui
voulaient être avant-
center forwards 115 centres°. Joachim
voulait être arrière-
right back droit°, mais c'était
parce que la pièce de
monnaie était tombée
120 dans ce coin et il voulait
continuer à la chercher
while still playing tout en jouant°.

Dans l'équipe de
Geoffroy ça s'est arrangé très vite, parce que
125 Eudes a donné des tas de coups de poing et les
joueurs se sont mis à leur place sans protester
while rubbing et en se frottant° le nez. C'est qu'il frappe
dur, Eudes!

Dans mon équipe, on n'arrivait pas à se
to come to 130 mettre d'accord°, jusqu'au moment où Eudes a
an agreement dit qu'il viendrait nous donner des coups de poing
sur le nez à nous aussi: alors, on s'est placés.

Agnan a dit à Rufus: «Siffle!» et Rufus,
qui jouait dans mon équipe, a sifflé le coup
kick-off 135 d'envoi°. Geoffroy n'était pas content. Il a
Nice going! dit: «C'est malin°! Nous avons le soleil dans
les yeux! Il n'y a pas de raison que mon équipe
joue du mauvais côté du terrain!»

Moi, je lui ai répondu que si le soleil ne
140 lui plaisait pas, il n'avait qu'à fermer les yeux,
qu'il jouerait peut-être même mieux comme
ça. Alors, nous nous sommes battus. Rufus
s'est mis à souffler dans son sifflet à roulette.

«Je n'ai pas donné l'ordre de siffler, a
145 crié Agnan, l'arbitre c'est moi!» Ça n'a pas

plu à Rufus qui a dit qu'il n'avait pas besoin
de la permission d'Agnan pour siffler, qu'il
sifflerait quand il en aurait envie, non mais
tout de même. Et il s'est mis à siffler comme
un fou. «Tu es méchant, voilà ce que tu es!» 150
a crié Agnan, qui a
commencé à pleurer.

«Eh, les gars!°» a dit   guys
Alceste, dans son but.

Mais personne 155
ne l'écoutait. Moi, je
continuais à me battre
avec Geoffroy, je lui
avais déchiré sa belle
chemise rouge, blanche 160
et bleue, et lui il disait:

Tout le monde criait, courait. On s'amusait vraiment bien, c'était formidable!

«Bah, bah, bah! Ça ne fait rien! Mon papa,
il m'en achètera des tas d'autres!» Et il me
donnait des coups de pied°, dans les chevilles.   kicks
Rufus courait après Agnan qui criait: «J'ai 165
des lunettes! J'ai des lunettes!» Joachim, il
ne s'occupait de personne, il cherchait sa
monnaie, mais il ne la trouvait toujours pas.
Eudes, qui était resté tranquillement dans son
but, en a eu assez et il a commencé à distribuer 170
des coups de poing sur les nez qui se trouvaient
le plus près de lui, c'est-à-dire sur ceux de
son équipe. Tout le monde criait, courait. On
s'amusait vraiment bien, c'était formidable!

«Arrêtez, les gars!» a crié Alceste 175
de nouveau.

Alors Eudes s'est fâché. «Tu étais pressé
de jouer, il a dit à Alceste, eh! bien, on joue.
Si tu as quelque chose à dire, attends la
mi-temps!»   180

«La mi-temps de quoi? a demandé Alceste.
Je viens de m'apercevoir que nous n'avons pas
de ballon, je l'ai oublié à la maison!» ■

Analyse

Compréhension Répondez aux questions. <small>Suggested answers</small>

1. Pourquoi les enfants sont-ils allés sur le terrain vague? Qu'est-ce qui leur a donné cette idée? <small>Ils voulaient jouer au football parce que le papa d'Alceste lui a offert un ballon.</small>

2. Qui ont-ils choisi pour arbitre? Pourquoi? <small>Ils ont choisi Agnan parce qu'il porte des lunettes et qu'on ne peut pas lui taper dessus.</small>

3. Qu'est-ce qui servait de drapeau? Comment était cet objet? <small>Le mouchoir de Maixent servait de drapeau. Il n'était pas propre.</small>

4. Qui voulait être capitaine? <small>Tout le monde, sauf Alceste.</small>

5. Pourquoi Alceste ne voulait-il pas être capitaine? <small>Il n'aime pas courir.</small>

6. Comment ont-ils choisi les deux capitaines? <small>Ils ont tiré au sort avec une pièce de monnaie.</small>

7. Quels garçons ont été choisis pour être capitaines? <small>Geoffroy et Nicolas</small>

8. Pourquoi les garçons n'ont-ils pas pu faire une partie de football après tout? <small>Alceste avait oublié son ballon à la maison.</small>

Les personnages À deux, décrivez le caractère de ces personnages de l'histoire. Comment sont-ils? Qu'est-ce qui les distingue les uns des autres? Ensuite, comparez vos descriptions avec celles de la classe.

1. Alceste   3. Maixent   5. Eudes

2. Agnan   4. Geoffroy   6. Nicolas

Interprétation À deux, racontez l'essentiel de cette histoire en huit ou dix phrases. Utilisez au moins huit verbes de la liste. Comparez votre résumé avec ceux de la classe.

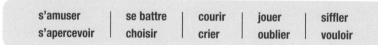

| s'amuser | se battre | courir | jouer | siffler |
| s'apercevoir | choisir | crier | oublier | vouloir |

Discussion Par groupes de trois, répondez aux questions suivantes pour donner votre opinion sur les personnages principaux.

1. Quel est le personnage que vous aimez le mieux? Pourquoi vous plaît-il?

2. Quel est le personnage que vous aimez le moins? Pourquoi ne vous plaît-il pas?

3. Avez-vous connu des personnes qui ressemblaient aux personnages de cette histoire? Étaient-ce des enfants ou des adultes? Expliquez.

4. Avec quel personnage de l'histoire vous identifiez-vous? Pourquoi?

Rédaction Racontez une histoire drôle de votre enfance. Suivez le plan de rédaction.

Plan

1 Organisation Choisissez l'histoire que vous allez raconter. Faites une liste des événements et mettez-les dans l'ordre chronologique.

2 Histoire Racontez les événements dans un paragraphe. Utilisez le discours direct (*direct quotations*) pour ajouter de l'humour à votre histoire.

3 Conclusion Terminez votre histoire par une phrase qui en sera la chute (*punch line*).

Practice more at **vhlcentral.com.**

Les passe-temps

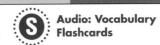 Audio: Vocabulary Flashcards

Le sport

l'alpinisme (*m.*) *mountain climbing*
un arbitre *referee*
un club sportif *sports club*
une course *race*
un(e) fan (de) *fan (of)*
un pari *bet*
une patinoire *skating rink*
le saut à l'élastique *bungee jumping*
le ski alpin/de fond *downhill/ cross-country skiing*
un supporter (de) *fan; supporter (of)*

admirer *to admire*
(se) blesser *to injure (oneself); to get hurt*
s'étonner *to be amazed*
faire match nul *to tie (a game)*
jouer au bowling *to go bowling*
marquer (un but/un point) *to score (a goal/a point)*
siffler *to whistle (at)*

Le temps libre

le billard *pool*
les boules (*f.*)/la pétanque *petanque*
les cartes (*f.*) (à jouer) *(playing) cards*
les fléchettes (*f.*) *darts*
un jeu vidéo/de société *video/board game*
des loisirs (*m.*) *leisure; recreation*
un parc d'attractions *amusement park*
un rabat-joie *killjoy; party pooper*

bavarder *to chat*
célébrer/fêter *to celebrate*
se divertir *to have a good time*
faire passer *to spread (the word)*
porter un toast (à quelqu'un) *to propose a toast*
prendre un verre *to have a drink*
se promener *to take a stroll/walk*
valoir la peine *to be worth it*

Les arts et le théâtre

un billet/ticket *ticket*
une comédie *comedy*
une exposition *exhibition; art show*
un groupe *musical group/band*

un(e) musicien(ne) *musician*
une pièce (de théâtre) *(theater) play*
un spectacle *show; performance*
un spectateur/une spectatrice *spectator*
un tableau *painting*
un vernissage *art exhibit opening*

applaudir *to applaud*
faire la queue *to wait in line*
obtenir (des billets) *to get (tickets)*

complet *sold out*
divertissant(e) *entertaining*
émouvant(e) *moving*

Le shopping et les vêtements

des baskets (*f.*)/des tennis (*f.*) *sneakers/tennis shoes*
un bermuda *(a pair of) bermuda shorts*
une boutique de souvenirs *gift shop*
un caleçon *boxer shorts*
une culotte *underpants (for females)*
une garde-robe *wardrobe*
un gilet *sweater/sweatshirt (with front opening)*
une jupe (plissée) *(pleated) skirt*
un magasin de sport *sporting goods store*
un nœud papillon *bow tie*
une robe de soirée *evening gown*
un slip *underpants (for males)*
des souliers (*m.*) *shoes*
des talons (*m.*) (aiguilles) *(stiletto) heels*

Court métrage

un capitaine *captain*
un centre de formation *sports training school*
un club *team*
un coup franc *free kick*
un duel *one-on-one*
un entraîneur *coach*
une faute *foul*
un maillot *jersey*
une revanche *revenge*
un terrain (de foot) *(soccer) field*
la veille *day before*

les vestiaires (*m.*) *locker room*

lâcher *to let go*
vivre quelque chose par l'intermédiaire de quelqu'un *to live something through someone*
vivre (quelque chose) par procuration *to live (something) vicariously*

en pointe *forward, up front*

Culture

un casse-cou *daredevil*
un frisson *thrill*
une montée d'adrénaline *adrenaline rush*
le parapente *paragliding*
la roche *rock*
un(e) vacancier/ère *vacationer*
un VTT (vélo tout terrain) *mountain bike*

se dépasser *to go beyond one's limits*
escalader *to climb, to scale*
glisser *to glide*
grimper à *to climb*
lézarder au soleil *to bask in the sun*
parcourir *to go across*
sauter *to jump*
tenter *to attempt; to tempt*
vaincre ses peurs *to confront one's fears*
voler *to fly*

Littérature

le ballon *ball*
la concurrence *competition*
un mouchoir *handkerchief*
une partie *game, match*
le personnage *character (in a story or play)*
un sifflet *whistle*

s'apercevoir *to realize, to notice*
se battre (*irreg.*) *to fight*
déchirer *to tear*
souffler *to blow*
surveiller *to keep an eye on*

chouette *great, cool*
de nouveau *again*
dedans *inside*
sauf *except*

Perspectives de travail

A près avoir fait des études, on est souvent plein d'ambition. On veut réussir sa carrière professionnelle. Mais qu'est-ce que cela veut dire? Faire ce qu'on aime? Avoir un impact positif sur les autres? Pour ceux qui n'ont pas fait d'études, est-ce qu'il y a la possibilité d'une carrière professionnelle? Pourquoi? N'avons-nous pas tous un talent que nous pouvons transformer en une entreprise?

Avec de l'initiative, on peut surmonter beaucoup d'obstacles.

319

342

Destination:
AFRIQUE CENTRALE

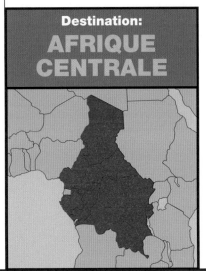

PREVIEW Discuss the photo and text on **p. 312**. Follow up with questions about students' personal career goals. Examples: **Dans quel domaine aimeriez-vous faire votre carrière? Quels avantages ont ceux qui réussissent leurs études? Connaissez-vous quelqu'un qui n'a pas de diplômes? Quelles possibilités a-t-il/elle maintenant? Fait-il/elle un travail important ou intéressant? Avons-nous le droit de dire qu'un emploi n'est ni important ni intéressant?**

Le travail et les finances Audio: Vocabulary

Le monde du travail

une augmentation (de salaire) *raise (in salary)*
un budget *budget*
le chômage *unemployment*
un(e) chômeur/chômeuse *unemployed person*
un entrepôt *warehouse*
une entreprise (multinationale) *(multinational) company*
un(e) fainéant(e) *lazybones*

une formation *education, training*
un grand magasin *department store*
un poste *position, job*
une réunion *meeting*
le salaire minimum *minimum wage*
un syndicat *labor union*
une taxe *tax*
le temps de travail *work schedule*

avoir des relations (f.) *to have connections*
démissionner *to quit*
embaucher *to hire*
être promu(e) *to be promoted*
être sous pression (f.) *to be under pressure*

exiger *to demand*
gagner sa vie *to earn a living*
gérer/diriger *to manage; to run*
harceler *to harass*
licencier *to lay off; to fire*

KEY STANDARDS
1.1, 1.2, 4.1

INSTRUCTIONAL RESOURCES
Supersite: LAB AUDIOSCRIPT, SAM AK, LAB MP3S
SAM/WebSAM: WB, LM

poser sa candidature à *to apply for*
solliciter un emploi *to apply for a job*

au chômage *unemployed*
(in)compétent(e) *(in)competent*
en faillite *bankrupt*

Les finances

la banqueroute *bankruptcy*
une carte de crédit/de retrait *credit/ATM card*
un chiffre *figure; number*
un compte de chèques *checking account*
un compte d'épargne *savings account*
la crise économique *economic crisis*
une dette *debt*
un distributeur automatique *ATM*
des économies (f.) *savings*
un marché (boursier) *(stock) market*
la pauvreté *poverty*

les recettes (f.) et les dépenses (f.) *receipts and expenses*

avoir des dettes *to be in debt*
déposer *to deposit*
économiser *to save*
investir *to invest*
profiter de *to take advantage of; to benefit from*
toucher *to get; to receive (a salary)*

SYNONYMES
diriger ⟷ administrer, gérer
exiger ⟷ requérir
licencier ⟷ renvoyer
Fainéant can also be an adjective, synonymous to **paresseux**.
une carte de crédit/de retrait ⟷ une carte bancaire
un(e) gérant(e) ⟷ un(e) directeur/directrice

à court/long terme *short-/long-term*
disposé(e) (à) *willing (to)*
épuisé(e) *exhausted*

financier/financière *financial*
prospère *successful; flourishing*

Les gens au travail

un cadre *executive*
un(e) comptable *accountant*
un(e) conseiller/conseillère *advisor*
un(e) consultant(e) *consultant*
un(e) employé(e) *employee*
un(e) gérant(e) *manager*
un homme/une femme d'affaires *businessman/woman*

un(e) membre/un(e) adhérent(e) *member*
un(e) propriétaire *owner*
un(e) vendeur/vendeuse *salesman/woman*

Point out that **licencier** means *to lay off* while **renvoyer** means *to fire*.

Mention that **un gérant** is a term more specifically used for a manager of a store or of a bank agency, while **un directeur** is a very general term that's applied to a number of management positions. **Chef** is used for mid-management positions as in **un chef de service** *department head*.

A *CEO* is called **un PDG (président directeur général)**

Reintroduce review words: **dépenser** (*to spend*), **emprunter** (*to borrow*), and **prêter** (*to loan*).

Mise en pratique

Remind students to make any necessary agreements.

1 Au travail Choisissez le meilleur terme pour compléter chaque phrase.

adhérent	compte d'épargne	fainéant	licencier	promu
comptable	dettes	gérant	pression	syndicats

1. Je suis _____gérant(e)_____ d'un magasin, je le dirige.
2. Ma patronne m'a _____licencié(e)_____, je suis donc au chômage.
3. Je dépense plus d'argent que je n'en touche, alors j'ai des _____dettes_____.
4. Pour économiser, mon ami dépose souvent de l'argent sur son _____compte d'épargne_____.
5. Je veux devenir _____comptable_____ parce que j'aime travailler avec les chiffres.
6. J'étais heureux d'être _____promu_____ avec augmentation de salaire.
7. Je l'ai licencié parce que c'était un _____fainéant_____.
8. Une femme d'affaires est souvent sous _____pression_____.

1 Have students go over their answers in pairs.

1 Survey students' work and financial experience. Ask: **Avez-vous déjà préparé votre curriculum vitae? Avez-vous déjà eu un entretien d'embauche? Avez-vous un compte bancaire? Mettez-vous de l'argent de côté?**

2 Mots croisés Complétez la grille par les mots qui correspondent aux définitions.

Horizontalement
A. Un rendez-vous entre collègues
C. Calcul des recettes et des dépenses
F. Décider d'abandonner son emploi
J. Elle peut être de crédit ou de retrait
M. Somme à payer au gouvernement sur le prix des objets achetés

	1	2	3	4	5	6	7	8	9	10	11	12
A	R	É	U	N	I	O	N				B	
B		P									A	
C	B	U	D	G	E	T					N	
D		I									Q	
E		S						S			U	
F	D	É	M	I	S	S	I	O	N	N	E	R
G	I				Y			L			R	
H	S				N			L			O	
I	P				D			I			U	
J	O				I			C	A	R	T	E
K	S				C			I			E	
L	É				A			T				
M					T	A	X	E				
N								R				

Verticalement
1. Prêt à faire quelque chose
2. Très fatigué
5. Association qui défend les intérêts professionnels communs
8. Poser sa candidature
11. Ce qu'on déclare quand on est en faillite

2 Have pairs ask each other questions that elicit the correct responses. Example:

—**Comment appelle-t-on un rendez-vous entre collègues?**

—**On l'appelle… une réunion**

3 To guide students in their discussion, ask: **Comment la personne qui a le problème A pourrait-elle aider celle qui a le problème B et vice versa?**

TEACHING OPTION For extra practice, have students work in groups to discuss their dream job. Ask: **Quel est le poste de vos rêves? Voudriez-vous devenir cadre dans une entreprise, un homme ou une femme d'affaires? Combien toucheriez-vous?** Then have them discuss the advantages or disadvantages of their chosen careers.

3 Les solutions Discutez de ces problèmes à deux. Ensuite, trouvez des solutions.

A. Après avoir terminé mes études de finances, j'ai obtenu mon premier emploi à la bourse. J'ai perdu ce travail et j'ai de plus en plus de dettes. Je sollicite toutes sortes d'emplois, mais personne ne m'embauche. Faut-il avoir des relations bien placées?

B. Je dirige une entreprise très prospère, et j'ai donc beaucoup d'argent sur mon compte d'épargne. J'ai envie de faire des investissements, mais je ne comprends pas comment ça fonctionne. Quels profits pourrais-je en tirer?

Practice more at vhlcentral.com.

Préparation

KEY STANDARDS
1.2, 2.1, 2.2, 4.1, 4.2, 5.2

INSTRUCTIONAL RESOURCES
Supersite/DVD: Film Collection
Supersite: Script & Translation

Point out that **boulot** is the colloquial version of **travail/emploi** and **virer** is colloquial for **licencier**.

Mention that another way to translate **rémunérer** is *to compensate*. Also point out the less commonly used English meaning *to remunerate*.

Additional expression:
être dans le collimateur (de quelqu'un) *to be in the (or someone's) cross hairs*

Vocabulaire du court métrage

un boulot *job*
capter *to get a signal*
une carie *cavity*
se débrouiller *to figure it out, to manage*
un entretien d'embauche *job interview*
un(e) formateur/formatrice *trainer*

une gamme de produits *line of products*
un(e) patron(ne) *boss*
une prime *bonus*
rémunérer *to pay*
reprendre *to pick up again; to resume*
virer *to fire*

Vocabulaire utile

un argument de vente *selling point*
convaincre *to convince*
s'investir *to put oneself into*
un stage (rémunéré) *(paid) training course*
un(e) stagiaire *trainee*
une stratégie commerciale *marketing strategy*

EXPRESSIONS

Ça va lui faire les pieds. *That will teach him/her a lesson.*
convenir d'un rendez-vous *to agree on an appointment*
être à court de *to lack, to be out of*
faire ses preuves *to prove oneself/itself*
Il faut que vous y mettiez un peu du vôtre. *You need to make an effort.*
On est logé à la même enseigne. *We are in the same boat.*

1 Give students this item to test the additional expression: **6. Le patron te surveille, tu es _____.** a. rémunéré b. dans son collimateur c. logé à la même enseigne (b)

1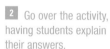

Complétez Faites le bon choix pour compléter chaque phrase.

1. Notre _____ est la meilleure.
   a. gamme de produits   b. patron   c. formateur
2. Aujourd'hui, j'ai décidé de _____ avec mon chef.
   a. me débrouiller   b. faire mes preuves   c. convenir d'un rendez-vous
3. Nous sommes à court de _____ pour l'imprimante.
   a. papier   b. prime   c. stage
4. M. André de la comptabilité a été _____ hier.
   a. logé à la même enseigne   b. viré   c. les pieds
5. _____ s'est bien passé.
   a. Son formateur   b. Sa carie   c. Son entretien d'embauche

2 Go over the activity, having students explain their answers.

2

Préparation À deux, répondez aux questions et expliquez vos réponses.

1. Un(e) jeune employé(e) est-il/elle plus motivé(e) qu'un(e) employé(e) plus âgé(e)?
2. Un(e) jeune employé(e) cherche-t-il/elle plus à faire ses preuves qu'un(e) employé(e) plus âgé(e)?
3. Est-ce que l'âge et l'expérience sont des avantages dans le monde du travail?
4. Pourriez-vous travailler avec des gens beaucoup plus âgés ou beaucoup plus jeunes que vous?
5. Peut-on réussir sa carrière professionnelle sans s'investir complètement?

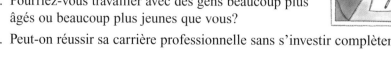
Practice more at **vhlcentral.com**.

3 Personnellement... Dites comment vous réagiriez dans chaque situation.

1. Si j'étais patron(ne) et si j'avais un problème avec un(e) nouvel(le) employé(e)…

   a. je le/la virerais tout de suite.

   b. je lui donnerais le temps de s'habituer avant de prendre une décision.

2. Pour être un(e) bon(ne) employé(e)…

   a. je suivrais toujours les instructions de mon/ma patron(ne).

   b. je poserais des questions et exprimerais mon point de vue et mes inquiétudes.

3. Pour être un(e) bon(ne) patron(ne)…

   a. je garderais mes distances avec mes employés pour rester objectif/objective.

   b. j'essaierais de connaître mes employés pour mieux les comprendre.

4. Je préférerais…

   a. ne pas avoir de contacts avec mes collègues en dehors du travail.

   b. avoir des contacts avec mes collègues en dehors du travail pour créer une meilleure atmosphère au bureau.

5. Quand j'ai un boulot à faire…

   a. je ne fais que le minimum.

   b. je m'investis complètement.

4 **Une formation** À deux, lisez cette citation du film et répondez aux questions.

> **Je vais vous apprendre à devenir de bons représentants. Or, pour ce faire, il va vous falloir intégrer tout un nouveau système de communication, déployer toute une batterie d'arguments ainsi qu'un vocabulaire spécifique qui vous permettront de vous tirer des situations les plus critiques. Parce que votre objectif, c'est de vendre. Vendre, vendre, vendre.**
>
> — MÉLANIE

- Que pensez-vous de ce type de formation?
- Comment réagiriez-vous devant un(e) formateur/formatrice qui vous parlerait ainsi?
- Comment les personnages du film vont-ils réagir?

5 **Qui est-ce?** Par petits groupes, imaginez la vie de ces deux femmes. Expliquez ce qu'elles font dans la vie, ce qu'elles aiment faire et qui elles sont.

3 Have students discuss their answers in conjunction with the Anti-CPE (Contrat Première Embauche) movement in February–April 2006, or other work-related protests. Time permitting, have them research the issues surrounding the CPE and the outcome. (The first employment contract amendment ended up being rescinded.)

4 To stimulate an in-depth discussion ask: **Ce genre de discours vous inspire-t-il? Vous donne-t-il envie de devenir vendeur/vendeuse?**

5 Encourage students to describe differences in the characters as they relate to the different settings. Ask: **Comment se comporte-t-elle au travail? Et à la maison?**

5 Tell groups to write out their descriptions in five or six sentences. Then have volunteers read them for the class in order to compare ideas.

 Short Film

Prix d'interprétation féminine (Chantal Banlier), Festival du court métrage de Grenoble, 2006

Une production d'AVENUE B PRODUCTIONS
Scénario et réalisation MARC FITOUSSI   Production CAROLINE BONMARCHAND
Direction de la photographie PÉNÉLOPE POURRIAT   Montage SERGE TURQUIER   Son BENOÎT OUVRARD
Musique ANTOINE DUHAMEL   Décors CÉDRIC ACHENZA/ÉRIC PROVENZANO
Acteurs AURE ATIKA/CHANTAL BANLIER/ANNE BOUVIER/ANNIE MERCIER/FRANCIS LEPLAY/
OLIVIER CLAVERIE/MARIE GILI-PIERRE

Have students look at the movie poster and describe what they see. Ask: **À quoi pense chaque personne sur cette affiche? Que se disent-elles? Selon vous, qu'est-il arrivé avant cette scène? Que va-t-il se passer?**

Show the film the first time through without pausing just so that students can get the gist.

Show the film a second time, pausing after approximately every 30 seconds, and ask comprehension questions.

Show the film a third time, again pausing after approximately every 30 seconds. Ask students for a summary.

INTRIGUE *Les circonstances de la vie et une soirée passée ensemble vont changer beaucoup de choses entre une stagiaire et sa formatrice…*

MÉLANIE Comme les diamants, les bonbons sont éternels. C'est un produit profondément inscrit dans les penchants de l'être humain. Vous avez été sélectionnés parce que vous disposez des qualités requises pour devenir représentants.

MÉLANIE Dis-moi, tu sais qui a fait passer l'entretien d'embauche à Annick Perrotin?
THIERRY C'est moi. Il y a un problème?
MÉLANIE Oui. Elle ne fait rien, elle n'a pas du tout le profil.
THIERRY Tu veux la virer?

MÉLANIE (*À Annick*) On va dans mon bureau.
M. MALAQUAIS Mélanie? Votre petit copain a téléphoné.
(*Elle appelle son petit copain.*)
MÉLANIE (*À Annick*) Il m'a dit que c'était fini. Vous voulez bien me déposer? Je ne veux pas rentrer chez moi.
ANNICK Bon, suivez-moi.

MÉLANIE Pourquoi est-ce que vous donnez l'impression de vous ennuyer pendant mes cours?
ANNICK Parce que je n'ai pas envie qu'on me bassine° avec des phrases du style «les bonbons sont comme des diamants».

(*Chez la copine d'Annick*)
MÉLANIE Je pourrais essayer vos santiags°?
ANNICK Ça risque d'être petit.
MÉLANIE Je ne peux pas me pointer° comme ça demain au boulot!
ANNICK Ce n'est pas si ridicule que ça. Avec une jupe droite, ça passe très bien.

M. MALAQUAIS Je peux voir un petit peu ce que donnent les simulations?
(*Annick et Mélanie simulent une vente.*)
M. MALAQUAIS C'est bien.
ANNICK Ça va? Je n'en ai pas trop fait?
MÉLANIE Non, non, c'était parfait.

bassine *annoy* **santiags** *cowboy boots*
me pointer *to show up*

PREVIEW In pairs, ask students to cover up the captions and look at just the images. Ask them to invent original captions, based solely on the visual cues

Ask pairs to cover up the captions and look at just the images. Tell them to invent their own captions based solely on the visual clues.

Ask students to analyze the predictions they made about the content of the film.

TEACHING OPTION Have students read and react to the **Note culturelle.** Ask: **Aimez-vous les westerns, la danse country ou la musique country? Est-il surprenant qu'il y ait un grand nombre de Français qui apprécient ce genre de divertissement? Est-il logique, à votre avis, que les santiags soient un symbole des États-Unis? Pourquoi?**

Analyse

1 Have students check their answers by replaying the relevant scenes from the film.

Compréhension Répondez aux questions par des phrases complètes. Answers may vary slightly.

1. Quel est le but du stage? Le but du stage est de former de bons représentants.

2. Quelle est la première activité que Mélanie propose au groupe? Elle leur demande de citer tous les mots qui leur viennent à l'esprit quand ils pensent aux bonbons.

3. Que dit Mélanie à Thierry à propos d'Annick? Elle lui dit qu'Annick est démotivée, qu'elle est vieille, qu'elle ne fait rien et qu'elle n'a pas le profil.

4. Que décide Mélanie à la fin de la conversation avec Thierry? Elle décide qu'elle va virer Annick.

5. Que fait Annick pendant la pause? Elle fume et ne parle à personne.

6. Que se passe-t-il quand Mélanie emmène Annick dans son bureau? Mélanie téléphone à son petit ami et ils se disputent. Elle ne dit pas à Annick qu'elle est virée.

7. Pourquoi Annick fait-elle de la danse country? Elle en fait parce que son mari était un grand fan des États-Unis.

8. Comment Mélanie se sent-elle après le cours de danse? Elle se sent bien. Elle s'est bien amusée.

9. Où vont les deux femmes après avoir dîné? Elles vont chez Joss, une copine d'Annick qui est partie en vacances.

10. Qui Annick aime-t-elle? Elle aime Didier, son prof de danse.

11. Le lendemain, Mélanie a-t-elle changé d'avis à propos de la présence d'Annick au stage? Non, Mélanie veut toujours la virer, mais elle demande à Thierry de le faire.

12. Qu'est-ce que M. Malaquais, le patron, demande à Mélanie de faire à la suite de la simulation de vente? Il lui demande de mettre Annick sur des points de vente stratégiques car il la trouve très convaincante.

2 Have students discuss the questions and their answers in pairs. Then have them write two more interpretation questions. Call on volunteers to ask their questions to the rest of the class.

Interprétation À deux, répondez aux questions et expliquez vos réponses.

1. Pourquoi Mélanie est-elle gênée par les réponses des stagiaires quand ils citent les mots qui leur viennent à l'esprit à propos des bonbons?

2. Qu'est-ce qui change dans les rapports entre Mélanie et Annick, quand elles sont dans le bureau de Mélanie?

3. Que pense Mélanie sur cette image?

4. Que se passe-t-il pendant la simulation de vente entre Mélanie et Annick à la fin du film? Y voyez-vous de l'ironie?

5. Comment expliquez-vous le fait que Mélanie se sente obligée de mentir à Annick le deuxième soir quand elle dit que tout s'est arrangé avec son copain?

6. Comment interprétez-vous la fin quand Mélanie danse seule dans sa cuisine? Que ressent-elle?

7. Pensez-vous que Mélanie et Annick deviennent amies ou réagissent-elles simplement face aux circonstances?

8. Pensez-vous que le déroulement des événements entre Mélanie et Annick soit réaliste? Citez des exemples.

3 **Quel désordre!** Mettez les événements du film dans le bon ordre. Attention! Il y en a un qui n'a pas eu lieu dans le film.

___7___ a. Annick et Mélanie dansent en groupe.

___8___ b. Annick et Mélanie dînent dans une cafétéria.

___1___ c. Le patron de Mélanie la surveille de loin.

___3___ d. Mélanie décide qu'il faut virer Annick.

___6___ e. Mélanie demande à Annick si celle-ci peut la déposer en voiture.

___5___ f. Mélanie emmène Annick dans son bureau.

___X___ g. Annick passe un entretien d'embauche.

___10___ h. Annick montre des photos à Mélanie.

___11___ i. Annick et Mélanie font une simulation de vente.

___2___ j. Mélanie s'inquiète pour sa prime.

___4___ k. Estelle apprend qu'elle ne sera peut-être pas rémunérée pour sa journée de formation.

___12___ l. Le patron apprécie beaucoup la simulation de vente d'Annick.

___9___ m. Mélanie demande à Annick si elle peut essayer ses santiags.

4 **Les personnages** À deux, réfléchissez aux différences qui existent entre Annick et Mélanie. Ensuite, comparez votre liste à celle d'un autre groupe. Pensez-vous que leurs différences soient plus importantes que leurs similarités?

- dans leurs traits de caractère
- dans leur vie professionnelle
- dans leur vie personnelle
- dans leurs goûts

5 **Imaginez** Et si les rôles étaient inversés? Annick est la formatrice et Mélanie une stagiaire. Par petits groupes, imaginez leur comportement dans chaque situation.

- en cours, pendant la formation
- quand M. Malaquais, le patron, vient voir comment le stage se passe
- quand Estelle, une stagiaire, dit qu'elle n'a pas de voiture
- avec Thierry, le collègue

6 **Le titre** Qu'est-ce qu'un bonbon au poivre? vous demandez-vous peut-être. C'est un bonbon au goût de poivre dont se servent ceux qui aiment jouer des tours (*play jokes*) aux autres. À deux, discutez du titre du film. Pourquoi le film s'appelle-t-il *Bonbon au poivre*? Quel rapport voyez-vous entre ce genre de farce et ce qui se passe dans le film?

7 **La conversation** À deux, imaginez la conversation entre Annick et Mélanie qui se rencontrent par hasard un mois plus tard. Présentez votre dialogue à la classe.

---

3 Have students write a summary of the film based on the statements made in this activity.

4 Put a two-column, four-row table on the board, labeling the columns **Annick** and **Mélanie**. Label the rows **traits de caractère**, **vie personnelle**, **vie professionnelle**, and **goûts**. Call on students to put their ideas in the appropriate sections. Use the completed table to point out differences or similarities.

5 Point out that, for situations 3 and 4, students need only to discuss how Annick would act if she were in Mélanie's position of trainer. (They do not need to talk about Mélanie's behavior if she were Annick since Annick was not in these two scenes.)

6 Ask: **Aimez-vous jouer des tours?** Have students relate this idea back to **Leçon 2 Court métrage**, *J'attendrai le suivant*. Discuss the different levels of playing "jokes" and their consequences.

7 Have students prepare two conversations: 1. Annick and Mélanie have not seen or spoken to each other for a month, and 2. they have been keeping in touch.

Une vendeuse d'huile de palmier, sur le fleuve Congo

IMAGINEZ
L'Afrique Centrale

INSTRUCTIONAL RESOURCES
Supersite: Teaching suggestions; SAM AK
SAM/WebSAM: WB

KEY STANDARDS
2.1, 2.2, 3.2, 4.2, 5.1

Brazzaville et Kinshasa Reading

Imaginez un fleuve majestueux en plein cœur° de l'Afrique et deux cités qui se dressent° fièrement, de part et d'autre°. Ce fleuve, c'est le **Congo**, et ces villes, ce sont **Brazzaville** et **Kinshasa**. Sur la rive droite, Brazzaville, la capitale de la **République du Congo**. Sur la rive gauche, Kinshasa, la capitale de la **République démocratique du Congo** ou **RDC**. Pour différencier ces deux pays, on les appelle souvent **Congo-Brazzaville** et **Congo-Kinshasa**. Leur histoire est parallèle, mais pas identique: durant la période coloniale, le Congo-Brazzaville appartenait à la **France**, alors que le Congo-Kinshasa était **belge**. À l'époque, la capitale du Congo-Kinshasa se nommait **Léopoldville**. Pendant une quinzaine d'années, le Congo-Kinshasa s'est aussi appelé **Zaïre**. Brazzaville et Kinshasa ont donc en commun leur culture francophone. Elles sont aussi réunies par le Congo, qu'on peut facilement traverser en bateau. Les jeunes **Brazzavillois** par exemple préfèrent souvent étudier à Kinshasa. Comme les **Kinois** sont six fois plus nombreux,

beaucoup font aussi le trajet en sens inverse.

Brazzaville a été fondée en 1880 par un explorateur français et a su préserver son patrimoine architectural historique. Pensez à visiter la **basilique sainte Anne du Congo**, dont la toiture° verte change de couleur avec la lumière, la **Case des messageries fluviales**, une très belle case° coloniale sur pilotis° qui abritait les bureaux des messageries fluviales, et le **port des pêcheurs de Yoro**, le site du village précolonial. Brazzaville est aussi intéressante pour ses marchés très animés. Près de la poste, vous trouverez de l'artisanat: sculptures en cuivre° ou en bois, vannerie°, bijoux… Goûtez aussi à un plat typique, comme le **saka-saka**, à base de feuilles de manioc°, ou le poulet en sauce à la noix de palme°.

De l'autre côté du fleuve, Kinshasa offre plusieurs points de vue splendides sur le Congo. La **promenade de**

> ### D'ailleurs…
> Ensemble, Brazzaville et Kinshasa forment la plus grande agglomération urbaine d'Afrique subsaharienne. Cette grande métropole totalise environ 9.500.000 habitants, ce qui en fait aussi le deuxième centre urbain du monde francophone, après Paris.

La ville de Brazzaville

la Raquette, promenade plantée d'arbres qui borde le fleuve, est réputée pour ses magnifiques couchers de soleil°. Un autre quartier agréable est celui de la résidence présidentielle, sur le **Mont Ngaliema**. On peut y voir des jardins fleuris, des fontaines, un théâtre de verdure° et même un zoo. Tout près, toujours dans la commune de **Ngaliema**, se trouve le quartier du **Mont Fleury**, qui doit° son nom de «**Beverly Hills de Kinshasa**» à ses riches villas. Parmi les sites historiques de Kinshasa, citons le «**Wenge**» **de Selembau**, un arbre plusieurs fois centenaire°. Si vous aimez l'art, rendez-vous à l'**Académie des beaux-arts**, fondée en 1943, où les artistes vendent leurs œuvres. Mais que vous passiez par Kinshasa ou par Brazzaville, surtout ne limitez pas votre visite à ces deux villes: beaucoup de surprises vous attendent aussi aux alentours°!

cœur centre **se dressent** stand **de part et d'autre** de chaque côté **toiture** roofing **case** maison **pilotis** stilts **cuivre** copper **vannerie** basketry **feuilles de manioc** cassava leaves **noix de palme** palm nut **couchers de soleil** sunsets **théâtre de verdure** théâtre en plein air **doit** owes **centenaire** âgé de cent ans **alentours** surroundings

Le français parlé en Afrique Centrale

Brazzaville

À tout moment!	À la prochaine!
une coiffe	une coupe de cheveux; *haircut*
méchant	fort
mystique	bizarre
la neige	une pluie très fine
varier	s'énerver

Kinshasa

un américain	un original, non-conformiste
casser le bic	ne plus faire d'études
un chiklé	un chewing-gum
griffé(e)	bien habillé(e)
le palais	la maison
le radio-trottoir	la rumeur
le retour	la monnaie

Découvrons l'Afrique Centrale

Écrans noirs Depuis sa création à **Yaoundé**, au **Cameroun**, en 1997, le festival **Écrans noirs** est devenu une manifestation importante pour les cinéphiles d'**Afrique Centrale**. Il contribue surtout à la promotion et à la diffusion du cinéma africain, mais aussi du cinéma d'auteur peu distribué, venant° de pays non africains. Cette rencontre est également l'occasion de séminaires et de débats. Depuis 2008, le festival est compétitif, et, entre autres prix, l'**Écran d'or** couronne° le meilleur long métrage.

BDEAC La **Banque de développement des États de l'Afrique Centrale** a été créée en 1975 par le Cameroun, la République Centrafricaine, le Congo, le Gabon, la Guinée-Équatoriale et le Tchad. La banque finance aussi parfois les projets d'États africains non membres. Sa mission est d'aider au développement social et économique de ces pays. Elle intervient donc dans des secteurs très variés, aussi bien publics que privés, comme les infrastructures, l'agriculture ou l'industrie.

Les forêts tropicales du Gabon Le **Gabon** a de vastes forêts tropicales. Malgré une exploitation intensive, les deux tiers° des forêts existent encore. L'arbre le plus exploité de cette forêt est l'**okoumé**, qui ne pousse° qu'au Gabon, en Guinée et au Congo. On l'a utilisé dans la construction de la **Bibliothèque nationale de Paris** et du train **Eurostar**, et on en fait aussi du contreplaqué°.

Esther Kamatari C'est une femme à plusieurs facettes°. Elle est née et a grandi au **Burundi**. En 1964, son père, le prince, est assassiné et elle s'exile en France à la fin de ses études, en 1970. À Paris, elle sera le premier mannequin° noir à travailler en France. Mais la princesse Kamatari ne s'arrête pas là: elle participe activement à plusieurs associations humanitaires et en 2004, elle se présente aux élections présidentielles du Burundi.

venant coming **couronne** crowns **tiers** third **pousse** grows **contreplaqué** plywood **à plusieurs facettes** multi-faceted **mannequin** model

Qu'avez-vous appris?

1 **Associez** Indiquez quelles définitions de la colonne de droite correspondent aux mots et aux noms de la colonne de gauche.

1. __e__ Kinshasa   a. l'arbre le plus exploité de la forêt gabonaise

2. __d__ Brazzaville   b. le deuxième centre urbain du monde francophone

3. __b__ Brazzaville et Kinshasa   c. une institution qui aide au développement social et économique des pays d'Afrique Centrale

4. __f__ Écrans noirs   d. la capitale de la République du Congo

5. __c__ la BDEAC   e. la capitale de la République démocratique du Congo

6. __a__ l'okoumé   f. une manifestation importante pour les cinéphiles d'Afrique Centrale

2 **Complétez** Complétez chaque phrase logiquement.

Answers will vary. Possible answers provided.

1. Les deux capitales Brazzaville et Kinshasa ont en commun… *leur culture francophone et le fleuve Congo.*

2. À Brazzaville, les sites historiques à visiter sont… *la basilique sainte Anne du Congo, la Case des messageries fluviales et le port des pêcheurs de Yoro.*

3. … sont des plats congolais typiques. *Le saka-saka à base de feuilles de manioc et le poulet en sauce à la noix de palme.*

4. Pour se promener à Kinshasa, il faut aller… *sur la promenade de la Raquette et dans le quartier de la résidence présidentielle.*

5. Parmi les sites historiques de Kinshasa, il y a… *le «Wenge» de Selembau, un arbre plusieurs fois centenaire.*

6. Le festival Écrans noirs contribue à… *la promotion et à la diffusion du cinéma africain.*

Projet

Un reportage photo

Imaginez que vous soyez photographe pour une grande revue géographique. Recherchez sur **vhlcentral.com** toutes les informations dont vous avez besoin pour écrire un article sur la nature en Afrique Centrale.

• Choisissez trois sites naturels exceptionnels.

• Trouvez des photos qui représentent le patrimoine naturel de ces sites.

• Montrez ces photos à la classe et expliquez pourquoi vous les avez choisies.

ÉPREUVE

Trouvez la bonne réponse.

1. _____ sépare Kinshasa et Brazzaville.
   - a. Un grand lac
   - b. Une forêt tropicale
   - c. Le Congo ✓
   - d. Zaïre

2. Le Zaïre est l'ancien nom _____.
   - a. du Congo-Brazzaville
   - b. de Léopoldville
   - c. du fleuve Congo
   - d. du Congo-Kinshasa ✓

3. Kinshasa a _____ d'habitants que Brazzaville.
   - a. six fois plus ✓
   - b. autant
   - c. six fois moins
   - d. un peu plus

4. Brazzaville a été fondée en _____ par un explorateur français.
   - a. 1800
   - b. 1900
   - c. 1880 ✓
   - d. 1770

5. Kinshasa offre plusieurs _____ sur le Congo.
   - a. ponts
   - b. opinions
   - c. ports
   - d. points de vue splendides ✓

6. Chaque année, _____ est attribué à un jeune réalisateur africain prometteur.
   - a. l'Écran noir
   - b. l'Écran d'honneur ✓
   - c. le film d'honneur
   - d. le festival

7. La BDEAC peut parfois financer les projets de _____.
   - a. pays africains non membres ✓
   - b. banques étrangères
   - c. pays non africains
   - d. membres européens

8. Les _____ de la forêt du Gabon existent encore.
   - a. trois quarts
   - b. un quart
   - c. trois tiers
   - d. deux tiers ✓

9. Esther Kamatari est une femme à plusieurs facettes car _____.
   - a. c'est une princesse
   - b. elle vit au Burundi et en France
   - c. elle a travaillé dans la mode, la politique et l'humanitaire ✓
   - d. elle est mannequin

Practice more at **vhlcentral.com.**

  **Video: TV Clip**

INSTRUCTIONAL RESOURCES
Supersite: Video Script & Translation; Answer Key

Des conseils dans un marché concurrentiel

Avec la crise financière internationale, le marché de l'emploi des jeunes diplômés français est devenu d'autant plus (*all the more*) difficile. L'ANPE (l'Agence nationale pour l'emploi), l'APEC (l'Association pour l'emploi des cadres) et d'autres associations se mobilisent donc pour conseiller les jeunes et faciliter leur insertion professionnelle. Par exemple, «La semaine des jeunes diplômés» est une excellente occasion de rencontrer des chefs d'entreprise et des recruteurs.

La concurrence entre demandeurs d'emploi est rude, ils le savent; il leur faut donc des pistes pour mieux préparer leurs entretiens.

1 **Compréhension** Répondez aux questions par des phrases complètes.

1. Quel est le but de la table ronde dont on parle dans la vidéo?
C'est d'aider les futurs actifs à réussir leurs entretiens d'embauche.

2. Quels sont les trois premiers conseils qu'on donne aux futurs actifs?
Ils doivent avoir un savoir-être, ils doivent venir bien préparés aux entretiens et ils doivent avoir des informations sur la société.

3. D'après la vidéo, quels sont les deux secteurs d'emplois les plus porteurs actuellement?
Ce sont l'éco-gestion et l'informatique.

2 **Discussion** Répondez aux questions en donnant des détails.

1. À votre avis, qu'est-ce que les jeunes diplômés pourraient faire d'autre pour bien se préparer à la recherche d'un emploi?

2. Pensez-vous qu'il vous sera facile de trouver un emploi après vos études? Pourquoi?

Et vous? Avez-vous déjà passé un entretien d'embauche? Comment vous êtes-vous préparé(e) pour l'entretien? Qu'avez-vous retenu de cette expérience? Sinon, décrivez l'expérience de quelqu'un d'autre.

 Practice more at **vhlcentral.com.**

COMPRÉHENSION
Compréhension As a follow-up, ask students to guess why **l'éco-gestion** and **l'informatique** are currently the best fields for job seekers. Have students discuss what they think the best fields are in your area and why. Then, ask them to think of additional careers that they think will be in demand in the future.

DISCUSSION Discussion Have pairs prepare résumés and cover letters they could use to apply for a position of interest to them. Have them look up examples of French résumés and cover letters online or bring some to class for reference.

VOCABULAIRE

de la vidéo

avoir un savoir-être *to know how to present oneself*

un entretien d'embauche *job interview*

un(e) futur(e) actif/ active *job seeker*

une piste *tip*

la polyvalence *versatility*

porteur *growing*

un(e) recruteur/ recruteuse *recruiter*

une table ronde *round table discussion*

pour la conversation

un(e) candidat(e) à un poste *job applicant*

la formation *education, training*

une lettre de motivation *cover letter*

un secteur d'emploi *field of work*

GALERIE DE CRÉATEURS

LITTÉRATURE
Benjamin Sehene (1959–)

Benjamin Sehene est né au Rwanda, mais vit en exil depuis son enfance. Pour échapper aux premiers massacres, sa famille, d'origine tutsi, quitte le pays en 1963, pour s'installer en Ouganda puis au Kenya. Sehene part faire des études de français à Paris, à la Sorbonne, puis en 1984 va habiter au Canada. Aujourd'hui, il vit à Paris. Il concentre son œuvre littéraire sur son pays natal, et tout particulièrement sur le génocide dont les Tutsis ont été victimes en 1994. Cette année-là, l'auteur retourne au Rwanda pour comprendre et témoigner de ce qui s'y passe. Il en résulte plusieurs livres, dont un essai, *Le Piège ethnique*, et un roman, *Le Feu sous la soutane*, qui dénoncent l'horreur quotidienne et la tentative d'exterminer tout un peuple. Benjamin Sehene devient ainsi l'écho d'un pays oublié. Il est membre actif du Pen Club, une association internationale d'auteurs qui a pour but de «rassembler des écrivains de tous pays attachés aux valeurs de paix, de tolérance et de liberté sans lesquelles la création devient impossible».

LITTÉRATURE/PEINTURE
Aida Touré

L'origine de la Création a toujours fait réfléchir Aida Touré, poétesse et peintre gabonaise. Et en 1995, pendant ses études de musique à New York, elle découvre l'Islam. C'est ce qui lui donne l'envie d'écrire des poèmes spirituels. Aida Touré trouve l'inspiration dans le soufisme, doctrine et pratique mystique de l'Islam. En 2004, cette poétesse se tourne vers (*towards*) la peinture. Elle choisit l'art abstrait pour retranscrire sa spiritualité. Sa peinture est un prolongement (*outcome*) de sa poésie. Elle est faite de couleurs vives (*bright*), de lignes et de formes circulaires. Chaque élément a une signification précise. Il émane de chaque tableau un sentiment d'harmonie des formes et des couleurs. Ce n'est jamais chaotique, même quand elle aborde des sujets graves, comme les enfants martyrs ou les ghettos. Par sa peinture, elle désire transmettre «la noblesse des émotions spirituelles et la richesse innée de l'âme humaine».

PHOTOGRAPHIE
Angèle Etoundi Essamba (1962–)

Photographe camerounaise de grand talent, qui vit et travaille aux Pays-Bas (*Netherlands*), Angèle Etoundi Essamba fait ressortir (*brings out*) la beauté de la peau noire. L'artiste prend surtout pour thème la femme africaine et veut montrer que ces femmes sont fières de leurs origines. Par la photographie, elle leur apporte la liberté et l'égalité. L'effet clair-obscur (*chiaroscuro*) de ses œuvres, en noir et blanc pour la plupart, est obtenu par le contraste entre un fond noir et la lumière qui éclaire une peau d'ébène (*ebony*) et en révèle la luminosité. La composition de ses photographies est toujours pensée. Tout est question d'équilibre. Angèle Essamba aime insister sur le lien entre le corps humain et la terre. Elle incorpore aussi des objets de la culture africaine. «La photographie est pour moi un besoin, le besoin d'expression et de communication. Aussi longtemps que ce besoin existera, je créerai», affirme-t-elle.

PEINTURE
Chéri Samba (1956–)

Le peintre congolais Chéri Samba est avant tout un dessinateur. Il ouvre son premier atelier (*studio*) en 1975, à Kinshasa. Son style, apparemment naïf, rappelle beaucoup celui de la bande dessinée. Il observe avec beaucoup d'attention la société dans laquelle il vit. Dans ses tableaux, qui représentent la vie quotidienne, il aborde les problèmes auxquels le continent africain fait face, comme le SIDA, le manque d'unité, le développement économique. Chéri Samba accompagne ses peintures de textes écrits sur la toile (*canvas*) comme dans une bande dessinée. Cela donne au public une information complémentaire qui l'aide à comprendre le message de l'artiste. Samba participe à de nombreuses expositions, principalement dans son pays, la République démocratique du Congo, et en Europe. Un réalisateur a tourné un film sur cet artiste et a gagné un prix au Festival panafricain du cinéma et de la télévision de Ouagadougou (FESPACO).

Compréhension

Vrai ou faux? Indiquez si chaque phrase est vraie ou fausse. Corrigez les phrases fausses.

1. Angèle Etoundi Essamba joue beaucoup sur les couleurs vives dans ses photographies. Faux. Ses photographies sont presque toujours en noir et blanc.

2. Benjamin Sehene a fait ses études au Canada mais il vit en France aujourd'hui. Faux. Il a fait ses études à la Sorbonne, à Paris.

3. La peinture d'Aida Touré est de style impressionniste. Faux. Elle est de style abstrait.

4. Le style artistique de Chéri Samba rappelle celui des cubistes. Faux. Il rappelle le style de la bande dessinée.

5. Aida Touré est connue pour ses poèmes spirituels et ses peintures aux couleurs vives. Vrai.

6. Benjamin Sehene a quitté le Rwanda pour échapper au génocide dont son groupe ethnique a été victime. Vrai.

7. Le manque d'unité et les problèmes du continent africain sont souvent abordés (*tackled*) par Samba dans ses tableaux. Vrai.

8. D'après Angèle Etoundi Essamba, la femme africaine doit être fière de ses origines. Vrai.

Rédaction

À vous! Choisissez un de ces thèmes et écrivez un paragraphe d'après les indications.

- **La photographie d'Angèle Etoundi Essamba**
  Angèle Etoundi Essamba dit qu'elle veut faire ressortir la beauté de la peau noire en utilisant des contrastes et l'effet clair-obscur. Décrivez la photographie sur cette page et expliquez en quoi elle est représentative de l'art d'Angèle Etoundi Essamba.

- **Les problèmes sur le continent nord-américain**
  Imaginez que, comme Chéri Samba, vous vouliez aborder les problèmes de votre pays par l'intermédiaire de la peinture. Comment allez-vous les aborder en peinture?

- **Lecture** Dans ses livres, Benjamin Sehene parle du génocide qui a eu lieu au Rwanda, en 1994. Connaissez-vous d'autres auteurs qui parlent d'événements tragiques? Résumez l'un de ces événements.

 Practice more at **vhlcentral.com**.

KEY STANDARDS
4.1, 5.1

INSTRUCTIONAL
RESOURCES
Supersite: Lab Audioscript,
SAM AK, Lab MP3s
SAM/WebSAM: WB, LM

Briefly review demonstrative
adjectives so students do
not confuse them with this
grammar point.

Point out that demonstrative
pronouns typically refer to a
previously mentioned noun
in a sentence.

Explain that these are
forms of **celui**, therefore
often referred to as *variable
demonstrative pronouns*.

Ask guessing-game
questions about students'
belongings or items in the
room. Example: **Celui de
Katie est bleu. (son sac)**

9.1

Demonstrative pronouns

*Les bons représentants, ce sont **ceux qui**
vendent, vendent, vendent.*

- The demonstrative pronoun **celui** and its forms mean *this one/that one/the one* or *these/
those/the ones*. Use them for pointing something out or indicating a preference.

Quel poste préférez-vous? Le **poste** à Paris ou le **poste** à Lyon? *Which position do you prefer? The position in Paris or the position in Lyon?*	Quel **poste** préférez-vous? Celui à Paris ou celui à Lyon? *Which position do you prefer? one in Paris or the one in Lyon?*

- Demonstrative pronouns agree in number and gender with the noun to which they refer.

Demonstrative pronouns		
	singular	**plural**
masculine	celui *this one; that one; the one*	ceux *these; those; the ones*
feminine	celle *this one; that one; the one*	celles *these; those; the ones*

Ces deux **vendeuses** sont nulles! Et **celles** du grand magasin de ton quartier? *These two saleswomen are lame! And the ones at the department store in your neighborhood?*	Quels **entrepôts** est-ce que vous avez visités hier, ceux-ci? *Which warehouses did you visit yesterday, these here?*

- As with demonstrative adjectives, **-ci** and **-là** can be added after a form of **celui** to distinguish between people or objects that are closer (**celle-ci**) or farther (**celui-là**).

- A form of **celui** can also be followed by a relative clause to mean *the one(s) that* or *the one(s) whose.*

On va à cette réunion-ci ou à **celle qui** commence plus tôt? *Are we going to this meeting here or the one that starts earlier?*	Le comptable de Marc, c'est **celui que** tu aimes bien? *Is the Marc's accountant the one you like?*
Ces enfants sont **ceux dont** le père a été licencié. *These children are the ones whose father got laid off.*	

- A prepositional phrase can also follow a demonstrative pronoun.

Mes économies et **celles de** Nathalie sont sur un compte d'épargne. *My savings and those of Nathalie are in a savings account.*	Ce poste est moins intéressant que **celui en** Belgique. *This position is less interesting than the one in Belgium.*

BLOC-NOTES

To review using **-ci** and **-là** with
demonstrative adjectives, see
Fiche de grammaire 4.4, p. 404.

ATTENTION!

Use a demonstrative pronoun
followed by **-ci** or **-là** to express,
respectively, the English words
latter and *former*.

**Tu embauches les conseillers ou
les consultantes? Celles-ci sont
plus compétentes que ceux-là.**

*Are you hiring the advisors or the
consultants? The latter are more
competent than the former.*

BLOC-NOTES

To review relative pronouns, see
Structures 6.2, pp. 216–217.

- Adjectives that modify forms of **celui** must agree with them in number and gender. Past participles should agree with forms of **celui** when appropriate.

Ceux qui sont **fainéants** ne vont pas être promus. *Those that are lazy are not going to be promoted.*	Leurs employées sont **celles** que nous avons **vues** ici hier? *Are their employees the ones we saw here yesterday?*

- You can use **celui-là** or **celle-là** to refer to someone in a familiar or scornful fashion.

Le gérant de Pizza Roma? Ah, **celui-là**! *The manager at Pizza Roma? Oh, that one!*	Elle croit qu'elle sait tout, celle-là? *Does she think she knows it all, that one?*

- **Ceci** and **cela** are also demonstrative pronouns. Unlike other pronouns, they do not refer to any noun in particular, but rather to an idea. **Ceci** draws attention to something that is about to be said; **cela** refers to something that has already been said.

Je vous dis **ceci**: il ne faut pas démissionner *I say this to you: you must not quit.*	On évite les dettes. **Cela** va sans dire. *We avoid debts. That goes without saying.*

- Both **ceci** and **cela** have a literary tone to them. In everyday French, use **ce** or **ça**. Use **ce** before forms of **être**; use **ça** before other verbs.

before a form of *être* beginning with a consonant	**Ce sont** mes cadres, Abdel et Fatih. *Those/They are my executives, Abdel and Fatih.*
before a form of *être* beginning with a vowel	**C'est** un syndicat? *Is that a labor union?*
before any other verb	**Ça** m'énerve! *That annoys me!*

- **C'est** can be used in many constructions.

C'est + name *identifies a person.*	**C'est** Ségolène. *That/She is Ségolène.*
C'est + article or adjective + noun *identifies a person or thing.*	**C'est** mon vendeur. *That/He is my salesman.*
C'est + disjunctive pronoun *identifies a person.*	**C'est** toi qui as trouvé cette formation? *Are you the one that found this training?*
C'est + adjective *describes an idea or expresses an opinion.*	Trois semaines de vacances! **C'est** super. *Three weeks of vacation! That's great.*
infinitive + **c'est** + infinitive *draws an equivalency between two actions.*	Partir, **c'est** mourir un peu. *To leave is to die a little.*

ATTENTION!

Forms of **celui** cannot stand alone; they must always be followed by **-ci/-là**, a relative clause, or a prepositional phrase.

BLOC-NOTES

To review past participle agreement, see **Fiche de grammaire 5.5, p. 410.**

Point out that **ceci** and **cela** do not have gender and number forms (like **celui**) because they do not refer to any specific noun. So, in contrast to **celui** and its forms, **ceci** and **cela** are considered *invariable (or indefinite) demonstrative pronouns.*

Point out that **ceci** and **cela** are compound pronouns: **ce** + **ici** → **ceci** and **ce** + **là** → **cela**. (Remind students never to spell **cela** with an accent over the **a**.) Both of these pronouns can replace **ce**, but **ceci** is less common when speaking. Just like when people say **là** in lieu of **ici** (On est là. *We're here.*), they tend to use **cela** to mean *this* or *that*. **Ceci** is used when the speaker wants to emphasize the distinction between *this* and *that*.

BLOC-NOTES

To review the distinction between **il/elle est** and **c'est**, see **Fiche de grammaire 2.5, p. 398.**

Mise en pratique

1 While going over the answers, check students' comprehension by asking them to circle the part of each sentence that the pronoun refers to, if possible. (**1. la comptable**
2. *no specific part*
3. ce distributeur automatique
4. quelle personne
5. plusieurs postes)

1 À choisir Choisissez le bon pronom démonstratif pour compléter ces phrases.

1. Je parle de la comptable de mon voisin, tu sais, _____ qui vient de se marier.

    a. ceux   b. celles-là   c.) celle

2. Nous vous avions parlé de _____, mais vous ne nous aviez pas écouté.

    a.) ça   b. celui   c. ceux

3. Ils ont l'habitude de retirer de l'argent à ce distributeur automatique, _____ on voit depuis (*from*) l'autoroute.

    a.) celui qu'   b. celle dont   c. celui qui

4. De quelle personne veux-tu te plaindre au patron? De _____.

    a. celle pour   b.) celle-là   c. cela

5. J'ai posé ma candidature à plusieurs postes. Voici _____ je me souviens: consultant, employé de banque et vendeur en matériel informatique.

    a. ceux-ci   b. celui dont   c.) ceux dont

2 Go over the answers as a class. Ask students to explain why they used the different demonstratives.

2 À compléter Complétez le paragraphe à l'aide des pronoms démonstratifs de la liste.

c'est	cela	celle qui	celui qui
ceci	celle dont	celles que	ceux dont

Une de nos compagnies, (1) _____celle qui_____ s'occupe d'import-export, nous a demandé d'aller voir un client à Kinshasa. (2) _____C'est_____ là où je suis né, donc je connais bien cette ville. Ah, mais tu sais déjà (3) _____cela_____. Alors, une des autres employées, (4) _____celle dont_____ tu as fait la connaissance à ma soirée, et moi, nous sommes donc partis travailler à Kinshasa une semaine. Mes amis là-bas, (5) _____ceux dont_____ je t'ai parlé de nombreuses fois, nous ont très bien accueillis. Un soir, après le travail, nous avons tous fait un tour en bateau sur le fleuve Congo tu sais, (6) _____celui qui_____ traverse plusieurs pays d'Afrique. Ensuite, mes amies Aminata et Kora, (7) _____celles que_____ j'ai vues le plus souvent pendant mon séjour, nous ont invités dans un restaurant local. Eh bien, je vais te dire (8) _____ceci_____: je ne me souvenais pas que les spécialités congolaises étaient si délicieuses!

3 Give this as an additional **modèle**, if necessary: **Quelles employées Miriam a-t-elle licenciées? (étaient fainéantes // celles qui / celles-là) (Elle a licencié celles qui étaient fainéantes.)**

3 Lequel? Choisissez le bon pronom démonstratif pour répondre aux questions.

> **Modèle** **Les parents de quelle amie travaillent ensemble?**
> **(Salima // ceux de / ceux que)**
> Ceux de Salima travaillent ensemble.

1. Quelle capitale Marc veut-il visiter? (Algérie // celle dont / celle de) *Il veut visiter celle d'Algérie.*
2. À quels postes pensez-vous? (notre jeunesse // ceux que / ceux de) *Nous pensons à ceux de notre jeunesse.*
3. Quel compte d'épargne avez-vous choisi? (j'ai vu dans cette brochure // celui que / celui pour) *J'ai choisi celui que j'ai vu dans cette brochure.*
4. Qui sont ces employés? (Béatrice // ceux de / ceux qui) *Ces employés sont ceux de Béatrice.*
5. Quelle voiture regardent-ils? (Ø // celle-ci / celle dont) *Ils regardent celle-ci.*

Communication

4

Entretien Vous venez de passer un entretien pour un poste intéressant et vous le racontez à un(e) camarade. À deux, imaginez la conversation et écrivez-la à l'aide de pronoms démonstratifs. Ensuite, jouez la scène devant la classe.

Modèle
—Je viens de passer un entretien pour travailler dans un grand magasin, tu sais celui qui est rue de la République.
—Celui où Noah a travaillé l'été dernier?
—Non, celui dont la sœur de Sonia est gérante.

5

Qui est qui? La classe se divise en deux équipes. Un des membres de l'équipe A pense à un(e) camarade de classe et donne trois indices (*clues*) sur lui/elle. L'équipe B doit deviner de qui il est question. Elle gagne trois points si elle devine avec le premier indice, deux points si elle devine avec deux indices et un point si elle devine avec les trois indices. Ensuite, inversez les rôles.

Modèle
Je pense à celui/celle qui espère travailler pour une entreprise multinationale...
Je pense à celui/celle pour qui voyager pour son futur travail est important...
C'est celui/celle dont les parents sont propriétaires d'un restaurant en ville.

6

Enquête Demandez à des camarades de classe de décrire les personnes de cette liste. Ils doivent répondre à l'aide de pronoms démonstratifs. Ensuite, présentez vos résultats à la classe.

Modèle Ma cousine Sophie est celle qui veut être femme d'affaires.

- Vos parents
- Vos grands-parents
- Vos cousin(e)s
- Vos frères/sœurs
- Votre meilleur(e) ami(e)
- Votre professeur

KEY STANDARDS
4.1, 5.1

9.2

INSTRUCTIONAL
RESOURCES
Supersite: Lab Audioscript,
SAM AK, Lab MP3s
SAM/WebSAM: WB, LM

The present participle

—*Je comprends très bien que vous soyez*
souvent sollicitée par des représentants.

- To form the present participle, drop the **-ons** ending from the **nous** form of the present tense of a verb and replace it with **-ant**.

Present participles of some common verbs

Infinitive	*Nous* form	Present participle
aller	allons	allant
boire	buvons	buvant
choisir	choisissons	choisissant
dire	disons	disant
écrire	écrivons	écrivant
faire	faisons	faisant
lire	lisons	lisant
parler	parlons	parlant
prendre	prenons	prenant
vendre	vendons	vendant
venir	venons	venant

- There are only three irregular present participles in French. They are considered irregular because they are *not* based upon the **nous** forms of the present tense.

Infinitive	Present participle
être	étant
avoir	ayant
savoir	sachant

Étant *très sociable, elle a présenté*
son cousin à son petit ami.

BLOC-NOTES

To find the **nous** forms of the present tense of other verbs, consult the verb tables at the end of the book.

Caution students that, although the formation of the present participle is quite similar to English with the suffixes *-ing* and **-ant**, the functions of the French present participle are very different. Tell them not to translate present participles from English to French without first evaluating the context.

Call out various infinitives. Have one student give the **nous** form and another student the present participle.

Tell students to work in pairs and turn to this lesson's **Pour commencer**. One student calls out a verb or verbal expression from the list. The other student provides the present participle. To challenge students further, have them give a sample sentence using the present participle.

- When used as verbs, present participles are usually the equivalent of English verbs ending in *-ing*. They are typically preceded by the preposition **en**, meaning *while* or *by*.

  Il lui a indiqué le chemin **en regardant** le plan du quartier.
  He gave her directions while looking at the map of the neighborhood.

- Use the present participle to say what caused something or how something occurred.

  Gérard s'est cassé le bras **en tombant** du toit.
  Gérard broke his arm by falling off of the roof.

- **En** + [*present participle*] can also mean that something is done *as soon as* something else happens. In this case, it is often the equivalent of the English expression *upon* + the *-ing* form of a verb.

  Il va téléphoner **en arrivant** à la gare.
  He's going to call upon arriving at the station.

- Use the expression **tout en** to emphasize that two actions occur simultaneously, sometimes when they are not usually done at the same time.

  Il conduit **tout en mangeant** un sandwich.
  He's driving while eating a sandwich.

- When a present participle is used as an adjective, it agrees in gender and number with the noun it modifies.

  Nous n'avons pas d'eau **courante**!   Ces filles sont **charmantes**.
  We don't have any running water!   *These girls are charming.*

- Like present participles used as verbs, the adjective forms usually correspond to English words ending in *-ing*. Depending on the interpretation of the adjective, however, this is not always the case.

  Nous avons vu un film **amusant**.
  We saw a funny (amusing) movie.

- Present participles can sometimes be used as nouns. These nouns are often professions or other words that refer to a person who engages in a particular activity.

  consulter (*to consult*) > **un(e) consultant(e)** (*consultant*)
  gérer (*to manage*) > **un(e) gérant(e)** (*manager*)

Explain that present participles are invariable when used as verbs. Additional example: **Je lui ai transmis le message en envoyant un e-mail.** *I passed the message along to him by sending an e-mail.*

Ask students to give sample sentences for things one can/cannot/should not do simultaneously. Ex: **On peut écouter de la musique en conduisant. Mais on ne devrait pas regarder un plan en conduisant.**

ATTENTION!

The present participle does not correspond to all *-ing* forms of English verbs. Remember, the present tense in French can have several meanings.

Je parle.
I speak. / I do speak. / I am speaking.

To say that something is happening in the present time, use the present tense, not a present participle.

Brainstorm a list of adjectives students know that are derived from present participles. Ex: **agaçant, émouvant, irritant, terrifiant.**

Explain that there are several differences in spelling between certain adjectives/nouns and their corresponding present participles. Examples: **convaincant** (adjective) versus **en convainquant** (present participle); **différent** (adjective) versus **en différant** (present participle); **fatigant** (adjective) versus **en fatiguant** (present participle)

Mise en pratique

1 **À choisir** Mettez au participe présent les verbes entre parenthèses.

1. Charlotte a mangé son repas tout en _____lisant_____ (lire) son livre.

2. Mon père a fêté sa retraite en _____dansant_____ (danser) toute la nuit.

3. _____Ayant_____ (Avoir) eu le temps d'arriver à la gare, Mamadou attend le prochain train pour Yaoundé.

4. En _____écoutant_____ (écouter) ce qu'il a à dire, nous trouverons de meilleurs arguments.

5. Antoine gagne sa vie en _____investissant_____ (investir).

6. En _____demandant_____ (demander) une augmentation de salaire, j'aimerais améliorer ma situation financière.

7. Il vient d'être licencié. _____Étant_____ (Être) maintenant au chômage, il a le temps de jouer sur son ordinateur toute la journée.

8. Nous finirons le projet tout en _____sachant_____ (savoir) que nous ne serons pas toujours d'accord!

2 **À trouver** Complétez les phrases. Servez-vous du participe présent des verbes de la liste comme adjectifs ou comme noms. Faites tous les changements nécessaires.

amuser	émigrer	gagner	tomber
charmer	exiger	imposer	toucher

1. En France on peut voir de grands monuments _____imposants_____.

2. La classe a lu des histoires _____touchantes_____ sur des enfants malades.

3. Cette ville est remplie de beaux princes _____charmants_____.

4. On n'a pas encore annoncé les _____gagnants_____ du concours (*contest*).

5. La formation que vous faites est très _____exigeante_____, mais elle est indispensable.

6. Nous avons passé deux journées _____amusantes_____ au parc d'attractions.

7. Les _____émigrants_____ ont quitté leur pays pour commencer une nouvelle vie.

8. Nous sommes rentrés à la maison, à la nuit _____tombante_____.

3 **Autrement dit** Liez (*Connect*) ces phrases à l'aide d'un participe présent.

> **Modèle** **Magali prend sa douche. Elle chante *La vie en rose*.**
> Magali prend sa douche tout en chantant *La vie en rose*.

1. La secrétaire parle au téléphone. Elle écrit rapidement. La secrétaire parle au téléphone tout en écrivant rapidement.

2. Ces hommes d'affaires préparent le budget de l'année prochaine. Ils discutent des investissements. Ces hommes d'affaires préparent le budget de l'année prochaine tout en discutant des investissements.

3. Ces femmes achètent ce qui leur plaît. Elles dépensent sans compter. Ces femmes achètent ce qui leur plaît tout en dépensant sans compter.

4. Je travaille beaucoup. Je profite des vacances que l'entreprise offre. Je travaille beaucoup tout en profitant des vacances que l'entreprise offre.

5. Ma collègue me raconte son week-end. Elle sait que je ne l'écoute pas. Ma collègue me raconte son week-end tout en sachant que je ne l'écoute pas.

6. Le nouveau retraité pleure. Il finit son discours d'adieu (*farewell*). Le nouveau retraité pleure tout en finissant son discours d'adieu.

*Practice more at **vhlcentral.com**.*

Communication

4

Première journée de travail Aujourd'hui, c'était la première journée de travail de Magali. Par groupes de trois, imaginez ce qu'elle a fait. Employez le participe présent des verbes de la liste.

Modèle   Magali est restée calme tout en étant sous pression.

assister à une réunion	être sous pression
découvrir son bureau	profiter de sa pause
déjeuner avec des collègues	rencontrer le syndicat
écouter des conseils	répondre au téléphone
être épuisée	?

5

Qu'est-il arrivé? Par groupes de quatre, choisissez trois événements de la liste et, pour chacun, racontez quelque chose qui est arrivé pendant que vous y étiez. Comment avez-vous réagi? Utilisez le participe présent dans vos discussions.

Modèle   Tout en conduisant pendant l'examen du permis, je me suis aperçu que je n'avais pas attaché ma ceinture.

- un bal de lycéens/d'étudiants (*prom*)
- une cérémonie de remise de diplômes (*graduation*)
- un accident que vous avez eu ou auquel vous avez assisté
- un entretien d'embauche
- une réunion d'anciens élèves
- le moment où vous avez reçu une lettre d'acceptation
- l'examen du permis de conduire
- un anniversaire mémorable

6

Entretien d'embauche Kemajou sollicite un poste à la banque du Cameroun. Il passe un entretien avec la chef du personnel, Madame Koua. À deux, imaginez la conversation en employant le participe présent.

Modèle   —Connaissez-vous l'équivalence en euros pour gérer des comptes en francs CFA?
—Oui, madame. Dans mon ancien emploi, j'ai appris à gérer les équivalences en travaillant avec des clients étrangers.

4 Encourage students to be creative and to use additional verbs not found in the list.

5 Have students write a short story that ties together several events. This also serves as a review of the **passé composé** and **imparfait**.

6 Bring up the concept of multitasking to inspire a brief, related class discussion. Ask: **Vous est-il facile de faire plusieurs choses parallèlement? Lors d'un entretien d'embauche, vous a-t-on demandé si vous pouvez faire plusieurs choses en même temps?**

6 Before students complete the activity, discuss the kinds of questions that are often asked at job interviews.

Note CULTURELLE

D'abord appelé le franc des «Colonies Françaises d'Afrique» (CFA) en 1945, **la monnaie** des pays africains francophones devient, en 1958, le franc de la «Communauté Française d'Afrique». Il existe deux sortes de francs **CFA**: le franc de la Communauté Financière d'Afrique pour les pays d'**Afrique de l'Ouest** et le franc de la Coopération Financière en **Afrique Centrale** pour les pays d'Afrique Centrale, les deux monnaies étant distinctes l'une de l'autre.

KEY STANDARDS
4.1, 5.1

INSTRUCTIONAL
RESOURCES
Supersite: Lab Audioscript,
SAM AK, Lab MP3s
SAM/WebSAM: WB, LM

9.3

Irregular *-oir* verbs

—*Vous **voulez** que je vous raccompagne?*

- French verbs that end in **-oir** are irregular. They do not all follow the same pattern.

- The verbs **vouloir** and **pouvoir** follow a similar pattern. Note the stem change in the **nous** and **vous** forms.

pouvoir *(to be able)*		vouloir *(to want)*	
je **peux**	nous **pouvons**	je **veux**	nous **voulons**
tu **peux**	vous **pouvez**	tu **veux**	vous **voulez**
il/elle **peut**	ils/elles **peuvent**	il/elle **veut**	ils/elles **veulent**
past participle: **pu**		past participle: **voulu**	

Remind students that the
meanings of **vouloir** and
pouvoir can change slightly
in different tenses. Example:
**Je ne pouvais pas licencier
Darren; il était mon
mentor.** *I couldn't lay off
Darren; he was my mentor.*
**Mais il n'a pas pu finir le
projet à temps.** *But he did
not manage to finish the
assignment on time.*

Point out the expression
vouloir bien (*to be glad to*).

- Like **pouvoir** and **vouloir**, the singular forms of **valoir** end in **-x**, **-x**, and **-t**. Note the stem in the plural forms.

ATTENTION!

Because the verb **valoir** means
to be worth (*money, effort, etc.*),
its subject is most often an
inanimate object rather than a
human being. The most common
forms encountered are the third-
person singular and plural forms.

valoir *(to be worth)*	
je **vaux**	nous **valons**
tu **vaux**	vous **valez**
il/elle **vaut**	ils/elles **valent**
past participle: **valu**	

*Ces bijoux **valent** beaucoup d'argent.*

Point out that **devoir** can also
be translated as *ought to*.
Advise students to use **devoir**
to avoid the subjunctive when
expressing obligation and
necessity. Example: **Tu dois
sortir.** instead of **Il faut que
tu sortes**.

- The verbs **voir** and **devoir** follow similar patterns. They also have stem changes in the **nous** and **vous** forms.

ATTENTION!

The prefix **re-** usually means
to do something again. For
example, the verb **revoir**
means *to see again.* **Revoir** is
conjugated like **voir**.

J'ai revu le film.
I saw the film again.

voir *(to see)*		devoir *(to have to, must; to owe)*	
je **vois**	nous **voyons**	je **dois**	nous **devons**
tu **vois**	vous **voyez**	tu **dois**	vous **devez**
il/elle **voit**	ils/elles **voient**	il/elle **doit**	ils/elles **doivent**
past participle: **vu**		past participle: **dû**	

- Like **voir** and **devoir**, the singular forms of **savoir** end in **-s**, **-s**, and **-t**. Note the different stems in the singular and plural forms.

savoir *(to know)*	
je **sais**	nous **savons**
tu **sais**	vous **savez**
il/elle **sait**	ils/elles **savent**
past participle: **su**	

*Ils **savent** danser.*

- The verbs **recevoir**, **apercevoir**, and **percevoir** follow the same pattern. Note the **ç** in all forms except for **nous** and **vous**.

recevoir *(to receive)*		apercevoir *(to perceive)*	
je **reçois**	nous **recevons**	j'**aperçois**	nous **apercevons**
tu **reçois**	vous **recevez**	tu **aperçois**	vous **apercevez**
il/elle **reçoit**	ils/elles **reçoivent**	il/elle **aperçoit**	ils/elles **aperçoivent**
past participle: **reçu**		past participle: **aperçu**	

- Due to their meanings, the verbs **pleuvoir** and **falloir** have only third-person singular forms.

pleuvoir *(to rain)*	falloir *(to be necessary, to have to, must)*
il **pleut**	il **faut**
past participle: **plu**	past participle: **fallu**

Il **pleut** souvent au printemps.
It often rains in the spring.

Il **faut** prendre le train.
It's necessary to take the train.

- The verb **s'asseoir** is very irregular. Like other reflexive verbs, it is accompanied by a reflexive pronoun and takes the helping verb **être** in the **passé composé**.

s'asseoir *(to sit)*	
je **m'assieds**	nous nous **asseyons**
tu **t'assieds**	vous vous **asseyez**
il/elle **s'assied**	ils/elles **s'asseyent**
past participle: **assis(e/es)**	

*Ils **se sont assis** par terre.*

BLOC-NOTES

Remember that French has two different verbs that mean *to know*: **savoir** and **connaître**. To review their different uses, see **Fiche de grammaire 9.4, p. 424**.

Remind students that **savoir** in the **passé composé** means *to find out*.

ATTENTION!

The verbs **apercevoir** and **percevoir** both mean *to perceive*, but they are not interchangeable. **Apercevoir** usually refers to visual perception, as in *to see* or *to notice*. **Percevoir** usually refers to more general perception, as in *to detect* or *to sense*.

ATTENTION!

You can use **il faut** to refer to a variety of subjects. Depending upon the context, it can mean *I must, you must, one must, they must,* and so on. Regardless of meaning, the subject is always **il**.

Ask students personalized questions with **savoir**. Ex: **Lesley, est-ce que tu sais/vous savez jouer du piano?** After the student answers, ask another student about the first student: **Est-ce que Lesley sait jouer du piano?**

Mention that, in spoken French, one often hears the **-oi-** conjugation of **s'asseoir: je m'assois, tu t'assois, il/elle s'assoit** and **ils/elles s'assoient**.

Mise en pratique

1

1 Before beginning the activity, review the conjugation of each verb.

1 Call on volunteers to perform several of the short dialogues for the class.

1 Have pairs write two additional dialogues to perform for the class.

1 **Mini-dialogues** Complétez logiquement chaque dialogue à l'aide des verbes de la liste.

s'asseoir	pleuvoir	savoir	voir
falloir	recevoir	valoir	vouloir

—J'aime sortir par tous les temps: quand il fait soleil, quand il y a du vent… même quand il (1) ___pleut___ !

—Pas vrai! Je te t' (2) ___ai vu(e)___ hier quand ton parapluie s'est cassé. Tu étais vraiment de mauvaise humeur.

—(3) ___Sais___-tu qu'on a changé la date de la réunion?

—Non, je ne le savais pas. (4) ___Faut___-il choisir une nouvelle date?

—Est-ce que nous (5) ___avons reçu___ le coup de téléphone de notre entrepôt en Chine?

—Oui, ils disent que, si on détruit les marchandises, on sera en faillite. Elles (6) ___valent___ trop cher.

—(7) ___Assieds___-toi sur cette chaise. Il faut que je te parle.

—D'accord, de quoi (8) ___veux___-tu me parler?

2 As an expansion, ask: **Si vous étiez le/la patron(ne), quelles règles voudriez-vous garder? Lesquelles voudriez-vous remplacer?**

2 Have students work in pairs to create a set of five rules for students. They should use a different irregular **-oir** verb for each rule.

2 **Un nouveau règlement** L'entreprise pour laquelle vous travaillez vient de changer de direction (*management*). Voici quelques règles que votre nouveau patron veut mettre en application. Complétez ces phrases à l'aide de verbes en **-oir**. Suggested answers

Nouveau règlement:

1. Vous ne ___pouvez___ plus varier votre temps de travail.
2. Il ___faut___ absolument arriver à neuf heures, au plus tard.
3. Tous les employés ___doivent___ déjeuner entre midi et 13h00.
4. Sur le marché boursier, il ___vaut___ mieux investir dans l'entreprise.
5. Si quelqu'un ___aperçoit___ un collègue qui en harcèle un autre, dites-le-moi tout de suite.
6. Si vous ___voulez___ téléphoner à un(e) ami(e), attendez 17h00.
7. Même si nous ___recevons___ des salaires différents, il faut nous respecter mutuellement.
8. Pour être promu, un employé ___doit___ suivre toutes ces règles.

3 As a variation, have one student be the counselor and the other play the role of Yves.

3 **Conseils** Yves est sous pression au bureau, et sa vie privée est un désastre. À deux, trouvez huit conseils à lui donner en utilisant des verbes en **-oir**.

Modèle Vous pouvez démissionner et chercher un autre emploi.

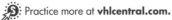 Practice more at **vhlcentral.com.**

Communication

4 **Questions personnelles** À deux, posez-vous ces questions et soyez créatifs pour expliquer vos réponses.

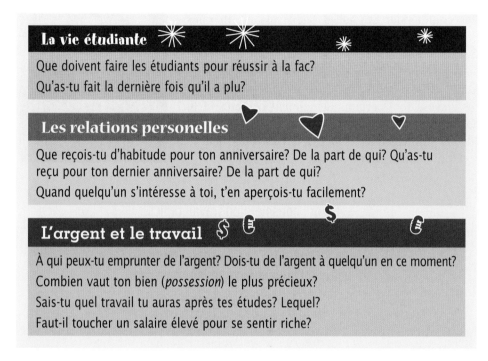

La vie étudiante

Que doivent faire les étudiants pour réussir à la fac?

Qu'as-tu fait la dernière fois qu'il a plu?

Les relations personelles

Que reçois-tu d'habitude pour ton anniversaire? De la part de qui? Qu'as-tu reçu pour ton dernier anniversaire? De la part de qui?

Quand quelqu'un s'intéresse à toi, t'en aperçois-tu facilement?

L'argent et le travail

À qui peux-tu emprunter de l'argent? Dois-tu de l'argent à quelqu'un en ce moment?

Combien vaut ton bien (*possession*) le plus précieux?

Sais-tu quel travail tu auras après tes études? Lequel?

Faut-il toucher un salaire élevé pour se sentir riche?

5 **Au syndicat** À deux, imaginez que vous soyez des travailleurs membres du même syndicat. Jouez les rôles de ces deux collègues qui ne sont jamais d'accord, en utilisant des verbes en **-oir**.

Modèle —Il faut demander une augmentation de salaire.

—On ne doit pas en demander une. Tu sais qu'ils ne peuvent pas nous la donner.

6 **À propos de vos camarades** Par groupes de quatre, devinez pour quel membre de votre groupe ces observations sont vraies. Si vous n'êtes pas d'accord avec l'opinion que vos camarades ont de vous, expliquez-leur votre point de vue.

Modèle **vouloir: devenir cadre**

—Dave, tu veux devenir cadre d'une entreprise après l'université, non?

—Pas du tout! Je voulais l'année dernière, mais je ne sais plus. C'est toi, Jessica, qui devrais être cadre. Tu peux diriger un groupe.

1. s'apercevoir: que la richesse ne remplace pas forcément le bonheur

2. s'asseoir: au premier rang

3. devoir: poser sa candidature pour un poste à la bibliothèque

4. ne pas pouvoir: économiser d'argent

5. recevoir: du courrier tous les jours

6. revoir: son film préféré plus de trois fois

---

4 Have students ask each other three additional questions, one related to each category.

4 Add other categories and questions for students to ask and answer. Categories should be based on previous lessons' **Pour commencer** sections. Ex: **le sport, la technologie, la cuisine, les médias,** etc.

5 Before beginning the activity, you may want to give background information on **les syndicats: Les syndicats sont des associations de travailleurs qui se regroupent pour défendre des intérêts communs. La personne à la tête d'un syndicat négocie auprès d'un employeur toutes les questions contractuelles comme les salaires, les horaires, les avantages sociaux, la sécurité au travail, etc.**

5 Point out the uses of **il faut** and **on doit** in the **modèle**, which effectively express obligation without using the subjunctive.

6 Give students these additional ideas: **7. savoir: cuisiner à la française (ou à l'italienne, etc.) 8. ne pas vouloir: prêter ses affaires.**

6 Model a positive response as well. Ex: **Oui, c'est vrai. Je pense avoir les qualités requises pour être un bon cadre. Une bonne gestion est la clé de la réussite d'une entreprise.**

KEY STANDARDS
1.1, 1.2

TEACHING OPTION As a preview, have students research the life and work of the philosopher Alain. Ask them to exhibit their findings to the class in a brief presentation.

time

Point out the use of **l'on** in the second quote. The **l'on** construction is more common in written French than spoken because it is more formal.

standing up

Synthèse Reading

L e philosophe français, Alain (1868–1951), né sous le nom d'Émile-Auguste Chartier, est connu pour ses idées pacifistes et libérales. Profondément marqué par les horreurs de la Première Guerre mondiale, celui-ci écrit des articles en faveur du pacifisme tout en combattant les autoritarismes. Étant professeur, il exerce une grande influence sur ses élèves, dont certains deviennent célèbres et lui doivent leur carrière de philosophe. Dans les citations suivantes on voit que ses idées sur le travail sont assez révolutionnaires pour l'époque°.

> Ce qui console d'un travail difficile,
> c'est qu'il est «difficile».
>
> La loi suprême de l'invention humaine
> est que l'on n'invente qu'en travaillant.
>
> La vie est un travail
> qu'il faut faire debout°.
>
> *Alain*

 Have students discuss their answers in pairs.

1 Compréhension Répondez à ces questions.

1. Quel travail faisait Alain tout en gagnant sa vie comme professeur? Alain était philosophe tout en gagnant sa vie comme professeur.
2. Que faisait Alain en même temps qu'il écrivait des articles sur le pacifisme? Il écrivait sur le pacifisme tout en combattant les autoritarismes.
3. Que peut-on dire de ses idées sur le travail? On peut dire que ses idées sur le travail sont révolutionnaires pour l'époque.
4. Comment Alain décrit-il la vie dans une de ses citations? Il dit que la vie est un travail qu'il faut faire debout.

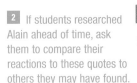 If students researched Alain ahead of time, ask them to compare their reactions to these quotes to others they may have found.

2 Réactions Que pensez-vous des trois citations d'Alain? Discutez de chacune avec un(e) camarade, en réfléchissant aux idées ci-dessous. Employez des verbes irréguliers en **-oir** et des pronoms démonstratifs.

- Pensez à trois situations dans lesquelles chaque citation vous inspirerait.
- Trouvez des liens entre les pensées d'Alain sur le travail et celles sur la liberté et le pacifisme.
- Dites si vous êtes d'accord avec chaque citation. Expliquez pourquoi.

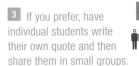 If you prefer, have individual students write their own quote and then share them in small groups.

3 À vous de citer Par petits groupes, imaginez que vous soyez philosophe (si vous ne l'êtes pas déjà!). Écrivez une phrase qui explique vos pensées sur le travail et sur l'influence qu'il exerce sur la vie du travailleur. Pour vous aider, utilisez votre imagination, les citations d'Alain et les structures de cette leçon.

Préparation

Vocabulaire de la lecture	
un chef d'entreprise	*head of a company*
l'entraide (*f.*)	*mutual aid*
entreprendre	*to undertake*
évoquer	*to make think of*
inhabituel(le)	*unusual*
monter une entreprise	*to create a company*
obtenir un prêt	*to secure a loan*
la précarité	*insecurity of income*
un revenu	*income*

Vocabulaire utile	
demander un prêt	*to apply for a loan*
l'encadrement (*m.*)	*supervisory staff*
s'entourer de	*to surround oneself with*
faire un emprunt	*to take out a loan*
rembourser	*to reimburse*
retirer (un profit, un revenu) **de**	*to get (benefit, income) out of*

1 **Le bon leader** Complétez ce petit texte à l'aide des mots de la liste de vocabulaire.

Qu'est-ce qui caractérise (1) ___un chef d'entreprise___ exceptionnel? D'abord ses qualités personnelles, car il doit avoir ambition et volonté. Un bon leader saura aussi s'entourer d' (2) ___un encadrement___ performant et de haut niveau. Il prendra soin de l'ensemble de ses employés pour les protéger de (3) ___la précarité___ et les motiver. Il encouragera (4) ___l'entraide___ au sein de l'entreprise. Il aura aussi de bonnes relations avec sa banque, pour pouvoir faire (5) ___un emprunt___ quand c'est nécessaire. Un bon dirigeant saura (6) ___rembourser___ ses dettes à temps. Grâce à lui, l'entreprise se développera et (7) ___retirera___ des profits de son activité.

2 **Aux enfants** Vous devez expliquer ces concepts à des enfants. À deux, trouvez des définitions simples et utilisez des exemples.

Concepts	Définitions/Exemples
le chef d'entreprise	
entreprendre	
la précarité	
un prêt	
retirer un profit	
un revenu	

3 **À votre avis?** Que pensez-vous de ces affirmations? Discutez-en par groupes de trois. Puis choisissez les trois plus utiles pour réussir sa carrière professionnelle.

- Il est nécessaire d'entreprendre pour espérer et de persévérer pour réussir.
- Il n'y a pas un caractère d'entrepreneur, mais il faut du caractère pour en être un.
- La raison d'être d'une entreprise est de trouver des clients et de les garder.
- Les entreprises qui réussissent sont celles qui ont une âme.
- Travailler, c'est bon pour ceux qui n'ont rien à faire.
- Rien de plus simple que de vieillir jeune (*stay young*): il suffit de travailler dans la joie.

KEY STANDARDS
1.2, 2.1, 2.2, 4.2

SYNONYMES
rassembler ⟷ réunir
inhabituel(le) ⟷ inaccoutumé(e)
la précarité ⟷ la fragilité

Point out that **le revenu** also means *revenue*.

Point out that **inaccoutumé(e)** is mostly used in a formal and a literary context.

Mention **insolite**, which also means *unusual* but with the connotation of being *bizarre*.

1 Remind students to include articles when necessary, and tell them to pay attention to verb tense.

2 Have pairs form groups of four to compare their definitions.

3 Encourage groups to remark on the differences (or similarities) between these affirmations and the quotes from Alain on the previous **Synthèse, p. 340**.

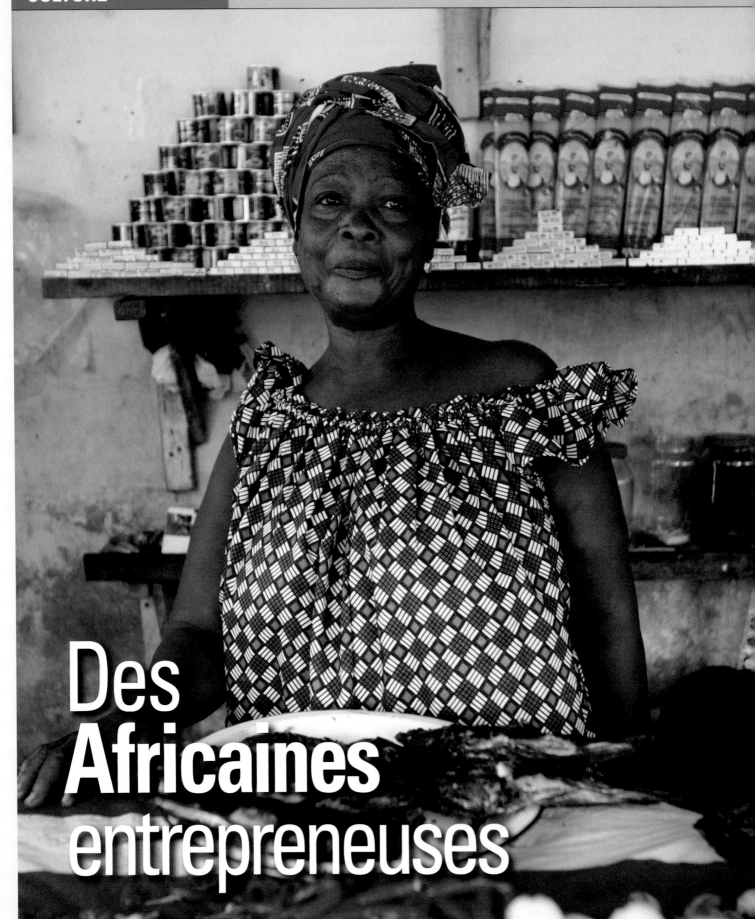

Des Africaines entrepreneuses

Audio: Reading

Les confitures d'Afrique

Dans certains pays, la fabrication de confitures pour l'exportation existe depuis plus de cinquante ans. Elles sont à l'ananas, à la banane, à la goyave (*guava*), à la papaye. Leur goût exotique est très apprécié dans les pays occidentaux.

L a confiote. Qu'est-ce que c'est? Pour certains, ce mot familier évoque simplement de la confiture. Mais posez la question à Robertine
5 Bounkeu, et elle vous répondra que c'est toute sa vie. «Les Confiotes» est le nom de l'entreprise qu'elle a récemment montée au Cameroun. Une entreprise alléchante°: la fabrication de produits haut de gamme°
10 à base de fruits, comme des sirops, des confitures ou «confiotes» et des liqueurs. Mais pour celui qui connaît la société camerounaise, y voir une femme devenir chef d'entreprise est inhabituel. En Afrique Centrale, comme sur
15 tout le continent africain, la précarité touche tout particulièrement les femmes, pour des raisons sociales, économiques et juridiques. Quel est donc le secret de la réussite de Robertine Bounkeu? L'Association pour le
20 soutien et l'appui à la femme entrepreneur ou ASAFE. Cette association en est une parmi beaucoup d'autres du même genre qui fleurissent° au Cameroun depuis les années 1990. Les organisations non gouvernementales
25 participent à cet effort, principalement au moyen d'aides financières.

Ces associations ont pour but d'améliorer la condition des femmes en les rendant maîtresses de leur destinée. Elles leur
30 proposent donc une aide financière à court terme, des conseils et une formation comme des cours d'informatique. C'est un concept révolutionnaire dans une Afrique où la majorité des femmes reste encore dépendante
35 de l'homme. Dans le cas de Robertine Bounkeu, c'est le programme «Femme crédit épargne» (FCE) qui lui a permis d'obtenir un prêt. Ce système encourage l'entraide entre les femmes: celles-ci forment de petits
40 groupes de soutien pour améliorer leurs chances de succès. Robertine Bounkeu dit que «c'est difficile de se lancer dans une telle activité avec peu de moyens et seulement la rage de réussir». Adhérer à l'ASAFE lui a
45 donc «permis de passer progressivement du stade° de hobby épisodique° à la petite entreprise de plus en plus structurée».

Comme elle, beaucoup de femmes se lancent dans la fondation d'entreprise. L'agriculture est leur principale 50 occupation, mais les revenus ne sont pas suffisants. Elles se tournent alors vers d'autres possibilités. C'est là qu'entrent en scène les organisations et associations destinées à aider les femmes en quête de 55 réussite sociale. Parmi ces organisations, les instituts de microfinance forment la base fondamentale du lancement° d'un projet. D'ailleurs, le microfinancement s'est rapidement propagé sur le continent. 60 L'Africa Microfinance Network (AFMIN) regroupe plus de 800 organisations qui participent quotidiennement à la création d'entreprises. Grâce à leur collaboration, des femmes courageuses font naître une 65 Afrique nouvelle.

Robertine Bounkeu ne compte pas s'arrêter là. Elle a pour ambition de développer son entreprise, et elle a déjà amélioré son matériel pour répondre à la 70 demande qui s'amplifie. Ses «confiotes» n'ont pas fini de faire des heureux ni des émules°. On ne peut décidément pas arrêter un esprit qui aime entreprendre.

Dans tous les pays d'Afrique, les 75 femmes sont essentielles à la vie de la communauté. Elles éduquent et nourrissent. Quoi de mieux pour l'avenir de l'Afrique que leur émancipation et l'élargissement de leurs pouvoirs? ■ 80

appétissante

top of the line

se multiplient

stage/occasional

launching

imitateurs

Analyse

1 Have students go over their answers and compare them with a partner.

1

Compréhension Répondez aux questions par des phrases complètes. Answers may vary slightly.

1. Quelles sortes de confitures sont faites en Afrique? Des confitures à l'ananas, à la banane, à la goyave, à la papaye.

2. Que fabrique l'entreprise «Les Confiotes»? Elle fabrique des produits haut de gamme à base de fruits, comme des sirops, des confitures ou «confiotes» et des liqueurs.

3. L'exemple de Robertine Bounkeu est-il typique de la société camerounaise? Non, car une femme chef d'entreprise au Cameroun, c'est inhabituel.

4. Robertine Bounkeu a-t-elle réussi toute seule? Non, elle a réussi avec l'aide de l'Association pour le soutien et l'appui à la femme entrepreneur ou ASAFE.

5. Que propose ce genre d'association aux femmes africaines? Ces associations leur proposent une aide financière à court terme, des conseils et une formation comme des cours d'informatique.

6. Comment fonctionne le programme «Femme crédit épargne»? Il encourage l'entraide entre les femmes et celles-ci forment de petits groupes de soutien.

7. Pourquoi beaucoup de femmes se lancent-elles dans la fondation d'entreprise? Parce que l'agriculture est leur principale occupation, mais les revenus ne sont pas suffisants.

8. Le micro-financement est-il important pour l'Afrique? Pourquoi? Oui, car c'est la base fondamentale du lancement d'un projet et plus de 800 organisations participent chaque jour à la création d'entreprises.

9. Robertine Bounkeu a-t-elle déjà réalisé tous ses projets? Non, elle ne compte pas s'arrêter là. Elle a pour ambition de développer son entreprise, et elle a déjà amélioré son matériel pour répondre à la demande qui s'amplifie.

10. Pourquoi les femmes chefs d'entreprises sont-elles une bonne chose pour l'Afrique? Parce que les femmes sont essentielles à la vie de la communauté, et tout ce qui aide à leur émancipation est une bonne chose.

2 Point out the irony in Allais' quote. Ask: **Y a-t-il des gens qui pensent vraiment comme cela?**

2

Citation à commenter À deux, expliquez et commentez cette citation d'Alphonse Allais, écrivain et humoriste français du 19ᵉ siècle.

> On ne prête qu'aux riches, et on a raison, les pauvres remboursent plus difficilement.

1. Que dit Alphonse Allais dans cette citation? Y voyez-vous une forme d'humour?

2. Quels liens y a-t-il entre cette citation et l'article que vous venez de lire?

3. Êtes-vous d'accord avec ce que dit Alphonse Allais? Expliquez.

3 Before students complete the activity, review what they have learned about microfinancing in this lesson. Students may also want to do additional research.

3

Le slogan À deux, inspirez-vous de la citation ci-dessus pour créer un slogan en faveur du (*in favor of*) micro-financement. Servez-vous du vocabulaire de la lecture. Puis la classe choisira le meilleur slogan.

4

4 Have students brainstorm the kinds of things that are discussed with a banker when asking for a loan. Ex: company expenses, company income, amount of the loan, repayment terms, collateral.

Création d'entreprise Par groupes de trois, choisissez une idée d'entreprise dans la liste ci-dessous ou créez votre propre idée. Imaginez une conversation entre un jeune entrepreneur et deux banquiers. Utilisez les mots du vocabulaire pour décrire votre projet et demander un prêt. Ensuite, jouez la scène devant la classe.

- un café-laverie
- un service de transport en bateau
- une entreprise de fabrication de snowboards
- un restaurant spécialisé dans les desserts
- un service de décoration d'intérieur
- ?

4 After students play out their scenes, have the class vote for the most convincing, realistic, or inventive idea.

Modèle **Étudiant(e) 1:** Je voudrais faire un emprunt pour développer ma nouvelle idée: un café-laverie.

Étudiant(e) 2: Vous allez vous entourer de serveurs sympathiques?

Étudiant(e) 3: Il faudra rembourser le prêt d'ici trois ans.

 Practice more at **vhlcentral.com**.

Préparation

KEY STANDARDS
1.2, 2.2, 3.1, 5.2

À propos de l'auteur

Marie Le Drian (1949–) est née dans le Morbihan, en Bretagne, une région au nord-ouest de la France. Aujourd'hui elle vit toujours en Bretagne, dans la région du Finistère sud. Dans ses livres, elle parle de la vie quotidienne et des gens ordinaires. Elle prend souvent pour thème des femmes qui se trouvent dans des situations où elles souffrent, mais l'humour est presque toujours présent dans ses œuvres. Le Drian a publié des recueils de nouvelles et plusieurs romans dont le plus récent, *Attention éclaircie*, a paru (*published*) en 2007. Son livre *Le petit bout du L* a obtenu le Prix des écrivains bretons.

INSTRUCTIONAL RESOURCES
Supersite: Littérature recording; Scripts; SAM AK
SAM/WebSAM: LM

abîmé(e) ⟷ endommagé(e)
un horaire ⟷ un emploi
du temps

Vocabulaire de la lecture		Vocabulaire utile
abîmé(e) *damaged*	**un horaire** *schedule*	**un(e) entrepreneur/entrepreneuse** *entrepreneur*
un(e) abonné(e) *subscriber*	**une perte** *loss*	**fascinant(e)** *fascinating*
un bénéfice *profit*	**une revendication** *demand*	**ingrat(e)** *thankless*
une camionnette *small truck or van*	**un sou** *penny*	**la réussite** *success*
causer *to chat*		**stimulant(e)** *challenging*
épais(se) *thick*		

1 Have students come up with two more definitions. Their partner then guesses the words.

1 **Qu'est-ce que c'est?** Trouvez les mots qui correspondent aux définitions.

1. l'argent que perd une entreprise: ____une perte____
2. une demande: ____une revendication____
3. l'argent que gagne une entreprise: ____un bénéfice____
4. parler: ____causer____
5. quelqu'un qui reçoit régulièrement le même journal: ____un abonné____
6. une pièce de monnaie: ____un sou____

2 In two columns on the board, have volunteers list the positive and negative aspects of working for a large company versus being one's own boss. Leave this table on the board for the next activity.

2 **Préparation** Répondez individuellement à ces questions, puis discutez-en à deux.

1. Quelle profession voudriez-vous exercer un jour?
2. Quels avantages offre le fait de travailler pour une entreprise multinationale?
3. Quels avantages offre le fait d'être entrepreneur?
4. Quelles sortes de problèmes se présentent entre les employés et les patrons?
5. Quels sont les avantages et les inconvénients que présentent les syndicats?

3 To support their arguments, have students cite specific examples from their work experiences or those of someone they know. Have students refer to the table from the previous activity.

3 **Débat** Réfléchissez individuellement à la déclaration suivante. Puis, défendez votre point de vue dans un groupe composé d'étudiants aux opinions diverses.

> Il est préférable d'être entrepreneur que de travailler pour une entreprise.

- Prenez position pour ou contre cette déclaration.
- Préparez-vous à défendre votre position.
- Préparez des arguments contre la position opposée.
- Pensez à des exemples qui soutiennent votre point de vue.

Note CULTURELLE

Les professions libérales sont des professions à caractère intellectuel qu'on exerce de manière indépendante. Les avocats, les experts-comptables (*certified public accountants*), les architectes, les ingénieurs, les pharmaciens exercent une profession libérale. Ces professions sont toutes contrôlées par des organisations professionnelles.

PROFESSION

Marie Le Drian

J'ai signé.   10

—Tu verras, t'as pas de patron sur le dos. Pas de femme de patron non plus! C'est les pires... Le patron, il a parfois le dos tourné°, *is not looking* vraiment tourné, disait mon père, sa femme, elle, a les yeux partout. Elle voit même où on 15 pose les nôtres. T'as pas de syndicat qui tienne le coup avec une femme de patron. Choisis donc une profession libérale. T'es capable. T'as tes propres horaires. T'arrives quand tu veux. T'as pas de sirène. T'as tes pauses. S'il 20 y a du bénéfice, c'est tout pour toi. Au moins, t'en vois la couleur.

—Et s'il y a perte?

—Y'aura pas perte. T'es capable.

Il m'a tout expliqué, mon père. Nous 25 sommes sortis en ville plusieurs samedis. Tous les deux, côte à côte dans les rues. Depuis, je sais reconnaître à vu d'œil une femme de patron: rien qu'à son rouge à lèvres°, à sa *lipstick* manière de demander du feu°, son chemin ou 30 *ask for a light* même l'heure. À l'entendre, grâce à mon père, je la devine.

—Profession libérale sans employé surtout, disait mon père, dès que t'embauches, ta femme devient femme de patron. Les pires! 35

J'ai écouté mon père. J'ai une profession libérale. C'est ce qu'ils ont dit au journal:

—Vous avez le statut de profession libérale. Vous êtes votre propre chef.

Je le suis. J'habite une petite chambre 40 meublée à l'entrée de la cité. Indépendante totalement. C'est préférable avec une profession libérale.

La camionnette freine devant ma porte à 2h30 du matin. Le chauffeur jette le paquet 45 de journaux. C'est juste le moment où je finis mon café dans mon coin de cuisine. Je ne sors pas causer avec le type° de la camionnette. Je *guy* préfère éviter les contacts. J'entends le bruit du paquet sur le ciment. Encore une petite 50 lampée°: c'est ma liberté cette resucée° de *gulp/a drop more*

l voulait que j'exerce une profession libérale. Lui: mon père.

—T'es capable. Avec une profession libérale, disait mon père, ils te demanderont sûrement d'aller sur la liste. Tu choisis la 5 bonne et ton avenir est assuré.

J'ai fait mon possible.

Au journal, ils m'ont dit:

—Vous avez le statut de profession libérale.

LIBÉRALE

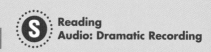

café avant de commencer. Je sors. Le type
de la camionnette a déjà filé°. Il est minuté°, *sped away/timed*
lui. Moi aussi, je suis minuté, mais j'organise.
55 Rien à voir! Je prends le paquet et j'enlève les
ficelles° sur ma table de cuisine. Je ne regarde *strings*
rien. Les gros titres° ne m'ont jamais intéressé. *headlines*
Je remplis ma carriole° et mes sacoches°. *cart/saddlebags*

Il est pile° 3 heures. Je démarre. Profession *on the dot*
60 libérale de la nuit. J'ai un vélo à sacoches et
une carriole derrière. On m'a déconseillé la
Mobylette. La Mobylette réveille. À 3 heures du
matin, tout le quartier dort. Il paraît que même
à vélo certains m'entendent dans la nuit. Je ne
65 vois pas comment mes freins huilés chaque soir
pourraient réveiller quelqu'un. Ma dynamo° est *electrical generator for bicycle light*
silencieuse. Je l'ai changée. D'être en profession
libérale occasionne des frais°, mais, côté bruit, *expenses*
j'ai pris mes précautions, alors qu'on ne vienne
70 pas me raconter d'histoires: ceux qui croient
m'entendre freiner étaient déjà debout° dans *up*
leur cuisine allumée. Pas pour me surprendre,
non! Pour deviner mon passage. Savoir que
je suis là.

75 On ne se voit pas. Je n'ai, la nuit, rencontré
aucun abonné. Pas plus d'abonnés à boîtes
que d'abonnés à tubes. Des tubes exprès. Pour
ceux-là, je dois rouler les nouvelles. Elles
sont certainement moins abîmées que dans
80 les boîtes. Au journal, on m'a expliqué que je
devais préparer mes petites affaires—plier°, *to fold*
rouler—chez moi. Je n'aime pas. Je préfère
arranger le journal devant la boîte ou devant
le tube. Boîte: je plie. Tube: je roule. J'ai
85 alors vraiment l'esprit de décision de la
profession libérale.

Le samedi, le journal sort un supplément
télévision. Le supplément est imbriqué°. Ils *inserted*
me l'ont dit:

90 —Nous imbriquons le supplément du
samedi. L'ensemble est plus épais. Vous aurez du
mal avec les tubes.

Je m'en débrouille°, du mal. L'épaisseur fait *manage*

partie des difficultés de la profession libérale.

Par contre, le supplément sportif du lundi 95
n'est pas imbriqué. Le type de la camionnette
jette deux paquets le lundi matin à 2h30
et je n'ai qu'une demi-heure pour insérer
le supplément sportif avec les résultats de
première et de deuxième division dans le 100
journal ordinaire. J'imbrique deux cent
quatre-vingts suppléments sportifs en me
levant de temps en temps pour boire une petite
resucée de café.

Ils n'ont sans doute pas de personnel 105
au central pour imbriquer dans la nuit du
dimanche au lundi. Ils ne m'ont pas demandé
de le faire. J'ai pris l'initiative. Les initiatives
sont la base de la profession libérale.

Grâce à moi, chaque lundi matin, les deux 110
cent quatre-vingts foyers de la cité ont les
résultats sportifs imbriqués dans les nouvelles
régionales. Je ne sais pas comment ils font
dans les autres cités. Nous n'avons pas de
contacts. Pas de réunions. Pas de syndicat. 115

Je n'ose pas réclamer° au central qu'ils *to complain*
imbriquent eux-mêmes le lundi. Ce serait
une revendication.

—Dans une profession libérale, mon
grand, pas de revendication. Si ça ne va pas, 120
tu t'en prends° qu'à toi-même. T'es payé à *take it out on*
l'acte°, disait mon père. *by the job*

L'acte, ici, c'est le pli. Je suis payé au pli.
Pas un sou de plus le jour de l'imbrication.
C'est ma faute. Je n'avais qu'à prévoir le jour 125
où j'ai signé ce contrat de profession libérale.

Il est 3 heures. Je sors dans la nuit. Libre.
Mon père serait fier. Pas de sirène.
Pauses à volonté. Pas de syndicat. On ne m'a
pas encore demandé d'aller sur la liste des 130
municipales°, mais c'est pour bientôt. J'ai *elections for mayor*
déjà été pressenti°. Je dirai oui. Je suis libre *approached*
de mes actes. Je n'ai pas de patron sur le dos.

Sa femme, je ne l'ai jamais vue. Elle ne
sait même pas qui je suis. ■ 135

Analyse

To work on listening comprehension, play or read aloud sections of *Profession libérale*. Pause for students to check their answers and ask related comprehension questions.

Compréhension Répondez aux questions. Suggested answers

1. Quelle profession exerce le narrateur? Il distribue les journaux.
2. Quelle sorte de profession son père lui a-t-il conseillé de choisir? Il lui a dit de choisir une profession libérale.
3. Pourquoi est-ce que son père n'aime pas les femmes de patron? Elles ont les yeux partout.
4. Où habite le narrateur? Il habite dans une chambre meublée et indépendante.
5. Qu'est-ce que fait le chauffeur de la camionnette à 2h30 du matin? Il jette un paquet de journaux et il file.
6. Pourquoi est-ce que le narrateur ne parle pas au chauffeur de la camionnette? Il est minuté. Ils n'ont pas de contact.
7. Qu'est-ce que le narrateur fait avec le paquet de journaux? Il le prend, il enlève les ficelles et il remplit sa carriole et ses sacoches.
8. Pourquoi est-ce que le narrateur doit être silencieux? Il ne doit pas réveiller les gens qui dorment.
9. Qu'est-ce qu'il fait le lundi? Qui en a eu l'idée? Il imbrique le supplément sportif. C'est le narrateur qui en a eu l'idée.
10. Pourquoi est-ce qu'il ne veut pas présenter de revendication? Il n'y a pas de revendication dans une profession libérale.

For a related discussion, ask: **Pensez-vous comme le narrateur ou plutôt comme son père? Expliquez.**

Interprétation À deux, répondez à ces questions par des phrases complètes.

1. Selon le père du narrateur, quels sont les avantages d'une profession libérale?
2. De quels avantages le narrateur profite-t-il dans sa profession?
3. Quels sont les avantages dont il ne profite pas dans sa profession?
4. À votre avis, est-ce que le narrateur a choisi une profession libérale? Pourquoi?
5. Que pensez-vous de son choix? Croyez-vous que le narrateur en soit satisfait? Pourquoi?

Ask students to write an essay about a parent's role in a young person's career decisions. They should discuss the things a parent should or should not say or do. Students may also want to include information about the advice their own parents have given them about a future career. Remind students to organize their thoughts in a graphic organizer before writing and to use vocabulary and grammar from this lesson.

Imaginez Le père du narrateur serait-il fier de son fils? Que se diraient-ils? À deux, écrivez une conversation entre eux à l'aide d'au moins six mots de la liste.

| arriver | embaucher | horaires | patron |
| choisir | employé | libre | profession |

Call on volunteers to perform their dialogues for the class.

Discussion Par groupes de trois, discutez des thèmes de l'histoire.
- Discutez du thème de la solitude. Citez des exemples du texte.
- Discutez du thème de la liberté. Citez des exemples du texte.
- Y a-t-il de l'ironie dans cette histoire? Expliquez.

Remind students that their intro paragraphs should present what the text will be about, while the conclusion paragraph should not only summarize, but also reflect on specific points mentioned.

Rédaction Explorez une profession de votre choix. Suivez le plan de rédaction.

Plan

1 **Organisation** Pensez à une profession. Faites une liste des avantages et des inconvénients de ce travail. Cherchez des mots dans un dictionnaire, si nécessaire.

2 **Point de vue** Écrivez deux paragraphes. Dans le premier paragraphe, expliquez les avantages de la profession. Dans le deuxième paragraphe, expliquez ses inconvénients.

3 **Conclusion** Expliquez s'il y a plus d'avantages que d'inconvénients ou vice versa. Aimeriez-vous exercer cette profession? Pourquoi?

Practice more at **vhlcentral.com.**

Le travail et les finances

 Audio: Vocabulary Flashcards

Le monde du travail

une augmentation (de salaire) *raise (in salary)*
un budget *budget*
le chômage *unemployment*
un(e) chômeur/chômeuse *unemployed person*
un entrepôt *warehouse*
une entreprise (multinationale) *(multinational) company*
un(e) fainéant(e) *lazybones*
une formation *education, training*
un grand magasin *department store*
un poste *position, job*
une réunion *meeting*
le salaire minimum *minimum wage*
un syndicat *labor union*
une taxe *tax*
le temps de travail *work schedule*

avoir des relations (f.) *to have connections*
démissionner *to quit*
embaucher *to hire*
être promu(e) *to be promoted*
être sous pression (f.) *to be under pressure*
exiger *to demand*
gagner sa vie *to earn a living*
gérer/diriger *to manage; to run*
harceler *to harass*
licencier *to lay off; to fire*
poser sa candidature à *to apply for*
solliciter un emploi *to apply for a job*

au chômage *unemployed*
(in)compétent(e) *(in)competent*
en faillite *bankrupt*

Les finances

la banqueroute *bankruptcy*
une carte de crédit/de retrait *credit/ATM card*
un chiffre *figure; number*
un compte de chèques *checking account*
un compte d'épargne *savings account*
la crise économique *economic crisis*

une dette *debt*
un distributeur automatique *ATM*
des économies (f.) *savings*
un marché (boursier) *(stock) market*
la pauvreté *poverty*
les recettes (f.) et les dépenses (f.) *receipts and expenses*

avoir des dettes *to be in debt*
déposer *to deposit*
économiser *to save*
investir *to invest*
profiter de *to take advantage of; to benefit from*
toucher *to get/receive (a salary)*

à court/long terme *short-/long-term*
disposé(e) (à) *willing (to)*
épuisé(e) *exhausted*
financier/financière *financial*
prospère *successful; flourishing*

Les gens au travail

un cadre *executive*
un(e) comptable *accountant*
un(e) conseiller/conseillère *advisor*
un(e) consultant(e) *consultant*
un(e) employé(e) *employee*
un(e) gérant(e) *manager*
un homme/une femme d'affaires *businessman/woman*
un(e) membre/un(e) adhérent(e) *member*
un(e) propriétaire *owner*
un(e) vendeur/vendeuse *salesman/woman*

Court métrage

un argument de vente *selling point*
un boulot *job*
une carie *cavity*
un entretien d'embauche *job interview*
un(e) formateur/formatrice *trainer*
une gamme de produits *line of products*
un(e) patron(ne) *boss*
une prime *bonus*
un stage (rémunéré) *(paid) training course*

un(e) stagiaire *trainee*
une stratégie commerciale *marketing strategy*

capter *to get a signal*
convaincre *to convince*
se débrouiller *to figure it out, to manage*
s'investir *to put oneself into*
rémunérer *to pay*
reprendre *to pick up again; to resume*
virer *to fire*

Culture

un chef d'entreprise *head of a company*
l'encadrement (m.) *supervisory staff*
l'entraide (f.) *mutual aid*
la précarité *insecurity of income*
un revenu *income*

demander un prêt *to apply for a loan*
s'entourer de *to surround oneself with*
entreprendre *to undertake*
évoquer *to make think of*
faire un emprunt *to take out a loan*
monter une entreprise *to create a company*
obtenir un prêt *to secure a loan*
rembourser *to reimburse*
retirer (un profit, un revenu) de *to get (benefit, income) out of*

inhabituel(le) *unusual*

Littérature

un(e) abonné(e) *subscriber*
un bénéfice *profit*
une camionnette *small truck or van*
un(e) entrepreneur/entrepreneuse *entrepreneur*
un horaire *schedule*
une perte *loss*
la réussite *success*
une revendication *demand*
un sou *penny*

causer *to chat*

abîmé(e) *damaged*
épais(se) *thick*
ingrat(e) *thankless*
fascinant(e) *fascinating*
stimulant(e) *challenging*

KEY STANDARDS
4.1

INSTRUCTIONAL RESOURCES
Supersite/Test Generator: Testing Program

Les richesses naturelles

On ne parle sans doute jamais assez des richesses naturelles de la planète et de leur préservation. On pourrait se demander s'il reste encore des paysages intacts. Et si c'est le cas, est-il encore possible de les préserver? Certains parlent de créer des réserves marines dans les océans. Utopie ou réalisme? Ne faut-il pas en effet beaucoup de réalisme pour sauver la planète? Mais ne faut-il pas aussi croire profondément en ce qu'on fait pour parvenir à un résultat?

Plage de rêve ou paysage en voie d'extinction?

357

380

Destination:
ASIE ET OCÉANIE

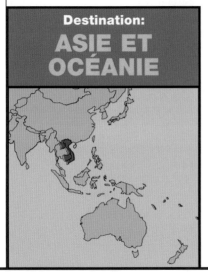

PREVIEW Have students discuss the questions in the Lesson Opener paragraph on **p. 350** in small groups. Encourage them to defend their opinions. Then ask follow-up questions that preview the vocabulary on **p. 352**. Examples: **Quel problème écologique vous inquiète le plus? Le réchauffement climatique? La déforestation? La pollution? Que pouvons-nous faire pour préserver les richesses naturelles?**

Notre monde Audio: Vocabulary

La nature

un arc-en-ciel *rainbow*

un archipel *archipelago*
une barrière/un récif de corail
  barrier/coral reef
une chaîne montagneuse *mountain range*
un fleuve/une rivière *river*
une forêt (tropicale) *(rain) forest*
la Lune *Moon*

la mer *sea*
un paysage *landscape; scenery*
le soleil *sun*
une superficie *surface area; territory*
une terre *land*

en plein air *outdoors*
insuffisant(e) *insufficient*
potable *drinkable*
protégé(e) *protected*
pur(e) *pure; clean*
sec/sèche *dry*

Les animaux

une araignée *spider*
un cochon *pig*
un lion *lion*
un mouton *sheep*
un ours *bear*
un poisson *fish*
un singe *monkey*
un tigre *tiger*

Les phénomènes naturels

l'érosion (*f.*) *erosion*
un incendie *fire*
une inondation *flood*
un ouragan *hurricane*
une pluie acide *acid rain*
le réchauffement climatique
  global warming
la sécheresse *drought*
un tremblement de terre *earthquake*

Se servir de la nature ou la détruire

le bien-être *well-being*
un combustible *fuel*
la consommation d'énergie
  energy consumption
la couche d'ozone *ozone layer*
un danger *danger*
les déchets (*m.*) *trash*

la déforestation *deforestation*
l'environnement (*m.*) *environment*
le gaspillage *waste*
un nuage de pollution *smog*

la pollution *pollution*
une ressource *resource*
une source d'énergie *energy source*

KEY STANDARDS
1.1, 1.2, 4.1

INSTRUCTIONAL RESOURCES
Supersite: Lab Audioscript, SAM AK,
Lab MP3s
SAM/WebSAM: WB, LM

chasser *to hunt*
empirer *to get worse*
épuiser *to use up*
être contaminé(e) *to be contaminated*
gaspiller *to waste*
jeter *to throw away*
menacer *to threaten*
nuire à *to harm*
polluer *to pollute*

préserver *to preserve*
prévenir *to prevent*
protéger *to protect*
résoudre *to solve*
respirer *to breathe*
supporter *to put up with*
tolérer *to tolerate*
urbaniser *to urbanize*

en voie d'extinction *endangered*
jetable *disposable*
nuisible *harmful*
renouvelable *renewable*
toxique *toxic*

SYNONYMES
une chaîne montagneuse ⟷ une chaîne
de montagnes
un ouragan ⟷ un cyclone, une tempête
jeter ⟷ mettre aux ordures

Explain that a **fleuve** dumps into the ocean,
but a **rivière** is usually smaller because it is
an affluent of a **fleuve**.

Mise en pratique

1

Vrai ou faux? Indiquez si chaque phrase est vraie ou fausse. Ensuite, corrigez les phrases fausses. Corrected sentences may vary.

1. Le désert est un endroit très humide. Faux. L'air est très sec dans le désert.
2. Un paysage est une petite superficie que l'on regarde de près. Faux. Un paysage est grand et on le regarde de loin.
3. Il ne faut pas boire de l'eau potable parce qu'elle est nuisible à la santé. Faux. On peut boire de l'eau potable parce qu'elle n'est pas nuisible.
4. On dit que l'ours est le roi des animaux. Faux. On dit que le lion est le roi des animaux.
5. Une trop grande consommation d'énergie nuit à l'environnement. Vrai.
6. Une sécheresse est une longue période où il pleut beaucoup. Faux. C'est une longue période où il n'y a pas assez de pluie.
7. Un problème est quelque chose à résoudre. Vrai.
8. Le gaspillage des sources d'énergie diminue le réchauffement climatique. Faux. Le gaspillage des sources d'énergie augmente le réchauffement climatique.

2

Un bonjour de la Polynésie Complétez cette carte postale que Viana a écrite à son copain Loïc. Mettez l'article qui convient et faites les accords nécessaires.

araignée	bien-être	en voie d'extinction	insuffisant	protéger	soleil
archipel	déforestation	inondation	préserver	singe	tropicale

Cher Loïc,

Comment vas-tu? J'espère qu'il fait bon chez toi. Ici, il fait un temps merveilleux! Je suis bien bronzée parce que (1) _____le soleil_____ est brûlant. Par contre, on a eu des pluies torrentielles la semaine dernière et j'ai eu peur qu'il y ait (2) ___une inondation___.

Hier, j'ai enfin réalisé mon rêve de faire une randonnée près de Mangaréva, l'île principale de (3) ___l'archipel___ des Gambier. J'ai observé toutes sortes d'animaux dans la forêt (4) ___tropicale___ :différentes espèces de (5) ___singes___, comme des orangs-outans et des chimpanzés, et j'ai vu une grosse (6) ___araignée___ de six centimètres! Ce n'était pas grave parce que je n'ai pas peur des arachnides. Malheureusement, quelques espèces sont (7) __en voie d'extinction__, alors il faut bien (8) ___protéger___ la biodiversité! Le guide m'a dit que (9) __la déforestation__ risque de détruire la forêt et que les animaux risquent de disparaître. J'ai envie de me joindre au groupe de gens qui veulent (10) ___préserver___ cette belle région, riche en ressources naturelles.

Écris-moi une lettre ou un e-mail pour me donner de tes nouvelles, dès que tu auras un instant. Tu me manques!

Gros bisous,
Viana

Loïc Duperray

2 bis, rue de la Tannerie

40990 St-Paul les Dax

France

3

Soyons proactifs! Imaginez qu'une usine locale pollue la région dans laquelle vous habitez. Par petits groupes, écrivez aux responsables un e-mail dans lequel vous expliquez le problème, faites part de votre inquiétude et donnez des conseils pour améliorer la situation et protéger la nature et les animaux concernés.

 Practice more at **vhlcentral.com.**

---

1 Have students write two more true/false statements using the new vocabulary. Call on volunteers to read their statements and have classmates answer **vrai** or **faux**.

2 Have pairs write postcards to each other, using the one in the activity as a model.

2 Viana's postcard is about her trip to **Mangaréva**, the main island in French Polynesia. Have students research the location and geography of the island and write a brief paragraph to present to the class. The presentation should be accompanied by a map and one or more photos of the island.

2 Ask students to research environmental practices at your school and talk about them for two minutes. They should include answers to these questions: **Quelles initiatives est-ce que notre fac a prises pour économiser le papier et réduire le gaspillage? Que faut-il faire pour faire des économies d'énergie? Que peut-on faire de plus?**

3 Have students follow up by talking about whether the action of writing a letter or calling politicians can make a difference in helping environmental issues. Ask: **Avez-vous déjà écrit une lettre aux responsables ou leur avez-vous téléphoné pour vous plaindre de la pollution?**

Préparation

KEY STANDARDS
1.2, 2.1, 2.2, 4.1, 4.2, 5.2

INSTRUCTIONAL
RESOURCES
Supersite/DVD: Film
Collection
Supersite: Script &
Translation

jadis ↔ autrefois,
anciennement, auparavant

Point out that **jadis** is
found in a literary context.
Demonstrate how to
pronounce **jadis**. Unlike
most French words, you
do pronounce the **s**.

Point out that **autrefois** is
the most common, and that
anciennement is not as
literary as **jadis**.

Mention that **une pépinière**
is also used figuratively to
talk about a place where
you can find young talent.
Example: **Cette école est
une pépinière de jeunes
talents.**

Additional vocabulary:
un puits well
une gueule-de-loup
snapdragon

Point out that **une gueule** is
the mouth of most animals.
When used as a reference
to a person's mouth or face,
it's slang and most of the
time offensive.

**un(e) garde forestier/
forestière** forest ranger
un lièvre hare
un troupeau flock
repriser to mend
éberlué(e) dumbfounded
une besogne chore
rapiécer to patch
étanche watertight
des déboires (m.)
disappointments, trials

Point out that **déboires**
is mostly used in the
plural to refer to serious
disappointments or
painful events.

Vocabulaire du court métrage

l'acharnement (*m.*) *determination*
un(e) berger/bergère *shepherd(ess)*
un bûcheron *lumberjack*
le charbon (de bois) *(char)coal*
un chêne *oak tree*
déblayer *to clear away*
un gland *acorn*
jadis *formerly, in the past*

une pépinière *nursery*
pousser *to grow*
une ruche *beehive*
un ruisseau *stream*
se soucier (de quelque chose)
 to care (about something)
un troupeau *flock*

Vocabulaire utile

le feuillage *foliage*
une source
 (aquatic) spring
tenace *tenacious*

EXPRESSIONS

À tout hasard… *Just in case…*

en vase clos *cut off from the outside world*

Il avait été entendu que… *It was agreed that…*

L'ambition irraisonnée s'y démesure. *Irrational ambition runs wild.*

Les femmes mijotent des rancœurs. *Rancor simmers among the women.*

lever le camp *to break camp, to leave*

1

Définitions Associez chaque mot ou expression avec sa définition.

_g_ 1. un combustible obtenu à partir du bois

_f_ 2. là où vivent les abeilles

_h_ 3. le fruit du chêne

_c_ 4. une personne qui coupe du bois dans les forêts

_a_ 5. de l'eau qui sort de terre

_d_ 6. endroit où on fait pousser des arbres

_e_ 7. une personne qui garde des moutons

_b_ 8. le contraire de la tendance à vouloir abandonner

a. une source
b. l'acharnement
c. un bûcheron
d. une pépinière
e. un berger
f. une ruche
g. le charbon de bois
h. un gland

2

Complétez Complétez les phrases et faites les accords nécessaires.

1. _____Jadis_____, la région était déserte et sans âme.

2. Chaque année, les fleurs de ton jardin ___poussent___ de plus en
plus abondamment.

3. Nous avons passé nos vacances ___en vase clos___, éloignés de la ville et
de nos amis.

4. ___Il avait été entendu___ qu'on mangerait tous ensemble pour son anniversaire.

5. Ils sont passés ___à tout hasard___ pour voir si on était là.

6. Dans cette horrible famille, les cousins se battent et leurs
femmes ___mijotent des rancœurs___.

7. Quand vous vous serez assez reposés, ___levez le camp___ pour repartir.

8. Maréva est beaucoup plus ___tenace___ que son frère.

3 **Comparez** À deux, décrivez et comparez ces deux illustrations montrant la même région à 35 ans d'intervalle.

4 **Préparation** À deux, répondez aux questions et expliquez vos réponses.

1. La ténacité est-elle une qualité importante dans la vie?
2. Est-ce qu'un être humain peut agir efficacement sans technologie?
3. La solitude rend-elle les hommes heureux ou malheureux?
4. Est-il rare de trouver des gens qui offrent spontanément leur hospitalité?
5. Quelles sont les raisons pour lesquelles des gens veulent habiter un endroit précis?
6. Quelles sont les caractéristiques d'une terre fertile et prospère?
7. Participez-vous à la protection de l'environnement? Que faites-vous?
8. Est-il possible qu'une seule personne ait un impact sur la qualité de l'environnement?

5 **Enquête** Demandez à des camarades de décrire le personnage le plus extraordinaire qu'ils aient rencontré dans leur vie. Par petits groupes, discutez des résultats. Parmi les personnes mentionnées, qui aimeriez-vous rencontrer et pourquoi?

6 **Décrivez** Par groupes de trois, décrivez les images et dites ce que font les gens. Quels sentiments ces images vous inspirent-elles?

une semence *seed*
un hêtre *beech tree*
un bouleau *birch tree*
un tronçon *section*
Mention that we often talk about **un tronçon d'autoroute**.
un tilleul *lime tree*
l'orge (*f.*) *barley*
le seigle *rye*
In **L'ambition s'y démesure**, point out that Giono uses the noun **la démesure** as a verb.
Point out that the standard phrase is **entretenir des rancœurs**, not **mijoter des rancœurs**. Ask students why they think the author uses **mijoter** instead.
Explain that **lever le camp** is informal and has a military connotation.

2 Have students make up more items using vocabulary not yet used.

3 To help students' discussion, ask: **Comment ces changements se sont-ils produits? Serait-il possible que la région redevienne comme avant?**

4 Have students share their answers to generate a class discussion.

5 Have students explain at least three reasons why the person they chose is the most extraordinary.

6 Have each group choose an image and write a brief conversation or caption that corresponds to it. Encourage the use of vocabulary from **p. 354**.

Short Film

L'Homme qui plantait des arbres

Oscar du meilleur film d'animation, 1988; Grand prix et Prix du public, Festival International du cinéma d'animation d'Annecy, 1987

Une production de RADIO-CANADA
Réalisation FRÉDÉRIC BACK   Scénario JEAN GIONO © Éditions Gallimard
Production FRÉDÉRIC BACK/HUBERT TISON   Montage NORBERT PICKERING
Son HERVÉ BIBEAU/MICHEL DESCOMBES/ANDRÉ GAGNON
Musique DENIS L. CHARTRAND/NORMAND ROGER
Narration PHILIPPE NOIRET

This film is available on the **IMAGINEZ** Film Collection DVD and at **vhlcentral.com.**

Ask students to describe what they see in the picture, using vocabulary from this lesson's **Pour commencer**.

Play the film for students, stopping periodically to describe the setting. Have students note how the setting evolves throughout the story.

While watching the film, have students listen to the tone and manner in which the narrator speaks. After watching, have students work in groups to practice their fluency by reading the still captions aloud.

INTRIGUE *Un berger transforme une région entière.*

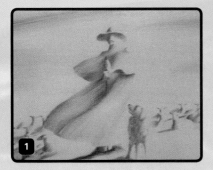

NARRATEUR Il y a bien des années, je faisais une course à pied° dans cette région des Alpes qui pénètre en Provence, dans une désolation sans exemple. Il me sembla apercevoir dans le lointain une petite silhouette noire. Je me dirigeai vers elle. C'était un berger.

NARRATEUR Il me conduisit à sa bergerie. Le berger déversa° sur la table un tas de glands. Il plantait des chênes. Il s'appelait Elzéard Bouffier. Il avait jugé que ce pays mourait par manque d'arbres. Il avait résolu de remédier à cet état de choses.

NARRATEUR L'année d'après, il y eut la guerre de 14. Sorti de la guerre, je repris le chemin de ces contrées désertes. Il avait continué à planter. Les chênes de 1910 avaient dix ans et étaient plus hauts que moi et que lui. Je vis couler° de l'eau dans des ruisseaux qui avaient toujours été à sec.

NARRATEUR À partir de 1920, je ne suis jamais resté plus d'un an sans rendre visite à Elzéard Bouffier. En 1935, une véritable délégation administrative vint examiner la «*forêt naturelle*». Il était impossible de n'être pas subjugué° par la beauté de ces jeunes arbres en pleine santé.

NARRATEUR J'ai vu Elzéard Bouffier pour la dernière fois en 1945. Je ne reconnaissais plus les lieux de mes premières promenades. Les maisons neuves étaient entourées de jardins où poussaient les légumes et les fleurs. C'était désormais° un endroit où l'on avait envie d'habiter.

NARRATEUR Quand je pense qu'un homme seul, réduit à ses simples ressources physiques et morales, a suffi pour faire surgir du désert ce pays de Canaan, je trouve que, malgré tout, la condition humaine est admirable.

faisais une course à pied *was hiking* **déversa** *poured* **couler** *running* **subjugué** *enthralled* **désormais** *from then on*

Analyse

Compréhension Répondez aux questions par des phrases complètes. Answers may vary slightly.

1. Où l'histoire se passe-t-elle? L'histoire se passe dans une très vieille région des Alpes, en Provence.

2. Que cherche le narrateur après trois jours de marche? Il cherche de l'eau.

3. Comment est la maison d'Elzéard Bouffier? C'est une vraie maison en pierre, avec un toit solide.

4. Comment sont les villages de la région que le narrateur connaît bien? Ce sont des endroits où l'on vit mal et qui ont beaucoup de problèmes.

5. Pourquoi Elzéard examine-t-il les glands? Il les examine parce qu'il ne veut que des glands parfaits.

6. Que fait-il du petit sac de glands, juste avant de partir avec son troupeau le matin? Il met le petit sac de glands dans l'eau.

7. Quelle est l'espèce principale qu'Elzéard a plantée depuis dix ans? Il a planté des chênes.

8. Comment sont les chênes de 1910 quand le narrateur revient après la guerre? Les chênes de 1910 ont dix ans et sont plus hauts que lui et qu'Elzéard.

9. Comment était Vergons en 1913? Vergons avait dix à douze maisons et trois habitants qui étaient sauvages, se détestaient et vivaient de la chasse.

10. Combien de personnes doivent leur bonheur à Elzéard? Plus de dix mille personnes doivent leur bonheur à Elzéard.

Les arbres

A. Les personnages de l'histoire ont des rapports très différents avec les arbres et la forêt de Vergons. Pour chaque personnage, faites une liste des citations qui lui correspondent: Answers may vary.

Modèle • Elzéard Bouffier

«Je [le] pris pour le tronc d'un arbre solitaire. Il plantait des chênes.»

• les villages, quand le narrateur passe pour la première fois

«… des bûcherons qui font du charbon de bois… Il y a concurrence sur tout, aussi bien pour la vente du charbon de bois que pour le banc à l'église…»

• la délégation de 1935

«On décida de faire quelque chose et, heureusement, on ne fit rien, sinon la seule chose utile: mettre la forêt sous la sauvegarde de l'État et interdire qu'on vienne y charbonner.»

• le député

«Et elle [la forêt] exerça son pouvoir de séduction sur le député lui-même.»

• le capitaine forestier, ami du narrateur

«Avant de partir, mon ami fit simplement une brève suggestion à propos de certaines essences auxquelles le terrain d'ici paraissait devoir convenir. C'est grâce à ce capitaine que, non seulement la forêt, mais le bonheur de cet homme furent protégés.»

• la guerre de 1939

«… on n'avait jamais assez de bois. On commença à faire des coupes dans les chênes de 1910, mais ces quartiers sont si loin de tous réseaux routiers que l'entreprise se révéla très mauvaise au point de vue financier. On l'abandonna.»

• les gens de Vergons après 1945

«Une population venue des plaines s'est fixée dans le pays… des hommes et des femmes bien nourris, des garçons et des filles qui savent rire.»

B. Comparez votre liste avec celle d'un(e) camarade et répondez aux questions.

• Est-ce que l'auteur Jean Giono aime les arbres et la nature? Expliquez.

• Connaissez-vous d'autres artistes (écrivains, musiciens, peintres…) pour lesquels la nature a beaucoup d'importance?

3 **Interprétation** À deux, répondez aux questions et expliquez vos réponses.

1. Pourquoi le narrateur a-t-il du mal à trouver de l'eau?

2. Que veut dire le narrateur quand il déclare: «La société de cet homme donnait la paix»?

3. Pourquoi Elzéard Bouffier plante-t-il des arbres?

4. Pourquoi le narrateur veut-il rester une journée de plus?

5. Pourquoi Elzéard a-t-il changé de métier quand le narrateur revient après la guerre?

6. Pourquoi les gens parlent-ils d'une «forêt naturelle»?

7. Que veut dire le garde forestier par cette phrase à propos d'Elzéard: «Il en sait beaucoup plus que tout le monde»?

8. Que pense le narrateur d'Elzéard?

4 **Le symbole** Que représente pour vous le geste, souvent symbolique, de planter un arbre? Discutez-en par petits groupes.

- Donnez des exemples précis et expliquez la signification du geste.
- Connaissez-vous d'autres cultures où planter un arbre est un symbole important?
- Avez-vous déjà planté un arbre? Expliquez.

5 **Le résumé** Par groupes de trois, résumez en une dizaine de lignes l'histoire d'Elzéard Bouffier. Puis, comparez votre texte à celui d'un autre groupe.

6 **L'adaptation** Elzéard Bouffier est un homme simple qui poursuit un but généreux dans l'anonymat et la solitude. À deux, réfléchissez à une adaptation de son histoire transposée dans un autre contexte. Ensuite, présentez votre version à la classe.

- Quelle est l'action extraordinaire et anonyme de votre personnage?
- Comment s'appelle-t-il/elle?
- Où et comment vit-il/elle, et quels obstacles doit-il/elle surmonter?

3 To prompt a related, personalized discussion, ask: **Les arbres sont-ils importants pour vous? Que représentent-ils dans votre vie? Et la nature, est-elle capable de guérir les blessures de l'âme comme elle l'a fait pour le narrateur dans le film?**

4 For a related project, join forces with the ecology or environmental studies department and organize a tree planting day with your students.

5 Have students use their answers to the comprehension and interpretation questions as an outline for their summary.

5 Have pairs write their sentences on separate index cards. Then have them mix up the cards and give them to another pair to put in sequential order.

6 As a follow-up discussion, survey the students to find out how many have done anonymous, selfless good deeds. Ask: **Était-il facile de garder l'anonymat ou vouliez-vous qu'on sache ce que vous faisiez?**

Les richesses naturelles

La baie d'Along, au Viêt-nam

IMAGINEZ
la Polynésie française, la Nouvelle-Calédonie, l'Asie

KEY STANDARDS
2.1, 2.2, 3.2, 4.2, 5.1

INSTRUCTIONAL RESOURCES
Supersite: Teaching suggestions; SAM AK
SAM/WebSAM: WB

Fascinante Asie (S) Reading

«Un jour, j'irai là-bas, un jour, dire bonjour à mon âme
Un jour, j'irai là-bas, te dire bonjour, Viêtnam»

Ces vers sont tirés de la chanson *Bonjour Vietnam* que **Marc Lavoine** (1962–), auteur interprète français, a écrite pour la chanteuse belge d'origine vietnamienne, **Pham Quynh Anh** (1987–). Avec ses paroles émouvantes, cette chanson, qui a été diffusée sur Internet au début de l'année 2006, a su toucher le cœur de milliers de Vietnamiens.

Le Viêt-nam, le Cambodge et le Laos composaient l'**Indochine française**, colonie de l'**Asie du Sud-Est** continentale de 1887 à 1954. Durant cette période, la population d'origine française n'a jamais été très nombreuse, 35.000 personnes au maximum. La France s'intéressait surtout à l'**exploitation économique** du territoire, et non à son peuplement°. Dans les années 1930, les colons français possédaient encore d'immenses plantations et la société était très divisée. Malgré ce passé douloureux, des relations d'amitié se sont créées et des liens culturels se sont tissés°.

Si comme Pham Quynh Anh vous rêvez d'aller un jour au Viêt-nam, il y a plusieurs endroits à ne pas manquer. La **baie d'Along**, dans le **golfe du Tonkin**, au nord du pays, est connue pour sa beauté, avec ses 2.000 îles et îlots de calcaire° qui émergent des eaux couleur émeraude. Elle doit aussi son charme à ses villages de pêcheurs et à leurs maisons flottantes.

Un tour en cyclopousse° du vieux quartier ou de l'un des nombreux petits lacs bordés° de pagodes révélera tout le charme d'**Hanoï**, capitale du Viêt-nam. Fondée il y a trois mille ans, Hanoï est le centre culturel du Viêt-nam. Le **delta du Mékong** et **Hô Chi Minh-Ville**, anciennement **Saïgon**, la capitale coloniale, sont aussi des étapes incontournables. La moitié des produits agricoles du pays proviennent du delta. Et à Hô Chi Minh-Ville, de

D'ailleurs...

Les paysages du Viêt-nam, du Laos et du Cambodge sont très variés, mais les rizières° sont partout présentes. Au Cambodge, elles occupent 70% des terres cultivées, au Viêt-nam 75% et au Laos 80%. Les espèces de riz du Laos sont les plus diverses: On en recense entre 3 et 4.000! Il y a même des rizières au centre de Vientiane, sa capitale.

Angkor Vat, le plus grand temple d'Angkor, au Cambodge

nombreux monuments rappellent la présence française, comme la Grande poste conçue par **Gustave Eiffel**.

Les voyageurs francophones connaissent moins bien le **Laos** et le **Cambodge**, mais c'est en train de changer. Au Laos, les visiteurs doivent s'arrêter à **Vientiane**, la capitale fondée au 16ᵉ siècle, dont certains monuments rappellent la France, comme le **Patouxai** qui ressemble à l'**Arc de Triomphe**. **Luang Prabang**, magnifique cité royale avec sa trentaine de temples bouddhistes, est un exemple remarquable de fusion entre architecture traditionnelle et urbanisme européen. Le Cambodge, «pays du sourire», est réputé pour son hospitalité. On y trouve **Angkor**, célèbre site de la culture **Khmer**, dont les merveilles d'architecture occupent plus de 400 km². Dans ces deux pays, la francophonie a moins d'influence qu'au Viêt-nam, mais le français y est encore parlé.

Ces dernières années, des classes bilingues ont été créées dans cette partie de l'Asie, pour assurer l'enseignement de la langue aux jeunes générations. Alors, si en visite là-bas, on vous accueille avec un «Bonjour et bienvenue», ne soyez pas étonnés!

peuplement *population* **se sont tissés** *were forged* **calcaire** *limestone* **cyclopousse** *rickshaw pulled by a bicycle* **bordés** *lined* **rizières** *rice fields*

En Asie et en Océanie

Des mots utilisés au Viêt-nam, au Cambodge et au Laos

une jonque	une barque; *boat*
une pagode	un temple
un pousse-pousse	*rickshaw*
un sampan	une barque en bois

Le français parlé en Nouvelle-Calédonie

avoir la boulette	être en forme; *to feel great*
C'est choc!	C'est super!
les claquettes	les tongs; *flip-flops*
feinter	blaguer; *to joke*
Il est bon?	Ça va?
pète-claquettes	ennuyeux, casse-pieds; *bore*
Va baigner!	Va-t-en!; *Go away!*

Découvrons l'Asie francophone et les DROM

Heiva C'est la fête populaire la plus importante de **Tahiti**. Elle a lieu en juillet et on y organise beaucoup de concours

sportifs traditionnels: courses de pirogues° ou de porteurs de fruits, lancer du javelot°, lever de pierre, tressage°, préparation du coprah à base de noix de coco° et ascension de cocotiers. Il y a aussi beaucoup de costumes, de danses et de chants traditionnels.

Pondichéry et Chandernagor Au 17e siècle, la France a colonisé une partie de l'Inde. **Pondichéry** et **Chandernagor** étaient ses deux comptoirs° les plus importants et ce, jusque dans les années 1950. Chandernagor, sur les rives° du **Gange**, et Pondichéry, sur la côte

sud-est, sont aujourd'hui des villes indiennes où on peut voir des traces de la présence française. Par exemple à Pondichéry, certains noms de rues sont indiqués en français et les policiers portent des képis° rouges.

Le nickel Le nickel est rare sur terre et les gisements° de la **Nouvelle-Calédonie** constituent entre 20 et 40% de la

production mondiale. C'est la plus grande richesse de l'île, environ 80% de ses exportations. Excellent conducteur°, le nickel résiste bien aux produits chimiques et s'oxyde peu. Il est donc très utile dans les industries chimique, navale ou automobile, le bâtiment et l'électroménager°. Il sert aussi à fabriquer les pièces de 1 et 2 euros.

Tahiti Pearl Regatta La Tahiti Pearl Regatta est le rendez-vous annuel des amateurs de voile° en **Polynésie**. C'est d'abord une course de trois jours, où les participants naviguent en pleine mer° ou dans des lagons et doivent traverser des

passes°. Mais c'est aussi une vraie fête. Plongée, pirogues, jeux polynésiens et pétanque sont au programme. Le soir, les participants se retrouvent autour du tamaara'a géant, un grand repas traditionnel.

courses de pirogues *canoe races* **javelot** *spear* **tressage** *weaving* **noix de coco** *coconut* **comptoirs** *trading posts* **rives** *banks* **képis** *French military caps* **gisements** *deposits* **conducteur** *conductive* **électroménager** *home appliances* **voile** *sailing* **pleine mer** *deep sea* **passes** *channels*

Qu'avez-vous appris?

1 Vrai ou faux? Indiquez si les affirmations sont vraies ou fausses, et corrigez les fausses. *Answers may vary slightly.*

1. Marc Lavoine a écrit la chanson *Bonjour Vietnam* pour Pham Quynh Anh. *Vrai.*

2. Au Laos, la cité royale de Luang Prabang possède une trentaine de temples bouddhistes. *Vrai.*

3. La francophonie a moins d'influence au Viêt-nam qu'au Cambodge. *Faux. La francophonie a plus d'influence au Viêt-nam qu'au Cambodge.*

4. Des classes bilingues ont été récemment créées pour assurer l'enseignement du français aux jeunes Vietnamiens, Laotiens et Cambodgiens. *Vrai.*

5. Le Heiva est fêté en Inde. *Faux. Il est fêté à Tahiti.*

6. La Nouvelle-Calédonie est un gros producteur d'argent. *Faux. La Nouvelle-Calédonie est un gros producteur de nickel.*

2 Questions Répondez aux questions. *Answers may vary slightly.*

1. Quels pays composaient l'Indochine française? *Le Viêt-nam, le Cambodge et le Laos composaient l'Indochine française.*

2. Quand l'Indochine française a-t-elle disparu? *Elle a disparu en 1954.*

3. À quoi s'intéressait surtout la France en Indochine? *Elle s'intéressait surtout à l'exploitation économique de l'Indochine.*

4. Quelles sortes de concours sont organisés pour le Heiva? *Des concours sportifs traditionnels sont organisés.*

5. Où se trouve Chandernagor? *Chandernagor se trouve sur les rives du Gange.*

6. Qu'est-ce que la Tahiti Pearl Regatta? *C'est le rendez-vous annuel des amateurs de voile en Polynésie.*

Projet

Voyage culinaire

Imaginez que vous soyez guide et que vous organisiez un circuit à la découverte de la cuisine vietnamienne, laotienne ou cambodgienne. Faites des recherches sur **vhlcentral.com** pour créer votre itinéraire. Ensuite, préparez votre circuit d'après les critères suivants:

- Choisissez trois ou quatre lieux à visiter en rapport avec votre sujet.
- Sélectionnez des plats typiques ou des ingrédients locaux.
- Trouvez des photos des plats, des ingrédients et des lieux que vous avez choisis.
- Montrez les photos et décrivez votre circuit à la classe. Expliquez pourquoi vous avez choisi ces étapes.

 Practice more at **vhlcentral.com**.

ÉPREUVE

Trouvez la bonne réponse.

1. À Hanoï, il faut faire le tour _____.
   a. d'un des nombreux petits lacs
   b. de la baie
   c. d'une de ses 2.000 îles
   d. du temple bouddhiste

2. Angkor est un célèbre site _____.
   a. bouddhiste
   b. du vieux Saigon
   c. de la culture Khmer
   d. du Viêt-nam

3. Le Laos possède environ _____ espèces de riz.
   a. 3.500
   b. 1.500
   c. 10.500
   d. 35.000

4. À Tahiti, le Heiva a lieu _____.
   a. le lundi
   b. en juillet
   c. tous les cinq ans
   d. en juin

5. _____ fait partie des concours organisés pour le Heiva.
   a. Le lancer de pierre
   b. Le tatouage
   c. Le ramassage de noix de coco
   d. La course des porteurs de fruits

6. Pondichéry et Chandernagor étaient des comptoirs français _____.
   a. en Inde
   b. en Asie continentale
   c. au Cambodge
   d. au Viêt-nam

7. Le nickel représente _____ des exportations de Nouvelle-Calédonie.
   a. la moitié
   b. 80%
   c. les trois quarts
   d. 90%

8. Le nickel _____.
   a. n'est pas utile
   b. résiste bien aux produits chimiques
   c. s'oxyde beaucoup
   d. est abondant sur terre

9. Les participants de la Tahiti Pearl Regatta se retrouvent le soir autour _____.
   a. d'une partie de pétanque
   b. d'un grand repas traditionnel
   c. d'un concert
   d. d'un barbecue sur la plage

S Video: TV Clip

INSTRUCTIONAL RESOURCES
Supersite: Video Script &
Translation; Answer Key

L'environnement vu du ciel

Home de Yann-Arthus Bertrand est un hommage à la beauté de notre planète et un avertissement (*warning*) contre les dangers sociaux et écologiques qui la menacent. Yann-Arthus Bertrand pense que chacun d'entre nous peut agir et qu'«il est trop tard pour être pessimiste». Pour en savoir plus, rendez-vous sur le site de la fondation de Yann-Arthus Bertrand, goodplanet.org. Vous pouvez aussi voir le film dans son intégralité sur youtube.com/homeprojectFR.

Avant la fin du siècle, cette exploitation sans mesure aura épuisé la quasi-totalité des réserves de la planète.

COMPRÉHENSION If time permits, show the film *Home* in its entirety or ask students to watch it outside of class. Ask them to write a 10-sentence paragraph summarizing the film and giving their opinion of it.

DISCUSSION Discuss both questions as a class and ask students to provide specific examples to justify their points of view.

VOCABULAIRE

de la vidéo

bouleverser *to disrupt*
un défi *challenge*
épuiser *to deplete*
un équilibre *equilibrium*
un milliard *billion*
la quasi-totalité *almost all*
sans mesure *relentless*

pour la conversation

un désastre *disaster*
le développement durable *sustainable development*
l'état (m.) *state, condition*
remédier à *to remedy*
sensibiliser *to sensitize*
se sentir concerné(e) *to feel affected*

1 **Compréhension** Répondez aux questions par des phrases complètes.

1. Depuis combien de temps y a-t-il de la vie sur Terre?
   Il y a de la vie depuis presque quatre milliards d'années.

2. Qu'est-ce que l'homme a réussi à faire en l'espace de 200.000 ans?
   Il a réussi à bouleverser l'équilibre qui existait sur notre planète.

3. Quelles prédictions sont faites au sujet de l'avenir de nos ressources dans la vidéo?
   La quasi-totalité des réserves de la planète sera épuisée avant la fin de ce siècle.

2 **Discussion** Répondez aux questions en donnant des détails.

1. À votre avis, quels sont les plus gros problèmes actuels en ce qui concerne la protection de la planète?

2. Êtes-vous optimiste ou pessimiste quand vous pensez à la situation actuelle? Expliquez.

Et vous? Vous sentez-vous concerné(e) par la protection de l'environnement? Pourquoi? Si oui, que faites-vous pour y contribuer? Expliquez.

S Practice more at **vhlcentral.com**.

GALERIE DE CRÉATEURS

SUR INTERNET

Pour plus de renseignements sur ces créateurs et pour explorer des aspects précis de leurs créations, à l'aide d'activités et de projets de recherche, visitez vhlcentral.com.

PEINTURE Nguyen Dieu Thuy (1962–)
Nguyen Dieu Thuy est née à Saigon (aujourd'hui Hô Chi Minh-Ville). Elle a fait des études de musique au Conservatoire de musique de sa ville natale. Elle a aussi étudié la peinture. En 1988, elle devient professeur de violon et joue dans l'orchestre symphonique du Conservatoire. Puis, en 1991, elle se lance dans une carrière de peintre. Nguyen Dieu Thuy utilise la peinture à l'huile, mais ses tableaux donnent l'étrange impression d'être des aquarelles (*watercolors*). Ils sont délicats et paisibles (*peaceful*), représentant souvent une jeune femme en robe traditionnelle, des bols de riz, des personnages au bord de (*by*) l'eau. Sa palette est pratiquement monochrome et elle se sert surtout de couleurs pastel. Les œuvres de cette artiste vietnamienne sont européennes par la technique mais très vietnamiennes par le choix des sujets. L'art de Nguyen Dieu Thuy est empreint (*imbued*) de simplicité et de sérénité. Il y règne une atmosphère où le temps s'est arrêté. Elle expose son travail en Asie, en Europe et en Amérique du Nord.

MUSIQUE/ARTS PLASTIQUES
Patrice Kaikilekofe (1972–)
Patrice Kaikilekofe est un artiste aux talents multiples. Il est à la fois plasticien (*visual artist*) et musicien. Il est né en Nouvelle-Calédonie, mais sa famille est originaire de Wallis et Futuna, en Polynésie, et il est très attaché à ses origines. Il affirme que «le 21e siècle appartient au Pacifique». Les cultures polynésiennes, principalement maori, constituent une source d'inspiration pour l'ensemble (*whole*) de son art. Il participe à des expositions en Nouvelle-Calédonie, en Nouvelle-Zélande et en Australie. Il aime collaborer avec d'autres artistes. À Nouméa, capitale de la Nouvelle-Calédonie, il anime des ateliers (*workshops*) artistiques et culturels où il forme des jeunes. De plus, il a fondé à Dumbéa, sa ville natale, la Maison du temps libre. C'est un centre qui a pour but de rendre l'art accessible aux jeunes défavorisés. Concernant la musique, il joue de la guitare et il est le leader du groupe néo-calédonien *Kalaga'la*. Le style du groupe est un mélange (*mix*) de genres occidentaux et de rythmes traditionnels polynésiens, le tout chanté en wallisien. *Kalaga'la* a sorti deux albums en 2003 et en 2005.

SCULPTURE Steeve Thomo (1980–)

Steeve Thomo vit et travaille à Nouméa, capitale de la Nouvelle-Calédonie. Quand il était petit, il essayait d'imiter son grand-père qui était sculpteur. Il se passionne pour la sculpture et en particulier pour l'art du peuple kanak, le peuple autochtone (*native*) de Nouvelle-Calédonie. Cet art s'inspire des ancêtres, de leurs légendes et de la nature. Thomo y ajoute une touche moderne, avec des éléments de la vie actuelle comme des routes et des avions. Pour sculpter, il se sert de tous les types de bois qu'il trouve sur son île, le houp, le gaïak, le tamarou… Avec *La Goutte d'eau*, une de ses sculptures, il fusionne les arts traditionnel et contemporain: traditionnel par le symbole et moderne par sa représentation. Le sculpteur explique son approche moderne de l'art traditionnel kanak ainsi: «Je veux qu'on voie une évolution du peuple kanak à travers (*through*) son Art.»

CINÉMA Rithy Panh (1964–)

En 1975, les Khmers rouges exilent Rithy Panh et sa famille de Phnom Penh, la capitale du Cambodge. Puis, en 1980, Rithy Panh se réfugie à Paris où il suit des études de cinéma et obtient son diplôme. Le génocide, dans lequel une partie de sa famille a péri (*perished*), forge depuis le début l'inspiration de ce réalisateur cambodgien. En 1994, *Le Peuple du riz* raconte la lutte pour la survie d'une famille rurale cambodgienne, après le génocide. En 2002, dans le documentaire *S21, la machine de mort khmère rouge*, Rithy Panh met en scène des gardiens de prison et les trois survivants du S21, centre de détention, de torture et d'exécution jusqu'en 1979. Des années après la fermeture du camp, il a demandé à ces gardiens de refaire les gestes mécaniques qu'ils faisaient. Par ces images, le réalisateur arrive à rendre présents tous les prisonniers qui sont absents du film. Aujourd'hui, il travaille à la création d'un Centre de ressources audiovisuelles du Cambodge. À l'aide de ses films et de ce centre, Rithy Panh s'efforce (*tries hard*) de ressusciter la culture de son pays.

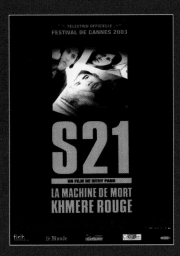

Compréhension

Questions Répondez à ces questions.

1. Quel est le sujet des films de Rithy Panh?
C'est le génocide dans lequel une partie de sa famille a péri.
2. Quel est le but du centre fondé par Patrice Kaikilekofe, la Maison du temps libre?
C'est de rendre l'art accessible aux jeunes défavorisés.
3. De quoi s'inspire l'art du peuple kanak?
Il s'inspire des ancêtres, de leurs légendes et de la nature.
4. Quelles sont les deux activités artistiques principales de Patrice Kaikilekofe?
Il est plasticien et musicien.
5. Quelle était la première carrière de Nguyen Dieu Thuy?
Elle était professeur de violon et membre de l'orchestre symphonique du Conservatoire.
6. Quels éléments modernes Steeve Thomo ajoute-t-il à son art? Il y ajoute des routes et des avions.
7. Pourquoi Rithy Panh a-t-il quitté son pays natal?
Il a été exilé par les Khmers rouges.
8. Donnez trois caractéristiques des tableaux de Nguyen Dieu Thuy. Ils sont délicats, paisibles et monochromes.

Rédaction

À vous! Choisissez un de ces thèmes et écrivez un paragraphe d'après les indications.

- **Critique d'art** Écrivez une critique du tableau de Nguyen Dieu Thuy. Parlez du sujet, des couleurs, du style, etc. Puis donnez-en votre opinion personnelle.

- **Mon artiste préféré(e)** Inspirez-vous des textes sur ces pages pour écrire un portrait de votre artiste préféré(e). Parlez de sa vie, de sa carrière artistique, de ce qui l'inspire et des thèmes qui sont importants dans son œuvre. Expliquez aussi ce que vous aimez particulièrement dans ses œuvres.

- **Le cinéma francophone** Avez-vous déjà vu un film francophone qui retrace l'histoire ou une période particulière de l'histoire d'un peuple francophone? Faites un résumé de ce film et donnez-en votre avis.

 Practice more at **vhlcentral.com**.

KEY STANDARDS
4.1, 5.1

INSTRUCTIONAL RESOURCES
Supersite: Lab Audioscript, SAM AK, Lab MP3s
SAM/WebSAM: WB, LM

BLOC-NOTES

To review formation and use of the **conditionnel**, see **Structures 8.3, pp. 296–297**.

TEACHING OPTION Write several sentences on the board and ask volunteers to conjugate the verbs, choosing future, future perfect, conditional, or past conditional.

Review past participles of regular, spelling-change, and irregular verbs taught throughout the book. Refer to the end matter for a full list.

Write the following sample sentence on the board: **Je ne trouve pas les clés que vous auriez vues hier dans la cuisine.** Draw a line under **les clés** and **vues**. Say a new noun. Have a volunteer come up, erase **les clés**, write the new noun, and make any necessary agreement change.

Ask students to write two more sample sentences for each point. Have them write their samples on the board for the class to review.

10.1

The past conditional

—*Qui **aurait pu** imaginer... une telle obstination dans la générosité la plus magnifique?*

D'après Jean Giono, *L'Homme qui plantait des arbres,* © Éditions Gallimard

- Use the past conditional (**le conditionnel passé**) to express an action that *would have occurred* in the past.

Conditionnel	Past conditional
Sans les nuages de pollution, on respirerait mieux.	Sans les nuages de pollution, nos ancêtres auraient mieux respiré.
Without smog, we'd breathe better.	*Without smog, our ancestors would have breathed better.*

- The past conditional is formed with a **conditionnel** form of **avoir** or **être** and the past participle of the main verb. Use the same helping verb as you would for any other compound tense, such as the **passé composé**, the **plus-que-parfait**, or the future perfect.

	faire	partir	se lever
je/j'	aurais fait	serais parti(e)	me serais levé(e)
tu	aurais fait	serais parti(e)	te serais levé(e)
il/elle	aurait fait	serait parti(e)	se serait levé(e)
nous	aurions fait	serions parti(e)s	nous serions levé(e)s
vous	auriez fait	seriez parti(e)(s)	vous seriez levé(e)(s)
ils/elles	auraient fait	seraient parti(e)s	se seraient levé(e)s

- Verbs in the past conditional follow the same patterns as they do in other compound tenses for negation, adverb and pronoun placement, and past participle agreement.

Il y a cent ans, **personne ne** nous aurait parlé de la pluie acide.
100 years ago, no one would have talked to us about acid rain.

Nathalie aurait **bien** ri si elle avait entendu cette blague.
Nathalie would have laughed a lot if she had heard that joke.

Je ne trouve pas **les clés que** vous auriez vues hier dans la cuisine.
I cannot find the keys that you might have seen in the kitchen yesterday.

Nous serions **déjà** partis si cela avait été possible.
We would have already left if it had been possible.

- Use the past conditional with certain verbs to express regret or reproach. In the past conditional, **aimer** + [*infinitive*] means *would have liked to*; **devoir** + [*infinitive*] means *should have*; **pouvoir** + [*infinitive*] means *could have*; and **vouloir** + [*infinitive*] means *would have liked to*.

Vous **auriez dû étudier** un peu plus longtemps.
You should have studied a little longer.

Tu **aurais** quand même **pu** m'**appeler** hier soir.
You could have at least called me last night.

Nous **aurions aimé regarder** un film différent.
We would have liked to watch a different film.

J'**aurais voulu lire** l'article sur les sources d'énergie.
I would have liked to read the article about energy sources.

- Use the **conditionnel** or the past conditional with the expression **au cas où** (*in case*).

Prends ton portable **au cas où** le train **arriverait** en retard.
Bring your cell phone in case the train arrives late.

Prends ton portable **au cas où** le train **serait** déjà **parti** quand vous arriverez à la gare.
Bring your cell phone in case the train has already left when you arrive at the station.

- You have learned that the **conditionnel** can express a future action when talking about the past. The past conditional can act as a *future perfect in the past*, describing events that were to have taken place at a later point.

Maman nous a dit qu'elle **rentrerait** avant minuit.
Mom told us that she would come home before midnight.

Maman nous avait dit qu'elle **serait rentrée** avant minuit, mais elle n'a pas pu.
Mom had told us that she would come home before midnight, but she couldn't.

- Just as the **conditionnel** can express uncertainty about events in the present, the past conditional can express uncertainty about events in the past.

Selon le journal, il y **aurait** une centaine d'habitants dans ce village.
According to the newspaper, there might be a hundred or so inhabitants in this town.

Selon le journal, il y **aurait eu** une centaine de manifestants samedi.
According to the newspaper, there might have been a hundred or so protesters on Saturday.

Mise en pratique

1

À compléter Employez le conditionnel passé des verbes entre parenthèses.

1. Selon mon oncle, l'ouragan ___aurait détruit___ (détruire) une centaine de bâtiments.

2. Les journaux ont annoncé qu'à cause d'une demande inhabituelle, nous ___aurions épuisé___ (épuiser) nos réserves de combustibles.

3. Je ___me serais acheté___ (s'acheter) la plus grande voiture, mais j'avais peur qu'elle nuise à l'environnement.

4. Je/J' ___aurais voulu voir___ (vouloir voir) moins de pollution, mais j'ai dû rester longtemps dans la capitale.

5. Tu as dit aux représentants de la société de recyclage que tu ___n'aurais pas gaspillé___ (ne pas gaspiller) les produits non-renouvelables.

2

Y est-il vraiment allé? Michel a passé des vacances à Tahiti, et ses amis lui demandent comment ça s'est passé. Mais il leur répond évasivement. Employez le conditionnel passé pour répondre comme Michel. Soyez créatifs/créatives.

> **Modèle** **Tu as visité les quartiers intéressants de Papeete?**
> Je les aurais visités, mais je n'avais pas le plan de la ville.

1. Alors, tu es allé à la plage?
J'y serais allé, mais...
2. On t'a servi de délicieux fruits tropicaux? On m'en aurait servi, mais...
3. Est-ce que les habitants t'ont parlé français? Ils m'auraient parlé français, mais...
4. T'es-tu fait de nouveaux amis? Je me serais fait de nouveaux amis, mais...
5. Alors, tu as découvert d'autres îles de l'archipel de la Société? Je les aurais découvertes, mais...
6. L'île évoque au moins les tableaux de Gauguin? Elle les aurait évoqués, mais...

3

Qu'aurait-elle fait? Malika a passé ses vacances en famille, mais elle aurait aimé les passer avec ses amis. Dites ce qu'elle aurait préféré faire en leur compagnie.

> **Modèle** **Malika et sa famille sont allés dans un musée de peintures. (au centre commercial)**
> Malika, elle, serait allée au centre commercial.

1. Ils ont dormi à l'hôtel. (chez sa copine Manon) Malika, elle, aurait dormi chez sa copine Manon.

2. Ils ont emporté des jeux de société. (son ordinateur portable) Malika, elle, aurait emporté son ordinateur portable.

3. Ils ont souvent mangé dans une crêperie. (dans une pizzeria) Malika, elle, aurait souvent mangé dans une pizzeria.

4. Ils ont joué à la pétanque. (au tennis) Malika, elle, aurait joué au tennis.

5. Ils sont sortis un soir sur trois. (tous les soirs) Malika, elle, serait sortie tous les soirs.

6. Ils ont bronzé dans leur jardin. (à la plage) Malika, elle, aurait bronzé à la plage.

7. Le premier jour, ils sont partis à 6 heures du matin. (à midi) Le premier jour, Malika serait partie à midi.

8. Ils sont rentrés un dimanche. (un vendredi) Malika, elle, serait rentrée un vendredi.

 Practice more at **vhlcentral.com**.

Communication

4

Qu'auriez-vous fait? À deux, regardez les illustrations et, à tour de rôle, dites ce que vous auriez fait dans chaque situation. Servez-vous des mots de la liste, si nécessaire.

> **Modèle** Moi, je me serais fâché contre le garçon avec la glace.

acheter	crier	un médecin
appeler	se fâcher	salir
un costume	une glace	téléphoner

5

Des excuses Martin, votre meilleur ami, est allé en vacances à Tahiti. Vous lui demandez s'il (*if he*) a fait toute une liste de choses, mais il a toujours une bonne excuse pour expliquer que non. Avec un(e) partenaire, jouez tour à tour le rôle de Martin et imaginez la conversation. Soyez créatifs/créatives!

> **Modèle** **nager dans l'océan Pacifique**
> —Vous avez nagé dans l'océan Pacifique?
> —J'aurais nagé dans l'océan, mais c'était trop dangereux!

- bronzer sur la plage
- voir la Tahiti Pearl Regatta
- nous acheter des cadeaux
- visiter des musées
- assister au Heiva
- rencontrer des Tahitiens

6

Des regrets? Qu'est-ce que vous n'avez pas fait dans la vie parce que vous avez choisi de faire autre chose? Le regrettez-vous? Par groupes de trois, employez le conditionnel passé des verbes **aimer**, **devoir**, **pouvoir** et **vouloir** pour parler de vos choix à vos camarades.

> **Modèle** J'aurais pu visiter l'Europe l'été dernier, mais j'ai choisi de passer deux semaines chez ma grand-mère, qui fêtait son 80e anniversaire.

Qu'auriez-vous...
- aimé faire?
- dû faire?
- pu faire?
- voulu faire?

Qu'avez-vous fait à la place?

4 Have students tell their partner about a situation that did not go as planned and what they would have done differently. Then volunteers share their partner's stories with the class.

4 Ask students to write each of their sentences on a slip of paper. Collect the papers. Choose one at random and read it aloud. Students raise their hand when they hear a past conditional form. Then the class guesses who wrote the statement.

6 As an expansion, ask questions with other subjects. Examples: **Qu'auraient voulu faire vos parents?**

KEY STANDARDS
4.1, 5.1

INSTRUCTIONAL RESOURCES
Supersite: Lab Audioscript, SAM AK, Lab MP3s
SAM/WebSAM: WB, LM

Point out that the future perfect can also be used to make a simple assumption about a past event. Example: **Tout est brûlé. Il y aura eu un incendie.** *Everything is burned. There must have been a fire.*

BLOC-NOTES

To review the forms of the **futur simple**, see **Structures 7.2, pp. 254–255.**

To illustrate the future perfect, draw a timeline on the board and label it *past, present,* and *future.* Write these three sentences under the appropriate headings:

À quelle heure sont-ils partis? *At what time did they leave?*

BLOC-NOTES

To review . . .

- negation, see **Structures 4.2, pp. 138–139.**
- pronoun order, see **Structures 5.3, pp. 180–181.**
- past participle agreement, see **Fiche de grammaire 5.5, p. 410.**

Quelle heure est-il? *What time is it?*

Seront-ils arrivés avant dix heures? *Will they arrive before 10 o'clock?*

10.2

The future perfect

*Elzéard Bouffier **aura planté** des hectares et des hectares d'arbres avant sa mort en 1947.*

- Use the future perfect (**le futur antérieur**) tense to describe an action that *will have occurred* before another action in the future.

Quand il arrivera au restaurant, Martine **sera** déjà **partie.**
When he arrives at the restaurant, Martine will have already left.

Je prendrai une décision quand vous m'**aurez donné** plus d'informations.
I'll make a decision when you (will) have given me more information.

- Verbs in the future perfect are formed with a **futur simple** form of **avoir** or **être** and the past participle of the main verb. Use the same helping verb as for other compound tenses, such as the **passé composé** and the **plus-que-parfait.**

	faire	**partir**	**se lever**
je/j'	aurai fait	serai parti(e)	me serai levé(e)
tu	auras fait	seras parti(e)	te seras levé(e)
il/elle	aura fait	sera parti(e)	se sera levé(e)
nous	aurons fait	serons parti(e)s	nous serons levé(e)s
vous	aurez fait	serez parti(e)(s)	vous serez levé(e)(s)
ils/elles	auront fait	seront parti(e)s	se seront levé(e)s

- Verbs in the future perfect follow the same patterns as they do in other compound tenses for negation, adverb and pronoun placement, and past participle agreement.

Negation	Cette espèce n'aura pas entièrement disparu en 2040, j'espère. *This species won't have completely disappeared by 2040, I hope.*
Adverb placement	Il aura déjà passé deux jours à Papeete quand il viendra nous chercher à l'aéroport. *He will have already spent two days in Papeete when he comes to pick us up at the airport.*
Pronoun placement	Nous lui aurons déjà parlé quand nous arriverons en classe demain. *We will have already talked to her when we get to class tomorrow.*
Past participle agreement	À minuit, elles se seront déjà couchées. *By midnight, they will have already gone to bed.*

- You may contrast two clauses — one with a verb in the future perfect and one with a verb in the **futur simple** — in order to establish that one event will happen before another.

First event	Second event
Quand tu auras fait tes courses, *When you've run your errands,*	**je viendrai te chercher en voiture.** *I'll come pick you up in the car.*

Dès qu'elle **sera arrivée** à Paris, *As soon as she has arrived in Paris,*	elle **s'installera** à son hôtel. *she'll settle in at her hotel.*

- You learned that you can use the **futur simple** after the conjunctions **aussitôt que** (*as soon as*), **dès que** (*as soon as*), **lorsque** (*when*), **quand** (*when*), and **tant que** (*as long as*), if they describe a future event. They can also be followed by a verb in the future perfect, which is the tense almost always used after **après que** (*after*) and **une fois que** (*once*).

Il partira **après qu'**on **aura mangé**.
He'll leave after we've eaten.

Aussitôt qu'elle **aura trouvé** un nouvel appartement, elle nous invitera.
As soon as she's found a new apartment, she'll invite us over.

Tu m'appelleras **dès que** tu **seras rentré**?
Will you call me as soon as you've returned?

Vous visiterez le zoo **une fois qu'**on **aura ouvert** l'exposition sur les ours.
You'll visit the zoo once they've opened the bear exhibit.

- When connecting two clauses, note the subtle distinction in meaning between a sentence that uses the **futur simple** after one of these conjunctions and one that uses the future perfect. In neither case are the English equivalents of these conjunctions followed by *will*.

Quand j'**aurai** des nouvelles, je vous **écrirai.**
When I get some news, I'll write you.

but

Quand j'**aurai eu** des nouvelles, je vous **écrirai**.
When I've gotten some news, I'll write you.

- Use **après que** with a conjugated verb when the subject of a subordinate clause is different from that of the main clause. Use **après** with the past infinitive when the subjects of both clauses are the same.

Different subjects	Same subjects
Mémé viendra nous rendre visite après qu'on aura fait le ménage. *Grandma will come visit us after we've done the housework.*	**Nous sortirons, mais seulement après avoir fait le ménage.** *We'll go out, but only after having done the housework.*

Mise en pratique

1 Remind students to pay attention to which helping verb to use. The same rules apply as for the **passé composé**.

1

À compléter... Mettez les verbes entre parenthèses au futur antérieur.

1. Quand le soleil _____aura réapparu_____ (réapparaître) après l'inondation, le niveau des eaux commencera à baisser.

2. Mesdames et messieurs, vous pourrez admirer la chaîne montagneuse lorsque vous _____serez arrivés_____ (arriver) au bout du sentier.

3. Le réchauffement de la planète, s'il continue, _____aura tué_____ (tuer) beaucoup de récifs de corail.

4. Après que nous _____aurons fini_____ (finir) de sauver les forêts tropicales, les températures de la planète se stabiliseront.

5. Dès que le nuage de pollution _____se sera levé_____ (se lever), je ferai du jogging.

6. On consommera moins de combustibles quand les habitants des grandes villes _____auront appris_____ (apprendre) à se servir des transports en commun.

7. Grâce aux nouveaux styles de construction, les tremblements de terre _____auront détruit_____ (détruire) moins de bâtiments au cours de ce siècle.

8. Je dépenserai beaucoup d'argent pour l'électricité tant que je _____n'aurai pas jeté_____ (ne pas jeter) mon vieux chauffe-eau (*water heater*), qui gaspille trop d'énergie.

2 The island of **La Nouvelle-Calédonie** is located in the South Pacific and is surrounded by a green lagoon. Have students explore the biodiversity of the island and make a presentation to the class, using maps and photos to highlight the flora and fauna.

2

Note CULTURELLE

Nouméa, capitale de la **Nouvelle-Calédonie**, collectivité française d'outre-mer (*overseas*), est une des villes les plus industrialisées du Pacifique Sud. La ville prend pourtant des mesures pour préserver les richesses naturelles, et est aujourd'hui un exemple de l'harmonie entre nature et urbanisation.

2 Have pairs check and justify their answers to each other.

3

3 Have students read the dialogue aloud with a partner to check their answers.

3 On the board, list the infinitives of several verbs that have irregular past participles. Have students work in pairs to write a new dialogue using the future perfect and five verbs from the list.

Avant le départ Monsieur Arnal et sa famille vont partir demain pour Nouméa. Mettez les verbes entre parenthèses au futur antérieur ou à l'infinitif passé.

Demain, ma famille et moi devons partir tôt pour l'aéroport, et nous n'aurons pas de temps à perdre. Après que ma femme (1) _____se sera levée_____ (se lever), j'irai réveiller les enfants. Ils devront s'habiller rapidement après (2) _____avoir pris_____ (prendre) leur petit-déjeuner. Moi, après (3) _____m'être brossé_____ (se brosser) les dents, je ferai la vaisselle. Ma femme prendra sa douche aussitôt que je (4) _____serai sorti_____ (sortir) de la salle de bains. Après (5) _____nous être habillés_____ (s'habiller), nous téléphonerons à mes parents pour leur dire au revoir. Enfin, après (6) _____avoir cherché_____ (chercher) les passeports, ma femme donnera la clé de la maison aux voisins, qui vont la surveiller pendant notre absence.

Dialogue Pascal énerve souvent Kamil, son camarade de chambre, parce qu'il fait beaucoup de promesses, mais ne fait jamais rien. À deux, terminez le dialogue. Suggested answers

KAMIL Mais quand est-ce que tu vas ranger tes livres?

PASCAL Aussitôt que je/j' (1) _____aurai fini mes devoirs_____, je rangerai mes livres.

KAMIL Tes amis ont mangé dans la cuisine et sont partis sans la nettoyer.

PASCAL D'accord! Ils la nettoieront dès qu'ils (2) _____auront terminé leurs examens_____.

KAMIL Et mes CD? Pourquoi est-ce que vous les avez pris?

PASCAL Nous te les rendrons une fois que nous (3) _____les aurons tous écoutés_____.

KAMIL Ah, et il n'y a plus rien à manger dans le frigo.

PASCAL Je passerai au supermarché demain quand tu (4) _____seras parti en cours_____.

KAMIL Et j'en ai marre de tes vêtements sales par terre.

PASCAL Je ferai ma lessive aussitôt que je/j' (5) _____serai revenu du supermarché_____.

KAMIL Des promesses, toujours des promesses!

Practice more at **vhlcentral.com.**

Communication

En 2030 À deux, dites comment ces problèmes écologiques auront évolué en 2030. Ensuite, présentez vos prédictions à la classe.

> **Modèle** **la pluie acide**
>
> Nous aurons résolu le problème de la pluie acide en 2030. Les usines auront arrêté de polluer l'atmosphère.

- le réchauffement de la planète
- les sécheresses
- la consommation d'énergie
- la diminution de la couche d'ozone
- la déforestation
- ?

Et vous en 2030? Par groupes de trois, dites ce qui aura changé dans votre vie personnelle, en 2030. Ensuite, expliquez à la classe ce qui aura changé dans la vie de vos camarades.

> **Modèle** **vos relations avec vos parents**
>
> Mes parents et moi, nous aurons appris à mieux nous entendre en 2030.

- vos finances
- votre carrière
- vos loisirs
- vos relations avec vos amis
- vos connaissances en français
- ?

Les plus brillant(e)s Deux écologistes, chacun(e) se croyant plus brillant(e) que l'autre, parlent de ce qu'ils/elles auront fait à la fin de leur carrière pour sauver l'environnement et recevoir le prix Nobel de la paix. À deux, inventez le dialogue à l'aide du futur antérieur et des éléments donnés.

Votre pays d'origine	
Le problème sur lequel vous aurez travaillé	
La solution que vous aurez proposée	
Le moyen que vous aurez trouvé pour financer votre recherche	
Les procédures que vous aurez mises en place (*implemented*)	

4 Call on volunteers to share their ideas with the class, who will express their agreement or disagreement. Example: **Ça sera terminé en 2030**.

4 Ask students to choose one of the ecological problems discussed in the activity and research what is currently being done about it. They should look at current news articles, take notes, and present a brief report to the class.

5 Have students use their ideas for this activity to write a short, futuristic story that explains what will or won't have happened in their lives in the next 20 years.

5 Ask students to make anonymous lists of each member's responses using complete sentences. Then have groups exchange lists and try to identify each student based on the responses.

6 Do a **modèle** with a volunteer. Example:

—Moi, j'aurai mis en place une nouvelle source d'énergie.

—C'est tout? Moi, j'aurai résolu le problème du réchauffement climatique.

6 As a class, brainstorm a list of environmental problems for students to choose from.

KEY STANDARDS
4.1, 5.1

INSTRUCTIONAL RESOURCES
Supersite: Lab Audioscript, SAM AK, Lab MP3s
SAM/WebSAM: WB, LM

Point out that **si** means *if* or sometimes *when*. For example, **quand** could easily replace the si in this sentence: **S'il fait soleil, mettez vos lunettes.** *If/When it's sunny, put on your glasses.*

ATTENTION!

If the word following **si** is **il** or **ils**, make the contraction **s'il** or **s'ils**.

Point out that **si** can also mean *so*. Ex: **La terre est si sèche que rien ne peut pousser.**

Emphasize that no contraction is made when **si** is followed by **elle, elles,** or **on**.

Have students create their own main clause for each of the present-tense **si** clauses.

You may want to review the formation of the **imparfait** and the **conditionnel**.

Have students work in pairs to make personalized suggestions and expressions of wish or regret. Point out that in an expression of regret, the word **seulement** is often used just like in English. Ex: **Ah! Si seulement elle était venue!**

10.3

Si clauses

—*Si* on *compte* l'ancienne population . . . et les nouveaux venus, plus de dix mille personnes *doivent* leur bonheur à Elzéard Bouffier.

D'après Jean Giono, *L'Homme qui plantait des arbres*, © Éditions Gallimard

- **Si** (*If*) clauses express a condition or event upon which another event depends. The **si** clause is the subordinate clause, and the result clause is the main clause.

- If the result clause is the timeless, automatic effect of a general cause or condition introduced by **si**, use the present tense in both clauses.

Si clause: present tense	Main clause: present tense
Si **je** suis **malade,**	**je** reste **chez moi.**
If I am ill,	*I stay at home.*

- To talk about possible future events, use the present tense in the **si** clause to say that if something occurs, something else will result. Use the **futur proche**, **futur simple**, or imperative in the main clause.

Si clause: present tense		Main clause
Si **l'ouragan** arrive **ce soir,**	*FUTUR PROCHE*	**on** va rester **chez nous demain.**
If the hurricane arrives tonight,		*we're going to stay home tomorrow.*
S'il continue **à pleuvoir,**	*FUTUR SIMPLE*	**il y** aura **des** inondations.
If it keeps raining,		*there will be floods.*
S'il y a **des déchets par terre,**	*IMPERATIVE*	jetez-les **dans la poubelle.**
If there is trash on the ground,		*throw it in the garbage.*

- A **si** clause can speculate on what *would happen* if a condition or event *were to occur*. For such contrary-to-fact statements, use a verb in the **imparfait** in the **si** clause and a verb in the **conditionnel** in the main clause.

Si clause: **imparfait**	Main clause: **conditionnel**
Si **on** donnait **à manger aux animaux du zoo,**	**on** mettrait **leur vie en danger.**
If we fed the zoo animals,	*we would put their lives in danger.*

- **Si** clauses with the **imparfait** are often used without a main clause to make a suggestion or to express a wish or regret. The main clause may also be omitted in English in these types of expressions.

Suggestion	Si **on** allait **au zoo demain?**
	What if we went to the zoo tomorrow?
Expression of wish or regret	Ah! Si **j'étais** plus grand, plus beau, plus riche!
	If only I were taller, more handsome, richer!

- To make a statement about something that occurred in the past and could have happened differently, use the **plus-que-parfait** in the **si** clause and the **conditionnel passé** in the main clause.

Si clause: **plus-que-parfait**	Main clause: **conditionnel passé**
Si nous avions fait **du camping,** *If we had gone camping,*	**nous** aurions économisé **de l'argent.** *we would have saved money.*
Si vous étiez arrivés **dix minutes plus tôt,** *If you had arrived ten minutes earlier,*	**vous n'**auriez **pas** manqué **les bandes-annonces.** *you would not have missed the previews.*

Si vous **étiez passés** par la pâtisserie,
If you had stopped by the pastry shop,

on **aurait eu** des croissants pour le petit-déjeuner.
we would have had croissants for breakfast.

- When **si** does not mean *if*, use the tense called for by the meaning of the sentence.

Ils ne savent pas **si** les singes **aiment** vraiment les bananes.
They do not know whether monkeys really like bananas.

Mais **si**, je t'ai dit que ce produit était nuisible à l'environnement.
But yes, I told you that product was harmful to the environment.

Summary of si clauses

	Subordinate clause	Main clause
Possible future events	si + present	futur proche
		futur simple
		imperative
Contrary-to-fact events	si + imparfait	conditionnel
	si + plus-que-parfait	conditionnel passé

*Si les villages **étaient** moins dispersés, le narrateur ne **serait** pas obligé de marcher autant.*

ATTENTION!

The order of the subordinate and main clauses can vary in any **si** construction.

Si on allait au zoo, on pourrait voir les tigres.
If we went to the zoo, we could see the tigers.

Restez à la maison si l'ouragan passe demain.
Stay at home if the hurricane comes tomorrow.

BLOC-NOTES

To review . . .

- the **futur proche**, see **Structures 1.2, pp. 22–23.**
- the **imperative**, see **Fiche de grammaire 1.5, p. 394.**
- the **imparfait**, see **Fiche de grammaire 3.5, p. 402.**
- the **conditionnel**, see **Structures 8.3, pp. 296–297.**
- the **plus-que-parfait**, see **Structures 4.1, pp. 134–135.**
- the **conditionnel passé**, see **Structures 10.1, pp. 366–367.**

Begin several **si** clauses and call on volunteers to complete each sentence. Examples: **S'il fait beau aujourd'hui…** **S'il faisait beau…** Si tu n'avais pas épuisé la source… Si les cochons étaient en voie d'extinction…

Mise en pratique

1 Have pairs check each others' answers by rereading each sentence, inverting the clauses. Example: **Nous devrons faire la queue si ma copine Thérèse n'arrive pas bientôt.** Then call on a volunteer to explain the concordance of the verbs in each case.

1

Situations Complétez les phrases.

A. Situations possibles dans le futur

1. Si Thérèse n'_____arrive_____ (arriver) pas bientôt, nous devrons faire la queue.

2. Si vous _____continuez_____ (continuer) à chasser les ours, cette espèce va finir par être en voie d'extinction.

B. Situations hypothétiques dans le présent

3. Le trou dans la couche d'ozone _____serait_____ (être) encore plus grand si on utilisait encore certains produits nuisibles.

4. Si les gens _____recyclaient_____ (recycler) plus souvent, il n'y aurait pas autant de déchets par terre (*on the ground*).

C. Situations hypothétiques dans le passé

5. S'il _____n'avait pas plu_____ (ne pas pleuvoir), nous n'aurions pas vu cet arc-en-ciel.

6. Le prix des combustibles _____aurait baissé_____ (baisser) si nous avions choisi d'utiliser d'autres sources d'énergie.

2 In pairs, have students write a dialogue modeled on the one in this activity about what they would do if the end of today was the deadline for their ecology project.

2

Il faut être optimiste Carole et Laëtitia travaillent pour Sauveterre, une organisation environnementale. Employez les temps qui conviennent pour compléter le dialogue.

CAROLE Si nous (1) _____travaillons_____ (travailler) jusqu'à dix heures ce soir, nous pourrons finir les nouvelles brochures sur le réchauffement de l'atmosphère.

LAËTITIA Penses-tu que les gens vont les jeter à la poubelle? S'ils s'inquiétaient vraiment pour l'environnement, les fleuves (2) _____seraient_____ (être) moins pollués et nous ne (3) _____gaspillerions_____ (gaspiller) pas autant d'énergie.

CAROLE C'est vrai. Mais si le public ne (4) _____s'intéressait_____ (s'intéresser) pas du tout à l'environnement et ne (5) _____faisait_____ (faire) pas d'efforts pour le protéger, nous respirerions un air encore plus impur et les forêts (6) _____disparaîtraient_____ (disparaître) plus vite.

LAËTITIA Tu as raison. Je ne me pose plus de questions. Alors si nous (7) _____voyons_____ (voir) quelqu'un jeter sa brochure à la poubelle, recyclons-la et (8) _____soyons_____ (être) optimistes!

3 Write **Si j'étais** on the board. After completing the activity, ask students to name additional famous people, contemporary as well as from the past, and call on volunteers to provide sentences about the people listed.

3

Si j'étais À deux, imaginez votre vie si vous étiez une de ces célébrités. Ensuite, à tour de rôle, présentez vos idées à la classe.

Modèle **Scarlett Johansson**
Si j'étais Scarlett Johansson, je travaillerais avec un réalisateur français.

- Justin Timberlake
- Madonna
- Will Smith
- Lindsay Lohan
- Zac Efron
- Miley Cyrus
- ?

 Practice more at **vhlcentral.com**.

Communication

4 **Que feriez-vous?** À deux, regardez ces scènes et demandez-vous ce que vous feriez si vous étiez dans ces situations-là. Soyez créatifs! Answers will vary. Sample answers:

> **Modèle** —Qu'est-ce que tu ferais si quelqu'un te payait un voyage en Polynésie?
> —Si quelqu'un me payait un voyage en Polynésie, je prendrais le premier avion.

Si mon grand-père me rendait visite, je serais heureux/heureuse de le recevoir.

Si un acteur voulait danser avec moi devant un public, je serais gêné(e).

Si ma voiture tombait en panne dans le désert, je téléphonerais à mon père.

Si je ne pouvais pas sortir d'un ascenseur, je paniquerais.

5 **Que se passerait-il?** Par groupes de trois, dites à vos camarades, à tour de rôle, ce que vous feriez dans les situations suivantes.

> **Modèle** **Si tu étais un(e) athlète célèbre**
> Si j'étais un(e) athlète célèbre, je donnerais une partie de mon salaire à mon ancien lycée.

1. Si tu étais un(e) chanteur/chanteuse célèbre
2. Si tu gagnais à la loterie
3. Si les cours étaient annulés pendant une semaine
4. Si tu trouvais une valise pleine d'argent
5. Si tu pouvais devenir invisible

6 **Trop peu!** Vous parlez à un expert en écologie, qui vous explique pourquoi l'environnement est en danger malgré (*despite*) tous les efforts faits pour le protéger. À deux, dites ce que vous ferez s'il est vrai que certains problèmes existent encore.

> **Modèle** Si la déforestation est encore un problème, je n'achèterai plus le journal, mais je le lirai sur Internet.

---

4 As a warm-up, have students look at the four illustrations and note an adjective to describe each character, which they will use in their answers.

4 As an optional writing activity, have pairs write a short story based on one of the pictures. Then have pairs exchange stories for peer-editing.

4 Prepare a series of sentences with **si** clauses to equal half of the number of students in the class. Write one half of each sentence on an index card. Distribute the cards to students. Students should get up and move around the class, saying their half of the sentence and trying to determine whose clause matches theirs. When they have found their match, they stand together to one side. When all students are paired up, each pair reads their sentence.

5 Have students guess what their partner would do in these situations:
être président de l'université/des États-Unis
avoir huit enfants
ne pas tolérer le gaspillage

5 As a variation, bring in celebrity magazines and have students work in pairs and ask each other questions based on pictures of the celebrities.

6 Have one student be a reporter and the other an environmental expert who is being interviewed.

KEY STANDARDS
1.1, 1.2

TEACHING OPTION Ask warm-up questions to preview the activities. Examples: **Quel temps fait-il à Papeete aujourd'hui?** (Il fait mauvais. Il pleut, mais il fait assez chaud.) **Si vous étiez à Nouméa demain, pourriez-vous lézarder au soleil?** (Non, il pleuvra demain à Nouméa.)

Synthèse Reading

La météo

	Aujourd'hui	Demain	Après-demain
Bruxelles	Max. / Min. 4° C / −1° C	Max. / Min. 8° C / 5° C	Max. / Min. 6° C / 4° C
Dakar	Max. / Min. 22° C / 22° C	Max. / Min. 24° C / 21° C	Max. / Min. 26° C / 23° C
Montréal	Max. / Min. −2° C / −8° C	Max. / Min. 0° C / −4° C	Max. / Min. 4° C / 1° C
Nouméa	Max. / Min. 30° C / 25° C	Max. / Min. 28° C / 24° C	Max. / Min. 31° C / 22° C
Papeete	Max. / Min. 28° C / 24° C	Max. / Min. 26° C / 22° C	Max. / Min. 30° C / 25° C

1 Briefly review weather and related expressions before assigning the activity.

2 As an expansion, have students pretend they are about to leave for a semester abroad, during which they plan to travel around. Then they should continue their list of things they will have done, seen, etc.

3 Point out that the most suitable way to form the sentences in this context is: **Si + plus-que-parfait + passé du conditionnel.**

1 **Les prévisions météo** Vous partez en vacances avec un(e) camarade et vous choisissez un endroit parmi (*among*) les villes présentées dans ces prévisions météo. Employez des phrases avec **si** pour dire vos préférences.

> **Modèle** —J'irais bien à Nouméa, s'il ne pleuvait pas autant.
> —S'il y fait moins chaud la semaine prochaine, partons pour Papeete.

2 **Quelle impatience!** Votre camarade et vous avez choisi, et vous partez demain. Maintenant vous comptez impatiemment les secondes avant le départ. À tour de rôle, employez le futur antérieur pour dire dix choses que vous aurez faites dans une semaine.

> **Modèle** Dans une semaine, nous aurons déjà nagé dans l'océan Pacifique.

3 **Catastrophe!** Vous et votre camarade venez de rentrer. Vos vacances se sont très mal passées! Dites chacun cinq choses qui auraient pu les améliorer.

> **Modèle** S'il n'avait pas plu tous les jours, nous serions sortis de l'hôtel.

Préparation

Vocabulaire de la lecture

abriter *to provide a habitat for*
un caillou (des cailloux) *pebble(s)*
l'épanouissement (*m.*) *development*
une ferme *farm*

une huître *oyster*
un lagon *lagoon*
une perle *pearl*
récolter *to harvest*
un requin *shark*
une tortue *turtle*

Vocabulaire utile

un dauphin *dolphin*
une éolienne *wind turbine*
un filet (de pêche) *(fishing) net*
pêcher *to fish*
la plongée (sous-marine/avec tuba) *diving; snorkeling*
une récolte *harvest*

1 **La rencontre** Un journaliste faisant un reportage en Nouvelle-Calédonie rencontre un pêcheur sur la plage. Complétez leur dialogue à l'aide du vocabulaire fourni dans le tableau.

JOURNALISTE Ça fait longtemps que vous êtes pêcheur?

PÊCHEUR Depuis tout petit. Mon père (1) ___pêchait___ au harpon sur la barrière de corail. Moi, je préfère utiliser (2) ___un filet (de pêche)___.

JOURNALISTE C'est un métier difficile et dangereux?

PÊCHEUR Difficile, oui, dangereux, pas tellement. De temps en temps, on entend parler d'une attaque de (3) ___requins___, mais c'est plutôt rare.

JOURNALISTE Vous travaillez dans ce grand (4) ___lagon___?

PÊCHEUR Oui, il (5) ___abrite___ une grande variété d'espèces. Et puis, mon frère a (6) ___une ferme___ marine où il élève des (7) ___huîtres___ pour les perles. Cette année, (8) ___la récolte___ a été très abondante.

JOURNALISTE Bon, je vous remercie, et bonne continuation.

2 **Les fautes** Vous avez fait un voyage à Tahiti avec un(e) ami(e). Maintenant vous êtes à une soirée où il/elle explique tout ce qui s'est passé. Corrigez ses fautes de vocabulaire.

Modèle — Nous avons mangé des *cailloux*. C'était délicieux.
— Non, nous avons mangé des huîtres! C'était délicieux.

1. — J'ai passé toute la journée dans un *filet de pêche* à étudier la vie marine.
— ___Non, tu as passé toute la journée dans un lagon à étudier la vie marine.___

2. — Nous avons vu deux fois des *dauphins* marcher sur la plage.
— ___Non, nous avons vu deux fois des tortues marcher sur la plage.___

3. — Les Tahitiens élèvent les huîtres pour leurs *cailloux*.
— ___Non. Les Tahitiens élèvent les huîtres pour leurs perles.___

4. — Les lagons *récoltent* des milliers d'espèces de poissons.
— ___Non, les lagons abritent des milliers d'espèces de poissons.___

3 **La nature et vous** À deux, répondez aux questions et expliquez vos réponses.

1. Aimez-vous la nature? Pourquoi?
2. Quels endroits naturels sont connus pour la diversité de leur flore ou de leur faune?
3. Avez-vous déjà visité un de ces endroits? Si oui, comment était-ce? Sinon, aimeriez-vous en visiter un?
4. Faut-il s'inquiéter de ce qui menace l'environnement dans une autre région du monde?

KEY STANDARDS
1.2, 2.1, 2.2, 4.2

Point out that **abriter** can also mean *to house*, as in: **Cet immeuble abrite le siège d'une banque.** *This building houses a bank's headquarters.* It can also mean *to offer shelter*, as in: **Il l'a abrité pour la nuit.** Or it can also be used as a reflexive **s'abriter: Il pleut. Je vais m'abriter sous cet arbre.**

Ask students to create **Une histoire curieuse** using the vocabulary from this page and this lesson's **Pour commencer.** Have groups sit in a circle. Have one student record the story. The first student starts the story with a sentence using a vocabulary word. The student to the right continues the story, and so on, until the group feels that the story is finished. The stories should be creative or even silly. Have groups read their stories aloud.

1 Read each unused word from the vocabulary box aloud. Have pairs create sentences using a few of the words. Then have volunteers share their sentences with the class.

2 Call on two volunteers to act out the **modèle.** Then have pairs read their answers aloud to each other like mini dialogues.

TEACHING OPTION To preview the reading, ask students to share what they already know or have heard about New Caledonia, Tahiti, or pearl farming.

Les Richesses
DU PACIFIQUE

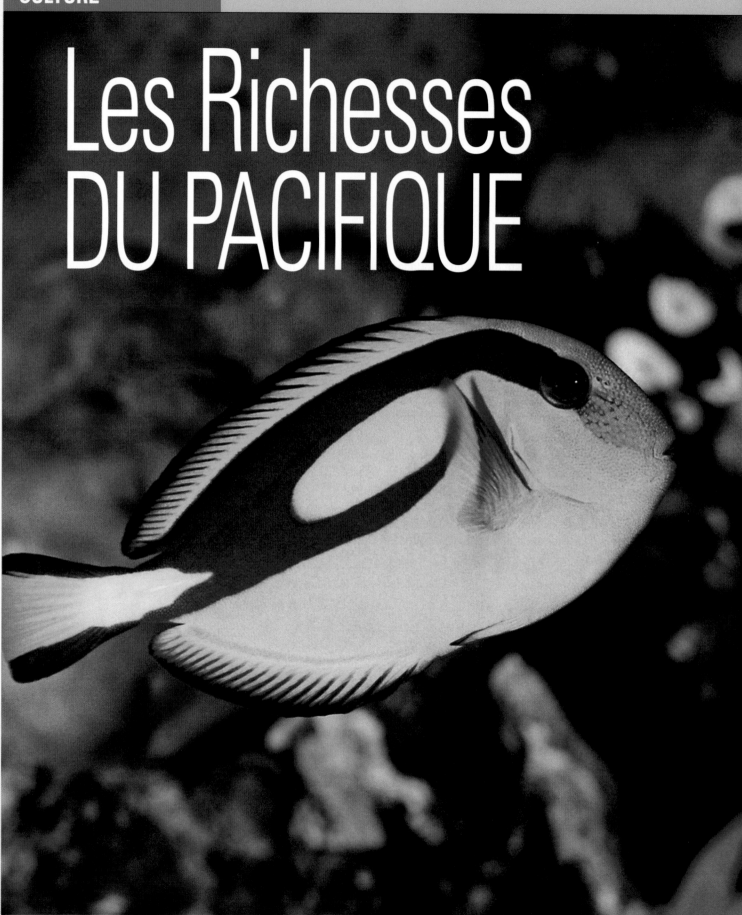

S : Audio: Reading

Vous avez sans doute entendu parler de la «grande barrière de corail», en Australie. Mais vous ne savez peut-être pas qu'il en existe
5 une autre, très belle aussi, autour de la Nouvelle-Calédonie. Cette île de l'Océanie peut se vanter° d'avoir le lagon le plus vaste du monde. Ce trésor inestimable est connu pour être le deuxième plus grand
10 ensemble corallien du monde. Il mesure 1.600 kilomètres (*1.000 miles*) de long et abrite 15.000 espèces végétales et animales. C'est l'un des temples de la biodiversité marine mondiale. On n'a identifié que 20%
15 des espèces représentées, et de nouvelles espèces y sont régulièrement découvertes. La barrière de corail est aussi l'un des principaux habitats de la tortue verte, la tortue marine la plus rapide. Elle peut nager
20 à plus de 30 km/h (*20 m/h*).

De nombreux dangers menacent le plein épanouissement de la barrière corallienne, en particulier la pollution et la vente de coraux. Cependant, la barrière
25 autour de la Nouvelle-Calédonie est encore en très bon état de préservation. C'est pour protéger cette richesse écologique que le Ministère français de l'aménagement du territoire° et de l'environnement a proposé
30 que la barrière corallienne soit classée au patrimoine mondial de l'UNESCO en 2008. Ce site serait ainsi le premier du domaine de l'Outre-mer français° à obtenir cette reconnaissance.

35 Et Tahiti? Quel est à votre avis le premier produit d'exportation de cette île paradisiaque? Les fruits de mer? Pas du tout! C'est la perle noire de culture qui arrive en tête des exportations de
40 la Polynésie française, où on compte aujourd'hui près de 800 fermes perlières. Environ 5.000 personnes vivent de cette industrie. La periculture connaît un développement prodigieux depuis les
45 années 1980. Les exportations sont passées de 86 kilogrammes par an en 1980 à plus de 10 tonnes en 2003, en générant un profit

boast (line 7)
town and country planning (lines 28–29)
French overseas (lines 33–34)

Les étapes de la periculture

La periculture compte six étapes. Ce sont des procédés très complexes et très délicats. Une fois que l'huître est fécondée° et greffée°, on l'élève pendant dix-huit mois pour qu'elle produise des perles qui sont ensuite récoltées.

fertilized/ grafted

de 85 millions d'euros. Les «richesses» du patrimoine océanique sont donc aussi des richesses au sens propre du terme°. 50 *literally*

Les beautés naturelles sous-marines sont encore mal connues du grand public. C'est pourquoi il existe des endroits en Polynésie française où l'on fait découvrir aux touristes la faune et la flore d'un 55 lagon. Ce sont les lagoonariums, des réserves aquatiques en milieu naturel. Dans l'archipel de la Société, il en existe deux, à Tahiti et à Bora Bora. Ces aquariums géants ont des bassins° dans lesquels évoluent 60 *pools* presque toutes les espèces aquatiques de cette région du monde. On a la possibilité d'assister au repas des requins donné à la main. Si on veut vivre une expérience inoubliable, le lagoonarium de Bora Bora 65 propose même à ses visiteurs de nager parmi la faune marine.

«L'émerveillement° est le premier pas *wonder* vers le respect», affirme l'écologiste Nicolas Hulot, président de la fondation écologique 70 qui porte son nom. Il est essentiel de comprendre notre environnement aquatique pour l'admirer et le respecter. Jacques-Yves Cousteau fut un pionnier dans ce domaine en nous faisant découvrir ce monde du 75 silence, dès les années 1950. Préservons notre patrimoine naturel. N'est-ce pas notre plus grande richesse? ■

Analyse

Compréhension Répondez aux questions par des phrases complètes. Answers may vary slightly.

1. Quelles sont les deux plus grandes barrières de corail du monde? Ce sont la «grande barrière de corail» en Australie et la barrière de corail autour de la Nouvelle-Calédonie.

2. Quelle est la caractéristique du lagon de la Nouvelle-Calédonie? C'est le lagon le plus vaste du monde.

3. Pourquoi le lagon de la Nouvelle-Calédonie est-il considéré comme un temple de la biodiversité marine? Parce qu'il abrite 15.000 espèces végétales et animales et on n'a identifié que 20% des espèces représentées.

4. Que sait-on de la tortue verte? Elle habite la barrière de corail de la Nouvelle-Calédonie et elle peut nager à plus de 30 km/h.

5. Quelles sont les deux choses qui menacent la barrière corallienne de la Nouvelle-Calédonie? La pollution et la vente de coraux menacent la barrière corallienne de la Nouvelle-Calédonie.

6. Quelle initiative le gouvernement français a-t-il prise pour aider à sa préservation? Il a proposé qu'elle soit classée au patrimoine mondial de l'UNESCO.

7. Quel est le premier produit d'exportation de Tahiti? C'est la perle noire de culture.

8. La perliculture est-elle facile? Non, elle compte six étapes et utilise des procédés très complexes et très délicats.

9. Comment obtient-on une perle? On féconde et on greffe une huître, puis on l'élève pendant dix-huit mois.

10. Qu'est-ce qu'un lagoonarium et que peut-on y faire? C'est une réserve aquatique en milieu naturel. On peut assister au repas des requins donné à la main ou même nager parmi la faune marine.

Les citations À deux, lisez ces deux citations et répondez aux questions.

> ## La terre n'est pas un don de nos parents, ce sont nos enfants qui nous la prêtent.
> ### — Proverbe indien

> ## Après moi, le déluge (*flood*).
> ### — attribué à Louis XV,
> ### roi de France de 1715 à 1774.

- Que veut dire le proverbe indien? Est-ce un concept qui vous est familier?
- Que dit Louis XV? Pensez-vous qu'il soit sérieux?
- Êtes-vous d'accord avec ces citations? Expliquez.
- D'après vos observations, les gens autour de vous vivent-ils plutôt en accord avec le proverbe indien ou à la Louis XV?

Nos richesses naturelles À deux, faites la liste des richesses naturelles de votre région et dites si vous les considérez comme menacées. Pensez aux animaux, aux plantes, aux paysages, aux richesses du sous-sol (*subsoil*), etc. Puis, comparez votre liste avec celle d'un autre groupe.

Enquête Demandez à des camarades de classe quelle est, d'après eux/elles, la source d'énergie du futur et celle qui devrait être développée le plus rapidement. Notez leurs arguments. Ensuite, présentez vos résultats à la classe.

- l'énergie solaire
- l'huile végétale
- l'hydrogène
- l'énergie hydraulique
- le nucléaire
- l'énergie éolienne

 Practice more at **vhlcentral.com**.

Préparation

À propos de l'auteur

Jean-Baptiste Tati-Loutard (1938–) est né dans la région de Pointe-Noire, en République du Congo. Il a fait des études à Bordeaux, en France, puis il a enseigné la littérature à l'Université de Brazzaville. Il a écrit plusieurs recueils de poèmes, dont *Les Feux de la planète* (1977), et des nouvelles, comme *Nouvelles chroniques congolaises* (1980). Il a obtenu plusieurs prix, y compris le Grand Prix littéraire de l'Afrique Noire en 1987. C'est un style simple et classique qui caractérise ses œuvres, dans lesquelles il parle du contact de son pays avec la modernité. En 1975, Tati-Loutard est devenu homme politique. Aujourd'hui il est ministre des Hydrocarbures.

KEY STANDARDS
1.2, 2.2, 3.1, 5.2

INSTRUCTIONAL RESOURCES
Supersite: Littérature recording; Scripts; SAM AK
SAM/WebSAM: LM

SYNONYMES
agiter ⟷ secouer
mêler ⟷ mélanger

Tell students that, to say *in the figurative/literal sense*, it is **au sens figuré/littéral** (not **dans le sens**).

1 To teach students how to expand their French vocabulary, draw four columns on the board, labeled **substantifs, verbes, adjectifs**, and **adverbes**. One by one, have volunteers place new vocabulary words in the appropriate columns. Then, challenge students to come up with related parts of speech for each word. Discuss any changes in meaning.

Examples: **un faible, faiblir, faible, faiblement**

un nœud, nouer, noueux

adoucir, doux, doucement

2 Have a volunteer point out where the Republic of Congo is on a map of Africa.

Vocabulaire de la lecture		Vocabulaire utile
agiter *to shake*	**noueux/noueuse** *gnarled*	**la modernité** *modernity*
se balancer *to swing*	**puiser** *to draw from*	**la nostalgie** *nostalgia*
doucement *gently*	**raffermi(e)** *strengthened*	**un sens figuré/littéral** *figurative/literal sense*
exhorter *to urge*	**remuer** *to move*	**le ton** *tone*
faiblir *to weaken*	**se retourner** *to turn over*	
mêler *to mix*		

1 **Vocabulaire** Combinez les syllabes du tableau pour former sept mots du nouveau vocabulaire. Ensuite, écrivez sept phrases originales avec ces mots.

douce	re	a	ment
pui	gi	mê	nou
mu	ser	er	fai
eux	blir	ler	ter

agiter, doucement, faiblir, mêler, noueux, puiser, remuer

2 **La République du Congo** Que savez-vous de la République du Congo? À deux, répondez à autant de questions de la liste que possible. Ensuite, comparez vos connaissances avec celles de la classe.

- Où, en Afrique, se trouve la République du Congo? *en Afrique Centrale*
- Quels pays l'entourent? *le Cameroun, le Gabon, la République Centrafricaine, la République démocratique du Congo*
- Quelle est sa capitale? *Brazzaville*
- Quelles langues y parle-t-on? *le français, le lingala, le monokutuba, le kikongo et d'autres*

3 **Préparation** Pour parler de poésie, il faut être sensible aux symboles qui permettent la représentation abstraite d'objets ou de concepts. Dans la littérature, les écrivains emploient parfois des symboles pour enrichir leurs poèmes ou leur prose et en élargir l'interprétation. Réfléchissez à ces symboles. Que représentent-ils pour vous? Comparez vos idées avec celles de vos camarades de classe.

1. un drapeau
2. une croix (*cross*)
3. une colombe (*dove*)
4. une ampoule électrique (*light bulb*)
5. un serpent
6. une balance (*scales*)
7. un cygne (*swan*)
8. une étoile

Baobab

Jean-Baptiste Tati-Loutard

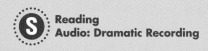
Reading
Audio: Dramatic Recording

Let students know that the trees in the photo are baobab trees. Then ask them to describe the scene and name the country where the photo was probably shot.

Ask students if they have ever walked through a forest of tall trees. Then ask: **Qu'avez-vous vu, entendu et senti dans cette forêt? Qu'avez-vous ressenti?**

The baobab tree is native to Madagascar, Africa, and Australia. The tree has an enormous trunk and can grow to about 70 feet in height. Have students research information about the tree and find photos of the different species.

Et je me sens raffermi quand ton sang fort Passe dans mon sang.

Ask students to think about all the things trees mean to them, both literal and figurative. Examples: **un abri contre le soleil, quelque chose à escalader, la force, la protection.** Then have students use these ideas to create a brief **Ode à un arbre.** Ask volunteers to read their odes. After students read the poem by Tati-Loutard, have them compare it to what they wrote.

a broad-trunked tree found primarily in Africa — Baobab!° Je suis venu replanter mon être près de toi

Et mêler mes racines à tes racines d'ancêtre;

Je me donne en rêve tes bras noueux

blood — Et je me sens raffermi quand ton sang° fort

5 Passe dans mon sang.

weapons — Baobab! «l'homme vaut ce que valent ses armes°».

small sign — C'est l'écriteau° qui se balance à toute porte de ce monde.

strength — Où vais-je puiser tant de forces° pour tant de luttes

brace myself against — Si à ton pied je ne m'arc-boute°?

10 Baobab! Quand je serai tout triste

tune — Ayant perdu l'air° de toute chanson,

gullets — Agite pour moi les gosiers° de tes oiseaux

Afin qu'à vivre ils m'exhortent.

ground/steps — Et quand faiblira le sol° sous mes pas°

15 Laisse-moi remuer la terre à ton pied:

Que doucement sur moi elle se retourne! ∎

Play the dramatic recording of the poem. Remind students that it is not necessary to understand every word the first time through. Play the recording a second time. Pause after each complete clause or sentence and discuss the content. Finally, play the poem through a third time for full comprehension and enjoyment.

Ask students to note the repetition of the exclamation **Baobab!** Ask them what effect this creates.

Tell students to find and read another poem by Jean-Baptiste Tati-Loutard. Ask them to read the poem to the class and discuss its meaning. Then have the class compare and contrast the new poems with **Baobab**.

Analyse

Compréhension Répondez aux questions. Suggested answers

1. Ce poème s'adresse à qui ou à quoi? Il s'adresse à un arbre.

2. Le narrateur s'identifie avec quoi dans le poème? Il s'identifie avec le baobab.

3. À quoi sert le baobab pour le narrateur? C'est une source de force.

4. Que veut dire «l'homme vaut ce que valent ses armes»? La valeur d'un homme est basée sur sa capacité de faire la guerre ou de lutter.

5. Qu'est-ce que le narrateur demande au baobab? Il lui demande de la force et du soutien.

Interprétation À deux, regardez cette liste de symboles utilisés dans le poème puis discutez de ce qu'ils représentent. Suggested answers

- le baobab l'esprit de l'Afrique
- les racines les ancêtres, les traditions anciennes
- le sang la force dérivée de la tradition
- l'écriteau la pression du monde moderne
- la chanson la motivation, la raison d'être

Expliquez Quels sentiments ce poème évoque-t-il? Faites-en une liste d'au moins cinq. Ensuite, écrivez un paragraphe qui explique les sentiments exprimés dans ce poème.

Discussion D'après Tati-Loutard, «Le poète ne regarde jamais les choses; il se regarde dans les choses». Par groupes de trois, discutez de la façon dont cette idée s'applique à ce poème. Ensuite présentez vos idées à la classe.

Rédaction Écrivez un poème. Suivez le plan de rédaction.

Plan

1 Organisation Pensez à un élément de la nature:

- un animal
- une plante
- une formation géographique
- ?

À quoi vous fait-il penser? Faites une liste de vos idées. Ensuite, faites une liste d'adjectifs qui le décrivent. Utilisez un bon dictionnaire, si nécessaire.

2 Votre poème Écrivez un poème sur le sujet que vous avez choisi selon cette formule.

Premier vers: Nommez votre sujet.

Deuxième vers: Décrivez-le à l'aide de trois adjectifs.

Troisième vers: Décrivez-le à l'aide de deux verbes.

Quatrième vers: Décrivez-le à l'aide d'une phrase complète.

Cinquième vers: Décrivez-le à l'aide d'un seul mot.

3 Conclusion Donnez un titre à votre poème puis lisez-le à la classe.

---

1 Discuss this related topic: identification and communication with nature or inanimate objects. Ask: **Vous est-il déjà arrivé de vous confier à un objet, plutôt qu'à une personne? Qu'est-ce que c'était? Lui avez-vous adressé la parole? Cela vous a-t-il aidé(e)? Pourquoi?**

3 Have students work in pairs to flesh out their feelings and ideas.

3 Ask students to think about their first reaction to Tati-Loutard's poem. Did they like it? Ask: **Quelle opinion avez-vous sur Baobab?** Ask them to support their opinion with specific information. They should think about the author's choice of genre, the format of the poem, the imagery, the length, etc. They should also consider what the poem made them think about and what they learned from it.

5 If students are nervous about writing poetry, tell them to simply follow the writing plan without forcing anything that seems unnatural. Encourage them to embrace their own style without worrying about whether or not it is "good poetry."

Notre monde

 **Audio: Vocabulary Flashcards**

La nature

un **arc-en-ciel** *rainbow*
un **archipel** *archipelago*
une **barrière/un récif de corail** *barrier/coral reef*
une **chaîne montagneuse** *mountain range*
un **fleuve/une rivière** *river*
une **forêt (tropicale)** *(rain) forest*
la **Lune** *Moon*
la **mer** *sea*
un **paysage** *landscape; scenery*
le **soleil** *sun*
une **superficie** *surface area; territory*
une **terre** *land*

en plein air *outdoors*
insuffisant(e) *insufficient*
potable *drinkable*
protégé(e) *protected*
pur(e) *pure; clean*
sec/sèche *dry*

Les animaux

une **araignée** *spider*
un **cochon** *pig*
un **lion** *lion*
un **mouton** *sheep*
un **ours** *bear*
un **poisson** *fish*
un **singe** *monkey*
un **tigre** *tiger*

Les phénomènes naturels

l'**érosion** *(f.)* *erosion*
un **incendie** *fire*
une **inondation** *flood*
un **ouragan** *hurricane*
une **pluie acide** *acid rain*
le **réchauffement climatique** *global warming*
la **sécheresse** *drought*
un **tremblement de terre** *earthquake*

Se servir de la nature ou la détruire

le **bien-être** *well-being*
un **combustible** *fuel*

la **consommation d'énergie** *energy consumption*
la **couche d'ozone** *ozone layer*
un **danger** *danger*
les **déchets** *(m.)* *trash*
la **déforestation** *deforestation*
l'**environnement** *(m.)* *environment*
le **gaspillage** *waste*
un **nuage de pollution** *smog*
la **pollution** *pollution*
une **ressource** *resource*
une **source d'énergie** *energy source*

chasser *to hunt*
empirer *to get worse*
épuiser *to use up*
être contaminé(e) *to be contaminated*
gaspiller *to waste*
jeter *to throw away*
menacer *to threaten*
nuire à *to harm*
polluer *to pollute*
préserver *to preserve*
prévenir *to prevent*
protéger *to protect*
résoudre *to solve*
respirer *to breathe*
supporter *to put up with*
tolérer *to tolerate*
urbaniser *to urbanize*

en voie d'extinction *endangered*
jetable *disposable*
nuisible *harmful*
renouvelable *renewable*
toxique *toxic*

Court métrage

l'**acharnement** *(m.)* *determination*
un(e) **berger/bergère** *shepherd(ess)*
un **bûcheron** *lumberjack*
le **charbon (de bois)** *(char)coal*
un **chêne** *oak tree*
le **feuillage** *foliage*
un **gland** *acorn*
une **pépinière** *nursery*
une **ruche** *beehive*
un **ruisseau** *stream*

INSTRUCTIONAL RESOURCES
Supersite/Test Generator: Testing Program

une **source** *(aquatic) spring*
un **troupeau** *flock*

déblayer *to clear away*
pousser *to grow*
se soucier (de quelque chose) *to care (about something)*

tenace *tenacious*

jadis *formerly, in the past*

Culture

un **caillou (des cailloux)** *pebble(s)*
un **dauphin** *dolphin*
une **éolienne** *wind turbine*
l'**épanouissement** *(m.)* *development*
une **ferme** *farm*
un **filet (de pêche)** *(fishing) net*
une **huître** *oyster*
un **lagon** *lagoon*
une **perle** *pearl*
la **plongée (sous-marine/avec tuba)** *diving; snorkeling*
une **récolte** *harvest*
un **requin** *shark*
une **tortue** *turtle*

abriter *to provide a habitat for*
pêcher *to fish*
récolter *to harvest*

Littérature

la **modernité** *modernity*
la **nostalgie** *nostalgia*
un **sens figuré/littéral** *figurative/literal sense*
le **ton** *tone*

agiter *to shake*
se balancer *to swing*
exhorter *to urge*
faiblir *to weaken*
mêler *to mix*
puiser *to draw from*
remuer *to move*
se retourner *to turn over*

noueux/noueuse *gnarled*
raffermi(e) *strengthened*

doucement *gently*

FICHES
de
GRAMMAIRE

Supplementary Grammar Coverage
for IMAGINEZ

The Fiches de grammaire section is an invaluable tool for both instructors and students of intermediate French. It contains additional grammar concepts not covered within the core lessons of **IMAGINEZ**, as well as practice activities. For each lesson in **IMAGINEZ**, two additional grammar topics are offered with corresponding practice.

These concepts are correlated to the lessons in **Structures** by means of the **Bloc-notes** sidebars, which provide the exact page numbers where new concepts are taught in the **Fiches**.

This special supplement allows for great flexibility in planning and tailoring your course to suit the needs of whole classes and/or individual students. It also serves as a useful and convenient reference tool for students who wish to review previously learned material.

Table des matières

1.4

Present tense of regular *-er*, *-ir*, and *-re* verbs

- Most French verbs that end in **-er** follow the same pattern.

parler	
je parle	nous parlons
tu parles	vous parlez
il/elle parle	ils/elles parlent

Elle **parle** au téléphone.

BLOC-NOTES

The present tense of spelling-change **-er** verbs is explained in **Structures 1.1, pp. 18–19.**

- Hundreds of verbs follow this pattern. Here are some more regular **-er** verbs.

aimer *(to like, to love)*	donner *(to give)*	oublier *(to forget)*
arriver *(to arrive)*	écouter *(to listen to)*	penser *(to think)*
chercher *(to look for)*	habiter *(to live in)*	regarder *(to watch)*
compter *(to count)*	inviter *(to invite)*	travailler *(to work)*

- Most verbs that end in **-ir** follow this pattern.

BLOC-NOTES

A handful of **-ir** verbs are irregular. To find out more about irregular **-ir** verbs, see **Structures 4.3, pp. 142–143.**

finir	
je finis	nous finissons
tu finis	vous finissez
il/elle finit	ils/elles finissent

Elle **finit** ses devoirs.

- Here are some more regular **-ir** verbs.

choisir *(to choose)*	maigrir *(to lose weight)*	réfléchir *(to think (about))*
grossir *(to gain weight)*	obéir (à) *(to obey)*	réussir (à) *(to succeed)*

- Most verbs that end in **-re** follow this pattern.

BLOC-NOTES

Irregular **-re** verbs are explained in **Structures 6.3, pp. 220–221.**

vendre	
je vends	nous vendons
tu vends	vous vendez
il/elle vend	ils/elles vendent

Il **vend** un appareil photo.

- Here are some more regular **-re** verbs.

attendre *(to wait (for))*	descendre *(to go down)*	perdre *(to lose)*
défendre *(to defend)*	entendre *(to hear)*	répondre *(to answer)*

Mise en pratique

1 **À compléter** Employez la forme correcte des verbes entre parenthèses.

1. Tu _____joues_____ (jouer) au tennis samedi après-midi?

2. Mon cousin _____obéit_____ (obéir) toujours à ses parents.

3. Nous _____habitons_____ (habiter) à New York.

4. On _____grossit_____ (grossir) quand on mange trop de pâtes.

5. Mes frères _____partagent_____ (partager) un bel appartement.

6. Vous _____vendez_____ (vendre) votre vélo?

7. Ces étudiants _____s'entendent_____ (s'entendre) bien.

8. Je _____compte_____ (compter) sur ma meilleure amie.

2 **À choisir** Choisissez les verbes qui complètent logiquement ces paragraphes. Faites tous les changements nécessaires. Chaque verbe n'est utilisé qu'une seule fois.

agacer	écouter	finir	quitter
aimer	énerver	oublier	réussir
attendre	entendre	perdre	rêver
se disputer	étudier	poser	téléphoner

A. Nicolas, avant d'aller au cinéma, tu (1) _____finis_____ tes devoirs. D'accord? Tu (2) _____attends_____ toujours la dernière minute. Tu (3) _____perds_____ ton temps et ça m' (4) _____énerve/agace_____! Je ne suis pas contente. Est-ce que tu m' (5) _____entends_____? Pourquoi est-ce que tu ne m' (6) _____écoutes_____ jamais? Les élèves qui n' (7) _____étudient_____ pas ne (8) _____réussissent_____ pas au bac, tu sais!

B. J'en ai marre de mon petit ami. Il est charmant, mais il (9) _____oublie_____ toujours nos rendez-vous. Je ne peux pas vous dire combien il m' (10) _____agace/énerve_____! Nous (11) _____nous disputons_____ souvent parce qu'il me (12) _____pose_____ des lapins et qu'il ne me (13) _____téléphone_____ pas. Je l' (14) _____aime_____ toujours, mais je (15) _____rêve_____ d'un petit ami plus sensible. Alors, c'est décidé. Ce week-end, je le (16) _____quitte_____.

3 **Assemblez** Assemblez les éléments des trois colonnes pour créer des phrases. Ajoutez tous les mots nécessaires.

A	B	C
je	aimer	appartement
le prof	arriver	chocolat
mon/ma camarade de chambre	choisir	cours
	descendre	devoirs
ma sœur	écouter	gare
mon ami(e)	finir	hôtel
mon frère	habiter	montre
mes parents	perdre	musique
mon/ma petit(e) ami(e)	répondre	sac
nous	rester	question
tu	vendre	voiture
?	?	?

1.5

The imperative

- Use the imperative to give a command or make a suggestion.

Attends le bus!	**Attendons** le bus!	**Attendez** le bus!
Wait for the bus!	*Let's wait for the bus!*	*Wait for the bus!*

- The imperative forms of **-ir** and **-re** verbs are the same as the present tense forms.

finir		répondre	
Present	**Imperative**	**Present**	**Imperative**
Tu finis.	Finis!	**Tu réponds.**	Réponds!
Nous finissons.	Finissons!	**Nous répondons.**	Répondons!
Vous finissez.	Finissez!	**Vous répondez.**	Répondez!

ATTENTION!

Although **aller** is irregular, like other **-er** verbs, it has no **-s** on the **tu** command form.

Va au marché!
Go to the market!

- Form the **tu** command of **-er** verbs by dropping the **-s** from the present tense form. The **nous** and **vous** forms are the same as the present tense forms.

danser	
Present	**Imperative**
Tu danses.	Danse!
Nous dansons.	Dansons!
Vous dansez.	Dansez!

ATTENTION!

Do not drop the **-s** from the **tu** form of a command when it is followed by a pronoun that begins with a vowel.

Vas-y!
Go (there)!

Manges-en!
Eat some!

- The imperative forms of **être**, **avoir**, and **savoir** are irregular.

avoir:	aie	ayons	ayez
être:	sois	soyons	soyez
savoir:	sache	sachons	sachez

Sois sage!	**Ayons** de la patience!	**Sachez** que nous fermons.
Be good!	*Let's have patience!*	*Be advised that we're closing.*

- In negative commands, place **ne... pas** around the verb.

Ne sois **pas** nerveux!	**N'**oubliez **pas** notre rendez-vous!
Don't be nervous!	*Don't forget our date!*

BLOC-NOTES

To review pronoun order, see **Structures 5.3, pp. 180–181.**

- In affirmative commands, object pronouns and reflexive pronouns follow the verb and are joined by a hyphen. In negative commands, pronouns are placed in front of the verb with no hyphen.

Donnez-**les-moi**!	Ne **me les** donnez pas!
Give them to me!	*Don't give them to me!*
Lève-**toi**!	Ne **te** lève pas!
Get up!	*Don't get up!*

Mise en pratique

1

Que fait-on? Employez l'impératif pour donner des ordres ou pour faire des suggestions.

Modèle   **Vous parlez à votre fiancé(e): vous téléphoner**

Téléphone-moi!

Vous parlez à...		
votre fiancé(e):	**de nouveaux étudiants:**	**un(e) ami(e) de ce que vous pouvez faire ensemble:**
1. aller à la bibliothèque *Va à la bibliothèque!*	6. faire attention aux profs *Faites attention aux profs!*	11. aller au cinéma *Allons au cinéma!*
2. compter sur vous *Compte sur moi!*	7. se lever tôt *Levez-vous tôt!*	12. prendre un verre *Prenons un verre!*
3. écrire souvent *Écris-moi souvent!*	8. aller aux cours *Allez aux cours!*	13. écouter de la musique *Écoutons de la musique!*
4. me donner la main *Donne-moi la main!*	9. avoir confiance *Ayez confiance!*	14. nager à la piscine *Nageons à la piscine!*
5. vous attendre après le cours *Attends-moi après le cours!*	10. ne pas sortir le samedi *Ne sortez pas le samedi!*	15. ne pas rester à la maison *Ne restons pas à la maison!*

2

De bons conseils Que dites-vous dans ces situations? Utilisez l'impératif. Suggested answers

1. Votre frère cadet refuse de boire son jus d'orange. *Bois ton jus d'orange!*
2. Vous étudiez et vos camarades de chambre parlent très fort. *Parlez moins fort!*
3. Vous demandez à vos parents de vous envoyer de l'argent. *Envoyez-moi de l'argent!*
4. Votre meilleur ami part en vacances. *Amuse-toi bien!*
5. Il est dix heures du soir et votre petite sœur ne veut pas se coucher. *Couche-toi!*
6. Vous et votre ami(e) avez faim. *Mangeons!*

3

Que disent-ils? Écrivez une phrase à l'impératif qui convient à chaque image.

1.

2.

3.

4.

2.4 Nouns and articles

- Definite and indefinite articles agree in gender and number with the nouns they modify.

	Definite articles		Indefinite articles	
	singular	plural	singular	plural
masculine	**le** musicien	**les** musiciens	**un** musicien	**des** musiciens
feminine	**la** musicienne	**les** musiciennes	**une** musicienne	**des** musiciennes

- The gender of nouns that refer to people typically matches the gender of the person: **un garçon / une fille**; **un chanteur / une chanteuse**; **un enfant / une enfant**.

- Certain noun endings provide clues to their gender.

<table>
<tr><td colspan="3" align="center">Typical masculine endings</td></tr>
<tr><td>-age le voyage</td><td>-asme le sarcasme</td><td>-if le tarif</td></tr>
<tr><td>-ail le travail</td><td>-eau le bureau</td><td>-in le bassin</td></tr>
<tr><td>-ain l'écrivain</td><td>-ent l'argent</td><td>-isme le surréalisme</td></tr>
<tr><td>-al le journal</td><td>-et le bonnet</td><td>-ment le dépaysement</td></tr>
<tr><td>-as le repas</td><td>-ier le clavier</td><td>-oir le pouvoir</td></tr>
<tr><td colspan="3" align="center">Typical feminine endings</td></tr>
<tr><td>-ace la place</td><td>-ère la boulangère</td><td>-sion l'expression</td></tr>
<tr><td>-ade la charade</td><td>-esse la tristesse</td><td>-té la responsabilité</td></tr>
<tr><td>-aine la laine</td><td>-ette l'assiette</td><td>-tié l'amitié</td></tr>
<tr><td>-ance la chance</td><td>-euse la chanteuse</td><td>-tion l'addition</td></tr>
<tr><td>-ée la journée</td><td>-ie la pâtisserie</td><td>-trice l'actrice</td></tr>
<tr><td>-ence la compétence</td><td>-ière la cuisinière</td><td>-ture la rupture</td></tr>
</table>

- To form the plural of most French nouns, add an **-s**. If a singular noun ends in **-s**, **-x**, or **-z**, its plural form remains the same: **le gaz → les gaz; le pays → les pays; la voix → les voix.**

- If a singular noun ends in **-au**, **-eau**, **-eu**, or **-œu**, its plural form usually ends in **-x**. If a singular noun ends in **-al**, drop the **-al** and add **-aux**.

le chapeau	le jeu	le cheval
les chapeaux	les jeux	les chevaux

- A few nouns have very irregular plural forms: **l'œil → les yeux; le ciel → les cieux; le monsieur → les messieurs.**

ATTENTION!

There are several exceptions to these gender rules. When in doubt, use a dictionary.

l'eau (*f.*)	la fin
le génie	le lycée
la main	le musée
la peau	la plage

ATTENTION!

Here are a few exceptions.

le bijou (*jewel*)	les bijoux
le caillou (*pebble*)	les cailloux
le carnaval	les carnavals
le festival	les festivals
le récital	les récitals
le pneu	les pneus
le travail	les travaux

Mise en pratique

1 **Masculin ou féminin?** Ajoutez les articles indéfinis.

1. _un_ acteur
2. _une_ charcuterie
3. _un_ appartement
4. _une_ nation
5. _une_ parade
6. _un_ cahier
7. _une_ pharmacienne
8. _une_ adresse
9. _un_ château
10. _un_ miroir

11. _un_ tarif
12. _un_ changement
13. _un_ animal
14. _un_ lundi
15. _une_ chance
16. _une_ coiffeuse
17. _une_ compétition
18. _une_ idée
19. _un_ million
20. _un_ mariage

2 **Les pluriels** Dans les phrases suivantes, mettez au pluriel les noms soulignés. Faites tous les autres changements nécessaires.

1. On a volé <u>mon bijou</u>!

   On a volé mes bijoux!

2. <u>Ce mois</u> passe rapidement.

   Ces mois passent rapidement.

3. L'aspirine n'est pas bonne pour <u>son mal</u> de ventre.

   L'aspirine n'est pas bonne pour ses maux de ventre.

4. Hélène aime <u>son</u> nouveau <u>chapeau</u>.

   Hélène aime ses nouveaux chapeaux.

5. <u>Le chat</u> a fait beaucoup de bruit.

   Les chats ont fait beaucoup de bruit.

6. C'est papa qui a préparé <u>le repas</u>.

   C'est papa qui a préparé les repas.

7. Tu as acheté <u>la chemise</u> noire?

   Tu as acheté les chemises noires?

8. <u>La couleur</u> de cet arbre est très belle en automne.

   Les couleurs de cet arbre sont très belles en automne.

9. As-tu connu <u>le fils</u> de Monsieur Sévigny?

   As-tu connu les fils de Monsieur Sévigny?

10. <u>Le feu</u> a commencé à cause d'une allumette.

    Les feux ont commencé à cause d'une allumette.

3 **Ma ville idéale** Employez des articles définis et indéfinis pour parler de votre ville idéale. Utilisez le vocabulaire de la Leçon 2 autant que possible.

> **Modèle** Les embouteillages ne me gênent pas, mais la vie nocturne doit être animée.

2.5

Il est and *c'est*

- **C'est** and **il/elle est** can both mean *it is* or *he/she is*. **Ce sont** and **ils/elles sont** mean *they are*. All of these expressions can refer to people or things.

- Use **c'est** and **ce sont** to identify people or things.

C'est mon stylo.	**Ce sont** mes amis.
It's my pen.	*They are my friends.*

C'est la famille Delorme.

- Use **il/elle est** and **ils/elles sont** to describe specific people or things that have been previously mentioned.

Essayez ce pain au chocolat!	Voici Madame Duval et sa fille.
Il est vraiment délicieux!	**Elles sont** bilingues.
Try this chocolate croissant.	*Here are Mrs. Duval and her daughter.*
It's really delicious!	*They are bilingual.*

- When stating a person's nationality, religion, political affiliation, or profession, **il/elle est** and **c'est un/une**, and their respective plural forms **ils/elles sont** and **ce sont des**, are both correct. If you include an adjective, you can only use **c'est un/une** or **ce sont des**.

Il est journaliste.	**C'est un** journaliste.	**C'est un** journaliste célèbre.
He's a journalist.	*He's a journalist.*	*He's a famous journalist.*

- To describe an idea or concept expressed as an infinitive rather than a noun, use the impersonal construction **il est** + [*adjective*] + **de** (**d'**) + [*infinitive*].

Il est important de se brosser les dents après les repas.	**Il est essentiel d'apprendre** une langue étrangère à l'école.
It is important to brush one's teeth after meals.	*It is essential to learn a foreign language at school.*

- Use **c'est** + [*adjective*] + **à** + [*infinitive*] if the object of the infinitive is not stated immediately after it or not stated at all. Compare these sentences.

Il est facile de vendre une maison.	Une maison, **c'est facile à vendre**.	**C'est facile à vendre!**
It's easy to sell a house.	*A house is easy to sell.*	*It's easy to sell!*

- Use **c'est** + [*adjective*] to describe an idea or concept that has already been mentioned or stated earlier in a sentence.

Se brosser les dents après les repas, **c'est** important.	J'apprends une langue étrangère à l'école. **C'est** vrai!
Brushing one's teeth after meals is important.	*I'm learning a foreign language at school. It's true!*

ATTENTION!

Note that no definite article is used with **il/elle est** and **ils/elles sont**.

Il est médecin.
He is a doctor.

Elles sont socialistes.
They are socialists.

ATTENTION!

Because infinitives and concepts typically have no gender, use only **il est** or **c'est** with them, never **elle est**. An adjective following **il est** or **c'est** is always in the masculine singular form.

Mise en pratique

1 **À compléter** Complétez les phrases suivantes à l'aide des expressions de la liste.

c'est	il est	ils sont
ce sont	elle est	elles sont

1. _____C'est_____ mon ami, Jacques. _____Il est_____ étudiant. _____C'est_____ un très bon ami.

2. _____Ce sont_____ les parents de Jean-Marc. _____Ils sont_____ canadiens. Son père, _____il est_____ infirmier et sa mère, _____elle est_____ avocate.

3. _____C'est_____ notre chien, Rufus. _____C'est_____ un berger allemand (*German shepherd*). _____Il est_____ génial!

4. _____Ce sont_____ Louise et Michèle. _____Elles sont_____ camarades de chambre. Louise, _____elle est_____ timide et tranquille. Michèle, _____elle est_____ plutôt mélancolique.

5. _____C'est_____ mon bureau. _____Il est_____ grand et confortable. _____Il est_____ facile d'y travailler.

2 **Descriptions** Répondez aux questions. Ensuite, présentez vos descriptions à la classe.

1. Votre meilleur(e) ami(e): Qui est-ce? Comment est-il/elle physiquement? Quel genre de personnalité a-t-il/elle?

2. Une personne célèbre: Qui est-ce? Que fait-il/elle dans la vie? Comment est-il/elle physiquement? Est-ce que vous l'aimez bien? Pourquoi?

3. Une personne que vous admirez: Qui est-ce? Que fait-il/elle dans la vie? Quel genre de personnalité a-t-il/elle? Pourquoi l'admirez-vous?

4. La voiture de vos rêves: Qu'est-ce que c'est? Comment est-elle? Pourquoi vous plaît-elle?

3 **Qui est-ce?** Inventez une identité pour chaque personne. Identifiez-les et décrivez-les. Écrivez au moins trois phrases par photo.

Modèle   C'est Francine. Elle est reporter. Elle est très professionnelle.

1.

2.

Possessive adjectives

- Possessive adjectives are used to express ownership or possession.

English meaning	masculine singular	feminine singular	plural
my	mon	ma	mes
your (familiar and singular)	ton	ta	tes
his, her, its	son	sa	ses
our	notre	notre	nos
your (formal or plural)	votre	votre	vos
their	leur	leur	leurs

- Possessive adjectives are placed before the nouns they modify.

C'est **ta** radio?
Is that your radio?

Non, mais c'est **ma** télévision.
No, but that's my television.

- Unlike English, French possessive adjectives agree in gender and number with the object owned rather than the owner.

mon magazine
my magazine

ma bande dessinée
my comic strip

mes journaux
my newspapers

- **Notre** and **votre** are used with singular nouns whether they are masculine or feminine.

notre neveu
our nephew

notre nièce
our niece

votre oncle
your uncle

votre tante
your aunt

- Regardless of gender, the plural forms of **notre** and **votre** are **nos** and **vos**.

nos cousins
our cousins

nos cousines
our (female) cousins

vos frères
your brothers

vos sœurs
your sisters

- The possessive adjectives **son**, **sa**, and **ses** reflect the gender and number of the noun possessed, not the owner. Context should tell you whether they mean *his* or *her*.

son père
his/her father

sa mère
his/her mother

ses parents
his/her parents

- Use **mon**, **ton**, and **son** before a feminine singular noun or adjective that begins with a vowel sound.

mon amie Nathalie
my friend Nathalie

but

ma meilleure amie Nathalie
my best friend Nathalie

son ancienne publicité
his/her/its former advertisement

but

sa publicité
his/her/its advertisement

ATTENTION!

Remember, you cannot use *'s* to express relationship or to show possession in French. Use **de** or **d'** along with the noun instead.

la maison de ma mère
my mother's house

Mise en pratique

1 **À choisir** Pour chaque phrase, choisissez l'adjectif possessif qui convient.

1. Le photographe a perdu (son /sa /ses) appareil photo!
2. Est-ce que c'est (ton / ta / tes) ordinateur?
3. Je vous présente (mon / ma / mes) parents.
4. Ils ont oublié (leur / leurs) parapluie?
5. Vous aimez ce magazine? Ma sœur adore (son / ses / sa) rubrique société.
6. Cette annonce est nulle! Voilà (mon / ma / mes) opinion!
7. (Votre / Vos) amis sont sympathiques.
8. La vedette n'a pas assisté à la première de (son / sa / ses) film.
9. Les critiques ont beaucoup aimé (notre / nos) documentaire.
10. Tu es sorti avec (ton / ta / tes) petite amie?

2 **À compléter** Trouvez le bon adjectif possessif.

1. (my) _____Mon_____ copain habite un grand immeuble en ville.
2. (his) _____Sa_____ femme est critique de cinéma.
3. (her) _____Son_____ opinion est toujours impartiale.
4. (their) _____Leurs_____ cousins sont arrivés hier soir.
5. (your, fam.) _____Tes_____ cours sont intéressants?
6. (our) _____Nos_____ moyens de communication sont modernes.
7. (its) _____Ses_____ sous-titres sont en anglais.
8. (your, formal) _____Votre_____ voisin est animateur de radio?

3 **C'est ton...?** Pour chaque groupe de mots, écrivez la question et répondez-y par oui ou par non. Employez les adjectifs possessifs qui correspondent.

> **Modèle** **tu / cahier / elle**
> —C'est ton cahier?
> —Non, c'est son cahier.

1. vous / parents / nous
   _____Ce sont vos parents?_____
   _____Oui, ce sont nos parents._____

2. ils / voiture / nous
   _____C'est leur voiture?_____
   _____Non, c'est notre voiture._____

3. je / devoirs / tu
   _____Ce sont mes devoirs?_____
   _____Oui, ce sont tes devoirs._____

4. elle / télévision / je
   _____C'est sa télévision?_____
   _____Non, c'est ma télévision._____

5. tu / vedette préférée / il
   _____C'est ta vedette préférée?_____
   _____Non, c'est sa vedette préférée._____

6. nous / professeur / vous
   _____C'est notre professeur?_____
   _____Oui, c'est votre professeur._____

3.5

The *imparfait*: formation and uses

- The **imparfait** is used to talk about what used to happen or to describe conditions in the past.

Ils **regardaient** le feuilleton tous les jours.
They used to watch the soap opera every day.

Ce journaliste **avait** une bonne réputation.
This journalist had a good reputation.

- To form the **imparfait**, drop the **-ons** from the **nous** form of the present tense, and add these endings.

	penser (nous pensons)	finir (nous finissons)	vendre (nous vendons)
je	pensais	finissais	vendais
tu	pensais	finissais	vendais
il/elle	pensait	finissait	vendait
nous	pensions	finissions	vendions
vous	pensiez	finissiez	vendiez
ils/elles	pensaient	finissaient	vendaient

- Irregular verbs, too, follow this pattern: **j'allais, j'avais, je buvais, je faisais, je sortais**, etc.

- Only the verb **être** is irregular in the **imparfait**.

The imparfait of être

j'**étais**	nous **étions**
tu **étais**	vous **étiez**
il/elle **était**	ils/elles **étaient**

Elle **était** fatiguée.

- The **imparfait** is used to talk about actions that took place repeatedly or habitually.

Nous **faisions** du jogging le matin.
We went jogging every morning.

Je **lisais** toujours mon horoscope.
I always used to read my horoscope.

- When narrating a story in the past, the **imparfait** is used to set the scene, such as describing the weather, what was going on, the time frame, and so on.

Il **faisait** froid.
It was cold.

Il n'y **avait** personne dans le parc.
There was no one in the park.

- The **imparfait** is used to describe states of mind that continued over an unspecified period of time in the past.

Nous **avions** peur.
We were afraid.

Je **voulais** partir.
I wanted to leave.

Mise en pratique

1 **À compléter** Mettez les verbes à l'imparfait pour compléter ce paragraphe.

Quand j' (1) _____étais_____ (être) petit, j' (2) _____avais_____ (avoir) beaucoup
de copains. Nous (3) _____faisions_____ (faire) du vélo et nous (4) _____jouions_____
(jouer) dans le parc, en face de notre école. J' (5) _____étais_____ (être) un élève
assez sérieux. L'après-midi, mon meilleur ami et moi, nous (6) _____étudiions_____
(étudier) ensemble. Je ne (7) _____regardais_____ (regarder) pas trop la télé parce que
mes parents (8) _____pensaient_____ (penser) que les publicités (9) _____étaient_____
(être) mauvaises pour les enfants. Mais j' (10) _____aimais_____ (aimer) aller
au cinéma avec mon frère. Il (11) _____était_____ (être) plus fort que moi. Il
me (12) _____protégeait_____ (protéger) contre les garçons trop agressifs et il
me (13) _____permettait_____ (permettre) de sortir avec lui quelquefois. Il
n' (14) _____était_____ (être) pas toujours gentil, mais je l' (15) _____adorais_____
(adorer) quand même.

2 **Il y a dix ans** Comparez ces deux scènes. C'était comment il y a dix ans? C'est
comment aujourd'hui?

Il y a dix ans   Aujourd'hui

3 **Quand j'avais huit ans** Utilisez les éléments donnés pour dire comment vous étiez à
l'âge de huit ans.

     Modèle   **avoir peur des monstres sous son lit**
                  J'avais peur des monstres.
                  J'appelais mes parents au milieu de la nuit!

1. avoir peur des monstres sous son lit
2. manger beaucoup de bonbons
3. jouer au football
4. offrir des cadeaux à ses parents
5. lire des bandes dessinées
6. ranger souvent sa chambre
7. aider sa mère ou son père
8. embêter son frère ou sa sœur
9. jouer à des jeux vidéo
10. faire du vélo

4.4 Demonstrative adjectives

- Demonstrative adjectives specify a noun to which a speaker is referring. They mean *this/ these* or *that/those*. They can refer to people or things.

Ce cadeau est pour toi.

Demonstrative adjectives

	singular	plural
masculine (before a consonant)	ce	
masculine (before a consonant)	cet	ces
feminine	cette	

Ce drapeau est bleu, blanc et rouge.
This (That) flag is blue, white, and red.

Cette croyance est absurde, à mon avis.
That (This) belief is absurd, in my opinion.

Ces droits sont très importants.
These (Those) rights are very important.

- A noun must be masculine singular and begin with a vowel sound in order to use **cet**.

Cet homme politique était victorieux.
This (That) politician was victorious.

Cet avocat défend les minorités.
This (That) lawyer defends minorities.

- **Ce**, **cet**, **cette**, and **ces** can refer to a noun that is near (*this/these*) or far (*that/those*). Context will usually make the meaning clear.

- To distinguish between two different nouns of the same kind, add **-ci** (*this/these*) or **-là** (*that/those*) to the noun.

Ce parti politique-**ci** est libéral.
This political party is liberal.

Ce parti politique-**là** est conservateur.
That political party is conservative.

- The suffixes **-ci** and **-là** can also be used together to distinguish between similar items that are near and far.

Je voudrais **ce** gâteau-**ci**, s'il vous plaît, pas **ce** gâteau-**là**.
I would like this cake (here), please, not that cake (there).

On a lu **ces** magazines-**ci** et **ces** magazines-**là** aussi.
We read these magazines (here) and those magazines (there) too.

ATTENTION!

Use **cet** before an adjective that begins with a vowel sound and precedes a masculine singular noun.

cet ancien professeur de littérature
this former literature professor

Do not use **cet** before an adjective that begins with a consonant, even if the noun is masculine singular and begins with a vowel sound.

ce jeune homme
this young man

These exceptions occur with adjectives that are placed before the nouns they modify. Most adjectives go after the noun.

Mise en pratique

1 **À remplacer** Remplacez le singulier par le pluriel et vice versa.

> **Modèle** **Cette voiture est vieille.**
> Ces voitures sont vieilles.

1. Ces hommes politiques sont puissants.
   _____Cet homme politique est puissant._____

2. Ce juge est juste.
   _____Ces juges sont justes._____

3. Ces criminels sont analphabètes.
   _____Ce criminel est analphabète._____

4. Ces voleuses veulent fuir.
   _____Cette voleuse veut fuir._____

5. Ce terroriste désire faire la guerre.
   _____Ces terroristes désirent faire la guerre._____

6. Ces activistes sont fâchés.
   _____Cet activiste est fâché._____

2 **Je déteste mon quartier!** Ajoutez les adjectifs démonstratifs qui conviennent.

Je déteste habiter dans (1) _____ce_____ quartier. On entend toujours du bruit à cause de (2) _____ce_____ commissariat de police et de (3) _____cette_____ caserne de pompiers. Et regardez (4) _____cette_____ place! (5) _____Ce_____ palais de justice est trop moderne, à mon avis. (6) _____Ces_____ autres édifices sont vraiment laids! (7) _____Ce_____ jardin public n'est jamais propre parce que (8) _____cette_____ poubelle est trop petite. Vous voyez (9) _____cette_____ circulation et (10) _____ces_____ embouteillages? Quelle horreur! En plus, (11) _____cette_____ rue n'a même pas de trottoir et (12) _____cet_____ arrêt de bus n'a pas d'abri.

3 **Préférences** À l'aide du vocabulaire de la liste, dites quelles sont vos préférences et expliquez pourquoi. Employez des adjectifs démonstratifs.

> **Modèle** J'aime le musée du Louvre. J'aime ce musée parce que...

chiens	passe-temps
dessert	réalisateur/réalisatrice
film	restaurant
jardin public	saison
légumes	sports
magasin	station de radio
musée	voiture
parti politique	?

4.5 The *passé simple*

- The **passé simple** is the literary equivalent of the **passé composé**. Like the **passé composé**, it denotes actions and events that have been completed in the past.

Passé composé	Passé simple
Elle a lu le livre. *She read the book.*	**Elle lut le livre.** *She read the book.*

- To form the stem of the **passé simple**, you usually drop the **-er**, **-re**, or **-ir** ending from the infinitive. Then add these endings for regular verbs.

	-er verbs: donner		-ir verbs: choisir		-re verbs: rendre
je	**donnai**	je	**choisis**	je	**rendis**
tu	**donnas**	tu	**choisis**	tu	**rendis**
il/elle	**donna**	il/elle	**choisit**	il/elle	**rendit**
nous	**donnâmes**	nous	**choisîmes**	nous	**rendîmes**
vous	**donnâtes**	vous	**choisîtes**	vous	**rendîtes**
ils/elles	**donnèrent**	ils/elles	**choisirent**	ils/elles	**rendirent**

- Here are the **passé simple** forms of some common irregular verbs.

	être	avoir	faire	venir
je	**fus**	**eus**	**fis**	**vins**
tu	**fus**	**eus**	**fis**	**vins**
il/elle	**fut**	**eut**	**fit**	**vint**
nous	**fûmes**	**eûmes**	**fîmes**	**vînmes**
vous	**fûtes**	**eûtes**	**fîtes**	**vîntes**
ils/elles	**furent**	**eurent**	**firent**	**vinrent**

- The **passé simple** stems of many irregular verbs are based on their past participles.

	boire (bu)	lire (lu)	partir (parti)	rire (ri)
je	bus	lus	partis	ris
tu	bus	lus	partis	ris
il/elle	but	lut	partit	rit
nous	bûmes	lûmes	partîmes	rîmes
vous	bûtes	lûtes	partîtes	rîtes
ils/elles	burent	lurent	partirent	rirent

ATTENTION!

Because the **passé simple** is a literary tense, it is not usually spoken unless a person is reading a text aloud. It is most important that readers be able to recognize and understand it.

ATTENTION!

Although **aller** is an irregular verb, in the **passé simple** it is like other **-er** verbs.

j'allai	**nous allâmes**
tu allas	**vous allâtes**
il/elle alla	**ils/elles allèrent**

ATTENTION!

Several verbs have very irregular forms in the **passé simple**, such as **naître**: **naqui-** and **mourir**: **mouru-**. Look verbs up in a dictionary or use the verb conjugation tables in the appendix until you learn to recognize them.

ATTENTION!

The **passé simple** stems of these verbs are also based on their past participles: **connaître**, **croire**, **devoir**, **fuir**, **mettre**, **plaire**, **pouvoir**, **savoir**, **sortir**, and **vivre**.

Mise en pratique

1 **À identifier** Identifiez l'infinitif de ces verbes puis donnez leur passé composé.

> **Modèle** **je vendis**
> vendre: j'ai vendu

1. nous fîmes faire: nous avons fait
2. vous eûtes avoir: vous avez eu
3. je chantai chanter: j'ai chanté
4. il alla aller: il est allé
5. tu vins venir: tu es venu(e)

6. Michel finit finir: Michel a fini
7. je dus devoir: j'ai dû
8. elles connurent connaître: elles ont connu
9. vous rendîtes rendre: vous avez rendu
10. elle fut être: elle a été

2 **À transformer** Mettez ces phrases au passé composé.

1. Ils allèrent en Asie.
   _____ Ils sont allés en Asie. _____

2. Je mangeai une pizza et je bus un coca.
   _____ J'ai mangé une pizza et j'ai bu un coca. _____

3. Vous fîtes un voyage en Australie.
   _____ Vous avez fait un voyage en Australie. _____

4. Nous vînmes avec Stéphanie et Paul.
   _____ Nous sommes venu(e)s avec Stéphanie et Paul. _____

5. Il eut un accident de voiture.
   _____ Il a eu un accident de voiture. _____

6. Tu vendis ta maison.
   _____ Tu as vendu ta maison. _____

7. Lise et Luc finirent leurs devoirs.
   _____ Lise et Luc ont fini leurs devoirs. _____

8. Catherine fit sa valise.
   _____ Catherine a fait sa valise. _____

3 **Un scandale** Remplacez le passé simple par le passé composé.

> Un homme kidnappa la femme d'un député. Il téléphona au député au milieu de la nuit et le menaça. Il demanda la liberté de quelques terroristes emprisonnés. Heureusement, le criminel était plutôt bête parce qu'on sut tout de suite son numéro de téléphone et on l'arrêta le lendemain. Quand il se présenta devant le tribunal, le juge prononça une sentence assez sévère. L'homme passa 15 ans en prison.

Un homme a kidnappé la femme d'un député. Il a téléphoné au député au milieu de la nuit et l'a menacé. Il a demandé la liberté de quelques terroristes emprisonnés. Heureusement, le criminel était plutôt bête parce qu'on a su tout de suite son numéro de téléphone et on l'a arrêté le lendemain. Quand il s'est présenté devant le tribunal, le juge a prononcé une sentence assez sévère. L'homme a passé 15 ans en prison.

5.4

Object pronouns

- Direct and indirect object pronouns generally precede the verbs of which they are objects. In a simple tense, such as the present, the **futur**, or the **imparfait**, the object pronoun is placed in front of the verb.

Philippe **me** téléphone quelquefois.

Direct object pronouns		Indirect object pronouns	
me / m'	nous	me / m'	nous
te / t'	vous	te / t'	vous
le / la / l'	les	lui	leur

- Direct object pronouns directly receive the action of a verb.

  Je **l'**aime.
  I love him/her.

  Elles **nous** voient.
  They see us.

- Indirect object pronouns identify *to* whom or *for* whom an action is done.

  Tu **me** parles?
  Are you speaking to me?

  Elle **vous** a acheté une robe bleue?
  She bought a blue dress for you?

- When a pronoun is the object of a compound tense, such as the **passé composé**, it is placed in front of the helping verb.

  Vous **l'**avez attendu?
  Did you wait for him/it?

  Je **lui** ai envoyé une lettre.
  I sent him/her a letter.

- When a pronoun is the object of an infinitive, it is placed in front of the infinitive.

  Nous voudrions **t'**inviter chez nous.
  We would like to invite you to our place.

  Elle va **leur** écrire une carte postale.
  She is going to write them a postcard.

ATTENTION!

In the third person, singular direct object pronouns have gender. The indirect object pronoun **lui** does not. **Lui** and **leur** refer only to people and animals. Direct object pronouns **le**, **la**, and **les** refer to people, animals, or things.

Nous le voyons.
We see him/it.

Nous la voyons.
We see her/it.

Nous lui parlons.
We are speaking to him/her.

ATTENTION!

In most negative sentences, place **ne... pas** around the object pronoun and the conjugated verb.

Il ne m'aime pas.
He doesn't like me.

Je ne t'ai pas vu(e).
I didn't see you.

In sentences with infinitives, **ne... pas** goes around the conjugated verb, but the object pronoun usually goes before the infinitive.

Tu ne vas pas l'écouter.
You are not going to listen to it.

Mise en pratique

1 **À réécrire** Réécrivez ces phrases et remplacez les mots soulignés par des pronoms d'objet direct ou indirect.

1. Nous avons répondu <u>au professeur</u>.

   _____Nous lui avons répondu._____

2. J'ai perdu <u>mon sac</u>.

   _____Je l'ai perdu._____

3. Vous avez regardé <u>le film</u> avec Aurélie?

   _____Vous l'avez regardé avec Aurélie?_____

4. Elle parle <u>à ses parents et à moi</u>.

   _____Elle nous parle._____

5. Ils ont modifié <u>les frontières</u> après la guerre.

   _____Ils les ont modifiées après la guerre._____

2 **À compléter** Remplacez l'objet par un pronom d'objet direct ou indirect.

1. —Tu as pris l'autobus?

   —Oui, je _____l'_____ ai pris.

2. —Nous allons expliquer la situation à ses parents?

   —Oui, vous allez _____leur_____ expliquer la situation.

3. —Vous m'avez invité à votre fête?

   —Oui, nous _____t' / vous_____ avons invité.

4. —Il va nous attendre à la gare?

   —Non, il va _____nous / vous_____ attendre chez lui.

5. —Elle a parlé à Jules?

   —Oui, elle _____lui_____ a parlé ce matin.

3 **À l'aéroport** Utilisez les verbes de la liste et des pronoms d'objet direct ou indirect pour décrire ce que font les personnages et expliquer pourquoi.

Modèle   Sylvie lit le livre. Elle le lit parce qu'elle s'ennuie.

acheter	avoir	demander	écouter	parler	trouver
apporter	chercher	donner	lire	porter	?

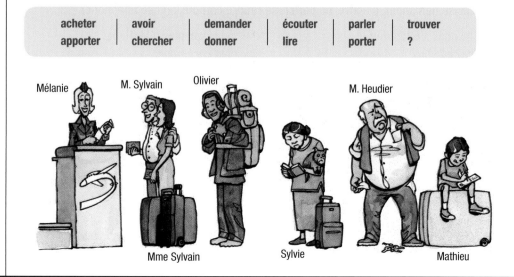

Mélanie   M. Sylvain   Olivier   M. Heudier

Mme Sylvain   Sylvie   Mathieu

5.5

Past participle agreement

- Past participle agreement occurs in French for several different reasons.

Vous êtes **allés** au théâtre.

- When the helping verb is **être**, the past participle agrees with the *subject*.

Anne est **partie** à six heures.	Nous sommes **arrivés** en avance.
Anne left at 6 o'clock.	*We arrived early.*

- Verbs that take **être** as the helping verb usually do not have direct objects. When they do, they take the helping verb **avoir**, in which case there is no past participle agreement.

Elle **est sortie**.	Elle **a sorti** la poubelle.
She went out.	*She took out the trash.*

- Reflexive verbs take the helping verb **être** in compound tenses such as the **passé composé** and **plus-que-parfait**. The past participle agrees with the reflexive pronoun if the reflexive pronoun functions as a direct object.

Nous **nous** sommes **habillées**.	Michèle **s'**était **réveillée**.
We got dressed.	*Michèle had woken up.*

BLOC-NOTES

To review the **passé composé** with **être** and with reflexive and reciprocal verbs, see **Structures 3.2, pp. 100–101**.

- If a direct object *follows* the past participle of a reflexive verb, no agreement occurs.

Nadia s'est **coupée**.	*but*	Nadia s'est **coupé** le doigt.
Nadia cut herself.		*Nadia cut her finger.*

- If an object pronoun is indirect, rather than direct, the past participle does not agree. This also means there is no past participle agreement with several common reciprocal verbs, such as **se demander**, **s'écrire**, **se parler**, **se rendre compte**, and **se téléphoner**.

Elle nous a **téléphoné**.	Nous nous sommes **téléphoné**.
She called us.	*We called each other.*

ATTENTION!

While the rules pertaining to past participle agreement may seem complex, just keep these two general points in mind: Past participles agree with direct objects when the object is placed in front of the verb for *any* reason. Past participles do not agree with indirect objects.

- In compound tenses with **avoir**, past participles agree with preceding direct object pronouns. No agreement occurs with a direct object that is a noun rather than a pronoun.

J'ai **mis** les fleurs sur la table.	Je **les** ai **mises** sur la table.
I put the flowers on the table.	*I put them on the table.*

- In structures that use the relative pronoun **que**, past participles agree with their direct objects.

Voici les pommes **que** j'ai **achetées**.	Il parle des buts **qu'**il a **atteints**.
Here are the apples that I bought.	*He's talking about the goals he reached.*

Mise en pratique

1 **À compléter** Faites les accords, si nécessaire. S'il n'y a pas d'accord, mettez un X.

1. Marie est né___e___ en Belgique.
2. Voici les hommes que j'ai vu___s___ en ville.
3. Céline a visité___X___ le musée du Louvre.
4. Mon ami et moi, nous sommes resté___s___ à l'hôtel.
5. Nos tantes se sont écrit___X___ beaucoup de lettres.
6. Sa copine et sa colocataire sont allé___es___ au Canada.
7. Je me suis lavé___X___ les mains.
8. Grégoire et Inès se sont couché___s___ tôt hier soir.
9. Ces poires? Je les ai acheté___es___ au marché.
10. Tu as passé___X___ l'examen de français?

2 **Mini-dialogues** Reconstituez les questions et inventez les réponses. Employez le passé composé et faites les accords nécessaires. Suggested answers

> **Modèle** **où / vous / naître**
> —Où est-ce que vous êtes né(e)?
> —Je suis né(e) à Dakar.

1. à quelle heure / tu / se coucher / samedi

   —À quelle heure est-ce que tu t'es couché(e) samedi?

   —Je me suis couché(e) à minuit.

2. quand / le président Kennedy / mourir

   —Quand est-ce que le président Kennedy est mort?

   —Il est mort en 1963.

3. pourquoi / vous / ne pas sortir

   —Pourquoi est-ce que vous n'êtes pas sorti(e)s?

   —Nous ne sommes pas sorti(e)s parce nous étions fatigué(e)s.

4. avec quoi / elle / se brosser / les dents

   —Avec quoi est-ce qu'elle s'est brossé les dents?

   —Elle s'est brossé les dents avec du dentifrice.

5. chez qui / ils / rester

   —Chez qui est-ce qu'ils sont restés?

   —Ils sont restés chez des copains.

3 **Mon enfance** Écrivez au passé composé un paragraphe sur votre enfance. Utilisez au moins huit verbes de la liste. Faites tous les accords nécessaires.

aller	habiter	rester
arriver	finir	se trouver
avoir	naître	venir
faire	rentrer	voyager

6.4 Disjunctive pronouns

- Disjunctive pronouns correspond to subject pronouns. Compare their meanings:

Subject pronouns	Disjunctive pronouns	Subject pronouns	Disjunctive pronouns
je *(I)*	moi *(me)*	nous *(we)*	nous *(us)*
tu *(you)*	toi *(you)*	vous *(you)*	vous *(you)*
il *(he)*	lui *(him)*	ils *(they)*	eux *(them)*
elle *(she)*	elle *(her)*	elles *(they)*	elles *(them)*

- Disjunctive pronouns have several uses. For example, they are used after most prepositions.

Ma nièce dîne chez **lui**.
My niece has dinner at his house.

Tu veux jouer au tennis avec **eux**?
Do you want to play tennis with them?

- Use them with **être** when identifying people and after **que** in comparisons.

Qui sonne à la porte? C'est **toi**?
Who is at the door? Is it you?

Ma belle-mère est plus âgée que **vous.**
My stepmother is older than you.

- Use disjunctive pronouns to express contrast.

Moi, j'ai peur des chiens, mais **lui**, il n'en a pas peur.
Me, I'm afraid of dogs, but he isn't afraid of them.

Mamie ne vous parle pas à **vous**.
Elle nous parle à **nous**.
Grandma is not talking to you. She's talking to us.

- When **-même(s)** is added to a disjunctive pronoun, it means *myself, yourself*, etc.

Mon neveu la répare **lui-même**.
My nephew repairs it himself.

Elles remercient leur tante **elles-mêmes**.
They thank their aunt themselves.

- Normally, indirect object pronouns take the place of **à** + [*person*]. With certain verbs, however, disjunctive pronouns are typically used instead.

s'adresser à *(to address)*	s'habituer à *(to get used to)*
être à *(to belong to)*	s'intéresser à *(to be interested in)*
faire attention à *(to pay attention to)*	penser à *(to think about, to have on one's mind)*

Cette montre est à **moi**.
This watch belongs to me.

Personne ne s'intéresse à **elle**.
No one is interested in her.

- Whereas indirect object pronouns are placed in front of the verb and replace both the preposition and the noun, disjunctive pronouns follow the preposition and replace only the noun.

Indirect object pronoun	Disjunctive pronoun
Je vous ai téléphoné.	**J'ai pensé à vous.**
I called you.	*I thought about you.*

ATTENTION!

In English, to emphasize the subject or object of a verb, you can pronounce the pronoun with added stress. In French, add a disjunctive pronoun.

Tu n'en sais rien, **toi**!
You don't know anything about it.

On ne les a pas punis, **eux**.
We didn't punish them.

ATTENTION!

Penser de means *to think of,* as in *to have an opinion.* It is not interchangeable with **penser à**. Use disjunctive pronouns after **penser de**.

Qu'est-ce que tu penses d'**eux**?
What do you think of them?

Mise en pratique

1 **À compléter** Trouvez les pronoms disjoints correspondants pour compléter les phrases.

1. Olivier a visité le musée avec _____ eux _____ (*them*).

2. Maman est allée à la pharmacie pour _____ elle _____ (*her*).

3. Ma copine connaît ce quartier mieux que _____ moi _____ (*me*).

4. Je me suis assis derrière _____ elles _____ (*them*, fem.).

5. Ma nièce a couru après _____ lui _____ (*him*).

6. C'est _____ toi _____ (*you*, fam.) qui as préparé les tartes, n'est-ce pas?

7. Voici Robert et Lise. Vous vous souvenez d'_____ eux _____ (*them*)?

8. Caroline est française, mais _____ nous _____ (*us*), nous sommes suisses.

9. Est-ce qu'on va aller chez _____ vous _____ (*you*, formal)?

10. Ma demi-sœur n'a que trois ans, mais elle peut s'habiller _____ elle-même _____ (*herself*).

2 **À remplacer** Remplacez les mots soulignés par des pronoms disjoints.

1. Je suis allée à la fête avec Jean-Pierre. lui

2. Tu as étudié chez Denise? elle

3. Qui vient avec ton époux et toi? vous

4. Elle partage un appartement avec ses sœurs jumelles. elles

5. C'est Paul qui n'a plus vingt ans. lui

6. Il faut faire attention à tes parents. eux

7. Ces chiens sont à Michèle et à moi. nous

8. Mon beau-fils s'intéresse à Mireille. elle

3 **Votre famille** Parlez de votre famille à l'aide des prépositions de la liste et des pronoms disjoints.

> **Modèle** Ma mère est toujours occupée, alors je fais souvent des courses pour elle.

à	entre
à côté de	pour
avec	sans
chez	?
de	

6.5

Possessive pronouns

- Whereas possessive adjectives modify nouns, possessive pronouns replace them.

Possessive adjective	Possessive pronoun
—C'est mon frère qui t'a téléphoné?	—Non, c'est le mien qui m'a téléphoné.
—*Is it my brother who called you?*	—*No, it's mine who called me.*

Tu m'as déjà donné mon cadeau. Voici **le tien**.

- Possessive pronouns agree in gender and number with the nouns they replace. Like possessive adjectives, they also change forms according to the possessor.

	singular		plural	
	masculine	**feminine**	**masculine**	**feminine**
mine	**le mien**	**la mienne**	**les miens**	**les miennes**
yours	**le tien**	**la tienne**	**les tiens**	**les tiennes**
his, hers, its	**le sien**	**la sienne**	**les siens**	**les siennes**
ours	**le nôtre**	**la nôtre**	**les nôtres**	**les nôtres**
yours	**le vôtre**	**la vôtre**	**les vôtres**	**les vôtres**
theirs	**le leur**	**la leur**	**les leurs**	**les leurs**

- **Le sien**, **la sienne**, **les siens**, and **les siennes** can mean *his*, *hers*, or *its*. The form is determined by the gender and number of the noun possessed, not the possessor.

- Notice that possessive pronouns include definite articles. When combined with the prepositions **à** and **de**, the usual contractions must be formed.

Mme Michelin a parlé à mes parents et **aux tiens**.
Mme Michelin spoke to my parents and to yours.

Je me souviens de mon premier chien. Vous souvenez-vous **du vôtre**?
I remember my first dog. Do you remember yours?

- Possessive pronouns can also replace possessive structures with **de**.

Les voitures des voisins sont belles.
The neighbors' cars are beautiful.

Les leurs sont belles.
Theirs are beautiful.

La grand-mère d'Ahmed a 92 ans.
Ahmed's grandmother is 92 years old.

La sienne a 92 ans.
His is 92 years old.

ATTENTION!

Notice the **accent circonflexe** on **nôtre(s)** and **vôtre(s)**, which indicates that the **ô** is pronounced as a closed **o**, like **-eau** in the word **beau**. The **o** in the possessive adjectives **votre** and **notre**, however, is pronounced as an open **o**, like the **o** in the word **donne**.

Mise en pratique

1 **À transformer** Donnez le pronom possessif qui correspond.

> **Modèle** **le beau-frère de Suzanne**
> le sien

1. les parents de mes cousins   les leurs
2. mon enfance   la mienne
3. votre caractère   le vôtre
4. tes ancêtres   les tiens
5. nos neveux   les nôtres
6. l'épouse de Franck   la sienne
7. mes jumelles   les miennes
8. leur voiture   la leur

2 **À compléter** Employez des pronoms possessifs pour compléter ces phrases.

> **Modèle** **J'habite avec mes grands-parents, mais tu n'habites pas**
> **avec** _____les tiens_____.

1. Tu as ton vélo et j'ai _____le mien_____.
2. Elle s'occupe de ses enfants et nous nous occupons _____des nôtres_____.
3. On peut prendre mon camion ou vous pouvez prendre _____le vôtre_____.
4. Nous avons besoin de nos congés et eux, ils ont besoin _____des leurs_____.
5. Je m'entends bien avec ma famille. Tu t'entends bien avec _____la tienne_____?
6. Moi, j'aime bien mon professeur, mais Valérie, elle n'aime pas _____le sien_____.

3 **À qui est...?** Écrivez des questions et répondez-y par oui ou par non à l'aide des éléments donnés. Utilisez des pronoms possessifs.

> **Modèle** **vous / disques compacts / elle**
> —Ces disques compacts sont à vous?
> —Non, ce sont les siens.

1.

   tu / photos / je
—Ces photos sont à toi?
—Oui, ce sont les miennes.

2.

   nous / ordinateur / elles
—Cet ordinateur est à nous?
—Non, c'est le leur.

3.

   je / voiture / tu
—Cette voiture est à moi?
—Oui, c'est la tienne.

4.

   ils / valises / nous
—Ces valises sont à eux?
—Non, ce sont les nôtres.

7.4 Past participles used as adjectives

- You may have noticed that the past participles of verbs can function as adjectives.

Nous sommes **mariés**.

- When a past participle is used as an adjective, it agrees in gender and number with the noun it modifies. Notice the different adjective forms based on the past participle of **construire**.

Cet immeuble est **construit** en briques.
This building is built out of bricks.

Ces immeubles sont **construits** en briques.
These buildings are built out of bricks.

Cette maison est **construite** en briques.
This house is built out of bricks.

Ces maisons sont **construites** en briques.
These houses are built out of bricks.

- Like other adjectives, past participles may follow a form of the verb **être** or they may be placed after the noun they modify.

La porte est **ouverte**.
The door is open.

Fermez cette porte **ouverte**.
Close that open door.

- Compare the meanings of these verbs with their past participles when used as adjectives. Notice that past participles often correspond to English words ending in *-ed*.

Infinitive		Past participle	
s'agenouiller	*to kneel*	agenouillé(e)	*kneeling*
s'asseoir	*to sit*	assis(e)	*seated*
couvrir	*to cover*	couvert(e)	*covered*
décevoir	*to disappoint*	déçu(e)	*disappointed*
écrire	*to write*	écrit(e)	*written*
fatiguer	*to tire*	fatigué(e)	*tired*
fermer	*to close*	fermé(e)	*closed*
se fiancer	*to become engaged*	fiancé(e)	*engaged*
se marier	*to marry*	marié(e)	*married*
ouvrir	*to open*	ouvert(e)	*open*
payer	*to pay*	payé(e)	*paid*
peindre	*to paint*	peint(e)	*painted*
prendre	*to take*	pris(e)	*taken*
préparer	*to prepare*	préparé(e)	*prepared*
réparer	*to repair*	réparé(e)	*repaired*
terminer	*to finish*	terminé(e)	*finished*

ATTENTION!

In certain expressions, some past participles are used as prepositions. In this case, they are placed in front of the noun and are invariable.

attendu	*considering*
étant donné	*given*
excepté	*except*
passé	*past, beyond*
vu	*given, in view of*
y compris	*including*

Vu toutes les solutions possibles, on atteindra le but.
Given all the possible solutions, we'll reach the goal.

Mise en pratique

1 **À compléter** Utilisez le participe passé des verbes entre parenthèses pour compléter ces phrases. Faites les accords nécessaires.

1. Pardon, madame, est-ce que cette chaise est _____prise_____ (prendre)?

2. Quand Mylène a entendu les nouvelles, elle a été _____déçue_____ (décevoir).

3. Après la tempête, nos maisons étaient _____couvertes_____ (couvrir) de neige.

4. Delphine et Rachid sont _____mariés_____ (marier).

5. Il est sept heures et le magasin est _____fermé_____ (fermer).

6. Cette lettre est _____écrite_____ (écrire) à la main.

7. Marc était _____agenouillé_____ (s'agenouiller) quand il lui a proposé de l'épouser.

8. Je suis heureux parce que toutes mes dettes sont _____payées_____ (payer)!

2 **Descriptions** Décrivez ces photos à l'aide du participe passé des verbes suivants.

s'asseoir	se fiancer	réparer
fatiguer	préparer	terminer

1.
Ces étudiants sont _____assis_____.

2.
Cet homme et cette femme sont _____fiancés_____.

3.
Il est 10h00. Ce cours est _____terminé_____.

4.
Micheline est très _____fatiguée_____.

5.
Les plats ont été _____préparés_____ et sont sur la table.

6.
Votre voiture est _____réparée_____, monsieur.

7.5 Expressions of time

- To say someone has been doing something *for* an amount of time or *since* a certain point in time, you can use the present tense along with **depuis**.

Leyla étudie le français **depuis** un an.
Leyla has been studying French for one year.

Nous habitons Nice **depuis** 2005.
We have lived in Nice since 2005.

- When combined with **que**, these expressions can be used instead of **depuis** to convey similar meanings. Notice the different word order.

Ça fait deux semaines **que** Chantal est serveuse.
Il y a deux semaines **que** Chantal est serveuse.
Voilà deux semaines **que** Chantal est serveuse.
Chantal has been a waitress for two weeks.

- When talking about the past, **il y a** + [*time expression*] means *ago*.

Corinne a visité Paris **il y a six mois**.
Corinne visited Paris six months ago.

Il y a 20 ans, cette frontière n'existait pas.
Twenty years ago, this border didn't exist.

- To talk about something that occurred in the past *for* a certain amount of time, but is no longer occurring, use **pendant** + [*time expression*].

Elle a habité chez Karine **pendant six mois**.
She lived at Karine's for six months.

Pendant neuf ans ils ont étudié ces étoiles.
For nine years they studied those stars.

- To ask for how long something that is no longer going on took place in the past, use **pendant combien de temps?** (*for how long?*). In this case, the verb is in the **passé composé**.

Pendant combien de temps a-t-il travaillé pour vous?
For how long did he work for you?

Il est resté dans le laboratoire **pendant combien de temps**?
For how long did he stay in the lab?

- To ask for how long something *has gone on* or *has been going on* that is *still going on*, use **depuis quand?** (*since when?*) or **depuis combien de temps?** (*for how long?*). The verb should be in the present tense.

Depuis quand est-ce que tu as cet ordinateur portable?
Since when have you had that laptop?

Depuis combien de temps assistes-tu à ce cours?
For how long have you attended this class?

- The **passé composé** may be used with **depuis** to say that something has *not* occurred for an amount of time.

Mon copain ne m'a pas téléphoné **depuis** quatre jours.
My friend has not called me for four days.

Nous n'avons pas regardé la télé **depuis** le week-end dernier.
We haven't watched TV since last weekend.

Mise en pratique

1 **À compléter** Complétez ces phrases. Employez les expressions **depuis**, **pendant**, **il y a** ou **pour**.

1. _____Il y a_____ un an que j'ai cet appareil photo numérique.

2. Mes parents ont acheté des vêtements _____pour_____ mon frère et moi.

3. Calista a vécu en France _____pendant_____ cinq ans.

4. _____Depuis_____ son arrivée, Florent est déprimé.

5. Nous avons écouté de la musique _____pendant_____ trois heures, hier soir.

6. Manger léger (*light*), c'est bon _____pour_____ la santé.

7. Ma fille n'a pas été malade _____depuis_____ un an!

8. Cet été, je pars à Bruxelles _____pour_____ trois mois.

2 **Depuis quand?** Parlez des thèmes suivants à l'aide des expressions de la liste.

> **Modèle** **habiter cette ville**
> Ça fait trois ans que j'habite cette ville.

> il y a   ça fait   voilà

1. habiter cette ville
2. être étudiant(e) ici
3. avoir un permis de conduire
4. connaître son/sa meilleur(e) ami(e)
5. étudier le français

3 **Et hier?** Parlez des activités suivantes. Utilisez le mot **pendant** dans vos réponses.

> **Modèle** **étudier**
> J'ai étudié pendant deux heures.

1. étudier
2. être sur le portable
3. regarder la télévision
4. surfer sur le web
5. faire du sport

4 **Et quoi d'autre?** Quels sont vos passe-temps? Depuis quand? Qu'avez-vous fait par le passé? Pendant combien de temps? Parlez de vos centres d'intérêt.

> **Modèle** **jouer au football**
> Je joue au football depuis six ans.

1. jouer au football, au basket, au volley...
2. chanter dans un chœur
3. jouer du piano, du violon, de la guitare...
4. se spécialiser dans...
5. sortir avec...

8.4

Prepositions with infinitives

- You are already familiar with many verbs that can be followed directly by another verb. Only the first verb in a clause is conjugated. The rest are in the infinitive form.

BLOC-NOTES

To review verbs that can be followed directly by an infinitive, see **Structures 8.1, pp. 288–289**.

J'**aime jouer** à la pétanque.
I like to play petanque.

Tu **vas aller faire** un bowling?
Are you going to go bowling?

- Several verbs require the preposition **à** before an infinitive.

Marithé **apprend à** faire de l'alpinisme.
Marithé learns to mountain climb.

Ils **se mettent à** jouer aux fléchettes.
They begin to play darts.

- These verbs take the preposition **à** before an infinitive.

ATTENTION!

The verb **commencer** can also be followed by the preposition **de** before an infinitive. Both prepositions are correct and the meaning is the same.

Il a commencé de parler.
Il a commencé à parler.
He started speaking.

aider à	to help to	s'habituer à	to get used to
s'amuser à	to pass time by	hésiter à	to hesitate to
apprendre à	to learn to; to teach to	inviter à	to invite to
arriver à	to manage to	se mettre à	to begin to
commencer à	to begin to	réussir à	to succeed in
continuer à	to continue to	tenir à	to insist on
encourager à	to encourage to		

- Several verbs require the preposition **de** before an infinitive.

ATTENTION!

Do not confuse the preposition **à** that precedes indirect objects with the prepositions **à** and **de** required before an infinitive.

On apprend à nager à Claude.
We're teaching Claude to swim.

Mes parents défendent à mon frère de conduire.
My parents forbid my brother to drive.

accepter de	to accept to	finir de	to finish
arrêter de	to stop	s'occuper de	to take care of
choisir de	to choose to	oublier de	to forget to
conseiller de	to advise to	permettre de	to permit to
décider de	to decide to	promettre de	to promise to
demander de	to ask to	refuser de	to refuse to
dire de	to tell to	rêver de	to dream about
empêcher de	to prevent from	risquer de	to risk
essayer de	to try to	se souvenir de	to remember to
être obligé(e) de	to be required to	venir de	to have just

Il **refuse de s'arrêter de** fumer.
He refuses to stop smoking.

Attention! Vous **risquez de** tomber!
Careful! You risk falling!

- Several expressions with **avoir** also take the preposition **de** before an infinitive.

avoir besoin de	to need to	avoir peur de	to be afraid to
avoir envie de	to feel like	avoir raison de	to be right to
avoir hâte de	to be impatient to	avoir tort de	to be wrong in (doing something)
avoir l'intention de	to intend to		

Mise en pratique

1 **À compléter** Complétez ce paragraphe. Ajoutez les prépositions qui conviennent. S'il ne faut pas de préposition, mettez un X.

La semaine dernière, ma cousine Julie a reçu un appel de Florence, sa copine mauricienne. Florence l'a invitée (1) ___à___ venir visiter l'île Maurice. Mon oncle et ma tante lui ont permis (2) ___d'___ y aller et Julie n'a pas hésité (3) ___à___ accepter l'invitation. Elle s'est tout de suite mise (4) ___à___ faire des projets pour le voyage. Elle adore (5) ___X___ voyager et elle rêve (6) ___de___ visiter un pays francophone depuis longtemps. Maintenant, elle n'arrête pas (7) ___de___ parler de son voyage. Elle m'a promis (8) ___de___ me rapporter un beau souvenir. Alors, j'essaie (9) ___d'___ être compréhensive, mais je commence (10) ___à___ en avoir marre! J'aimerais bien (11) ___X___ aller en vacances, moi aussi. Je suis peut-être un peu jalouse, mais il faut (12) ___X___ penser aux autres quand même!

2 **À inventer** Faites des phrases originales à l'aide des éléments de chaque colonne. N'oubliez pas d'ajouter des prépositions, s'il le faut.

A	B	C
je	apprendre	aller au parc d'attractions
tu	avoir peur	applaudir
les étudiants	essayer	bavarder
mes amis et moi	finir	faire de l'alpinisme
mes parents	rêver	faire de la sculpture
mon/ma	réussir	prendre un verre
meilleur(e)	souhaiter	se promener
ami(e)	vouloir	siffler
?	?	voyager à l'étranger
		?

3 **Questions** Répondez à ces questions.

1. Qu'est-ce que vos parents vous encouragent à faire?
2. Qu'est-ce que vous avez promis à vos parents de ne jamais faire?
3. Qu'est-ce que vos professeurs vous ont demandé de faire cette semaine?
4. Qu'est-ce qu'on vous a invité(e) à faire ce week-end?
5. Qu'est-ce que vous rêvez de faire un jour?
6. Qu'est-ce que vous avez appris à faire récemment?
7. Qu'est-ce que vous êtes obligé(e) de faire la semaine prochaine?
8. Qu'est-ce que vous allez commencer à faire ce week-end?

8.5 The subjunctive after indefinite antecedents and in superlative statements

The subjunctive after indefinite antecedents

- Use the subjunctive in a subordinate clause when the antecedent in the main clause is unknown or nonexistent. If the antecedent is known and specific, use the indicative.

Subjunctive: non-specific		**Indicative: specific**
Je cherche un ordinateur qui puisse ouvrir mes documents plus vite. *I'm looking for a computer that can open my documents faster.*	*but*	**Voici l'ordinateur qui peut ouvrir mes documents plus vite.** *Here's the computer that can open my documents faster.*
L'équipe a besoin de joueurs qui aient déjà été professionnels. *The team needs players who have already been professionals.*	*but*	**L'équipe vient de trouver cinq joueurs qui ont déjà été professionnels.** *The team just found five players who have already been professionals.*

- The subjunctive is used in indefinite structures that correspond to several English words ending in *-ever*.

quoi que...	whatever...
où que...	wherever...
qui que...	who(m)ever...

Quoi que tu fasses, n'oublie pas d'obtenir des billets.
Whatever you do, don't forget to get tickets.

Qui que ce soit au téléphone, ne répondez pas encore.
Whoever it is on the phone, don't answer it yet.

The subjunctive in superlative statements

- In subordinate clauses following superlative statements, use the subjunctive when expressing an opinion. When stating a fact, use the indicative.

L'île de la Réunion a les plages **les plus agréables que nous ayons visitées**.
Reunion Island has the most pleasant beaches that we visited.

but

La tour Eiffel est **le plus grand** monument **qu'on a construit** à Paris.
The Eiffel Tower is the tallest monument ever built in Paris.

- Some absolute statements are considered superlatives. Use the subjunctive in the subordinate clause after a main clause containing one of these expressions: **le/la/les seul(e)(s)** (*the only*), **ne... personne** (*nobody*), **ne... rien** (*nothing*), and **ne... que** (*only*).

Il **n'y a personne qui puisse** m'étonner.
There's nobody who can surprise me.

Houda est **la seule qui fasse** du ski.
Houda is the only one who skis.

Mise en pratique

1 **À compléter** Complétez les phrases à l'aide des expressions de la liste.

> où que (qu')   qui que (qu')   quoi que (qu')

1. _____Qui que_____ ce soit qui sonne à la porte, n'ouvrez pas!
2. _____Où que_____ nous cherchions, nous ne trouvons pas nos clés.
3. _____Quoi qu'_____ il fasse, son chien ne vient pas quand il l'appelle.
4. _____Quoi que_____ tu dises, il ne faut pas porter de bermuda au restaurant.
5. _____Où que_____ vous alliez au Louvre, vous verrez toujours de grandes œuvres d'art.

2 **Subjonctif ou indicatif?** Choisissez la forme du verbe qui convient le mieux.

1. «Papa» est le seul mot que ma fille (a / _ait_) dit jusqu'à maintenant.
2. Nous aimons bien le nouvel hypermarché qui (_vend_/ vende) une plus grande variété de légumes.
3. La Suisse est le pays le plus propre qu'il y (a / _ait_) en Europe.
4. Elles cherchent un restaurant qui (sert / _serve_) de la cuisine japonaise.
5. Mon frère Henri est la seule personne qui me (comprend / _comprenne_).
6. Tu vas lire le roman d'Alexandre Jardin qui (_est_/ soit) sorti cette semaine?
7. Vous voudriez élire un maire qui (sait / _sache_) prendre de bonnes décisions pour votre ville.
8. Il n'y a personne qui (connaît / _connaisse_) la bonne réponse.

3 **Mon opinion** Donnez votre opinion pour compléter chaque phrase.

> **Modèle** _____ **est le meilleur plat (que / qu' / qui)** _____.
> Le poisson est le meilleur plat qu'on serve au restaurant.

1. _____ est le plus mauvais film (que / qu' / qui) _____.
2. _____ est la seule personne (que / qu' / qui) _____.
3. _____ est le cours le moins intéressant (que / qu' / qui) _____.
4. _____ est la plus jolie actrice (que / qu' / qui) _____.
5. _____ sont les vêtements les plus confortables (que / qu' / qui) _____.
6. _____ est le plus beau pays (que / qu' / qui) _____.
7. _____ est le meilleur professeur (que / qu' / qui) _____.
8. _____ sont les voitures les plus rapides (que / qu' / qui) _____.
9. _____ est le styliste le plus chic (que / qu' / qui) _____.
10. _____ est la plus forte équipe de basket (que / qu' / qui) _____.

9.4

Savoir vs. connaître

- **Savoir** and **connaître** both mean *to know*, but they are used differently.

savoir	
je **sais**	nous **savons**
tu **sais**	vous **savez**
il/elle **sait**	ils/elles **savent**

Mon oncle est vendeur dans une épicerie, tu **sais**.

connaître	
je **connais**	nous **connaissons**
tu **connais**	vous **connaissez**
il/elle **connaît**	ils/elles **connaissent**

Vous **connaissez** Natifah?
Elle est propriétaire de ce restaurant.

- **Savoir** means *to know a fact* or *to know how to do something*.

  Il **sait** économiser.
  He knows how to save.

  Savez-vous où se trouve le distributeur?
  Do you know where the ATM is located?

- **Connaître** means *to know* or *to be familiar with a person, place, or thing.*

  Marc **connaît** un bon comptable.
  Marc knows a good accountant.

  Nous **connaissons** bien ce grand magasin.
  We know this department store well.

- In the **passé composé**, **se connaître** means *met for the first time.*

  Ils **se sont connus** en mai.
  They met in May.

  Nous **nous sommes connues** au bureau.
  We met at the office.

- In the **passé composé**, **savoir** means *found out.*

  Nous **avons su** qu'il avait beaucoup de dettes.
  We found out that he had a lot of debts.

  Elles **ont su** que leur père était au chômage.
  They found out their father was unemployed.

- Note the meaning of **savoir** when it is negated in the **conditionnel**. In this context, **ne** is often used without **pas.** This use is somewhat formal.

  Il **ne saurait** vivre sans toi!
  He wouldn't know how to live without you!

  Je **ne saurais** vous le dire.
  I couldn't tell you.

Mise en pratique

1 **À compléter** Décidez s'il faut employer **savoir** ou **connaître**.

1. Est-ce que vous _____savez_____ où se trouve la bibliothèque?
2. François _____sait_____ conduire.
3. Nous nous sommes _____connus_____ il y a deux ans.
4. _____Connais_____-tu la date de son anniversaire?
5. Ils _____savent_____ jouer à la pétanque.
6. Nous _____savons_____ où Marc habite.
7. Vous _____connaissez_____ bien la ville?
8. Tu ne _____sais_____ pas pourquoi il est venu?
9. Christian _____connaît_____ bien Bruxelles.
10. Quand est-ce qu'elle a _____su_____ ce qui s'était passé?
11. Est-ce que tu _____connais_____ quelqu'un qui habite en Afrique?
12. Mon frère ne _____sait_____ pas passer l'aspirateur.

2 **À assembler** Faites des phrases en assemblant les éléments des colonnes.

A	B	C
je	connaître	parler français
tu	ne pas connaître	la ville de Washington
mon prof de français	savoir	faire une mousse au chocolat
mon/ma meilleur(e) ami(e)	ne pas savoir	faire le ménage
mon/ma camarade de chambre		jouer de la guitare
le président		nager
mes parents		bien chanter
?		une personne célèbre
		naviguer sur Internet
		ce quartier
		?

3 **Qui et quoi** Choisissez la forme de **savoir** ou de **connaître** qui convient pour décrire votre famille, vos amis ou des personnes célèbres.

Modèle **faire la cuisine**
Mes frères savent faire la cuisine.

1. faire du ski
2. parler une langue étrangère
3. réparer une voiture
4. une actrice célèbre
5. un homme politique
6. danser
7. un bon restaurant
8. cette ville
9. jouer au billard
10. où se trouve un centre commercial
11. à quelle heure ferme la bibliothèque
12. bien étudier

9.5

Faire causatif

- The verb **faire** is often used as a helping verb along with an infinitive to mean *to have something done*.

    J'ai fait réparer ma voiture.
    I had my car repaired.

- **Faire causatif** can also mean *to cause something to happen* or *to make someone do something*.

    Ce film me **fait pleurer**.
    This movie makes me cry.

    Nous vous **faisons perdre** votre temps?
    Are we making you lose your time?

- When the infinitive that follows the verb **faire** takes only one object, it is always a direct object. Note, however, that pronouns are placed before the form of **faire**, rather than the infinitive.

    Le propriétaire **fait travailler son fils**.
    The owner makes his son work.

    Le propriétaire **le fait travailler**.
    The owner makes him work.

    Tu **fais manger la soupe à tes enfants**.
    You make your children eat the soup.

    Tu **la leur fais manger**.
    You make them eat it.

- The reflexive verb **se faire** means *to have something done for* or *to oneself*.

    Tu **t'es fait couper** les cheveux!
    You had your hair cut!

- **Faire causatif** often has idiomatic meanings that do not translate literally as *to do* or *to make*.

faire bouillir	*to boil*		**faire savoir**	*to inform*
faire circuler	*to circulate*		**faire sortir**	*to show someone out*
faire cuire	*to cook*		**faire suivre**	*to forward*
faire entrer	*to show someone in*		**faire tomber**	*to drop*
faire fondre	*to melt*		**faire venir**	*to summon*
faire remarquer	*to point out*		**faire voir**	*to show, to reveal*

- While **faire** is used with verbs to mean *to make someone do something*, it is not used with adjectives. Use **rendre** with adjectives.

    Cette crise économique me **rend** triste.
    This economic crisis makes me sad.

    Les dettes **rendent** la vie difficile.
    Debts make life difficult.

Mise en pratique

1 **Les phrases** Assemblez les éléments pour faire des phrases.

> **Modèle** **Nous étudions. / le professeur**
> Le professeur nous fait étudier.

1. Leurs employés travaillent. / les gérants   Les gérants font travailler leurs employés.

2. Je pleure. / Élodie   Élodie me fait pleurer.

3. L'entreprise signe des contrats. / la consultante   La consultante fait signer des contrats à l'entreprise.

4. Mes sœurs font la cuisine. / mes parents   Mes parents font faire la cuisine à mes sœurs.

5. Nous avons vu ses photos. / Séverine   Séverine nous a fait voir ses photos.

6. Tu as remarqué le problème. / Daniel   Daniel t'a fait remarquer le problème.

7. Je suis entré dans le salon. / tu   Tu m'as fait entrer dans le salon.

8. Il tape des lettres. / le cadre   Le cadre lui fait taper des lettres.

9. Je suis venu. / la présidente de l'université   La présidente de l'université m'a fait venir.

10. Tu fais la vaisselle. / ta mère   Ta mère te fait faire la vaisselle.

2 **À compléter** Décidez s'il faut employer **faire** ou **rendre**.

1. Les films romantiques me _____rendent_____ heureuse.

2. Les histoires tristes me _____font_____ pleurer.

3. Leur patron les _____rend_____ furieux.

4. Cet article me _____fait_____ réfléchir.

5. Cette bande dessinée me _____fait_____ rire.

6. Toi, tu me _____rends_____ fou!

3 **Questions** Répondez à ces questions.

1. Qui vous fait étudier?

2. Qu'est-ce qui vous fait rire?

3. Qu'est-ce qui vous rend triste?

4. Qu'est-ce qui vous fait éternuer?

5. Qu'est-ce qui vous rend malade?

6. Qu'est-ce qui vous fait perdre patience?

7. Qu'est-ce qui vous rend heureux/heureuse?

8. Vous coupez-vous les cheveux vous-même ou les faites-vous couper?

9. Réparez-vous votre voiture vous-même ou la faites-vous réparer?

10. Si vous en aviez la possibilité, que feriez-vous faire à votre professeur de français?

10.4

Indirect discourse

- To tell what someone else says or said, you can use a direct quote or you can use indirect discourse.

Direct discourse	Indirect discourse
Marc dit: «Je ne veux pas chasser.»	Marc dit qu'il ne veut pas chasser.
Marc says, "I don't want to hunt."	*Marc says that he doesn't want to hunt.*

- Indirect discourse usually includes a verb related to speech, such as **crier**, **demander**, **dire**, **expliquer**, **répéter**, or **répondre**.

  Solange **explique** que l'ouragan a causé des inondations.
  Solange is explaining that the hurricane caused flooding.

- When relating what someone said *in the past*, the tense of the verb in the indirect statement differs from that of the verb in the direct statement.

Direct: present tense	Indirect: imparfait
Abdel a dit: «La rivière est polluée.»	Abdel a dit que la rivière était polluée.
Abdel said, "The river is polluted."	*Abdel said that the river was polluted.*

Direct: passé composé	Indirect: plus-que-parfait
Tu as crié: «Un singe a pris mon appareil photo!»	Tu as crié qu'un singe avait pris ton appareil photo.
You yelled, "A monkey took my camera!"	*You yelled that a monkey had taken your camera.*

Direct: futur simple	Indirect: conditionnel
Ils ont répété: «Une sécheresse menacera les poissons.»	Ils ont répété qu'une sécheresse menacerait les poissons.
They repeated, "A drought will threaten the fish."	*They repeated that a drought would threaten the fish.*

- Even when the introductory statement is in the past, if the **imparfait** or the **plus-que-parfait** is used in the direct statement, then it is also used in the indirect statement.

Direct: imparfait	Indirect: imparfait
Houda a dit: «J'utilisais des produits renouvelables.»	Houda a dit qu'elle utilisait des produits renouvelables.
Houda said, "I used to use renewable products."	*Houda said that she used to use renewable products.*

Direct: plus-que-parfait	Indirect: plus-que-parfait
Nous avons demandé: «Vous aviez vu des lions?»	Nous avons demandé si vous aviez vu des lions.
We asked, "Had you seen lions?"	*We asked if you had seen lions.*

ATTENTION!

If the introductory statement is in the present, the **futur simple**, the imperative, or the **conditionnel**, the tense of the verb in the indirect statement is the same as that of the verb in the direct statement.

Vous direz: «L'ouragan est imminent.»
You will say, "The hurricane is imminent."

Vous direz que l'ouragan est imminent.
You will say that the hurricane is imminent.

ATTENTION!

Note that a question reported through indirect discourse includes a clause that begins with **si** instead of **que**.

On demande toujours: «Économisez-vous de l'énergie?»
People always ask, "Do you save energy?"

On demande toujours si nous économisons de l'énergie.
People always ask if we save energy.

Mise en pratique

1 **Direct ou indirect?** Ces phrases sont-elles écrites au discours direct ou indirect?

1. Samuel répond toujours que tout va bien. _indirect_

2. Caroline répétait: «Je ne comprends pas la question.» _direct_

3. Le prof nous a dit que le cours commencerait à une heure. _indirect_

4. Tante Habiba a crié: «Bonjour les enfants!» _direct_

5. Coralie m'a demandé si j'avais dix euros. _indirect_

2 **À transformer** Transformez ces phrases en les mettant au discours indirect.

> **Modèle** **Michèle dit: «Je suis malade.»**
> Michèle dit qu'elle est malade.

1. Françoise dit: «Je vois une araignée!» _Françoise dit qu'elle voit une araignée._

2. Mariam me demande: «Tu gardes ta sœur?» _Mariam me demande si je garde ma sœur._

3. Louise expliquera: «Ces singes habitaient dans la forêt tropicale.» _Louise expliquera que ces singes habitaient dans la forêt tropicale._

4. Édouard dit: «Vous n'aurez pas faim.» _Édouard dit que nous n'aurons pas faim._

5. Mes parents répondront: «Tu as fait attention à la consommation d'énergie.» _Mes parents répondront que j'ai fait attention à la consommation d'énergie._

6. Nadège répète: «Je n'aime pas les cochons.» _Nadège répète qu'elle n'aime pas les cochons._

3 **Au passé** Transformez ces phrases en les mettant au discours indirect.

> **Modèle** **Michèle a dit: «Je suis malade.»**
> Michèle a dit qu'elle était malade.

1. Françoise a dit: «J'ai vu une araignée!» _Françoise a dit qu'elle avait vu une araignée._

2. Mariam m'a demandé: «Tu gardes ta sœur?» _Mariam m'a demandé si je gardais ma sœur._

3. Louise a expliqué: «Ces singes habitent dans la forêt tropicale.» _Louise a expliqué que ces singes habitaient dans la forêt tropicale._

4. Édouard a dit: «Vous n'aurez pas faim.» _Édouard a dit que nous n'aurions pas faim._

5. Mes parents ont répondu: «Tu as fait attention à la consommation d'énergie.» _Mes parents ont répondu que j'avais fait attention à la consommation d'énergie._

6. Nadège a répété: «Je n'aimais pas les cochons.» _Nadège a répété qu'elle n'aimait pas les cochons._

10.5

The passive voice

- The passive voice consists of a form of **être** followed by a past participle which agrees in gender and number with the subject.

Active voice	Passive voice
Les ours **mangent** les poissons.	Les poissons **sont mangés** par les ours.
Bears eat fish.	*Fish are eaten by bears.*

- In the active voice, word order is normally [*subject*] + [*verb*] + [*object*].

SUBJECT	VERB	OBJECT
L'incendie	**a détruit**	**les forêts.**
The fire	*destroyed*	*the forests.*

- The passive voice places the focus on what happened rather than on the agent (the person or thing that performs an action). Word order changes to [*subject*] + [*verb*] + [*agent*], and the direct object of an active sentence becomes the subject in the passive voice.

SUBJECT	VERB	AGENT
Les forêts	**ont été détruites**	**par l'incendie.**
The forests	*were destroyed*	*by the fire.*

- The verb **être** can be used in different tenses with the passive voice. Note that the past participle always agrees with the subject of **être**.

  L'eau **est contaminée** par l'usine.
  The water is contaminated by the factory.

  L'eau **a été contaminée** par l'usine.
  The water was contaminated by the factory.

  L'eau **sera contaminée** par l'usine.
  The water will be contaminated by the factory.

- In a passive sentence, the agent is not necessarily mentioned at all.

  La forêt **a été détruite**.   Les poissons **seront mangés**.
  The forest was destroyed.   *The fish will be eaten.*

- If you want to mention the agent, you usually use **par** (*by*).

  La couche d'ozone est menacée **par** la pollution.
  The ozone layer is threatened by pollution.

- With certain verbs that convey a state resulting from an event or that express a feeling or a figurative sense, use **de** instead of **par**. Such verbs include **admirer**, **aimer**, **couvrir**, **craindre**, **détester**, and **entourer**.

  Le toit était couvert **de** neige.   Les peintures sont admirées **des** visiteurs.
  The roof was covered with snow.   *The paintings are admired by the visitors.*

ATTENTION!

The passive voice is not appropriate in some types of formal writing. Nevertheless, it has some useful applications, such as when you want to place emphasis on the event rather than on the agent or when the agent is unknown. Journalists and scientists often use the passive voice.

ATTENTION!

You can avoid mentioning an agent without using the passive voice by using the pronoun **on**.

On protège l'environnement.
The environment is protected (by someone).

Mise en pratique

1 **Voix active ou passive?** Ces phrases sont-elles à la voix active ou passive?

1. Le village a été détruit par un tremblement de terre. passive

2. Les policières ont prévenu le public. active

3. Les pluies acides sont causées par la pollution. passive

4. Les hommes ont chassé les lions. active

5. La forêt est protégée par les écologistes. passive

6. Jamel et Philippe ont vu le film. active

7. Le château est entouré d'un mur. passive

8. On chasse les ours. active

2 **À transformer** Transformez ces phrases en les mettant à la voix passive.

1. Tom Selleck interprète Dwight Eisenhower dans un film. Dwight Eisenhower est interprété par Tom Selleck dans un film.

2. Léonard de Vinci a peint ces magnifiques tableaux. Ces magnifiques tableaux ont été peints par Léonard de Vinci.

3. On a détruit le mur de Berlin en 1989. Le mur de Berlin a été détruit en 1989.

4. Alexander Fleming a découvert la pénicilline. La pénicilline a été découverte par Alexander Fleming.

5. On a célébré le bicentenaire des États-Unis en 1976. Le bicentenaire des États-Unis a été célébré en 1976.

6. Jonas Salk a mis au point un vaccin contre la polio. Un vaccin contre la polio a été mis au point par Jonas Salk.

3 **Et les femmes?** Transformez ces phrases en les mettant à la voix active.

1. La Résistance a été soutenue par l'action de Joséphine Baker. L'action de Joséphine Baker a soutenu la Résistance.

2. Certains avions ont été pilotés par Amelia Earhart. Amelia Earhart a piloté certains avions.

3. La série Harry Potter est écrite par J. K. Rowling. J. K. Rowling écrit la série Harry Potter.

4. Helen Keller a été aidée par Anne Sullivan. Anne Sullivan a aidé Helen Keller.

5. Beaucoup de matchs ont été gagnés par Billie Jean King. Billie Jean King a gagné beaucoup de matchs.

6. Des thèmes vietnamiens sont choisis par Nguyen Dieu Thuy pour ses peintures. Nguyen Dieu Thuy choisit des thèmes vietnamiens pour ses peintures.

Dialogues des courts métrages

LEÇON 1

Court métrage: *Le Télégramme*

Réalisatrice: Coralie Fargeat
Pays: France

PIERRETTE Encore un peu de thé?

BLANCHE S'il vous plaît, oui… Alors, vous avez eu des nouvelles?

PIERRETTE Non, depuis sa dernière permission, toujours pas. Et vous?

BLANCHE Oh, moi, mon fils, il n'a jamais aimé écrire… De toute manière, ça ne veut rien dire, le courrier met tellement de temps pour venir jusqu'ici… C'est tellement désorganisé.

PIERRETTE Sauf pour les télégrammes. Voilà MacLaurie.

BLANCHE Dieu sait chez qui il va aujourd'hui.

PIERRETTE Ne vous inquiétez pas, Blanche, ça ne peut pas être pour vous. Félix est parti il y a si peu.

BLANCHE Vous dites ça à chaque fois, vous ne pouvez pas savoir. Personne ne peut savoir. Oh, bien sûr, pour vous, c'est différent. Votre fils est officier.

PIERRETTE Ah oui, et pourquoi ça serait différent?

BLANCHE Tout le monde sait que… c'est plus facile pour eux… Ils mangent mieux, ils ont des meilleurs vêtements aussi. Enfin, une vie plus facile quoi…

PIERRETTE Ça ne les dispense pas du champ de bataille, ni de mourir comme les autres.

BLANCHE Oui, peut-être… Votre fils a quand même fait des études.

PIERRETTE Soit… Encore un peu de thé?

BLANCHE Ce n'est pas pour Marthe. J'avais pourtant espéré qu'…

PIERRETTE Enfin, Blanche!

BLANCHE Oh, je vous en prie, hein! Pas tant de manières! Je suis sûre que, vous aussi, vous espériez qu'il s'arrête chez elle. C'est humain après tout. Vous savez, je suis sûre qu'il va chez Renée… ou chez Juliette.

PIERRETTE Vraiment?

BLANCHE Leur fils, il fait partie des bataillons spéci[aux]. Alors, forcément, il y a plus de risques… Il est fier de ce qu'il fait. Il est fier de savoir avant tout le monde.

PIERRETTE C'est vrai que ça lui donne un certain pouvoir.

BLANCHE D'ailleurs, moi, je ne l'ai jamais beaucoup aimé… même avant la guerre. Ce MacLaurie, ça se voit qu'il n'est pas d'ici… Toujours à se tenir à l'écart, à garder ses distances… On dit que sa femme a encore eu une crise d'hystérie.

PIERRETTE Encore un petit gâteau, peut-être?

BLANCHE C'est incroyable que ce soit cet estropié qui apporte les télégrammes militaires. Mais regardez-moi ça, il avance si lentement qu'on dirait que c'est pour faire durer le supplice! Mon Dieu, faites qu'il s'arrête chez Juliette!

PIERRETTE Blanche, ça ne sert à rien…

BLANCHE Mais vous ne voyez pas que c'est notre dernière chance! Oh, c'est atroce, cette attente. Je ne veux même plus regarder. Il veut nous faire mourir à petit feu ce… ce… ce sadique. Il faut que ce soit pour Juliette! Mais enfin, dites quelque chose!

PIERRETTE Il arrive à sa maison.

BLANCHE Frappe… frappe… Alors, c'est sûrement pour moi… J'ai fait ce rêve… Félix… mon Félix. Il était en train de s'enfoncer dans la boue. Il criait. J'étais juste à côté de lui et puis, et puis, il s'enfonçait… il continuait à s'enfoncer… Non… ce n'est pas possible… Ce n'est pas possible… Dieu ne peut pas me prendre mon fils comme ça… Et pourquoi ça ne serait pas pour vous, d'abord? Je n'ai rien fait de mal, moi. J'ai toujours été une bonne mère… une bonne chrétienne… Oh, mon Dieu, sauvez mon fils, mon Dieu, sauvez mon fils…

PIERRETTE Il a passé votre maison.

BLANCHE Pierrette!

PIERRETTE Taisez-vous. Il n'y a plus rien à dire.

BLANCHE Bonté du ciel!

BUREAU DES AFFAIRES MILITAIRES – À L'ATTENTION DE MONSIEUR MACLAURIE – VOTRE FILS – MORT AU COMBAT – SINCÈRES CONDOLÉANCES

LEÇON 2

Court métrage: *J'attendrai le suivant…*

Réalisateur: Philippe Orreindy
Pays: France

ANTOINE Mesdames, Mesdemoiselles… Messieurs, bonsoir. Excusez-moi de vous déranger... Je sais bien que vous êtes énormément sollicités à l'heure actuelle. Tout d'abord, je m'en excuse… et puis, je me présente. Je m'appelle Antoine et j'ai 29 ans. Rassurez-vous, je ne vais pas vous demander d'argent. Ce qui m'amène à vous ce soir, eh bien, c'est que j'ai lu récemment, dans un magazine qu'il y avait en France près de 5 millions de femmes célibataires. Où sont-elles? Ça fait bientôt trois ans et demi que je suis tout seul. Je n'ai pas honte de le dire… Mais j'en ai marre! Pour passer ses soirées devant son micro-onde, pour regarder ses programmes débiles à la télé, ce n'est pas une vie. Minitel, Internet… pour se faire poser des lapins… Ça ne m'intéresse pas! Je suis informaticien... je gagne bien ma vie… 2.600 euros par mois… je suis assez sportif… je fais bien la cuisine… Vous pouvez rire, vous pouvez rire… Moi, je crois au bonheur. Je cherche simplement une femme, ou bien une jeune femme… de 18 à 55 ans, voilà, qui aurait, elle aussi, du mal à rencontrer quelqu'un… par les voies normales… et qui voudrait, pourquoi pas… partager quelque chose de sincère avec quelqu'un. Voilà… Si l'une d'entre vous se sent intéressée… eh bien, elle peut descendre discrètement à la station suivante… Je la rejoindrai sur le quai.

HOMME Mais arrêtez vos salades, là! Restez célibataire! Moi, ça fait cinq ans que je suis marié avec une emmerdeuse! Si vous voulez, je vous donne son numéro de téléphone au boulot... Elle est coiffeuse. Vous l'appelez, vous voyez avec elle… Mais il ne faudra pas venir vous plaindre après, hein!...
ANTOINE C'est très aimable à vous, Monsieur, mais je ne cherche pas la femme d'un autre. Ou alors, il faudrait peut-être lui demander son avis, non?
HOMME Mais non! Elle est d'accord, j'en suis sûr! Il n'y a que l'argent qui l'intéresse! Et je crois que vous en avez, vous, non?
ANTOINE Je cherche l'amour, moi, Monsieur, je ne cherche pas un marché!
HOMME Oh là là, eh, vous êtes mal barré dans la vie, vous, hein! Il va falloir que vous en fassiez des rames de métro!
ANTOINE Excusez ce monsieur, qui, je pense, ne connaîtra jamais l'amour.
HOMME Abruti!
ANTOINE C'est ça... C'est ça... Mesdemoiselles, je réitère ma proposition. S'il y en a une parmi vous qui est sensible à ma vision de l'amour, eh bien, qu'elle descende… Mademoiselle, c'était un sketch.

ANTOINE Si le spectacle vous a plu...
HOMME …une petite pièce sera la bienvenue.

LEÇON 3

Court métrage: *Émilie Muller*

Réalisateur: Yvon Marciano
Pays: France

ASSISTANT Bonjour… Émilie.

RÉALISATEUR Merci.

ÉMILIE Bonjour.

RÉALISATEUR Bonjour, asseyez-vous. Vous vous appelez comment?

ÉMILIE Émilie Muller.

RÉALISATEUR C'est votre vrai nom?

ÉMILIE Oui.

RÉALISATEUR Vous êtes comédienne?

ÉMILIE J'ai joué un petit rôle une fois au théâtre, il y a très longtemps, mais on ne peut pas appeler ça comédienne.

RÉALISATEUR C'est tout?

ÉMILIE Oui.

RÉALISATEUR Pas de films?

ÉMILIE Non, jamais.

RÉALISATEUR Des auditions?

ÉMILIE Non, c'est la première fois.

RÉALISATEUR Pas d'école? Pas de cours d'art dramatique?

ÉMILIE Heu… non, je suis désolée.

RÉALISATEUR Comment vous avez appris qu'on cherchait une comédienne?

ÉMILIE C'est une amie, elle voulait que je l'accompagne. Elle a beaucoup insisté. Puis, finalement, c'est elle qui n'est pas venue.

RÉALISATEUR Vous êtes venue quand même.

ÉMILIE Oui, à cause de l'histoire, enfin le scénario. Cet homme coincé dans une pièce et cette femme qui court le monde à sa place, ça m'a… ça m'a beaucoup touchée.

RÉALISATEUR Est-ce que vous pourriez me montrer ce qu'il y a dans votre sac, dans votre sac à main?

ÉMILIE Dans mon sac?

RÉALISATEUR Oui.

ÉMILIE Mais je…

RÉALISATEUR Vous ne voulez pas? Allez-y, allez-y!

ÉMILIE Ah si, d'accord.

RÉALISATEUR Vous trouvez peut-être ça indiscret?

ÉMILIE Non. Non, pas du tout. En fait, vous voulez que je vide mon sac.

RÉALISATEUR Mmm…

ÉMILIE Je fais comment?

RÉALISATEUR Vous tirez un objet au hasard, et puis vous me racontez ce que ça fait dans votre sac, ce que ça vous évoque. D'accord, on va tourner. Tout le monde est prêt? Moteur!

(Des assistants: Ça tourne! Annonce! Émilie Muller, première!)

ÉMILIE Bon, j'y vais, là? Vous savez, il n'y a rien d'extraordinaire. Un porte-monnaie. Un poudrier. Ce matin, en venant ici, j'ai traversé un marché. Il y avait des fruits de toutes les couleurs et des pommes… des pommes rouges et vertes. Comme je m'étais arrêtée pour les regarder, le marchand en a pris une et me l'a donnée, voilà.

RÉALISATEUR C'est quoi?

ÉMILIE Ça? Des petites annonces.

RÉALISATEUR Vous cherchez quelque chose?

ÉMILIE En ce moment, rien. Mais ça m'arrive de chercher du travail, oui.

RÉALISATEUR Quel genre de travail?

ÉMILIE En fait, j'en change tout le temps. Femme de chambre, baby-sitter, serveuse dans un bar, documentaliste… En ce moment, je suis correctrice dans une maison d'édition. Ça me plaît beaucoup. Le défaut, c'est que dans un texte, je ne vois plus que les défauts, justement. C'est fou, quand on est un peu curieux, ce qu'on peut trouver dans les petites annonces. Et puis, je trouve que c'est tellement formidable de… de savoir que quelques mots dans un journal peuvent changer une vie. J'aime bien lire les annonces de maisons aussi, parce que je rêve d'avoir une maison à moi. Oh, pas grand-chose, une petite maison, tout au fond d'une forêt, ça me suffirait. Mais, une maison où je pourrais aller quand j'en ai envie, où je pourrais amener des amis, où l'on pourrait boire, écouter de la musique jusque très tard dans la nuit. Quand je lis l'annonce d'une maison, j'imagine aussitôt la vie que je pourrais y mener parce que, bon, une maison, c'est forcément le début d'une nouvelle vie; je veux dire des odeurs différentes, des couleurs nouveaux… nouvelles? Ou alors la solitude. Totale. Rien, personne à qui parler. Je rêve de ça quelquefois.

RÉALISATEUR Ça ne vous fait pas peur?

ÉMILIE Oh non, pas du tout. Très tôt, mes parents m'ont appris à rester seule. Ils me laissaient des après-midi entières, avec un livre, oui. Mais je n'ai pas le souvenir d'avoir eu peur, non jamais. Ah, une bague. C'est un très vieil ami qui me l'a donnée. C'était… c'était à sa mère qui est morte. Je n'ai jamais pu la mettre.

RÉALISATEUR Pourquoi?

ÉMILIE C'est trop lourd à porter. Un billet d'avion.

RÉALISATEUR Un vieux billet?

ÉMILIE Non, un billet neuf qu'un ami m'a envoyé. Paris-Nice aller-retour. Je ne sais pas si j'irai.

RÉALISATEUR Et pourquoi ça?

ÉMILIE Il m'a dit qu'il avait là-bas un appartement tout blanc qui donne sur la mer. Comme dans un tableau de… Non, en fait, ce serait pour aller voir une tombe.

RÉALISATEUR Une…?

ÉMILIE Une tombe. Vous savez, une tombe. Parce que tout au bout de la ville, il y a un cimetière paraît-il, tout blanc. Matisse, le peintre Matisse, est enterré là. Sa tombe est nue, avec un bouquet de fleurs rouges, toujours les mêmes. Quelqu'un, on ne sait pas qui, une femme peut-être, vient les changer tous les jours. Quand il m'en a parlé, je lui ai dit que j'avais très envie de voir cette tombe, alors voilà, hier, j'ai reçu ce billet. Mais bon, si je pars, j'ai peur de ne pas revenir. Un petit carnet, pour noter.

RÉALISATEUR Pour noter quoi?

ÉMILIE Une histoire, un bout de rêve, une phrase que j'ai lue dans un livre. Je passe mon temps à noter, c'est une manie absurde.

RÉALISATEUR Pourquoi absurde?

ÉMILIE Parce que ça ne sert à rien. Ce qui compte vraiment, c'est inutile de le noter, on s'en souvient.

RÉALISATEUR Et c'est votre journal aussi?

ÉMILIE Ça, oui. J'écris tous les jours, je m'oblige à écrire tous les jours. C'est comme un travail. J'écris ce que je vois, ce que je fais, les gens que je rencontre, tout.

RÉALISATEUR Et vous n'avez pas peur qu'on le lise?

ÉMILIE Oh si! L'autre jour, j'ai perdu un de mes carnets. heu, carnet…

RÉALISATEUR Car-net.

ÉMILIE Oui, carnet. Depuis ça, je n'arrête pas de faire des cauchemars. Je rêve qu'on le retrouve, qu'on vient me demander des comptes sans arrêt. Il y a des choses terribles, des choses que je n'ai jamais dites à personne.

RÉALISATEUR Vous pourriez me lire quelque chose comme ça, enfin, au hasard?

ÉMILIE Lundi 7 juillet : «J'ai connu le bonheur, mais ce n'est pas ce qui m'a rendue la plus heureuse.» C'est joli, non?

RÉALISATEUR C'est de vous?

ÉMILIE Non, de Jules Renard. J'ai lu ça dans son journal. Attendez, il y a une phrase très drôle que j'ai notée l'autre jour, il faudrait que je la retrouve.

RÉALISATEUR Est-ce que vous voulez un petit peu de café?

ÉMILIE Non, non merci.

RÉALISATEUR Dites-moi, est-ce que vous aimez séduire?

ÉMILIE Franchement, je ne crois pas.

RÉALISATEUR Mais on aime tous séduire, non?

ÉMILIE Moi… moi, c'est plutôt le désir de l'autre qui me séduit.

RÉALISATEUR C'est-à-dire?

ÉMILIE Oui, dès qu'on me montre un peu d'intérêt, un peu d'attention, je ne résiste pas. Je voudrais faire autrement, mais je ne peux pas, c'est plus fort que moi.

RÉALISATEUR Mais les hommes doivent en profiter, non?

ÉMILIE Alors, je les laisse tomber. C'est très inattendu parfois.

RÉALISATEUR Par exemple?

ÉMILIE Je ne sais pas, il peut suffire d'un mot, d'un geste. Pour eux c'est sans importance, mais pour moi, c'est suffisant. Ça suffit pour que je me rende compte que… qu'il n'y a rien de commun entre nous.

RÉALISATEUR Et après, vous ne les revoyez plus?

ÉMILIE Ah non, ça je ne peux pas. Les gens que j'ai aimés, je cherche toujours à les revoir. J'ai toujours besoin de savoir ce qu'ils font, ce qu'ils sont devenus, même si je ne les vois pas pendant des mois. Le fait simplement de savoir qu'ils sont là, quelque part, que là où ils sont, ils sont bien, et qu'il suffit d'un signe pour qu'on se retrouve, vous ne pouvez pas imaginer, c'est important. En cherchant à effacer quelqu'un de sa vie, c'est finalement un peu de sa vie qu'on efface. Et puis la vie fait déjà tout pour séparer les gens, alors… Un… un stylo… pour… C'est un cadeau de mon ami, pour son anniversaire.

RÉALISATEUR Pour son anniversaire?

ÉMILIE Oui, il a toujours préféré faire des cadeaux plutôt qu'en recevoir. Une carte postale d'une amie. Ça fait très, très longtemps que je n'avais pas eu de ses nouvelles. Elle vit au Brésil, à São Paulo. Depuis cinq ans, elle est bonne sœur. Là, elle m'écrit pour me dire qu'elle a tout abandonné, et qu'elle vient de se marier avec un prêtre. Si je pouvais, je prendrais le premier avion.

RÉALISATEUR Il reste des choses?

ÉMILIE Qu'est-ce qu'il y a encore… Oui… Une carte de bibliothèque. Une carte de donneur d'organes.

RÉALISATEUR De…?

ÉMILIE Oui, de donneur d'organes. Si je meurs, je fais don de mes organes. Ça, je n'en prends presque jamais, mais je l'ai toujours sur moi, à cause de… à cause des insomnies. Le plus terrible, c'est entre quatre et cinq heures du matin, quand on n'a rien prévu, qu'on n'a même pas un bon livre ou quelques biscuits à grignoter. Un paquet de cigarettes.

RÉALISATEUR Vous fumez beaucoup?

ÉMILIE Moi? Moi, je ne fume pas. C'est pour les amis.

RÉALISATEUR Et vous avez beaucoup d'amis?

ÉMILIE Non. J'ai un ami justement qui a une théorie là-dessus. Il dit que… que l'être humain a une capacité limitée d'avoir des amis. Que si vous en ajoutez un nouveau, il en chasse un que vous aviez déjà. Je suis d'accord, je crois que dans une vie, on ne peut avoir que deux ou trois amis… et encore!

RÉALISATEUR Mais quelles sont les qualités qui vous touchent le plus chez un homme?

ÉMILIE Qui me touchent le plus? Qu'il puisse être touché, justement. Qu'il puisse admirer aussi. C'est important d'admirer. Mais bon, ce n'est pas valable seulement pour les hommes. Je crois que j'aime encore plus quelqu'un s'il est capable d'être ému, c'est vrai.

RÉALISATEUR Et votre ami? Il a cette qualité?

ÉMILIE Mais je crois, oui.

RÉALISATEUR Et quels sont ses défauts?

(Un assistant: Émilie Muller, deuxième!)

RÉALISATEUR On est obligé de reprendre parce qu'on n'avait plus de pellicule. Donc, on parlait de votre ami et je vous demandais quels étaient ses défauts.

ÉMILIE Ah oui, ses défauts… Je ne lui en connais qu'un, un seul, mais il est terrible.

RÉALISATEUR Lequel?

ÉMILIE Tout le monde l'aime et… et lui, il n'aime personne.

RÉALISATEUR Continuez.

ÉMILIE Un canif. Tiens, un harmonica. On dit «un» ou «une» harmonica?

RÉALISATEUR Un, je crois.

ÉMILIE Une épingle à nourrice. Un vieil agenda.

RÉALISATEUR Vous avez un livre sur vous?

ÉMILIE Un livre? Oui, toujours.

RÉALISATEUR Vous pouvez me le montrer? C'est quoi?

ÉMILIE C'est un… c'est un livre de souvenirs. Je ne lis plus que ça. Et des biographies, des journaux intimes, aussi. Il faut que je sois sûre que ce que je lis a été vécu par quelqu'un, sans ça, le livre me tombe des mains. Là, ça, c'est un livre d'un écrivain américain. À un moment donné, il explique que sa mère est morte sans avoir jamais rien lu de lui. Vous savez pourquoi? Parce qu'à chacun de ses livres, il se disait que le prochain serait meilleur, donc plus digne d'elle. C'est magnifique, non? En fait, je lis très peu de livres en entier, je saute toujours de l'un à l'autre, d'une page à l'autre, tout le temps.

RÉALISATEUR Mais pourquoi?

ÉMILIE Est-ce que vous avez déjà rencontré la femme de votre vie?

RÉALISATEUR Pardon?

ÉMILIE Oui, la femme, celle qui, au premier regard, remplace toutes les autres. Bon, imaginons que vous la cherchiez, que vous ne la connaissiez pas. Vous êtes sûr seulement d'une seule chose: quand cette femme sera là devant vous, pour la première fois, eh bien, il n'y aura aucun doute, ce sera elle que vous avez cherchée. Eh bien, la lecture, c'est pareil. En lisant, on cherche tous quelque chose d'unique. Mais cette chose, bien sûr, reste toujours introuvable.

RÉALISATEUR Et si vous la trouviez, cette chose?

ÉMILIE Eh bien, alors là, ça me bouleverserait la vie, tout simplement.

(Un assistant: Émilie Muller, troisième!)

RÉALISATEUR Allez-y.

ÉMILIE Je crois que c'est fini, là. Ah non, il y a encore une petite poche. Là, c'est mon ami, il dort. C'est le seul moment où il accepte d'être photographié. Là, c'est ma mère. Quand elle était jeune. J'ai trouvé cette photo il y a quelques jours dans une malle et je ne l'avais jamais vue. J'aime bien le regard de ma mère, son sourire surtout. C'est la première fois que je la vois dans les bras d'un autre homme que mon père. Ils ont l'air très amoureux. Je suis contente qu'avant nous, avant mon père, elle a pu être heureuse.

RÉALISATEUR Ils comptent beaucoup vos parents?

ÉMILIE Oui, ils sont tout pour moi. L'idée qu'un jour ils… Voyez, j'en tremble.

RÉALISATEUR Et vous pouvez me parler de vous, petite fille?

ÉMILIE Pendant longtemps, je suis restée petite.

RÉALISATEUR Pourquoi?

ÉMILIE Je ne voulais pas grandir. J'étais tellement bien! Je ne sais plus quel est l'écrivain qui dit que, quand il était jeune, enfin petit, il ne se souvient pas d'avoir touché terre, tellement il passait de bras en bras. Moi, c'est pareil. J'avais des parents très rassurants qui m'ont beaucoup protégée.

RÉALISATEUR Vous êtes de quelle origine?

ÉMILIE Je suis… hongroise.

RÉALISATEUR Vous pourriez me dire quelque chose, comme ça, en hongrois? Un poème, par exemple.

ÉMILIE Vous n'allez pas comprendre grand-chose.

RÉALISATEUR Pas grave.

(Elle dit un court poème en hongrois.)

RÉALISATEUR D'accord.

ÉMILIE Voilà.

RÉALISATEUR Et quand vous étiez petite, est-ce que vous saviez ce que vous vouliez faire plus tard?

ÉMILIE Heu, oui… Avec mon frère, on voulait être astronautres… astronautes, oui. On passait notre temps à observer le ciel. On nous aurait proposé de partir pour Vénus ou Mars ou Jupiter, on aurait été fous de joie, on serait partis tout de suite.

RÉALISATEUR Et ça ne s'est pas fait?

ÉMILIE Non, allez savoir pourquoi.

RÉALISATEUR Bon, on peut couper, c'est fini. Voilà, les quinze minutes sont passées.

ÉMILIE Déjà?

RÉALISATEUR Eh bien, merci beaucoup.

ÉMILIE Au revoir.

RÉALISATEUR Au revoir. Vous n'oublierez pas de… de vérifier les coordonnées dehors auprès du jeune homme qui est dans le couloir, comme ça, on vous rappellera dans une semaine.

ÉMILIE D'accord, d'accord.

RÉALISATEUR Est-ce que je pourrais avoir un petit peu d'eau, s'il vous plaît, parce que là…

ASSISTANT Il nous en reste quatre. Tu veux la suivante maintenant?

RÉALISATEUR J'aimerais bien faire une petite pause, là. Tu leur dis que ce ne sera pas long, dix minutes, un quart d'heure.

ASSISTANT Ouais, OK, je vais les faire patienter.

RÉALISATEUR Merci.

ASSISTANT Bon, je vais en face.

RÉALISATEUR Hé! Olivier! Elle a oublié son sac, Émilie! Tu la rattrapes tout de suite!

ASSISTANT Oh mais ce sac-là? Mais, ce n'est pas le sien!

RÉALISATEUR Oui, oui, attends Olivier, on vient de tourner avec!

ASSISTANT Ce n'est pas le sien, je t'assure! Elle n'avait pas de sac!

RÉALISATEUR Mais c'est le sac de qui, alors?

ASSISTANT Alice! Alice!

ALICE Oui?

ASSISTANT Alice, dis-moi, c'est à qui, ce sac?

ALICE C'est le mien! C'est le mien, pourquoi?

RÉALISATEUR Non!?

ALICE Mais si, c'est le mien!

LEÇON 4

Court métrage: *Bon anniversaire!*

Réalisateurs: Hichem Yacoubi et Daniel Kupferstein
Pays: France

LEÏLA S'il te plaît! Je t'en supplie! J'en peux plus d'être loin de la maison. Tu me manques. Vous me manquez tous.

WALID *(au téléphone)* Allô?
LEÏLA Walid? C'est Leïla. Ça fait des jours et des jours que j'ai envie de te parler.
WALID Attends, là! Mais pourquoi tu m'appelles là? Pourquoi tu m'appelles?
LEÏLA Non, mais, écoute-moi. S'il te plaît, je t'en supplie. J'en peux plus d'être loin de la maison. Tu me manques.
WALID Ah ouais? Et c'est au bout de six mois que tu te rappelles que tu as une famille, c'est ça? Hein?
LEÏLA Mais toi aussi, pourquoi t'as rien dit, hein? Pourquoi, Walid?
WALID Bon, écoute, j'ai du travail, là, okay? J'ai pas le temps de te parler. Allez, salut.

WALID *(à l'interphone)* Allô?
MARIE Bonjour. C'est bien Monsieur Walid?
WALID *(à l'interphone)* Pardon?
MARIE Bonjour. C'est bien Monsieur Walid?
WALID *(à l'interphone)* N'importe quoi, Marie.

MARIE *Salam Aleikum, Habibi!*
WALID *Salam.*
MARIE Ben, je voulais te faire une surprise.
WALID Ben, c'en est une.
MARIE J'avais rendez-vous avec un client juste à côté, alors je me suis dit que je pourrais passer.
WALID T'as bien fait.
MARIE Qu'est-ce que tu fais?
WALID J'étais en train de regarder les photos d'hier. T'as vu? Sympa, hein?
MARIE Ça va, mon cœur?
WALID Ouais, ouais, ça va... Je vais faire une petite pause. Je vais faire un petit café, tiens.
MARIE Un petit quoi?
WALID Un petit café.
MARIE Un petit café... Mais t'as pété un câble, Walid, ou quoi? Tu vas pas me faire un petit café alors que c'est ramadan.
WALID Et alors? Je peux te faire un petit café même si je fais le ramadan. Où est le problème?
MARIE Ça va?
WALID Excuse-moi. Je suis un peu crevé. Hier j'ai bossé super tard et je suis fatigué, je suis désolé.
MARIE Bon. Assieds-toi là.
WALID Qu'est-ce que tu vas me sortir?
MARIE Ferme les yeux.
WALID Okay.
MARIE Ouvre les yeux.
WALID Qu'est-ce que c'est?
MARIE Bon anniversaire, Walid!
WALID Tracy Chapman. Ouah, c'est génial!
MARIE T'es content?
WALID Ah ouais, c'est super! ... Hein hein hein hein!
MARIE Qu'est-ce qu'il y a? Ah oui, c'est vrai, c'est ramadan.

(Le téléphone sonne.)

MARIE Mais tu décroches pas?

WALID Non, non, non, c'est rien, on s'en fout, c'est rien.

MARIE Comment ça, on s'en fout?

LEÏLA *(voix sur le répondeur)* Allez, Walid, réponds!

MARIE C'est qui?

WALID Écoute, c'est... c'est... c'est... écoute, c'est... c'est vraiment pas ce que tu crois, d'accord?

MARIE Mais, je crois rien, moi, Walid. J'observe, c'est tout. Bon, de toutes façons, j'ai mon rendez-vous.

WALID Écoute, je peux pas t'expliquer tout de suite, Marie, mais c'est... Vraiment... C'est... C'est... Je t'appelle ce soir, d'accord?

MARIE D'accord, c'est ça.

WALID C'est vraiment pas ce que tu crois, d'accord.

MARIE Salut.

WALID Marie, écoute-moi, s'il te plaît! S'il te plaît! Marie!

MARIE Puis, vas-y, rappelle-la, parce que je crois qu'elle en peut plus!

WALID Écoute, s'il te plaît!

LEÏLA *(voix sur le répondeur)* Walid, Walid!

WALID Et merde!

LEÏLA *(voix sur le répondeur)* Walid, on doit se réconcilier. On doit pardonner, c'est un devoir chez nous, Walid...

WALID *(il décroche le téléphone)* Quoi? Tu oses dire «chez nous»? T'as pas honte? Mais tu l'as quitté, ton chez toi!

LEÏLA *(au téléphone)* C'est *haram* d'aimer? Walid, c'est un péché d'aimer?

WALID Tu me fais chier, Leïla, tu me fais chier!

LEÏLA Je voulais juste te souhaiter un bon anniversaire, Walid. C'est tout. Je t'aime, Walid.

WALID Non! Comment ça va, vieille branche?

FRED Bien. Heureux de te voir, Walid.

WALID Heureux de te voir! Attends, t'es grave, toi. Je te croyais mort. Ça fait au moins six mois que je t'ai pas vu! T'es passé où?

FRED Je t'en avais parlé! Je suis parti en Inde.

WALID T'es parti en Inde? Faire quoi en Inde?

FRED Ben, profiter un peu des fêtes religieuses.

WALID Ah ouais, t'as été voir les Krishnas, là, ou je sais pas quoi.

FRED Ouais, les Krishnas... D'ailleurs, il m'est arrivé que des galères, des galères et encore des galères.

WALID Non! Toi, il t'arrive des galères? C'est pas possible, toi! Il peut pas t'arriver des galères!

FRED Et si, il peut m'en arriver.

WALID Ça me fait plaisir de te voir.

FRED Dis-moi, t'as l'air d'avoir la forme, toi?

WALID Comme d'hab. Tranquille, quoi! À fond dedans quoi...

FRED Et la famille, ça va, la famille?

WALID Ouais, ouais, ça va... Bon, allez, habille-toi, le cours va commencer. On se retrouve, allez!

FRED Walid, t'as des problèmes, hein?

WALID Non, pourquoi tu dis ça?

FRED Ah, qu'est-ce que tu me fais, là?

WALID Non, y a rien, ça va.

FRED Allez, mon poteau, qu'est-ce que tu fais, là, crache!

WALID Ben, y'a que Leïla, elle s'est tirée avec un mec.

FRED Non...

WALID Si... Et le pire, c'est que c'est un Gaoli, le mec. T'imagines la tête de mes parents?

FRED Ouais, j'imagine. Mais toi, t'as essayé de lui parler à ta sœur? Pour arranger les choses?

WALID Arranger quoi? J'étais même pas au courant de son histoire. Elle m'en a même pas parlé. Je comprends pas. Ben, tu me connais... je l'ai toujours traitée comme une princesse. Alors, là, franchement, je sais pas. J'en sais rien. Je comprends pas.

FRED Je comprends ta rage, Walid, mais ta sœur, elle est grande! Fallait bien qu'un jour ou l'autre, elle fasse sa vie, tu crois pas?

WALID Mais attends, mec, je peux pas lui pardonner ça. Je peux pas. Encore moins mes parents. C'est pas un musulman. Ils peuvent pas comprendre ça.

MONITEUR On va reprendre l'exercice d'hier. Parallèle. Un, deux, trois, quatre. Un, deux... quatre.

FRED Moi, j'ai peut-être une solution. C'est que son Gaulois, il se convertisse à l'islam.

WALID Quoi? Qu'est-ce que tu me racontes, là? Je vais te dire une bonne chose: j'ai plus de respect pour un chrétien convaincu qu'un musulman hypocrite. T'imprimes?

MONITEUR Ça va? Je vous dérange pas? La moindre des choses c'est de regarder quand il y a une explication. Allez-y, deux par deux.

FRED Qu'est-ce qu'elle a comme choix, ta sœur?

WALID Ben, j'en sais rien. Tu ferais quoi, toi, à ma place, hein? ... Pardon. Excuse-moi, excuse-moi.

FRED Walid, parce que chez vous, le poids de la religion et de la famille, c'est énorme, non? Avoue!

WALID Ah ouais? Y a eu combien de morts, là, pendant la canicule? Quinze mille? C'est ça? Je te l'accorde, le poids de la religion, chez nous, c'est énorme.

FRED Walid, arrête de noyer le poisson. C'est un problème uniquement parce que c'est une fille. Tiens, toi et Marie, a priori, ça dérange personne.

WALID Attends, qu'est-ce que tu racontes? Qu'est-ce que t'en sais si ça dérange personne? T'es dans ma tête, toi? Tu sais à quel point c'est compliqué? Putain... Et puis, merde, d'abord, je vais te dire une bonne chose. Chaque culture a ses travers, OK? Je sais pas, moi, par exemple, vous, vous vous torchez le cul? Ben, nous, ben on se le lave. Désolé, tu l'as cherché!

FRED Tu t'en sors bien sur ce coup-là!

WALID On fait ce qu'on peut...

WALID Fred, non mais sérieux, t'imagines mon père appeler ses petits-enfants Marie-Pierre, Christophe, Jean-Pierre. Non, mais c'est vrai, franchement, tu rigoles! Imagine-toi. Pire encore, il ouvre le frigo, et tu sais quoi? C'est plein de *ralouf!* Non, mais toi, tu rigoles là. Mais attends. Mais ça existe. C'est pas de la science-fiction, mon pote.

FRED Arrête, t'abuses! Walid... Y a toujours moyen de s'arranger. Regarde, moi, je suis à moitié breton par ma mère et à moitié portugais par mon père. Moralité: je baragouine un peu le portos, et j'adore le chouchen et le chou-fleur. Tu vois l'avantage?

WALID Ouais, moi ce que je vois, c'est que t'es un bâtard, quoi! Bon écoute, c'est pas le tout, mais là il faut que j'y aille. J'ai rendez-vous avec Marie, okay? Mademoiselle, s'il vous plaît.

FRED Non, non, laisse, c'est pour moi. C'est pour moi. C'est son anniversaire.

SERVEUSE Ah, ben, bon anniversaire!

WALID Merci beaucoup.

LEÇON 5

Court métrage: *Samb et le commissaire*

Réalisateur: Olivier Sillig
Pays: Suisse

Depuis 1994, suite à une décision du peuple suisse, le 1er août, jour de la fête nationale, est férié. Évidemment certains services assurent une permanence.

VOIX C'est normal, les gens, ils en ont marre. Il faut toujours que ce soit eux.

COMMISSAIRE Mais je sais! Ils sont de plus en plus nombreux. Mais enfin! appeler les flics pour un gamin! Non! À cette station-service, ils... ils exagèrent! Vraiment! Tiens! Envoyez-le-moi! Entrez!

VOIX Voilà le client, Commissaire.

COMMISSAIRE Oui, merci. Alors, c'est vrai ce qu'on dit? Vous êtes tous des voleurs? Incroyable! Incroyable! À ton âge, tu es déjà un voleur! Eh ben! vous êtes jolis! Assieds-toi! Assieds-toi, nom de Bleu! Bon! Alors? Tu t'appelles comment? Ton nom? Non! non! non! non! Te, te, te, te! Te! Juste ton nom. Je vous connais, vous êtes des bavards terribles, vous! Alors, ton nom? Comment t'appelles-tu? Tu t'appelles comment? Tu ne veux pas parler? Quel âge as-tu? Il ne sait pas son âge! Écoute! Tu vois, moi, je m'appelle Knöbel, Commissaire Knöbel. Et toi? tu ne sais pas dire ton nom. C'est dingue! Vingt francs. Vingt francs! Porter plainte pour vingt balles! Il faut vraiment que les gens en aient marre de vous, hein! Et tes parents? Ils sont où aujourd'hui, tes parents? Ah! eux aussi, ils sont allés apprendre l'hymne national! Alors quoi?

VOIX Ça ne répond nulle part. C'est férié aujourd'hui.

COMMISSAIRE Férié! Férié! Mais ce que les gens sont patriotes aujourd'hui! Alors, c'est comment, ton nom? Hein? Ben, attends! Je ne veux pas te manger! Je veux juste voir s'il y a ton nom sur le collier! Je roque. Knöbel! Oui, oui! petit roque. Nimzo-Indienne? Je... Oui, oui, je crois, oui! Salut! Knöbel. Des carottes. Oui. Trois citrons. De la «Saint-Marc». Du pain. Oui. Ah! Ben oui, maman, oui, c'est jour férié, tout est fermé. Mais non, ce n'est pas grave. Oui, à tout à l'heure, maman. Mais, dis donc! tu dois avoir faim, toi! Apportez à manger au gamin!

VOIX Tout est fermé.

COMMISSAIRE Tout est fermé, tout est fermé! Et alors, en face?

COMMISSAIRE Mange! Mais mange! Il y a sans doute du porc là-dedans! Les musulmans ne mangent pas de porc! Vous devriez savoir ça! Il faut s'adapter, nom de Bleu! Les Africains sont musulmans! L'islam! Ah! C'est tout ce que j'ai trouvé! Mais enfin au moins, tu connais!

SAMB Monsieur! Je m'appelle Samb. Samb. Et toi? Non! non! Juste votre nom!

COMMISSAIRE Knöbel. Commissaire Knöbel.

SAMB Non! non! votre nom! votre vrai nom!

COMMISSAIRE Aah! Hugo. Avec un H.

SAMB Et votre papa?

COMMISSAIRE François, Louis.

SAMB En un seul mot ou en deux mots?

COMMISSAIRE François, virgule, Louis. Ouais, c'est... c'est presque ça.

SAMB Et le nom de votre maman?

COMMISSAIRE Louise, Irène, Augustine, née Roulet.

SAMB Roulet?

COMMISSAIRE Oui, c'est son nom de jeune fille. Ça veut dire qu'avant, elle s'appelait Roulet. Et maintenant, elle s'appelle Knöbel. Comme mon père, comme mon papa. Comme moi.

SAMB Parce qu'elle est encore en vie, votre maman?

COMMISSAIRE Ben ouais, bien sûr!

SAMB Et votre papa aussi?

COMMISSAIRE Ben oui! aussi.

SAMB Vous avez de la chance.

COMMISSAIRE De la chance?

SAMB Oui, mes parents à moi, ils sont morts! Kakachnikov! Et puis... mon oncle, ma tante, Bassala, Anny, Isamfam. Ils se sont mis à tirer sur moi. Mais j'ai réussi à me cacher. Quand je suis revenu, ils avaient foutu le feu à tout! Tout brûlait. Même mon ballon! Il n'y avait plus rien!

COMMISSAIRE Les parents! Quels parents? Bon! j'arrive. Ah! c'est vous les parents? Messieurs dames! Bon, ce n'est pas grave. Ce n'est pas grave du tout! Ce n'est qu'un gamin, nom de Bleu! C'est, c'est un môme, hein?... Bon! Pour ce qui est de la plainte, là, on laisse tomber, on écrase!

SAMB Eh! mon ballon!

COMMISSAIRE *Ton* ballon!

LEÇON 6

Court métrage: *De l'autre côté*

Réalisateur: Nassim Amaouche
Pays: Algérie/France

PÈRE Le bouchon! Tu as compris? Je vais t'expliquer. Soulève le bouchon et baisse le bouchon! Regarde! Toc, toc, toc, toute la nuit, elles restent, les gouttes! Toc, toc, toc, il y en a marre! Tu as compris? Il y en a marre! Regarde! Monte et descend toute la nuit!

MALIK Ah, c'est ça qui fait toc, toc, toc! Tu vois, je le savais. Je l'ai entendu, tout ça! hop! hop! toc! toc! Mais bientôt, je vais le faire bien! hop! hop! hop!

MÈRE Malik!

MALIK Ouais, ouais! Qu'est-ce qu'il y a? Qu'est-ce qu'il y a encore?

MÈRE Ton frère, il va arriver pour la fête.

MALIK Il n'est pas encore mort, celui-là?

MÈRE Il t'a pris la chambre, aussi.

MALIK Et je vais dormir où, moi?

MÈRE Avec le petit!

MALIK Non, s'il te plaît! Ne me fais pas ça! Il va me soûler encore avec ses lapins! Je veux un jaune, je veux un rouge, un lapin vert, un lapin…! En plus, il pue, ton môme! J'en ai marre!

PÈRE Tu as compris?

(Malik: Vas-y, toi, avec tes toc, toc, toc chelous, là!)

MÈRE Samir!

SAMIR Tu es toute seule?

MÈRE Ton père, il est sorti. Il va acheter le pain, il va arriver, hein... Ça va?

SAMIR Mmm… Ça va, ça n'a pas trop changé.

MÈRE Ah oui. On a fait un peu la peinture et tout ça.

SAMIR Et Malik, il est où?

MÈRE Oh, Malik il traîne toujours au café, avec les voyous! Il ne change pas! Je suis contente, mon fils…

SAMIR Et le petit, ça va?

MÈRE Oui, il dort. Il est fatigué un petit peu. Tu as maigri.

SAMIR Bah, je mange plus comme avec toi!

MÈRE Mais j'ai téléphoné chez toi. Je suis tombée sur une fille qui était très gentille.

SAMIR Ouais, elle m'a dit que tu avais appelé.

MÈRE Comment elle s'appelle?

SAMIR Julie.

MÈRE Julie! Oh! Amène-la, s'il te plaît, amène-la!

SAMIR Ouais, je la ramènerai, un jour.

MÈRE Amène-la!

SAMIR Tiens, c'est pour la fête. Vous faites ça où?

MÈRE Chez Farida. On fait une petite fête entre les amis, la famille, un petit orchestre. C'est bien.

SAMIR Je la ramènerai. Mais…

MÈRE Attends, attends! Ça, le jour où elle vient, Julie, on fait ça. Moi, j'achète une belle robe et pour ton père, un beau costume, cravate. Mais Malik, il sort!

SAMIR Qu'est-ce que tu me racontes là? Je ne te demande pas de te déguiser ni de cacher Malik!

MÈRE J'ai dit qu'il faut aller au centre!

PÈRE Je sais, je sais, le centre, il est fermé! Il y a rien que ça, il n'y a pas le choix!

SAMIR Non, mais, ça va. Il est très bien, celui-là!

PÈRE Ça va, toi?

SAMIR Ça va bien, papa?

PÈRE Oui, ça va, oui.

SAMIR C'est la forme?

PÈRE Ouais, ça va… ça va…

SAMIR Ça va mieux, ta jambe?

PÈRE Ça va, ça va… L'hiver, quand il fait froid, ça me fait mal… Mais l'été, ça va…

MÈRE Ils vont lui couper la pension parce qu'il traîne, il traîne, il traîne avec les papiers! Tu ne peux pas l'aider, ton père?

SAMIR Mais si, bien sûr.

PÈRE Arrête un peu, toi, avec les papiers! Toujours pension! Papiers! Pension! Oh! Arrête. Je vais les faire, ces papiers, ça va!

SAMIR Non, mais, je peux t'aider si tu veux, ça ne me dérange pas.

PÈRE Non, non. Ça va, merci. Alors, tu as mis la robe pour aider les voyous, maintenant?

SAMIR Ben ouais, hein. Je commence… Je suis stagiaire et… je suis commis d'office…

PÈRE Ouais, ouais, d'office.

SAMIR Tu sais, quand les gens, ils n'ont pas d'argent pour…

PÈRE Je sais, je sais, je sais qu'est-ce que c'est «d'office». Je sais.

SAMIR Bon. Je vais aller voir le petit.

ABDEL Non! Le retour! Samir! Bien?

SAMIR Tu as changé ton carrosse?

ABDEL Ben, ouais, dis donc. Ils me l'ont explosé, les petits, à monter dessus tout le temps!

SAMIR Comment ça va, Abdel?

ABDEL Ça va? Bien? Et toi, tranquille?

SAMIR Tranquille, ouais.

ABDEL Ça me fait plaisir! Tu es frais, là! Je parie que tu as pris un appart' et tout?

SAMIR Oui, un petit truc. Il faudrait que vous passiez.

ABDEL On va passer, dès qu'on aura le temps. Tu sais, en ce moment… Tu as appris pour Stéphane?

SAMIR Je sais. Sa mère, elle m'a donné son numéro d'écrou. Je vais m'occuper de son dossier.

ABDEL Ne t'occupe de rien! Franchement, les mecs, ils font n'importe quoi! Ils croient que…

MANU Alors, Samir, tu vas bien? La forme?

SAMIR Alors, Manu?

MANU Ça va, la petite… Alors, Abdel, ça va? La forme?

SAMIR Comment tu vas, toi? Tu as grandi, toi. Oh! Elle a poussé, hein!

MANU Tu as vu, elle grandit tous les jours, trois centimètres, je sais pas! Alors, tu es là pour la fête!

ABDEL Manu, explique-moi un truc… Ta fille, à chaque fois qu'elle me voit, elle a le syndrome fauteuil! J'ai mal au pied!

MANU Abdel, tu la connais.

ABDEL Tu as mal au pied?

MANU Elle a une entorse! Allez, c'est bon.

ABDEL Allez, arrête le cinéma et monte! Bon, Manu je te l'embarque!

MANU Tu essaies de ne pas être trop long, Abdel!

ABDEL Tranquille. Comme d'hab'!

MANU Mais non, pas comme d'hab', pas comme d'hab'! Là, ce coup-ci, il y a sa mère qui l'attend! Je compte sur toi!

ABDEL Pas de problème. Samir, je te vois après, le jeune homme, à la soirée. [Ne] t'inquiète [pas]! Bon, Manu! [Ne] t'inquiète [pas]! Ça va, les gars? Bien?

JEUNE Eh! Abdel! Fais attention au virage du 37!

ABDEL Rentre chez toi avec tes blagues à deux francs!

JEUNE C'est pour ton bien!

PETITE FILLE Toboggan!

MALIK Oh! Le grand frère! Ça va? Tu vas bien?

SAMIR Comment tu vas?

MALIK Maman, elle t'a mis des draps propres…

SAMIR J'aurais pu dormir avec le petit.

MALIK Non, mais attends, tu rigoles! C'est encore ta chambre! Je prends juste une chemise et je m'en vais! En plus, si tu pues toujours autant des pieds, tu vas le tuer, le môme! Allez, à tout à l'heure!

SAMIR Bonne nuit, Malik.

SAMIR Salut crapule!

GARÇON Samir!

SAMIR Comment ça va?

GARÇON Ils m'ont coupé la zézette!

SAMIR Non! En entier?

GARÇON Non, il m'en reste un peu, quand même! Pourquoi ils m'ont fait ça?

SAMIR Ben, je ne sais pas. Maintenant, tu deviens un homme!

GARÇON Et à l'école, ils ne sont pas des hommes alors?

SAMIR Si, mais un peu moins que toi... Mais ne t'inquiète pas. Le plus dur, il est passé. Maintenant, samedi, il va y avoir une grande fête avec des gens que tu ne connais pas qui vont te donner plein d'argent! Tu pourras t'acheter plein de cadeaux.

GARÇON Je sais. Malik, il m'a dit. Avec cet argent, je vais pouvoir m'acheter une ferme, des lapins, des coqs, et puis surtout des lapins! Mais je vais quand même prendre un lion parce que Malik, il a dit que son chien, il allait bouffer mes lapins!

SAMIR N'écoute pas Malik! Mais le lion, c'est une très bonne idée pour te défendre! Allez, au lit! Va te coucher! À demain!

MÈRE Laisse, laisse, laisse, laisse, laisse-moi faire! Donne! Donne!

PÈRE Qu'est-ce qui te fait rire, toi? Pourquoi tu rigoles? Allez, dis-moi, pourquoi tu rigoles?

MALIK Ce n'est pas moi qui rigole!

PÈRE Si, tu rigoles!

MALIK Arrête de rigoler, toi!

PÈRE Allez, dis-moi pourquoi tu rigoles.

SAMIR Non, mais, tu peux laisser. Ça ne me dérange pas.

PÈRE Non, de toute façon, ça sert à rien de le voir. C'est idiot, ça.

SAMIR Si, j'aime bien. Je regarde de temps en temps, ce n'est pas mal.

PÈRE Ah, oui? Tu t'intéresses à ça?

SAMIR Ben, de temps en temps, je regarde à la maison, quand j'ai le temps.

PÈRE De toute façon, moi, ça ne m'intéresse pas.

SAMIR Il s'est passé quoi depuis la dernière fois, là, depuis la semaine dernière?

PÈRE Ben, la blonde a laissé tomber son mari… elle est partie avec un autre.

MALIK Mais qu'est-ce que tu racontes! Elle est toujours avec le grand du premier épisode!

PÈRE Quel grand?

MALIK Le grand du premier épisode!

PÈRE Ah, oui?

MALIK Il ne regarde pas! Tu as vu comme il nous fait son cinéma, celui-là! Tu fais ton cinéma parce qu'il est là!

PÈRE Qu'est-ce tu parles [racontes], toi?

MALIK Tu es un malin, toi!

PÈRE Qu'est-ce tu parles [racontes]?

MALIK En vérité, sur la tête de ma mère, il kiffe sur elle! Il kiffe! Il kiffe! Tu aimes bien les bonnes…

PÈRE Allez! Va, va! Hier soir, tu as encore oublié le bouchon! Va, va! Il ne faut pas l'écouter, lui! Il est malade!

PÈRE Allô?

FONCTIONNAIRE Oui, j'écoute.

PÈRE Bonjour, monsieur. Voilà, je m'appelle Boujira. Je vous téléphone au sujet d'un dossier. Voilà, j'ai retrouvé la feuille… Elle est là!

FONCTIONNAIRE Oui. Attendez, attendez… Vous avez dû avoir mon collègue… C'est pour une pension d'invalidité?

PÈRE Voilà, c'est ça, oui.

FONCTIONNAIRE Rappelez-moi votre nom?

PÈRE Boujira.

FONCTIONNAIRE Une minute, s'il vous plaît… Ah! Ben oui. Effectivement, il manque la B110.

PÈRE Oui, parce que je me suis trompé. Au lieu de vous envoyer la bleue, je vous ai envoyé la rouge.

FONCTIONNAIRE Mais non, mais, la rouge, vous la conservez! Dites-moi, votre dossier, vous l'avez rempli vous-même?

PÈRE Oui, oui, moi-même, oui.

FONCTIONNAIRE Eh ben, vous avez de la chance d'être tombé sur mon collègue! Les dossiers comme celui-ci, moi, je les renvoie à l'expéditeur! Non, mais, vous vous rendez compte qu'on passe parfois une heure à déchiffrer l'écriture? On reçoit vingt dossiers par jour! Faites le calcul! Bon, que vous ne sachiez pas très bien écrire, je comprends tout à fait. Mais quand même, faites un effort! Appliquez-vous un minimum ou faites-vous aider!

PÈRE Oui, parce que voilà, j'ai fait les cases avec un stylo blanc à la fin.

FONCTIONNAIRE Allez, ce n'est pas grave. Renvoyez-moi l'attestation… et la feuille bleue cette fois, hein?

PÈRE Oui, monsieur, oui. Merci.

FONCTIONNAIRE Au revoir.

PÈRE Au revoir, monsieur, bonne journée.

SAMIR C'était la sécu?

PÈRE Oui.

SAMIR Et ils te reçoivent toujours comme ça?

PÈRE Ah! Ils sont braves avec moi.

SAMIR Ah, tu trouves? Ils te parlent comme à un gamin et ça ne te pose pas de problèmes?

PÈRE Non, mais ils sont sympas. De toute façon, c'est moi qui ai rempli tout ça avec le blanc…

SAMIR Et alors? Ce n'est pas ton professeur, et tu n'as pas 10 ans pour qu'il te parle comme ça, celui-là!

PÈRE Ce n'est pas grave…

SAMIR Bientôt, il va te donner des devoirs à faire, c'est ça?

PÈRE Mais non, ce n'est pas grave!

SAMIR Bien sûr que c'est grave! Mais si, c'est grave! Tu te fais humilier et en plus, tu le remercies! Pourquoi tu rampes toujours comme ça! D'où elle vient, ta honte? Explique-moi, papa! D'où elle vient? Tu sais pourquoi il te parle comme ça, ce mec-là? Parce qu'il l'a sentie, ta honte! Tu commences à me respecter comme tu respectes cet abruti au téléphone! Mais je n'en veux pas de ce respect-là, papa! C'est quoi votre truc, là? Vous croyiez que j'allais vous mépriser, c'est ça?

JEUNE Ça va, Samir?

SAMIR Ça va?

MALIK Il est là, le petit?

SAMIR Non, il est à la salle avec les parents.

MALIK Dépêche-toi! Dépêche-toi! Dépêche-toi!

SAMIR Qu'est-ce que c'est que ça?

MALIK C'est [Ce sont] des lapins pour le petit. Comme ça, il me casse plus les…! Ah! Voilà! Je veux des lapins! Je veux des lapins! Comme ça, il me casse plus les pieds! Je suis content! Hein, ma caille? Quoi, qu'est-ce qu'il y a?

SAMIR Ben, rien.

MALIK Comme tu m'as parlé! Tu es comme ça. Tu ne te reconnais pas? Non, mais, il croit qu'on les a tapés! On ne les a pas tapés! Hein?

SAMIR J'ai dit ça, moi?

MALIK Tu me regardais comme ça! Attends! On a frappé, on a frappé [chez le] mec! Tu crois qu'on les a tapés?

AMIS Mais bien sûr qu'on les a volés!

MALIK Ah ouais, on les a volés… Vous êtes graves, vous! Eh! Samir! Viens voir, je te dis!

ABDEL Moi, je suis d'accord avec toi là-dessus. Franchement, il n'y a pas de problème. Mais lui, il…

MALIK Allez, il faut y aller, maintenant.

ABDEL Ouais. On se voit tout à l'heure, de toute façon.

MALIK Eh! Mets une chemise, mets un costume, un truc bien!

ABDEL Ça va! On n'est pas des sauvages, quand même! On sait s'habiller!

MALIK N'oublie pas les tunes pour le petit!

ABDEL C'est à lui qu'il faut le dire pour la tune!

MALIK Il faut des tunes, ce soir! Et mets une chemise, et enlève-moi ton blouson.

SAMIR Sinon, tu es toujours avec Stéphanie?

MALIK Ouais. Mais elle me soûle en ce moment, grave. Mais bon, je crois que c'est ce que je kiffe. Et toi?

SAMIR Bof.

MALIK Quoi, bof? Arrête de mentir. Maman m'a dit qu'elle avait eu une meuf au téléphone.

SAMIR Tu connais maman… elle s'emballe vite.

MALIK Arrête! Un avocat, ça peut bander! Je n'aurais jamais cru!

SAMIR Espèce de bouffon! Et le boulot, alors, comment ça se passe?

MALIK Ça va. Toujours dans les inventaires. En plus, là, c'est la période, il y a beaucoup de boulot. Mais bon, ça va. Pas très intéressant, mais au moins, je ne m'encroute pas dans la même boîte… ça, c'est bien.

SAMIR Il doit y avoir un truc pour toi au cabinet, je crois… coursier. Bon, ça va, c'est tranquille et en plus, ce n'est pas très, très compliqué.

MALIK Parce que si c'était compliqué, tu ne me l'aurais jamais proposé… con comme je suis!

SAMIR Qu'est-ce que tu me racontes là!

MALIK Rien. Ne te retourne pas, Samir! Fonce! Tu ne dois rien à personne. Moi, ça va. La dernière fois chez le boucher, papa a fait tomber ta photo par terre, tu sais, celle où tu es sapé comme une gonzesse, avec ta robe. Maman m'a dit que ce n'est pas la première fois, en plus, qu'il fait tomber son portefeuille devant les gens. Regardez mon fils comme il est beau! Il a mis 30 ans à construire sa vengeance. Et je crois qu'elle ressemble beaucoup à ta gueule. Comment ça doit être dur de passer de l'autre côté… Lourd à porter… Avec tous ces cravatés qui te regardent sûrement comme un objet exotique quand tu es avec eux. Tu crois que je ne vois pas? Et les parents… Quand tu reviens, qu'ils ne savent même plus comment te prendre… Eh ouais. Mais, dis-toi que c'est un luxe de te prendre la tête dessus! Tu sais, ça? Maintenant, tu y es, de l'autre côté. Que tu le veuilles ou pas, tu y es et tu n'as pas mille questions à te poser! Il n'a pas gueulé de la journée. J'ai été voir maman, elle m'a tout raconté…

PÈRE Il faut vous dépêcher! Il y a la mère qui attend!

MALIK Ouais, c'est bon! Vas-y! Dépêche-toi, toi! Il n'est pas beau, ton fils?

PÈRE Ton père, il est beau. Moi, je suis l'original. Toi, tu n'es rien que la photocopie!

MALIK Ah bon. Je ne suis pas beau, moi?

PÈRE Ah! Tu es beau.

MALIK C'est toi le plus beau!

PÈRE Où il est, ton frère?

MALIK Dans la salle de bain, là-bas. Vas-y! Dépêchez-vous, on y va!

PÈRE Samir, il faut se dépêcher. Il y a ta mère qui nous attend.

SAMIR Je sais… mais il n'y a que ça comme rasoir?

PÈRE Laisse, laisse! Tu vas te couper! Tu sais, ton frère, il ne se rase pas. Il a la peau de bébé.

MALIK On y va quand vous voulez!

LEÇON 7

Court métrage: *Dépendance*

Réalisateur: Yann Kibongui
Pays: France

SAMUEL Là, c'est moi, Samuel. Vingt-quatre ans. Étudiant. Je mesure un mètre quatre-vingt-deux pour quatre-vingts kilos de muscles. Je suis sportif, drôle, rêveur, amoureux. Vanessa... On vivait ensemble depuis trois mois. On s'était installés dans un deux-pièces parisien petit et cher. Notre rencontre s'était jouée sur un paquet de gâteaux. Elle est drôle, belle, brillante, passionnée... la fille idéale. Pour le reste, ma vie se compose de fêtes étudiantes, d'examens, de soirées entre amis, de repas romantiques, de soirées télé... de Vanessa... de travail, de moments de tendresse, de courses... de moments d'absence, d'intense concentration, de partage... toujours de Vanessa... de conflits, d'inspiration ou pas, de ridicule, de grande cuisine, de lecture, de tout, de rien, enfin, de Vanessa. J'étais tout simplement un jeune homme heureux. Je l'étais jusqu'à ce qu'il arrive dans ma vie, sournoisement, cet amas de plastique et d'électronique, ce concentré de tout ce que l'être humain pouvait créer de plus formidable: mon ordinateur. Avant cet événement malheureux, j'étais un des derniers combattants réfractaires à la haute technologie. Pas d'ordinateur, pas de lecteur MP3, pas de portable. Je fixais mes rendez-vous et je m'y tenais. J'avais du mal à comprendre ces personnes qui ne pouvaient plus s'en passer. Je préférais voir mes amis plutôt que de leur téléphoner. Je me passais d'ordinateur. Je savais m'occuper. Je rédigeais mes devoirs sur une vieille machine à écrire, tour à tour écrivain ou journaliste. Je préférais les bibliothèques aux recherches sur Internet. Ces lieux où régnaient le silence et le savoir. Vanessa trouvait d'ailleurs que j'y passais trop de temps. Elle me reprochait d'être trop souvent absent. Pour mon anniversaire, elle m'avait donc offert un ordinateur. Au départ réticent à son utilisation, j'avais fini par céder. J'avais d'abord commencé à l'utiliser pour mes travaux scolaires, remplaçant petit à petit la bibliothèque et les jolies filles qui s'y trouvaient. Je m'étais ensuite mis à télécharger de la musique et des films que je regardais sur mon nouveau lecteur portable. La technologie prenait de la place dans ma vie, faisant disparaître un à un tous mes a priori. Vanessa était devenue secondaire. On ne se parlait plus. J'étais déconnecté de la réalité, esclave de la virtualité. Obsédé, je ne sortais quasiment plus. Cloîtré chez moi, je ne dormais plus, tout comme Vanessa d'ailleurs. J'étais comme ma machine, un corps sans âme. Ça avait été un choc. Il fallait que ça s'arrête. Son absence m'avait fait réaliser ce qui s'était passé: mon changement de personnalité, la perte de mes amis, puis d'elle... Je ne pouvais plus vivre comme ça. C'en était trop. Il n'y avait qu'une solution...

LEÇON 8

Court métrage: *Le Ballon prisonnier*

Réalisateur: Cyril Gelblat
Pays: France

DYLAN 1, 2, 3, 4… 1, 2, 3, 4, 5, 6, 7, 8, 9, 10, 11, 12, 13
(À lui-même: Ouais, il a le ballon… Il en dribble 1, 2. Ouais. Il continue son action, il déborde. Zidane qui passe à Dylan Belgazi… Talonnade… Thierry Henry… qui accélère et But! Ouais!)
Ouais! Ouais!
Eh, Dylan, Dylan! Qu'est-ce que vous ressentez après cette victoire? Oui, euh, je suis très content, mais c'est avant tout la victoire d'un groupe, et à partir de là, on a répondu présent dans les duels, et voilà, quoi… On parle de vous dans les plus grands clubs. Oui, c'est vrai, il y a des contacts, mais, euh… je suis encore sous contrat avec l'ASPTT Nice et rien n'est fait.
MÈRE Dylan! Tu rentres, on va dîner!

DYLAN Maman, je peux avoir du poulet?
PÈRE Mais tu le fais exprès ou quoi? Qu'est-ce que je t'ai dit? Les veilles de match, c'est féculents et sucres lents, sinon tu as les jambes coupées et tu ne cours pas.
MÈRE Enfin, ça va, il peut quand même manger une cuisse de poulet la veille d'un match!
PÈRE Ne fais pas l'idiot, Dylan, demain c'est [ce ne sont] pas des rigolos en face, si tu sors du lot, ils vont te contacter. Alors, tu manges tes pâtes.

MÈRE Translate in English. Caterpillar.
DYLAN Mille-pattes.
MÈRE Très bien. Goat.
DYLAN Euh… Contrarié.
MÈRE Ah non, ça, c'est chèvre. Alors, vas-y, contrarié.
DYLAN Euh… Worri-ed.
MÈRE Non. Wooorried.
DYLAN Worried.
MÈRE Worried.
DYLAN Worried.
MÈRE Très bien. Bon allez, finis tes mots et commence les verbes.
PÈRE Eh! Dylan, Dylan, dans quelle main? Gagné. Si tu marques un but demain, tu en auras 5 de plus. Okay?
MÈRE Bon, Dylan, va réviser tes verbes dans ta chambre, mon cœur. Non, mais, tu ne veux pas un peu arrêter de lui bourrer le crâne avec ça? Il y en a combien, un sur cent qui finit professionnel. Pourquoi ça serait lui?
PÈRE Oui, c'est ça, vas-y, décourage-le, toi. Je n'ai pas dit que je voulais qu'il soit professionnel, j'ai juste dit qu'on allait tout faire pour, c'est tout. Demain, il y aura tous les recruteurs, c'est l'OGC Nice en face. Dans 3 ans, il a l'âge du centre de formation, c'est maintenant que ça se joue.
MÈRE Et qu'est-ce qu'il fera de ses 10 doigts si ça se passe pas comme tu le dis?
PÈRE Mais arrête de parler de ce que tu ne connais pas! Attends, dans tous les centres de formation, ils étudient maintenant. Qu'est ce que tu crois, toi? C'est [Ce ne sont] plus des débiles mentaux, les joueurs. C'est fini, ça.
MÈRE Ah bon?
PÈRE Ben ouais. Puis, de toute façon, il n'est pas question qu'il en sorte avec rien dans la tête. À 35 ans, il est fini, le joueur de foot. Regarde les joueurs, quand ils arrêtent, ils sont tous, je ne sais pas moi, commentateurs à CANAL+ ou euh…
MÈRE Ou quoi? Non mais, ou quoi?
PÈRE Eh ben, tout ça, quoi.
Allez, Dylan. 9 heures. Tu te couches.
DYLAN Mais je ne suis pas fatigué.
PÈRE Ce n'est pas le problème que tu sois fatigué ou pas, petit bonhomme. C'est l'heure. Allez. Au dodo. Bon, on reprend. Tu mets le pied, hein? Dans tous les duels et agressif, hein? Et sur tous les ballons. Et s'il y a un coup franc ou un penalty, ben, tu t'imposes pour le tirer.

MÈRE Mais puisqu'il te dit que c'est Djibrill qui joue les coups-francs.

PÈRE Attends, tu frappes mieux que Djibrill. Attends, je ne vois pas pourquoi c'est toujours lui qui les tire. Ça va, Djibrill il est capitaine, il est numéro 10, il ne veut pas jouer tout seul aussi.

MÈRE C'est vrai! Pourquoi ce n'est pas toi qui est le numéro 10?

DYLAN Parce que je suis attaquant et l'attaquant, il a le 9.

PÈRE Ouais, c'est ça. Je vais te dire, moi, pourquoi il ne l'a pas. C'est parce que le père de Djibrill, il est pote avec l'entraîneur, c'est tout. Hein, depuis 10 ans qu'ils bossent ensemble au tri. C'est même lui qui l'a fait rentrer à la CGT, le père à Djibrill.

ENTRAÎNEUR 1 Salut, les gars!

ENFANTS Salut!

ENTRAÎNEUR 1 Bon, allez! Les photos, les albums, on arrête, là, maintenant, hein. Et on se concentre. Bon, je n'ai pas besoin de vous faire un dessin, vous savez contre qui on joue, aujourd'hui, hein? Entre les Postes et l'OGC NICE, c'est trente ans de concurrence derrière. C'est un peu les pros contre les amateurs, là. Alors, si vous avez une revanche à prendre, c'est maintenant.

ENTRAÎNEUR 2 Allez, les gars! De l'agressivité! On va au charbon!

ENTRAÎNEUR 1 Bon, ce n'est pas compliqué, ils sont plus grands que vous, alors surtout, vous ne jouez pas en l'air, sinon ils vont vous bouffer, les gars. Leur point faible, c'est leur gardien, alors je veux que vous provoquiez des fautes, d'accord? Djibrill, c'est toi qui tire les coups francs. Hein, petit? Allez! Yazid, Julien, costauds en défense, je ne veux rien voir passer, d'accord? Dylan, tu joues en pointe. Alors, devant, tu pivotes, tu percutes et tu provoques des fautes. OK? Leur libero, le grand noir, là, c'est un tout bon, lui. Il est pour toi. Il monte souvent sur les corners, alors tu ne le lâches pas, Dylan. Ce n'est pas compliqué, quand il va pisser, tu vas pisser avec lui. OK? Bon, allez! De l'énergie, là! Oh! Réveillez-vous un peu, là! Oh! Qu'est-ce que c'est que ça?

PÈRE Dylan, tu as compris? S'il va pisser, tu vas pisser avec lui. Allez, Dylan!

PÈRE Regarde-le. Le type, là, il mesure combien?

AUTRE PÈRE Oh, il est grand.

PÈRE Il mesure 1m60 déjà.

AUTRE PÈRE Non, mais c'est bon, on va y arriver.

ENTRAÎNEUR 1 Djibrill, à l'extérieur! Yazid, tu montes. Ouais, voilà. Très bien. Monte! Monte! Mets le pied! Julien, monte! Allez! Va, va, va! Tu gardes le ballon! Allez! Va! C'est bien! Garde le ballon! Dylan, tu le prends!

PÈRE Reviens, reviens, reviens! Allez, allez, allez! Mets le pied, mets le pied!

AUTRE PÈRE Mais, vas-y!

ENTRAÎNEUR 1 C'est bien! Djibrill, monte!

PÈRE Voilà, cours, cours! Dylan! Ne le lâche pas! Ne le lâche pas, on te dit! Reste en pointe, reste en pointe! Mais qu'est-ce que tu fais?

ENTRAÎNEUR 1 Dylan! Qu'est-ce que tu fais?

PÈRE Tu regardes!

ENTRAÎNEUR 1 Bon, allez les gars, corner! Allez! Chacun le sien, les gars! Voilà! Dylan!

PÈRE Ne le lâche pas! Dylan!

ENTRAÎNEUR 1 Allez asseyez-vous, tranquille, tranquille... On se détend, on se relaxe... Venez boire un peu. Voilà. On n'est mené que 1-0, hein? C'est rattrapable. Ce n'est pas très grave. Alors on ne se laisse pas aller, les gars! D'accord? Jouez davantage sur les ailes, jouez davantage sur Julien. OK? Et pressez-moi les défenseurs latéraux. Hein, ils ne savent pas jouer au ballon, ces deux-là. Bon, eh! Et qu'est-ce qu'il se passe en attaque, là! Hein? Franchement. Il faut provoquer! On dirait des gonzesses avec un ballon, là. Je ne comprends pas très bien! Parce que c'est [ce sont] des hommes en face, comme vous. Alors, montrez-moi ce que vous avez dans le ventre! Bon, Jeff, tu vas remplacer Dylan en pointe. Tu joues en pivot. Libère les espaces pour Djibrill. D'accord? Et le grand black, tu ne me le lâches pas d'une semelle. OK? On a compris? c'est bon? Allez, on y va! C'est pour l'avenir qu'on se motive! Allez, les gars! Allez! On se motive, là!

ÉQUIPE On a gagné! On a gagné! Pour Djibrill Hip hip hip hourra! Hip hip hip hourra! A tchic, a tchic, a tchic, aïe aïe aïe! A tchic aïe, a tchic aïe!

LEÇON 9

Court métrage: *Bonbon au poivre*

Réalisateur: Marc Fitoussi
Pays: France

MÉLANIE Comme les diamants, les bonbons sont éternels. Ils nous relient aux générations passées. On les associe à la découverte du goût, du plaisir, de la célébration. Leurs couleurs vives évoquent manèges, fêtes foraines de notre enfance. Ils font partie des petites consolations pas chères, agréables et amusantes. C'est un produit profondément inscrit dans les penchants de l'être humain. N'ayons pas peur des mots… les bonbons sont nos meilleurs compagnons. Bien. Donc, vous avez été sélectionnés parce que vous disposez des qualités requises pour pouvoir, un jour, devenir représentants. Moi, ce que je vais vous apprendre, c'est à devenir de bons représentants. Or, pour ce faire, il va vous falloir intégrer tout un nouveau système de communication, déployer toute une batterie d'arguments, ainsi qu'un vocabulaire spécifique qui vous permettront de vous tirer des situations les plus critiques. Parce que votre objectif, c'est de vendre. Vendre, vendre, vendre. Face à vos futurs clients, vous n'aurez pas droit à l'erreur, il faudra toujours employer le mot juste. Alors, on va essayer quelque chose… on va faire un petit jeu. Vous allez me citer tous les mots qui vous viennent à l'esprit lorsque vous entendez prononcer le mot «bonbon». N'ayez pas peur. On est entre nous. Vous pouvez dire tout ce qui vous passe par la tête. Sophie, vous voulez bien commencer? Puis après, on enchaîne. Il faut que ça aille vite.
SOPHIE Confiserie.
MÉLANIE Confiserie. Très bien.
ESTELLE Douceur.
MÉLANIE Douceur.
FAIZA Onctueux.
MÉLANIE Comment?
FAIZA Onctueux.
MÉLANIE Onctueux.
HERVÉ Acidulé.
MÉLANIE Acidulé. Bien. Annick. Ne soyez pas timide. Qu'est-ce que vous évoquent les bonbons?
ANNICK Les caries.
MÉLANIE Oui… pourquoi pas.
SOPHIE Crise de foie.
MÉLANIE Oui.
(Chacun son tour: Obésité. Calorie. Diabète. Indigestion. Chimique. Cellulite. Colorant. Écœurant. Surcharge pondérale.)
MÉLANIE S'il vous plaît. On va reprendre cet exercice un petit peu plus tard. Je crois qu'il est temps de vous faire goûter les spécialités de nos chefs confiseurs.

SOPHIE Bonjour.
ANNICK Bonjour.
SOPHIE Voilà, je viens vous voir parce que je représente la célèbre marque de confiserie du Lutin Gourmand et j'aurais aimé vous parler de notre nouvelle gamme de produits.
ANNICK J'ai tout ce qu'il faut, je vous remercie. Je ne suis pas intéressée.
SOPHIE Non, mais attendez, je… je comprends très bien que vous soyez souvent sollicitée par des représentants mais là, notre marque propose des produits exclusifs que vous ne pourrez pas trouver ailleurs.
ANNICK Peut-être, mais j'ai du travail et je n'ai pas…
SOPHIE Écoutez, si vous voulez, nous pouvons convenir d'un rendez-vous.
ANNICK Quelle langue il faut vous parler? Je vous répète que je ne suis pas intéressée.
MÉLANIE Annick, il faut y mettre un peu du vôtre. Si vous empêchez tout dialogue…
ANNICK Ben, je ne sais pas, vous nous demandez de faire une simulation de vente. Je suppose qu'on va avoir affaire à des gens comme ça qui vont nous envoyer balader.
MÉLANIE Oui, mais si tout le monde était comme ça, on ne s'amuserait pas à vous envoyer sur les routes, vous comprenez? Il y a des gens qui sont intéressés par nos produits. Et moi, je… je veux voir une vente qui marche! D'accord?
SOPHIE Je recommence depuis le début?

MÉLANIE S'il vous plaît.

SOPHIE Bonjour.

ANNICK Bonjour, je suis contente de vous voir!

SOPHIE Mais, moi aussi… Voilà, je viens vous voir parce que je représente la célèbre marque de confiserie du Lutin Gourmand et j'aurais aimé vous parler de notre nouvelle gamme de produits.

ANNICK Oh, quelle bonne idée! Ça tombe bien, j'adore les bonbons.

MÉLANIE Je reviens. Continuez.

SOPHIE Connaissez-vous les produits du Lutin Gourmand?

THIERRY Ça va? Ça se passe bien?

MÉLANIE Oui, oui. Dis-moi, tu sais qui a fait passer l'entretien d'embauche à Annick Perrotin?

THIERRY Euh, ben oui. C'est moi. Pourquoi? Il y a un problème?

MÉLANIE Ben oui, il y a un problème. Elle ne fout rien, elle a l'air complètement démotivée. En plus, elle est vieille, elle n'a pas du tout le profil.

THIERRY Ah bon? Je ne sais pas, moi. Je la trouvais plutôt convaincante.

MÉLANIE Ben écoute, je ne sais pas. Avec moi, ça ne passe pas. Elle ne dit pas un mot. Non, je ne sais pas! Je pourrais comprendre si le stage n'était pas du tout rémunéré. Mais là, on les paye! J'ai vraiment l'impression qu'elle se moque de moi. En plus, je ne sais pas, là, depuis ce matin, elle me cherche!

THIERRY Ah! Mais écoute. Ça va peut-être s'arranger.

MÉLANIE Non! Non, non. Moi je ne prends pas ce risque. ça va, l'histoire de Melissa, ça m'est resté là. Je l'ai laissée partir, elle a fait zéro vente et après, Malaquais, c'est moi qu'il est venu trouver. Moi, je n'ai pas eu de prime, hein, le mois dernier.

THIERRY Bon, tu veux la virer?

MÉLANIE De toute façon, toi aussi, tu es dans le collimateur, hein. C'est toi qui l'as recrutée. On est logé exactement à la même enseigne.

THIERRY Ouais, il vaut mieux qu'on la vire, oui. Bon, écoute, je vais lui parler.

MÉLANIE Non, non, je me la suis coltinée toute la journée. C'est à moi de lui parler.

FRANCK Dans quel secteur?

MÉLANIE J'ai… j'ai tourné un petit peu partout. J'ai fait un tour de France et…

FRANCK Et ensuite, vous êtes devenue formatrice.

MÉLANIE Exactement.

MÉLANIE Voilà. Ce sera tout pour aujourd'hui. Je vous retrouve demain à 9 heures. Nous commencerons par une dégustation. Bonne soirée.

ESTELLE Madame, je peux vous parler?

MÉLANIE Oui, une minute. Annick! Vous pouvez attendre? Oui, Estelle. Je vous écoute.

ESTELLE Ben voilà, en fait… Je n'ai pas mon permis.

MÉLANIE Comment ça?

ESTELLE Ben, à l'ANPE, ils ne m'ont pas dit qu'il fallait être motorisé.

MÉLANIE Mais pourquoi vous ne nous en avez pas parlé plus tôt?

ESTELLE Ben, je me suis dis que je pourrais faire du porte-à-porte autour de chez moi. Il y a plein de lotissements. Je suis sûre que ça peut intéresser des gens.

MÉLANIE Non, mais attendez, on vous demande de démarcher auprès de magasins, de stations-service, de restaurants. Je ne sais pas, vous ne pensez quand même pas qu'on va vous payer un taxi pour chaque déplacement!

ESTELLE Et si je demande à une copine qui a une caisse de m'accompagner?

MÉLANIE Oui! Et l'assurance? Les chambres d'hôtels? Vous délirez complètement.

ESTELLE Bon, ben… qu'est ce que je fais, moi, alors?

MÉLANIE Ben, je suis désolée… je ne peux pas vous garder.

ESTELLE Et ma journée de formation, aujourd'hui, là, vous allez me la payer?

MÉLANIE Ça, je ne sais pas, vous allez voir ça avec la compta. Très franchement, je ne pense pas. On va aller dans mon bureau. Vous me suivez?

M. MALAQUAIS Mélanie? Votre petit copain a téléphoné. Pour les appels perso, il y a des portables.

MÉLANIE Excusez-le! Bon, vous m'attendez là. Je passe un coup de fil, et je suis à vous.

MÉLANIE Je peux vous demander une cigarette s'il vous plaît? Merci. C'est fini.

ANNICK Pardon?

MÉLANIE Ben oui! Il a appelé pour me dire qu'il avait du retard et je lui suis tombée dessus parce qu'il n'avait pas à utiliser la ligne du boulot, et ça, il le sait très bien. Et là, il s'est énervé, il m'a raccroché au nez.

ANNICK Ben, il faut le rappeler.

MÉLANIE Ben, c'est ce que j'ai fait! C'est là qu'il m'a dit que c'était fini, qu'il en avait marre, que… De toute façon, je ne veux plus le voir, cet abruti. Je ne veux plus en entendre parler.

ANNICK Bon, reprenez vos esprits, rentrez chez vous…

MÉLANIE Quoi! Pour le voir faire ses valises? Non, c'est bon. De toute façon, je vais rester ici. Je vais trier tous mes dossiers. C'est un vrai bazar.

ANNICK Bon, ben, dans ce cas-là, je vais y aller. Vous vouliez me parler, je crois…

MÉLANIE Oui. Vous, à votre avis, il faut que j'aille lui parler?

ANNICK Ben, je ne sais pas, moi. Je ne connais pas votre histoire. Bon, ben, je suis… je suis désolée pour vous. Je comprends que vous soyez très énervée. J'espère que tout ça va s'arranger.

MÉLANIE Oui.

ANNICK À demain?

MÉLANIE Je suis tombée sur sa messagerie. Dites-moi, je viens d'y penser, mais, en fait, comme il devait venir me chercher, je n'ai pas de voiture. Vous voulez bien me déposer?

ANNICK Ben, vous ne voulez plus trier vos papiers?

MÉLANIE Non. Ça ne vous dérange pas?

ANNICK Bon, je vous attends.

MÉLANIE Je me dépêche.

ANNICK Bon, vous habitez où?

MÉLANIE Ah non, mais je ne veux pas rentrer chez moi. Je ne veux pas le voir. Je me connais, ça ne mènera à rien et ça va dégénérer

ANNICK D'accord. Je vous dépose où, alors?

MÉLANIE Vous allez où, vous?

ANNICK Près du rond-point avec les colonnes.

MÉLANIE Ah ben, très bien. Vous n'avez qu'à me laisser là-bas. J'irai dans un café, j'appellerai une copine.

MÉLANIE Ah merde, ça ne capte pas. Bon, allez. Merci encore.

ANNICK Vous êtes sûre que ça va aller?

MÉLANIE Oui, oui, bien sûr! Je vais me débrouiller. Au revoir.

ANNICK Bon, allez. Suivez-moi.

MÉLANIE Je m'excuse, hein. Vraiment!

ANNICK Vous me suivez?

MÉLANIE Oui. Je ne sais pas danser, moi. Non, c'est gentil. Non, non! Je ne connais pas les pas!

MIREILLE Et au fait, ton stage, ça s'arrange?

ANNICK Oui, oui. Oui, ça se passe bien.

MIREILLE Je l'ai eue tout à l'heure à la pause déjeuner, elle était complètement démontée. Et ta formatrice, elle s'est calmée?

ANNICK Mais… il n'y a jamais eu de problèmes.

MIREILLE Ah bon. Eh, oh! Tu nous choures des bonbons, hein! Tu l'as promis!

ANNICK Ben, je te présente…

MÉLANIE Mélanie.

ANNICK Mélanie, Mireille, Mélanie.

MÉLANIE Enchantée.

MIREILLE Ça vous a plu?

MÉLANIE Oui! Beaucoup. Je me suis bien amusée.

ANNICK Bon, on va y aller.

MIREILLE Ah bon! Déjà? Ben, moi, il faut que je reste, parce que je n'ai pas payé ma cotisation. J'attends Didier. Il va me tuer.

ANNICK Ne t'inquiète pas.

MIREILLE Eh, tu m'appelles? Tu m'appelles?

ANNICK Oui! Oui, oui. Au revoir.

MIREILLE Bon, ben, salut les filles!

ANNICK Je m'excuse. Il ne faut pas écouter ce qu'elle dit.

MÉLANIE Non, non, mais je n'ai rien entendu. Ça m'a fait un bien fou de me défouler. Et, ça vous est venu comment l'idée d'apprendre à… Je ne sais même pas comment on appelle cette danse.

ANNICK De la country line dance. C'est mon mari qui m'a initiée.

MÉLANIE Ah, vous êtes mariée?

ANNICK Oui. Enfin je l'étais. Je suis veuve. Mon mari était un grand fan des États-Unis. Il aimait beaucoup cette musique.

MÉLANIE C'est marrant, je ne pensais pas qu'on pouvait danser ça en France.

ANNICK Eh ben si. Il y a pleins de clubs qui se sont créés dans tout l'Hexagone. Il y a même des concours, des championnats. Bon. Eh! Dites-moi, vous n'avez pas faim?

MÉLANIE Si, je n'osais pas vous en parler. Je crève la dalle.

ANNICK Je vous aurais bien proposé de passer chez moi, mais je crois que je n'ai rien dans le frigo.

MÉLANIE Chez moi non plus, à moins que vous vouliez assister à une scène de ménage.

ANNICK Ah oui, ben non, je n'y tiens pas vraiment. On va essayer de se trouver un petit resto!

ANNICK Non, non, non! On va ailleurs. Ils vont nous faire une tête comme ça!

MÉLANIE Non merci. Oh et puis si. Oh non. Si. Merci. Je peux vous poser une question?

ANNICK Essayez toujours.

MÉLANIE Pourquoi est-ce que vous donnez l'impression de vous ennuyer pendant mes cours?

ANNICK Parce que je n'ai plus l'âge de jouer à la marchande. Je ferai ce que j'ai à faire une fois sur le terrain. Mais en attendant, je n'ai pas envie qu'on me bassine avec des phrases du style «les bonbons sont comme des diamants».

MÉLANIE Mais il faut bien d'abord apprendre.

ANNICK Vous croyez que j'apprends quelque chose en faisant des simulations de vente avec des billets de Monopoly?

MÉLANIE Ben, je ne sais pas. C'est une formation qui a fait ses preuves. Aux États-Unis, c'est courant, ce genre de stage.

ANNICK Je n'ai pas envie de faire comme mes petits camarades. Je les voyais là, ce matin. Ils étaient tous en train de boire vos paroles. Mais ils sont comme moi. Ce qui les motive, c'est le fric.

MÉLANIE Vous me donnez votre jeton, là, je vais chercher les cafés.

ANNICK Je vous ai contrariée?

MÉLANIE Non.

MÉLANIE C'est la fête au village.

ANNICK Il y a votre portable qui a sonné.

VOIX Ouais, salut, Mélanie. Écoute, je voulais dire, il ne faut pas que tu t'inquiètes pour ta prime. De toute façon, maintenant, tu l'as virée…

ANNICK C'était votre ami?

MÉLANIE Non, c'était Thierry, mon collègue. Il… il a oublié sa mallette.

ANNICK Il n'est pas mal, Thierry.

MÉLANIE Ah, il vous plaît?

ANNICK Non, non. Moi, c'est Didier qui me plaît.

MÉLANIE C'est qui, Didier? Ah, c'est votre prof de danse?

ANNICK Ah, il a tout ce que j'aime. Une vraie gueule de voyou.

ANNICK Mettez-vous à l'aise, j'arrive toute de suite.

MÉLANIE C'est sympa chez vous.

ANNICK Ce n'est pas chez moi. Je me sens mieux.

MÉLANIE Attendez, mais on est chez qui, là?

ANNICK Ah, là, on est chez Joss! C'est une copine. Mais enlevez votre écharpe! Là, elle est partie en vacances avec son nouveau mec. Elle m'a filé les clés pour que je lui arrose les plantes. Je me suis installée là pour la semaine. C'est tout de même mieux que mon trente mètres carrés. Bon! Qu'est-ce qu'on va se servir à boire? C'est quoi, ça? Des bonbons! Ça ne vient pas de chez vous! Alors. Ça vous va, de l'alcool de riz? À ras bord! Mmm, ça sent trop bon! Vous en voulez?

MÉLANIE Non. Non merci.

ANNICK Qu'est-ce que vous avez, là? Je vous sens toute tendue.

MÉLANIE En fait, je voudrais vous demander une petite faveur?

ANNICK Quoi? Que j'appelle votre copain, c'est ça?

MÉLANIE Ah non, non, non! Je ne veux pas lui donner de nouvelles, lui, ça lui fera les pieds. Est-ce que je pourrais essayer vos santiags?

ANNICK Pardon?

MÉLANIE Non, mais, c'est juste pour voir! Parce que j'adore ce style de bottes, j'ai toujours voulu en acheter, mais à chaque fois, je me dégonfle. Je me dis que, de toute façon, c'est ridicule, je ne les mettrai jamais.

ANNICK Mais vous faites quoi comme pointure?

MÉLANIE Du 39.

ANNICK Ben, moi, je fais du 37! Ça risque d'être petit.

MÉLANIE Attends. Je recommence.

ANNICK Eh! Mais, ce n'est pas tout ça! Il faut penser à me servir! Alain, c'était avant Jean-Pierre. Qu'est-ce que je voulais dire? Ça ne vous tire pas trop le lobe, là, les boucles d'oreilles? Je n'ai plus de clopes! Je ne sais pas si je vais y arriver.

MÉLANIE Ah si! Mais il faut faire quelque chose! Je ne peux pas me pointer comme ça demain au boulot!

ANNICK Moi, je vous avais pourtant prévenue. Franchement, ce n'est pas si ridicule que ça. Avec une jupe droite, ça passe très bien.

MÉLANIE Non, mais, tirez, là, s'il vous plaît. Tirez. La deuxième.

ANNICK Ah, celle-là, c'était aux Canaries. Qu'est-ce que c'est moche, les Canaries! Que des bunkers, la plage était dégueulasse. Je me souviens, il y avait plein d'Anglais. C'était pendant une coupe du monde de rugby... de football, je ne sais plus... Ils nous ont cassé les pieds! Je crois qu'il avait déjà son cancer. Il avait beaucoup maigri.

M. MALAQUAIS Bonjour, Mélanie! Vous êtes bien matinale.

MÉLANIE Oui.

M. MALAQUAIS C'est vous qui avez gardé la carte de la photocopieuse? Vous avez fait la fête?

MÉLANIE Non.

THIERRY Non, mais là, je ne comprends pas.

MÉLANIE Elle m'a intimidée, je ne sais pas. On s'est retrouvé dans mon bureau, je l'avais en face de moi, je n'ai pas réussi.

THIERRY Non, mais, tu es d'accord? Il faut qu'on fasse quelque chose. On ne va pas risquer notre place à cause d'elle.

MÉLANIE En fait, tu sais quoi? Je préférerais que ce soit toi qui t'en occupes. Je n'ai pas envie de la croiser ou je n'arriverai pas à la virer.

THIERRY Bon. D'accord. Donc, c'est à moi de le faire.

MÉLANIE Merci.

MÉLANIE Bien! Que nous dit ce texte? Bon. Ce texte nous dit qu'il peut arriver parfois que vous soyez à cours d'un produit. Vous avez beau avoir le coffre rempli d'échantillons, il vous manque le produit que rêve de goûter la personne en face de vous. Dans ce cas, il y a un moyen très simple de remédier à... Surtout, ne paniquez pas... Le coffre... Je reviens. Qu'est-ce qu'il s'est passé?

THIERRY Ben, elle... elle n'est pas venue. J'ai poireauté devant la porte, je ne l'ai pas vue.

MÉLANIE Mais elle vient d'arriver! Elle est dans ma salle! Qu'est ce que je fais, moi, maintenant?

THIERRY Non, mais, attends! Je ne pouvais pas savoir qu'en plus, elle allait être en retard!

MÉLANIE Je ne vais pas la virer devant tout le monde. Il va falloir encore que je tienne toute la journée.

M. MALAQUAIS Vous étiez où?

MÉLANIE Je... Me voilà.

M. MALAQUAIS Je peux voir un peu ce que donnent les simulations?

MÉLANIE Oui, bien sûr! Vous voulez bien vous remettre en binôme, s'il vous plaît, comme... comme hier.

SOPHIE Vu qu'Estelle n'est pas là, je peux me mettre avec Hervé?

MÉLANIE Oui! Bien sûr. Annick, vous êtes toute seule? Euh... Bon, ben, on va se mettre ensemble. Euh... je vais faire la représentante et vous ferez la patronne.

M. MALAQUAIS Non! Ben non. C'est elle qui doit apprendre à vendre. Il vaut mieux faire l'inverse. Non?

MÉLANIE Oui, vous avez raison. Donc, je... je suis la patronne d'une station essence.

ANNICK Bonjour. Voilà, je viens vous voir parce que je représente la célèbre marque de confiserie du Lutin Gourmand et j'aurais aimé vous parler de notre nouvelle gamme de produits.

MÉLANIE Oui, je suis à vous.

M. MALAQUAIS Non. Ben non. On n'accueille pas nos représentants avec des colliers de fleurs. Vous le savez bien, les gens n'ont jamais le temps.

ANNICK Donc, je représente la célèbre marque de confiserie du Lutin Gourmand et j'aurais aimé vous parler de notre nouvelle gamme de produits.

MÉLANIE Je suis désolée, je… je n'ai pas vraiment le temps.

ANNICK Mais je ne compte pas vous retenir longtemps! Seulement, j'ai fait presque 300 kilomètres pour vous rencontrer parce que je sais qu'ensuite, vous me direz merci.

MÉLANIE Vraiment?

ANNICK Parfaitement. Pour l'instant, vous ne connaissez pas nos produits, vous vous dites «elle va essayer de me refourguer sa marchandise, elle va me fait perdre mon temps». Vous avez tort. Je suis venue ici en amie, parce que vous m'êtes très sympathique et que je veux vous faire profiter de nos offres exceptionnelles et de nos produits exclusifs.

MÉLANIE Comment ça?

ANNICK Le Lutin Gourmand n'est pas une marque comme les autres. Nos produits font des jaloux, vous savez. Toujours copiés, mais jamais égalés! Je vais chercher les échantillons, je reviens tout de suite.

M. MALAQUAIS C'est bien, c'est bien, c'est très bien! C'est très bien! C'est bien. C'est très bien! Vous vous appelez comment?

ANNICK Annick Perrotin.

M. MALAQUAIS Perrotin. C'est quoi votre itinéraire?

MÉLANIE On n'a pas défini encore les… les trajets.

M. MALAQUAIS Ah. Eh ben, vous mettrez Madame Perrotin sur des points stratégiques. Hein? Je compte sur vous. C'est bien.

ANNICK ça va? Je n'en ai pas trop fait?

MÉLANIE Non, non, c'était parfait.

ANNICK Eh! Vous voulez que je vous raccompagne?

MÉLANIE Non, merci! J'ai… j'ai appelé un taxi.

ANNICK Didier m'a appelée. Il m'a invitée à dîner. Demain, je vous raconterai. Au fait, ça s'est arrangé avec votre ami?

MÉLANIE Oui. Ouais.

ANNICK Tant mieux. Bonne soirée.

MÉLANIE Merci. Vous aussi.

LEÇON 10

Court métrage: *L'Homme qui plantait des arbres*

Réalisateur: Frédéric Back
Pays: Québec (Canada)
D'après Jean Giono, *L'Homme qui plantait des arbres*, © Éditions Gallimard

NARRATEUR Il y a bien des années, je faisais une longue course à pied, sur des hauteurs absolument inconnues des touristes, dans cette très vieille région des Alpes qui pénètre en Provence. C'était, au moment où j'entrepris ma longue promenade dans ces déserts, des landes nues et monotones, vers 1.200 ou 1.300 mètres d'altitude. Il n'y poussait que des lavandes sauvages.

Je traversai ce pays dans sa plus grande largeur et, après trois jours de marche, je me trouvai dans une désolation sans exemple. Je campai à côté d'un squelette de village abandonné. Je n'avais plus d'eau depuis la veille et il me fallait en trouver. Ces maisons agglomérées, en ruine, comme un vieux nid de guêpes, me firent penser qu'il avait dû y avoir là, dans le temps, une fontaine ou un puits. Il y avait bien une fontaine, mais sèche. Les cinq à six maisons, sans toiture, rongées de vent et de pluie, la petite chapelle au clocher écroulé, étaient rangées comme le sont les maisons et les chapelles dans les villages vivants. Mais toute la vie avait disparu.

C'était un beau jour de juin avec un grand soleil, mais sur ces terres sans abri et hautes dans le ciel, le vent soufflait avec une brutalité insupportable. Ses grondements dans les carcasses des maisons étaient ceux d'un fauve dérangé dans son repas. Il me fallut lever le camp. À cinq heures de marche de là, je n'avais toujours pas trouvé d'eau et rien ne pouvait me donner l'espoir d'en trouver. C'était partout la même sécheresse, les mêmes herbes ligneuses. Il me sembla apercevoir, dans le lointain, une petite silhouette noire, debout. Je la pris pour le tronc d'un arbre solitaire. À tout hasard, je me dirigeai vers elle. C'était un berger! Une trentaine de moutons couchés sur la terre brûlante se reposaient près de lui.

Il me fit boire à sa gourde. Un peu plus tard, il me conduisit à sa bergerie, dans une ondulation du plateau. Il tirait son eau, excellente, d'un trou naturel, très profond, au-dessus duquel il avait installé un treuil rudimentaire.

Cet homme parlait peu. C'est le fait des solitaires. Mais on le sentait sûr de lui et confiant dans cette assurance. C'était insolite, dans ce pays dépouillé de tout. Il n'habitait pas une cabane mais une vraie maison en pierre où l'on voyait très bien comment son travail personnel avait rapiécé la ruine qu'il avait trouvée là à son arrivée. Son toit était solide et étanche. Le vent qui le frappait faisait sur les tuiles le bruit de la mer sur les plages. Son ménage était en ordre, son parquet balayé, son fusil graissé. La soupe bouillait sur le feu. Je remarquai alors qu'il était aussi rasé de frais, que tous ses boutons étaient solidement cousus, que ses vêtements étaient reprisés avec le soin minutieux qui rend les reprises invisibles.

Il me fit partager sa soupe. Comme après, je lui offrais ma blague à tabac, il me dit qu'il ne fumait pas. Son chien, silencieux comme lui, était bienveillant, sans bassesse.

Il avait été entendu que je passerais la nuit là, le village le plus proche étant encore à plus d'une journée et demie de marche. Je connaissais parfaitement le caractère des rares villages de cette région. Il y en a quatre ou cinq dispersés loin les uns des autres sur les flancs de ces hauteurs, dans les taillis de chênes blancs à la toute extrémité des routes carrossables. Ils sont habités par des bûcherons qui font du charbon de bois. Ce sont des endroits où l'on vit mal. Les familles, serrées les unes contre les autres dans ce climat qui est d'une rudesse excessive, aussi bien l'été que l'hiver, exaspèrent leur égoïsme en vase clos. L'ambition irraisonnée s'y démesure, dans le désir continu de s'échapper de cet endroit. Les hommes vont porter leur charbon à la ville, puis retournent. Les plus solides qualités craquent sous cette perpétuelle douche écossaise. Les femmes mijotent des rancœurs. Il y a concurrence sur tout, aussi bien pour la vente du charbon de bois que pour le banc à l'église, pour les vertus qui se combattent entre elles, pour les vices qui se combattent entre eux, et pour la mêlée générale des vices et des vertus, sans repos. Par là-dessus, le vent, également sans repos, irrite les nerfs. Il y a des épidémies de suicides et de nombreux cas de folie, presque toujours meurtriers.

Le berger, qui ne fumait pas, alla chercher un petit sac et déversa sur la table un tas de glands. Il se mit à les examiner l'un après l'autre avec beaucoup d'attention, séparant les bons des mauvais. Je fumais ma pipe. Je proposai de l'aider. Il me dit que c'était son affaire. En effet: voyant le soin qu'il mettait à ce travail, je n'insistai pas. Ce fut toute notre conversation. Quand il eut du côté des bons un tas de glands assez gros, il les compta par paquet de dix. Ce faisant, il éliminait encore les petits fruits ou ceux qui étaient légèrement fendillés, car il les examinait de fort près. Quand il eut ainsi devant lui cent glands parfaits, il s'arrêta et nous allâmes nous coucher.

La société de cet homme donnait la paix. Je lui demandai le lendemain la permission de me reposer tout le jour chez lui. Il trouva [cela] tout naturel, ou, plus exactement, il me donna l'impression que rien ne pouvait le déranger. Ce repos ne m'était pas absolument obligatoire, mais j'étais intrigué et je voulais en savoir plus. Il fit sortir son troupeau et le mena à la pâture. Avant de partir, il trempa dans un seau d'eau le petit sac où il avait mis les glands soigneusement choisis et comptés.

Je remarquai qu'en guise de bâton, il emportait une tringle de fer grosse comme le pouce et longue d'environ un mètre cinquante. Je fis celui qui se promène en se reposant et je suivis une route parallèle à la sienne. La pâture de ses bêtes était dans un fond de combe. Il laissa le petit troupeau à la garde du chien, et monta vers l'endroit où je me tenais. J'eus peur qu'il vînt pour me reprocher mon indiscrétion, mais pas du tout. C'était sa route et il m'invita à l'accompagner si je n'avais rien de mieux à faire. Il allait à deux cents mètres de là, sur la hauteur.

Arrivé à l'endroit où il désirait aller, il se mit à planter sa tringle de fer dans la terre. Il faisait ainsi un trou, dans lequel il mettait un gland, puis il rebouchait le trou. Il plantait des chênes! Je lui demandai si la terre lui appartenait. Il me répondit que non. Savait-il à qui elle était? Il ne le savait pas. Il supposait que c'était une terre communale ou peut-être était-elle la propriété de gens qui ne s'en souciaient pas? Lui ne se souciait pas de connaître les propriétaires. Il planta ainsi ses cent glands avec un soin extrême.

Après le repas de midi, il recommença à trier sa semence. Je mis, je crois, assez d'insistance dans mes questions puisqu'il y répondit. Depuis trois ans, il plantait des arbres dans cette solitude. Il en avait planté cent mille. Sur les cent mille, vingt mille étaient sortis. Sur ces vingt mille, il comptait encore en perdre la moitié, du fait des rongeurs ou de tout l'imprévisible dessein de la Providence. Restaient dix mille chênes qui allaient pousser dans cet endroit où il n'y avait rien auparavant.

C'est à ce moment-là que je me souciai de l'âge de cet homme. Il avait visiblement plus de cinquante ans. Cinquante-cinq, me dit-il. Il s'appelait Elzéard Bouffier. Il avait possédé une ferme dans les plaines. Il y avait réalisé sa vie. Il avait perdu son fils unique, puis sa femme. Il s'était retiré dans la solitude où il prenait plaisir à vivre lentement, avec ses brebis et son chien. Il avait jugé que ce pays mourait par manque d'arbres. Il ajouta que, n'ayant pas d'occupations très importantes, il avait résolu de remédier à cet état de choses.

Mon jeune âge me forçait à imaginer l'avenir en fonction de moi-même et d'une certaine recherche du bonheur. Je lui dis que, dans trente ans, ces dix mille chênes seraient magnifiques. Il me répondit très simplement que si Dieu lui prêtait vie, dans trente ans, il en aurait planté tellement d'autres que ces dix mille seraient comme une goutte d'eau dans la mer.

Il étudiait déjà la reproduction des hêtres et il en avait, près de sa maison, une pépinière issue des faines. Les sujets qu'il avait protégés de ses moutons étaient de toute beauté. Il pensait également à des bouleaux pour les fonds où, me dit-il, une certaine humidité dormait à quelques mètres de la surface du sol.

Nous nous séparâmes le lendemain.

L'année d'après, il y eut la guerre de 1914, dans laquelle je fus engagé pendant cinq ans. Un soldat d'infanterie ne pouvait guère y réfléchir à des arbres.

Sorti de la guerre, je me trouvai à la tête d'une prime de démobilisation minuscule, mais avec le grand désir de respirer un peu d'air pur. C'est sans idée préconçue, sauf celle-là, que je repris le chemin de ces contrées désertes.

Le pays n'avait pas changé. Toutefois, au-delà du village mort, j'aperçus dans le lointain une sorte de brouillard gris qui recouvrait les hauteurs comme un tapis. Depuis la veille, je m'étais remis à penser à ce berger planteur d'arbres. «Dix mille chênes, me disais-je, occupent vraiment un très large espace.»

J'avais vu mourir trop de monde pendant cinq ans pour ne pas imaginer facilement la mort d'Elzéard Bouffier. D'autant que, lorsqu'on en a vingt, on considère les hommes de cinquante comme des vieillards à qui il ne reste plus qu'à mourir. Il n'était pas mort! Il avait changé de métier! Il ne possédait plus que quatre brebis, mais, par contre, une centaine de ruches. Il s'était débarrassé des moutons qui mettaient en péril ses plantations d'arbres. Il ne s'était pas du tout soucié de la guerre. Il avait imperturbablement continué à planter.

Les chênes de 1910 avaient alors dix ans et étaient plus hauts que moi et que lui. Le spectacle était impressionnant. J'étais littéralement privé de parole! Et comme lui ne parlait pas, nous passâmes tout le jour en silence à nous promener dans sa forêt. Elle avait, en trois tronçons, onze kilomètres de long et trois kilomètres dans sa plus grande largeur. Quand on se souvenait que tout était sorti des mains et de l'âme de cet homme, sans moyen technique, on comprenait que les hommes pourraient être aussi efficaces que Dieu dans d'autres domaines que la destruction.

Il avait suivi son idée, et les hêtres qui m'arrivaient aux épaules, répandus à perte de vue, en témoignaient. Les chênes étaient drus et avaient dépassé l'âge où ils étaient à la merci des rongeurs. Quant aux desseins de la Providence elle-même, pour détruire l'œuvre créée, il lui faudrait avoir désormais recours aux cyclones. Il me montra d'admirables bosquets de bouleaux qui dataient de cinq ans, c'est-à-dire de 1915, de l'époque où je combattais à Verdun. Il leur avait fait occuper tous les fonds où il soupçonnait, avec juste raison, qu'il y avait de l'humidité presque à fleur de terre. Ils étaient tendres comme des adolescents, et très décidés.

La création avait l'air, d'ailleurs, de s'opérer en chaîne. Il ne s'en souciait pas. Il poursuivait obstinément sa tâche très simple. Mais en redescendant par le village, je vis couler de l'eau dans des ruisseaux qui, de mémoire d'homme, avaient toujours été à sec. C'était la plus formidable opération de réaction qu'il m'ait été donné de voir. Ces ruisseaux secs avaient jadis porté de l'eau dans des temps très anciens. Certains de ces villages tristes dont j'ai parlé au début de mon récit s'étaient construits sur les emplacements d'anciens villages gallo-romains dont il restait encore des traces, dans lesquelles les archéologues avaient fouillé et ils avaient trouvé des hameçons à des endroits où, au vingtième siècle, on était obligé d'avoir recours à des citernes pour avoir un peu d'eau.

Le vent aussi dispersait certaines graines. En même temps que l'eau réapparut, réapparaissaient les saules, les osiers, les prés, les jardins, les fleurs et une certaine façon de vivre.

Mais la transformation s'opérait si lentement qu'elle entrait dans l'habitude sans provoquer d'étonnement. Les chasseurs qui montaient dans les solitudes à la poursuite des lièvres ou des sangliers avaient bien constaté le foisonnement des petits arbres, mais ils l'avaient mis sur le compte des malices naturelles de la terre. C'est pourquoi personne ne touchait à l'œuvre de cet homme. Si on l'avait soupçonné, on l'aurait contrarié. Il était insoupçonnable. Qui aurait pu imaginer, dans les villages et les administrations, une telle obstination dans la générosité la plus magnifique?

À partir de 1920, je ne suis jamais resté plus d'un an sans rendre visite à Elzéard Bouffier. Je ne l'ai jamais vu fléchir ni douter. Et pourtant, Dieu sait si Dieu même y pousse! Je n'ai pas fait le compte de ses déboires. On imagine bien, cependant, que pour une réussite semblable, il a fallu vaincre l'adversité. Que, pour assurer la victoire d'une telle passion, il a fallu lutter avec le désespoir.

Pour avoir une idée à peu près exacte de ce caractère exceptionnel, il ne faut pas oublier qu'il s'exerçait dans une solitude totale… Si totale que, vers la fin de sa vie, il avait perdu l'habitude de parler. Ou, peut-être, n'en voyait-il pas la nécessité?

En 1933, il reçut la visite d'un garde-forestier éberlué! Ce fonctionnaire lui intima l'ordre de ne pas faire de feu dehors, de peur de mettre en danger la croissance de cette forêt naturelle. C'était la première fois, lui dit cet homme naïf, qu'on voyait une forêt pousser toute seule.

En 1935, une véritable délégation administrative vint examiner la «forêt naturelle». Il y avait un grand personnage des Eaux et Forêts, un député, des techniciens. On prononça beaucoup de paroles inutiles. On décida de faire quelque chose et, heureusement, on ne fit rien, sinon la seule chose utile: mettre la forêt sous la sauvegarde de l'État et interdire qu'on vienne y charbonner. Car il était impossible de n'être pas subjugué par la beauté de ces jeunes arbres en pleine santé. Et elle exerça son pouvoir de séduction sur le député lui-même.

J'avais un ami, parmi les capitaines forestiers, qui était de la délégation. Je lui expliquai le mystère. Un jour de la semaine d'après, nous allâmes tous les deux à la recherche d'Elzéard Bouffier. Nous le trouvâmes en plein travail, à vingt kilomètres de l'endroit où avait eu lieu l'inspection.

Ce capitaine forestier n'était pas mon ami pour rien. Il connaissait la valeur des choses. J'offris les quelques œufs que j'avais apportés en présent. Nous partageâmes notre casse-croûte en trois et quelques heures passèrent dans la contemplation muette du paysage.

Le côté d'où nous venions était couvert d'arbres de six à sept mètres de haut. Je me souvenais de l'aspect du pays en 1913… Le désert. Le travail paisible et régulier, l'air vif des hauteurs, la frugalité et surtout la sérénité de l'âme avaient donné à ce vieillard une santé presque solennelle. C'était un athlète de Dieu. Je me demandais combien d'hectares il allait encore couvrir d'arbres.

Avant de partir, mon ami fit simplement une brève suggestion à propos de certaines essences auxquelles le terrain d'ici paraissait devoir convenir. Il n'insista pas, pour la bonne raison, me dit-il après, que «Ce bonhomme en sait plus que moi». Au bout d'une heure de marche, l'idée ayant fait son chemin en lui, il ajouta: «Il en sait beaucoup plus que tout le monde. Il a trouvé un fameux moyen d'être heureux!» C'est grâce à ce capitaine que, non seulement la forêt, mais le bonheur de cet homme furent protégés.

L'œuvre ne courut un risque grave que pendant la guerre de 1939. Les automobiles marchant alors au gazogène, on n'avait jamais assez de bois. On commença à faire des coupes dans les chênes de 1910, mais ces quartiers sont si loin de tous réseaux routiers que l'entreprise se révéla très mauvaise au point de vue financier. On l'abandonna. Le berger n'avait rien vu. Il était à trente kilomètres de là, continuant paisiblement sa besogne, ignorant la guerre de 1939, comme il avait ignoré la guerre de 1914.

J'ai vu Elzéard Bouffier pour la dernière fois en juin 1945. Il avait alors quatre-vingt-sept ans. J'avais donc repris la route du désert, mais maintenant, malgré le délabrement dans lequel la guerre avait laissé ce pays, il y avait un car qui faisait le service entre la vallée de la Durance et la montagne. Je mis sur le compte de ce moyen de transport relativement rapide le fait que je ne reconnaissais plus les lieux de mes premières promenades. J'eus besoin d'un nom de village pour conclure que j'étais bien cependant dans cette région jadis en ruines et désolée. Le car me débarqua à Vergons.

En 1913, ce hameau de dix à douze maisons avait trois habitants. Ils étaient sauvages, se détestaient, vivaient de chasse au piège. Leur condition était sans espoir.

Tout était changé… L'air lui-même. Au lieu des bourrasques sèches et brutales qui m'accueillaient jadis, soufflait une brise souple chargée d'odeurs. Un bruit semblable à celui de l'eau venait des hauteurs. C'était celui du vent dans les forêts. Enfin, chose plus étonnante, j'entendis le vrai bruit de l'eau coulant dans un bassin. Je vis qu'on avait fait une fontaine, qu'elle était abondante et, ce qui me toucha le plus: on avait planté près d'elle un tilleul, symbole incontestable d'une résurrection.

Par ailleurs, Vergons portait les traces d'un travail pour l'entreprise duquel l'espoir est nécessaire. L'espoir était donc revenu. On avait déblayé les ruines, abattu les pans de murs délabrés. Les maisons neuves, crépies de frais, étaient entourées de jardins potagers où poussaient, mélangés mais alignés, les légumes et les fleurs, les choux et les rosiers, les poireaux et les gueules-de-loup, les céleris et les anémones. C'était désormais un endroit où l'on avait envie d'habiter.

À partir de là, je fis mon chemin à pied. La guerre dont nous sortions à peine n'avait pas permis l'épanouissement complet de la vie, mais Lazare était hors du tombeau. Sur les flancs abaissés de la montagne, je voyais de petits champs d'orge et de seigle en herbe. Au fond des étroites vallées, quelques prairies verdissaient.

Il n'a fallu que les huit ans qui nous séparent de cette époque pour que tout le pays resplendisse de santé et d'aisance. Sur l'emplacement des ruines que j'avais vues en 1913 s'élèvent maintenant des fermes propres, bien crépies, qui dénotent une vie heureuse et confortable. Les vieilles sources, alimentées par les pluies et les neiges que retiennent les forêts, se sont remises à couler. À côté de chaque ferme, dans des bosquets d'érables, les bassins des fontaines débordent sur des tapis de menthe fraîche. Les villages se sont reconstruits peu à peu. Une population venue des plaines où la terre se vend cher s'est fixée dans le pays, y apportant de la jeunesse, du mouvement, de l'esprit d'aventure. On rencontre dans les chemins des hommes et des femmes bien nourris, des garçons et des filles qui savent rire et ont repris goût aux fêtes campagnardes. Si on compte l'ancienne population, méconnaissable depuis qu'elle vit avec douceur, et les nouveaux venus, plus de dix mille personnes doivent leur bonheur à Elzéard Bouffier.

Quand je pense qu'un homme seul, réduit à ses simples ressources physiques et morales, a suffi pour faire surgir du désert ce pays de Canaan, je trouve que, malgré tout, la condition humaine est admirable. Mais, quand je fais le compte de tout ce qu'il a fallu de constance dans la grandeur d'âme et d'acharnement dans la générosité pour obtenir ce résultat, je suis pris d'un immense respect pour ce vieux paysan sans culture qui a su mener à bien cette œuvre digne de Dieu.

Elzéard Bouffier est mort paisiblement en 1947, à l'hospice de Banon.

Tables de conjugaison

Guide to the Verb List and Tables

The list of verbs below includes the irregular, reflexive, and spelling-change verbs introduced as active vocabulary in **IMAGINEZ**. Each verb is followed by a model verb that has the same conjugation pattern. The number in parentheses indicates where in the verb tables (pages 464–475) you can find the model verb. Regular **-er**, **-ir**, and **-re** verbs are conjugated like **parler** (1), **finir** (2) and **vendre** (3), respectively. The phrase *p.c. with être* after a verb means that it is conjugated with **être** in the **passé composé** and other compound tenses. (See page 465.) Reminder: All reflexive (pronominal) verbs use **être** as their auxiliary verb, and they are alphabetized under the non-reflexive infinitive.

accueillir like ouvrir (34)

s'acharner like se laver (4)

acheter (7)

s'adapter like se laver (4)

s'adresser like se laver (4)

agacer like commencer (9)

aller (13); **p.c.** with **être**

s'améliorer like se laver (4)

amener like acheter (7)

s'amuser like se laver (4)

apercevoir like recevoir (40)

s'apercevoir like recevoir (40)
except **p.c.** with **être**

appartenir like tenir (48)

appeler (8)

apprendre like prendre (39)

s'appuyer like employer (10)
except **p.c.** with **être**

s'arrêter like se laver (4)

arriver like parler (1) *except* **p.c.** with **être**

s'asseoir (14); **p.c.** with **être**

s'assimiler like se laver (4)

s'associer like se laver (4)

atteindre like éteindre (26)

s'attendre like vendre (3) *except* **p.c.** with **être**

avancer like commencer (9)

avoir (5)

se balancer like commencer (9)
except **p.c.** with **être**

balayer like employer (10) *except*

y to **i** change optional

se battre (15); **p.c.** with **être**

se blesser like se laver (4)

boire (16)

se brosser like se laver (4)

se casser like se laver (4)

célébrer like préférer (12)

se coiffer like se laver (4)

combattre like se battre (15)
except **p.c.** with **avoir**

commencer (9)

se comporter like se laver (4)

comprendre like prendre (39)

conduire (17)

connaître (18)

se connecter like se laver (4)

se consacrer like se laver (4)

considérer like préférer (12)

construire like conduire (17)

convaincre like vaincre (49)

se coucher like se laver (4)

se couper like se laver (4)

courir (19)

couvrir like ouvrir (34)

craindre like éteindre (26)

croire (20)

se croiser like se laver (4)

déblayer like essayer (10)

se débrouiller like se laver (4)

se décourager like manger (11)
except **p.c.** with **être**

découvrir like ouvrir (34)

décrire like écrire (23)

se demander like se laver (4)

déménager like manger (11)

se dépasser like se laver (4)

se dépêcher like se laver (4)

se déplacer like commencer (9)

déranger like manger (11)

se dérouler like se laver (4)

descendre like vendre (3) *except*
p.c. with **être**; **p.c.** w/avoir if
takes a direct object

se déshabiller like se laver (4)

se détendre like vendre (3)
except **p.c.** with **être**

détruire like conduire (17)

devenir like venir (51); **p.c.** with
être

devoir (21)

dire (22)

diriger like manger (11)

disparaître like connaître (18)

se disputer like se laver (4)

se divertir like finir (2) *except*
p.c. with **être**

divorcer like commencer (9)

dormir like partir (35) *except* **p.c.**
with **avoir**

se douter like se laver (4)

écrire (23)

effacer like commencer (9)

élever like acheter (7)

élire like lire (30)

s'embrasser like se laver (4)

emménager like manger (11)

emmener like acheter (7)

émouvoir (24)

employer (10)

s'endormir like partir (35); **p.c.**
with **être**

enlever like acheter (7)

s'énerver like se laver (4)

s'enfoncer like commencer (9)
except **p.c.** with **être**

s'engager like manger (11)
except **p.c.** with **être**

ennuyer like employer (10)

s'ennuyer like employer (10)
except **p.c.** with **être**

s'enrichir like finir (2) *except*
p.c. with **être**

s'entendre like vendre (3) *except*
p.c. with **être**

s'étonner like se laver (4)

s'entourer like se laver (4)

entreprendre like prendre (39)

entrer like parler (1) *except* **p.c.**
with **être**

entretenir like tenir (48)

s'entretenir like tenir (48) *except*
p.c. with **être**

envoyer (25)

épeler like appeler (8)

espérer like préférer (12)

essayer like employer (10) *except*
y to **i** change optional

essuyer like employer (10)

s'établir like finir (2) *except* **p.c.** with **être**

éteindre (26)

s'étendre like vendre (3) *except* **p.c.** with **être**

être (6)

s'excuser like se laver (4)

exiger like manger (11)

se fâcher like se laver (4)

faire (27)

falloir (28)

se fiancer like commencer (9) *except* **p.c.** with **être**

finir (2)

forcer like commencer (9)

se fouler like se laver (4)

fuir (29)

s'habiller like se laver (4)

s'habituer like se laver (4)

harceler like acheter (7)

s'informer like se laver (4)

s'inquiéter like préférer (12) *except* **p.c.** with **être**

s'inscrire like écrire (23) *except* **p.c.** with **être**

s'installer like se laver (4)

interdire like dire (22) *except* **vous interdisez** (present) and **interdisez** (imperative)

s'intégrer like préférer (12) *except* **p.c.** with **être**

s'intéresser like se laver (4)

s'investir like finir (2) *except* **p.c.** with **être**

jeter like appeler (8)

lancer like commencer (9)

se lancer like commencer (9) *except* **p.c.** with **être**

se laver (4)

lever like acheter (7)

se lever like acheter (7) *except* **p.c.** with **être**

se libérer like se laver (4)

lire (30)

loger like manger (11)

maintenir like tenir (48)

manger (11)

se maquiller like se laver (4)

se marier like se laver (4)

se méfier like se laver (4)

menacer like commencer (9)

mener like acheter (7)

mentir like partir (35) *except* **p.c.** with **avoir**

mettre (31)

se mettre like mettre (31) *except* **p.c.** with **être**

monter like parler (1) *except* **p.c.** with **être**; **p.c.** w/**avoir** if takes a direct object

se moquer like se laver (4)

mourir (32); **p.c.** with **être**

nager like manger (11)

naître (33); **p.c.** with **être**

nettoyer like employer (10)

nuire like conduire (17)

obtenir like tenir (48)

s'occuper like se laver (4)

offrir like ouvrir (34)

s'orienter like se laver (4)

ouvrir (34)

paraître like connaître (18)

parcourir like courir (19)

parler (1)

partager like manger (11)

partir (35); **p.c.** with **être**

parvenir like venir (51)

passer like parler (1) *except* **p.c.** with **être**

payer like employer (10) *except* **y** to **i** change optional

se peigner like se laver (4)

percevoir like recevoir (40)

permettre like mettre (31)

peser like acheter (7)

placer like commencer (9)

se plaindre like éteindre (26) *except* **p.c.** with **être**

plaire (36)

pleuvoir (37)

plonger like manger (11)

posséder like préférer (12)

pouvoir (38)

prédire like dire (22) *except* **vous prédisez** (present) and **prédisez** (imperative)

préférer (12)

prendre (39)

prévenir like venir (51) *except* **p.c.** with **avoir**

prévoir like voir (53)

produire like conduire (17)

projeter like appeler (8)

se promener like acheter (7) *except* **p.c.** with **être**

promettre like mettre (31)

protéger like préférer (12) *except* takes **e** between **g** and vowels **a** and **o**

provenir like venir (51)

ranger like manger (11)

rappeler like appeler (8)

se rappeler like appeler (8) *except* **p.c.** with **être**

se raser like se laver (4)

se rassurer like se laver (4)

se rebeller like se laver (4)

recevoir (40)

se réconcilier like se laver (4)

reconnaître like connaître (18)

réduire like conduire (17)

régner like préférer (12)

rejeter like appeler (8)

rejoindre (41)

se relever like acheter (7) *except* **p.c.** with **être**

remplacer like commencer (9)

renouveler like appeler (8)

rentrer like parler (1) *except* **p.c.** with **être**

renvoyer like envoyer (25)

répéter like préférer (12)

se reposer like se laver (4)

reprendre like prendre (39)

résoudre (42)

ressentir like partir (35) *except* **p.c.** with **avoir**

rester like parler (1) *except* **p.c.** with **être**

retenir like tenir (48)

retourner like parler (1) *except* **p.c.** with **être**

se retourner like se laver (4)

retransmettre like mettre (31)

se réunir like finir (2) *except* **p.c.** with **être**

se réveiller like se laver (4)

revenir like venir (51); **p.c.** with **être**

revoir like voir (53)

se révolter like se laver (4)

rire (43)

rompre (44)

savoir (45)

se sécher like préférer (12) *except* **p.c.** with **être**

séduire like conduire (17)

sentir like partir (35) *except* **p.c.** with **avoir**

servir like partir (35) *except* **p.c.** with **avoir**

se servir like partir (35); **p.c.** with **être**

sortir like partir (35); **p.c.** with **être**

se soucier like se laver (4)

souffrir like ouvrir (34)

soulager like manger (11)

soulever like acheter (7)

sourire like rire (43)

soutenir like tenir (48)

se souvenir like venir (51); **p.c.** with **être**

subvenir like venir (51) *except* **p.c.** with **avoir**

suffire like lire (30)

suggérer like préférer (12)

suivre (46)

surprendre like prendre (39)

survivre like vivre (52)

se taire (47)

télécharger like manger (11)

tenir (48)

tomber like parler (1) *except* **p.c.** with **être**

traduire like conduire (17)

se tromper like se laver (4)

se trouver like se laver (4)

vaincre (49)

valoir (50)

vendre (3)

venir (51); **p.c.** with **être**

vivre (52)

voir (53)

vouloir (54)

voyager like manger (11)

Tables de conjugaison

Regular verbs

1 — parler (to speak)
Present participle: parlant — Past participle: parlé — Past infinitive: avoir parlé

Subject Pronouns	INDICATIVE Present	Passé simple	Imperfect	Future	CONDITIONAL Present	SUBJUNCTIVE Present	IMPERATIVE
je	parle	parlai	parlais	parlerai	parlerais	parle	
tu	parles	parlas	parlais	parleras	parlerais	parles	parle
il/elle/on	parle	parla	parlait	parlera	parlerait	parle	
nous	parlons	parlâmes	parlions	parlerons	parlerions	parlions	parlons
vous	parlez	parlâtes	parliez	parlerez	parleriez	parliez	parlez
ils/elles	parlent	parlèrent	parlaient	parleront	parleraient	parlent	

2 — finir (to finish)
Present participle: finissant — Past participle: fini — Past infinitive: avoir fini

Subject Pronouns	INDICATIVE Present	Passé simple	Imperfect	Future	CONDITIONAL Present	SUBJUNCTIVE Present	IMPERATIVE
je	finis	finis	finissais	finirai	finirais	finisse	
tu	finis	finis	finissais	finiras	finirais	finisses	finis
il/elle/on	finit	finit	finissait	finira	finirait	finisse	
nous	finissons	finîmes	finissions	finirons	finirions	finissions	finissons
vous	finissez	finîtes	finissiez	finirez	finiriez	finissiez	finissez
ils/elles	finissent	finirent	finissaient	finiront	finiraient	finissent	

3 — vendre (to sell)
Present participle: vendant — Past participle: vendu — Past infinitive: avoir vendu

Subject Pronouns	INDICATIVE Present	Passé simple	Imperfect	Future	CONDITIONAL Present	SUBJUNCTIVE Present	IMPERATIVE
je	vends	vendis	vendais	vendrai	vendrais	vende	
tu	vends	vendis	vendais	vendras	vendrais	vendes	vends
il/elle/on	vend	vendit	vendait	vendra	vendrait	vende	
nous	vendons	vendîmes	vendions	vendrons	vendrions	vendions	vendons
vous	vendez	vendîtes	vendiez	vendrez	vendriez	vendiez	vendez
ils/elles	vendent	vendirent	vendaient	vendront	vendraient	vendent	

Reflexive (Pronominal)

4 — se laver (to wash oneself)
Present participle: se lavant — Past participle: lavé — Past infinitive: s'être lavé(e)(s)

Subject Pronouns	INDICATIVE Present	Passé simple	Imperfect	Future	CONDITIONAL Present	SUBJUNCTIVE Present	IMPERATIVE
je	me lave	me lavai	me lavais	me laverai	me laverais	me lave	
tu	te laves	te lavas	te lavais	te laveras	te laverais	te laves	lave-toi
il/elle/on	se lave	se lava	se lavait	se lavera	se laverait	se lave	
nous	nous lavons	nous lavâmes	nous lavions	nous laverons	nous laverions	nous lavions	lavons-nous
vous	vous lavez	vous lavâtes	vous laviez	vous laverez	vous laveriez	vous laviez	lavez-vous
ils/elles	se lavent	se lavèrent	se lavaient	se laveront	se laveraient	se lavent	

Auxiliary verbs: *avoir* and *être*

5

Infinitive / Present participle / Past participle / Past infinitive	Subject Pronouns	INDICATIVE — Present	INDICATIVE — Passé simple	INDICATIVE — Imperfect	INDICATIVE — Future	CONDITIONAL — Present	SUBJUNCTIVE — Present	IMPERATIVE
avoir *(to have)*	j'	ai	eus	avais	aurai	aurais	aie	
ayant	tu	as	eus	avais	auras	aurais	aies	aie
eu	il/elle/on	a	eut	avait	aura	aurait	ait	
avoir eu	nous	avons	eûmes	avions	aurons	aurions	ayons	ayons
	vous	avez	eûtes	aviez	aurez	auriez	ayez	ayez
	ils/elles	ont	eurent	avaient	auront	auraient	aient	

6

Infinitive / Present participle / Past participle / Past infinitive	Subject Pronouns	INDICATIVE — Present	INDICATIVE — Passé simple	INDICATIVE — Imperfect	INDICATIVE — Future	CONDITIONAL — Present	SUBJUNCTIVE — Present	IMPERATIVE
être *(to be)*	je (j')	suis	fus	étais	serai	serais	sois	
étant	tu	es	fus	étais	seras	serais	sois	sois
été	il/elle/on	est	fut	était	sera	serait	soit	
avoir été	nous	sommes	fûmes	étions	serons	serions	soyons	soyons
	vous	êtes	fûtes	étiez	serez	seriez	soyez	soyez
	ils/elles	sont	furent	étaient	seront	seraient	soient	

Compound tenses

Subject pronouns	INDICATIVE — Passé composé	INDICATIVE — Pluperfect	INDICATIVE — Passé simple	INDICATIVE — Future perfect	CONDITIONAL — Past	SUBJUNCTIVE — Past
j'	ai	avais	eus	aurai	aurais	aie
tu	as	avais	eus	auras	aurais	aies
il/elle/on	a	avait	eut	aura	aurait	ait
nous	avons	avions	eûmes	aurons	aurions	ayons
vous	avez	aviez	eûtes	aurez	auriez	ayez
ils/elles	ont	avaient	eurent	auront	auraient	aient
(+ parlé / fini / vendu)						
je (j')	suis	étais	fus	serai	serais	sois
tu	es	étais	fus	seras	serais	sois
il/elle/on	est	était	fut	sera	serait	soit
nous	sommes	étions	fûmes	serons	serions	soyons
vous	êtes	étiez	fûtes	serez	seriez	soyez
ils/elles	sont	étaient	furent	seront	seraient	soient
(+ allé(e)(s))						

Verbs with spelling changes

Infinitive / Present participle / Past participle / Past infinitive	Subject Pronouns	INDICATIVE Present	INDICATIVE Passé simple	INDICATIVE Imperfect	INDICATIVE Future	CONDITIONAL Present	SUBJUNCTIVE Present	IMPERATIVE
7 acheter *(to buy)* achetant / acheté / avoir acheté	j'	achète	achetai	achetais	achèterai	achèterais	achète	
	tu	achètes	achetas	achetais	achèteras	achèterais	achètes	achète
	il/elle/on	achète	acheta	achetait	achètera	achèterait	achète	
	nous	achetons	achetâmes	achetions	achèterons	achèterions	achetions	achetons
	vous	achetez	achetâtes	achetiez	achèterez	achèteriez	achetiez	achetez
	ils/elles	achètent	achetèrent	achetaient	achèteront	achèteraient	achètent	
8 appeler *(to call)* appelant / appelé / avoir appelé	j'	appelle	appelai	appelais	appellerai	appellerais	appelle	
	tu	appelles	appelas	appelais	appelleras	appellerais	appelles	appelle
	il/elle/on	appelle	appela	appelait	appellera	appellerait	appelle	
	nous	appelons	appelâmes	appelions	appellerons	appellerions	appelions	appelons
	vous	appelez	appelâtes	appeliez	appellerez	appelleriez	appeliez	appelez
	ils/elles	appellent	appelèrent	appelaient	appelleront	appelleraient	appellent	
9 commencer *(to begin)* commençant / commencé / avoir commencé	je	commence	commençai	commençais	commencerai	commencerais	commence	
	tu	commences	commenças	commençais	commenceras	commencerais	commences	commence
	il/elle/on	commence	commença	commençait	commencera	commencerait	commence	
	nous	commençons	commençâmes	commencions	commencerons	commencerions	commencions	commençons
	vous	commencez	commençâtes	commenciez	commencerez	commenceriez	commenciez	commencez
	ils/elles	commencent	commencèrent	commençaient	commenceront	commenceraient	commencent	
10 employer *(to use; to employ)* employant / employé / avoir employé	j'	emploie	employai	employais	emploierai	emploierais	emploie	
	tu	emploies	employas	employais	emploieras	emploierais	emploies	emploie
	il/elle/on	emploie	employa	employait	emploiera	emploierait	emploie	
	nous	employons	employâmes	employions	emploierons	emploierions	employions	employons
	vous	employez	employâtes	employiez	emploierez	emploieriez	employiez	employez
	ils/elles	emploient	employèrent	employaient	emploieront	emploieraient	emploient	
11 manger *(to eat)* mangeant / mangé / avoir mangé	je	mange	mangeai	mangeais	mangerai	mangerais	mange	
	tu	manges	mangeas	mangeais	mangeras	mangerais	manges	mange
	il/elle/on	mange	mangea	mangeait	mangera	mangerait	mange	
	nous	mangeons	mangeâmes	mangions	mangerons	mangerions	mangions	mangeons
	vous	mangez	mangeâtes	mangiez	mangerez	mangeriez	mangiez	mangez
	ils/elles	mangent	mangèrent	mangeaient	mangeront	mangeraient	mangent	

12 préférer (to prefer)

Infinitive	Subject Pronouns	INDICATIVE				CONDITIONAL	SUBJUNCTIVE	IMPERATIVE
Present participle / Past participle / Past infinitive		Present	Passé simple	Imperfect	Future	Present	Present	
préférant	je	préfère	préférai	préférais	préférerai	préférerais	préfère	
préféré	tu	préfères	préféras	préférais	préféreras	préférerais	préfères	préfère
avoir préféré	il/elle/on	préfère	préféra	préférait	préférera	préférerait	préfère	
	nous	préférons	préférâmes	préférions	préférerons	préférerions	préférions	préférons
	vous	préférez	préférâtes	préfériez	préférerez	préféreriez	préfériez	préférez
	ils/elles	préfèrent	préférèrent	préféraient	préféreront	préféreraient	préfèrent	

Irregular verbs

13 aller (to go)
14 s'asseoir (to sit down, to be seated)
15 se battre (to fight)

Infinitive	Subject Pronouns	INDICATIVE				CONDITIONAL	SUBJUNCTIVE	IMPERATIVE
Present participle / Past participle / Past infinitive		Present	Passé simple	Imperfect	Future	Present	Present	
13 aller	je (j')	vais	allai	allais	irai	irais	aille	
allant	tu	vas	allas	allais	iras	irais	ailles	va
allé	il/elle/on	va	alla	allait	ira	irait	aille	
être allé(e)(s)	nous	allons	allâmes	allions	irons	irions	allions	allons
	vous	allez	allâtes	alliez	irez	iriez	alliez	allez
	ils/elles	vont	allèrent	allaient	iront	iraient	aillent	
14 s'asseoir	je	m'assieds	m'assis	m'asseyais	m'assiérai	m'assiérais	m'asseye	
s'asseyant	tu	t'assieds	t'assis	t'asseyais	t'assiéras	t'assiérais	t'asseyes	assieds-toi
assis	il/elle/on	s'assied	s'assit	s'asseyait	s'assiéra	s'assiérait	s'asseye	
s'être assis(e)(s)	nous	nous asseyons	nous assîmes	nous asseyions	nous assiérons	nous assiérions	nous asseyions	asseyons-nous
	vous	vous asseyez	vous assîtes	vous asseyiez	vous assiérez	vous assiériez	vous asseyiez	asseyez-vous
	ils/elles	s'asseyent	s'assirent	s'asseyaient	s'assiéront	s'assiéraient	s'asseyent	
15 se battre	je	me bats	me battis	me battais	me battrai	me battrais	me batte	
se battant	tu	te bats	te battis	te battais	te battras	te battrais	te battes	bats-toi
battu	il/elle/on	se bat	se battit	se battait	se battra	se battrait	se batte	
s'être battu(e)(s)	nous	nous battons	nous battîmes	nous battions	nous battrons	nous battrions	nous battions	battons-nous
	vous	vous battez	vous battîtes	vous battiez	vous battrez	vous battriez	vous battiez	battez-vous
	ils/elles	se battent	se battirent	se battaient	se battront	se battraient	se battent	

| Infinitive | | INDICATIVE | | | | | CONDITIONAL | SUBJUNCTIVE | IMPERATIVE |
Present participle / Past participle / Past infinitive	Subject Pronouns	Present	Passé simple	Imperfect	Future		Present	Present	
16 boire *(to drink)*	je	bois	bus	buvais	boirai		boirais	boive	
	tu	bois	bus	buvais	boiras		boirais	boives	bois
	il/elle/on	boit	but	buvait	boira		boirait	boive	
buvant	nous	buvons	bûmes	buvions	boirons		boirions	buvions	buvons
bu	vous	buvez	bûtes	buviez	boirez		boiriez	buviez	buvez
avoir bu	ils/elles	boivent	burent	buvaient	boiront		boiraient	boivent	
17 conduire *(to drive; to lead)*	je	conduis	conduisis	conduisais	conduirai		conduirais	conduise	
	tu	conduis	conduisis	conduisais	conduiras		conduirais	conduises	conduis
	il/elle/on	conduit	conduisit	conduisait	conduira		conduirait	conduise	
conduisant	nous	conduisons	conduisîmes	conduisions	conduirons		conduirions	conduisions	conduisons
conduit	vous	conduisez	conduisîtes	conduisiez	conduirez		conduiriez	conduisiez	conduisez
avoir conduit	ils/elles	conduisent	conduisirent	conduisaient	conduiront		conduiraient	conduisent	
18 connaître *(to know, to be acquainted with)*	je	connais	connus	connaissais	connaîtrai		connaîtrais	connaisse	
	tu	connais	connus	connaissais	connaîtras		connaîtrais	connaisses	connais
	il/elle/on	connaît	connut	connaissait	connaîtra		connaîtrait	connaisse	
connaissant	nous	connaissons	connûmes	connaissions	connaîtrons		connaîtrions	connaissions	connaissons
connu	vous	connaissez	connûtes	connaissiez	connaîtrez		connaîtriez	connaissiez	connaissez
avoir connu	ils/elles	connaissent	connurent	connaissaient	connaîtront		connaîtraient	connaissent	
19 courir *(to run)*	je	cours	courus	courais	courrai		courrais	coure	
	tu	cours	courus	courais	courras		courrais	coures	cours
	il/elle/on	court	courut	courait	courra		courrait	coure	
courant	nous	courons	courûmes	courions	courrons		courrions	courions	courons
couru	vous	courez	courûtes	couriez	courrez		courriez	couriez	courez
avoir couru	ils/elles	courent	coururent	couraient	courront		courraient	courent	
20 croire *(to believe)*	je	crois	crus	croyais	croirai		croirais	croie	
	tu	crois	crus	croyais	croiras		croirais	croies	crois
	il/elle/on	croit	crut	croyait	croira		croirait	croie	
croyant	nous	croyons	crûmes	croyions	croirons		croirions	croyions	croyons
cru	vous	croyez	crûtes	croyiez	croirez		croiriez	croyiez	croyez
avoir cru	ils/elles	croient	crurent	croyaient	croiront		croiraient	croient	

Infinitive / Present participle / Past participle / Past infinitive	Subject Pronouns	INDICATIVE				CONDITIONAL	SUBJUNCTIVE	IMPERATIVE
		Present	Passé simple	Imperfect	Future	Present	Present	
21 devoir *(to have to; to owe)* devant dû avoir dû	je	dois	dus	devais	devrai	devrais	doive	
	tu	dois	dus	devais	devras	devrais	doives	dois
	il/elle/on	doit	dut	devait	devra	devrait	doive	
	nous	devons	dûmes	devions	devrons	devrions	devions	devons
	vous	devez	dûtes	deviez	devrez	devriez	deviez	devez
	ils/elles	doivent	durent	devaient	devront	devraient	doivent	
22 dire *(to say, to tell)* disant dit avoir dit	je	dis	dis	disais	dirai	dirais	dise	
	tu	dis	dis	disais	diras	dirais	dises	dis
	il/elle/on	dit	dit	disait	dira	dirait	dise	
	nous	disons	dîmes	disions	dirons	dirions	disions	disons
	vous	dites	dîtes	disiez	direz	diriez	disiez	dites
	ils/elles	disent	dirent	disaient	diront	diraient	disent	
23 écrire *(to write)* écrivant écrit avoir écrit	j'	écris	écrivis	écrivais	écrirai	écrirais	écrive	
	tu	écris	écrivis	écrivais	écriras	écrirais	écrives	écris
	il/elle/on	écrit	écrivit	écrivait	écrira	écrirait	écrive	
	nous	écrivons	écrivîmes	écrivions	écrirons	écririons	écrivions	écrivons
	vous	écrivez	écrivîtes	écriviez	écrirez	écririez	écriviez	écrivez
	ils/elles	écrivent	écrivirent	écrivaient	écriront	écriraient	écrivent	
24 émouvoir *(to move)* émouvant ému avoir ému	j'	émeus	émus	émouvais	émouvrai	émouvrais	émeuve	
	tu	émeus	émus	émouvais	émouvras	émouvrais	émeuves	émeus
	il/elle/on	émeut	émut	émouvait	émouvra	émouvrait	émeuve	
	nous	émouvons	émûmes	émouvions	émouvrons	émouvrions	émouvions	émouvons
	vous	émouvez	émûtes	émouviez	émouvrez	émouvriez	émouviez	émouvez
	ils/elles	émeuvent	émurent	émouvaient	émouvront	émouvraient	émeuvent	
25 envoyer *(to send)* envoyant envoyé avoir envoyé	j'	envoie	envoyai	envoyais	enverrai	enverrais	envoie	
	tu	envoies	envoyas	envoyais	enverras	enverrais	envoies	envoie
	il/elle/on	envoie	envoya	envoyait	enverra	enverrait	envoie	
	nous	envoyons	envoyâmes	envoyions	enverrons	enverrions	envoyions	envoyons
	vous	envoyez	envoyâtes	envoyiez	enverrez	enverriez	envoyiez	envoyez
	ils/elles	envoient	envoyèrent	envoyaient	enverront	enverraient	envoient	

Infinitive / Present participle / Past participle / Past infinitive	Subject Pronouns	INDICATIVE Present	Passé simple	Imperfect	Future	CONDITIONAL Present	SUBJUNCTIVE Present	IMPERATIVE
26 éteindre *(to turn off)* éteignant éteint avoir éteint	j'	éteins	éteignis	éteignais	éteindrai	éteindrais	éteigne	
	tu	éteins	éteignis	éteignais	éteindras	éteindrais	éteignes	éteins
	il/elle/on	éteint	éteignit	éteignait	éteindra	éteindrait	éteigne	
	nous	éteignons	éteignîmes	éteignions	éteindrons	éteindrions	éteignions	éteignons
	vous	éteignez	éteignîtes	éteigniez	éteindrez	éteindriez	éteigniez	éteignez
	ils/elles	éteignent	éteignirent	éteignaient	éteindront	éteindraient	éteignent	
27 faire *(to do; to make)* faisant fait avoir fait	je	fais	fis	faisais	ferai	ferais	fasse	
	tu	fais	fis	faisais	feras	ferais	fasses	fais
	il/elle/on	fait	fit	faisait	fera	ferait	fasse	
	nous	faisons	fîmes	faisions	ferons	ferions	fassions	faisons
	vous	faites	fîtes	faisiez	ferez	feriez	fassiez	faites
	ils/elles	font	firent	faisaient	feront	feraient	fassent	
28 falloir *(to be necessary)* fallu avoir fallu	il	faut	fallut	fallait	faudra	faudrait	faille	
29 fuir *(to flee)* fuyant fui avoir fui	je	fuis	fuis	fuyais	fuirai	fuirais	fuie	
	tu	fuis	fuis	fuyais	fuiras	fuirais	fuies	fuis
	il/elle/on	fuit	fuit	fuyait	fuira	fuirait	fuie	
	nous	fuyons	fuîmes	fuyions	fuirons	fuirions	fuyions	fuyons
	vous	fuyez	fuîtes	fuyiez	fuirez	fuiriez	fuyiez	fuyez
	ils/elles	fuient	fuirent	fuyaient	fuiront	fuiraient	fuient	
30 lire *(to read)* lisant lu avoir lu	je	lis	lus	lisais	lirai	lirais	lise	
	tu	lis	lus	lisais	liras	lirais	lises	lis
	il/elle/on	lit	lut	lisait	lira	lirait	lise	
	nous	lisons	lûmes	lisions	lirons	lirions	lisions	lisons
	vous	lisez	lûtes	lisiez	lirez	liriez	lisiez	lisez
	ils/elles	lisent	lurent	lisaient	liront	liraient	lisent	

31 mettre (to put) — mettant / mis / avoir mis

Subject Pronouns	Present	Passé simple	Imperfect	Future	Conditional Present	Subjunctive Present	Imperative
je	mets	mis	mettais	mettrai	mettrais	mette	
tu	mets	mis	mettais	mettras	mettrais	mettes	mets
il/elle/on	met	mit	mettait	mettra	mettrait	mette	
nous	mettons	mîmes	mettions	mettrons	mettrions	mettions	mettons
vous	mettez	mîtes	mettiez	mettrez	mettriez	mettiez	mettez
ils/elles	mettent	mirent	mettaient	mettront	mettraient	mettent	

32 mourir (to die) — mourant / mort / être mort(e)(s)

Subject Pronouns	Present	Passé simple	Imperfect	Future	Conditional Present	Subjunctive Present	Imperative
je	meurs	mourus	mourais	mourrai	mourrais	meure	
tu	meurs	mourus	mourais	mourras	mourrais	meures	meurs
il/elle/on	meurt	mourut	mourait	mourra	mourrait	meure	
nous	mourons	mourûmes	mourions	mourrons	mourrions	mourions	mourons
vous	mourez	mourûtes	mouriez	mourrez	mourriez	mouriez	mourez
ils/elles	meurent	moururent	mouraient	mourront	mourraient	meurent	

33 naître (to be born) — naissant / né / être né(e)(s)

Subject Pronouns	Present	Passé simple	Imperfect	Future	Conditional Present	Subjunctive Present	Imperative
je	nais	naquis	naissais	naîtrai	naîtrais	naisse	
tu	nais	naquis	naissais	naîtras	naîtrais	naisses	nais
il/elle/on	naît	naquit	naissait	naîtra	naîtrait	naisse	
nous	naissons	naquîmes	naissions	naîtrons	naîtrions	naissions	naissons
vous	naissez	naquîtes	naissiez	naîtrez	naîtriez	naissiez	naissez
ils/elles	naissent	naquirent	naissaient	naîtront	naîtraient	naissent	

34 ouvrir (to open) — ouvrant / ouvert / avoir ouvert

Subject Pronouns	Present	Passé simple	Imperfect	Future	Conditional Present	Subjunctive Present	Imperative
j'	ouvre	ouvris	ouvrais	ouvrirai	ouvrirais	ouvre	
tu	ouvres	ouvris	ouvrais	ouvriras	ouvrirais	ouvres	ouvre
il/elle/on	ouvre	ouvrit	ouvrait	ouvrira	ouvrirait	ouvre	
nous	ouvrons	ouvrîmes	ouvrions	ouvrirons	ouvririons	ouvrions	ouvrons
vous	ouvrez	ouvrîtes	ouvriez	ouvrirez	ouvririez	ouvriez	ouvrez
ils/elles	ouvrent	ouvrirent	ouvraient	ouvriront	ouvriraient	ouvrent	

35 partir (to leave) — partant / parti / être parti(e)(s)

Subject Pronouns	Present	Passé simple	Imperfect	Future	Conditional Present	Subjunctive Present	Imperative
je	pars	partis	partais	partirai	partirais	parte	
tu	pars	partis	partais	partiras	partirais	partes	pars
il/elle/on	part	partit	partait	partira	partirait	parte	
nous	partons	partîmes	partions	partirons	partirions	partions	partons
vous	partez	partîtes	partiez	partirez	partiriez	partiez	partez
ils/elles	partent	partirent	partaient	partiront	partiraient	partent	

Infinitive / Present participle / Past participle / Past infinitive	Subject Pronouns	INDICATIVE				CONDITIONAL	SUBJUNCTIVE	IMPERATIVE
		Present	Passé simple	Imperfect	Future	Present	Present	
36 plaire (to please) / plaisant / plu / avoir plu	je	plais	plus	plaisais	plairai	plairais	plaise	
	tu	plais	plus	plaisais	plairas	plairais	plaises	plais
	il/elle/on	plaît	plut	plaisait	plaira	plairait	plaise	
	nous	plaisons	plûmes	plaisions	plairons	plairions	plaisions	plaisons
	vous	plaisez	plûtes	plaisiez	plairez	plairiez	plaisiez	plaisez
	ils/elles	plaisent	plurent	plaisaient	plairont	plairaient	plaisent	
37 pleuvoir (to rain) / pleuvant / plu / avoir plu	il	pleut	plut	pleuvait	pleuvra	pleuvrait	pleuve	
38 pouvoir (to be able) / pouvant / pu / avoir pu	je	peux	pus	pouvais	pourrai	pourrais	puisse	
	tu	peux	pus	pouvais	pourras	pourrais	puisses	
	il/elle/on	peut	put	pouvait	pourra	pourrait	puisse	
	nous	pouvons	pûmes	pouvions	pourrons	pourrions	puissions	
	vous	pouvez	pûtes	pouviez	pourrez	pourriez	puissiez	
	ils/elles	peuvent	purent	pouvaient	pourront	pourraient	puissent	
39 prendre (to take) / prenant / pris / avoir pris	je	prends	pris	prenais	prendrai	prendrais	prenne	
	tu	prends	pris	prenais	prendras	prendrais	prennes	prends
	il/elle/on	prend	prit	prenait	prendra	prendrait	prenne	
	nous	prenons	prîmes	prenions	prendrons	prendrions	prenions	prenons
	vous	prenez	prîtes	preniez	prendrez	prendriez	preniez	prenez
	ils/elles	prennent	prirent	prenaient	prendront	prendraient	prennent	
40 recevoir (to receive) / recevant / reçu / avoir reçu	je	reçois	reçus	recevais	recevrai	recevrais	reçoive	
	tu	reçois	reçus	recevais	recevras	recevrais	reçoives	reçois
	il/elle/on	reçoit	reçut	recevait	recevra	recevrait	reçoive	
	nous	recevons	reçûmes	recevions	recevrons	recevrions	recevions	recevons
	vous	recevez	reçûtes	receviez	recevrez	recevriez	receviez	recevez
	ils/elles	reçoivent	reçurent	recevaient	recevront	recevraient	reçoivent	
41 rejoindre (to join) / rejoignant / rejoint / avoir rejoint	je	rejoins	rejoignis	rejoignais	rejoindrai	rejoindrais	rejoigne	
	tu	rejoins	rejoignis	rejoignais	rejoindras	rejoindrais	rejoignes	rejoins
	il/elle/on	rejoint	rejoignit	rejoignait	rejoindra	rejoindrait	rejoigne	
	nous	rejoignons	rejoignîmes	rejoignions	rejoindrons	rejoindrions	rejoignions	rejoignons
	vous	rejoignez	rejoignîtes	rejoigniez	rejoindrez	rejoindriez	rejoigniez	rejoignez
	ils/elles	rejoignent	rejoignirent	rejoignaient	rejoindront	rejoindraient	rejoignent	

42 — résoudre (to solve)

Present participle: résolvant · Past participle: résolu · Past infinitive: avoir résolu

Subject Pronouns	Present	Passé simple	Imperfect	Future	Conditional Present	Subjunctive Present	Imperative
je	résous	résolus	résolvais	résoudrai	résoudrais	résolve	
tu	résous	résolus	résolvais	résoudras	résoudrais	résolves	résous
il/elle/on	résout	résolut	résolvait	résoudra	résoudrait	résolve	
nous	résolvons	résolûmes	résolvions	résoudrons	résoudrions	résolvions	résolvons
vous	résolvez	résolûtes	résolviez	résoudrez	résoudriez	résolviez	résolvez
ils/elles	résolvent	résolurent	résolvaient	résoudront	résoudraient	résolvent	

43 — rire (to laugh)

Present participle: riant · Past participle: ri · Past infinitive: avoir ri

Subject Pronouns	Present	Passé simple	Imperfect	Future	Conditional Present	Subjunctive Present	Imperative
je	ris	ris	riais	rirai	rirais	rie	
tu	ris	ris	riais	riras	rirais	ries	ris
il/elle/on	rit	rit	riait	rira	rirait	rie	
nous	rions	rîmes	riions	rirons	ririons	riions	rions
vous	riez	rîtes	riiez	rirez	ririez	riiez	riez
ils/elles	rient	rirent	riaient	riront	riraient	rient	

44 — rompre (to break)

Present participle: rompant · Past participle: rompu · Past infinitive: avoir rompu

Subject Pronouns	Present	Passé simple	Imperfect	Future	Conditional Present	Subjunctive Present	Imperative
je	romps	rompis	rompais	romprai	romprais	rompe	
tu	romps	rompis	rompais	rompras	romprais	rompes	romps
il/elle/on	rompt	rompit	rompait	rompra	romprait	rompe	
nous	rompons	rompîmes	rompions	romprons	romprions	rompions	rompons
vous	rompez	rompîtes	rompiez	romprez	rompriez	rompiez	rompez
ils/elles	rompent	rompirent	rompaient	rompront	rompraient	rompent	

45 — savoir (to know)

Present participle: sachant · Past participle: su · Past infinitive: avoir su

Subject Pronouns	Present	Passé simple	Imperfect	Future	Conditional Present	Subjunctive Present	Imperative
je	sais	sus	savais	saurai	saurais	sache	
tu	sais	sus	savais	sauras	saurais	saches	sache
il/elle/on	sait	sut	savait	saura	saurait	sache	
nous	savons	sûmes	savions	saurons	saurions	sachions	sachons
vous	savez	sûtes	saviez	saurez	sauriez	sachiez	sachez
ils/elles	savent	surent	savaient	sauront	sauraient	sachent	

46 — suivre (to follow)

Present participle: suivant · Past participle: suivi · Past infinitive: avoir suivi

Subject Pronouns	Present	Passé simple	Imperfect	Future	Conditional Present	Subjunctive Present	Imperative
je	suis	suivis	suivais	suivrai	suivrais	suive	
tu	suis	suivis	suivais	suivras	suivrais	suives	suis
il/elle/on	suit	suivit	suivait	suivra	suivrait	suive	
nous	suivons	suivîmes	suivions	suivrons	suivrions	suivions	suivons
vous	suivez	suivîtes	suiviez	suivrez	suivriez	suiviez	suivez
ils/elles	suivent	suivirent	suivaient	suivront	suivraient	suivent	

47 — se taire (to be quiet)

Present participle: se taisant · Past participle: tu · Past infinitive: s'être tu(e)(s)

Subject Pronouns	Present	Passé simple	Imperfect	Future	Conditional Present	Subjunctive Present	Imperative
je	me tais	me tus	me taisais	me tairai	me tairais	me taise	
tu	te tais	te tus	te taisais	te tairas	te tairais	te taises	tais-toi
il/elle/on	se tait	se tut	se taisait	se taira	se tairait	se taise	
nous	nous taisons	nous tûmes	nous taisions	nous tairons	nous tairions	nous taisions	taisons-nous
vous	vous taisez	vous tûtes	vous taisiez	vous tairez	vous tairiez	vous taisiez	taisez-vous
ils/elles	se taisent	se turent	se taisaient	se tairont	se tairaient	se taisent	

Infinitive / Present participle / Past participle / Past infinitive	Subject Pronouns	INDICATIVE				CONDITIONAL	SUBJUNCTIVE	IMPERATIVE
		Present	Passé simple	Imperfect	Future	Present	Present	
48 tenir *(to hold)* tenant tenu avoir tenu	je	tiens	tins	tenais	tiendrai	tiendrais	tienne	
	tu	tiens	tins	tenais	tiendras	tiendrais	tiennes	tiens
	il/elle/on	tient	tint	tenait	tiendra	tiendrait	tienne	
	nous	tenons	tînmes	tenions	tiendrons	tiendrions	tenions	tenons
	vous	tenez	tîntes	teniez	tiendrez	tiendriez	teniez	tenez
	ils/elles	tiennent	tinrent	tenaient	tiendront	tiendraient	tiennent	
49 vaincre *(to defeat)* vainquant vaincu avoir vaincu	je	vaincs	vainquis	vainquais	vaincrai	vaincrais	vainque	
	tu	vaincs	vainquis	vainquais	vaincras	vaincrais	vainques	vaincs
	il/elle/on	vainc	vainquit	vainquait	vaincra	vaincrait	vainque	
	nous	vainquons	vainquîmes	vainquions	vaincrons	vaincrions	vainquions	vainquons
	vous	vainquez	vainquîtes	vainquiez	vaincrez	vaincriez	vainquiez	vainquez
	ils/elles	vainquent	vainquirent	vainquaient	vaincront	vaincraient	vainquent	
50 valoir *(to be worth)* valant valu avoir valu	je	vaux	valus	valais	vaudrai	vaudrais	vaille	
	tu	vaux	valus	valais	vaudras	vaudrais	vailles	vaux
	il/elle/on	vaut	valut	valait	vaudra	vaudrait	vaille	
	nous	valons	valûmes	valions	vaudrons	vaudrions	valions	valons
	vous	valez	valûtes	valiez	vaudrez	vaudriez	valiez	valez
	ils/elles	valent	valurent	valaient	vaudront	vaudraient	vaillent	
51 venir *(to come)* venant venu être venu(e)(s)	je	viens	vins	venais	viendrai	viendrais	vienne	
	tu	viens	vins	venais	viendras	viendrais	viennes	viens
	il/elle/on	vient	vint	venait	viendra	viendrait	vienne	
	nous	venons	vînmes	venions	viendrons	viendrions	venions	venons
	vous	venez	vîntes	veniez	viendrez	viendriez	veniez	venez
	ils/elles	viennent	vinrent	venaient	viendront	viendraient	viennent	
52 vivre *(to live)* vivant vécu avoir vécu	je	vis	vécus	vivais	vivrai	vivrais	vive	
	tu	vis	vécus	vivais	vivras	vivrais	vives	vis
	il/elle/on	vit	vécut	vivait	vivra	vivrait	vive	
	nous	vivons	vécûmes	vivions	vivrons	vivrions	vivions	vivons
	vous	vivez	vécûtes	viviez	vivrez	vivriez	viviez	vivez
	ils/elles	vivent	vécurent	vivaient	vivront	vivraient	vivent	
53 voir *(to see)* voyant vu avoir vu	je	vois	vis	voyais	verrai	verrais	voie	
	tu	vois	vis	voyais	verras	verrais	voies	vois
	il/elle/on	voit	vit	voyait	verra	verrait	voie	
	nous	voyons	vîmes	voyions	verrons	verrions	voyions	voyons
	vous	voyez	vîtes	voyiez	verrez	verriez	voyiez	voyez
	ils/elles	voient	virent	voyaient	verront	verraient	voient	

54

Infinitive	Subject Pronouns	INDICATIVE				CONDITIONAL	SUBJUNCTIVE	IMPERATIVE
Present participle / **Past participle** / **Past infinitive**		**Present**	**Passé simple**	**Imperfect**	**Future**	**Present**	**Present**	
vouloir *(to want, to wish)*	je	veux	voulus	voulais	voudrai	voudrais	veuille	
	tu	veux	voulus	voulais	voudras	voudrais	veuilles	veuille
	il/elle/on	veut	voulut	voulait	voudra	voudrait	veuille	
voulant	nous	voulons	voulûmes	voulions	voudrons	voudrions	voulions	veuillons
voulu	vous	voulez	voulûtes	vouliez	voudrez	voudriez	vouliez	veuillez
avoir voulu	ils/elles	veulent	voulurent	voulaient	voudront	voudraient	veuillent	

Vocabulaire

Guide to Vocabulary

Active vocabulary

This glossary contains the words and expressions presented as active vocabulary in **IMAGINEZ**.
A numeral following the entry indicates the lesson of **IMAGINEZ** where the word or expression
was introduced. Reflexive verbs are listed under the non-reflexive infinitive.

Abbreviations used in this glossary

adj.	adjective	*indef.*	indefinite	*prep.*	preposition
adv.	adverb	*m.*	masculine	*pron.*	pronoun
conj.	conjunction	*part.*	partitive	*rel.*	relative
f.	feminine	*p.p.*	past participle	*v.*	verb

Français–Anglais

A

à *prep.* at **5**; in **5**; to
  à ce moment-là *adv.* at that moment **3**
  à condition de *prep.* provided (that) **7**
  à condition que *conj.* on the condition that **7**
  à moins de *prep.* unless **7**
  à moins que *conj.* unless **7**
  à partir de *prep.* from **1**
  à succès *adv.* bestselling **5**
  au chômage *adj.* unemployed **9**
a priori *m.* preconceived idea **7**
abîmé(e) *adj.* damaged **9**
abonné(e) *m., f.* subscriber **9**
abonnement *m.* subscription **7**
abriter *v.* to provide a habitat for **10**
absolument *adv.* absolutely **2**
abus de pouvoir *m.* abuse of power **4**
abuser *v.* to abuse **4**
accablé(e) *adj.* overwhelmed **1**
acceptation *f.* acceptance **4**
accoucher *v.* to give birth **6**
accro: être accro (à) *v.* to be addicted (to) **7**
acharnement *m.* determination **10**
acharner: s'acharner sur *v.* to persist relentlessly **5**
acheter *v.* to buy **1**
actif/active *adj.* active **2**
activiste *m., f.* militant activist **4**
actualisé(e) *adj.* updated **3**
actualité *f.* current events **3**
adapter: s'adapter *v.* to adapt **5**
adhérent(e) *m., f.* member **9**
admirer *v.* to admire **8**
ADN *m.* DNA **7**
adresse e-mail *f.* e-mail address **7**
adresser: s'adresser la parole *v.* to speak to one another **7**

affaires *f.* belongings **6**
affectueux/affectueuse *adj.* affectionate **1**
affronter *v.* to face **6**
afin que *conj.* in order that **7**
agacer *v.* to annoy **1**
âge adulte *m.* adulthood **6**
agent de police *m.* police officer **2**
agir *v.* to take action **7**
agiter *v.* to shake **10**
aimer *v.* to love **1**; to like **1**
ainsi *adv.* thus **2**
air *m.* air
  en plein air *adj.* outdoors **10**
aliment *m.* (type or kind of) food **6**
alimentaire *adj.* related to food **6**
aller *v.* to go **1**
  s'en aller *v.* to go/fade away **1**
  aller de l'avant *v.* to forge ahead **5**
alliance *f.* wedding ring **6**
alors *adv.* so **2**; then **2**
alpinisme *m.* mountain climbing **8**
amas *m.* pile, heap **7**
amants *m.* lovers **1**
ambiance *f.* atmosphere **2**
âme *f.* soul **7**
âme sœur *f.* soul mate **1**
améliorer *v.* to improve **2**
  s'améliorer *v.* to better oneself **5**
amener *v.* to bring someone **1**
amitié *f.* friendship **1**
amoureux/amoureuse *adj.* in love **1**
  tomber amoureux/amoureuse (de) to fall in love (with) **1**
amour-propre *m.* self-esteem **6**
amuser *v.* to amuse **2**; **s'amuser** *v.* to have fun **2**
analphabète *adj.* illiterate **4**
ancien(ne) *adj.* ancient **2**; former **2**
ancêtre *m., f.* ancestor **1**
anecdotique *adj.* trivial **5**
animateur/animatrice de radio *m., f.* radio presenter **3**
animé(e) *adj.* lively **2**

antimatière *m.* antimatter **7**
anxieux/anxieuse *adj.* anxious **1**
apercevoir *v.* to catch sight of **2**; to perceive **9**; **s'apercevoir** *v.* to realize **2, 8**; to notice **8**
apparaître *v.* to appear **3**
appareil (photo) numérique *m.* digital camera **7**
appartenir (à) *v.* to belong (to) **5**
appeler *v.* to call **1**
applaudir *v.* to applaud **8**
approuver une loi *v.* to pass a law **4**
après *prep.* after **8**; **après que** *conj.* after **7**
araignée *f.* spider **10**
arbitre *m.* referee **8**
arc-en-ciel *m.* rainbow **10**
archipel *m.* archipelago **10**
argent *m.* silver **2**
argument de vente *m.* selling point **9**
arme *f.* weapon **4**
armée *f.* army **4**
arrêt d'autobus *m.* bus stop **2**
arrêter: s'arrêter *v.* to stop (oneself) **2**
arrière-grand-mère *f.* great-grandmother **6**
arrière-grand-père *m.* great-grandfather **6**
arriver *v.* to arrive **3**
artifice: feu d'artifice *m.* fireworks display **2**
asperge *f.* asparagus **6**
asseoir: s'asseoir *v.* to sit **9**
asservissement *m.* enslavement **4**
assez *adv.* quite **2**
  assez de enough **5**
assimilation *f.* assimilation **5**
assimiler: s'assimiler à *v.* to blend in **1**
astrologue *m., f.* astrologer **7**
astronaute *m., f.* astronaut **7**
astronome *m., f.* astronomer **7**

attendre *v.* to wait for **2**; **s'attendre à quelque chose** *v.* to expect something **2, 3**
attention: attirer l'attention (sur) *v.* to draw attention to **3**
atterrir *v.* to land **7**
attirer *v.* to attract **5**
    attirer l'attention (sur) *v.* to draw attention to **3**
au cas où *conj.* in case **10**
auditeur/auditrice *m., f.* (radio) listener **3**
augmentation (de salaire) *f.* raise (in salary) **9**
augmenter *v.* to grow **5**
aujourd'hui *adv.* today **2**
aussi… que *adv.* as … as **7**
aussitôt que *conj.* as soon as **7**
autant *adv.* so much/many **2**
autobus *m.* bus **2**
    arrêt d'autobus *m.* bus stop **2**
autoritaire *adj.* bossy **6**
autre *adj.* another **2**; different **2**; other **4**
avancé(e) *adj.* advanced **7**
avancer *v.* to advance **1**, to move forward **1**
avant de *prep.* before **7**
    avant que *conj.* before **7**
avocat(e) *m., f.* lawyer **4**
avoir *v.* to have **1**
    avoir des relations to have connections **9**
    avoir honte (de) to be ashamed (of) **1**; to be embarrassed (of) **1**
    avoir confiance en soi to be confident **1**
    avoir de l'influence (sur) to have influence (over) **4**
    avoir des conséquences néfastes (sur) to have harmful consequences (on) **7**
    avoir des dettes to be in debt **9**
    avoir des préjugés to be prejudiced **5**
    avoir le mal du pays to be homesick **5**
    avoir le trac to have stage fright **3**
    avoir peur to be afraid **2**

B

bague *f.* ring **3**
    bague de fiançailles *f.* engagement ring **6**
baisser *v.* to decrease **5**
balancer: se balancer *v.* to swing **10**
balayer *v.* to sweep **1**
ballon *m.* ball **8**
bande *f.* gang **5**
    bande originale *f.* sound track **3**
banlieue *f.* suburb **2**; outskirts **2**
banqueroute *f.* bankruptcy **9**

baragouiner *v.* to jabber **4**
barrière de corail *f.* barrier reef **10**
bas(se) *adj.* low **2**
baskets *f.* sneakers **8**, tennis shoes **8**
bateau *m.* boat **4**
batterie *f.* drums **2**
battre: se battre *v.* to fight **8**
bavard(e) *m., f.* chatterbox **5**
bavarder *v.* to chat **8**
beau/belle *adj.* beautiful **2**; handsome **2**
beaucoup *adv.* a lot **2**
beau-fils *m.* son-in-law **6**; stepson **6**
beau-frère *m.* brother-in-law **6**
beau-père *m.* father-in-law **6**; stepfather **6**
belle-fille *f.* daughter-in-law **6**; stepdaughter **6**
belle-mère *f.* mother-in-law **6**; stepmother **6**
belle-sœur *f.* sister-in-law **6**
bénéfice *m.* profit **9**
berger/bergère *m., f.* shepherd(ess) **10**
bermuda *m.* (a pair of) bermuda shorts **8**
béton *m.* concrete **2**
bien *adv.* well **2**
    bien des *adj.* many **5**
    bien que *conj.* although **7**
    bien s'exporter *v.* to be popular abroad **5**
bien-être *m.* well-being **10**
bienfait *m.* beneficial effect **7**
bientôt *adv.* soon **2**
bilingue *adj.* bilingual **1**
billet *m.* ticket **8**
billard *m.* pool **8**
biochimique *adj.* biochemical **7**
bio(logique) *adj.* organic **6**
biologiste *m., f.* biologist **7**
blanc/blanche *adj.* white **2**
blessé(e) *m., f.* injured person **2; 3**
blesser: (se) blesser *v.* to injure (oneself) **8**; to get hurt **8**
boire *v.* to drink **3**
boîte *f.* can **5**; box **5**
boiter *v.* to limp **1**
bon(ne) *adj.* good **2**
bonté *f.* kindness **6**
boue *f.* mud **1**
boules *f.* petanque **8**
bouquet de la mariée *m.* bouquet **6**
bouteille *f.* bottle **5**
boutique de souvenirs *f.* gift shop **8**
bref/brève *adj.* brief **2**
brevet d'invention *m.* patent **7**
brièvement *adv.* briefly **2**
brosser: se brosser *v.* to brush **2**
brûler *v.* to burn **5**
bruyamment *adv.* noisily **2**
bruyant(e) *adj.* noisy **2**

bûcheron *m.* lumberjack **10**
budget *m.* budget **9**
but *m.* goal **5**

C

ça *pron.* that; this; it
    ça suffit that's enough **4**
cadre *m.* executive **9**
caillou (cailloux) *m.* pebble(s) **10**
caleçon *m.* boxer shorts **8**
calepin *m.* notebook **2**
camionnette *f.* small truck or van **9**
canadien(ne) *adj.* Canadian **2**
capitaine *m.* captain **8**
capter *v.* to get a signal **9**
car *conj.* for; because **4**
caractère *m.* character, personality **6**
carie *f.* cavity **9**
carte *f.* card **8**
    carte de crédit *f.* credit card **9**
    carte de retrait *f.* ATM card **9**
    cartes (à jouer) *f.* (playing) cards **8**
cas: au cas où *conj.* in case **10**
caserne de pompiers *f.* fire station **2**
casse-cou *m.* daredevil **8**
catastrophe naturelle *f.* natural disaster **2**
cauchemar *m.* nightmare **1**
cause *f.* cause **5**
causer *v.* to chat **9**
CD-ROM *m.* CD-ROM **7**
célébrer *v.* to celebrate **8**
célébrité *f.* celebrity **3**
célibataire *adj.* single **1**
cellule *f.* cell **7**
censure *f.* censorship **3**
centre de formation *m.* sports training school **8**
centre-ville *m.* city/town center **2**; downtown **2**
certain(e) *adj.* certain **4**
certainement *adv.* certainly **3**
c'est-à-dire that is to say **7**; i.e. **7**
chaîne *f.* network **3**
    chaîne montagneuse *f.* mountain range **10**
chantage *m.* blackmail **2**
    faire du chantage to blackmail **4**
chaos *m.* chaos **5**
chaque *adj.* each **4**, every single **4**
charbon (de bois) *m.* char(coal) **10**
charmant(e) *adj.* charming **1**
chasser *v.* to hunt **10**
châtain *adj.* brown *(hair)* **2**
châtiment *m.* punishment **5**
chef d'entreprise *m.* head of a company **9**
chêne *m.* oak tree **10**
cher/chère *adj.* dear **2**; expensive **2**
chercheur/chercheuse *m., f.* researcher **7**
chez *prep.* at the place or home of **5**

chiffre *m.* figure **9**; number **9**
chimiste *m., f.* chemist **7**
choc culturel *m.* culture shock **1**
choisir *v.* to choose **3**
chômage *m.* unemployment **9**
  au chômage *adj.* unemployed **9**
chômeur/chômeuse *m., f.*
  unemployed person **9**
chouette *adj.* great **8**; cool **8**
chrétien(ne) *m., f.* Christian **4**
christianisme *m.* Christianity **4**
chronique *f.* column **3**
chuchoter *v.* to whisper **6**
cinéma *m.* cinema **2**, movie theater **2**
circulation *f.* traffic **2**
cirque *m.* circus **3**
citadin(e) *m., f.* city/town dweller **2**
cité *f.* low-income housing
  development **6**
citoyen(ne) *m., f.* citizen **2**
citron *m.* lemon **6**; *adj.* lemon **2**
  citron vert *m.* lime **6**
clip vidéo *m.* music video **3**
cloîtré(e) *adj.* shut away **7**
cloner *v.* to clone **7**
clous *m.* crosswalk **2**
club *m.* team **8**
  club sportif *m.* sports club **8**
cochon *m.* pig **10**
colère *f.* anger **1, 4**
  se mettre en colère contre to get
  angry with **1**
colocataire *m, f.* roommate **2**;
  co-tenant **2**
colon *m.* colonist **4**
combattant(e) *m., f.* fighter **7**
combattre *v.* to fight **4**
combustible *m.* fuel **10**
comédie *f.* comedy **8**
comédien(ne) *m., f.* actor **3**
commencer *v.* to begin **1**
commérages *m.* gossip **1**
commissaire (de police) *m.* (police)
  commissioner **5**
commissariat de police *m.* police
  station **2**
communication *f.* communication **3**
  moyens de communication *m.*
  media **3**
compétent(e) *adj.* competent **9**
complet/complète *adj.* complete **2**;
  sold out **8**
complexe d'infériorité *m.* inferiority
  complex **6**
comportement *m.* behavior **3**
comporter: se comporter *v.* to
  behave **3**, to act **3**
compréhension *f.* understanding **5**
comptable *m., f.* accountant **9**
compte de chèques *m.* checking
  account **9**
compte d'épargne *m.* savings
  account **9**

compter *v.* to expect to **8**
  compter sur *v.* to rely on **1**
concurrence *f.* competition **8**
condition *f.* condition
  à condition de *prep.* provided
  (that) **7**
  à condition que *conj.* on the
  condition that **7**
conducteur/conductrice *m., f.* driver
  2
conduire *v.* to drive **3**
conduite *f.* behavior **2**
confiance *f.* confidence **1**
  avoir confiance en soi to be
  confident **1**
  faire confiance (à quelqu'un) to
  trust (someone) **1**
confier *v.* to confide **6**; to entrust **6**
conformiste *adj.* conformist **5**
confusément *adv.* confusedly **2**
connaître *v.* to know **3**
consacrer: se consacrer à *v.* to
  dedicate oneself to **4**
conseiller/conseillère *m., f.*
  advisor **9**
conservateur/conservatrice
  adj. conservative **2, 4**; *m.*
  preservative **6**
considérer *v.* to consider **1**
consommation d'énergie *f.* energy
  consumption **10**
constamment *adv.* constantly **2**
construire *v.* to build **2**
consultant(e) *m., f.* consultant **9**
consulter *v.* to consult **9**
contaminé(e) *adj.* contaminated **10**
  être contaminé(e) to be
  contaminated **10**
conte *m.* tale **5**
content(e) *adj.* happy **6**
contraire à l'éthique *adj.* unethical **7**
contrarier *v.* to thwart **7**
contrarié(e) *adj.* upset **1**
contribuer (à) *v.* to contribute **7**
convaincre *v.* to convince **3, 9**;
  persuade **3**
correcteur orthographique *m.* spell
  check **7**
couche d'ozone *f.* ozone layer **10**
couche sociale *f.* social level **5**
coucher: se coucher *v.* to go to
  bed **2**
couler *v.* to flow **1**; to run (water) **1**
coup franc *m.* free kick **8**
coupable *adj.* guilty **4**
couper de *v.* to cut off from **7**; **se
  couper** *v.* to cut oneself **2**
couple mixte *m.* mixed couple **4**
courage *m.* courage **5**
courir *v.* to run **3**
cours *m.* course **3**
  cours d'art dramatique *m.* drama
  course **3**

course *f.* race **8**
court(e) *adj.* short **2**
  à court terme *adj.* short-term **9**
coûter cher *v.* to cost a lot **2**
couverture *f.* cover **3**
couvrir *v.* to cover **4**
craindre *v.* to fear **6**
crainte: de crainte que *conj.* for fear
  that **7**
créer *v.* to create **7**
crème *f.* cream **2**; *adj.* cream **2**
crier *v.* to yell **1**
crime *m.* crime **4**
criminel(le) *m., f.* criminal **4**
crise *f.* crisis **9**
  crise d'hystérie *f.* nervous
  breakdown **1**
  crise économique *f.* economic
  crisis **9**
croire *v.* to believe **3**
croisement *m.* intersection **2**
croyance *f.* belief **4**
cruauté *f.* cruelty **4**
cruel(le) *adj.* cruel **2**
culotte *f.* underpants (for females) **8**
cyberespace *m.* cyberspace **7**
cyclone *m.* hurricane **2**

D

d'abord *adv.* first **2**
danger *m.* danger **7, 10**
dangereux/dangereuse *adj.*
  dangerous **2**
dans *prep.* in **5**; inside **5**
dauphin *m.* dolphin **10**
de *prep.* from; of **7**
  de crainte que *conj.* for fear that **7**
  de nouveau *adv.* again **8**
  de peur de *prep.* for fear of **7**
  de peur que *conj.* for fear that **7**
  de pointe *adj.* cutting edge **7**
  de temps en temps *adv.* from time
  to time **2**
débile *adj.* moronic **2**
déblayer *v.* to clear away **10**
débrouiller: se débrouiller *v.* to
  figure it out **9**; to manage **9**
débuter *v.* to begin **6**
décédé(e) *adj.* deceased **6**
décès *m.* death **3**
déchets *m.* trash **10**
déchirer *v.* to tear **8**
déclencher *v.* to trigger **5**
décolonisation *f.* decolonization **5**
décourager: se décourager *v.* to
  lose heart **5**
découverte (capitale) *f.*
  (breakthrough) discovery **7**
découvrir *v.* to discover **4**
décrire *v.* to describe **6**
dedans *adv.* inside **2, 8**
défaite *f.* defeat **4**

défaut *m.* flaw **3**
défavorisé(e) *adj.* underprivileged **5**
défendre *v.* to defend **4**
défi *m.* challenge **5**
défilé *m.* parade **2**
déforestation *f.* deforestation **10**
défunt(e) *m., f.* deceased **3**
dégâts *m.* damages **3**
dehors *adv.* outside **2**
déjà *adv.* already **2**
délaisser *v.* to neglect **7**
demain *adv.* tomorrow **2**
demande *f.* proposal **6**
   faire une demande en mariage to propose **6**
demander *v.* to ask for **2**; **se demander** *v.* to wonder **2**
   demander un prêt to apply for a loan **9**
déménager *v.* to move **1, 6**
demi-frère *f.* half brother **6**
demi-sœur *f.* half sister **6**
démissionner *v.* to quit **9**
démocratie *f.* democracy **4**
dénouement *m.* outcome **7**; ending **7**
dépaysement *m.* change of scenery **1**; disorientation **1**
dépasser: se dépasser *v.* to go beyond one's limits **8**
dépêcher: se dépêcher *v.* to hurry **2**
dépendance *f.* addiction **7**
dépenses *f.* expenses **9**
déposer *v.* to deposit **9**
déprimé(e) *adj.* depressed **1**
député(e) *m., f.* deputy (politician) **4**; representative **4**
déranger *v.* to bother **1, 6**; to disturb **6**
dernier/dernière *adj.* last **2**; final **2**
   lundi (mardi, etc.) dernier last Monday (Tuesday, etc.) **3**
dérouler: se dérouler *v.* to take place **6**
derrière *prep.* behind **5**
dès que *conj.* as soon as **7**
désabusé(e) *adj.* disillusioned **1**
descendre *v.* to go down **2**; to get off **2**
désespéré(e) *adj.* desperate **1**
désespoir *m.* despair **7**
déshabiller: se déshabiller *v.* to undress **2**
désirer *v.* to desire **6**; to want **8**
désolé(e) *adj.* sorry **6**
détendre: se détendre *v.* to relax **2**
détester *v.* to hate **8**
détruire *v.* to destroy **7**
dette *f.* debt **9**
   avoir des dettes to be in debt **9**
devant *prep.* in front of **5**
développement *m.* development **5**
devenir *v.* to become **3**
deviner *v.* to guess **5**

devoir *v.* to have to **3**; must **3**; to owe **9**; *m.* duty **4**
dialogue *m.* dialog **5**
dictature *f.* dictatorship **4**
dire *v.* to say **3**
   dire au revoir to say goodbye **5**
direct: en direct *adj., adv.* live **3**
diriger *v.* to manage **9**; to run **9**
disparu(e) *m., f.* missing person **2**
disposé(e) (à) *adj.* willing (to) **9**
distance *f.* distance **5**
distributeur automatique *m.* ATM **9**
diversité *f.* diversity **5**
divertir *v.* to entertain **3**
   se divertir *v.* to have a good time **8**
divertissant(e) *adj.* entertaining **3, 8**
divertissement *m.* entertainment **3**
divorcer *v.* to divorce **1**
documentaire *m.* documentary **3**
donc *adv.* so **2**, therefore **2**
donner *v.* to give **2**
   donner des indications to give directions **2**
dont *rel. pron.* of which **9**; of whom **9**; whose **9**
dormir *v.* to sleep **4**
dormir à la belle étoile *v.* to sleep outdoors **2**
doucement *adv.* gently **2**
douter *v.* to doubt **2**; **se douter (de)** *v.* to suspect **2**
douteux: Il est douteux... It is doubtful... **7**
doux/douce *adj.* sweet **2**; soft **2**
draguer *v.* to flirt **1**; to try to "pick up" **1**
drapeau *m.* flag **4**
droit *m.* right **4**
   droits de l'homme *m.* human rights **4**
dû/due à *adj.* due to **5**
duel *m.* one-on-one **8**
duper *v.* to trick **2**

E

échelle *f.* ladder **7**
économe *adj.* thrifty **1**
économies *f.* savings **9**
économiser *v.* to save **9**
écouter *v.* to listen to **8**
écran *m.* screen **3**
écrasé(e) *adj.* run over **3**
écrire *v.* to write **3**
édifice *m.* building **2**
éditeur/éditrice *m., f.* publisher **3**
effacer *v.* to erase **1, 7**
effets spéciaux *m.* special effects **3**
effort *m.* effort **5**
égal(e) *adj.* equal **4**
égalité *f.* equality **4**
égocentrique *adj.* egocentric **3**
égoïste *adj.* selfish **6**

élection *f.* election **4**
   gagner les élections to win elections **4**
   perdre les élections to lose elections **4**
élevé(e) *p.p.* raised
   bien élevé(e) *adj.* well-mannered **6**
   mal élevé(e) *adj.* bad-mannered **6**
élever (des enfants) *v.* to raise (children) **6**
élire *v.* to elect **4**
embaucher *v.* to hire **9**
embouteillage *m.* traffic jam **2**
émeute *f.* riot **3**
émigré(e) *m., f.* emigrant **5**
émigrer *v.* to emigrate **1**
emmener *v.* to take someone **1**
émotif/émotive *adj.* emotional **1**
émouvant(e) *adj.* moving **8**
émouvoir *v.* to move **3**
empêcher (de) *v.* to stop **2**; to keep from (doing something) **2**
empirer *v.* to get worse **10**
emploi *m.* job **9**
   solliciter un emploi to apply for a job **9**
employé(e) *m., f.* employee **9**
emprisonner *v.* to imprison **4**
emprunt *m.* loan **9**
   faire un emprunt to take out a loan **9**
en *prep.* in **5**; at **5**
   en attendant de *prep.* waiting to **7**
   en attendant que *conj.* waiting for **7**
   en direct *adj., adv.* live **3**
   en faillite *adj.* bankrupt **9**
   en général *adv.* in general **2**
   en plein air *adj.* outdoors **10**
   en pointe *adv.* forward **8**, up front **8**
   en sécurité *adj.* sure **2**
   en voie d'extinction *adj.* endangered **10**
encadrement *m.* supervisory staff **9**
encore *adv.* again **2**; still **2**
énergie *f.* energy **10**
énerver *v.* to annoy **1**
enfance *f.* childhood **6**
enfant unique *m., f.* only child **6**
enfin *adv.* at last **2**
enfoncer: s'enfoncer *v.* to drown **1**
engager: s'engager (envers quelqu'un) *v.* to commit (to someone) **1**; to get involved **3**
engloutir *v.* to swallow **2**
enlever *v.* to kidnap **4**
ennuyer *v.* to bore **1**; to bother **2**; **s'ennuyer** *v.* to get bored **2**
énormément *adv.* enormously **2**
enquêter (sur) *v.* to research **3**; to investigate **3**
enregistrer *v.* to record **3**

enrichir: s'enrichir v. to become rich **5**
ensuite adv. then **2**, next **2**
entendre v. to hear **2**; **s'entendre bien** v. to get along well **1**
enthousiaste adj. enthusiastic **1**; excited **1**
entourer: s'entourer de v. to surround oneself with **9**
entraide f. mutual aid **9**
entraîneur m. coach **8**
entrepôt m. warehouse **9**
entreprendre v. to undertake **9**
entrepreneur/entrepreneuse m., f. entrepreneur **9**
entreprise (multinationale) f. (multinational) company **9**
  monter une entreprise to create a company **9**
entrer v. to enter **3**
entretenir: s'entretenir (avec) v. to talk **2**, to converse **2**
entretien m. interview **3**
  entretien d'embauche m. job interview **9**
environnement m. environment **10**
envisager v. to envision **7**
envoyé(e) spécial(e) m., f. correspondent **3**
envoyer v. to send **1**
éolienne f. wind turbine **10**
épais(se) adj. thick **9**
épanouissement m. development **10**
épeler v. to spell **1**
épinards m. spinach **6**
époux/épouse m., f. spouse **6**; husband/wife **6**
épuisé(e) adj. exhausted **9**
épuiser v. to use up **10**
érosion f. erosion **10**
escalader v. to climb **8**, to scale **8**
esclavage m. slavery **4**
esclave m., f. slave **7**
espace m. space **7**
espérer v. to hope **1**
espionner v. to spy **4**
esprit m. spirit **1**
essayer v. to try **1**
essentiel(le) adj. essential **6**
estropié(e) m., f. cripple **1**
établir: s'établir v. to settle **5**
étendre: s'étendre v. to spread **2**
éthique adj. ethical **7**
étoile (filante) f. (shooting) star **7**
étonnant(e) adj. surprising **6**
étonné(e) adj. surprised **6**
étonner: s'étonner v. to be amazed **8**
étranger/étrangère m., f. foreigner **2**; stranger **2**
être v. to be **1**
être à la une to be on the front page **3**
être accro (à) to be addicted (to) **7**

être contaminé(e) to be contaminated **10**
être désolé(e) to be sorry **6**
être perdu(e) to be lost **2**
être promu(e) to be promoted **9**
être sous pression to be under pressure **9**
évadé(e) adj. escaped **4**
événement m. event **3**
évidemment adv. obviously **2**
évident(e) adj. obvious **7**
évoquer v. to make think of **9**
exclu(e) adj. excluded **5**
exigeant(e) adj. demanding **6**
exiger v. to demand **6, 9**
exigu/exiguë adj. small **2**
exhorter v. to urge **10**
expérience f. experiment **7**
explorer v. to explore **7**
exporter: bien s'exporter v. to be popular abroad **5**
exposition f. exhibition **8**; art show **8**
exprès adv. on purpose **4**
  faire exprès to do it on purpose **4**
exprimer v. to express **3**
extinction: en voie d'extinction adj. endangered **10**
extrait m. excerpt **3**
extraterrestre m., f. alien **7**

F

faiblir v. to weaken **10**
fâché(e) adj. angry **1**; mad **1**
fâcher: se fâcher (contre) v. to get angry (with) **2**
faillite: en faillite adj. bankrupt **9**
fainéant(e) m., f. lazybones **9**
faire v. to do **1**; to make **1**
  faire confiance (à quelqu'un) to trust (someone) **1**
  faire du chantage to blackmail **4**
  faire la queue to wait in line **8**
  faire match nul to tie (a game) **8**
  faire passer to spread (the word) **8**
  faire sans to do without **5**
  faire un effort to make an effort **5**
  faire un emprunt to take out a loan **9**
  faire une demande en mariage to propose **6**
  faire une expérience to conduct an experiment **7**
faits divers m. news items **3**
falloir v. to be necessary **6**; to have to **9**
  Il faut que... One must... **6**; It is necessary that... **6**
fan (de) m., f. fan (of) **8**
fanfare f. marching band **2**
fascinant(e) adj. fascinating **9**
faute f. foul **8**
faux/fausse adj. false **2**; wrong **2**
favori(te) adj. favorite **2**

femme d'affaires f. businesswoman **9**
femme politique f. politician **4**
férié m. public holiday **5**
ferme f. farm **10**
fête foraine f. carnival **2**
fêter v. to celebrate **8**
feu (tricolore) m. traffic light **2**
feu d'artifice m. fireworks display **2**
feuillage m. foliage **10**
feuilleton m. soap opera **3**; series **3**
fiançailles f. engagement **6**
fiancer: se fiancer v. to get engaged **1**
fidèle adj. faithful **1**
fier/fière adj. proud **2**
filet (de pêche) m. (fishing) net **10**
fille unique f. only child **6**
film m. movie **3**
  sortir un film to release a movie **3**
fils unique m. only child **6**
finalement adv. finally **3**
financier/financière adj. financial **9**
fléchettes f. darts **8**
fleurir v. to flourish **5**
fleuve m. river **10**
flic m. cop **5**
foire f. fair **2**
fois f. time
  deux fois adv. twice **3**
  une fois adv. once **3**
  une fois que conj. once **10**
forcer v. to force **1**
forces de l'ordre f. police **3**
forêt (tropicale) f. (rain) forest **10**
formateur/formatrice m., f. trainer **9**
formation f. training **9**
fossé des générations m. generation gap **6**
fou/folle adj. crazy **2**
foulard m. headscarf **6**
foule f. crowd **4**; mob **4**
frais/fraîche adj. fresh **2**; cool **2**
franc/franche adj. frank **1, 2**
franchement adv. frankly **2**
frappant(e) adj. striking **3**
frapper v. to knock **1**; to hit **1**
frisson m. thrill **8**
fromagerie f. cheese store **6**
front m. forehead **6**
frontière f. border **5**
fuir v. to flee **1**
fumé(e) adj. smoked **6**

G

gagner v. to win **4**
  gagner les élections to win elections **4**
  gagner sa vie to earn a living **9**
galère f. nightmare **4**
gamin(e) m., f. kid **5**
gamme de produits f. line of products **9**

garde-robe *f.* wardrobe **8**
gaspillage *m.* waste **10**
gaspiller *v.* to waste **10**
gâter *v.* to spoil **6**
gène *m.* gene **7**
gêne *f.* embarrassment **6**
gêné(e) *adj.* embarrassed **2**
gêner *v.* to bother **1**; to embarrass **1**
génétique *f.* genetics **7**
génial(e) *adj.* great **1**; terrific **1**
gentil(le) *adj.* nice **2**
gentiment *adv.* nicely **2**; kindly **2**
gérant(e) *m., f.* manager **9**
gérer *v.* to manage **9**; to run **9**
gilet *m.* sweater **8**; sweatshirt (with front opening) **8**
gland *m.* acorn **10**
glisser *v.* to glide **8**
gouvernement *m.* government **4**
gouverner *v.* to govern **4**
grâce à *prep.* thanks to **1**
grand(e) *adj.* big **2**; tall **2**; great **2**
grandir *v.* to grow up **6**
grand magasin *m.* department store **9**
grand-oncle *m.* great-uncle **6**
grand-tante *f.* great-aunt **6**
gras/grasse *adj.* fat, plump **4**
gratte-ciel *m.* skyscraper **2**
graver (un CD) *v.* to burn (a CD) **7**
gravité *f.* gravity **7**
grec/grecque *adj.* Greek **2**
grésillement lointain *m.* distant crackling **3**
grillé(e) *adj.* grilled **6**, broiled **6**
grimper à *v.* to climb **8**
gronder *v.* to scold **6**
gros/grosse *adj.* fat **2**
groupe *m.* musical group **8**; band **8**
guérir *v.* to cure **7**, to heal **7**
guerre *f.* war **1**
    guerre (civile) *f.* (civil) war **4**
    guerre de Sécession *f.* American Civil War **4**

H

habiller: s'habiller *v.* to get dressed **2**
habitation *f.* housing **2**
habituer: s'habituer à *v.* to get used to **2**
haine *f.* hatred **4**
harceler *v.* to harass **9**
haut(e) *adj.* high **2**
hebdomadaire *m.* weekly magazine **3**
hériter *v.* to inherit **6**
heureusement *adv.* happily **2**
heureux/heureuse *adj.* happy **2**
heurter *v.* to hit **7**
hier *adv.* yesterday **2**
    hier (matin, soir, etc.) *adv.* yesterday (morning, evening, etc.) **3**
histoire *f.* story **1**
homme d'affaires *m.* businessman **9**

homme politique *m.* politician **4**
honnête *adj.* honest **1**
honte *f.* shame **1**
    avoir honte (de) to be ashamed (of) **1**; to be embarrassed (of) **1**
horaire *m.* schedule **9**
hôtel de ville *m.* city/town hall **2**
huître *f.* oyster **10**
humain(e) *adj.* human **1**
humanité *f.* humankind **5**
hurler *v.* to shout **7**
hypermarché *m.* large supermarket **6**

I

ici *adv.* here **2**
idéaliste *adj.* idealistic **1**
immédiatement *adv.* immediately **3**
immigration *f.* immigration **5**
immigrer *v.* to immigrate **1**
immigré(e) *n.* immigrant **5**
impartial(e) *adj.* impartial **3**; unbiased **3**
important(e) *adj.* important **6**
impossible *adj.* impossible **7**
inattendu(e) *adj.* unexpected **2**
incendie *m.* fire **10**
incertitude *f.* uncertainty **5**
incompétent(e) *adj.* incompetent **9**
indice *m.* clue, indication **4**
indications *f.* directions **2**
    donner des indications to give directions **2**
indispensable *adj.* essential **6**
individualité *f.* individuality **5**
inégal(e) *adj.* unequal **4**
inégalité *f.* inequality **4**
inférieur(e) *adj.* inferior **2**
infidèle *adj.* unfaithful **1**
influence *f.* influence **4**
    avoir de l'influence (sur) to have influence (over) **4**
influent(e) *adj.* influential **3**
informatique *f.* computer science **7**
informer: s'informer (par les médias) *v.* to keep oneself informed (through the media) **3**
ingénieur *m., f.* engineer **7**
ingrat(e) *adj.* thankless **9**
inhabituel(le) *adj.* unusual **9**
injuste *adj.* unfair **4**
injustice *f.* injustice **4**
innovant(e) *adj.* innovative **7**
innovation *f.* innovation **7**
inondation *f.* flood **10**
inoubliable *adj.* unforgettable **1**
inquiet/inquiète *adj.* worried **1, 2**
inquiéter: s'inquiéter *v.* to worry **2**
inscrire: s'inscrire *v.* to enroll **6**
insensible *adj.* insensitive **2**
insolite *adj.* unusual **3**
instabilité *f.* instability **5**
installer: s'installer *v.* to settle **5**

insuffisant(e) *adj.* insufficient **10**
insupportable *adj.* unbearable **6**
intégration *f.* integration **5**
intégrer: s'intégrer (à un groupe) *v.* to belong (to a group) **1**
intellectuel(le) *m., f.* intellectual **6**; *adj.* intellectual **2**
intéresser: s'intéresser (à) *v.* to be interested (in) **2**
interview *f.* interview **3**
inventer *v.* to invent **7**
invention *f.* invention **7**
investir *v.* to invest **9**; **s'investir** *v.* to put oneself into **9**
ironique *adj.* ironic **7**
islam *m.* Islam **4**

J

jadis *adv.* formerly **10**, in the past **10**
jaloux/jalouse *adj.* jealous **1**
jamais *adv.* never **2**
jardin public *m.* public garden **2**
jetable *adj.* disposable **10**
jeter *v.* to throw **1**; to throw away **10**
    jeter par la fenêtre to throw out the window **7**
jeu *m.* game **8**
    jeu vidéo/de société *m.* video/board game **8**
jeune *adj.* young **2**
jeunesse *f.* youth **6**
joie *f.* joy **1**
joli(e) *adj.* pretty **2**
jouer *v.* to play
    jouer au bowling to go bowling **8**
jour férié *m.* public holiday **5**
journal *m.* newspaper **3**
    journal télévisé *m.* news broadcast **3**
journaliste *m., f.* journalist **3**
juge *m., f.* judge **4**
juger *v.* to judge **4**
jumeaux/jumelles *m., f.* twin brothers/sisters **6**
jupe (plissée) *f.* (pleated) skirt **8**
juré(e) *m., f.* juror **4**
jusqu'à ce que *conj.* until **7**
juste *adj.* fair **4**
justice *f.* justice **4**

K

kidnapper *v.* to kidnap **4**
kilo *m.* kilogram **5**

L

là(-bas) *adv.* (over) there **2**
lâcher *v.* to let go **8**
lagon *m.* lagoon **10**
laisser *v.* to allow to **8**

lancer *v.* to throw **1; se lancer** *v.* to launch into **5**

langue *f.* language **5**

    langue maternelle *f.* native language **5**

    langue officielle *f.* official language **5**

lapin *m.* rabbit **1**

    poser un lapin (à quelqu'un) to stand (someone) up **1**

lapsus *m.* slip of the tongue **3**

larme *f.* tear **6**

las/lasse *adj.* weary **1**

laver: se laver *v.* to wash oneself **2**

lecteur de DVD *m.* DVD player **7**

lentement *adv.* slowly **2**

lettres *f.* literature **5**

lever *v.* to lift **1; se lever** *v.* to get up **2**

lézarder au soleil *v.* to bask in the sun **8**

liaison *f.* affair **1;** relationship **1**

libéral(e) *adj.* liberal **4**

libérer: se libérer *v.* to free oneself **5**

liberté *f.* freedom **3, 4**

    liberté de la presse *f.* freedom of the press **3**

licencier *v.* to lay off **9;** to fire **9**

lié(e) *adj.* close-knit **6**

lien *m.* connection **2**

lion *m.* lion **10**

lire *v.* to read **3**

litre *m.* liter **5**

logement *m.* housing **2**

loi *f.* law **4**

    approuver une loi to pass a law **4**

loisirs *m.* leisure **8;** recreation **8**

long/longue *adj.* long **2**

    à long terme *adj.* long-term **9**

longtemps *adv.* for a long time **3**

lorsque *conj.* when **7**

loyer *m.* rent **7**

Lune *f.* Moon **10**

lutter *v.* to fight **5;** to struggle **5**

luxe *m.* luxury **5**

M

machine à écrire *f.* typewriter **7**

magasin de sport *m.* sporting goods store **8**

maigre *adj.* thin, scrawny **4**

maillot *m.* jersey **8**

maintenant *adv.* now **2**

maintenir *v.* to maintain **4**

maire *m.* mayor **2**

mal *adv.* badly **2**

    le plus mal *adv.* the worst **7**

    plus mal *adv.* worse **7**

malheureusement *adv.* unhappily **2**

malhonnête *adj.* dishonest **1**

maltraitance *f.* abuse **5**

manger *v.* to eat **1**

manifestation *f.* demonstration **2**

manquer à *v.* to miss **5**

manque de communication *m.* lack of communication **4**

maquiller: se maquiller *v.* to put on makeup **2**

marché *m.* deal **2**

    marché (boursier) *m.* (stock) market **9**

marcher sur les pas de quelqu'un *v.* to follow in someone's footsteps **5**

mariage *m.* marriage **1;** wedding **1**

    faire une demande en mariage to propose **6**

marié *m.* groom **6**

mariée *f.* bride **6**

    robe de mariée *f.* wedding gown **6**

marier: se marier avec *v.* to marry **1**

marquant(e) *adj.* striking **3**

marquer (un but/un point) *v.* to score (a goal/a point) **8**

marre: en avoir marre (de) to be fed up (with) **1**

marrer: se marrer *v.* to have fun, to laugh **3**

marron *m.* chestnut **2;** *adj.* chestnut **2**

maternel(le) *adj.* maternal **6**

mathématicien(ne) *m., f.* mathematician **7**

maturité *f.* maturity **6**

mauvais(e) *adj.* bad **2**

    plus mauvais(e) *adj.* worse **7**

    le/la plus mauvais(e) *adj.* the worst **7**

mec *m.* guy **4**

médias *m.* media **3**

méfier: se méfier de *v.* to be distrustful/wary of **2,** to distrust **2**

meilleur(e) *adj.* better **2**

    le/la meilleur(e) *adj.* the best **7**

mélancolique *adj.* melancholic **1**

mélange *m.* mix **1**

mêler *v.* to mix **10**

membre *m.* member **9**

même *adj.* same **2;** very **2**

menace *f.* threat **4**

menacer *v.* to threaten **1**

mener *v.* to lead **1, 5**

mensuel *m.* monthly magazine **3**

mentir *v.* to lie **1**

mépriser *v.* to have contempt for **6**

mer *f.* sea **10**

mériter *v.* to deserve **1;** to be worth **1**

message publicitaire *m.* advertisement **3**

métaphore *f.* metaphor **4**

métro *m.* subway **2**

    rame de métro *f.* subway train **2**

    station de métro *f.* subway station **2**

mettre *v.* to put **2**

se mettre à *v.* to begin **2**

se mettre en colère contre to get angry with **1**

meurtre *m.* murder **3**

mieux *adv.* better **2**

    le mieux *adv.* the best **7**

    Il vaut mieux que It is better that… **6**

mignon(ne) *adj.* cute **2**

milliardaire *m.* billionaire **3**

mise en marche *f.* start-up **7**

mobiliser: se mobiliser *v.* to rally **3**

modéré(e) *adj.* moderate **4**

modernité *f.* modernity **10**

moins *adv.* less **7**

    à moins de *prep.* unless **7**

    à moins que *conj.* unless **7**

moitié *f.* half **5**

même *m., f.* kid **5**

monarchie absolue *f.* absolute monarchy **4**

mondialisation *f.* globalization **5**

montée d'adrénaline *f.* adrenaline rush **8**

monter *v.* to go up **3,** to ascend **3**

    monter (dans une voiture, dans un train) *v.* to get (in a car, on a train) **2**

    monter une entreprise to create a company **9**

moquer: se moquer de *v.* to make fun of **2**

morale *f.* moral **4**

mort *f.* death **6**

morts *m.* dead people **3**

mot de passe *m.* password **7**

moteur de recherche *m.* search engine **7**

mouchoir *m.* handkerchief **8**

mourir *v.* to die **3**

mouton *m.* sheep **10**

moyens de communication *m.* media **3**

mûr(e) *adj.* mature **1**

musée *m.* museum **2**

musicien(ne) *m., f.* musician **8**

muet(te) *adj.* mute **2**

multinationale *f.* multinational company **3**

musulman(e) *m., f.* Muslim **4**

N

naïf/naïve *adj.* naïve **2**

naissance *f.* birth **6**

naître *v.* to be born **3**

natalité *f.* birthrate **5**

naturellement *adv.* naturally **2**

naviguer sur Internet/le web to search the Web **3**

nécessaire *adj.* necessary **6**

nécessiter *v.* to require **6**

néfaste : avoir des conséquences néfastes sur *v.* to have harmful consequences on **7**
net(te) *adj.* clean **2**
nettoyer *v.* to clean **1**
neveu *m.* nephew **6**
nièce *f.* niece **6**
niveau de vie *m.* standard of living **5**
noblesse *f.* nobility **4**
nœud papillon *m.* bow tie **8**
nombreux/nombreuse *adj.* numerous **5**
non-conformiste *adj.* nonconformist **5**
nostalgie *f.* nostalgia **10**
notoriété *f.* fame **3**
noueux/noueuse *adj.* gnarled **10**
nourrir *v.* to feed **6**
nouveau/nouvelle *adj.* new **2**
de nouveau *adv.* again **8**
nouvelle vague *f.* new wave **1**
nouvelles *f.* news **3**
nouvelles locales/internationales *f.* local/international news **3**
nuage de pollution *m.* smog **10**
nucléaire *adj.* nuclear **7**
nuire à *v.* to harm **10**
nuisible *adj.* harmful **10**
nulle part *adv.* nowhere **2**
numérique *adj.* digital **7**

O

obsédé(e) *adj.* obsessed **7**
obtenir (des billets) *v.* to get (tickets) **8**
obtenir un prêt to secure a loan **9**
offrir *v.* to offer **4**
opprimé(e) *adj.* oppressed **4**
or *m.* gold **2**
orange *f.* orange **2**; *adj.* orange **2**
ordinateur *m.* portable laptop **7**
ordre public *m.* public order **4**
orgueilleux/orgueilleuse *adj.* proud **1**
oser *v.* to dare to **8**
où *rel. pron.* where **9**; when **9**
ouragan *m.* hurricane **10**
ours *m.* bear **10**
outil *m.* tool **7**
outre *prep.* besides
ouvrir *v.* to open **3**
ovni *m.* U.F.O. **7**

P

pacifique *adj.* peaceful **4**
page sportive *f.* sports page **3**
paix *f.* peace **4**
palais de justice *m.* courthouse **2**
paniquer *v.* to panic **1**
panneau *m.* road sign **2**
panneau d'affichage *m.* billboard **2**

paquet *m.* package **5**
par *prep.* by; through; on
parabole *f.* satellite dish **7**
parapente *m.* paragliding **8**
parc d'attractions *m.* amusement park **8**
parcourir *v.* to go across **8**
pareil(le) *adj.* similar **5**; alike **5**
parent(e) *m., f.* relative **6**
parfois *adv.* sometimes **2**
pari *m.* bet **8**
parler bas/fort *v.* to speak loudly/softly **2**
partager *v.* to share **1**
parti politique *m.* political party **4**
partial(e) *adj.* partial **3**; biased **3**
particule *f.* particle **7**
partie *f.* game **8**; match **8**
partir *v.* to leave **3**
à partir de *prep.* from **1**
partout *adv.* everywhere **2**
parvenir à *v.* to attain **5**; to achieve **5**
paysage *m.* landscape **10**; scenery **10**
passager/passagère *m., f.* passenger **2**; *adj.* fleeting **1**
passer *v.* to pass by **3**
passer (devant) *v.* to go past **2**
passer de: se passer de *v.* to do without **7**
paternel(le) *adj.* paternal **6**
patiemment *adv.* patiently **2**
patinoire *f.* skating rink **8**
patrie *f.* homeland **6**
patrimoine culturel *m.* cultural heritage **5**
patron(ne) *m., f.* boss **9**
patte *f.* paw **4**
pauvre *adj.* poor **2**; unfortunate **2**
pauvreté *f.* poverty **9**
payer *v.* to pay **1**
péché *m.* sin **4**
pêcher *v.* to fish **10**
peigner: se peigner *v.* to comb **2**
peine *f.* sorrow **1**
Ce n'est pas la peine que... It is not worth the effort... **6**
pendant une heure (un mois, etc.) *adv.* for an hour (a month, etc.) **3**
penser *v.* to intend to **8**
pension *f.* benefits **6**
pépinière *f.* nursery **10**
percevoir *v.* to perceive **9**
perdre *v.* to lose **4**
perdre les élections to lose elections **4**
perdu(e): être perdu(e) to be lost **2**
perle *f.* pearl **10**
persévérance *f.* perserverance **5**
personnage *m.* character (in a story or play) **8**
personnifier *v.* to personify **4**
perte *f.* loss **9**
peser *v.* to weigh **1**
pétanque *f.* petanque **8**

petit(e) *adj.* small **2**; short **2**
petite-fille *f.* granddaughter **6**
petit-fils *m.* grandson **6**
peu *adv.* little **2**
peu (de) *m.* few **5**; a little (of) **5**
peu mûr(e) *adj.* immature **1**
peuplé(e) *adj.* populated **2**
(peu/très) peuplé(e) *adj.* (sparsely/densely) populated **2**
peupler *v.* to populate **2**
peur *f.* fear **4**
avoir peur to be afraid **2**
de peur de *prep.* for fear of **7**
de peur que *conj.* for fear that **7**
vaincre ses peurs to confront one's fears **8**
peut-être *adv.* maybe **2**; perhaps **2**
photographe *m., f.* photographer **3**
pièce (de théâtre) *f.* (theatre) play **8**
piégé(e) *adj.* trapped **2**
piéton(ne) *m., f.* pedestrian **2**
pire *adj.* worse **7**
le/la pire *adj.* the worst **7**
pis *adv.* worse **7**
le pis *adv.* the worst **7**
place *f.* square **2**; plaza **2**
placer *v.* to place **1**
plaindre: se plaindre *v.* to complain **2**
plainte: porter plainte *v.* to file a complaint **7**
plaire *v.* to please **6**
plein(e) *adj.* full **2**
pleurer *v.* to cry **6**
pleuvoir *v.* to rain **3**
plongée (sous-marine/avec tuba) *f.* diving/snorkeling **10**
plonger *v.* to dive **1**
pluie acide *f.* acid rain **10**
plupart *f., pron.* most (of them) **4**
plus *adv.* more **7**
plus vifs *m., f.* those who reacted the fastest **2**
plusieurs *adj.* several **4**; *pron.* several (of them) **4**
poids *m.* weight **4**
pointe: en pointe *adv.* forward **8**, up front **8**
poisson *m.* fish **10**
polémique *f.* controversy **5**
police *f.* police (force) **2**
agent de police *m.* police officer **2**
commissaire (de police) *m.* police commissioner **5**
commissariat de police *m.* police station **2**
préfecture de police *f.* police headquarters **2**
poliment *adv.* politely **2**
politique *f.* politics **4**
polluer *v.* to pollute **10**
pollution *f.* pollution **10**
polyglotte *adj.* multilingual **5**
pont *m.* bridge **2**

portable *m.* cell phone 7
porter *v.* to carry
  porter plainte to file a complaint 7
  porter un toast (à quelqu'un) to propose a toast (to someone) 8
poser *v.* to pose
  poser sa candidature à to apply for 9
  poser un lapin (à quelqu'un) to stand (someone) up 1
posséder *v.* to possess 1
possible *adj.* possible 6
poste *m.* position 9, job 9
potable *adj.* drinkable 10
pour *prep.* for 7; in order to 7
  pour que *conj.* so that 7
pourtant *adv.* though 1; however 1
pourvu que *conj.* provided that 7
pousser *v.* to grow 10
pouvoir *m.* power 1; *v.* to be able 3; *v.* can 3
  Il se peut que... It's possible that... 7
précarité *f.* insecurity of income 9
précisément *adv.* precisely 2
prédire *v.* predict 5, 7
préfecture de police *f.* police headquarters 2
préférer *v.* to prefer 1
préjugé *m.* prejudice 5
  avoir des préjugés to be prejudiced 5
premier/première *adj.* first 2
première *f.* premiere 3
prendre *v.* to take 3; to have 3
  prendre un verre to have a drink 8
préserver *v.* to preserve 10
président(e) *m., f.* president 4
presque *adv.* almost 3
presse *f.* press 3
  liberté de la presse *f.* freedom of the press 3
  presse à sensation *f.* tabloid(s) 3
pression *f.* pressure 9
  être sous pression to be under pressure 9
prêt *m.* loan 9
  demander un prêt to apply for a loan 9
  obtenir un prêt to secure a loan 9
prétendre *v.* to claim to 8
prévenir *v.* to prevent 10
prévu(e) *adj.* foreseen 5
prière *f.* prayer 4
prime *f.* bonus 9
principes *m.* principles 5
privé(e) *adj.* private 2
probable: peu probable *adj.* unlikely 7
probablement *adv.* probably 2
prochain(e) *adj.* next 2; following 2
profit *m.* benefit 9
  retirer un profit de to get benefit out of 9

profiter de *v.* to take advantage of 9; to benefit from 9
profondément *adv.* profoundly 2
projeter *v.* to plan 1, 5
promener: se promener *v.* to take a stroll/walk 8
promu(e): être promu(e) to be promoted 9
proposer *v.* to propose 6
propre *adj.* own 2; clean 2
propriétaire *m., f.* owner 9
prospère *adj.* successful 9; flourishing 9
protecteur/protectrice *adj.* protective 2
protégé(e) *adj.* protected 10
protéger *v.* to protect 10
prouver *v.* to prove 7
prudent(e) *adj.* prudent 1
public/publique *adj.* public 2
publicité (pub) *f.* advertisement 3; advertising 3
publier *v.* to publish 3
puce (électronique) *f.* (electronic) chip 7
puiser *v.* to draw from 10
puissant(e) *adj.* powerful 4
punir *v.* to punish 6
punition *f.* punishment 4
pur(e) *adj.* pure 10; clean 10

Q

quand *conj.* when 7
quartier *m.* neighborhood 2
que *rel. pron.* that 9; which 9
quelque *adj.* some 4
quelque chose *pron.* something 4
quelquefois *adv.* sometimes 2
quelque part *adv.* somewhere 2
quelques-un(e)s *pron.* some 4, a few (of them) 4
quelqu'un *pron.* someone 4
qui *rel. pron.* who 9; whom 9; that 9
quitter *v.* to leave 1, 7; to leave behind 5
  quitter quelqu'un to leave someone 1
quoique *conj.* although 7
quotidien(ne) *adj.* daily 2

R

rabat-joie *m.* killjoy 8, party pooper 8
racine *f.* root 6
raconter (une histoire) *v.* to tell (a story) 1
radio *f.* radio 3
  animateur/animatrice de radio *m., f.* radio presenter 3
  station de radio *f.* radio station 3
raffermi(e) *adj.* strengthened 10
raffoler de *v.* to be crazy about 5
raisin *m.* grape 6

raisin sec *m.* raisin 6
rame de métro *f.* subway train 2
ranger *v.* to tidy up 1
rappeler *v.* to recall 1; to call back 1
rapport *m.* relation 6
rarement *adv.* rarely 2
raser: se raser *v.* to shave 2
rassembler *v.* to gather 2
rassurer: se rassurer *v.* to reassure oneself 2
ravi(e) *adj.* delighted 6
réagir *v.* to react 1
réalisateur/réalisatrice *m., f.* director 3
réaliser (un rêve) *v.* to fulfill (a dream) 5
rebelle *adj.* rebellious 6
récemment *adv.* recently 3
recettes et dépenses *f.* receipts and expenses 9
recevoir *v.* to receive 3
réchauffement climatique *m.* global warming 10
recherche *f.* research 7
  recherche appliquée *f.* applied research 7
  recherche fondamentale *f.* basic research 7
récif de corail *m.* coral reef 10
récolte *f.* harvest 10
récolter *v.* to harvest 10
recommander *v.* to recommend 6
récompense *f.* award 5
reconnaître *v.* to recognize 6
recouvert(e) *adj.* covered 3
rédacteur/rédactrice *m., f.* editor 3
redoutable *adj.* formidable 3
réfractaire (à) *adj.* resistant (to) 7
regarder *v.* to watch 8
régime totalitaire *m.* totalitarian regime 4
règle *f.* rule 3, 5
régler *v.* to adjust 7
regretter *v.* to regret 6
réitérer *v.* to reiterate 2
rejeter *v.* to reject 1, 5
rejoindre *v.* to join 1
relation *f.* relationship 6
  avoir des relations to have connections 9
rembourser *v.* to reimburse 9
remercier *v.* to thank 6
remplacer *v.* to replace 1
remuer *v.* to move 10
rémunérer *v.* to pay 9
rendez-vous *m.* date 1
rendre: se rendre compte de *v.* to realize 2
renier (quelqu'un) *v.* to disown (someone) 4
renouvelable *adj.* renewable 10
renouveler *v.* to renew 1
rentrer *v.* to go back (home) 3
renverser *v.* to overthrow 4

répéter *v.* to repeat **1**; to rehearse **1**
reportage *m.* news report **3**
reporter *m.* reporter (male or female) **3**
reposer: se reposer *v.* to rest **2**
repousser les limites *v.* to push the boundaries **7**
reprendre *v.* to pick up again **9**; to resume **9**
requin *m.* shark **10**
rescapé(e) *m., f.* survivor **2**
réseau *m.* network **3**
résoudre *v.* to solve **10**
respect des autres *m.* respect for others **4**
respecter *v.* to respect **6**
respirer *v.* to breathe **10**
responsabilité *f.* responsibility **1**
ressembler (à) *v.* to resemble **6**, to look like **6**
ressentir *v.* to feel **1**
ressource *f.* resource **10**
rester *v.* to stay **3**
retirer (un profit, un revenu) de to get (benefit, income) out of **9**
retourner *v.* to return **3**; **se retourner** *v.* to turn over **10**
retransmettre *v.* to broadcast **3**
retransmission *f.* broadcast **7**
réunion *f.* meeting **9**
réunir: se réunir *v.* to get together **2**
réussir *v.* to succeed **7**
réussite *f.* success **9**
revanche *f.* revenge **8**
rêve *m.* dream **5**
réveiller: se réveiller *v.* to wake up **2**
revendication *f.* demand **9**
revenir *v.* to come back **3**
revenu *m.* income **9**
retirer un revenu de to get income out of **9**
rêver de *v.* to dream about **1**
rêveur/rêveuse *adj.* full of dreams **2**
revoir *v.* to see again **9**
révolter: se révolter *v.* to rebel **4**
révolutionnaire *adj.* revolutionary **7**
richesses *f.* wealth **5**
rire *v.* to laugh **3**
rivière *f.* river **10**
robe *f.* dress
robe de mariée *f.* wedding gown **6**
robe de soirée *f.* evening gown **8**
roche *f.* rock **8**
rôle *m.* part **3**, role **3**
rompre *v.* to break up **1**
rond-point *m.* rotary **2**; roundabout **2**
rouler (en voiture) *v.* to drive **2**
route *f.* road **1**
roux/rousse *adj.* red-haired **2**
rubrique société *f.* lifestyle section **3**
ruche *f.* beehive **10**
rue *f.* street **2**
ruisseau *m.* stream **10**
rupture *f.* breakup **1**

S

sable *m.* sand **6**
salaire *m.* salary **9**
salaire minimum *m.* minimum wage **9**
saltimbanque *m.* street performer **3**; entertainer **3**
sans *prep.* without **7**
sans doute *adv.* no doubt **2**
sans que *conj.* without **7**
sans-abri *m., f.* homeless person **2**
sauf *adv.* except **8**
saumon *m.* salmon **6**
saut à l'élastique *m.* bungee jumping **8**
sauter *v.* to jump **8**
sauvegarder *v.* to save **7**
sauver *v.* to save **4**
savoir *v.* to know (facts) **3**; to know how to **3**
scandale *m.* scandal **4**
scientifique *m., f.* scientist **7**
scolarisation *f.* schooling **5**
sec/sèche *adj.* dry **10**
sécheresse *f.* drought **10**
secours *m.* rescue workers **2**
secousses *f.* tremors **2**
sécurité *f.* security **4**, safety **4**
en sécurité *adj.* sure **2**
séduire *v.* to seduce **3**; to captivate **3**
séduisant(e) *adj.* attractive **1**
sembler *v.* to appear to **8**
Il semble que... It seems that... **7**
sens figuré/littéral *m.* figurative/literal sense **10**
sensibiliser (le public à un problème) *v.* to increase (public) awareness (of an issue) **3**
sensible *adj.* sensitive **1**
sentir bon/mauvais *v.* to smell good/bad **2**
servir *v.* to serve **2**; **se servir de** *v.* to use **2**
seul(e) *adj.* only **2**; alone **2, 5**
si *conj.* if **7**
siffler *v.* to whistle (at) **8**
sifflet *m.* whistle **8**
singe *m.* monkey **10**
site Internet *m.* Internet site **3**
site web *m.* Web site **3**
sketch *m.* skit **2**
ski *m.* skiing **8**
ski alpin/de fond *m.* downhill/cross-country skiing **8**
slip *m.* underpants (for males) **8**
soigner *v.* to treat **7**; to look after (someone) **7**
soin *m.* care **6**
soldat *m.* soldier **1**
soleil *m.* sun **10**
solliciter *v.* to solicit **2**
solliciter un emploi to apply for a job **9**

sonner *v.* to strike **1**; to sound **1**
sortir avec *v.* to go out with **1**
sortir un film to release a movie **3**
sou *m.* penny **9**
soucier: se soucier (de quelque chose) *v.* to care (about something) **10**
soudain *adv.* suddenly **2**
souffler *v.* to blow **8**
souffrir *v.* to suffer **4**
souhaiter *v.* to hope **6**; to wish to **8**
soulager *v.* to relieve **1**
soûler *v.* to bug **6**; to talk to death **6**
souliers *m.* shoes **8**
soumis(e) *adj.* submissive **6**
source *f.* (aquatic) stream **10**
source d'énergie *f.* energy source **10**
sourd(e) *adj.* deaf **5**
sournoisement *adv.* slyly **7**
sous-titres *m.* subtitles **3**
soutenir *v.* to support **5**
soutien *m.* support **2**
souvenir: se souvenir de *v.* to remember **2**
souvent *adv.* often **2**
spécialisé(e) *adj.* specialized **7**
spectacle *m.* show **8**; performance **8**
spectateur/spectatrice *m., f.* spectator **8**
spot publicitaire *m.* advertisement **3**
stage (rémunéré) *m.* (paid) training course **9**
stagiaire *m., f.* trainee **9**
station *f.* station **2**
station de métro *f.* subway station **2**
station de radio *f.* radio station **3**
stimulant(e) *adj.* challenging **9**
stratégie commerciale *f.* marketing strategy **9**
strict(e) *adj.* strict **6**
succès: à succès *adv.* bestselling **5**
suggérer *v.* to suggest **6**
suivre *v.* to follow **3**
supérette *f.* mini-market **6**
superficie *f.* surface area **10**; territory **10**
supplice *m.* torture **1**
supporter (de) *m.* fan **8**; supporter **8**
supposer *v.* to assume **5**
supposition *f.* assumption **5**
sur *prep.* on **5**
sûr(e) *adj.* safe **2**; sure **7**
sûrement *adv.* surely **3**
sûreté publique *f.* public safety **4**
surfer sur Internet/le web to search the Web **3**
surmonter *v.* to overcome **6**
surnom *m.* nickname **6**
surpeuplé(e) *adj.* overpopulated **5**
surpopulation *f.* overpopulation **5**
surprenant(e) *adj.* surprising **6**
surtout *adv.* above all **2**

surveiller *v.* to keep an eye on **8**
survie *f.* survival **7**
survivre *v.* to survive **6**
syndicat *m.* labor union **9**
système féodal *m.* feudal system **4**

T

tableau *m.* painting **8**
taire: se taire *v.* to be quiet **2, 7**
talons (aiguilles) *m.* (stiletto) heels **8**
tant de... *adv.* so many . . . **6**
    tant que *conj.* as long as **7**
tard *adv.* late **2**
tas de *m.* a lot of **5**
tasse *f.* cup **5**
taxe *f.* tax **9**
tel(le) *adj.* such a(n) **4, 5**
télécharger *v.* to download **7**
téléphone portable *m.* cell phone **7**
télescope *m.* telescope **7**
téléspectateur/téléspectatrice *m., f.* television viewer **3**
téléspectateurs *m.* TV audience **3**
témoigner de *v.* to be witness to **5**
témoin *m.* witness **5**; witness **6**; best man **6**; maid of honor **6**
temps *m.* time **2**
    de temps en temps *adv.* from time to time **2**
    temps de travail *m.* work schedule **9**
tenace *adj.* tenacious **10**
tendresse *f.* affection **6**
tendu(e) *adj.* tense **6**
tenir *v.* to hold **4**
tennis *f.* sneakers **8**, tennis shoes **8**
tenter *v.* to attempt **8**; to tempt **8**
terrain (de foot) *m.* (soccer) field **8**
terre *f.* land **10**
terrorisme *m.* terrorism **4**
terroriste *m., f.* terrorist **4**
théâtre *m.* theater **8**
théorie *f.* theory **7**
ticket *m.* ticket **8**
tigre *m.* tiger **10**
timide *adj.* shy **1**
tirer: se tirer *v.* to leave, take off **4**
titre *m.* headline **3**
tolérance *f.* tolerance **4**
tolérer *v.* to tolerate **10**
tomber *v.* to fall **1**
    tomber amoureux/amoureuse (de) to fall in love (with) **1**
ton *m.* tone **10**
tortue *f.* turtle **10**
tôt *adv.* early **2**
toucher *v.* to get/receive (a salary) **9**
toujours *adv.* always **2**
tourner *v.* to shoot (a film) **3**
tous/toutes *pron.* all (of them) **4**
tout(e)/tous/toutes (les) *adj.* every **4**, all **4**
tout *pron.* everything **4**; *adv.* very
    tout à coup *adv.* all of a sudden **3**
    tout de suite *adv.* right away **3**

toxique *adj.* toxic **10**
trac *m.* stage fright **3**
    avoir le trac to have stage fright **3**
trahison *f.* betrayal **4**
train *m.* train **2**
    monter dans un train to get on a train **2**
traîner *v.* to hang around **6**; to drag **6**
traite des Noirs *f.* slave trade **4**
traiter *v.* to treat **6**
    traiter avec condescendance to patronize **6**
tranquille *adj.* calm **1**; quiet **1**
transports en commun *m.* public transportation **2**
travail manuel *m.* manual labor **5**
travailler dur *v.* to work hard **2**
travailleur/travailleuse *adj.* hard-working **2**
travailleur/travailleuse manuel(le) *m., f.* blue-collar worker **6**
travaux *m.* construction **2**
travers: à travers *prep.* throughout **3**
tremblement de terre *m.* earthquake **2, 10**
trembler *v.* to shake **2**
très *adv.* very **2**
tressaillement du sol *m.* earth tremor **2**
tribunal *m.* court **4**
tristesse *f.* sadness **1**
tromper *v.* to deceive **2**; **se tromper** *v.* to be wrong **1**; to be mistaken **1**
trop *adv.* too many/much **2**
    trop de too much of **5**
trottoir *m.* sidewalk **2**
trou noir *m.* black hole **7**
troupeau *m.* flock **10**
trouver: se trouver *v.* to be located **2**
tuer *v.* to kill **4**

U

uni(e) *adj.* close-knit **6**
union *f.* union **1**
    vivre en union libre to live together (as a couple) **1**
unir *v.* to unite **2**
urbaniser *v.* to urbanize **10**
urbanisme *m.* city/town planning **2**

V

vacancier/vacancière *m., f.* vacationer **8**
vaincre *v.* to defeat **4**
    vaincre ses peurs to confront one's fears **8**
valeur *f.* value **5**
valoir *v.* to be worth **6**
    valoir la peine to be worth it **8**
vedette (de cinéma) *f.* (movie) star (male or female) **3**
veille *f.* day before **8**
vendeur/vendeuse *m., f.* salesman/woman **9**

vengeance *f.* revenge **5**
venir *v.* to come **3**
vente *f.* sale **5**
vernissage *m.* art exhibit opening **8**
verre *m.* glass **5**
    prendre un verre to have a drink **8**
vestiaires *m.* locker room **8**
veuf/veuve *m., f.* widower/widow **1**; *adj.* widowed **1**
victime *f.* victim **4**
victoire *f.* victory **4**
victorieux/victorieuse *adj.* victorious **4**
vide *adj.* empty **2**
vidéoclip *m.* music video **3**
vie *f.* life
    gagner sa vie to earn a living **9**
    niveau de vie *m.* standard of living **5**
    vie nocturne *f.* nightlife **2**
vieillesse *f.* old age **6**
vieillir *v.* to grow old **6**
vieux/vieille *adj.* old **2**
violence *f.* violence **4**
violon *m.* violin **2**
virer *v.* to fire **9**
vite *adv.* quickly **2**
vivre *v.* to live **1**
    vivre de sa plume to earn one's living as a writer **5**
    vivre en union libre to live together (as a couple) **1**
    vivre quelque chose par l'intermédiaire de quelqu'un to live something vicariously through someone **8**
    vivre (quelque chose) par procuration to live (something) vicariously **8**
vœu *m.* wish **5**
voie *f.* lane **2**; road **2**; track **2**; means **2**; channel **2**
voir *v.* to see **3**
voiture *f.* car **2**
    monter dans une voiture to get in a car **2**
volaille *f.* poultry **6**
voler *v.* to steal **5**; to fly **8**
voleur/voleuse *m., f.* thief **4**
voter *v.* to vote **4**
vouloir *v.* to want **3**
    en vouloir (à) to have a grudge **5**
    s'en vouloir *v.* to be angry with oneself **5**
voyager *v.* to travel **1**
voyou *m.* hoodlum **6**
vrai(e) *adj.* real **2**; true **2**
vraiment *adv.* really **2**; truly **2**
VTT (vélo tout terrain) *m.* mountain bike **8**

W

wagon *m.* subway car **2**
web *m.* Web **3**

Anglais–Français

A

above: above all surtout *adv.* **2**
absolute monarchy monarchie absolue *f.* **4**
absolutely absolument *adv.* **2**
abuse abus *m.* **4**; maltraitance *f.* **5**; abuser *v.* **4**
  abuse of power abus de pouvoir *m.* **4**
acceptance acceptation *f.* **4**
accountant comptable *m., f.* **9**
achieve parvenir à *v.* **5**
acid rain pluie acide *f.* **10**
acorn gland *m.* **10**
act se comporter *v.* **3**
active actif/active *adj.* **2**
militant activist activiste *m., f.* **4**
actor comédien(ne) *m., f.* **3**
adapt s'adapter *v.* **5**
addicted: to be addicted (to) être accro (à) *v.* **7**
addiction dépendance *f.* **7**
address adresse *f.* **7**
adjust régler *v.* **7**
admire admirer *v.* **8**
adrenaline rush montée d'adrénaline *f.* **8**
adulthood âge adulte *m.* **6**
advance avancer *v.* **1**
advanced avancé(e) *adj.* **7**
advertisement message publicitaire *m.* **3**, spot publicitaire *m.* **3**, publicité *f.* **3**, pub *f.* **3**
advertising publicité *f.* **3**, pub *f.* **3**
advisor conseiller/conseillère *m., f.* **9**
affair liaison *f.* **1**
affection tendresse *f.* **6**
affectionate affectueux/affectueuse *adj.* **1**
afraid: to be afraid avoir peur **2**
after après què *conj.* **7**
again encore *adv.* **2**, de nouveau *adv.* **8**
alien extraterrestre *m., f.* **7**
alike pareil(le) *adj.* **5**
all tous/toutes *pron.* **4**; tout(e)/tous/toutes *adj.* **4**
  all of a sudden tout à coup *adv.* **3**
allow to laisser *v.* **8**
almost presque *adv.* **3**
alone seul(e) *adj.* **2, 5**
already déjà *adv.* **2**
although bien que *conj.* **7**, quoique *conj.* **7**
always toujours *adv.* **2**
amazed: to be amazed s'étonner *v.* **8**
amuse amuser *v.* **2**
amusement park parc d'attractions *m.* **8**
ancestor ancêtre *m., f.* **1**

ancient ancien(ne) *adj.* **2**
anger colère *f.* **4**; fâcher *v.* **2**
angry fâché(e) *adj.* **1**
  to be angry with oneself s'en vouloir *v.* **5**
  to get angry with se mettre en colère contre **1**, se fâcher contre *v.* **2**
annoy agacer *v.* **1**, énerver *v.* **1**
another un(e) autre *adj.* **2**
antimatter antimatière *m.* **7**
anxious anxieux/anxieuse *adj.* **1**
appear apparaître *v.* **3** **to appear to** sembler *v.* **8**
applaud applaudir *v.* **8**
applied research recherche appliquée *f.* **7**
apply for poser sa candidature pour **9**
  to apply for a job solliciter un emploi **9**
  to apply for a loan demander un prêt **9**
archipelago archipel *m.* **10**
army armée *f.* **4**
arrive arriver *v.* **3**
art exhibit opening vernissage *m.* **8**
art show exposition *f.* **8**
as … as aussi … que *adv.* **7**
  as long as tant que *conj.* **7**
  as soon as dès que *conj.* **7**, aussitôt que *conj.* **7**
ascend monter *v.* **3**
ashamed: to be ashamed (of) avoir honte (de) **1**
ask demander *v.* **2**
asparagus asperge *f.* **6**
assimilation assimilation *f.* **5**
assume supposer *v.* **5**
assumption supposition *f.* **5**
astrologer astrologue *m., f.* **7**
astronaut astronaute *m., f.* **7**
astronomer astronome *m., f.* **7**
at à *prep.* **5**; en **5**
  at last enfin *adv.* **2**
  at that moment à ce moment-là **3**
  at the place or home of chez *prep.* **5**
ATM distributeur automatique *m.* **9**
ATM card carte de retrait *f.* **9**
atmosphere ambiance *f.* **2**
attain parvenir à *v.* **5**
attempt tenter *v.* **8**
attention attention *f.* **3**
attract attirer *v.* **5**
attractive séduisant(e) *adj.* **1**
award récompense *f.* **5**

B

bad mauvais(e) *adj.* **2**
badly mal *adv.* **2**
bad-mannered mal élevé(e) *adj.* **6**
ball ballon *m.* **8**

band groupe *m.* **8**
bankrupt en faillite *adj.* **9**
bankruptcy banqueroute *f.* **9**
barrier reef barrière de corail *f.* **10**
basic research recherche fondamentale *f.* **7**
bask in the sun lézarder au soleil *v.* **8**
be être *v.* **1**
  to be able pouvoir *v.* **3**
  to be afraid avoir peur **2**
  to be addicted (to) être accro (à) *v.* **7**
  to be amazed s'étonner *v.* **8**
  to be angry with oneself s'en vouloir *v.* **5**
  to be confident avoir confiance en soi **1**
  to be contaminated être contaminé(e) **10**
  to be crazy about raffoler *v.* **5**
  to be distrustful of se méfier de *v.* **2**
  to be embarrassed avoir honte (de) **1**
  to be homesick avoir le mal du pays **5**
  to be in debt avoir des dettes **9**
  to be interested (in) s'intéresser (à) **2**
  to be located se trouver *v.* **2**
  to be lost être perdu(e) **2**
  to be mistaken se tromper *v.* **1, 2**
  to be on the front page être à la une **3**
  to be popular abroad bien s'exporter *v.* **5**
  to be prejudiced avoir des préjugés **5**
  to be promoted être promu(e) **9**
  to be quiet se taire *v.* **2, 7**
  to be sorry être désolé(e) **6**
  to be under pressure être sous pression **9**
  to be wary of se méfier de *v.* **2**
  to be witness to témoigner de *v.* **5**
  to be worth it valoir la peine *v.* **8**
  to be wrong se tromper *v.* **1**
bear ours *m.* **10**
beautiful beau/belle *adj.* **2**
because car *conj.* **4**
become devenir *v.* **3**
  to become rich s'enrichir *v.* **5**
bed lit *m.*
  to go to bed se coucher *v.* **2**
beehive ruche *f.* **10**
before avant de *prep.* **7**; avant que *conj.* **7**
begin commencer *v.* **1**; se mettre à *v.* **2**; débuter *v.* **6**
behave se comporter *v.* **3**
behavior comportement *m.* **3**; conduite *f.* **2**
behind derrière *prep.* **5**

belief croyance *f.* 4
belong (to) appartenir (à) *v.* 5; **to belong (to a group)** s'intégrer (à un groupe) *v.* 1
belongings affaires *f.* 6
beneficial effect bienfait *m.* 7
benefit from profiter de *v.* 9
    to get benefit out of retirer un profit de 9
benefits pension *f.* 6
bermuda shorts (a pair of) bermuda *m.* 8
best: the best le/la meilleur(e) *adj.* 7; le mieux *adv.* 7
best man témoin *m.* 6
bestselling à succès *adv.* 5
bet pari *m.* 8
betrayal trahison *f.* 4
better meilleur(e) *adj.* 2; mieux *adv.* 2
    It is better that... Il vaut mieux que... 6
    to better oneself s'améliorer *v.* 5
biased partial(e) *adj.* 3
big grand(e) *adj.* 2
bilingual bilingue *adj.* 1
billboard panneau d'affichage *m.* 2
billionaire milliardaire *m.* 3
biochemical biochimique *adj.* 7
biologist biologiste *m., f.* 7
birth naissance *f.* 6
    to give birth accoucher *v.* 6
birthrate natalité *f.* 5
black hole trou noir *m.* 7
blackmail faire du chantage *v.* 4
blend in s'assimilier à *v.* 1
blow souffler *v.* 8
blue-collar worker travailleur/travailleuse manuel(le) *m., f.* 6
board game jeu de société *m.* 8
bonus prime *f.* 9
border frontière *f.* 5
bore ennuyer *v.* 1
bored: to get bored s'ennuyer *v.* 2
born: to be born naître *v.* 3
boss patron(ne) *m., f.* 9
bossy autoritaire *adj.* 6
bother gêner *v.* 1, ennuyer *v.* 2, déranger *v.* 1, 6
bottle bouteille *f.* 5
bouquet bouquet de la mariée *m.* 6
bowling bowling *m.* 8
    to go bowling jouer au bowling 8
bow tie nœud papillon *m.* 8
box boîte *f.* 5
boxer shorts caleçon *m.* 8
breakup rupture *f.* 1
break up rompre *v.* 1
breathe respirer *v.* 10
bride mariée *f.* 6
bridge pont *m.* 2
briefly brièvement *adv.* 2
bring someone amener *v.* 1

broadcast retransmission *f.* 7; retransmettre *v.* 3
broiled grillé(e) *adj.* 6
brother-in-law beau-frère *m.* 6
brown *(hair)* châtain *adj.* 2
brush se brosser *v.* 2
budget budget *m.* 9
bug soûler *v.* 6
build construire *v.* 2
building édifice *m.* 2
bungee jumping saut à l'élastique *m.* 8
burn brûler *v.* 5; graver (un CD) *v.* 7
bus stop arrêt d'autobus *m.* 2
businessman homme d'affaires *m.* 9
businesswoman femme d'affairs *f.* 9
buy acheter *v.* 1

C

call appeler *v.* 1
    to call back rappeler *v.* 1
calm tranquille *adj.* 1
can boîte *m.* 5; pouvoir *v.* 3
Canadian canadien(ne) *adj.* 2
captain capitaine *m.* 8
captivate séduire *v.* 3
car voiture *f.* 2
    to get in a car monter dans une voiture 2
cards cartes *f.* 8
    playing cards cartes à jouer *f.* 8
care soin *m.* 6
    to care (about something) se soucier (de quelque chose) *v.* 10
careful prudent(e) *adj.* 1
carnival fête foraine *f.* 2
carry porter *v.*
case: in case au cas où *conj.* 10
catch: to catch sight of apercevoir *v.* 2
cause cause *f.* 5
cavity carie *f.* 9
CD-ROM CD-ROM *m.* 7
celebrate célébrer *v.* 8, fêter *v.* 8
celebrity célébrité *f.* 3
cell cellule *f.* 7
cell phone (téléphone) portable *m.* 7
censorship censure *f.* 3
certain certain(e) *adj.* 4
certainly certainement *adv.* 3
challenge défi *m.* 5
challenging stimulant(e) *adj.* 9
change changement *m.*
    change of scenery dépaysement *m.* 1
channel voie *f.* 2
chaos chaos *m.* 5
character caractère *m.* 6; *(in a story or play)* personnage *m.* 8
charcoal charbon de bois *m.* 10
charming charmant(e) *adj.* 1
chat bavarder *v.* 8; causer *v.* 9

chatterbox bavard(e) *m., f.* 5
checking account compte de chèques *m.* 9
cheese store fromagerie *f.* 6
chemist chimiste *m., f.* 7
chestnut marron *m.* 2; marron *adj.* 2
child enfant *m., f.* 6
    only child enfant unique *m., f.* 6; fille/fils unique *m., f.* 6
childhood enfance *f.* 6
chip puce *f.* 7
choose choisir *v.* 3
Christian chrétien(ne) *m., f.* 4
Christianity christianisme *m.* 4
cinema cinéma *m.* 2
circus cirque *m.* 3
citizen citoyen(ne) *m., f.* 2
city center centre-ville *m.* 2
city dweller citadine(e) *m., f.* 2
city hall hôtel de ville *m.* 2
city planning urbanisme *m.* 2
civil war guerre civile *f.* 4
    American Civil War guerre de Sécession *f.* 4
claim to prétendre *v.* 8
clear away déblayer *v.* 10
clean nettoyer *v.* 1; net(te) *adj.* 2, propre *adj.* 2; pur(e) *adj.* 10
climb escalader *v.* 8; grimper à *v.* 8
clone cloner *v.* 7
close-knit uni(e) *adj.* 6; lié(e) *adj.* 6
clue indice *m.* 4
coach entraîneur *m.* 8
coal charbon *m.* 10
colonist colon *m.* 4
column chronique *f.* 3
comb se peigner *v.* 2
come venir *v.* 3
    to come back revenir *v.* 3
comedy comédie *f.* 8
commissioner commissaire *m.* 5
commit (to someone) s'engager (envers quelqu'un) *v.* 1
company entreprise *f.* 9
competent compétent(e) *adj.* 9
competition concurrence *f.* 8
complain se plaindre *v.* 2
complete complet/complète *adj.* 2
computer science informatique *f.* 7
concrete béton *m.* 2
condition condition *f.*
    on the condition that à condition que *conj.* 7
conduct an experiment faire une expérience *v.* 7
confide confier *v.* 6
confident: to be confident avoir confiance en soi 1
conformist conformiste *adj.* 5
confront one's fears vaincre ses peurs 8
confusedly confusément *adv.* 2
connection lien *m.* 2

conservative conservateur/conservatrice *adj.* **2, 4**
consider considérer *v.* **1**
constantly constamment *adv.* **2**
construction travaux *m. pl.* **2**
consult consulter *v.* **9**
consultant consultant(e) *m., f.* **9**
contaminated: to be contaminated être contaminé(e) **10**
contempt: to have contempt for mépriser *v.* **6**
contribute contribuer (à) *v.* **7**
controversy polémique *f.* **5**
converse s'entretenir (avec) *v.* **2**
convince convaincre *v.* **3, 9**
cool frais/fraîche *adj.* **2**, chouette *adj.* **8**
cop flic *m.* **5**
coral reef récif de corail *m.* **10**
correspondent envoyé(e) spécial(e) *m., f.* **3**
cost a lot coûter cher *v.* **2**
co-tenant colocataire *m., f.* **2**
courage courage *m.* **5**
court tribunal *m.* **4**
cover couverture *f.* **3**; couvrir *v.* **4**
covered recouvert(e) *adj.* **3**
courthouse palais de justice *m.* **2**
crackling grésillement *m.* **3**
crazy fou/folle *adj.* **2**
    to be crazy about raffoler *v.* **5**
cream crème *f.* **2**; crème *adj.* **2**
create créer *v.* **7**
    to create a company monter une entreprise **9**
credit card carte de crédit *f.* **9**
crime crime *m.* **4**
criminal criminel(le) *m., f.* **4**
cripple estropié(e) *m., f.* **1**
cross-country skiing ski de fond *m.* **8**
crosswalk clous *m. pl.* **2**
crowd foule *f.* **4**
cruel cruel(le) *adj.* **2**
cruelty cruauté *f.* **4**
cry pleurer *v.* **6**
cultural heritage patrimoine culturel *m.* **5**
culture shock choc culturel *m.* **1**
cup tasse *f.* **5**
cure guérir *v.* **7**
current events actualité *f.* **3**
cut oneself se couper *v.* **2**
    to cut off from couper de *v.* **7**
cute mignon(ne) *adj.* **2**
cutting edge de pointe *adj.* **7**
cyberspace cyberespace *m.* **7**

D

daily quotidien(ne) *adj.* **2**
damaged abîmé(e) *adj.* **9**
damages dégâts *m.* **3**

danger danger *m.* **7, 10**
dangerous dangereux/dangereuse *adj.* **2**
dare to oser *v.* **8**
daredevil casse-cou *m.* **8**
darts fléchettes *f.* **8**
date rendez-vous *m.* **1**
daughter-in-law belle-fille *f.* **6**
day jour *m.*
    day before veille *f.* **8**
dead people morts *m.* **3**
deaf sourd(e) *adj.* **5**
deal marché *m.* **2**
dear cher/chère *adj.* **2**
death décès *m.* **3**; mort *f.* **6**
debt dette *f.* **9**
    to be in debt avoir des dettes **9**
deceased décédé(e) *adj.* **6**; défunt(e) *m., f.* **3**
deceive tromper *v.* **2**
decolonization décolonisation *f.* **5**
decrease baisser *v.* **5**
dedicate oneself to se consacrer à *v.* **4**
defeat défaite *f.* **4**; vaincre *v.* **4**
defend défendre *v.* **4**
deforestation déforestation *f.* **10**
delighted ravi(e) *adj.* **6**
demand revendication *f.* **9**; exiger *v.* **6, 9**
demanding exigeant(e) *adj.* **6**
democracy démocratie *f.* **4**
demonstration manifestation *f.* **2**
department store grand magasin *m.* **9**
deposit déposer *v.* **9**
depressed déprimé(e) *adj.* **1**
deputy député(e) *m., f.* **4**
descend descendre *v.* **3**
describe décrire *v.* **6**
deserve mériter *v.* **1**
desire désirer *v.* **6**
despair désespoir *m.* **7**
desperate désespéré(e) *adj.* **1**
destroy détruire *v.* **7**
determination acharnement *m.* **10**
development développement *m.* **5**; épanouissement *m.* **10**
dialog dialogue *m.* **5**
dictatorship dictature *f.* **4**
die mourir *v.* **3**
different autre *adj.* **2**
digital numérique *adj.* **7**
digital camera appareil (photo) numérique *m.* **7**
directions indications *f.* **2**
    to give directions donner des indications **2**
director réalisateur/réalisatrice *m., f.* **3**
discover découvrir *v.* **4**
discovery découverte *f.* **7**
    (breakthrough) discovery découverte (capitale) *f.* **7**

dishonest malhonnête *adj.* **1**
disillusioned désabusé(e) *adj.* **1**
disorientation dépaysement *m.* **1**
disown (someone) renier (quelqu'un) *v.* **4**
disposable jetable *adj.* **10**
distant lointain(e) *adj.* **3**
distrust se méfier de *v.* **2**
distrustful: to be distrustful of se méfier de *v.* **2**
disturb déranger *v.* **6**
dive plonger *v.* **1**
diversity diversité *f.* **5**
diving plongée sous-marine *f.* **10**
divorce divorce *m.*
    to get a divorce divorcer *v.* **1**
DNA ADN *m.* **7**
do faire *v.* **1**
    to do without faire sans **5**; se passer de **7**
documentary documentaire *m.* **3**
dolphin dauphin *m.* **10**
doubt douter *v.* **2**
    no doubt sans doute *adv.* **2**
doubtful: It is doubtful… Il est douteux… **7**
downhill skiing ski alpin *m.* **8**
download télécharger *v.* **7**
downtown centre-ville *m.* **2**
drag traîner *v.* **6**
drama course cours d'art dramatique *m.* **3**
draw tirer *v.*
    to draw attention to attirer l'attention (sur) **2**
    to draw from puiser *v.* **10**
dream about rêver de *v.* **1**
dreams, full of rêveur/rêveuse *adj.* **2**
drink boire *v.* **3**
    to have a drink prendre un verre **8**
drinkable potable *adj.* **10**
drive rouler (en voiture) *v.* **2**; conduire *v.* **3**
driver conducteur/conductrice *m., f.* **2**
drought sécheresse *f.* **10**
drown s'enfoncer *v.* **1**
drums batterie *f.* **2**
dry sec/sèche *adj.* **10**
due to dû/due *adj.* **5**
duty devoir *m.* **4**
DVD player lecteur de DVD *m.* **7**

E

each chaque *adj.* **4**
early tôt *adv.* **2**
earn a living gagner sa vie **9**
earn one's living as a writer vivre de sa plume *v.* **5**
earth tremor tressaillement du sol *m.* **2**
earthquake tremblement de terre *m.* **10**

eat manger *v.* **1**
economic crisis crise économique *f.* **9**
editor rédacteur/rédactrice *m., f.* **3**
effort effort *m.* **5**
  to make an effort faire un effort **5**
egocentric égocentrique *adj.* **3**
elect élire *v.* **4**
election élection *f.* **4**
  to lose elections perdre les élections **4**
  to win elections gagner les élections **4**
electronic chip puce électronique *f.* **7**
e-mail address adresse e-mail *f.* **7**
embarrass gêner *v.* **1**
embarrassed gêné(e) *adj.* **2**
  to be embarrassed avoir honte (de) **1**
embarrassment gêne *f.* **6**
emigrant émigré(e) *m., f.* **5**
emigrate émigrer *v.* **1**
emotional émotif/émotive *adj.* **1**
employee employé(e) *m., f.* **9**
empty vide *adj.* **2**
endangered en voie d'extinction *adj.* **10**
ending dénouement *m.* **7**
energy énergie *f.* **10**
energy consumption consommation d'énergie *f.* **10**
energy source source d'énergie *f.* **10**
engaged: to get engaged se fiancer *v.* **1**
engagement fiançailles *f.* **6**
engagement ring bague de fiançailles *f.* **6**
engineer ingénieur *m., f.* **7**
enormously énormément *adv.* **2**
enough assez de *adj.* **5**
  that's enough ça suffit **4**
enroll s'inscrire *v.* **6**
enslavement asservissement *m.* **4**
enter entrer *v.* **3**
entertain divertir *v.* **3**
entertainer saltimbanque *m.* **3**
entertaining divertissant(e) *adj.* **3, 8**
entertainment divertissement *m.* **3**
enthusiastic enthousiaste *adj.* **1**
entrepreneur entrepreneur/ entrepreneuse *m., f.* **9**
entrust confier *v.* **6**
environment environnement *m.* **10**
envision envisager *v.* **7**
equal égal(e) *adj.* **4**
equality égalité *f.* **4**
erase effacer *v.* **1, 7**
erosion érosion *f.* **10**
escaped évadé(e) *adj.* **4**
essential essentiel(le) *adj.* **6**, indispensable *adj.* **6**
ethical éthique *adj.* **7**
evening gown robe de soirée *f.* **8**
event événement *m.* **2**

every chaque *adj.* **4**, tout(e)/tous/ toutes (les) *adj.* **4**
everything tout *pron.* **4**
everywhere partout *adv.* **2**
except sauf *prep.* **8**
excerpt extrait *m.* **3**
excited enthousiaste *adj.* **1**
excluded exclu(e) *adj.* **5**
executive cadre *m.* **9**
exhausted épuisé(e) *adj.* **9**
exhibition exposition *f.* **8**
expect s'attendre à *v.* **2**; **to expect to** compter *v.* **8**; **to expect something** s'attendre à quelque chose *v.* **3**
expenses dépenses *f.* **9**
expensive cher/chère *adj.* **2**
experiment expérience *f.* **7**
explore explorer *v.* **7**
express exprimer *v.* **3**

F

face affronter *v.* **6**
fade (away) s'en aller *v.* **1**
fair foire *f.* **2**; juste *adj.* **4**
faithful fidèle *adj.* **1**
fall tomber *v.* **1**
  to fall in love (with) tomber amoureux/amoureuse (de) **1**
false faux/fausse *adj.* **2**
fame notoriété *f.* **3**
fan (of) fan (de) *m., f.* **8**; supporter (de) *m.* **8**
farm ferme *f.* **10**
fascinating fascinant(e) *adj.* **9**
fat gros(se) *adj.* **2**; gras(se) *adj.* **4**
father-in-law beau-père *m.* **6**
favorite favori/favorite *adj.* **2**
fear peur *f.* **4**; craindre *v.* **6**
  for fear of de peur de *prep.* **7**
  for fear that de peur que *conj.* **7**, de crainte que *conj.* **7**
  to confront one's fears vaincre ses peurs **8**
fed: to be fed up (with) en avoir marre (de) **1**
feed nourrir *v.* **6**
feel ressentir *v.* **1**
feudal system système féodal *m.* **4**
few (of them) quelques-un(e)s *pron.* **4**; (un) peu de **5**
field: (soccer) field terrain (de foot) *m.* **8**
fight combattre *v.* **4**; lutter *v.* **5**; se battre *v.* **8**
fighter combattant(e) *m., f.* **7**
figure chiffre *m.* **9**
  to figure it out se débrouiller *v.* **9**
file a complaint porter plainte *v.* **7**
film critic critique de cinéma *m., f.* **3**
final dernier/dernière *adj.* **2**
finally enfin *adv.* **2**; finalement *adv.* **3**
financial financier/financière *adj.* **9**

fire incendie *m.* **10**; licencier *v.* **9**, virer *v.* **9**
fire station caserne de pompiers *f.* **2**
fireworks display feu d'artifice *m.* **2**
first premier/première *adj.* **2**; d'abord *adv.* **2**
fish poisson *m.* **10**; pêcher *v.* **10**
fishing net filet (de pêche) *m.* **10**
flag drapeau *m.* **4**
flaw défaut *m.* **3**
flee fuir *v.* **1**
fleeting passager/passagère *adj.* **1**
flirt draguer *v.* **1**
flock troupeau *m.* **10**
flood inondation *f.* **10**
flourish fleurir *v.* **5**
flourishing prospère *adj.* **9**
flow couler *v.* **1**
fly voler *v.* **8**
foliage feuillage *m.* **10**
follow suivre *v.* **3**
following prochain(e) *adj.* **2**
follow in someone's footsteps marcher sur les pas de quelqu'un *v.* **5**
food *(type or kind of)* aliment *m.* **6**; *(before a noun)* alimentaire **6**
for car *conj.* **4**; pour *prep.* **7**
  for an hour (a month, etc.) pendant une heure (un mois, etc.) *adv.* **3**
  for fear of de peur de *prep.* **7**
  for fear that de peur que *conj.* **7**, de crainte que *conj.* **7**
force forcer *v.* **1**
forehead front *m.* **6**
foreigner étranger/étrangère *m., f.* **2**
forest forêt *f.* **10**
forge: to forge ahead aller de l'avant **5**
former ancien(ne) *adj.* **2**
formerly jadis *adv.* **10**
formidable redoutable *adj.* **3**
forseen prévu(e) *adj.* **5**
forward en pointe *adv.* **8**
foul faute *f.* **8**
frank franc(he) *adj.* **1**
frankly franchement *adv.* **2**
freedom liberté *f.* **3**
  freedom of the press liberté de la presse *f.* **3**
free kick coup franc *m.* **8**
free oneself se libérer *v.* **5**
fresh frais/fraîche *adj.* **2**
friendship amitié *f.* **1**
from à partir de *prep.* **1**
  from time to time de temps en temps *adv.* **1**
front: in front of devant *prep.* **5**
fuel combustible *m.* **10**
fulfill (a dream) réaliser (un rêve) *v.* **5**
full plein(e) *adj.* **2**
fun: to have fun s'amuser *v.* **2**;
  to have fun se marrer *v.* **3**;
  to make fun of se moquer de *v.* **2**

G

game partie *f.* 8
gang bande *f.* 5
gather rassembler *v.* 2
gene gène *m.* 7
generation gap fossé des générations
  m. 6
genetics génétique *f.* 7
gently doucement *adv.* 2
get (a salary) toucher *v.* 9
  to get a divorce divorcer *v.* 1
  to get a signal capter *v.* 9
  to get along well s'entendre
    bien 1
  to get along with s'entendre bien
    avec 2
  to get angry with se mettre en
    colère contre 1, se fâcher contre
    v. 2
  to get benefit out of retirer un
    profit de 9
  to get bored s'ennuyer *v.* 2
  to get dressed s'habiller *v.* 2
  to get engaged se fiancer *v.* 1
  to get hurt (se) blesser *v.* 8
  to get (in a car, on a train) monter
    (dans une voiture, dans un train)
    v. 2
  to get income out of retirer un
    revenu de 9
  to get off descendre *v.* 2
  to get (tickets) obtenir (des
    billets) 8
  to get together se réunir *v.* 2
  to get up se lever *v.* 2
  to get used to s'habituer à *v.* 2
  to get worse empirer *v.* 10
gift shop boutique de souvenirs *f.* 8
give donner *v.* 2
  to give birth accoucher *v.* 6
  to give directions donner des
    indications 2
glass verre *m.* 5
glide glisser *v.* 8
globalization mondialisation *f.* 5
global warming réchauffement
  climatique *m.* 10
gnarled noueux/noueuse *adj.* 10
go aller *v.* 1
  to go (away) s'en aller *v.* 1, 2
  to go across parcourir *v.* 8
  to go back (home) rentrer *v.* 3
  to go beyond one's limits se
    dépasser *v.* 8
  to go bowling jouer au bowling 8
  to go down descendre *v.* 2
  to go out with sortir avec *v.* 1
  to go past passer (devant) *v.* 2
  to go to bed se coucher *v.* 2
  to go up monter *v.* 3
goal but *m.* 5
gold or *m.* 2
good bon(ne) *adj.* 2

goodbye au revoir 5
  to say goodbye dire au revoir 5
gossip commérages *m.* 1
govern gouverner *v.* 4
government gouvernement *m.* 4
granddaughter petite-fille *f.* 6
grandson petit-fils *m.* 6
grape raisin *m.* 6
gravity gravité *f.* 7
great génial(e) *adj.* 1; grand(e) *adj.*
  2; chouette *adj.* 8
great-aunt grand-tante *f.* 6
great-grandfather arrière-grand-père
  m. 6
great-grandmother arrière-grand-
  mère *f.* 6
great-uncle grand-oncle *m.* 6
Greek grec/grecque *adj.* 2
grilled grillé(e) *adj.* 6
groom marié *m.* 6
grow augmenter *v.* 5; pousser *v.* 10
  to grow old vieillir *v.* 6
  to grow up grandir *v.* 6
grudge: to have a grudge en vouloir
  (à) *v.* 5
guess deviner *v.* 5
guilty coupable *adj.* 4
guy mec *m.* 4

H

habitat: provide a habitat for abriter
  v. 10
half moitié *f.* 5
half brother demi-frère *m.* 6
half sister demi-sœur *f.* 6
handkerchief mouchoir *m.* 8
handsome beau *adj.* 2
hang around traîner *v.* 6
happily heureusement *adv.* 2
happy heureux/heureuse *adj.* 2,
  content(e) *adj.* 6
harass harceler *v.* 9
hard-working travailleur/travailleuse
  adj. 2
harm nuire à *v.* 10
harmful nuisible *adj.* 10
harmful: have harmful
  consequences on avoir des
    conséquences néfastes sur *v.* 7
harvest récolte *f.* 10; récolter *v.* 10
hate détester *v.* 8
hatred haine *f.* 4
have avoir *v.* 1; prendre *v.* 3
  to have a drink prendre un verre 8
  to have a good time se divertir
    v. 8
  to have a grudge en vouloir (à) *v.* 5
  to have connections avoir des
    relations 9
  to have contempt for mépriser *v.* 6
  to have fun s'amuser *v.* 2; se
    marrer *v.* 3

to have harmful consequences
  on avoir des conséquences
    néfastes sur *v.* 7
to have influence (over) avoir de
  l'influence (sur) 4
to have stage fright avoir le trac 3
to have to devoir *v.* 3; falloir *v.* 3
head of a company chef d'entreprise
  m. 9
headline gros titre *m.* 3
headscarf foulard *m.* 6
heal guérir *v.* 7
heap amas *m.* 7
hear entendre *v.* 2
heels talons *m.* 8
here ici *adv.* 2
heritage patrimoine *m.* 5
  cultural heritage patrimoine
    culturel *m.* 5
high haut(e) *adj.* 2
hire embaucher *v.* 9
hit frapper *v.* 1; heurter *v.* 7
hold tenir *v.* 4
homeland patrie *f.* 6
homeless person sans-abri *m., f.* 2
homesick: to be homesick avoir le
  mal du pays 5
honest honnête *adj.* 1
hoodlum voyou *m.* 6
hope espérer *v.* 1, souhaiter *v.* 6
housing logement *m.* 2, habitation *f.* 2
however pourtant *adv.* 1
human humain(e) *adj.* 1
humankind humanité *f.* 5
human rights droits de l'homme *m.* 4
hunt chasser *v.* 10
hurricane cyclone *m.* 2; ouragan *m.* 10
hurry se dépêcher *v.* 2
husband époux *m.* 6

I

idealistic idéaliste *adj.* 1
i.e. c'est-à-dire 7
if si *conj.* 7
illiterate analphabète *adj.* 4
immature peu mûr(e) *adj.* 1
immediately immédiatement *adv.* 3
immigrant immigré(e) *n.* 5
immigrate immigrer *v.* 1
immigration immigration *f.* 5
impartial impartial(e) *adj.* 3
important important(e) *adj.* 6
impossible impossible *adj.* 7
imprison emprisonner *v.* 4
improve améliorer *v.* 2
in dans *prep.* 5; en *prep.* 5; à *prep.* 5
  in case au cas où *conj.* 10
  in front of devant *prep.* 5
  in general en général *adv.* 2
  in order that afin que *conj.* 7
  in order to pour *prep.* 7
income revenu *m.* 9

to get income out of retirer un revenu de *9*

incompetent incompétent(e) *adj.* *9*

increase (public) awareness (of an issue) sensibiliser (le public à un problème) *v.* *3*

indication indice *m.* *4*

individuality individualité *f.* *5*

inequality inégalité *f.* *4*

inferior inférieur(e) *adj.* *2*

inferiority complex complexe d'infériorité *m.* *6*

influence influence *f.* *4*

  to have influence (over) avoir de l'influence (sur) *4*

influential influent(e) *adj.* *3*

inherit hériter *v.* *6*

injure (oneself) (se) blesser *v.* *8*

injured person blessé(e) *m., f.* *2, 3*

injustice injustice *f.* *4*

innovation innovation *f.* *7*

innovative innovant(e) *adj.* *7*

insecurity of income précarité *f.* *9*

insensitive insensible *adj.* *2*

inside dans *prep.* *5*; dedans *adv.* *2, 8*

instability instabilité *f.* *5*

insufficient insuffisant(e) *adj.* *10*

integration intégration *f.* *5*

intellectual intellectuel(le) *m., f.* *6*; intellectuel(le) *adj.* *2*

intend to penser *v.* *8*

Internet site site Internet *m.* *3*

intersection croisement *m.* *2*

interview entretien *m.* *3*, interview *f.* *3*

  job interview entretien d'embauche *m.* *9*

invent inventer *v.* *7*

invention invention *f.* *7*

invest investir *v.* *9*

investigate enquêter (sur) *v.* *3*

ironic ironique *adj.* *7*

Islam islam *m.* *4*

jabber baragouiner *v.* *4*

jealous jaloux/jalouse *adj.* *1*

jersey maillot *m.* *8*

job poste *m.* *9*, emploi *m.* *9*, boulot *m.* *9*

job interview entretien d'embauche *m.* *9*

join rejoindre *v.* *1*

joke (about) rigoler *v.* *4*

journalist journaliste *m., f.* *3*

joy joie *f.* *1*

judge juge *m., f.* *4*; juger *v.* *4*

jump sauter *v.* *8*

juror juré(e) *m., f.* *4*

justice justice *f.* *4*

keep garder *v.*

to keep an eye on surveiller *v.* *8*

to keep from (doing something) empêcher (de) *v.* *2*

to keep oneself informed (through the media) s'informer (par les médias) *v.* *3*

kid gamin(e) *m., f.* *5*, môme *m., f.* *5*

kidnap enlever *v.* *4*, kidnapper *v.* *4*

kill tuer *v.* *4*

killjoy rabat-joie *m.* *8*

kilogram kilo *m.* *5*

kindly gentiment *adv.* *2*

kindness bonté *f.* *6*

knock frapper *v.* *1*

know connaître *v.* *3*; savoir *v.* *3*

labor union syndicat *m.* *9*

lack of communication manque de communication *m.* *4*

ladder échelle *f.* *7*

lagoon lagon *m.* *10*

land terre *f.* *10*; atterrir *v.* *7*

landscape paysage *m.* *10*

lane voie *f.* *2*

language langue *f.* *5*

  native language langue maternelle *f.* *5*

  official language langue officielle *f.* *5*

laptop ordinateur portable *m.* *7*

last dernier/dernière *adj.* *2*

  at last enfin *adv.* *2*

  last Monday (Tuesday, etc.) lundi (mardi, etc.) dernier *adv.* *3*

late tard *adv.* *2*

launch: to launch into se lancer *v.* *5*

laugh rire *v.* *3*

law loi *f.* *4*

  to pass a law approuver une loi *4*

lawyer avocat(e) *m., f.* *4*

lay off licencier *v.* *9*

lazybones fainéant(e) *m., f.* *9*

lead mener *v.* *1, 5*

leave partir *v.* *3*; quitter *v.* *7*; se tirer *v.* *4*

  to leave behind quitter *v.* *5*

  to leave someone quitter quelqu'un *v.* *1*

leisure loisir(s) *m.* *8*

lemon citron *m.* *6*; citron *adj.* *2*

less moins *adv.* *7*

let go lâcher *v.* *8*

liberal libéral(e) *adj.* *4*

lie mentir *v.* *1*

lifestyle section rubrique société *f.* *3*

lift lever *v.* *1*

like aimer *v.* *1*

little of (un) peu de *5*

lime citron vert *m.* *6*

limp boiter *v.* *1*

line queue *f.* *8*

  line of products gamme de produits *f.* *9*

to wait in line faire la queue *8*

lion lion *m.* *10*

listen écouter *v.* *8*

listener auditeur/auditrice *m., f.* *3*

liter litre *m.* *5*

literature lettres *f.* *5*

little peu *adv.* *2*

live vivre *v.* *1*

  to live (something) vicariously vivre (quelque chose) par procuration *8*

to live something vicariously through someone vivre quelque chose par l'intermédiaire **de quelqu'un** *8*

  to live together (as a couple) vivre en union libre *1*

live en direct *adj., adv.* *3*

lively animé(e) *adj.* *2*

loan prêt *m.* *9*; emprunt *m.* *9*

  to apply for a loan demander un prêt *9*

  to secure a loan obtenir un prêt *9*

  to take out a loan faire un emprunt *9*

located: to be located se trouver *v.* *2*

locker room vestiaires *m.* *8*

look regarder *v.*

  to look after (someone) soigner *v.* *7*

  to look like ressembler (à) *v.* *6*

long long/longue *adj.* *2*

  as long as tant que *conj.* *7*

long-term à long terme *adj.* *9*

lose perdre *v.* *4*

  to lose heart se décourager *v.* *5*

  to lose elections perdre les élections *4*

loss perte *f.* *9*

lost perdu(e) *adj.* *2*

  to be lost être perdu(e) *2*

lot: a lot beaucoup *adv.* *2*

  a lot of beaucoup de *5*, un tas de *5*

love aimer *v.* *1*

lovers amants *m.* *1*

low bas(se) *adj.* *2*

lumberjack bûcheron *m.* *10*

luxury luxe *m.* *5*

mad fâché(e) *adj.* *1*

maid of honor témoin *m.* *6*

maintain maintenir *v.* *4*

make faire *v.* *1*

  to make an effort faire un effort *5*

  to make fun of se moquer de *v.* *2*

  to make think of évoquer *v.* *9*

makeup: to put on makeup se maquiller *v.* *2*

manage gérer *v.* *9*, diriger *v.* *9*; se débrouiller *v.* *9*

manager gérant(e) *m., f.* *9*

manual labor travail manuel *m.* *5*

many bien des *adj.* **5**
marching band fanfare *f.* **2**
market marché *m.* **9**
marketing strategy stratégie commerciale *f.* **9**
marriage mariage *m.* **1**
marry se marier avec *v.* **1**
match partie *f.* **8**
maternal maternel(le) *adj.* **6**
mathematician mathématicien(ne) *m., f.* **7**
mature mûr(e) *adj.* **1**
maturity maturité *f.* **6**
maybe peut-être *adv.* **2**
mayor maire *m.* **2**
means voie *f.* **2**
media moyens de communication *m.* **3**; médias *m.* **3**
meeting réunion *f.* **9**
melancholic mélancolique *adj.* **1**
member membre *m.* **9**, adhérent(e) *m., f.* **9**
metaphor métaphore *f.* **4**
militant activist activiste *m., f.* **4**
mini-market supérette *f.* **6**
minimum wage salaire minimum *m.* **9**
miss manquer à *v.* **5**
missing person disparu(e) *m., f.* **2**
mistaken: to be mistaken se tromper *v.* **1, 2**
mix mélange *m.* **1**; mêler *v.* **10**
mixed couple couple mixte *m.* **4**
mob foule *f.* **4**
moderate modéré(e) *adj.* **4**
modernity modernité *f.* **10**
moment moment *m.* **3**
at that moment à ce moment-là **3**
monarchy monarchie *f.* **4**
absolute monarchy monarchie absolue *f.* **4**
monkey singe *m.* **10**
monthly magazine mensuel *m.* **3**
Moon Lune *f.* **10**
moral morale *f.* **4**
more plus *adv.* **7**
moronic débile *adj.* **2**
most plupart *f. pron.* **4**
mother-in-law belle-mère *f.* **6**
mountain bike VTT (vélo tout terrain) *m.* **8**
mountain climbing alpinisme *m.* **8**
mountain range chaîne montagneuse *f.* **10**
move émouvoir *v.* **3**; déménager *v.* **1, 6**; remuer *v.* **10**
to move forward avancer *v.* **1**
movie star vedette de cinéma *f.* **3**
movie theater cinéma *m.* **2**
moving émouvant(e) *adj.* **8**
much: too much of trop de **5**
mud boue *f.* **1**
multilingual polyglotte *adj.* **5**

multinational company (entreprise) multinationale *f.* **3, 9**
murder meurtre *m.* **3**
museum musée *m.* **2**
musical group groupe *m.* **8**
musician musicien(ne) *m., f.* **8**
music video clip vidéo *m.* **3**, vidéoclip *m.* **3**
Muslim musulman(e) *m., f.* **4**
must devoir *v.* **3**
One must… Il faut que… **6**
mute muet(te) *adj.* **2**
mutual aid entraide *f.* **9**

N

naïve naïf/naïve *adj.* **2**
native language langue maternelle *f.* **5**
natural disaster catastrophe naturelle *f.* **2**
naturally naturellement *adv.* **2**
necessary nécessaire *adj.* **6**
It is necessary that… Il faut que… **6**
neglect délaisser *v.* **7**
neighborhood quartier *m.* **2**
nephew neveu *m.* **6**
nervous breakdown crise d'hystérie *f.* **1**
net filet *m.* **10**
network chaîne *f.* **3**; réseau *m.* **3**
never jamais *adv.* **2**
new nouveau/nouvelle *adj.* **2**
news nouvelles *f.* **3**
international news nouvelles internationales *f.* **3**
local news nouvelles locales *f.* **3**
news broadcast journal télévisé *m.* **3**
news items faits divers *m.* **3**
newspaper journal *m.* **3**
news report reportage *m.* **3**
new wave nouvelle vague *f.* **1**
next prochain(e) *adj.* **2**; ensuite *adv.* **2**
next day lendemain *m.* **7**
nice gentil/gentille *adj.* **2**
nicely gentiment *adv.* **2**
nickname surnom *m.* **6**
niece nièce *f.* **6**
nightlife vie nocturne *f.* **2**
nightmare cauchemar *m.* **1**; galère *f.* **4**
nobility noblesse *f.* **4**
noisily bruyamment *adv.* **2**
noisy bruyant(e) *adj.* **2**
nonconformist non-conformiste *adj.* **5**
nostalgia nostalgie *f.* **10**
notebook calepin *m.* **2**
notice s'apercevoir *v.* **8**
now maintenant *adv.* **2**
nowhere nulle part *adv.* **2**
nuclear nucléaire *adj.* **7**
number chiffre *m.* **9**

numerous nombreux/nombreuse *adj.* **5**
nursery pépinière *f.* **10**

O

oak tree chêne *m.* **10**
obsessed obsédé(e) *adj.* **7**
obvious évident *adj.* **7**
obviously évidemment *adv.* **2**
offer offrir *v.* **4**
official language langue officielle *f.* **5**
often souvent *adv.* **2**
old ancien(ne) *adj.* **2**; vieux/vieille *adj.* **2**
old age vieillesse *f.* **6**
on sur *prep.* **5**
on the condition that à condition que *conj.* **7**
once une fois *adv.* **3**; une fois que *conj.* **10**
one-on-one duel *m.* **8**
only seul(e) *adj.* **2**
open ouvrir *v.* **3**
oppressed opprimé(e) *adj.* **4**
orange orange *f.* **2**; orange *adj.* **2**
organic bio(logique) *adj.* **6**
outcome dénouement *m.* **7**
outdoors en plein air *adj.* **10**
outside dehors *adv.* **2**
outskirts banlieue *f.* **2**
overcome surmonter *v.* **6**
overpopulated surpeuplé(e) *adj.* **5**
overpopulation surpopulation *f.* **5**
overthrow renverser *v.* **4**
overwhelmed accablé(e) *adj.* **1**
owe devoir *v.* **9**
own propre *adj.* **2**
owner propriétaire *m., f.* **9**
oyster huître *f.* **10**
ozone layer couche d'ozone *f.* **10**

P

package paquet *m.* **5**
page page *f.* **3**
sports page page sportive *f.* **3**
to be on the front page être à la une **3**
paid training course stage rémunéré *m.* **9**
painting tableau *m.* **8**
panic paniquer *v.* **1**
parade défilé *m.* **2**
paragliding parapente *f.* **8**
part rôle *m.* **3**
partial partial(e) *adj.* **3**
particle particule *f.* **7**
party pooper rabat-joie *m.* **8**
pass passer *v.* **3**
to pass a law approuver une loi **4**
passenger passager/passagère *m., f.* **2**
password mot de passe *m.* **7**

past jadis *adv.* **10**
paternal paternel(le) *adj.* **6**
patiently patiemment *adv.* **2**
patronize traiter avec condescendance **6**
paw patte *f.* **4**
pay payer *v.* **1**; rémunérer *v.* **9**
peace paix *f.* **4**
peaceful pacifique *adj.* **4**
pearl perle *f.* **10**
pebble(s) caillou (cailloux) *m.* **10**
pedestrian piéton(ne) *m., f.* **2**
penny sou *m.* **9**
perceive apercevoir *v.* **9**; percevoir *v.* **9**
performance spectacle *m.* **8**
perhaps peut-être *adv.* **2**
perseverance persévérance *f.* **5**
persist relentlessly s'acharner sur *v.* **5**
personality caractère *m.* **6**
personify personnifier *v.* **4**
persuade convaincre *v.* **3**
petanque boules *f.* **8**, pétanque *f.* **8**
phone téléphone *m.* **7**
photographer photographe *m., f.* **3**
pick up again reprendre *v.* **9**
pig cochon *m.* **10**
pile amas *m.* **7**
place placer *v.* **1**
  to take place se dérouler *v.* **6**
plan projeter *v.* **1, 5**
play pièce (de théâtre) *f.* **8**
playing cards cartes à jouer *f.* **8**
plaza place *f.* **2**
please plaire *v.* **6**
pleated plissé(e) *adj.* **8**
plump gras(se) *adj.* **4**
police police *(force) f.* **2**; forces de l'ordre *f.* **3**
police commissioner commissaire (de police) *m.* **5**
police headquarters préfecture de police *f.* **2**
police officer agent de police *m.* **2**
police station commissariat de police *m.* **2**
political party parti politique *m.* **4**
politician homme/femme politique *m., f.* **4**
politics politique *f.* **4**
politely poliment *adv.* **2**
pollute polluer *v.* **10**
pollution pollution *f.* **10**
pool billard *m.* **8**
poor pauvre *adj.* **2**
popular: be popular abroad bien s'exporter *v.* **5**
populate peupler *v.* **2**
populated peuplé(e) *adj.* **2**
  densely populated très peuplé(e) *adj.* **2**
  sparsely populated peu peuplé(e) *adj.* **2**
position poste *m.* **9**

possess posséder *v.* **1**
possible possible *adj.* **6**
  It's possible that… Il se peut que… **7**
poultry volaille *f.* **6**
poverty pauvreté *f.* **9**
power pouvoir *m.* **1**
  abuse of power abus de pouvoir *m.* **4**
powerful puissant(e) *adj.* **4**
prayer prière *f.* **4**
precisely précisément *adv.* **2**
preconceived idea a priori *m.* **7**
predict prédire *v.* **5, 7**
prefer préférer *v.* **1**
prejudiced: to be prejudiced avoir des préjugés **5**
premiere première *f.* **3**
preserve préserver *v.* **10**
preservative conservateur *m.* **6**
president président(e) *m., f.* **4**
press presse *f.* **3**
  freedom of the press liberté de la presse *f.* **3**
pressure pression *f.* **9**
pretty joli(e) *adj.* **2**
prevent prévenir *v.* **10**
principles principes *m.* **5**
private privé(e) *adj.* **2**
probably probablement *adv.* **2**
profit bénéfice *m.* **9**
profoundly profondément *adv.* **2**
promoted promu(e) *adj.* **9**
propose proposer *v.* **6**; faire une demande en mariage **6**
  to propose a toast porter un toast (à quelqu'un) **8**
protect protéger *v.* **10**
protected protégé(e) *adj.* **10**
protective protecteur/protectrice *adj.* **2**
proud orgueilleux/orgueilleuse *adj.* **1**; fier/fière *adj.* **2**
prove prouver *v.* **7**
provide a habitat for abriter *v.* **10**
  provided (that) à condition de *prep.* **7**
  provided that pourvu que *conj.* **7**
public public/publique *adj.* **2**
public garden jardin public *m.* **2**
public holiday (jour) férié *m.* **5**
public order ordre public *m.* **4**
public safety sûreté publique *f.* **4**
public transportation transports en commun *m.* **2**
publish publier *v.* **3**
publisher éditeur/éditrice *m., f.* **3**
punish punir *v.* **6**
punishment punition *f.* **4**, châtiment *m.* **5**
pure pur(e) *adj.* **10**
push the boundaries repousser les limites *v.* **7**
put mettre *v.* **2**

to put oneself into s'investir *v.* **9**
to put on makeup se maquiller *v.* **2**
to put up with supporter *v.* **10**

Q

quickly vite *adv.* **2**
quiet tranquille *adj.* **1**
  to be quiet se taire *v.* **2, 7**
quit démissionner *v.* **9**
quite assez *adv.* **2**

R

race course *f.* **8**
radio listener auditeur/auditrice *m., f.* **3**
radio presenter animateur/animatrice de radio *m., f.* **3**
radio station station de radio *f.* **3**
rain pleuvoir *v.* **3**
rainbow arc-en-ciel *m.* **10**
rain forest forêt tropicale *f.* **10**
raise (in salary) augmentation (de salaire) *f.* **9**; **to raise (children)** élever (des enfants) *v.* **6**
raisin raisin sec *m.* **6**
rally se mobiliser *v.* **3**
rarely rarement *adv.* **2**
raw material matière première *f.* **7**
react réagir *v.* **1**
read lire *v.* **3**
real vrai(e) *adj.* **2**
realize se rendre compte de **2**; s'apercevoir *v.* **2, 8**
really vraiment *adv.* **2**
reassure oneself se rassurer *v.* **2**
rebel se révolter *v.* **4**
rebellious rebelle *adj.* **6**
recall rappeler *v.* **1**
receipts and expenses recettes et dépenses *f.* **9**
receive recevoir *v.* **3**; **to receive (a salary)** toucher *v.* **9**
recently récemment *adv.* **3**
recognize reconnaître *v.* **6**
recommend recommander *v.* **6**
record enregistrer *v.* **3**
recreation loisir(s) *m.* **8**
red-haired roux/rousse *adj.* **2**
referee arbitre *m.* **8**
regret regretter *v.* **6**
rehearse répéter *v.* **1**
reimburse rembourser *v.* **9**
reiterate réitérer *v.* **2**
reject rejeter *v.* **1, 5**
relation rapport *m.* **6**, relation *f.* **6**
relationship liaison *f.* **1**; rapport *m.* **6**, relation *f.* **6**
relative parent(e) *m., f.* **6**
relax se détendre *v.* **2**
release a movie sortir un film *v.* **3**
relieve soulager *v.* **1**
rely on compter sur *v.* **1**

remember se souvenir de *v.* 2
renew renouveler *v.* 1
renewable renouvelable *adj.* 10
rent loyer *m.* 7
repeat répéter *v.* 1
replace remplacer *v.* 1
reporter reporter *m.* 3
representative député(e) *m., f.* 4
require nécessiter *v.* 6
rescue workers secours *m.* 2
research recherche *f.* 7; enquêter (sur) *v.* 3
  applied research recherche appliquée *f.* 7
  basic research recherche fondamentale *f.* 7
researcher chercheur/chercheuse *m., f.* 7
resemble ressembler (à) *v.* 6
resistant (to) réfractaire (à) *adj.* 7
resource ressource *f.* 10
respect respecter *v.* 6
  respect for others respect des autres *m.* 4
responsibility responsabilité *f.* 1
rest se reposer *v.* 2
resume reprendre *v.* 9
return retourner *v.* 3
revenge vengeance *f.* 5, revanche *f.* 8
revolutionary révolutionnaire *adj.* 7
rich riche *adj.*
  to become rich s'enrichir *v.* 5
right away tout de suite *adv.* 3
ring bague *f.* 3
  engagement ring bague de fiançailles *f.* 6
  wedding ring alliance *f.* 6
riot émeute *f.* 3
river fleuve *m.* 10, rivière *f.* 10
road route *f.* 1; voie *f.* 2
road sign panneau *m.* 2
rock roche *f.* 8
role rôle *m.* 3
roommate colocataire *m., f.* 2
root racine *f.* 6
rotary rond-point *m.* 2
roundabout rond-point *m.* 2
rule règle *f.* 3, 5
run courir *v.* 3; gérer *v.* 9; diriger *v.* 9;
  to run (water) couler *v.* 1
run over écrasé(e) *adj.* 3

S

sadness tristesse *f.* 1
safe sûr(e) *adj.* 2; en sécurité *adj.* 2
safety sécurité *f.* 4
  public safety sûreté publique *f.* 4
salary salaire *m.* 9
sale vente *f.* 5
salmon saumon *m.* 6
same même *adj.* 2
sand sable *m.* 6
salesman vendeur *m.* 9

saleswoman vendeuse *f.* 9
satellite dish parabole *f.* 7
save sauver *v.* 4; sauvegarder *v.* 7; économiser *v.* 9
savings économies *f.* 9
savings account compte d'épargne *m.* 9
say dire *v.* 3
  to say goodbye dire au revoir 5
scale escalader *v.* 8
scandal scandale *m.* 4
scenery paysage *m.* 10
schedule horaire *m.* 9
schooling scolarisation *f.* 5
scientist scientifique *m., f.* 7
scold gronder *v.* 6
score (a goal/a point) marquer (un but/un point) *v.* 8
scrawny maigre *adj.* 4
screen écran *m.* 3
sea mer *f.* 10
search engine moteur de recherche *m.* 7
search the Web naviguer sur Internet/le web *v.* 3, surfer sur Internet/le web *v.* 3
secure a loan obtenir un prêt 9
security sécurité *f.* 4
seduce séduire *v.* 3
see voir *v.* 3; **to see again** revoir *v.* 9
It seems that... Il semble que... 7
self-esteem amour-propre *m.* 6
selfish égoïste *adj.* 6
sell vendre *v.* 3
selling point argument de vent *m.* 9
send envoyer *v.* 1
sense sens *m.* 10
  figurative sense sens figuré *m.* 10
  literal sense sens littéral *m.* 10
sensitive sensible *adj.* 1
series feuilleton *m.* 3
serve servir *v.* 2
settle (s')établir *v.* 5; s'installer *v.* 5
several plusieurs *pron., adj.* 4
shake agiter *v.* 10; trembler *v.* 2
share partager *v.* 1
shark requin *m.* 10
shave se raser *v.* 2
sheep mouton *m.* 10
shepherd(ess) berger/bergère *m., f.* 10
shoes souliers *m.* 8
shoot (a film) tourner *v.* 3
short court(e) *adj.* 2; petit(e) *adj.* 2
short-term à court terme *adj.* 9
shout hurler *v.* 7
show spectacle *m.* 8
shut away cloîtré(e) *adj.* 7
shy timide *adj.* 1
sidewalk trottoir *m.* 2
signal: to get a signal capter *v.* 9
silver argent *m.* 2
similar pareil(le) *adj.* 5
sin péché *m.* 4

single célibataire *adj.* 1
sister-in-law belle-sœur *f.* 6
sit s'asseoir *v.* 9
skating rink patinoire *f.* 8
skirt: (pleated) skirt jupe (plissée) *f.* 8
skit sketch *m.* 2
skyscraper gratte-ciel *m.* 2
slave esclave *m., f.* 7
slave trade traite des Noirs *f.* 4
slavery esclavage *m.* 4
sleep dormir *v.* 4
  sleep outdoors dormir à la belle étoile *v.* 2
slip of the tongue lapsus *m.* 3
slowly lentement *adv.* 2
slyly sournoisement *adv.* 7
small exigu/exiguë *adj.* 2; petit(e) *adj.*
smell good/bad sentir bon/mauvais *v.* 2
smog nuage de pollution *m.* 10
smoked fumé(e) *adj.* 6
sneakers baskets *f.* 8, tennis *f.* 8
snorkeling plongée avec tuba *f.* 10
so alors *adv.* 2; donc *adv.* 2
  so many. . . tant de... *adj.* 6
  so much/many autant *adv.* 2
  so that pour que *conj.* 7
soap opera feuilleton *m.* 3
soccer field terrain de foot *m.* 8
social level couche sociale *f.* 5
soft doux/douce *adj.* 2
soldier soldat *m.* 1
sold out *adj.* complet 8
solicit solliciter *v.* 2
solve résoudre *v.* 10
some quelques-un(e)s *pron.* 4; quelque *adj.* 4
someone quelqu'un *pron.* 4
something quelque chose *pron.* 4
sometimes parfois *adv.* 2; quelque fois *adv.* 2
somewhere quelque part *adv.* 2
son-in-law beau-fils *m.* 6
soon bientôt *adv.* 2
  as soon as dès que *conj.* 7, aussitôt que *conj.* 7
sorrow peine *f.* 1
sorry désolé(e) *adj.* 6
  to be sorry être désolé(e) 6
soul âme *f.* 7
soul mate âme sœur *f.* 1
sound sonner *v.* 1
sound track bande originale *f.* 3
space espace *m.* 7
speak softly/loudly parler bas/fort *v.* 2
  to speak to one another s'adresser la parole *v.* 7
special effects effets spéciaux *m.* 3
specialized spécialisé(e) *adj.* 7
spectator spectateur/spectatrice *m., f.* 8

spell épeler v. 1
spell check correcteur orthographique m. 7
spider araignée f. 10
spinach épinards m. 6
spirit esprit m. 1
spoil gâter v. 6
sporting goods store magasin de sport m. 8
sports club club sportif m. 8
sports page page sportive f. 3
sports training school centre de formation m. 8
spouse époux/épouse m., f. 6
spread s'étendre v. 2
    to spread (the word) faire passer 8
spring (aquatic) source f. 10
spy espionner v. 4
square place f. 2
stage fright trac m. 3
    to have stage fright avoir le trac v. 3
stand (someone) up poser un lapin (à quelqu'un) 1
standard of living niveau de vie m. 5
star: (movie) star vedette (de cinéma) f. 3; **(shooting) star** étoile (filante) f. 7
start-up mise en marche f. 7
stay rester v. 3
steal voler v. 5
stepdaughter belle-fille f. 6
stepfather beau-père m. 6
stepmother belle-mère f. 6
stepson beau-fils m. 6
still encore adv. 2
stiletto heels talons aiguilles m. 8
stock market marché boursier m. 9
stop (oneself) s'arrêter v. 2
    to stop from (doing something) empêcher (de) v. 2
stranger étranger/étrangère m., f.
stream ruisseau m. 10
street rue f. 2
street performer saltimbanque m. 3
strengthened raffermi(e) adj. 10
strict strict(e) adj. 6
strike sonner v. 1
striking frappant(e) adj. 3, marquant(e) adj. 3
stroll: to take a stroll se promener v. 8
struggle lutter v. 5
submissive soumis(e) adj. 6
subscriber abonné(e) m., f. 9
subscription abonnement m. 7
subtitles sous-titres m. 3
suburb banlieue f. 2
subway car wagon m. 2
subway station station de métro f. 2
subway train rame de métro f. 2
succeed réussir v. 9
success réussite f. 9
successful prospère adj. 9

such a(n) tel(le) adj. 4, 5
sudden: all of a sudden tout à coup adv. 3
suddenly soudain adv. 2
suffer souffrir v. 4
suggest suggérer v. 6
sun soleil m. 10
    to bask in the sun lézarder au soleil v. 8
supermarket: large supermarket hypermarché m. 6
supervisory staff encadrement m. 9
support soutien m. 2; soutenir v. 5; **support (a cause)** soutenir (une cause) v. 3
supporter supporter (de) m. 8
sure sûr(e) adj. 7
surely sûrement adv. 3
surface area superficie f. 10
surprised étonné(e) adj. 6
surprising étonnant(e) adj. 6, surprenant(e) adj. 6
surround oneself with s'entourer de v. 9
survival survie f. 7
survive survivre v. 6
survivor rescapé(e) m., f. 2
suspect se douter (de) v. 2
swallow engloutir v. 2
sweater *(with front opening)* gilet m. 8
sweatshirt *(with front opening)* gilet m. 8
sweep balayer v. 1
sweet doux/douce adj. 2
swing se balancer v. 10

T

tabloid(s) presse à sensation f. 3
take prendre v. 3
    to take action agir v. 7
    to take advantage of profiter de v. 9
    to take a stroll/walk se promener v. 8
    to take place se dérouler v. 6
    to take someone emmener v. 1
    to take out a loan faire un emprunt 9
tale conte m. 5
talk s'entretenir (avec) v. 2
    to talk to death soûler v. 6
tall grand(e) adj. 2
tax taxe f. 9
team club m. 8
tear larme f. 6
tear déchirer v. 8
telescope télescope m. 7
television viewer téléspectateur/téléspectatrice m., f. 3
tell (a story) raconter (une histoire) v. 1
tempt tenter v. 8

tenacious tenace adj. 10
tennis shoes baskets f. 8, tennis f. 8
tense tendu(e) adj. 6
terrific génial(e) adj. 1
territory superficie f. 10
terrorism terrorisme m. 4
terrorist terroriste m., f. 4
thank remercier v. 6
    thanks to grâce à prep. 1
thankless ingrat(e) adj. 9
that que rel. pron. 9; qui rel. pron. 9
    that's enough ça suffit 4
    that is to say c'est-à-dire 7
then alors adv. 2; ensuite adv. 2
theory théorie f. 7
there là adv. 2
    over there là-bas adv. 2
thick épais(se) adj. 9
thief voleur/voleuse m., f. 4
thin maigre adj. 4
those who reacted the fastest plus vifs m., f. 2
though pourtant adv. 1
threat menace f. 4
threaten menacer v. 1
thrifty économe adj. 1
thrill frisson m. 8
throw lancer v. 1; jeter v. 1
    to throw away jeter v. 10
    to throw out the window jeter par la fenêtre v. 7
thus ainsi adv. 2
thwart contrarier v. 7
ticket billet m. 8, ticket m. 8
    to get tickets obtenir des billets 8
tidy up ranger v. 1
tie (a game) faire match nul 8
tiger tigre m. 10
time temps m. 2; fois f. 3
    for a long time longtemps adv. 3
    from time to time de temps en temps adv. 2
    to have a good time se divertir v. 8
toast toast m. 8
    to propose a toast porter un toast (à quelqu'un) 8
today aujourd'hui adv. 2
together: to get together se réunir v. 2
tolerance tolérance f. 4
tolerate tolérer v. 10
tomorrow demain adv. 2
tone ton m. 10
too aussi adv.
    too many/much trop adv. 2
tool outil m. 7
torture supplice m. 1
totalitarian regime régime totalitaire m. 4
town center centre-ville m. 2
town dweller citadin(e) m., f. 2
town hall hôtel de ville m. 2
town planning urbanisme m. 2

toxic toxique *adj.* **10**
track voie *f.* **2**
traffic circulation *f.* **2**
traffic jam embouteillage *m.* **2**
traffic light feu (tricolore) *m.* **2**
train train *m.* **2**
  to get on a train monter dans un train **2**
trainee stagiaire *m., f.* **9**
trainer formateur/formatrice *m., f.* **9**
training formation *f.* **9**
training course stage *m.* **9**
transportation transport *m.* **2**
trapped piégé(e) *adj.* **2**
trash déchets *m.* **10**
travel voyager *v.* **1**
tremors secousses *f.* **2**
treat traiter *v.* **6**; soigner *v.* **7**
trick duper *v.* **2**
trigger déclencher *v.* **5**
trivial anecdotique *adj.* **5**
truck: small truck camionnette *f.* **9**
true vrai(e) *adj.* **2**
truly vraiment *adv.* **2**
trust (someone) faire confiance (à quelqu'un) **1**
try essayer *v.* **1**
  to try to "pick up" draguer *v.* **1**
turn tourner *v.*
  to turn over se retourner *v.* **10**
turtle tortue *f.* **10**
TV audience téléspectateurs *m.* **3**
twice deux fois *adv.* **3**
twin: twin brothers jumeaux *m.* **6**; **twin sisters** jumelles *f.* **6**
typewriter machine à écrire *f.* **7**

U

U.F.O. ovni *m.* **7**
unbearable insupportable *adj.* **6**
unbiased impartial(e) *adj.* **3**
uncertainty incertitude *f.* **5**
underpants *(for females)* culotte *f.* **8**; *(for males)* slip *m.* **8**
underprivileged défavorisé(e) *adj.* **5**
understanding compréhension *f.* **5**
undertake entreprendre *v.* **9**
undress se déshabiller *v.* **2**
unemployed au chômage *adj.* **9**
unemployed person chômeur/chômeuse *m., f.* **9**
unemployment chômage *m.* **9**
unethical contraire à l'éthique *adj.* **7**
unequal inégal(e) *adj.* **4**
unexpected inattendu(e) *adj.* **2**
unfair injuste *adj.* **4**
unfaithful infidèle *adj.* **1**
unforgettable inoubliable *adj.* **1**
unhappily malheureusement *adv.* **2**
unite unir *v.* **2**
unless à moins de *prep.* **7**; à moins que *conj.* **7**
unlikely peu probable *adj.* **7**

until jusqu'à ce que *conj.* **7**
unusual inhabituel(le) *adj.* **9**; insolite *adj.* **3**
updated actualisé(e) *adj.* **3**
up front en pointe *adv.* **8**
upset contrarié(e) *adj.* **1**
urbanize urbaniser *v.* **10**
urge exhorter *v.* **10**
use se servir de *v.* **2**
  to use up épuiser *v.* **10**

V

vacationer vacancier/vacancière *m., f.* **8**
value valeur *f.* **5**
van: small van camionnette *f.* **9**
very même *adj.* **2**; très *adv.* **2**
victim victime *f.* **4**
victorious victorieux/victorieuse *adj.* **4**
victory victoire *f.* **4**
video game jeu vidéo *m.* **8**
violence violence *f.* **4**
violin violon *m.* **2**
vote voter *v.* **4**

W

wait (for) attendre *v.* **2**
  to wait in line faire la queue **8**
  waiting for en attendant que *conj.* **7**
wake up se réveiller *v.* **2**
walk: to take a walk se promener *v.* **8**
want vouloir *v.* **3**; **to want to** désirer *v.* **8**
war guerre *f.* **1**
  civil war guerre civile *f.* **4**
wardrobe garde-robe *f.* **8**
warehouse entrepôt *m.* **9**
wary: to be wary of se méfier de *v.* **2**
wash oneself se laver *v.* **2**
waste gaspillage *m.* **10**; gaspiller *v.* **10**
watch regarder *v.* **8**
weaken faiblir *v.* **10**
weapon arme *f.* **4**
weary las/lasse *adj.* **1**
wealth richesse *f.* **5**
Web web *m.* **3**
Web-site site web *m.* **3**
wedding mariage *m.* **1**
wedding gown robe de mariée *f.* **6**
wedding ring alliance *f.* **6**
weekly magazine hebdomadaire *m.* **3**
weigh peser *v.* **1**
weight poids *m.* **4**
well bien *adv.* **2**
well-being bien-être *m.* **10**
well-mannered bien élevé(e) *adj.* **6**
when quand *conj.* **7**, lorsque *conj.* **7**; où *rel. pron.* **9**

where où *rel. pron.* **9**
which que *rel. pron.* **9**
  of which dont *rel. pron.* **9**
whisper chuchoter *v.* **6**
whistle sifflet *m.* **8**; siffler *v.* **8**
white blanc/blanche *adj.* **2**
who qui *rel. pron.* **9**
whom qui *rel. pron.* **9**
  of whom dont *rel. pron.* **9**
whose dont *rel. pron.* **9**
widow veuve *f.* **1**
widowed veuf/veuve *adj.* **1**
widower veuf *m.* **1**
wife épouse *f.* **6**
willing (to) disposé(e) *adj.* **9**
win gagner *v.* **4**
  to win elections gagner les élections **4**
wind turbine éolienne *f.* **10**
wish vœu *m.* **5**; **to wish to** souhaiter *v.* **8**
without sans *prep.* **7**; sans que *conj.* **7**
witness témoin *m.* **5, 6**
  to be witness to témoigner de *v.* **5**
wonder se demander *v.* **2**
work (hard) travailler (dur) *v.* **2**
worker travailleur/travailleuse *m., f.* **6**
  blue-collar worker travailleur/travailleuse manuel(le) *m., f.* **6**
work schedule temps de travail *m.* **9**
worried inquiet/inquiète *adj.* **1, 2**
worry s'inquiéter *v.* **2**
worse plus mauvais(e) *adj.* **7**, pire *adj.* **7**; plus mal *adv.* **7**, pis *adv.* **7**
  to get worse empirer *v.* **10**
worst: the worst le/la plus mauvais(e) *adj.* **7**, le/la pire *adj.* **7**; le plus mal *adv.* **7**, le pis *adv.* **7**
worth: to be worth mériter *v.* **1**; valoir *v.* **6**
  It is not worth the effort... Ce n'est pas la peine que...**6**
  to be worth it valoir la peine **8**
write écrire *v.* **3**
wrong faux/fausse *adj.* **2**
  to be wrong se tromper *v.* **1**

Y

yell crier *v.* **1**
yesterday hier *adv.* **2**
  yesterday (morning, evening, etc.) hier (matin, soir, etc.) *adv.* **3**
young jeune *adj.* **2**
youth jeunesse *f.* **6**

Index

Sources

Text Credits

36–37 © Guillaume Apollinaire, "Le Pont Mirabeau," from *Alcools*, 1913.

74–77 © Dany Laferrière, *Tout bouge autour de moi*, from *Le Nouvel Observateur*, 21 January 2010. Reprinted by permission of *Le Nouvel Observateur*.

114–115 © Marguerite Duras, *La Télé et la mort*, from *La Vie matérielle* © Éditions P.O.L, 1987.

152–153 © Jean Juraver, "Chien maigre et chien gras," from *Contes créoles*, 1985, reprinted by permission of Présence Africaine.

190–193 © Ghislaine Sathoud, "Marché de l'espoir," reprinted by permission of the author.

230–231 © Lamine Sine Diop, "Père mère," from *Poèmes et récits d'Afrique noire, du Maghreb, de l'océan Indien et des Antilles*, reprinted by permission of Le cherche midi éditeur.

268–269 © Didier Daeninckx, "Solitude numérique," from *Passages d'enfer* © Éditions Denoël, 1998.

306–309 © Jean Jacques Sempé et René Goscinny, "Le football," from *Le Petit Nicolas*, de Sempé/Goscinny © Éditions Denoël, 1960, 2002.

346–347 © Marie Le Drian, "Profession libérale," reprinted by permission of the author.

384–385 © Jean Baptiste Tati-Loutard, "Baobab," from *Les Racines congolaises* © Éditions l'Harmattan, 1968.

458–461 © Jean Giono, *L'Homme qui plantait des arbres*, adapted film version of the short story reprinted by permission of Éditions Gallimard.

Photography Credits

© Age Fotostock/Superstock; (tm) © Megapress/Alamy; (bm) © Marcel Pelletier/iStockphoto; (br) © Rudy Sulgan; **92** © Alt-6/Alamy; **94** (l) © Hemis/Alamy; (r) © Ullstein Bild/The Granger Collection,New York; **95** (t) © Sophie Bassouls/Sygma/Corbis; (m) © Stephane Cardinale/People Avenue/Corbis; (b) © CHRIS MARTINEZ/La Opinion/Newscom; **96** (m) Anne Loubet; **97** (tl) Anne Loubet; (tr) © Pascal Pernix; **100** (bl) Anne Loubet; (br) Anne Loubet; **101** (t) Pascal Pernix; (b) Pascal Pernix; **104** (b) Pascal Pernix; **107** (b) Anne Loubet; **110** © SHAMIL ZHUMATOV/Reuters/Corbis; **112** © SERGEI ILNITSKY/epa/Corbis; **113** (t) ©Julio Donoso/Sygma/Corbis; **114** © Images.com/Corbis.

Lesson Four: 118 (full pg) © Laurence Dutton/Getty Images; **119** © Les Stone/The Image Works; **120** (tm) © Superstock; (br) Anne Loubet; **123** (b) Anne Loubet; **127** (m) © Hemis/Alamy; **128** (t) © Jon Arnold Images/DanitaDelimont.com; (b) © Patrick Eden/Alamy; **129** (t) © Guido Cozzi/Atlantide Phototravel/Corbis; (tm) © David Sanger Photography/Alamy; (bm) © Photononstop/Superstock; (b) © Reunion des Musees Nationaux/Art Resource,NY; **130** © James Steidl/Shutterstock; **132** (m) © François Laroulandie; (t) © Daniel Dabriou; (b) PIMENTEL JEAN/COLLECTION CORBIS KIPA; **133** (t) © Djems Olivier; (ml) *Oli Mi Boen/Tiens moi fort* © Franky Amete,2005 Owned by the Art Gallery Guyanart, Propriété de la gallerie d'art Guyanart; (mr) © Franky Amete courtesy of Guyanart Gallery; **135** Anne Loubet; **137** (b) © Thierry Tronnel/Sygma/Corbis; **145** (l) © Jon Arnold Images Ltd/Alamy; (r) © Robert Harding Picture Library Ltd/Alamy; **148** © Les Stone/The Image Works; **150** © Media Backery; **151** © Thomas C. Spear; www.lehman.cuny.edu/ile.en.ile; **152** © Philip James Corwin/Corbis.

Lesson Five: 156 (full pg) © Ryan McVay/Getty Images; **157** (m) © Nic Bothma/epa/Corbis; **158** (bm) © Tom Grill/Corbis; (mr) Pascal Pernix; **166** (t) © AFP/Getty Images; **167** (tl) © Christophe Boisvieux/Corbis; (tr) © Photononstop/Superstock; (tm) © Nik Wheeler/Corbis; (bm) © Martin Harvey/Corbis; (b) © Julian Calder/Corbis; **168** © AFP/Getty Images; **170** (l) © Caroline Penn/Corbis; (mr) © Présence Africaine Editions; (br) © Présence Africaine Editions; **171** (t) © Seydou Keita/trunkarchive.com; (b) © GAUDENTI SERGIO/CORBIS KIPA; **173** © Anne Loubet; **175** Rossy Llano; **176** Anne Loubet; **184** © Albrecht G. Schaefer/Corbis; **186** © Nic Bothma/epa/Corbis; **188** © Francis Apesteguy/Sardine Photos/Newscom; **189** © Guislaine Sathoud; **190-191** © Sue Cunningham Photographic/Alamy; **192** © Edward Parker/Alamy.

Lesson Six: 196 (full pg) © Denis Felix/Getty Images; **197** (m) © AFP/Getty Images; **198** (tl) © Getty Images/Workbookstock; (mt) Pascal Pernix; **206** (t) © Daryl Benson/Masterfile; (mr) © Age Fotostock/Superstock; **207** (tl) © Martin Harvey/Corbis; (tr) © Ovia Images/Alamy; (tm) © Peter Arnold, Inc./Alamy; (bm) © Peter Adams/Getty Images; (br) © Yadid Levy/Alamy; **208** © Olivier Goujon/Superstock; **210** (tl) © Sipa Press; (bl) © Jean François Rault/Kipa/Corbis; (br) © Pierre Vauthey/CORBIS SYGMA; **211** (t) © An-Nahar Research Center for Documentation; (br) © Bettina Schwarzwaelder/dpa/Corbis; (bl) © Reuters /Corbis; **215** (b) © Ocean/Corbis; **219** Anne Loubet; **223** © Nancy Ney/Getty Images; **226** © AFP/Getty Images; **227** © Photononstop/Superstock; **230** © Marc Ohrem-Le Clef/Corbis.

Lesson Seven: 234 (full pg) © A.T. Willett/Alamy; **235** (m) © CERN; **236** (tl) Martín Bernetti; (tm) © Jim Zuckerman/Corbis; (mr) Martín Bernetti; **239** (b) © Image Source/Corbis; **245** (tl) © Denis Balibouse/Reuters/Corbis; (tr) © Leanne Logan/Lonely Planet Images; (tm) © Ken Welsh/Alamy; (bm) Jean-Marc Charles/Sygma/Corbis; (br) © Johannes Simon/Stringer/Getty Images; **246** © Dave Bartruff/Corbis; **248** (tl) © Galerie Thaddaeus Ropac and Sylvie Fleury; (m) © Sylvie Fleury; (br) © Time & Life Pictures/Getty Images; **249** (tl) © Benaroch/Sipa Press; (ml) CANAL+/SONY PICTURES/THE KOBAL COLLECTION; (mr) © Allstar Picture Library/Alamy; **250** (b) Pascal Pernix; **251** (b) Anne Loubet; **258** (b) Anne Loubet; **261** (t) © Martín Bernetti; **262** © Media Backery; **264** © Maximilien Brice/CERN; **266** Anne Loubet; **267** © TF1/SIPA; **268** © Scott Tysick/Masterfile.

Lesson Eight: 272 (full pg) © John Kelly/Getty Images; **273** (m) © Buzz Pictures/Alamy; **274** (tl) © Kevin T. Gilbert/Corbis; (m) © Kim Kulish/Corbis; (tr) © Martín Bernetti; (bl) © James Marshall/Corbis; **282** (t) © Bob Thomas/Getty Images; (m) © Age Fotostock/Superstock; **283** (tl) © Fabrice Bettex/Alamy; (tm) © Morales/Age Fotostock; (tr) © Hemis/Alamy; (bm) © Imagebrocker/Alamy; (b) © The Natural History Museum/Alamy; **284** © Robert Harding Picture Library Ltd/Alamy; **286** (tl). © Heritina Andriamamory; (bl) © *Scéne de vie*/Heritina Andriamamory; (tr) © Khal Torabully; (br) © Khal Torabully; **287** (t) © Emma Ladouceur/Getty Images; (br) © Jeff Mohamed Ridjali courtesy of Cie Jeff Ridjali; (m) © Milo Mladenovic courtesy of Cie Jeff Ridjali; **291** (b) © Brand X Pictures; **293** Anne Loubet; **295** Rossy Llano; **302** © Buzz Pictures/Alamy; **304** (l) © Mike Powell/Corbis; (r) © Blickwinkel/Alamy; **305** (t) © Bouet/Sipa Press; (m) © Roger-Viollet/The Image Works; **306** © Jean Jacques Sempé et René Goscinny, "Le football," from

Le Zapping Credits

About the Author

Cherie Mitschke received her Ph.D. in Foreign Language Education with specializations in French and English as a Second Language from the University of Texas at Austin in 1996. She has taught French at Southwest Texas State University and Austin Community College and was Assistant Professor of French at Southwestern University in Georgetown, Texas. Dr. Mitschke is also an experienced writer and editor of French educational materials who has worked with several major educational publishing houses.